통화와 금융

김 시 담

博 英 社

머 리 말

오늘날 금융은 매우 역동적이다. 금융시장은 급속하게 변하고 새로운 금융자산은 끊임없이 출현하고 있다. 금융시장에서 변동하는 이자율이나 가격은 수많은 기업과 가계에 영향을 미친다. 사람들은 금융기관이 제공하는 금융서비스를 매일 같이 이용한다. 현금자동지급기나 신용카드를 사용하는 것은 곧 금융제도를 이용하는 것이다.

통화는 물이나 불처럼 우리에게 꼭 필요한 것이지만 잘 관리하지 않으면 재앙이 될 수 있다. 통화량이 너무 많으면 인플레이션, 너무 적으면 불황을 맞게 된다. 높은 인플레이션이나 깊은 불황은 사람들에게 고통을 주고 경제를 병들게 한다. 중앙은행은 경제가 병약하지 않고 건강하게 성장할 수 있도록 통화정책을 운용한다. 통화정책의 효과는 경제 전반에 파급되므로 금융시장, 금융기관, 기업은 물론 일반인들도 중앙은행의 정책방향에 대해 높은 관심을 갖고 주시하는 경향이 있다.

이 책은 통화금융의 행태, 이론, 시장, 제도, 정책 등에 관한 원론으로 특징은 두 가지로 요약할 수 있다.

첫째, 금융시장은 금융제도에서 핵심적인 역할을 담당하므로 비교적 상세하게 고찰하였다. 즉 금융시장을 채권, 주식, 단기금융, 파생금융상품시장 등으로 나누어 각 시장의 기능과 구조, 거래제도, 거래금융자산의 특성 등을 중심으로 자세하게 살펴보았다.

둘째, 지금은 거의 모든 중앙은행이 인플레이션이나 경제변동에 대응하여 이자율을 올리거나 내린다. 이와 같은 통화정책은 통화목표준칙을 가정하는 기존의 IS-LM모형으로는 설명하기 어렵다. 이 책에서는 최근 일반화되고 있는 새로운 접근, 즉 중앙은행의 실질이자율준칙, 통화정책곡선, 인플레이션과 실질GDP의 관계 등을 기초로 통화정책의 운용과 효과를 분석하였다.

끝으로 관련 자료의 수집과 분석을 도와 준 한국은행 김종귀 박사에게 고마움을 표하고자 한다.

2008년 1월
저 자

차례 개요

차 례

제 I 편 통화와 금융제도

제1장 통화와 지급제도

제 2 장 금융제도: 개관

제 II 편 이 자 율

제 3 장 현재가치와 이자율

제14장 은행대출

제15장 은행예금

제16장 은행의 자산 · 부채 관리

제17장 예금보호 · 금융감독

제 V 편 통화의 수요와 공급

제18장 통화수요

제 I 편
통화와 금융제도

제 1 장

통화와 지급제도

1. 통화와 경제

통화와 교환

인류의 초기 경제사회는 필요한 재화는 스스로 생산해서 소비하는 자급자족이었다. 혼자서 모든 것을 다하는 것은 비효율적이기 때문에 사람들은 상대적으로 가장 잘 할 수 있는 일에 전문화된다. 전문화와 분업이 진전되면서 자신이 생산한 재화를 타인의 생산물과 교환할 필요가 생긴다.

최초의 교환제도는 두 사람 사이의 직접적인 물물교환(barter)이었다. 직접적인 물물교환은 비효율적인 교환제도라고 할 수 있다.

첫째, 직접적인 물물교환에서 두 사람은 재화를 팔고 동시에 필요한 재화를 사게 된다. 교환이 이루어지기 위해서는 두 사람의 필요가 일치하여야 한다. 예를 들어 빵을 만드는 사람이 빵을 구두와 교환하려면 구두를 만드는 제화공을 발견하는 것만으로는 불충분하고 구두를 빵과 바꾸려고 하는 제화공을 찾아야 한다. 이와 같이 직접적인 물물교환이 성립하려면 욕구의 이중적 일치(double coincidence of wants)[1]가 필요하다. 욕구의 이중적 일치가 이루어진다 해도 빵과 구두의 교환비율이 결정되어야 한

1) 제본스(W. Jevons)가 처음 사용.

다. 직접적인 물물교환은 교환에 따르는 거래비용(transaction cost)이 높은 제도라고 할 수 있다.

둘째, 물물교환경제는 표준화된 가치척도가 없기 때문에 재화마다 수많은 교환비율을 갖는다. 예를 들면 빵 한 바구니의 교환비율은 대상상품이 구두인 경우는 한 켤레, 밀가루이면 반 포대, 닭 두 마리 또는 계란 100개 등 수없이 많다. 상품수가 증가하면 교환비율의 수는 걷잡을 수 없이 확대된다. n개의 상품에 대해 $n(n-1)/2$개의 교환비율이 존재한다. 예를 들어 거래상품이 50개만 되어도 교환비율(상대가격)은 1,225개에 이른다. 상품을 구입하기 위해서는 가격에 관한 방대한 정보가 필요하며 정보를 수집하는 데 많은 시간과 비용이 소요되므로 거래비용이 높아진다.

바터는 교환이 잘 되는 재화를 매개로 하여 교환하는 간접적인 물물교환으로 발전한다. 예를 들어 A가 셔츠를 팔고 축구화를 사고 싶으면 직접적인 물물교환처럼 축구화를 팔고 셔츠를 사려는 사람을 구하지 않고 먼저 셔츠를 교환성이 높은 밀가루를 받고 판 다음 밀가루와 축구화를 교환하려는 사람을 구하면 된다. 밀가루(매개상품)의 교환성이 높으면 축구화를 밀가루와 교환하려는 사람은 쉽게 구할 수 있다.

간접적인 물물교환은 바터에 비하여 거래단계는 많지만 매개상품에 대한 수요가 많고 다른 재화와의 교환비율이 안정되어 있다면 거래비용은 바터보다 훨씬 작을 것이다. 초기에는 여러 가지 매개상품이 교환에 이용되었지만 시간이 지나면서 가장 널리 사용되는 매개물이 나타나게 된다. 일반적으로 받아들여지는 교환의 매개물(medium of exchange)을 통화(money)라고 하며 통화를 사용하는 경제를 통화경제(monetary economy)라고 부른다.

통화와 금융

먼저 로빈슨 크루소(Robinson Crusoe)의 예를 들어보자. 외딴 무인도에 표류한 크루소는 기본적인 경제문제, 즉 욕망에 비해 재화와 서비스가 부족한 상황에 놓인다. 마땅한 도구가 없어 원시적인 방법으로 식량을 구하게 된다. 원시적인 방법으로 고기를 잡기 때문에 필요한 영양분을 섭취하기 위해서 하루 종일 일에 매달려야 한다. 그날 먹을 것을 그날 구해야 하는 어려움에서 벗어나기 위해서 크루소는 자본설비(고기잡는 그물)에 투자하기로 결정한다. 자본설비에 대한 투자는 생산성을 높여주고 남는 여유시간으로 다른 재화를 생산하거나 여가를 즐길 수 있게 한다. 자본재(어망)를 생산하기 위해서 크루소는 소비를 줄이고 저축(=투자)하지 않으면 안 된다. 이러한 저축(=투자)행위를 통하여 자원(이 경우는 노동력)이 소비재(물고기)생산으로부터 자본재(어망)생산으로 전용되면서 크루소의 생활수준은 높아진다.

위의 예에서 우리는 저축과 투자가 경제발전에 있어 중요한 역할을 담당한다는 것을 알 수 있다. 자본재는 시간이 흐름에 따라 낡아지기 때문에 현재의 자본량과 생활수준을 유지하기 위해서도 저축과 투자는 계속되어야 한다. 생산수준을 향상시키기 위해서는 더 많은 저축과 투자가 필요하다.

현대경제에서 저축과 투자는 별도로 이루어진다. 저축은 수많은 가계를 중심으로 이루어지고 투자는 소수의 개인이나 기업이 담당한다. 투자가 실현되기 위해서는 저축이 투자하고자 하는 경제주체에게 이전되지 않으면 안 된다. 통화가 없다면 저축과 투자, 또는 저축의 이전은 어떻게 될까. 크루소처럼 투자자는 소득보다 소비를 적게 하여 자신이 모은 저축만으로 투자하는 수밖에 없다. 저축자가 저축할 수 있는 유일한 방법은 재화를 직접 축적(투자)하는 것이다. 통화없는 경제에서는 저축을 투자자에게 이전하는 것이 불가능하므로 저축이나 투자를 통한 경제성장도 기대하기 어렵다.

통화를 사용하면 저축과 투자는 분리될 수 있다. 저축하지 않는 사람도 투자할 수 있고 투자하지 않으면서도 저축할 수 있다. 다시 말하면 통화경제에서 사람들은 현금(가치저장수단)으로 저축한다. 저축한 자금은 새로운 투자를 위해 자금을 차입하려고 하는 기업들에게 빌려준다. 이러한 자금이전은 저축자나 기업 모두에게 이익을 가져다준다. 저축자는 이자를 받을 수 있고 기업은 이자비용보다 더 많은 수익을 기대할 수 있다. 그뿐 아니라 경제성장에도 기여한다. 이전된 저축은 새로운 생산시설을 건설하는 데 사용되기 때문이다.

자금의 이전은 금융시장을 통해 이루어진다. 금융시장에서 차입자는 저축자의 잉여자금을 획득하기 위해 주식, 채권 등 다양한 금융자산을 이용한다. 효율적인 자금이전을 위하여 금융시장은 거래되는 금융자산에 따라 주식시장, 채권시장 등으로 특화된다. 은행, 보험회사 등 금융기관은 저축자(= 최종대여자)로부터 투자자(= 최종차입자)에게로 자금이 이전되도록 하는 중개기관의 역할을 한다. 금융중개기관은 저축자로부터 차입한 자금을 투자자에게 대출한다. 금융중개기관이 소액저축을 모아서 가장 높은 금리를 지급하는 차입자에게 대출함으로써 저축자와 투자자는 모두 이익을 얻는다. 저축자는 주식이나 채권보다 위험이 적은 금융자산(예: 예금)을 갖게 되고 투자자(= 기업)는 거액을 한 군데에서 차입할 수 있게 되어 금융비용이 낮아진다.

통화 없이는 저축이나 투자의 지속적 증가도 저축의 이전도 불가능하다. 통화는 저축과 투자를 자극하고 자금을 저축자로부터 투자자에게 이전(금융)할 수 있도록 함으로써 경제성장을 촉진하고 생활수준을 향상시킨다.

통화는 현대경제사회의 근간인 교환과 금융에 있어 불가결한 존재이지만 통화량이 너무 많으면 인플레이션이 발생하고 부족하면 경제는 불황에 빠진다. 통화량을 적정하게 공급하는 것은 뒤에서 보는 바와 같이 통화정책의 중요한 과제이다. 다시 말하면 통화는 물이나 불처럼 우리에게 긴요한 것이지만 잘 관리하지 않으면 재앙이 될 수 있다.

2. 통화의 기능

통화는 교환의 매개, 계산단위, 가치저장 등의 기능을 갖는다. 세 가지 기능 사이에는 밀접한 관련이 있다.

교환의 매개

통화는 재화와 용역을 사거나 부채를 갚는 데 일반적으로 받아들여지는 교환의 매개물이다. 화폐(currency: 지폐와 주화)는 통화의 일부에 불과하다. 예를 들면 화폐 외에 수표도 교환의 매개물로서 거래에 통용되므로 통화에 포함된다.

통화를 교환의 매개물로 사용하면 욕구의 이중적 일치는 불필요하게 된다. 위의 예에서 본 빵굽는 사람은 빵을 사려고 하는 제화공을 찾을 필요 없이 시장에 가서 빵을 팔고 받은 돈으로 구두를 사면 된다. 교환의 매개물인 통화를 이용하면 물건을 사는 것과 파는 것을 분리할 수 있기 때문에 욕구의 이중적 일치와 같은 문제는 발생하지 않는다.

통화가 욕구의 이중적 일치 문제를 해결함으로써 교환에 따르는 거래비용을 감소시킨다는 것은 통화경제의 이점이다. 통화가 교환의 매개기능을 원활하게 수행하기 위해서는 교환의 매개물로서 광범위하게 받아들여지고 모든 거래자로부터 신뢰를 받아야 한다. 그렇지 않으면 통화의 사용은 중지되고 바터경제로 되돌아갈 수도 있다. 예를 들면 인플레이션이 급속히 진행되거나 하이퍼인플레이션(hyperinflation)이 발생하면 통화는 교환의 매개기능을 잃어버릴 수 있다. 실제로 1923년 독일은 하이퍼인플레이션으로 인해 통화의 기능이 정지되고 한때 바터경제로 되돌아간 적이 있다.

계산단위

통화는 계산단위(unit of account)의 기능을 갖는다. 재화와 서비스의 가치는 통화단위로 표시된다. 시간은 분단위, 거리는 미터로 나타내는 것과 같다. 통화경제에서는 교환의 매개물인 통화가 계산단위가 된다. 모든 거래에 교환의 매개물(통화)이 사용되므로 재화와 서비스의 가격을 통화단위로 나타내는 것이 편리하기 때문이다.

통화를 계산단위로 사용하면 사람들이 물건을 구입할 때 필요한 정보는 크게 감소한다. 재화의 가격이 통화단위로 표시(예: 빵 한개에 천원)되기 때문에 한 개의 물건에 한 개의 가격이 있을 뿐이다. 통화로 표시되는 가격은 그 재화 한 단위를 갖기 위해서 포기해야 할 통화단위를 가리킨다.

물물교환경제는 공통된 계산단위가 없기 때문에 재화 수보다도 가격 수가 훨씬 많다. 빵 한 바구니의 가격은 기준에 따라 구두 한 켤레, 밀가루 반 포대 등 여러 가지 값을 갖는다. 그러나 통화경제에서는 빵 한 바구니의 가격은 통화단위(예: 만원)로 정해지기 때문에 하나의 재화에 하나의 가격만 존재한다. 바터경제에서는 상품 50개의 가격은 1,225개이지만 통화경제에서는 상품수와 같은 50개밖에 되지 않는다.

이와 같이 통화가 계산단위의 역할을 하기 때문에 시장에서 상품을 살 때 필요한 정보량은 감소하고 정보수집 등 교환에 따른 거래비용은 적어진다.

가치저장

통화는 가치저장(store of value) 기능이 있으므로 내일 자동차나 집을 사기 위해 오늘의 구매력을 저장하는 수단이 된다. 가치저장수단으로서 통화와 같은 자산이 없다면 미래의 거래를 위해 상품을 보관해야 하는데, 이 방법은 두 가지 점에서 비효율적이다. 첫째, 어떤 상품, 예를 들면 우유나 과일은 부패하기 쉬워 보관하면 그 가치가 현저히 감소하거나 아주 없어질 수 있다. 둘째, 보관상품이 부패하지 않는다 할지라도 오랫동안 재고로 가지고 있으면 비용이 많이 든다.

통화가 없다면 사람들은 소비할 계획이 없는 상품도 보관하지 않으면 안 된다. 그것은 앞으로 자기가 원하는 물건을 가지고 있는 사람을 찾아 필요한 물건을 살 때 상대방이 원하는 물건으로 대가를 지급하기 위해서는 다양한 상품을 가지고 있지 않으면 안 되기 때문이다. 통화경제에서는 통화를 재고로 가지고 있으면 누구에게서 어떠한 재화를 구입하게 되더라도 대가를 지급하는 데 아무런 문제가 없다.

통화만이 가치를 저장하는 것은 아니다. 모든 자산(예: 주식, 예금, 채권, 르노와르의 그림 등)은 가치를 저장하며 때로는 통화보다 더 좋은 가치저장수단이 될 수 있다. 주식이나 채권은 배당이나 이자를 받지만 일반적으로 통화는 이자나 배당과 같은 소득이 없다. 그런데도 사람들이 통화를 보유하는 것은 통화가 어떠한 자산보다도 더 높은 유동성(liquidity)을 갖고 있기 때문이다. 유동성은 어떤 자산을 명목가액의 손실 없이 적은 비용으로 통화로 전환시킬 수 있는 용이도를 가리킨다. 이 정의에 따르면 통화는 모든 자산 가운데서 가장 유동성이 높은 자산이다.

통화 이외의 자산을 통화로 바꾸려면 거래비용이 발생한다. 예를 들어 채권이나 주식을 판 대가로 통화를 받아 자동차를 사려면 적어도 증권브로커에게 수수료를 지급해야 한다. 통화 이외의 자산이 가치저장수단이면서 통화가 주지 못하는 이익을 줄 수도 있지만 이러한 거래비용을 피하기 위해 사람들은 부의 일부를 통화의 형태로 보유하려고 한다.

3. 지급제도

지급제도(payment system)는 거래에 따른 지급이 어떠한 수단 또는 방법에 의하여 이루어지는가를 의미한다. 지급제도는 경제규모의 확대, 법령의 변동, 기술의 발전 등으로 주된 지급수단인 통화와 함께 끊임없이 변해 왔다.

초기의 지급수단은 가축, 소금, 바다조개, 귀금속 등 다른 목적으로도 이용할 수 있는 상품이었다. 이러한 상품화폐에 이어 지폐, 수표 등이 새로운 지급수단으로 등장하였으며 최근에는 컴퓨터통신의 발달로 전자이체가 지급제도에 있어 중요한 비중을 차지하고 있다.

상품화폐

상품화폐 가운데서도 금·은과 같은 귀금속을 소재로 만든 것이 가장 널리 사용되었다. 왜냐하면 금, 은은 소량으로 나누거나 운반하기 쉽고 내구성이 강할 뿐 아니라 희소성과 유용성이 높기 때문이다. 그러나 귀금속을 소재로 한 상품화폐를 사용하는데는 적지 않은 문제가 따랐다. 가장 대표적인 것은 화폐의 명목가치(표시된 액면가치)와 소재가치(소재인 금, 은의 가치 등 생산비용)가 일치하지 않는 경우였다. 예를 들면 거래상대방을 속이려는 사람은 화폐의 소재인 귀금속에 불순물을 혼합한다. 따라서 상대방을 완전히 신뢰할 수 없는 경우에는 중량과 순도를 일일이 확인하지 않으면 안 되었다. 이 문제를 해결하기 위해 공신력이 있는 금·은 세공상이 수수료를 받고 함량이나 순도를 확인해 주었다. 확인 받지 못한 화폐는 할인해야만 교환에 이용할 수 있었다. 이러한 과정에 관심을 갖게 된 지배자들은 수수료를 받고 화폐의 품질을 증명해 주거나 소재가치(생산비)보다 높은 명목가치의 화폐를 발행하여 얻은 차액을 재정지출에 사용했다. 이 차액을 발권수익(seigniorage)이라고 한다.

19세기 말까지 많은 국가들은 금·은 복본위제(bimetalism)를 채택하였다. 금·은 복본위제는 자주 금 또는 은 본위제로 전락했다. 왜냐하면 상대적으로 소재가치에 비하여 명목가치가 적은 양화가 유통에서 사라지고 과대평가된 악화만 남게 되기 때문이다. 다시 말하면 악화가 양화를 구축한다는 그레샴의 법칙(Gresham's law)이 적용된 결과이다. 예를 들면 영국은 1717년 조폐책임자로 있던 뉴튼(I. Newton)이 실수로 금화를 과대평가함으로써 은화가 구축되어 사실상 금본위제로 전환되었다.

불환지폐

지급제도가 귀금속에만 의존하는 것은 여러 가지 불편한 점이 있다. 예를 들면 귀금속을 운반하는데 비용과 위험이 따른다. 이 때문에 민간기관 또는 정부가 귀금속을 보관하고 예치증을 발행했다. 이 예치증이 나중에 지폐(paper currency)로 변했다. 예치증의 성격을 가진 초기의 지폐는 귀금속과 교환할 수 있었다.

지폐는 다시 불환지폐(fiat money)로 바뀌었다. 불환지폐는 모든 부채를 상환하는 데 사용하도록 국가가 정한 법정통화로서 금·은과 교환되지 않는다. 모든 현대 국가의 지폐는 중앙은행이 발행하는 불환지폐이다.

지폐는 금속화폐에 비하여 가볍다는 이점이 있으나 거래를 위해 운반하거나 보관하는 데 많은 비용과 위험이 따른다. 현금사용의 문제점은 현대적인 은행의 출현과 함께 새로운 지급수단인 수표의 출현으로 대부분 해결되었다.

수　　표

수표(check)는 자금을 어느 한 사람의 계좌에서 다른 사람의 계좌로 이체할 것을 은행에게 지시하는 증서이다. 수표를 사용하게 되면서 많은 현금을 소지하지 않고서도 큰 금액의 거래를 할 수 있게 되었다. 수표의 사용은 지급제도와 관련한 운반비용을 감소시키고 경제의 효율성을 높이는 데 기여했다. 수표는 은행에 요구불예금의 잔액범위 내에서는 얼마든지 많은 금액을 기재하여 사용할 수 있다는 장점이 있다. 그 외에 수표는 도난의 위험이 적고 사용한 수표는 영수증이 될 수 있다.

수표를 지급수단으로 이용하는 데에도 문제점이 없는 것은 아니다. 수표를 한 곳에서 다른 곳으로 이전하는 데 시간이 많이 걸린다. 특히 다른 곳에 있는 사람이 빨리 지급받아야 한다면 수표는 효율적인 지급수단이 아니다. 또 당좌예금을 가지고 있다 할지라도 예치한 수표를 현금으로 사용할 수 있기까지는 여러 날이 걸릴 수 있다. 모든 수표를 정산하는 데 국민경제적으로도 막대한 비용이 소요된다.

어　　음

어음은 발행인이 소지인에게 일정금액을 지급할 것을 약정하는 약속어음과 발행인이 제3자에게 지급을 위탁하는 환어음으로 구분되며 지급수단으로 이용된다.

약속어음은 발행인 자신이 주 채무자로서 어음의 수취인 또는 소지인에게 일정한 금액을 지급할 것을 약속하는 유가증권이다. 현재 우리나라에서 지급수단으로 주로 사용되고 있는 약속어음은 상거래에 수반하여 발행되는 상업어음인 진성어음과 주로 금융기관간 자금대차거래에 이용되는 융통어음으로 구분된다. 일반적으로 진성어음은 만기일 이전에 금융기관의 할인을 통해 현금화가 가능하다.

환어음은 발행인이 직접 어음금액을 지급하지 아니하고 제3자인 지급인에게 일정한 금액을 지급하도록 하는 유가증권이다. 따라서 환어음은 발행인 이외에 지급인이 있어야 하며 지급채무를 확정짓기 위해서는 별도로 지급인의 인수절차가 필요하다는 점이 약속어음과 다르다.

전자이체

정보통신기술의 발달로 지급제도에도 커다란 변혁이 생겼다. 모든 지급이 전자방식으로 이루어지는 전자이체시스템(EFTS: electronic funds transfer system)이 중요한 역할을 하게 된 것이다. 전자이체란 수표와 같은 장표에 의한 지급지시서 대신에 전자적인 방법으로 어느 한 사람의 은행계좌에서 다른 사람의 계좌로 자금을 이체시키는 것이다. 전자이체의 예로서 직불카드(debit card)를 들 수 있다. 직불카드는 현금이나 수표 없이도 재화나 서비스의 구입을 가능하게 한다. 가게에서 사고 싶은 물건을 결정하고 직불카드를 단말기에 넣고 비밀번호를 누르면 자금이 사는 사람의 은행계좌에서 그 가게의 계좌로 이체되어 구입대금이 결제된다. 이러한 거래에는 서류를 처리하기 위한 절차나 과정이 필요하지 않다. 직불카드는 판매와 동시에 자금이 지급되므로 EFT/POS(electronic funds transfer at the point of sale)카드라고도 부른다.

전자이체는 직불카드 이외에도 현금인출기(CD/ATM), 전화, PC통신 및 인터넷 등을 통해서도 이루어지고 있다. 최근에는 전자상거래의 확산과 더불어 특히 인터넷을 통한 자금이체가 증가하고 있다. 특별히 은행간 거액자금을 결제하기 위한 전자이체시스템으로서 한국은행 금융결제망(BOK-Wire)을 들 수 있다. 한국은행 금융결제망은 한국은행과 금융기관 전산시스템을 상호 연결하여 한국은행에 설치된 금융기관의 당좌계정을 통해서 이체지시를 받은 자금을 건별로 즉시 이체한다. 이를 실시간 총액결제시스템(RTGS: real-time gross settlement system)이라고 한다.

전자화폐

전자이체에 사용되는 수단(예, 직불카드)은 화폐적 가치를 갖고 있지 않고 단지 통신망을 통해서 은행예금 계좌간에 자금을 이전시켜 주는 지급 수단에 불과하다. 그러나 정보통신기술의 발전으로 기존의 마그네틱(MS: magnetic stripe)카드에 비하여 한층 발달한 형태인 IC(integrated circuit)칩이 개발됨으로써 IC카드에 전자기호 형태로 화폐적 가치를 저장하였다가 통신망으로 예금계좌에 연결하지 않고도 지급에 사용할 수 있는 전자화폐(electronic money)가 출현하게 되었다. IC카드는 IC칩의 대용량 기억 및 연산기능 등을 활용하므로 안정성이 뛰어나고 카드 한 장으로 다양한 기능을 수행할 수 있다는 점에서 스마트 카드(smart card)라고 한다.

전자화폐는 범용성 선불카드(pre-paid card)라고 말할 수 있다. 시내버스 등에서 이용되는 선불카드는 그 용도가 한정되어 있고 범용성이 없다는 점에서 전자화폐와 다르다. 전자화폐는 그 기능 때문에 화폐라고 부르지만 금융기관이 발행하는 지급수단의 하나로서 법정통화는 아니다. 장차 전자화폐의 사용이 일반화되는 경우 중앙은행이 이를 발행함으로써 법정통화로 전환하는 문제도 고려될 수 있을 것이다.

4. 통화의 정의

이론적 정의

이론적 통화정의는 경제이론을 이용하여 통화의 본질적 기능이 무엇인가를 밝히고 그 기능을 수행하는 자산을 통화로 정의하는 것이다. 즉 '통화의 기능을 수행하는 것이 통화이다'.[1] 따라서 이론적 통화정의를 기능적 통화정의라고도 한다. 통화의 본질적 기능은 교환의 매개라고 할 수

1) 힉스(J. R. Hicks)의 통화정의, 'Money is what money does'.

있으므로 교환의 매개물을 통화로 정의한다. 현금과 수표(요구불예금)는 모두 재화와 서비스를 구입하는 데 사용할 수 있는 교환의 매개물이므로 통화에 포함된다.

기능을 중심으로 통화를 정의하는데 다소 분명하지 않은 경우가 있다. 예를 들면 저축성예금 가운데 일부는 특별한 비용부담 없이 신속하게 현금화해서 사용할 수 있는데 이러한 자산을 통화에 포함시켜야 할지가 분명하지 않다. 그뿐 아니라 통화의 가치저장기능을 가장 중요시하는 학자는 통화를 구매력의 일시적인 은신처(temporary abode of purchasing power)로 간주하여 현금과 요구불예금은 물론 저축성예금도 통화에 포함시킨다.

그 밖에 비은행금융기관의 성장에 주목하여 이들 금융기관의 예수금을 통화에 포함시키는 경우가 있다.[1)]

실증적 정의

이론적 통화정의는 애매한 점이 있으므로 실증적인 경제분석에 의하여 통화를 정의하자는 주장이 제기되었다. 프리드만(M. Friedman)에 의하면 통화의 정의는 선험적 이론보다는 경제분석에 유용하게 이용될 수 있도록 실증분석을 바탕으로 이루어져야 한다. 중력이나 온도 등이 물리분석에 필요하기 때문에 만들어진 것처럼 통화도 경제분석에 사용될 수 있는 과학적 구조물이어야 한다. 이러한 의미에서 통화는 발견이 아니라 발명의 대상이다.

구체적으로 통화는 소득이나 물가와 같은 중요한 경제변수의 변동을 설명하는 데 유익한 경제량이어야 한다. 통화는 국민소득과 가장 밀접한 상관관계가 있는 금융자산의 합성체로서 현금, 요구불예금 및 저축성예금을 합한 것으로 정의되어야 한다. 이러한 통화정의는 기능적 통화정의와

1) 참고로 걸리(J. Gurley)와 쇼(E. Shaw)는 통화를 외부통화와 내부통화로 구분하였다. 외부통화(outside money)는 법정불환지폐와 같이 민간부문의 자산인 동시에 공공부문의 부채가 되는 통화를 가리킨다. 한편 내부통화(inside money)는 민간부문 내 어느 경제주체의 자산임과 동시에 민간부문 내 다른 경제주체의 부채가 되는 통화이다. 예를 들면 요구불예금은 가계나 기업에게는 자산이지만 은행의 입장에서는 부채이다.

일치하지 않으며 교환의 매개물로 정의하는 것보다 광의의 개념으로서 총통화(total money)라고 하였다.

우리나라의 통화정의

통화정의에 관한 이론 및 실증적 접근을 살펴본데 이어 제도적(institutional) 또는 공식적인 통화정의를 고찰해보기로 한다.

각국의 통화정의는 금융제도에 따라 다르다. 왜냐하면 통화는 금융기관이 창출한 금융자산으로 구성되어 있으므로 금융기관의 기능이나 지급결제제도 등의 영향을 받기 때문이다.

한국은행은 금융자산의 통화성(유동성)을 중심으로 통화를 정의한다. [표 1-1]에서 보는 바와 같이 M1에는 지급결제기능과 유동성이 높은 현금통화, 요구불예금, 수시입출식 저축성예금, M2에는 유동성이 다소 떨어지나 M1에 속하는 금융자산과 대체성이 있는 모든 예금 취급기관의 통화성 금융자산이 포함된다. 이와 같이 M1, M2 등은 통화성 금융자산을 집계한 것이므로 통화총량(monetary aggregate)이라고 부른다.

[표 1-1] 우리나라의 통화총량[1)]

본원통화 = 화폐발행액(기념화폐 제외) + 지급준비예치금

협의통화(M1) = 현금통화(기념화폐를 제외한 민간화폐보유액) + 요구불예금 및 수시입출식 저축성예금(투신사 MMF 포함)

광의통화(M2) = M1 + 기간물 예·적금 및 부금 + 시장형금융상품(양도성예금증서, 환매조건부채권매도, 표지어음 등) + 실적배당형상품(금전신탁, 수익증권 등) + 금융채 + 기타(투신증권저축, 종합금융회사 발행어음 등) 단, 장기(만기 2년 이상) 금융상품 제외

단, M1, M2는 예금취급기관(중앙은행, 일반은행, 특수은행, 수출입은행, 종금사, 투신사, 은행신탁, 상호저축은행, 새마을금고, 신용협동조합, 상호금융, 우체국예금)을 각각 대상금융기관으로 함.

1) 한국은행 조사통계월보 통계편 참조.

가중통화총량

지금까지 보아 온 통화(총량)는 통화성자산을 단순합계한 것이다. 예를 들어 현금, 요구불예금 및 저축성예금이 각각 10억원씩이면 통화총량은 단순합계인 30억원이 된다. 이러한 방식은 구성자산이 서로 완전한 대체관계에 있으면 아무런 문제가 없다. 통화를 구성하는 자산들의 통화성(moneyness)[1)]이 상이하여 완전한 대체관계가 존재하지 않는 경우에는 모든 자산에 동일한 가중치(단순합계에서는 1)를 부여하고 이를 기초로 통화량을 산출하는 것은 통화성 또는 유동성을 나타내는 정확한 방법이라고 말할 수 없다.

단순 합산한 통화총량이 갖는 문제점을 해결하기 위한 방법은 금융자산을 가중합계하여 통화총량을 추정하는 것이다. 예를 보면 다음과 같다. 현금, 요구불예금 및 이들과 완전한 대체관계를 가지고 있는 통화성자산에 대하여는 1의 가중치를 주고 대체관계가 전혀 없는 자산은 0의 가중치를, 그리고 불완전한 대체관계를 갖고 있는 자산은 0과 1 사이의 가중치, 예를 들면 저축성예금에 대하여는 0.5의 가중치를 부여하는 것이다. 이와 같이 가중치를 반영하여 통화총량을 산출하자는 주장은 이론적으로는 타당성이 있으나 가중치를 객관적으로 정할 수 있는 기준이 없다는 문제점이 있다.

1) 통화성은 유동성과 비슷한 개념이다.

제 2 장

금융제도: 개관

1. 금융제도와 경제

금융제도(financial system)는 금융자산, 금융시장, 금융기관으로 구성된 네트워크로서 [그림 2-1]에서 보는 것처럼 저축자의 자금을 차입자에게 이전한다. 우리 사회에는 소득의 일부를 저축하는 사람이 있는가 하면 소비나 투자를 위해 자금이 필요한 사람이 있다. 금융제도가 저축자의 자금을

그림 2-1 금융제도

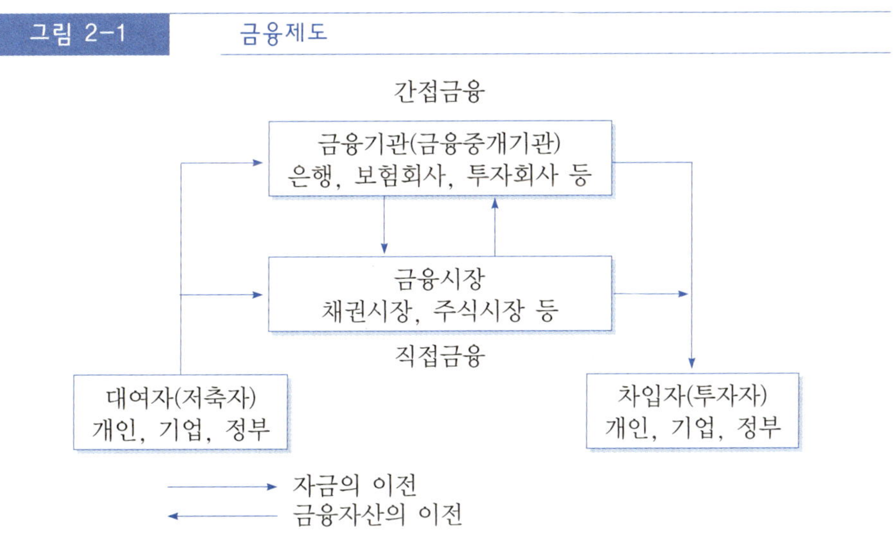

차입자에게 이전하면 차입자는 소비와 투자에 필요한 자금을 조달할 수 있게 되고 자금을 빌려준 저축자는 추가로 소득(예: 이자 등)이 생기게 되어 더 많은 자금을 가질 수 있게 된다. 이와 같이 금융제도는 저축자와 차입자의 목적을 모두 달성할 수 있도록 하므로 효율적으로 운영되면 경제는 더욱 발전하고 사람들의 복리는 증진된다.

금융제도의 경제적 역할은 자금의 이전, 위험의 분산, 유동성 창출, 정보의 수집과 확산 등으로 요약할 수 있다.

자금의 이전

금융제도의 주된 역할은 저축자의 자금을 차입자에게 이전하는 것이다. 저축자는 자금공급자로서 미래에 더 많은 자금을 되돌려 받는다는 조건으로 차입자에게 자금을 빌려 준다. 차입자는 내구소비재, 주택 또는 사업용 기계나 장비의 구입에 사용할 자금의 수요자로서 미래에 더 많은 소득이 생길 것이라는 기대를 갖고 자금을 차입하면서 상환을 약속한다.

자금을 이전하는 방식은 저축자로부터 차입자에게 자금이 직접 이전되는 직접금융(direct finance)과 금융중개기관을 통하여 자금이 간접적으로 이전되는 간접금융(indirect finance)으로 나눌 수 있다. 자금이 이전되면서 대여자와 차입자 사이에 차용증서(IOU)가 교환된다. 차용증서(금융자산)는 미래의 현금(예: 이자, 배당, 원금 등)에 대한 청구권, 즉 금융적 청구권(financial claims)을 나타낸다. 금융적 청구권은 차입자에게는 금융부채이지만 저축자에게는 금융자산이다. 예를 들면 채권은 발행한 기업의 금융부채이지만 투자자에게는 금융자산이다. 마찬가지로 은행예금은 은행에게는 금융부채이지만 예금주에게는 금융자산이다.

위험의 분산

위험(risk)은 금융자산의 가치가 기대한 것과 다르게 변동할 가능성을 의미한다. 거의 모든 저축자는 위험을 기피하기 때문에 큰 폭으로 변동하는 수익보다는 안정적인 수익을 원한다. 일반적으로 저축자는 예금, 채권, 주식 등으로 포트폴리오를 구성한다. 포트폴리오를 구성하는 각 자산의 수익률이 같은 방향으로 변동하지 않으면 포트폴리오의 가치가 크게 변동할 위험은 감소한다. 따라서 투자자는 보유하고 있는 부를 여러 가지 자산에 분산해서 투자하게 되는데, 이를 다각화(diversification)라고 한다. 금융제도는 다양한 금융자산을 공급함으로써 저축자가 투자의 다각화를 이루어 위험을 감소시킬 수 있도록 한다.

유동성 창출

금융제도는 저축자와 차입자에게 유동성(liquidity)을 제공한다. 금융자산의 유동성은 금융자산이 통화와 어느 정도 쉽게 교환될 수 있는가를 의미한다. 저축자는 소비나 투자를 위해 보유자산을 처분해야 할 경우 보유자산이 통화와 용이하게 교환될 수 있기를 원하기 때문에 유동성을 중요시한다. 따라서 저축자는 동일한 조건이면 유동성이 높은 자산을 보유하려고 한다. 예를 들면 현금은 유동성이 매우 높기 때문에 지갑 속에 있는 현금으로 물건을 사는 데 별다른 시간이나 비용이 들지 않는다. 그러나 자동차는 팔아서 현금을 마련하는 데 일정한 시간과 비용이 필요하기 때문에 현금보다 유동성이 매우 낮다. 저축자가 공장에 대한 금융적 청구권을 나타내는 채권이나 주식을 보유하면 공장의 기계를 소유하는 것보다 저축의 유동성은 높다. 특수한 기계보다는 채권이나 주식을 파는 것이 쉽기 때문이다.

이와 같이 유동성이 높은 자산은 개인이나 기업이 새로운 기회나 예상하지 못한 긴급한 사태에 신속하게 대응할 수 있도록 한다. 금융제도는 유동성이 높은 금융자산을 공급함으로써 저축자가 원하는 유동성을 창출하는 역할을 한다.

정보의 수집과 확산

금융제도는 기업과 금융자산의 기대수익에 관한 정보를 수집하고 전달하는 역할을 한다. 수집된 정보는 금융자산의 가격에 반영된다. 정보가 신속하고 완전하게 금융자산의 가격에 반영되는 시장을 효율적 시장(efficient markets)이라고 한다. 효율적 시장에서 형성된 가격은 금융시장 참가자에게 여러 가지 중요한 신호를 보낸다. 저축자나 차입자는 가격이 주는 신호를 감안하여 의사를 결정하게 된다.

금융거래에서 생기는 문제 가운데 하나는 비대칭적 정보(asymetric information)이다. 비대칭적 정보는 관련 당사자가 갖고 있는 정보가 같지 않다는 것을 의미한다. 예를 들면, 의사는 자신의 의술에 대해서 환자보다 더 잘 알 것이므로 의사와 환자가 갖고 있는 정보는 비대칭적이다. 금융거래에서도 대여자와 차입자 사이에 비대칭적 정보가 존재한다. 예를 들면 A는 10억원을 대출받으면서 신기술의 생산라인을 설치하는 데 투자할 것이라고 대출자에게 설명하지만 실제는 그 자금으로 위험한 주식에 투자할 계획이라면 자금용도에 대해 차입자와 대여자 사이에는 비대칭적 정보가 존재한다. 나중에 보는 바와 같이 비대칭적 정보는 거래가 이루어지기 전에는 역선택(adverse selection), 거래한 다음에는 도덕적 해이(moral hazard)문제가 발생한다. 금융시장에 존재하는 비대칭적 정보문제를 해결하기 위하여 금융제도, 특히 금융중개기관은 정보의 수집과 모니터링에 전문화되어 있으며 그 밖에 여러 가지 장치가 마련되어 있다.

2. 금융자산의 역할

금융자산(financial assets)은 미래의 현금(future cash)에 대한 청구권을 밝히는 증서이다. 미래 현금은 미래의 어떤 일정시점 또는 기간중 금융자산의 발행자가 지급할 이자, 배당금 또는 원금을 의미한다. 금융자산은 금융수단(financial instrument) 또는 유가증권(security)이라고도 부른다.

금융자산은 금융적 청구권의 내용에 따라 부채형(debt instrument)과 주식형(equity instrument)으로 나눈다. 부채형 금융자산은 차입자가 자금을 사용한 데 대해 이자를 지급하고 일정한 기간이 지나면 원금을 상환할 것을 약속하는 대차관계를 나타낸다. 대표적인 부채형 금융자산으로는 채권과 예금증서를 들 수 있다. 주식형 금융자산은 부채형 금융자산 보유자에게 일정액을 지급한 다음 잔여이익이 있으면 발행자가 보유자에게 배당금을 지급한다. 주식은 소유권을 나타내므로 주식 보유자는 지분에 따라 발행기업의 일부를 소유한다. 일부 금융자산은 두 가지 요소를 함께 가지고 있다. 예를 들면 전환사채는 주식으로 전환될 수 있는 부채형 금융자산이다.

금융자산의 역할

가치의 저장

대부분의 금융자산은 구매력을 미래로 이전시키는 가치저장기능이 있다. 가치저장 수단으로서 주식이나 채권과 같은 금융자산은 통화보다 유리한 측면이 있다. 금융자산을 보유하면 시간이 경과함에 따라 통화보다 부 또는 소득이 더 증가할 수 있다. 즉 금융자산의 수익은 불확실성이 있으므로 금융자산을 보유하는 것은 통화를 보유하는 것보다 위험이 높지만 금융자산은 수익을 획득하고 가치(구매력)를 미래로 이전하는 수단으로 이용될 수 있다.

예를 들면 은행대출은 차입자가 미래에 상환할 것을 약속하고 은행에서 자금을 빌리는 것이다. 차입자는 재화를 매입하거나 투자하기 위해 자금을 대출받지만 은행으로서는 대출은 이자를 받을 수 있을 뿐 아니라 미래의 일정시점까지 자금의 가치를 저장할 수 있는 수단이 된다. 채권도 가치저장 기능이 있다. 채권발행자는 미래의 특정시점에 상환할 것을 약속하면서 자금을 차입한다. 채권도 은행 대출과 마찬가지로 차입자(발행자)는 필요한 자금을 조달하기 위해 이용하지만 채권매입자는 자금의 가치를 저장하기 위한 수단으로 채권을 이용할 수 있다.

위험의 이전

금융자산은 매입자와 매도자 사이에 위험을 이전하는 기능이 있다. 예를 들어 밀을 생산하는 농민이 밀을 많이 수확하면 큰 소득을 얻을 것이다. 그러나 밀을 생산하는 농민 모두가 풍년을 맞는다면 가격폭락으로 밀을 재배하는 농민들은 손실을 입을 위험이 있다. 이러한 위험을 피하기 위해 농민은 밀을 수확하기 전에 밀 선물계약을 맺음으로써 수확한 다음 발생할 수 있는 가격 하락 위험을 다른 사람에게 이전할 수 있다. 선물계약은 계약당사자가 미래의 특정시점에 특정한 가격으로 일정량의 특정상품을 교환할 것을 합의하는 내용의 금융자산이다. 즉 농민은 선물계약으로 수확할 밀의 판매가격을 수확 전에 확정함으로써 위험을 다른 사람에게 이전한다.

보험계약도 개인이 위험을 보험회사에 이전할 수 있도록 하는 금융자산이다. 자동차 사고는 경제적으로도 큰 부담이 될 수 있으므로 자동차 보험을 매입함으로써 위험을 보험회사에게 이전할 수 있다. 보험회사는 다수의 사람들에게 비슷한 보험을 판매함으로써 위험을 부담할 수 있는 능력을 갖는다. 보험회사가 자동차 사고의 발생시점을 건별로 예측하는 것은 불가능하지만 일정기간 동안 다수의 운전자 가운데 약 몇 퍼센트 정도가 사고를 일으킨다는 것은 예측할 수 있다.

금융자산의 기대수익과 위험

기대수익

사람들이 현금 이외의 금융자산을 보유하는 것은 현금을 보유하면 기회비용(opportunity cost)을 부담하기 때문이다. 즉 현금을 보유하면 다른 금융자산에 투자하여 얻을 수 있는 수익을 잃어버리기 때문이다. 더구나 현금의 구매력은 인플레이션이 발행하면 급속하게 감소할 수 있다.

수익(률)은 미래 어떤 기간의 예상수익인 기대수익(expected return)과 과거 어떤 기간의 실제수익인 실현수익(realized return)으로 구분하는 것이 중요하다. 투자자는 얻을 것으로 기대되는 미래수익을 위해서 투자하고 투자기간이 끝나면 실현된 수익이 남는다. 투자자가 금융자산을 보유함으로써 실제로 얻는 수익은 투자를 시작할 때 기대했던 수익보다 적거나 많을 수 있다.

위 험

위험은 투자의 실현수익이 기대수익과 다를 수 있는 가능성을 의미한다. 따라서 정부가 발행한 채권은 만기가 되었을 때 상환되지 않을 가능성이 없기 때문에 국채의 수익은 실질적으로 위험(채무불이행 위험)이 없다고 할 수 있다. 그러나 대기업도 장기채권이 만기가 되었을 때 상환하지 못할 가능성이 전혀 없다고 말할 수 없다. 어떤 주식은 기대수익이 실현되지 않을 가능성이 매우 높다.

일반적으로 투자자는 위험을 기피한다. 위험을 기피하는 투자자(risk-averse investor)는 적절한 보상(기대수익)이 기대되지 않으면 위험을 부담하지 않는다. 위험에 대한 보상이 기대된다면 큰 위험을 부담해도 불합리하다고 말할 수 없다. 불합리한 것은 적절한 위험을 부담하지 않으면서 큰 이익을 기대하는 것이다. 어떤 투자자는 높은 위험을 부담하면서 높은 수익을 기대하지만 다른 투자자는 큰 위험을 부담하지 않고 큰 수익도 기대하지 않는다. 이와 같이 기대수익과 위험 사이에는 정(+)의 관계가 존재한다.

기대수익과 위험의 관계

금융자산의 기대수익과 위험의 관계는 종축은 기대수익, 횡축은 위험을 나타내는 [그림 2-2]에서 보는 것처럼 우상향의 직선으로 나타낼 수 있다. 즉 합리적 투자자는 적절한 보상(기대수익)이 있으면 더 많은 위험을 부담할 수 있으므로 기대수익과 위험의 관계를 나타내는 직선은 우상향의 기울기를 갖는다. 기대수익은 추가로 위험을 부담하기에 충분할 정도로 커야 한다는 것을 의미한다.

그림의 종축에 표시된 R_f는 국채와 같은 무위험자산의 수익률, 즉 무

그림 2-2 기대수익과 위험

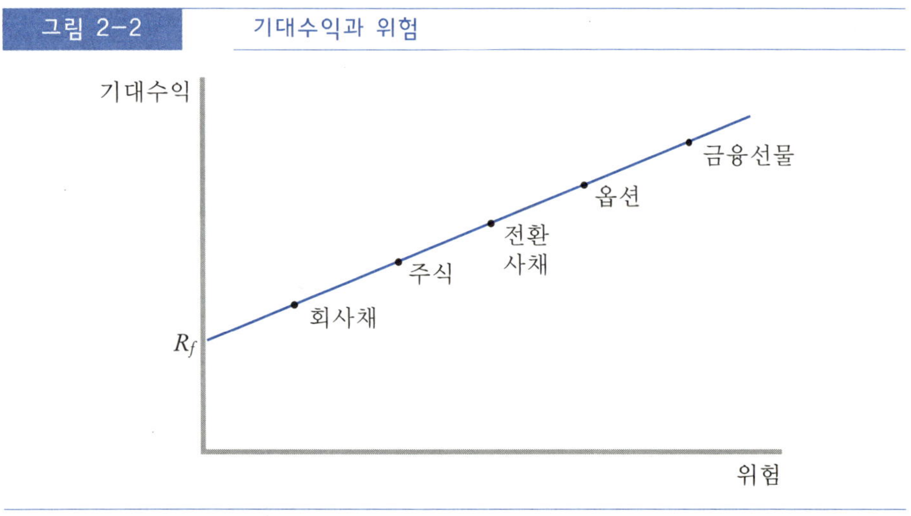

위험수익률(risk-free rate of return)을 나타낸다. R_f의 위치는 위험(채무불이행 위험)이 영(0)이고 무위험자산의 기대수익률은 현재수익률과 같다는 것을 의미한다. 기대수익과 위험은 대응관계가 있으므로 위험을 부담하지 않으려는 사람은 무위험수익률(R_f)에 만족하여야 한다. R_f보다 더 높은 수익률을 원하는 투자자는 기대수익과 위험의 관계를 나타내는 직선을 따라 위로 이동하여야 한다. 국채부터 시작하여 위험이 조금 더 많은 회사채, 주식, 금융선물 등으로 이동한다. 그림에서 나타내는 수익과 위험의 관계는 사전적(ex ante)인 것으로 투자자는 투자하기 전에 위험이 높은 자산에 대해 높은 수익을 기대한다는 것을 의미한다.

3. 금융시장의 기능

금융시장(financial markets)은 금융자산이 교환(거래)되는 시장이다. 금융시장의 존재가 금융자산의 창출과 교환의 필요조건은 아니지만 거의 모든 금융자산은 금융시장에서 창출된 다음 거래된다. 금융시장은 거래당사자가 매매에 필요한 정보를 서로 전달할 수 있도록 함으로써 금융자산의 교환을 용이하게 하는 메커니즘이라고 할 수 있다. 따라서 통신은 금융시장 존립의 필요조건이라고 할 수 있다.

금융시장의 기능

금융시장은 다음과 같은 중요한 경제적 역할을 한다.

금융자산의 가격결정

금융시장에서 일어나는 매입자와 매도자의 상호작용이 금융자산의 가격을 결정한다. 시장에서 결정되는 가격은 금융자원을 효율적인 곳으로 배분하므로 금융시장은 경제 내의 자금이 어느 금융자산에 배분되어야 한다는 신호를 보낸다. 이와 같은 가격의 경제적 기능을 가격발견과정(price discovery process)이라고 한다.

유동성의 제공

금융시장은 투자자가 금융자산을 매각할 수 있는 메커니즘을 제공한다. 이러한 기능 때문에 금융시장은 유동성을 공급하게 된다. 금융시장의 유동성 공급은 투자자가 필요할 때 금융자산을 매각할 수 있도록 하는 중요한 기능이라고 할 수 있다. 만일 금융시장이 유동성을 공급하지 않는다면 금융자산의 소유자는 부채형 금융자산은 만기 때까지 보유하여야 하고, 주식형 금융자산은 주식을 발행한 기업이 청산될 때까지 보유하여야 한다.

거래비용의 감소

금융시장은 거래비용을 감소시키는 기능을 한다. 거래비용은 탐색비용(search costs)과 정보비용(information costs)으로 나누어 볼 수 있다. 탐색비용은 금융자산을 매수 또는 매도하려고 하는 의도를 알리는 데 드는 비용과 거래상대방을 찾는 데 소비하는 시간 등을 가리킨다. 이와 같은 탐색비용은 조직화된 금융시장이 있으면 대폭 감소한다. 정보비용은 금융자산의 가치평가와 관련된 비용이다. 즉 금융자산의 기대현금흐름을 평가하는 데 필요한 정보를 수집하고 분석하는 데 드는 비용이다. 효율적 금융시장은 가격에 모든 정보를 반영하므로 금융시장은 투자자의 정보비용을 감소시킨다.

시장참가자에 대한 규율

금융시장은 시장에 참가하는 기업과 정부를 감시하고 평가하는 규율(market discipline) 기능이 있다. 주식이나 채권은 금융시장에서 거래되므로 기업이 어떤 계획을 추진할 경우, 예를 들면 다른 기업을 인수하거나 사업을 대폭 확대하려고 한다면 금융시장의 반응을 고려하게 된다. 기업의 계획에 대해 금융시장의 반응이 부정적이면 기업의 자금조달비용은 상승하고 주가는 하락한다. 만일 정부가 방만하게 지출을 증가시키거나 적자규모를 확대하는 경우 금융시장은 국채가격의 하락과 이자율의 상승으로 대응한다.

금융시장의 구조

금융시장은 여러 가지 개별시장으로 구성되어 있다. 개별시장은 거래되는 금융자산의 만기, 거래단계, 결제시점, 시장조직 등을 기준으로 구분된다.

단기금융시장과 자본시장

단기금융시장(money markets)은 발행시의 만기가 1년 이하인 금융 자산이 거래되는 시장으로 콜시장, 양도성예금증서(CD)시장, 환매조건부채권매매(RP)시장, 기업어음(CP)시장, 표지어음시장, 통화안정증권시장 등이 있다. 자본시장(capital market)은 발행시의 만기가 1년 또는 그 이상인 장기금융자산이 거래되는 시장이다. 자본시장이라고 부르는 것은 장기금융자산은 주로 자본 투자를 위한 자금조달을 위해서 발행되기 때문이다. 자본시장으로는 주식시장과 채권시장이 있다.

발행시장과 유통시장

발행시장(primary market)은 새로 발행되는 금융자산이 거래되는 시장이다. 예를 들면 신설된 기업이 주식을 발행하려고 하면 발행시장에서 매각한다. 마찬가지로 정부가 국채를 새로 발행할 때는 발행시장에서 매각한다. 유통시장(secondary markets)은 이미 발행된 금융자산을 거래하는 시장이다.

현금결제시장과 파생금융상품시장

현금결제시장(spot markets)은 금융자산이 거래되는 즉시 결제되는 시장(예: 주식시장)이다. 파생금융상품시장은 그 가치가 주식 또는 채권 등과 같은 기초자산의 가치에 의하여 결정되는 파생금융상품(예: 금융선물, 옵션, 스왑 등)이 거래되는 시장으로서 거래는 지금하고 결제는 나중에 이루어지는 시장이다.

거래소시장과 장외시장

거래소시장은 다수의 거래인이 한 장소에 모여 경쟁적인 입찰을 통해 가격을 결정하는 경쟁입찰시장(auction markets)을 가리킨다. 장외시장은 거래소 이외의 장소에서 거래소에 상장된 것은 물론 상장되지 않는 유가증권의 거래가 이루어지는 비조직적 시장이다. 장외시장은 거래가 매매당사자의 개별적인 접촉을 통해 이루어지는 직접거래시장과 증권 관련 기관을 통해 이루어지는 점두시장(OTC: over-the-counter markets)이 있다.

4. 금융기관의 서비스

금융기관의 금융서비스

금융기관(financial institutions)은 아래에 열거한 것 가운데 하나 또는 그 이상의 금융서비스를 제공하는 기업이다.

1. 시장을 통해 획득한 금융자산(예: 대출)을 많은 사람들이 선호하는 다양한 형태의 자산(예: 예수금)으로 전환한다(전환된 자산은 그 금융기관의 부채가 된다). 다시 말하면 저축자로부터 자금을 차입하여 차입자에게 대여한다.
2. 고객을 위하여 금융자산을 교환한다.
3. 자신의 계정으로 금융자산을 교환한다.
4. 고객을 위하여 금융자산을 창출한 다음 다른 시장참가자에게 매각한다.
5. 다른 시장참가자의 투자자문에 응한다.
6. 다른 시장참가자의 포트폴리오를 관리한다.

첫번째의 금융서비스는 금융중개기관(financial intermediaries)의 기능에 속한다. 가장 중요한 금융기관인 은행, 보험회사, 상호저축은행, 연기금, 신용협동조합, 증권투자회사 등이 금융중개기관에 속한다. 두 번째와 세 번째의 금융서비스는 중개인(broker)과 딜러(dealer)의 기능이고 네 번째는 투자은행(investment banks)의 인수(underwritting) 기능이다.

금융중개기관의 역할

금융시장은 금융자산의 가격을 결정하고 금융자원을 가장 생산적인 곳에 배분하는 중요한 역할을 한다. 그러나 금융시장은 일반인이나 기업이 자금을 조달하는 원천이라는 점에서 보면 금융중개기관에 비하여 중요도가 낮다. 금융중개기관을 통한 간접금융이 주식이나 채권시장을 통한 직접금융보다 훨씬 중요하다. 이것은 금융중개기관이 거래비용과 정보비용을 대폭 감소시키는 역할을 하기 때문이다.

좀더 자세히 보면 금융중개기관이 없다면 저축자는 부(wealth)를 현금으로 보유하거나 자금이 필요한 차입자나 기업을 찾아 대여할 수밖에 없다. 차입자도 대여자를 찾아 필요한 자금을 조달하여야 한다. 따라서 모든 금융거래는 직접금융이 될 것이다.

직접금융은 운영하기 어렵고 많은 비용이 든다.

첫째, 높은 거래비용(transaction costs)을 들 수 있다. 거래자가 적합한 상대방을 발견하는 데 시간과 비용이 소요될 뿐 아니라 거래할 상대를 찾아도 거래를 유효하게 만들 계약서를 작성하는 데 많은 비용이 들 것이다. 대출계약서를 직접 작성하거나 변호사에게 의뢰하여 작성할 필요가 있다.

그러나 금융중개기관은 대출계약도 표준화된 계약서가 준비되어 있으며 특별한 경우는 변호사 등이 계약서를 작성하는 데 참가한다. 자금을 투자하는 것은 금융중개기관의 일상적인 업무이므로 법률전문가를 채용하면 비용을 절감할 수 있다.

두 번째는 정보비용(information costs)이다. 저축자는 대여하기 전에 차입자의 신용도를 평가하여야 하고 대여한 다음에는 차입자가 자금을 원래의 목적대로 사용하고 있는지 감시하여야 한다. 나중에 보는 바와 같이 금융중개기관은 신용과 자산을 분석하고 모니터링 하는 데 전문화되어 있다.

저축의 집중

금융중개기관의 핵심적인 기능은 다수의 소액저축을 모으는 것이다. 많은 소액저축을 받아들임으로써 은행 등 금융중개기관은 대규모로 대출하거나 투자할 수 있는 역량을 갖게 된다. 거액대출을 위해 사람들의 저축을 모으려면 금융중개기관은 많은 저축자를 끌어들이지 않으면 안 된다. 이것은 간접금융의 기본이며 또한 금융중개기관은 건전성에 대해 예금주가 확신을 갖도록 하는 것이 긴요하다는 것을 의미한다. 특히 은행은 고객이 예금의 안전에 대해 확신을 갖도록 하는 데 많은 노력을 기울인다. 과거에는 은행은 큰 빌딩을 짓고 거대한 금고를 설치함으로써 고객을 안심시켰으나 오늘날은 고객의 평가, 예금보호제도, 정부의 규제 등에 의존한다.

지급결제

사람들은 금융부(financial wealth)를 예금과 같은 형태로 은행이나 다른 금융중개기관에 맡긴다. 금융기관이 안전하게 보관할 것으로 믿기 때문이다. 은행의 보관기능은 사람들에게 즉시 떠오르는 은행서비스 가운데 하나일 뿐이다. 그 밖에도 자동현금출납기(ATM: automated teller machine), 수표, 신용카드 등도 사람들이 일상적으로 이용하는 서비스이다.

은행은 예금주에게 ATM, 신용카드, 수표, 직불카드 등의 서비스를 제공하면서 지급제도를 이용하게 한다. 지급제도는 자금을 한 사람의 계좌에서 다른 사람의 계좌로 이전하는 네트워크를 가리킨다. 은행은 예금주가 현금으로 찾을 수 있도록 할 뿐 아니라 신용카드, 수표, 직불카드 등을 결제할 수 있도록 한다. 은행은 지급결제에 전문화되어 있으므로 결제서비스를 저렴하게 제공할 수 있다. 금융중개기관의 이러한 기능은 금융거래비용을 감소시킨다.

유동성의 공급

지급제도와 관련한 기능으로서 금융중개기관의 유동성 공급을 들 수 있다. 유동성은 금융자산을 지급수단으로 얼마나 저렴한 비용으로 용이하게 전환할 수 있는가를 나타내는 척도이다. 어떤 금융자산이 신속하고 저렴한 비용으로 통화로 전환될 수 있으면 유동성이 높다고 한다. 금융중개기관은 저축자들이 금융자산을 비교적 낮은 비용으로 통화로 전환할 수 있도록 한다. 예를 들면 ATM은 예금잔액을 요구하는대로 통화로 전환해 준다.

금융중개기관은 모두에게 효율적이고 이익을 주는 방향으로 유동성을 공급한다. 은행에는 두 종류의 고객이 찾아온다. 하나는 여유자금을 예금하려고 하는 고객이고, 다른 하나는 대출을 받으려는 고객이다. 예금주는 긴급한 필요가 생기면 예금의 상당부분을 손쉽게 찾을 수 있기를 원한다. 차입자는 적어도 일정기간 자금을 상환하지 않을 뿐 아니라 급작스러운 통고로 차입금 전액을 상환하는 일이 없기를 바란다. 은행도 모든 예금주가 동시에 예금을 인출하는 일은 없을 것이라는 것을 안다. 이와 같은 여건에 맞추어 은행은 자산을 구성한다. 긴급히 자금을 필요로 하는 소수의 예금주를 위하여 단기유동성자산에 일부 자금을 운용하고 나머지는 대출한다. 장기대출은 상업어음과 같은 단기금융상품보다 수익률이 높기 때문에 은행은 예금주 자신이 자금을 단기금융상품에 운용하여 얻는 수익률보다 더 높은 수익률을 제공할 수 있다.

위험의 분산

예를 들어 1,000명의 차입자에게 10,000원씩 대출하는 것이 차입자 한 사람에게 1,000만원을 대출하는 것보다 더 안전하다는 것은 자명하다. 마찬가지로 1,000가지 다른 주식에 10,000원씩 투자하는 것이 한 가지 주식에 1,000만원을 투자하는 것보다 안전하다. 금융중개기관은 사람들이 투자를 다각화하고 위험을 감소시킬 수 있도록 하는 역할을 한다. 은행은 간단한 방법으로 위험을 감소시킨다. 예를 들면 은행은 수십만 또는 수백만의 예금주로부터 자금을 받아 수만 또는 수십만 건으로 대출한다. 따라서 각 예금주의 예금이 개별대출에서 차지하는 비중은 매우 작다. 예를 들어 은행이 100만 명의 예금주로부터 1,000원씩 예금을 받아 모은 10억원을 10만원씩 1만 명에게 대출한다면 각 예금주가 대출에서 차지하는 비중은 100만분의 1 밖에 되지 않는다.

은행뿐 아니라 모든 금융중개기관은 개인이 적은 비용으로 투자를 다각화할 수 있도록 해준다. 뮤추얼펀드는 소액투자자에게 다각화된 주식포트폴리오를 저렴한 비용으로 제공함으로써 나중에 보는 바와 같이 개별투자와 관련된 비체계적 위험을 제거할 수 있도록 한다.

정보의 수집과 처리

저축자가 직접 자금을 대출할 때 생기는 문제는 신뢰할 수 있는 차입자를 가려내는 일이다. 거의 모든 저축자는 차입자에 대한 정보를 수집하고 처리할 수 있는 기법이나 시간이 없다. 그러나 저축자는 믿을 만한 정보가 조금밖에 없는 곳에 투자하려고 하지 않는다. 차입자는 자기 자신이 신뢰할 만한 사람인지 아닌지를 잘 알고 있지만 대여자가 차입자에 대해 그러한 정보를 얻으려면 상당한 비용과 시간이 소요된다.

나중에 보는 바와 같이 금융중개기관은 표준화된 정보를 수집하고 처리함으로써 대여자와 차입자 사이의 금융시장에 존재하는 비대칭적 정보 때문에 생기는 문제를 감소시킨다. 예를 들면 금융중개기관은 대출 심사를 실시하고 차입자가 대출금을 원래의 목적대로 사용하고 있는지 확인한다.

제Ⅱ편
이 자 율

제 3 장

현재가치와 이자율

이자율[1)](rate of interest)은 자금을 빌린 차입자가 대여자에게 지급하는 임차료(rental fee)이다. 차입자가 임차료를 지급하는 것은 대여자의 기회비용을 보상하기 위한 것이다. 대여자의 입장에서 보면 다른 용도로 사용할 수 있음에도 불구하고 이를 포기하고 대출했기 때문에 차입자는 대여자의 잃어버린 기회를 보상할 필요가 있다.

오늘날 이자율이 개인, 기업, 정부 모두에 대해 갖는 중요성은 매우 크다. 이자율은 현재와 미래를 연결시키고 상이한 시점에 이루어지는 지급액의 가치를 비교할 수 있도록 한다. 이자율은 오늘의 대출에 대한 미래의 보상과 함께 오늘 차입하고 나중에 상환할 비용을 말해 준다.

건전한 금융결정(financial decisions)을 내리기 위해서는 여러 가지 자산의 다양한 이자율을 계산하고 비교하는 방법을 알지 않으면 안 된다. 이 장에서는 미래가치와 현재가치의 개념을 이용하여 이자율을 고찰하고 이들 개념을 금융자산, 특히 채권의 평가에 적용하기로 한다. 마지막으로 이자율과 인플레이션의 관계를 살펴본다.

1) 이 책에서는 '이자율'과 '금리' 용어를 함께 사용하기로 한다.

1. 미래가치와 현재가치

상이한 시점에서 지급되는 금액의 가치를 비교하기 위해서는 미래가치와 현재가치라는 개념이 필요하다. 이 개념을 이용하여 어느 날 지급하기로 한 약속이 다른 날에 지급하기로 한 약속보다 왜 가치가 높거나 낮은지 알아보기로 한다.

미래가치

예를 들어 만원을 이자를 지급하는 은행계좌에 넣어 둔다면 미래가치는 얼마가 될 것인가. 미래가치(future value)는 오늘 투자한 금액의 미래 어떤 시점에서의 가치를 의미한다. 예를 들어 이자율이 연 5%인 은행의 저축예금에 100만원을 오늘 투자했다면 1년 후에는 105만원이 될 것이다. 따라서 이자율이 5%인 경우 100만원의 1년 후 미래가치는 105만원이 된다. 이 예는 다음과 같이 나타낼 수 있다.

100만원＋100만원×(0.05)＝105만원
투자의 현재가치＋이자＝1년 후의 미래가치

위 식은 이자율이 높을수록 미래가치도 높아진다는 것을 보여 주고 있다. 만일 이자율이 6%로 상승한다면 100만원의 미래가치는 106만원이 된다.

100만원＋100만원×(0.06)＝106만원

따라서 현재가치(present value)가 PV이고 이자율이 i인 투자의 미래가치(FV)는 다음과 같은 일반형으로 나타낼 수 있다.

$$FV = PV + PV \times i$$
$$= PV(1+i) \qquad (3\text{-}1)$$

일년 후의 미래가치 = 투자의 현재가치×(1＋이자율)

위 식에서 이자율이나 투자금액이 높을수록 미래가치도 높아진다는 것을 알 수 있다. 그러나 모든 금융자산이 1년 후 한 번만 지급되는 것은 아니기 때문에 여러 번에 걸쳐 지급되는 경우를 보기로 하자. 먼저 2년 후 상환되는 투자의 미래가치를 계산해 보기로 한다. 상환시점이 1년보다 더 장기인 경우에 1년 이자율을 이용하여 투자가치를 계산하려면 이자에 대해 이자를 부과하는 복리(compound interest) 개념을 적용할 필요가 있다. 왜냐하면 만일 이자를 지급하는 은행계좌에 2년간 예금해 두면 두 번째 해에는 초기 투자에 대한 이자뿐만 아니라 첫해에 받은 이자에 대한 이자도 받게 되기 때문이다.

위에서 본 예와 같이 연 5%의 이자를 받는 조건으로 100만원을 2년간 은행에 예금한다고 가정하자. 이 투자의 미래가치는 네 가지로 구성된다. 즉 초기 투자(예금) 100만원, 투자에 대한 첫해 이자, 투자에 대한 두 번째 해 이자, 첫해에 받은 이자에 대한 두 번째 해의 이자 등이다.

$$100\text{만원} + 100\text{만원}(0.05) + 100\text{만원}(0.05) + 5\text{만원}(0.05) = 110.25\text{만원}$$

위 식은 $100\text{만원}(1+0.05)(1+0.05) = 100\text{만원}(1+0.05)^2$로 바꾸어 쓸 수 있다.

예금기간이 3년, 4년, 5년으로 길어지는 경우에는 $(1+0.05)$를 햇수대로 곱하면 된다. 예를 들어 3년인 경우에는 $100\text{만원}(1+0.05)^3 = 115.76$만원이 된다.

지금까지 본 예를 기초로 일반화된 미래가치식을 구할 수 있다.

$$FV_n = PV \times (1+i)^n \tag{3-2}$$

$$n\text{년 후의 미래가치} = \text{투자의 현재가치} \times (1+\text{이자율})^n$$

현재가치

미래가치가 중요한 이유를 이해하는 것은 어렵지 않다. 우리는 저축과 투자가 미래에 얼마가 될지에 대해 관심을 가질 수 있다. 그러나 그것이 우리가 알고자 하는 전부는 아니다. 미래에 지급하기로 한 금액이 오늘은 얼마의 가치가 있는가도 알고 싶은 것 가운데 하나다. 예를 들어 대여자가 225만원을 빌려 주고 차입자는 3년간 매년 100만원씩 상환하거나 2년간 매년 125만원씩 상환할 것을 제안한다고 하자. 대여자는 어느 것을 선택하여야 할까. 이 질문에 답하기 위해서는 정한 날짜에 지급할 금액의 현재가치를 산출해야 한다. 현재가치는 때로는 할인된 현재가치(present discounted value)라고도 부른다.

현재가치(present value)는 미래에 지급받기로 약속한 금액의 오늘의 가치이다. 바꾸어 말하면 현재가치는 미래에 특정금액을 만들기 위해 오늘 투자하여야 할 금액을 의미한다. 모든 금융자산은 미래에 현금을 지급할 것을 약속하므로 이러한 미래지급액을 평가할 수 있는 방법을 아는 것이 필요하다. 특히 현재가치는 모든 금융자산의 가격을 계산하는 데 빼놓을 수 없는 극히 중요한 요소이다.

현재가치의 산출을 이해하기 위해 앞서 본 미래가치의 예로 돌아가자. 미래가치에 관한 예에서 이자율이 5%인 경우 오늘 투자한 100만원의 1년 후 미래가치는 105만원이라는 것을 보았다. 이것은 이자율이 5%인 경우 1년 후의 105만원의 현재가치는 100만원이라는 것을 의미한다. 미래가치를 계산하는 (3-1)식의 양변을 $(1+i)$로 나누면 다음과 같은 현재가치(PV)식을 얻는다.

$$PV=\frac{FV}{(1+i)} \qquad (3\text{-}3)$$

위에서 본 예의 현재가치는 다음과 같이 구할 수 있다.

$$\frac{FV}{(1+i)}=\frac{105\text{만원}}{1.05}=100\text{만원}$$

즉 이자율이 5%인 경우 1년 후 105만원의 현재가치는 100만원이 된다.

미래가치는 오늘의 투자가 미래에 어느 정도의 가치를 갖게 되는가를 가리키는 반면 현재가치는 미래의 지급액이 오늘 얼마의 가치가 있는가를 나타낸다. 따라서 현재가치와 미래가치는 대칭적인 특성을 갖는다. 예를 들면 미래가치는 이자율이 상승하면 함께 상승하지만 현재가치는 이자율이 상승하면 하락한다. 예를 들어 이자율이 6%인 경우 1년 후 105만원의 현재가치는 99.06만원(=105만원/1.06)이 된다. 이자율이 5%인 경우의 현재가치(100만원)보다 적다. 이자율이 상승하면 현재가치는 하락한다는 것을 알 수 있다.

만일 지급이 1년이 아니라 2년 후에 이루어진다면 어떻게 되는가. 즉 이자율이 5%인 경우 2년 후 105만원의 현재가치는 얼마가 되는가. 미래가치식을 이용하여 105만원의 현재가치를 구할 수 있다. 즉 105만원= $PV(1+0.05)^2$를 PV에 관해서 풀면 해답(PV=95.24만원)을 얻을 수 있다.

이와 같은 과정은 미래가치식을 이용하여 일반화할 수 있다. (3−2)식, 즉 $FV_n = PV(1+i)^n$의 양변을 $(1+i)^n$로 나누면 다음과 같은 현재가치의 일반식을 얻게 된다.

$$PV = \frac{FV_n}{(1+i)^n} \qquad (3\text{-}4)$$

(3−4)식은 간단하지만 현재가치의 중요한 특성을 말해준다.

- 지급액의 미래가치(FV)가 높을수록
- 지급기간(n)이 짧을수록
- 이자율(r)이 낮을수록

⇒ 현재가치는 높아진다.

현재가치식인 (3−4)식은 앞으로 반복해서 사용하게 된다. 이 식은 금융자산에 관한 극히 중요한 관계를 나타내고 있다. 미래지급액의 현재가치를 계산할 수 있으면 우리는 채권, 대출, 주식 등 모든 금융자산의 기본가치(fundamentals)를 파악할 수 있다.

끝으로 현재가치 산출식에서 이용되는 이자율(i)을 할인율(discount rate)이라고도 부른다. 그것은 현재가치를 산출하는 데 미래의 지급액을 오늘의 현재가치로 감소시키기 위하여 할인하는 과정이 있기 때문이다. 이자율 대신 사용하는 용어로 수익률(yield)이 있는데 채권을 보유하면 생기는 수익(return)을 나타내기 위하여 사용된다. 일반적으로 이자율, 할인율, 수익률 모두 같은 의미로 사용된다.

2. 채권의 현재가치

위에서 본 현재가치는 주식, 채권 등 각종 금융자산의 가치(또는 가격)를 추정하는 데 널리 이용되는 극히 중요한 개념이다. 여기서는 채권의 가치를 추정하는 과정(평가: valuation)을 예를 들어 설명해 보기로 한다. 채권(bonds)은 특정한 미래에 일정한 금액을 지급할 것을 약속한 것이다. 차입자는 일정한 금액을 빌리면서 대여자에게 차용증서(IOU)를 준다. 정부나 기업은 차입할 필요가 생기면 채권을 발행한다. 채권은 지급의무를 발생시키는 법적 계약으로 차입자는 대여자에게 이자와 원금을 지급해야 하고 차입자가 지급의무를 이행하지 않을 때에는 어떻게 한다는 것을 밝힌다.

채권은 여러 가지가 있으나 가장 일반적인 이표채(coupon bond)에 관해서 보기로 한다. 예를 들어 100만원이 필요한 차입자는 액면가액이 100만원인 이표채를 대여자에게 발행하거나 매각한다. 채권발행인은 매년 쿠폰이자(coupon payments)를 지급하여야 한다. 매년 지급하는 이자를 차입에 대한 백분율(퍼센티지)로 표시한 것을 쿠폰이율(coupon rate) 또는 이표이율이라고 부른다. 만일 쿠폰이율이 5%이면 채권발행인은 차입한 100만원에 대해 매년 5만원씩 채권보유자에게 지급해야 한다. 매년 지급하는 쿠폰이자는 차입액에다 쿠폰이율을 곱한 것과 같다. 또한 채권은 원금상환과 이자지급이 끝나는 시점을 정한다. 이 날을 만기(maturity date) 또는 만기까지의 기간(term to maturity)이라고 부른다. 만기에 상환하는 최초의 차입액을 원금(principal) 또는 액면가액(face value)이라고 부른다.

이와 같이 채권은 존속기간 동안 이자를 지급하고 만기에 원금을 상환한다는 계약이다. 이러한 계약을 사람들은 얼마를 주고 사려고 할 것인가. 대답은 현재가치에서 찾을 수 있다. 왜냐하면 채권가격은 채권지급액의 현재가치이기 때문이다. 채권지급액은 원금과 이자로 나눌 수 있다.

원금의 현재가치

채권원금의 현재가치는 현재가치식을 이용하여 구한다. 원금(*F*)이 100만원이고 만기가 n년인 원금의 현재가치(P_{BP})는 다음과 같다.

$$P_{BP}=\frac{F}{(1+i)^n}=\frac{100\text{만원}}{(1+i)^n} \qquad (3\text{-}5)$$

위 식에서 원금의 현재가치는 만기까지의 시간(n)과 이자율(i)에 따라 변동한다는 것을 알 수 있다. 원금이 지급될 때까지의 시간이 길수록, 이자율이 높을수록 원금의 현재가치는 낮아진다. 예를 들어 이자율이 6%이고 30년 후에 지급되는 원금이 1,000만원인 경우 현재가치는 174.11만원 [$=1{,}000\text{만원}/(1+0.06)^{30}$]이 된다. 이자율이 4%로 낮아지면 원금의 현재가치는 308.32만원이 되지만 원금액의 반보다도 훨씬 작다.

쿠폰이자의 현재가치

쿠폰이자는 같은 금액이 만기까지 계속해서 지급되므로 각 지급액의 현재가치를 구하여 합산하면 쿠폰이자 지급액의 현재가치를 구할 수 있다. 예를 들어 이자율이 6%이고 10만원씩 2년간 매년 지급되면 지급된 쿠폰이자의 현재가치는 18.33만원이 된다.

$$\frac{10\text{만원}}{1.06}+\frac{10\text{만원}}{1.06^2}=9.43\text{만원}+8.90\text{만원}=18.33\text{만원} \qquad (3\text{-}6)$$

만일 5년간 10만원씩 매년 지급된다면 쿠폰이자의 현재가치는 다음과 같다.

$$\frac{10\text{만원}}{1.06}+\frac{10\text{만원}}{1.06^2}+\frac{10\text{만원}}{1.06^3}+\frac{10\text{만원}}{1.06^4}+\frac{10\text{만원}}{1.06^5}$$
$$=42.12\text{만원} \qquad (3\text{-}7)$$

따라서 n년 동안 매년 지급되는 쿠폰이자(C)의 현재가치(P_{CP})산식은 다음과 같이 일반화할 수 있다.

$$P_{CP}=\frac{C}{(1+i)}+\frac{C}{(1+i)^2}+\frac{C}{(1+i)^3}+\cdots\cdots\cdots+\frac{C}{(1+i)^n} \tag{3-8}$$

채권의 현재가치

채권(이표채)의 현재가치는 원금과 쿠폰이자의 현재가치를 합한 것이므로 (3－5)식과 (3－8)식을 결합하여 구할 수 있다.

$$\begin{aligned} P_{CB}&=P_{CP}+P_{BP} \\ &=\left[\frac{C}{(1+i)}+\frac{C}{(1+i)^2}+\cdots\cdots\cdots+\frac{C}{(1+i)^n}\right]+\frac{F}{(1+i)^n} \end{aligned} \tag{3-9}$$

위 식은 다소 복잡하게 보이지만 두 부분으로 나누어 보면 다음과 같은 점을 알 수 있다. 이표채의 가치(P_{CB})는 ① 쿠폰이자(C)가 상승하면, ② 이자율(i)이 하락하면 상승한다. 첫번째는 쿠폰이율이 상승하면 더 많은 이자가 지급되고, 이자지급액이 많아지면 현재가치는 더 커지기 때문이다. 두 번째는 현재가치식에서 보는 것처럼 이자율이 낮아지면 모든 미래지급액의 현재가치가 상승하기 때문이다.

이자율의 상승은 채권가격의 하락을 의미하고 이자율의 하락은 채권가격의 상승을 의미한다는 사실은 극히 중요하다. 채권은 미래에 확정된 금액의 지급을 약속하기 때문에 이자율이 높을수록 지급액의 현재가치는 더욱 낮아진다. 따라서 채권의 가치(가격)는 약속된 지급액을 할인하는 데 사용된 이자율과 역(inverse)의 관계를 갖는다는 것을 알 수 있다.

3. 명목이자율과 실질이자율

지금까지의 논의에서는 인플레이션이 없는 것으로 묵시적으로 가정하였기 때문에 할인에 사용한 이자율은 명목이자율이면서 실질이자율이었다. 그러나 인플레이션이 발생하면 명목이자율(nominal rate of interest)은 실질이자율(real rate of interest)보다 높아진다. 인플레이션으로 인해 원금과 이자의 구매력이 감소될 것으로 기대하는 대여자는 기대손실에 대한 보상으로 프리미엄을 요구하기 때문이다. 기대인플레이션과 이자율의 관계는 피셔의 법칙(Fisher's Law)이라고 부르며 다음과 같이 나타낸다.

$$(1+\boldsymbol{i})=(1+\boldsymbol{r})\times(1+\pi^{e}) \qquad (3\text{-}10)$$

단, i = 명목이자율
r = 실질이자율
π^e = 기대인플레이션

(3－10)식은 명목이자율은 실질이자율과 기대인플레이션을 반영한다는 것을 보여주고 있다. 대여자가 요구하는 기대인플레이션에 대한 보상은 원금과 이자 모두에 적용된다. (3－10)식의 좌변은 (100%＋이자율) 또는 (대출액＋이자)와 같기 때문이다.

(3－10)식은 아래와 같은 근사식으로 단순화할 수 있다.

$$\boldsymbol{i}=\boldsymbol{r}+\pi^{e} \qquad (3\text{-}11)$$

(3－10)식에는 있으나 (3－11)식에는 없는 것은 서로 상쇄된 1과 너무 작아 일반적으로 무시되는 ($\boldsymbol{r}\times\pi^e$)이다. 예를 들어 실질이자율($r$)이 3% 또는 0.03이고 기대인플레이션($\pi^e$)이 5% 또는 0.05라고 하면 두 개를 곱한 값은 단지 0.0015에 불과하다. 피셔식은 명목이자율과 기대인플레이션은 정(+)의 관계를 갖는다는 것을 보여 주고 있다. 기대인플레이션이 상승하면 명목이자율도 상승한다. 기대인플레이션이 명목이자율에 미치는 영향을 피셔효과(Fisher effect)라고 한다.

제 4 장

포트폴리오 선택이론

금융제도는 많은 종류의 금융자산을 공급한다. 저축자(투자자)는 여러 가지 금융자산 가운데 어느 것을 매입하여 포트폴리오(자산의 집합)에 포함시킬 것인가를 결정하게 된다. 여기서는 저축자가 최적의 포트폴리오를 구성하기 위하여 어떤 기준에 따라 금융자산을 선택하는가를 포트폴리오 선택이론(theory of portfolio choice)을 중심으로 설명하기로 한다.

1. 포트폴리오 선택의 결정요인

저축자의 포트폴리오 선택에 영향을 미치는 요소는 대체로 다음과 같다.

- 부 또는 총저축
- 자산의 기대수익률
- 자산의 위험
- 자산의 유동성
- 정보수집비용

부(wealth)

저축자(투자자)의 포트폴리오를 결정하는 핵심적인 요소는 그 사람이 가지고 있는 총부(total wealth)이다. 사람들은 부가 증가하면 포트폴리오 규모를 확대하지만 포트폴리오 내 모든 자산의 규모를 같은 비율로 증가시키는 것은 아니며 어떤 자산은 다른 자산보다 더 많이 매입한다. 부가 증가하는 경우 어떤 자산을 더 많이 선택하는가는 자산수요의 부 탄력성(wealth elasticity of demand for an asset)에 의하여 결정된다. 자산수요의 부 탄력성은 부가 1%가 변동할 때 자산수요는 몇 퍼센트 변동하는가를 나타낸다.

$$\text{자산수요의 부 탄력성} = \frac{\text{자산수요의 변동률}}{\text{부의 변동률}}$$

예를 들어 부가 10% 증가하는 데 현금에 대한 수요는 5%만 증가한다면 현금수요의 부 탄력성은 0.5이다. 만일 부가 10% 증가할 때 채권에 대한 수요가 20% 증가하면 채권수요의 부 탄력성은 2.0이 된다. 자산수요의 부 탄력성을 기준으로 필수자산과 사치자산으로 구분할 수 있다. 필수자산(necessity assets)은 수요의 부 탄력성이 1보다 작은 것으로 일상적인 거래를 위하여 보유하는 현금과 요구불예금을 들 수 있다. 사치성자산(luxury assets)은 수요의 부 탄력성이 1보다 큰 것으로 투자를 위하여 보유하는 주식, 채권 등이 이에 속한다.

위 예에서 포트폴리오 선택에 관한 두 가지 점을 알 수 있다. 첫째, 부가 증가하면 사람들은 금융자산의 보유를 증가시키는 경향이 있다. 둘째, 증가한 부를 여러 가지 금융자산에 어떤 비율로 배분하는가는 금융자산수요의 부 탄력성에 의하여 결정된다.

자산의 기대수익률

저축자는 다른 조건이 같다면 기대수익(률)이 높은 자산을 선택할 것이다. 기대수익의 정확한 척도는 기대실질수익률(expected real rate of return)이다. 통화가치의 변동은 수익의 실질가치에 영향을 미치기 때문에 저축자는 인플레이션이 수익에 미치는 충격을 고려하게 된다. 제3장에서 본 것처럼 저축자가 고려하는 기대실질수익률은 명목수익률에서 기대인플레이션을 뺀 것과 같다.

자산의 수익(률)을 R이라면 기대수익률은 $E(R)$로 표시된다. 기대수익률은 수익이 실현될 확률을 가중치로 하여 산출된 평균수익률이다.

$$E(R) = P_1R_1 + P_2R_2 + \cdots\cdots\cdots + P_nR_n$$
$$= \sum_{i=1}^{n} P_i \times R_i$$

단, P_i = 수익(R_i)이 실현될 확률

예를 들어 어떤 주식의 수익이 10%가 될 확률은 50%이고 20%가 될 확률도 50%이라면 이 주식의 기대수익률은 15%가 된다.

$$E(R) = 0.5 \times 10\% + 0.5 \times 20\% = 15\%$$

자산의 위험

저축자는 투자를 결정할 때 기대수익의 크기뿐 아니라 수익의 변동성(variability)도 고려한다. 가계는 원활한 지출을 위하여 자산을 사용하기 때문에 자금이 필요할 때 자산가격이 하락해 있는 것을 원하지 않는다. 수익률의 변동성이 기대수익에 미치는 영향을 예를 들어 보기로 하자. A주식은 언제나 10%의 수익을 나타내지만, B주식은 50%의 경우는 20%의 수익을 나타내는 반면 나머지 50%의 경우에는 0%의 수익을 보인다고 가정하자. A주식의 수익은 언제나 10%이므로 기대수익도 10%이다. B주식의 기대수익도 다음과 같이 10%가 된다.

$$0.5 \times 20\% + 0.5 \times 0\% = 10\%$$

위 예에서 A, B주식의 기대수익은 같지만 B주식의 수익이 더 가변적이다. 이것은 B주식에 대한 투자가 더 위험하다는 것을 의미하므로 투자자는 A주식을 선택할 것이다.

저축자(투자자)는 세 가지 유형으로 나눌 수 있다. 첫째는 위험기피형 저축자(risk-averse savers)이다. 무엇보다도 투자의 안정성을 원한다. 위험이 적으면 수익이 상대적으로 적은 자산도 매입하는 경향이 있다. 거의 모든 저축자는 위험기피형이므로 위험이 상대적으로 높거나 증가하는 자산의 수요는 감소한다. 두 번째는 위험중립형 저축자(risk-neutral savers)로 기대수익에 따라 자산을 판단하고 수익의 변동성에 대해서는 무관심하다. 마지막 위험선호형 저축자(risk-loving savers)는 도박사처럼 수익을 최대화하기 위하여 위험이 높은 자산을 보유한다.

위험은 수익이 기대수익으로부터 괴리될 가능성을 의미하므로 수익(률)의 분산(σ^2: variance) 또는 표준편차(σ: standard deviation)에 의하여 측정된다.

$$\sigma^2 = P_1(R_1 - E(R))^2 + P_2(R_2 - E(R))^2 + \cdots\cdots\cdots + P_n(R_n - E(R))^2$$
$$= \sum_{i=1}^{n} P_i(R_i - E(R))^2$$

단 P_i = 수익률 R_i가 실현될 확률
$E(R)$ = 평균 또는 기대수익(률)

예를 들어 C주식은 수익이 호황기에는 10만원이고 불황기에는 2만원인데, 호황이나 불황이 올 확률이 반반이라면 수익의 분산은 16만원이고 표준편차는 4만원이 된다.

$$\sigma^2 = 0.5(2-6)^2 + 0.5(10-6)^2 = 16(\text{만원})$$
$$\sigma = 4\text{만원}$$

표준편차는 위험의 척도로서 가장 많이 이용되고 있지만 표준편차가 나타내는 위험의 분산(spread)보다는 최악의 경우 발생할 수 있는 위험(손실)에 대해 더 많은 관심을 갖는 사람도 있다. 이와 같은 위험은 *VAR*(value at risk)에 의해서 측정된다. *VAR*는 주어진 기간과 신뢰수준하에서 예상되는 최대손실을 나타내는 숫자이다. 예를 들면 투자자가 보유하고 있는 자산의 1일 *VAR*가 95%의 신뢰수준에서 1억원이라면 투자자는 자신의 가치가 95%의 확률하에서 하루에 1억원 이상 감소하지 않을 것으로 기대할 수 있다는 것을 의미한다.

자산의 유동성

자산수요를 결정하는 요소의 하나로 얼마나 적은 비용으로 신속하게 현금화할 수 있는가를 나타내는 유동성(liquidity)을 들 수 있다. 유동성이 높은 자산은 필요할 때 손쉽게 지출에 이용할 수 있다. 현금은 유동성이 가장 높은 자산이다. 그 밖에 어떤 자산시장이 깊고 넓으면, 즉 사는 사람과 파는 사람이 많으면 그 자산의 유동성은 높다.

시장에서 많이 거래되는 금융자산, 예를 들면 정부채나 대기업의 회사채는 사려고 하는 사람을 쉽게 발견할 수 있으므로 유동성이 높다. 반면 집이나 예술품 등은 유동성이 상대적으로 낮은 자산이다. 이들 자산은 팔 때 높은 거래비용이 소요된다.

일반 투자자는 유동성이 높은 자산을 선호하기 때문에 포트폴리오에 자산을 추가하면서 수익이 다소 낮더라도 유동성이 높은 자산을 선택하는 경향이 있다.

정보수집비용

저축자는 금융자산을 구입하는 데 따르는 위험을 낮추고 싶어하면서도 자산공급자의 신용을 평가하거나 차입자의 행동을 모니터링하는 데 시간과 비용을 소비하지 않으려고 한다. 금융자산 가운데 일부, 예를 들면 정부채에 대한 정보는 일반인도 비용 없이 손쉽게 얻을 수 있다. 정부채의 가격과 수익률은 신문의 경제란에서도 찾아 볼 수 있다. 주식시장에 상장된 기업에 대한 정보도 증권관련기관이 대부분 제공하기 때문에 저렴한 비용으로 구할 수 있다. 그러나 신설회사의 주식이나 채권에 대해서는 투자를 결정하기 전에 정보를 수집하고 분석하기 위하여 시간과 자원을 사용하지 않을 수 없다. 저축자는 될 수 있으면 정보비용이 작은 자산에 투자하고 싶어하기 때문에 다른 조건이 동일하다면 정보비용이 상대적으로 높은 자산에 대한 수요는 감소하고 정보비용이 낮은 자산에 대한 수요는 증가한다.

2. 다각화의 효과

다각화(diversification)는 한 개 이상의 자산에 분산해서 투자하는 것을 의미한다. 모든 달걀을 한 바구니에 넣지 않고 여러 곳에 나누어 담는 것과 같다. 다각화는 위험을 줄이기 위한 포트폴리오 선택의 원칙이라고 할 수 있다.

다각화가 투자위험을 어떻게 감소시키는가를 예를 들어 보기로 하자. 100만원의 투자자금을 갖고 있는 투자자가 A주식과 B주식에 대한 투자를 고려하고 있다고 가정하자. 이 경우 투자는 세 가지 형태로 나누어 볼 수 있다.

첫째는 100만원을 모두 A주식에 투자하는 것이다. 산업의 특성상 A주식의 투자수익은 호황기에는 2만원에 불과하지만 불황기에는 10만원이 된다. 만일 호황과 불황의 가능성이 반반이라면 A주식의 기대수익 $E(R_A)$은 6만원, 수익의 분산(σ_A^2)은 16만원이 된다.

$$E(R_A)=0.5(2\text{만원})+0.5(10\text{만원})=6\text{만원}$$
$$\sigma_A^2=0.5(2-6)^2+0.5(10-6)^2=16(\text{만원})$$

두 번째는 100만원을 모두 B주식에 투자하는 경우이다. B주식은 A주식과 반대로 호황기의 투자수익은 10만원인데, 불황기에는 2만원에 그친다고 가정한다. 호황 또는 불황이 발생할 가능성이 반반이라면 A주식과 마찬가지로 B주식의 기대수익, $E(R_B)$은 6만원과 수익의 분산, σ_A^2은 16만원이 된다.

$$E(E_B)=0.5(10\text{만원})+0.5(2\text{만원})=6\text{만원}$$
$$\sigma_B^2=0.5(10-6)^2+0.5(2-6)^2=16(\text{만원})$$

이와 같이 100만원 전부를 A 또는 B 주식에 투자하면 기대수익은 동일한 6만원이고 기대수익률은 6%(0.06=6만원/100만원)가 된다. 그리고 A주식과 B주식의 투자수익 분산도 같은 16만원이다. 수익과 위험이라는 관점

[표 4-1] 다각화와 위험분산 (단위: 만원)

	수 익		기대수익	분산(위험)
	호황기	불황기		
A주식(100만원 투자)	2	10	6	16
B주식(100만원 투자)	10	2	6	16
A주식과 B주식에 50만원씩 분산투자	6	6	6	0

에서 보면 두 가지 투자는 동일하다. 그러나 A주식에 대한 투자는 호황기에는 낮은 수익, 불황기에는 높은 수익을 나타내지만 B주식은 호황기에는 높은 수익, 불황기에는 낮은 수익을 나타낸다. 나중에 보는 바와 같이 이와 같은 투자수익의 차이가 다각화의 이익(benefits of diversification)을 만들어 낸다.

세 번째는 투자자금 100만원을 반으로 나누어 50만원씩 A주식과 B주식에 투자하는 것으로서 투자의 다각화가 이루어지는 경우이다. 투자자는 경기가 호황이면 A주식으로부터 1만원의 수익이 생기지만 B주식으로부터 5만원을 받으므로 총수익은 6만원이 된다. 불황기에는 A주식으로부터 5만원을 받고 B주식으로부터는 1만원을 받으므로 불황기의 총수익은 호황기와 마찬가지로 6만원이 된다.

[표 4-1]의 세 번째 행은 50만원씩 분산해서 A, B 투자한 결과를 나타내고 있다. 호황이건 불황이건 수익은 6만원이고 수익의 분산(위험)은 영이 된다는 것을 보여 주고 있다. 투자자는 기대수익을 낮추지 않으면서 경기변동과 관련된 위험을 완전히 제거한다.

지금까지 설명한 예는 두 자산(A주식과 B주식)의 수익이 완전히 반대 방향으로 움직이는 경우를 가정한 것이다. 대조적으로 만일 두 자산의 수익이 완전히 같은 방향으로 움직인다면 분산해서 투자해도 다각화의 이익이 생기지 않을 뿐 아니라 위험도 감소하지 않는다. 그러나 포트폴리오를 구성하는 자산의 수익이 완전히 반대 또는 같은 방향으로 변동하는 예는 실제로 찾아보기 어려운 경우라고 할 수 있다.

현실세계에서는 일반적으로 각 자산의 수익률은 독립적으로 변동한다. 한 자산의 수익이 높을 때 다른 자산의 수익은 높거나 낮을 수 있다. 상관계수를 기준으로 보면 두 자산의 수익률이 완전히 같은 방향으로 변동하면 수익률의 상관계수는 1.0이고 완전히 다른 방향으로 변동하면 상관계수는 −1.0이 된다. 실제로는 상관계수가 1.0과 −1.0 사이인 경우가 일반적이다.

요컨대 두 자산의 수익률이 완전히 같이 변동하는 극단적인 경우를 제외하면 다각화는 위험을 감소시키므로 투자자에게 유리하다. 특히 두 자산의 수익이 함께 변동하지 않을수록 다각화의 이익(위험감소)은 더욱 커진다.

3. 체계적 위험과 β계수

체계적 위험과 비체계적 위험

금융자산의 위험은 체계적 위험과 비체계적 위험으로 나눌 수 있다. 먼저 비체계적 위험(unsystematic risk)은 개별 금융자산의 고유한 위험을 의미한다. 예를 들면 개별주식의 가격은 기업이나 주식가치에 영향을 주는 발견·파업 또는 법적 분쟁 등과 같은 요소의 영향을 받는다. 이와 같은 비체계적 위험은 투자의 다각화를 통해 제거될 수 있다.

체계적 위험(systematic risk)은 시장위험(market risk)이라고도 부르며 포트폴리오 내 모든 금융자산의 공통된 위험이다. 예를 들면 전체 주식의 수익에 영향을 주는 전반적인 경제변동은 체계적 위험에 속한다. 경기가 변동하면 주식 전체의 수익률도 변동한다. 주식시장이 강세장을 나타내면 개별주식의 가격은 전반적으로 상승하고 약세장을 나타내면 개별주식은 하락하는 경향을 보인다. 전체 주식시장의 가격과 개별주식의 가격 사이에는 체계적인 관계가 존재하기 때문에 주식을 매입하는 한 체계적 위험을 피할 수 없다. 즉 체계적 위험은 포트폴리오 내 금융자산의 공통된 위험이므로 다각화에 의해서 제거될 수 없다.

따라서 다양한 자산으로 포트폴리오를 구성하면 비체계적 위험은 제거되고 체계적 위험만 남게 된다. 이것은 다각화가 잘된 포트폴리오의 위험은 포트폴리오내 자산의 체계적 위험에 기인한다는 것을 의미한다. 만일 충분히 다각화한다면 우려하여야 할 위험은 체계적 위험뿐이라고 할 수 있다.

β 계수

체계적 위험(시장위험)의 크기는 β계수로 측정한다. β는 개별주식의 기대수익률이 시장수익률의 변동에 대해 반응하는 정도를 나타낸다. 여기서 시장수익률은 모든 주식으로 구성된 시장포트폴리오의 수익률을 의미하며 주가지수(stock price index)의 변동률로 측정된다.

만일 어떤 주식의 수익률이 주식시장수익률(주가지수의 변동률)과 똑같이 변동한다면 β는 1.0이 된다. β가 1.0인 주식의 수익률은 주식시장수익률이 10% 상승하면 10% 상승할 것으로 기대할 수 있다는 것을 의미한다. β계수가 1.0보다 작으면 그 주식의 수익률은 주식시장수익률보다 작게 변동한다는 것을 말한다. 예를 들어 β계수가 0.7이면 시장수익률이 10% 상승하면 주식수익률은 7% 상승하고 시장수익률이 10% 하락하면 주식수익률은 7% 하락한다는 것을 가리킨다. 마찬가지로 β가 1.2인 주식의 기대수익률은 시장수익률이 10% 상승하면 12% 상승하고 시장수익률이 10% 하락하면 12% 하락한다는 것을 의미한다.

이와 같이 자산의 β계수가 클수록 체계적 위험은 더 크기 때문에 다른 조건이 동일하다면 그 자산에 대한 수요는 더 적어진다.

4. 리스크 프리미엄

자산의 리스크 프리미엄(risk premium)은 자산의 기대수익률과 무위험자산(예: 국채)의 수익률(무위험이자율)의 차이를 의미한다. 리스크 프리미엄이 금융시장에서 어떻게 결정되는가에 관한 기본적인 이론은 두 가지가 있다. 하나는 자본자산결정이론(CAPM: Capital Asset Pricing Theory)이고 다른 하나는 재정가격결정이론(APT: Arbitrage Pricing Theory)이다.

CAPM(자본자산가격결정모형)

CAPM('cap-M'으로 발음)에 따르면 β가 큰 자산일수록 체계적 위험이 크기 때문에 그 자산을 보유하려고 하는 투자자가 요구하는 기대수익률도 높아진다. 즉 β값이 큰 자산은 투자자에게 높은 위험을 보상하기 위해 기대수익도 높지 않으면 안 된다. CAPM에서 자산의 기대수익률은 무위험자산(예: 국채)의 수익률과 시장포트폴리오의 기대수익률에 의해서 결정된다. 여기서 시장포트폴리오는 모든 주식으로 구성되어 비체계적 위험이 완전히 제거된 포트폴리오를 가리킨다.

$$\underbrace{E(R_j)}_{j\text{자산의 기대수익률}} = \underbrace{R_f}_{\text{무위험 수익률}} + \underbrace{\beta_j}_{j\text{자산의 }\beta} \times \underbrace{[E(R_M)-R_f]}_{\text{시장포트폴리오의 리스크 프리미엄}} \qquad (4\text{-}1)$$

단, $E(R_j)$=j자산의 기대수익률 또는 요구수익률
R_f=무위험자산의 수익률
β_j =j자산의 β 계수
$E(R_M)$=시장포트폴리오의 기대수익률

따라서 j자산의 리스크 프리미엄은 다음과 같다.

$$\underbrace{E(R_j)-R_f}_{j\text{자산의 리스크 프리미엄}}=\beta_j\times[E(R_M)-R_f] \qquad (4\text{-}2)$$

j자산의 리스크 프리미엄=β_j×시장포트폴리오의 리스크 프리미엄

예를 들어 무위험수익률이 4%이고 시장포트폴리오의 리스크 프리미엄은 3%라고 가정하자. 만일 어떤 자산의 β가 0.8이라면 리스크 프리미엄은 2.4%(=0.8×3%)가 된다. 이것은 이 자산의 기대수익률은 무위험수익률(4%)보다 2.4% 높은 6.4%가 되어야 한다는 것을 의미한다.

(4−1)식의 기대수익률, $E(R_j)$은 요구수익률(required rate of return)이라고도 한다. 요구수익률은 투자자가 채권·주식 등 자본자산을 매입할 때

위험 등을 보상받기 위하여 요구하는 최소의 기대수익률이다. 나중에 보는 바와 같이 요구수익률은 채권이나 주식 등 자산을 평가할 때 할인이자율로 사용되는 매우 중요한 개념이다.

APT(재정가격결정이론)

개별자산의 리스크 프리미엄에 관한 CAPM이론은 시장위험 하나로 모든 금융자산에 공통된 위험을 나타낼 수 있다는 가정에 근거를 두고 있다. 그러나 APT는 여러 가지 요소로 나누어 시장위험을 설명하여야 한다고 주장한다. 예를 들면 예상하지 못한 인플레이션의 변동, 생산수준의 변동 등은 별개요소로 다루어져야 한다. (4-3)식에서 보는 바와 같이 각각의 시장위험요소는 각 요소의 변동에 대한 개별자산수익률의 민감도를 측정하는 별개의 β를 갖게 된다. 따라서 자산의 리스크 프리미엄은 다음과 같이 각 요소의 위험기여도를 가중 평균한 것이다.

$$\underbrace{E(R_j)}_{j\text{자산의 기대수익률}} - \underbrace{R_f}_{\text{무위험 수익률}} = \underbrace{\beta_{j1}[E(R_{f1}) - R_f]}_{\text{요소 1의 리스크 프리미엄 기여도}} + \underbrace{\beta_{j2}[E(R_{f2}) - R_f]}_{\text{요소 2의 리스크 프리미엄 기여도}} + \cdots\cdots + \underbrace{\beta_{jn}[E(R_{fn}) - R_f]}_{\text{요소 }n\text{의 리스크 프리미엄 기여도}} \qquad (4\text{-}3)$$

APT에서도 각 요소에 대한 자산의 민감도(β_j)가 높으면 리스크 프리미엄도 상승한다는 것을 알 수 있다.

위에서 본 CAPM과 APT 모두 시장위험이 증가하면 자산의 리스크 프리미엄도 상승하므로 자산의 시장이자율은 무위험이자율에 비하여 더 상승한다는 것을 보여 주고 있다. 그러나 두 이론은 시장위험이 리스크 프리미엄에 어떻게 영향을 미치는가에 관한 가정이 다르므로 금융시장에서 리스크 프리미엄이 어떻게 결정되는가에 대한 해답도 서로 다르다.

제 5 장

채권가격과 이자율

1. 채권가격

채권은 지급될 금액과 지급일이 확실하게 정해져 있다. 이러한 채권에 대해 사람들이 지급하여야 할 금액(채권가격)은 채권의 특성에 따라 다르다. 아래에서는 이표채와 영구채의 가격에 대해 보기로 하자.

이표채

앞에서 본 것처럼 이표채를 발행한 사람은 정기적으로 쿠폰이자와 만기에는 원금을 상환할 것을 약속한다. 따라서 현재가치식을 이용하여 이표채의 가치를 추정(평가)할 수 있다.

$$P_{CB}=\left[\frac{\text{쿠폰이자}}{(1+i)^1}+\frac{\text{쿠폰이자}}{(1+i)^2}+\cdots\cdots+\frac{\text{쿠폰이자}}{(1+i)^n}\right]+\frac{\text{액면가액}}{(1+i)^n}$$

위 식의 오른쪽은 두 부분으로 되어 있다. [ ] 안에 있는 첫 부분은 정기적으로 지급되는 쿠폰이자의 현재가치이고 맨 오른쪽에 있는 두 번째 부분은 만기에 지급할 것으로 약속한 원금의 현재가치를 나타낸다.

영구채

또 다른 형태의 채권으로 정기적으로 일정액만 지급하는 것이 있다. 차입자는 이자만 지급하고 원금은 상환하지 않는 것으로 콘솔채(consols) 또는 영구채(perpetuities)라고 부른다. 영원히 지급할 것을 약속할 수 있는 차입자는 정부밖에 없으므로 사적으로 발행된 영구채는 없다. 영구채의 가격도 모든 미래이자지급액의 현재가치이다. 지급하는 회수가 영원하다는 점이 다소 복잡하게 만들지만 영구채의 가격(P_{consol})을 산출할 수 있는 식은 다음과 같이 나타낼 수 있다.[1)]

$$P_{consol}=\frac{\text{쿠폰이자}}{i} \tag{5-1}$$

영구채의 가격은 매년 지급되는 쿠폰이자를 이자율(i)로 나눈 것과 같다. 따라서 이자율이 5%이고 매년 만원씩 영원히 지급하기로 약속한 영구채의 가격은 20만원이다. 이자율이 4%로 하락하면 영구채의 가격은 25만원으로 상승한다. 여기서도 이자율과 채권가격이 반대 방향으로 움직인다는 것을 알 수 있다.

2. 채권수익률

이자율이 주어지는 경우 채권가격을 산출하는 방법을 알았으므로 방향을 바꾸어 채권가격이 주어졌을 때 이자율 또는 투자자의 수익률이 어떻게 산출되는가를 보기로 한다. 일반적으로 채권의 경우 수익률과 이자율을 혼용한다. 여기서도 두 가지 용어를 같은 의미로 사용하기로 한다.

---

1) $P_{consol}=\frac{C}{(1+i)}+\frac{C}{(1+i)^2}+\frac{C}{(1+i)^3}+\cdots\cdots$

위 식의 양변을 $[1/(1+i)]$로 곱하면 $\frac{1}{(1+i)}P_{consol}=\frac{C}{(1+i)^2}+\frac{C}{(1+i)^3}+\cdots\cdots$가 된다.

이 식을 원래의 식에서 빼면, $P_{consol}-\frac{1}{(1+i)}P_{consol}=\frac{C}{(1+i)}$가 된다. 다시 이 식을 가격에 관해서 풀면 (5-1)식을 얻는다.

만기수익률

만기수익률(YTM: yield to maturity)은 가장 대표적인 이자율이다. 일반적으로 시장이자률 또는 채권의 유통수익률이라고 할 때는 만기수익률을 의미한다. 만기수익률은 원금이 지급되는 만기까지 채권을 보유하면 받는 수익률을 가리킨다. 예를 들어 만기는 1년, 이표율은 5%, 액면가액은 100만원인 이표채의 보유자가 만기가 되어 5만원의 쿠폰이자와 100만원의 원금을 받는다고 가정하자. 위에서 본 (5-1)식을 이용하면 이 이표채의 가격은 다음과 같이 된다.

$$\text{이표채의 가격} = \frac{5\text{만원}}{(1+i)} + \frac{100\text{만원}}{(1+i)}$$

이 식을 만족시키는 i의 값이 만기수익률이다. 채권가격과 이자율은 반대 방향으로 변동한다는 것을 기초로 다음과 같은 점을 알 수 있다. 만기 1년, 쿠폰이율 5%, 원금 100만원인 이표채를 가정한다.

- 만일 채권가격이 100만원이면 만기수익률은 쿠폰이율(쿠폰이자/원금)과 같다.
- 수익률이 하락하면 채권가격은 상승하므로 채권가격이 100만원보다 높으면 만기수익률은 이표율보다 낮아야 한다.
- 수익률이 상승하면 채권가격은 하락하므로 채권가격이 100만원보다 낮으면 만기수익률은 이표율보다 높아야 한다.

다른 거래와 마찬가지로 채권투자도 매입가격에 따라 투자수익이 달라진다. 만일 액면가액이 100만원인 채권을 95만원을 주고 샀다면 투자자는 이자와 채권가격이 95만원에서 100만원으로 상승한 차액(5만원)을 벌게 된다. 이와 같이 채권가치의 증가로 얻게 되는 소득을 자본이득(capital gain)이라고 하며 투자수익의 일부가 된다. 따라서 채권가격이 액면가액보다 낮으면 수익은 쿠폰이율보다 높아진다. 채권가격이 액면가액보다 높으면 채권보유자는 자본손실(capital loss)을 보게 되고 채권의 만기 수익률은 쿠폰이율 밑으로 하락한다.

경상수익률

경상수익률(current yield)은 매년의 쿠폰이자를 채권가격으로 나눈 것이다.

$$\text{경상수익률} = \frac{\text{연간 쿠폰이자}}{\text{채권가격}}$$

경상수익률은 채권을 보유함으로써 받는 수익 가운데 쿠폰이자만을 측정하는 것으로 채권을 매입한 가격과 액면가액의 차이로 인해 발생하는 자본이득이나 자본손실은 제외된다.

예를 들어 경상수익률과 만기수익률을 산출하여 비교해 보기로 한다.

1년 만기, 이표이자율 5%, 원금 100만원인 채권의 예로 다시 돌아가서 이 채권이 99만원에 팔리고 있다고 가정하면 경상수익률은 5.05%(0.0505=5만원/99만원)가 된다. 이 채권의 만기수익률(i)은 [99만원=5만원/(1+i)+100만원/(1+i)]을 만족시키는 i의 값인 6.06%이다.

이 채권이 101만원에 팔리고 있다면 경상수익률은 4.95%(0.0495=5만원/101만원)이고 만기수익률(i)은 [101만원=5만원/(1+i)+100만원/(1+i)]의 해를 가져오는 i의 값(=3.96%)이다.

그 밖에 경상수익률과 이표율의 관계도 알 수 있다. 채권가격이 액면가액과 같으면 경상수익률과 쿠폰이율은 같다. 채권가격이 액면가보다 위로 상승하면 경상수익율은 쿠폰이율 아래로 하락한다. 반대로 가격이 액면가 아래로 하락하면 경상수익률은 쿠폰이율 위로 상승한다.

총수익률

위에서 만기수익률이 쿠폰이율과 다른 채권의 가격은 액면가액과 다르다는 것을 보았다. 채권보유에서 생기는 수익률이 쿠폰이율만으로 결정되는 것은 아니다. 예를 들어 1년 만기, 이표이자율 6%, 액면가 100만원인 이표채권을 95만원에 샀다면 1년 뒤에는 이자 6만원, 원금 100만원 외에 매입가격과 액면가액의 차인 5만원을 더 받게 된다. 그러나 이 예는 투자자가 채권을 만기까지 보유한다는 것을 가정하기 때문에 너무 단순한 사례라고 할 수 있다. 거의 모든 장기채권 보유자는 만기 이전에 채권을 매각한다. 채권가격은 매입시점과 매도시점 사이에 변동할 수 있기 때문에 만기 전에 채권을 사고 팔면서 생기는 수익(채권보유기간수익)은 만기수익률과 다를 수 있다.

예를 들어 만기 10년, 이표이자율 6%, 액면가 100만원인 쿠폰채를 100만원에 샀다고 가정하자. 이 투자자는 1년간만 채권을 보유할 생각이다. 즉 10년 만기의 채권을 사서 9년 만기의 채권을 팔 계획이다. 이 경우 채권보유로부터 생긴 수익률은 얼마인가. 만일 이자율이 변동하지 않고 6%라면 수익률도 6%(0.06=6만원/100만원)가 될 것이다. 그러나 이자율이 변동하면 수익률 계산은 다소 복잡해진다. 예를 들어 채권을 보유하고 있는 해에 이자율이 6%에서 5%로 하락한다고 가정하자. 즉 채권을 팔 때의 만기수익률은 5%로 하락해 있다고 가정한다. 이것은 10년 만기 채권은 100만원에 사고 9년 만기 채권은 107.11만원에 팔았다는 것을 가리킨다. 그러면 초기 투자 100만원의 1년간 수익은 얼마일까. 투자수익은 두 부분으로 나눌 수 있다. 하나는 쿠폰이자 6만원이고 다른 하나는 자본이득 7.11만원이다. 따라서 채권보유기간중의 총수익률(total rate of return)은 다음과 같다.

$$\text{총수익률} = \frac{6\text{만원}}{100\text{만원}} + \frac{107.11\text{만원} - 100\text{만원}}{100\text{만원}} = \frac{13.11\text{만원}}{100\text{만원}}$$

$$= 0.1311(13.11\%) \qquad (5\text{-}2)$$

만일 이자율이 7%로 상승해서 채권가격이 93.48만원으로 하락한다면 1년간 보유로 생긴 총수익률은 −0.52%가 된다.

$$총수익률 = \frac{6만원}{100만원} + \frac{93.48만원 - 100만원}{100만원} = \frac{-0.52만원}{100만원}$$

$$= -0.0052(-0.52\%) \qquad (5\text{-}3)$$

위 식에서 쿠폰이자율은 6% 그대로이지만 가격변동으로 인한 자본손실은 6.52%이므로 1년간 채권보유로 생긴 수익은 -0.52%가 된다.

지금까지 보아온 예를 일반화하기 위하여 (5-2)식과 (5-3)식을 종합하면 보유기간 1년의 총수익률은 매년의 쿠폰이자를 채권매입가격으로 나눈 것과 채권가격변동(매도가격-매입가격)을 매입가격으로 나눈 것을 합한 것이다.

$$총수익률 = \frac{쿠폰이자}{매입가격} + \frac{채권의\ 가격변동}{매입가격}$$

위 식의 오른쪽 첫번째 부분은 경상수익률이고, 두 번째 부분은 자본이득률이다. 따라서 보유기간중 총수익률은 다음과 같이 나타낼 수 있다.

$$총수익률 = 경상수익률 + 자본이득률 \qquad (5\text{-}4)$$

채권가격이 변동하면 언제나 자본이득이나 자본손실이 발생한다. 이자율변동에 따른 채권가격변동이 클수록 총수익률 가운데 자본이득이나 자본손실이 더욱 중요해진다.

3. 채권가격과 이자율의 결정

채권과 대출자금

시장이자율은 채권의 수요와 공급에 의하여 결정된다. 이자율이 어떻게 결정되는가를 보기 위하여 먼저 채권매수자와 매도자의 행태를 보기로 한다. 기타 조건이 일정하다는 가정하에서 채권량과 가격의 기본관계를 본 다음 기타조건이 변동하는 경우에 채권시장이 어떻게 변동하는가를 고

찰한다.[1)]

채권의 매수자(수요자)와 매도자(공급자)는 두 가지 측면에서 볼 수 있다. 첫째, 채권을 하나의 재화(goods)로 간주하는 것이다. 이 경우 대여자(lender)는 채권을 사고 차입자는 채권을 판다. 채권을 사는 대여자가 채권에 대해 지급하는 금액은 채권의 가격이다. 두 번째, '자금사용' (use of funds)을 하나의 재화로 간주하는 것이다. 이 경우 차입자는 '자금사용'을 매입하는 매수자이고 매도자는 자금의 공급자이다. 자금사용의 가격이 이자율이 된다.

채권시장의 두 가지 측면은 다음과 같이 요약할 수 있다.

가 정	채권이 재화인 경우	'자금사용' 이 재화인 경우
매수자	채권을 매입하는 대여자	자금을 조달하는 차입자
매도자	채권을 발행하는 차입자	자금을 공급하는 대여자
가 격	채권가격	이자율

이자율이 채권시장에서 어떻게 결정되는가를 보기 위한 첫단계는 수량이 가격에 따라 어떻게 변동하는가를 보는 것이다. 채권이 재화인 경우는 채권량은 채권가격과 함께 변동한다. '자금사용' 이 재화인 경우는 대출자금(loanable funds)이 이자율과 함께 변동한다.

채권수요곡선

채권수요곡선은 채권가격과 대여자가 수요하는 채권량의 관계를 나타낸다. 예를 들어 이표가 없고 만기는 1년, 액면가액은 100만원인 이표채를 보기로 하자. [그림 5-1(a)]에서 보는 것처럼 채권가격이 80만원(A점)이면 90만원(B점)일 때보다 대여자는 채권을 더 많이 사려고 할 것이다. 이와 같은 채권가격과 수요량의 관계는 우하향의 수요곡선(B_d)으로 나타낼 수 있다.

1) 이자율 결정에 관한 유동성 선호설, 통화공급과 이자율의 관계 등에 관해서는 제19장 참조.

한편 채권가격을 알면 위에서 본 현재가치식에 따라 이자율(채권의 수익률)을 계산할 수 있다. 위 예와 같이 이표가 없고 만기는 1년, 액면가액은 100만원인 이표채의 가격(P)과 이자율(i)의 관계는 다음과 같다.

$$P=\frac{100\text{만원}}{(1+i)} \qquad \text{따라서 } i=\frac{100\text{만원}-P}{P}$$

채권가격(P)	이자율(i)
95만원	5.3%
80만원	25.0%

그림 5-1 대여자의 채권수요

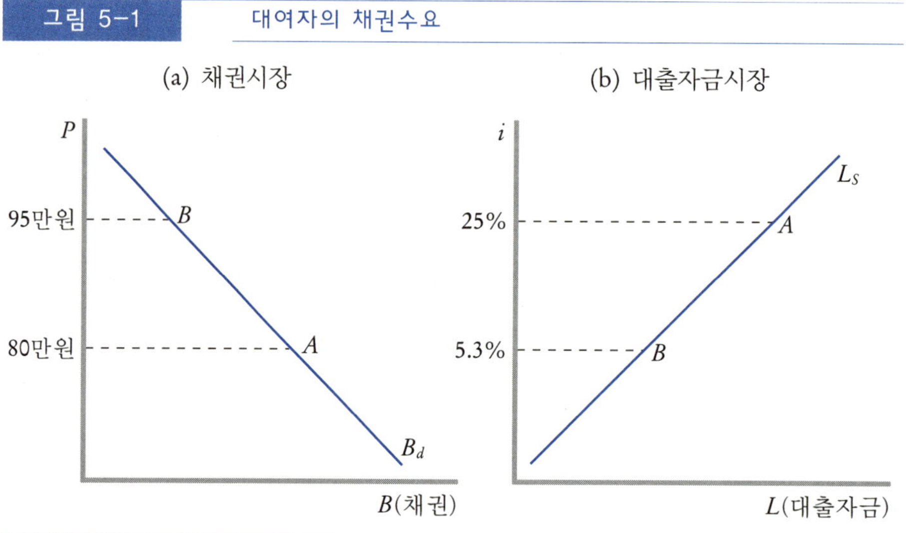

대출자금시장을 보면 [그림 5-1(b)]와 같이 횡축은 대출금(L), 종축은 이자율(i)을 표시한 평면에 대출자금공급곡선(Ls)은 위의 계산 결과에 따라 우상향의 곡선으로 나타낼 수 있다. 즉 채권가격의 하락으로 이자율이 5.3%에서 25%로 상승하면 대여자는 차입자에게 더 많은 자금을 공급하려고 할 것이다.

채권공급곡선

채권공급곡선은 다른 조건이 동일하다면 차입자의 채권공급이 가격에 따라 어떻게 변동하는가를 보여준다. 위 예에서 차입자는 채권가격이 80만원(D점)일 때보다는 95만원(C점)일 때 채권을 더 많이 공급하려고 할 것이므로 채권공급곡선(B_s)은 [그림 5-2(a)]에서 보는 바와 같이 우상향의 기울기를 갖는다.

그림 5-2 차입자의 채권공급

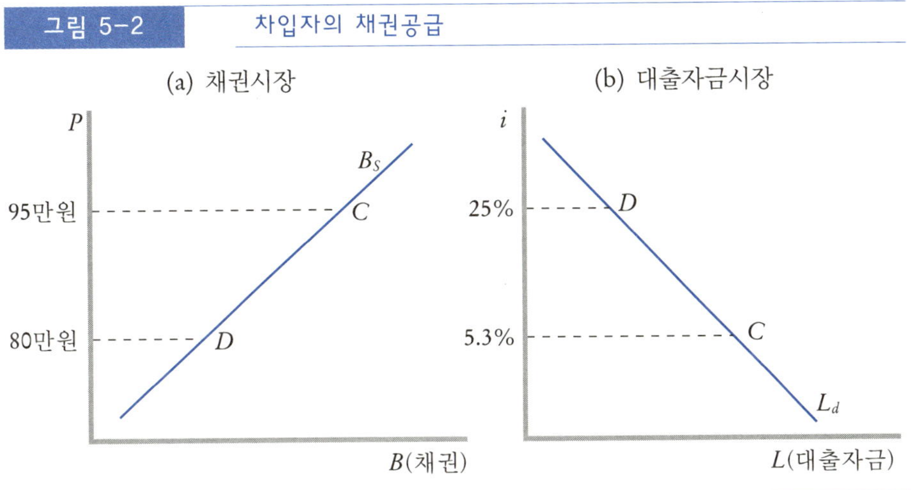

대출자금 측면에서 보면 차입자는 이자율이 높을 때보다 낮을 때 더 많이 자금을 차입하려고 할 것이다. 따라서 채권가격이 80만원(D점)에서 95만원(C점)으로 상승하면, 이자율은 25%(D점)에서 5.3%(C점)으로 하락하므로 대출자금에 대한 수요는 증가한다. 이와 같은 이자율과 대출자금 수요의 관계는 우하향의 곡선(L_d)으로 나타낼 수 있다.

균형채권가격과 균형이자율

채권시장의 균형은 [그림 5-3(a)]에서 보는 바와 같이 채권의 수요와 공급이 일치하는 E_0점에서 이루어지고 균형채권가격은 P_0이다. 채권가격이 균형가격(P_0)으로부터 멀어지면 시장에 어떠한 조정이 생기는가를 보기로 하자. 가격이 너무 높거나 낮은 두 가지 경우를 생각해 볼 수 있다. 만일 채권가격이 균형가격보다 높은 수준에서 시작한다면 공급은 수요를 초과할 것이다. 초과공급은 채권의 공급자가 현재가격으로 원하는 만큼 팔 수 없다는 것을 의미한다. 공급자는 채권을 매각하기 위해서 가격을 인하하기 시작한다. 초과공급은 공급과 수요가 일치할 때까지 가격에 대한 하락압력으로 작용한다.

그림 5-3 채권시장과 대출자금시장의 균형

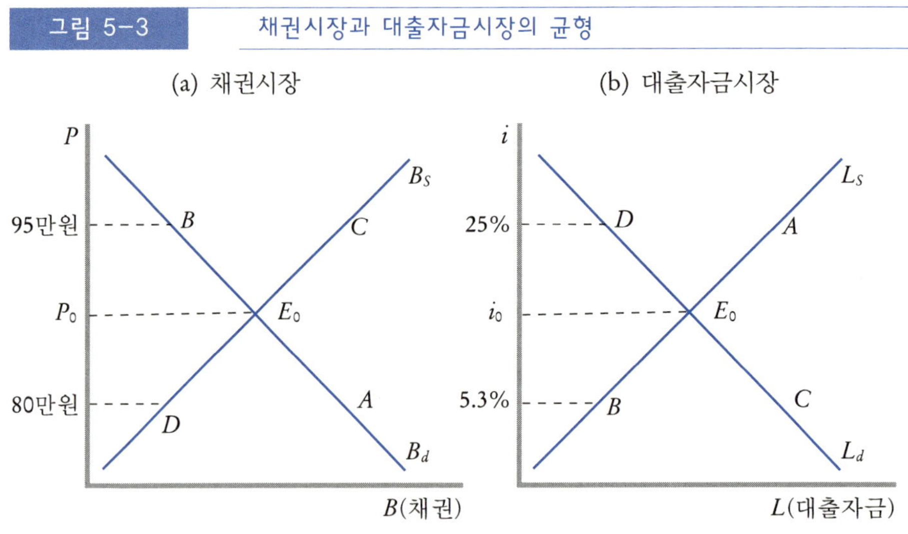

채권가격이 균형가격보다 아래 있으면 수요가 공급을 초과할 것이다. 채권을 매입하기를 원하는 사람들은 현재가격으로는 원하는 만큼의 채권을 매입할 수 없다. 초과수요에 대한 매입자의 반응은 가격상승 압력으로 나타난다. 초과수요는 시장이 균형을 이룰 때까지 가격에 대한 상승압력으로 작용한다.

대출자금시장 측면에서 보면 채권시장의 초과공급은 대출자금시장의 초과수요로 나타나고 채권시장의 초과수요는 대출자금시장의 초과공급이 된다. 따라서 대출자금시장의 초과수요는 자금의 수요와 공급이 E_0점에서 일치함으로써 균형이자율(i_0)이 이루어질 때까지 이자율에 대한 상승압력으로 작용할 것이다. 반면 대출자금의 초과공급은 자금의 수요와 공급이 E_0점에서 일치할 때까지 이자율에 대해 하락압력으로 작용한다.

4. 채권가격과 이자율의 변동

위에서 균형채권가격과 균형이자율이 결정되는 과정을 보았다. 그러나 균형가격과 균형이자율도 수요곡선과 공급곡선이 이동하면 변동하게 된다. 아래에서는 채권의 수요곡선과 공급곡선을 이동시키는 요소를 알아보기로 한다.

한 가지 유의할 점은 수요곡선이나 공급곡선 자체가 이동하는 것과 곡선을 따라 이동하는 것은 구분되어야 한다. 가격이 변동하기 때문에 수요나 공급이 변동하는 것은 곡선을 따라 이동하는 것이고 주어진 가격에서 어떤 요소의 변동으로 인해 수요나 공급이 변동하면 곡선 자체가 이동한다. 여기서 보려고 하는 것은 가격 외 요소의 변동으로 인해 수요곡선과 공급곡선이 이동하는 것이다.

채권수요의 이동

포트폴리오 선택이론에서 본 저축자의 투자결정기준은 채권수요곡선을 이동시키는 요소라고 할 수 있다.

부(wealth)

경제가 성장하면 사람들은 부유해진다. 저축자는 부가 증가함에 따라 주식, 채권, 부동산, 예술품 등에 대한 투자를 확대한다. 따라서 부의 증가는 채권수요곡선을 오른쪽으로 이동시키므로 채권가격은 상승한다([그림 5-4] 참조). 경기 침체기에는 부가 감소하므로 채권수요는 감소하고 채권가격은 하락한다.

채권수요의 이동

(a) 채권시장

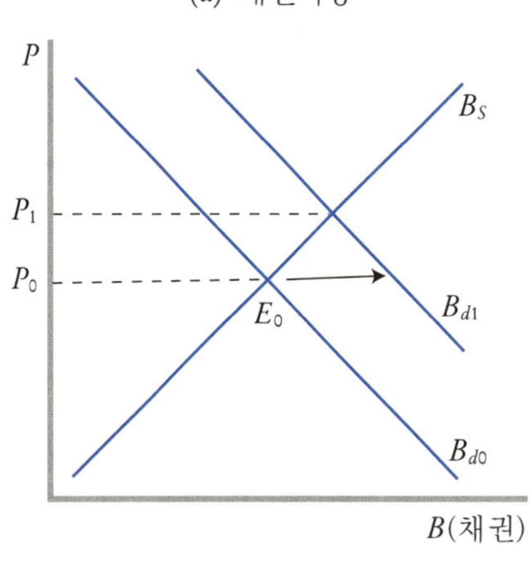

(b) 대출자금시장

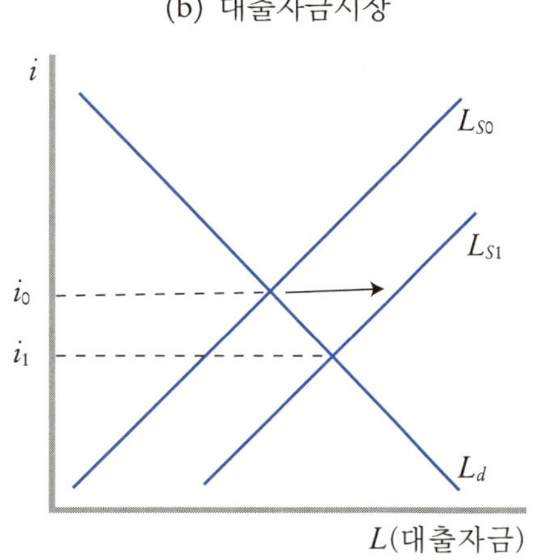

대출자금시장에서도 동일한 효과를 볼 수 있다. 부가 증가함에 따라 대여자는 더 많이 대출하려고 할 것이므로 대출자금공급곡선은 오른쪽으로 이동하고 이자율은 하락한다.

기대인플레이션

기대인플레이션이 변동하면 지급액이 확정되어 있는 채권을 매입하려는 투자자의 의욕도 변하게 된다. 기대인플레이션이 하락하는 경우 채권발행자가 약속한 지급액은 발행 때보다 가치가 상승하므로 대여자의 채권매입의욕을 높인다. 즉 기대인플레이션의 하락은 채권수요곡선을 오른쪽으로 이동시킴으로써 [그림 5-4(a)]에서 보는 바와 같이 채권가격은 상승한다.

대출자금시장을 보면 기대인플레이션이 하락하면 구매력상승을 기대하는 대여자는 자금공급을 증가한다. 대출자금공급곡선은 오른쪽으로 이동하고 이자율은 하락한다.

기대수익률과 기대이자율

투자자가 특정 금융자산을 보유하려고 하는 경우 자산의 수익률을 다른 자산의 수익률과 비교한다. 채권도 마찬가지다. 만일 채권수익률이 다른 자산에 비하여 더 상승하면 채권에 대한 수요는 상승할 것이다. 투자자는 채권을 주식과 비교하는 경향이 있다. 주식시장이 침체되면 포트폴리오를 채권으로 옮기므로 채권수요의 증가로 인해 채권가격은 상승하고 이자율은 하락한다.

마찬가지로 이자율이 변동될 것으로 기대되면 채권가격은 즉시 변동한다. 앞서 본 것처럼 채권보유기간중의 수익은 쿠폰이자와 자본손실 또는 자본이득에 의하여 결정된다. 이자율이 하락할 것으로 기대되면 채권가격이 상승하고 자본이득이 발생할 것으로 기대하게 된다. 이것은 채권을 더욱 매력 있는 투자대상으로 만든다. 채권이 좋은 투자대상이라는 것을 알게 되는 투자자는 채권에 대한 수요를 즉시 증가시킴으로써 채권가격은 상승하고 이자율은 하락한다.

위험과 유동성

앞서 본 것처럼 투자자는 위험에 대한 보상을 요구한다. 이것은 채권이 더 위험해지거나 덜 위험해지면 채권수요는 변동한다는 것을 의미한다. 다른 조건이 동일하다면 위험이 낮을수록 투자자가 지급하려는 가격은 더 높아질 것이다. 따라서 채권이 다른 자산에 비하여 위험이 낮아지면 채권수요곡선은 오른쪽으로 이동한다.

유동성은 투자자가 한 금융자산을 다른 자산으로 얼마나 용이하게 낮은 비용으로 전환할 수 있는가를 나타내는 척도이다. 유동성자산은 투자자가 가치를 크게 손상하지 않고 팔 수 있는 자산을 말한다. 투자자는 유동성을 선호한다. 다른 조건이 동일하다면 유동성이 높은 채권일수록 투자자의 수요는 높다. 따라서 채권이 다른 자산에 비하여 유동성이 높아지면 채권수요곡선은 오른쪽으로 이동한다.

채권공급의 이동

채권공급을 이동시키는 요소로서 경기상황, 기대인플레이션, 정부차입 등을 들 수 있다.

경기상황

경기확장기에는 투자기회가 확대되기 때문에 기업은 차입을 증가한다. 경제 전체의 부채가 상승함에 따라 채권잔액도 증가한다. 따라서 경기가 호전되면 채권공급곡선은 오른쪽으로 이동하므로 채권가격은 하락하고 이자율은 상승한다([그림 5-5] 참조). 이와 같은 전반적 경기와 채권공급의 관계는 경기가 침체되면 채권가격은 상승하고 이자율은 하락한다는 것을 의미한다.

기대인플레이션

채권공급자는 차입의 실질비용에 대해 관심을 갖는다. 명목이자율이 주어진 경우, 높은 기대인플레이션은 낮은 실질이자율을 의미한다. 실질이자율이 낮으면 채권이 약속한 지급액의 실질부담은 감소한다. 따라서 기대인플레이션이 상승하면 차입비용은 감소하고 차입수요는 증가한다. [그림 5-5(a)]는 기대인플레이션이 상승하면 채권공급곡선이 오른쪽으로

그림 5-5 채권공급의 이동

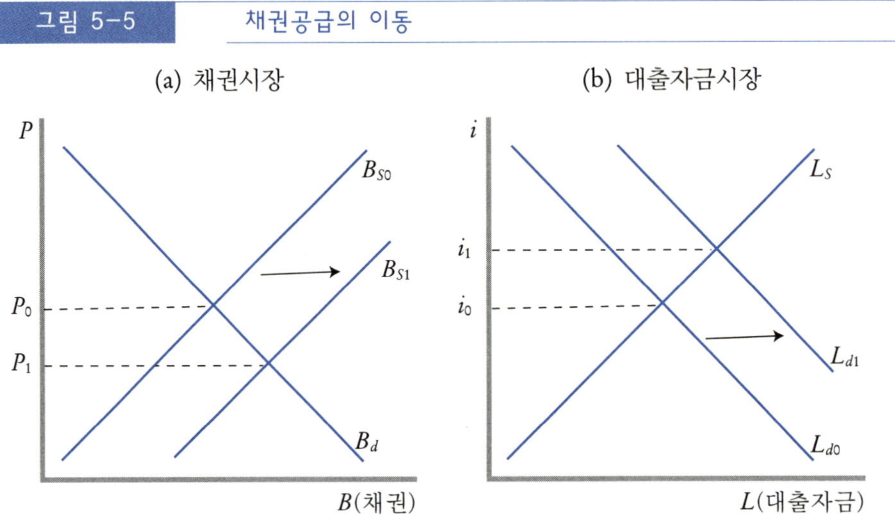

이동한다는 것을 보여주고 있다. 높은 기대인플레이션은 채권공급을 증가시킴으로써 채권가격의 하락과 이자율의 상승을 가져온다.

정부차입

정부가 채권을 발행할 필요가 생기면 채권공급에 영향을 미친다. 즉 조세정책이나 지출정책의 변동은 정부의 차입수요에 영향을 미칠 수 있다. 정부의 차입수요 증가는 채권잔액을 증가시키므로 채권공급곡선은 오른쪽으로 이동한다. 따라서 정부의 채권발행은 채권가격의 하락과 이자율의 상승을 가져온다.

5. 채권가격의 변동성

채권가격은 이자율과 요구수익률이 변동하기 때문에 변동한다. 이자율이 변동할 때 채권가격은 어떻게 변동하는가를 이해하는 것은 채권분석의 기초라고 할 수 있다. 1960년대 초에 말킬(B. Malkiel)은 채권가격과 수익률의 관계에 관해서 다섯 개의 정리를 제시한 적이 있다. 채권평가모형을 이용하여 수익률의 변동이 주어졌을 때 만기, 쿠폰이자와 같은 채권변수로 인해 생기는 채권가격의 변동성을 설명하였다. 여기서는 말킬의 채권정리(bond theorem) 가운데 중요한 부분을 이용하여 채권가격이 이자율의 변동으로 인해 어떻게 변동하는가를 설명하기로 한다.

채권가격과 이자율의 역관계

투자자는 채권가격은 수익률과 반대로 변동한다는 기본적인 역관계(inverse relationship)를 항상 염두에 두게 된다. 새로 발행되는 채권에 대해 투자자가 원하는 요구수익률이 변동하면 이미 발행된 모든 채권에 대한 요구수익률도 변동한다. 이들 수익률이 변동하면 채권가격도 변동하지 않을 수 없다. 이와 같은 역관계는 채권을 이해하고 평가하는 데 기초가

[표 5-1] 채권가격과 수익률의 관계(이표율 10%의 쿠폰채) (단위: 만원)

만기	6%	8%	10%	12%	14%
1년	1,037.74	1,018.52	1,000	982.14	964.91
5	1,168.50	1,079.85	1,000	927.90	862.68
10	1,294.40	1,134.20	1,000	887.00	791.36
15	1,388.49	1,171.19	1,000	863.78	754.31
20	1,458.80	1,196.36	1,000	850.61	735.07
25	1,511.33	1,213.50	1,000	843.14	725.88
30	1,550.59	1,225.16	1,000	838.90	719.89

된다.

[표 5-1]은 채권평가모형을 이용하여 채권가격, 수익률, 만기의 관계를 산출한 것이다. 액면가액은 1,000만원이고 이표율은 10%인 채권을 전제로 수익률이 6%에서 14%, 만기는 1년에서 30년에 이르는 여러 가지 경우를 보여주고 있다. 만기가 주어지는 경우 수익률이 10%보다 더 높게 상승하면 채권가격은 하락하고 10%보다 낮게 하락하면 채권가격은 상승한다는 것을 보여 주고 있다. 예를 들어 만기가 5년인 채권은 이자율이 12%로 상승하면 채권가격은 927.90만원으로 하락하고 이자율이 8%로 하락하면 채권가격은 1,079.85만원으로 상승한다.

채권가격과 이자율의 역관계가 채권분석의 기초가 되지만 이자율변동이 채권가격의 변동에 미치는 영향을 충분히 파악하기 위해서는 추가적인 정보가 필요하다. 이자율의 상승이 채권가격을 하락시키지만 하락폭은 만기와 같은 개별채권 특유의 변수에 따라 다르다.

만기효과

수익률 변동이 채권가격에 미치는 효과는 만기에 따라 달라진다. 이와 같이 채권의 만기가 채권가격의 변동에 미치는 효과를 만기효과(maturity effect)라고 한다. 중요한 원칙은 '시장이자율의 변동이 주어지는 경우 채권가격의 변동은 만기와 정(direct)의 관계를 갖는다'는 것이다. 따라서 이자율이 변동하면 만기가 긴 채권의 가격이 만기가 짧은 채권보다 더 많이 변동한다.

[표 5-1]에서 보는 바와 같이 액면가격 1,000만원인 채권의 시장수익률이 10%에서 8%로 하락하면 15년 만기채권의 가격은 1,171.19만원이 되지만 30년 만기채권은 1,225.16만원이 된다.

여기서 설명한 원칙은 단순하지만 중요하다. 여타의 조건이 동일하다면 채권가격의 변동성은 만기의 함수이다. 장기채권의 가격은 단기채권보다 더 많이 변동한다.

만기와 관련한 원칙에 대해 다음과 같이 추가할 수 있다. 채권만기와 가격변동성의 정의 관계로 인해 발생하는 가격변동률은 만기가 증가함에 따라 낮아지면서 증가한다. 다시 말하면 만기까지의 시간이 두 배가 된다 해서 수익률의 변동으로 인한 채권가격의 변동률이 두 배가 되는 것은 아니다.

예를 들어 보면 [표 5-1]에서 수익률이 10%에서 8%로 2퍼센트 포인트 하락하는 경우 15년 만기의 채권가격은 1,171.19만원으로 17.12% 변동하지만 30년 만기의 채권가격은 1,225.16만원으로 22.52% 변동한다. 따라서 시간은 두 배 증가해도 가격변동률은 두 배가 되지 않는다는 것을 알 수 있다.

쿠폰효과

만기효과 외에 이자율변동으로 인한 채권가격의 변동은 채권의 쿠폰이율에 의해서도 영향을 받는다. 하나의 원칙으로서 다음과 같이 말할 수 있다. '다른 조건이 동일하다면 채권가격의 변동과 쿠폰이율은 역(inverse)의 관계를 갖는다'. 이를 쿠폰효과(coupon effects)라고 한다. 여기서 말하는 것은 변동률에 관한 것이다. 만일 변동성을 가격변동률이 아니라 금액으로 측정한다면 이러한 관계는 반드시 타당하다고 할 수 없다.

[표 5-2]는 쿠폰효과를 보여 주고 있다. 채권은 모두 만기(20년)가 동일하고 이자율은 7%에서 10%로 변동한다고 가정한다. 이 예는 쿠폰이율

[표 5-2] 쿠폰효과

(가정: 원금 1,000만원, 만기 20년) (단위: 만원)

쿠폰이율	0		3%		12%	
이자율(YTM)	7%	10%	7%	10%	7%	10%
이자의 현재가치	0	0	318	255	1,271	1,022
원금의 현재가치	258	149	258	149	258	149
채권의 가치	258	149	576	404	1,529	1,171
채권가치의 변동률	-42.2%		-29.9%		-23.4%	

과 가격변동 사이에 역관계가 있음을 보여 주고 있다. 쿠폰이율이 가장 작은 채권(이율=0)은 가장 큰 가격변동(약 −42.2%)을 나타내는 데 비하여 이표율이 12%인 채권은 가격이 약 −23.4%만 변동한다.

채권가격의 변동성측정: 듀레이션

듀레이션(duration)은 채권의 이자와 원금을 회수하는 데 걸리는 시간을 현금흐름의 현재가치로 가중평균한 것이다. 듀레이션(D)의 산식은 다음과 같다.

$$D=\frac{\sum_{t=1}^{n} t\times\frac{C_t}{(1+i)^t}}{\sum_{t=1}^{n}\frac{C_t}{(1+i)^t}}=\frac{\sum_{t=1}^{n} t\times \text{현금흐름의 현재가치}}{\sum_{t=1}^{n}\text{현금흐름의 현재가치}}$$

단, t = 현금흐름을 받게 되는 기간
n = 만기까지의 기간수(년)
i = 시장이자율

듀레이션은 이자율변동에 대한 채권가격의 민감도를 나타낸다. 따라서 듀레이션으로 채권가격의 변동성(price volatility)을 측정할 수 있다. 채권가격의 변동성, 듀레이션 및 이자율변동 사이에는 다음과 같은 관계가 있다(제16장 4절 참조).

$$\frac{\Delta P_0}{P_0} = -D\frac{\Delta i}{(1+i)} \qquad (5\text{-}5)$$

단, ΔP_0 = 채권가격의 변동
P_0 = 채권가격
D = 듀레이션
Δi = 이자율의 변동
i = 이자율

예를 들어 어느 채권(가격은 1,000만원)의 듀레이션(D)이 4.465년이라고 가정하자([표 16-4] 참조). 만일 이자율이 6%에서 7%로 상승하는 경우 이 채권의 가격변동성은 다음과 같이 추정할 수 있다.

$$\frac{\Delta P_0}{P_0} = -4.465\frac{0.01}{1.06} = -4.212\%$$

이자율변동으로 인한 ΔP_0(채권가격의 변동)는 −42.12만원이므로 채권가격은 1,000만원에서 957.88만원으로 하락할 것이다.

제 6 장

이자율의 구조

제5장에서 이자율의 결정과정을 논의하면서 단 하나의 이자율만을 대상으로 하였으나 실제로는 많은 종류의 채권이 있고 채권의 위험과 만기에 따라 여러 가지 이자율이 있다.

여기서는 먼저 위험과 이자율(수익률)의 관계를 설명하는 이자율의 위험구조(risk structure of interest rate)를 본 다음 만기와 이자율의 관계를 설명하는 이자율의 기간구조(term structure of interest rate)를 고찰하기로 한다.

1. 이자율의 위험구조

만일 채권이 만기는 같은데 이자율이 다른 것은 채무불이행위험, 유동성, 정보비용, 조세 등의 차이 때문이라고 할 수 있다. 아래에서는 이와 같은 요소가 금융자산의 이자율에 어떻게 영향을 미치는가를 설명하고 저축자의 각 요소에 대한 인식이 변화하면 이자율은 어떻게 변동하는가를 보기로 한다.

채무불이행위험

차입자가 약속한대로 원금과 이자를 완전히 상환할 수 있는 능력은 차입자에 따라 다르다. 저축자는 예를 들면 영세기업인 X사보다는 국제적인 대기업인 A사의 약속이 이행될 가능성이 더 높은 것으로 여긴다. 따라서 X사와 같이 상환능력이 불확실한 차입자는 투자자가 부담하는 위험을 보상하기 위하여 더 높은 수익률을 제공하여야 한다. 신용공여자가 원금과 이자를 상환받을 수 없는 위험을 채무불이행위험(default risk)이라고 한다.

채무불이행위험의 측정

금융자산의 채무불이행위험을 측정하기 위해서는 어떤 기준이 필요하다. 국채는 원금과 이자의 상환을 정부가 보증하는 무위험자산이므로 위험을 측정하는 기준으로 이용할 수 있다. 즉 금융자산의 채무불이행위험은 무위험자산인 국채와 비교함으로써 측정할 수 있다.

채권의 채무불이행위험 프리미엄(default risk premium)은 저축자가 위험자산을 보유하는 것에 대해 추가로 요구하는 수익률이므로 채권수익률과 채무불이행위험이 없는 수익률의 차이로 측정된다. 예를 들어 국채의 수익률이 5%인데 투자자가 신용이 높지 않은 X사의 채권에 대해서 12%를 요구한다면 X사 채권의 채무불이행 리스크 프리미엄은 7%(=12%−5%)가 된다.

채권자가 채권이나 대출에 부과할 리스크 프리미엄의 크기를 결정하기 위해서는 차입자의 신용도를 평가하여야 한다. 차입자의 신용에 관한 정보를 수집하고 분석하는 일은 많은 비용이 들 수 있다. 따라서 투자자는 전문적으로 정보를 수집하고 모니터링하는 신용평가회사의 채권등급(bond rating)을 이용하기도 한다. 신용평가회사의 신용등급은 채권발행기업의 자본금, 현금흐름 등 채무이행능력에 따라 예를 들면 AA 또는 C 등으로 차등해서 정한다. 차입자와 대여자 모두에게 신용등급은 중요한 의미가 있다. 차입자의 입장에서 보면 신용등급은 리스크 프리미엄과 자금조달비용에 영향을 미친다. 저축자는 신용등급을 채무불이행위험의 지표로서 간주한다.

채무불이행위험의 변동과 리스크 프리미엄

채무불이행 리스크의 변동은 채권의 이자율에 어떠한 영향을 미치는가. 채무불이행 리스크 프리미엄은 차입자의 신용에 관한 새로운 정보가 투자자에게 전달되면 변동한다. 다시 말하면 채권발행자의 채무불이행위험에 대한 시장의 인식에 변화가 생기면 채권의 수익률은 변동한다.

채권을 채무불이행위험이 낮은 것과 높은 것으로 나누어 가격결정을 보기로 한다. [그림 6-1(a)]는 위험이 낮은 채권의 가격결정을 보여 주고 [그림 6-1(b)]는 위험이 높은 채권의 가격결정을 설명하고 있다. 두 시장에서 채권공급은 채권가격의 상승과 함께 증가하고 채권 수요량은 가격이 상승하면 감소한다. 앞에서 본 것처럼 채권가격과 수익률은 역관계를 갖기 때문에 채권가격의 상승은 이자율의 하락을 의미한다. 따라서 채권가격의 상승이나 하락을 알게 되면 채권가격의 변동이 채권수익률과 리스크 프리미엄에 미치는 영향을 추정할 수 있다.

그림 6-1 채무불이행위험의 결정

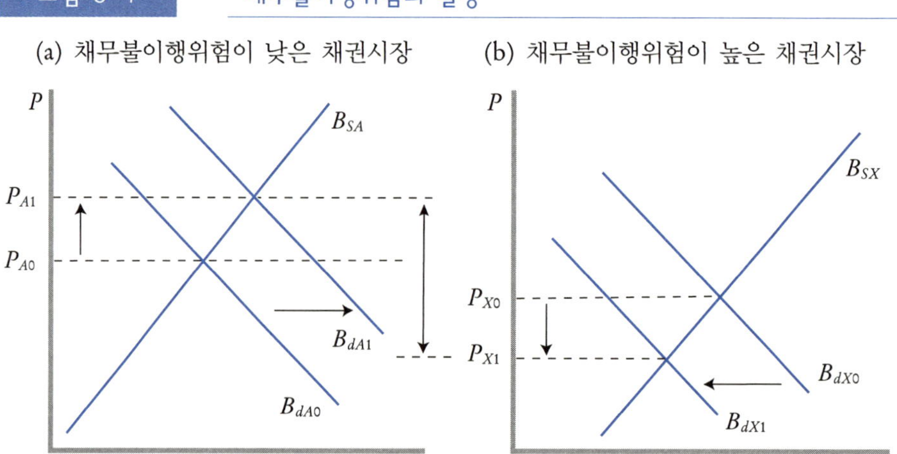

만일 대여자가 수익률을 변동시키는 다른 요소(유동성, 정보비용, 조세)의 변동을 기대하지 않는다면 [그림 6-1]에서 보는 바와 같이 위험이 높은 채권(X)의 수익률은 위험이 낮은 채권(A)의 수익률보다 높고 위험이 높은 채권가격(P_X)은 위험이 낮은 채권가격(P_A)보다 낮아야 한다. [그림 6-1]에서 위험이 낮은 채권의 초기가격(P_{A0})은 위험이 높은 채권의 초기가격(P_{X0})보다 높다. 이와 같은 가격정보를 기초로 두 채권의 수익률에 차이가 있음을 밝힐 수 있다. 즉 위험이 높은 채권의 초기이자율(i_{X0})은 위험이 낮은 채권의 초기이자율(i_{A0})보다 높다는 것을 알 수 있다. 두 이자율의 차이, 즉 리스크 프리미엄($i_{X0}-i_{A0}$)은 위험이 높은 채권의 채무불이행위험을 대여자에게 보상하는 것이다.

예를 들어 시장참가자가 위험이 높은 자산(기업)의 채무불이행 가능성이 경기침체로 인해 높아질 것으로 기대한다고 가정하자. 대여자는 추가적인 위험부담을 보상받기 위해 채권에 대해 더 낮은 가격을 지급(즉, 더 높은 기대수익을 요구)하려고 할 것이다. 주어진 가격수준에서는 위험이 높은 자산에 대한 투자자의 수요가 감소하므로 [그림 6-1(b)]에서 수요곡선은 왼쪽으로 이동한다. 수요곡선의 이동으로 위험이 높은 자산의 가격은 P_{X0}에서 P_{X1}으로 하락하게 되고 수익률은 상승한다.

대여자는 위험이 높은 자산의 채무불이행위험이 증가한 것을 알게 되면 자금을 위험이 낮은 자산으로 이동(flight to quality)하려고 할 것이다. [그림 6-1 (a)]에서 보는 바와 같이 위험이 낮은 채권시장의 수요곡선은 위험이 높은 채권의 채무불이행위험의 증가로 인해 오른쪽으로 이동한다. 포트폴리오 선택이론에서 본 것처럼 위험이 높은 자산의 위험증가는 위험이 낮은 자산에 대한 수요를 증가시키므로 위험이 낮은 채권가격은 P_{A0}에서 P_{A1}으로 상승한다. 이와 같이 위험이 낮은 채권가격은 상승하고 위험이 높은 채권가격은 하락하므로 리스크 프리미엄은 확대된다.

유 동 성

금융자산의 이자율이 서로 다른 것은 유동성의 차이에도 원인이 있다. 투자자는 자산의 유동성을 중요시하므로 유동성이 낮은 투자에 비하여 이자율이 낮아도 유동성이 높은 투자를 더 선호할 수 있다. 따라서 유동성이 낮은 자산은 유동성이 낮은 것에 대해 저축자를 보상하기 위하여 높은 수익률을 제공하여야 한다. 투자의 리스크 프리미엄은 채무불이행 리스크 프리미엄과 함께 이와 같은 유동성 프리미엄(liquidity premium)을 포함한다.

유동성 프리미엄

금융자산의 유동성은 거래하는 방식의 영향을 받는다. 채무불이행위험처럼 국채를 금융자산의 유동성을 비교하는 기준으로 삼을 수 있다. 일반적으로 국채는 유동성이 매우 높은 반면 회사채는 매수자와 매도자를 연결하는 데 어려움이 있을 수 있기 때문에 회사채시장은 국채시장보다 유동성이 낮으며 그로 인해 투자자는 회사채수익률에 프리미엄을 추가로 요구하게 된다.

유동성의 변동과 유동성 프리미엄

금융자산의 유동성변동이 수익률에 미치는 영향을 보기로 하자. 포트폴리오 선택이론에 따르면 수익률이 주어진 경우 투자자는 유동성이 낮은 자산보다 유동성이 높은 자산(예: 국채)을 더 선호한다. 따라서 회사채시장이 유동성이 낮아지면 유동성이 낮은 자산과 유동성이 높은 자산의 수익률 차이는 확대된다.

[그림 6-2]는 유동성의 변동이 채권가격에 미치는 효과를 보여 주고 있다. 그림 (a)는 유동성이 높은 채권(예: 국채)의 가격결정을 나타내고 그림 (b)는 유동성이 낮은 채권(예: 회사채)의 가격결정을 보여주고 있다. 편의상 두 시장의 초기가격은 같고 따라서 초기수익률도 동일하다고 가정한다. 즉 유동성이 높은 시장의 초기가격을 P_{L0}, 유동성이 낮은 시장의 초기가격을 P_{IL0}이라면 $P_{L0}=P_{IL0}$이라고 가정한다. 수익률도 유동성이 높은 시장의 초기수익률을 i_{L0}, 유동성이 낮은 시장의 초기수익률을 i_{IL0}이라면 $i_{L0}=i_{IL0}$이라고 가정한다.

그림 6-2 유동성감소가 리스크 프리미엄에 미치는 효과

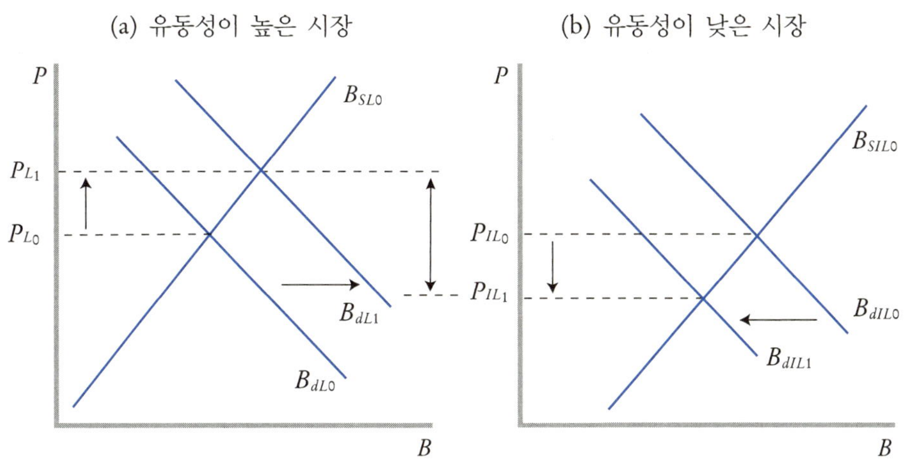

예를 들어 유동성이 낮은 자산의 유동성이 더욱 낮아졌다고 가정하자. 투자자는 유동성이 낮아진 데 대한 보상으로 더욱 높은 기대수익을 요구할 것이다. 즉 유동성이 낮은 시장의 수요곡선은 B_{dIL0}에서 B_{dIL1}로 이동한다. 이와 같은 이동은 유동성이 낮은 채권시장의 가격을 하락시키고 이자율을 상승하도록 한다.

대여자가 자금을 유동성이 높은 시장으로 재배분함에 따라 그림 (a)의 수요곡선은 B_{dL0}에서 B_{dL1}로 이동한다. 그 결과 유동성이 높은 채권시장의 가격은 P_{L0}에서 P_{L1}로 상승하고 이자율은 하락한 반면 유동성이 낮은 채권시장의 가격은 P_{IL0}에서 P_{IL1}로 하락하고 이자율은 상승한다. 가격차$(=P_{L1}-P_{IL1})$와 관련된 리스크 프리미엄에 포함된 유동성부분은 $i_{IL1}-i_{L1}$로 증가한다. 대여자는 유동성이 낮은 금융자산을 보유하지 않으려 하고 보다 높은 수익을 요구한다. 금융자산을 이용하여 자금을 조달하려는 차입자는 이전보다 높은 자금비용을 부담하게 된다. 반대로 자산의 유동성 증가는 요구수익률을 낮게 하고 유동성 감소는 요구수익률을 높게 한다.

정보비용

이자율의 위험구조에 영향을 미치는 세 번째 요소는 정보수집비용(cost of acquiring information)이다. 투자자가 자산에 대한 정보를 얻기 위하여 소비하는 자원(시간과 비용)은 금융자산의 기대수익을 감소시킨다. 따라서 이러한 비용은 마치 임금이 제품가격에 포함되는 것처럼 대여자가 부과하는 차입비용에 포함된다. 만일 두 자산의 채무불이행위험과 유동성이 같다면 투자자는 정보비용이 낮은 자산을 보유하려고 할 것이다.

정보비용의 측정

정부가 발행하는 채권은 원금과 이자가 상환된다는 것을 모든 투자자들이 알기 때문에 정보비용이 가장 낮다. 잘 알려진 기업에 대해서는 신용평가기관이 신용도를 평가하고 모니터링하기 때문에 이를 이용하면 투자자의 정보수집비용은 낮아질 수 있다. 그러나 잘 알려지지 않은 차입자에 대한 정보수집비용은 높을 수 있다. 예를 들면 소규모의 점포를 내기 위해서 은행에 가서 대출을 신청하면 은행은 차입자의 소득이나 사업전망을 기초로 상환능력을 평가한다. 이와 같은 정보수집비용은 직접적으로 이자에 반영되거나 간접적으로는 대출액을 제한함으로써 비용을 전가한다. 정보비용으로 이자율이 높은 금융자산은 상대적으로 유동성이 낮은 경향이 있다. 왜냐하면 정보를 용이하게 이용할 수 없는 금융자산은 금융시장에서 거래하기 어렵기 때문이다.

정보비용의 변동과 리스크 프리미엄

[그림 6-3]은 정보비용의 증가가 금융자산의 가격과 리스크 프리미엄에 미치는 효과를 보여주고 있다. 그림 (a)는 정보비용이 낮은 채권의 가격결정을 나타내고, 그림 (b)는 정보비용이 높은 채권의 가격결정을 보여주고 있다. 여기서도 편의상 정보비용이 다른 두 채권의 초기가격이 같고 따라서 초기수익률도 같다고 가정한다. 즉 정보비용이 높은 채권의 초기가격을 P_{H0}, 정보비용이 낮은 채권의 초기가격을 P_{L0}이라면 $P_{H0}=P_{L0}$이

라고 가정한다. 수익률도 정보비용이 높은 채권의 초기수익률을 i_{H0}, 정보비용이 낮은 채권의 초기수익률을 i_{L0}이라면 $i_{H0}=i_{L0}$이라고 가정한다.

그림 6-3 정보비용이 리스크 프리미엄에 미치는 효과

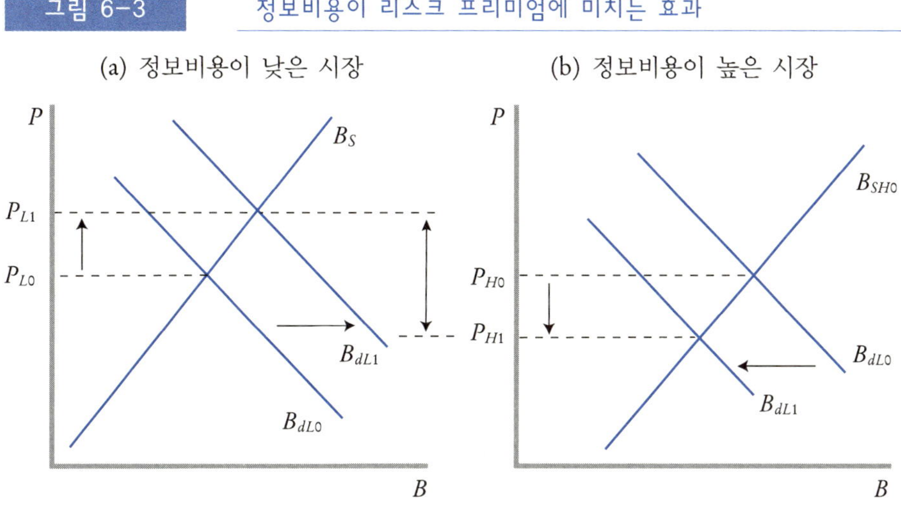

만일 정보비용이 높은 시장에서 정보비용이 상승하면 대여자는 이 시장에서 현재의 가격과 수익률로는 투자를 감소하려고 할 것이므로 그림 (b)에서 수요곡선은 왼쪽으로 이동한다. 자금이 정보비용이 낮은 시장으로 재배분되면서 그림 (a)에서 수요곡선은 오른쪽으로 이동한다. 그 결과 정보비용이 낮은 시장에서는 가격이 P_{L0}에서 P_{L1}로 상승하고 이자율은 하락하는 반면 정보비용이 높은 시장에서는 가격은 P_{H0}에서 P_{H1}로 하락하고 이자율은 상승한다. 가격차$(=P_{L1}-P_{H1})$와 관련한 리스크 프리미엄의 정보비용부분은 $i_{H1}-i_{L1}$로 증가한다.

조 세

금융자산의 수익률에 차이가 생기는 또 하나의 요인으로 조세를 들 수 있다.[1] 만일 모든 금융자산에 대해 동일하게 과세한다면 금융자산의

1) 조세는 위험이라고 할 수 없지만 일반적으로 이자율의 위험구조에 포함시켜 설명한다.

수익률의 차이는 위에서 본 채부불이행위험, 유동성, 정보비용으로 인해 발생할 것이다. 그러나 금융자산에 따라 세율이 다양하기 때문에 투자자는 이자에 대한 과세 여부는 물론 세율도 고려하여 요구수익률을 결정하게 된다. 따라서 투자자의 세 부담에 따라 금융자산의 이자율에 차이가 생긴다.

2. 이자율의 기간구조

채권의 이자율(만기수익률)은 채무불이행, 유동성, 정보비용, 조세 등의 영향을 받는다는 것은 위에서 보았으나 이러한 요인들이 같아도 만기까지의 기간에 따라 이자율이 다르다. 이와 같은 이자율(만기수익률)과 만기의 관계를 이자율의 기간구조라고 한다. 이자율의 기간구조를 종축은 이자율, 횡축은 만기인 평면에 그린 곡선을 수익률곡선(yield curve)이라고 한다.

일반적으로 수익률곡선은 우상향, 수평 또는 우하향의 기울기를 갖는다. 우상향의 수익률곡선은 장기이자율이 단기이자율보다 높다는 것을 가리킨다. 수평한 수익률곡선은 단기와 장기채권의 이자율이 같다는 것을 의미하고 우하향의 수익률곡선은 단기수익률이 장기수익률보다 높다는 것을 나타낸다. 수익률곡선의 형태를 설명하는 주요 이론으로는 기대설, 시장분할설, 서식처선호설 등이 있다.

기 대 설

기대설(expectations hypothesis)에 따르면 장기채권의 이자율은 그 장기채권이 존속하는 기간의 기대단기이자율을 평균한 것이다. 1년 만기 채권의 현재 이자율이 5%이고 내년의 이자율을 7%로 기대한다면 2년 만기 채권의 현재 이자율이 두 개의 1년 만기 채권이자율을 평균한 6%라는 것이다.

기대설은 단기채권과 장기채권이 완전한 대체관계를 갖는다고 가정한다. 예를 들어 2년간 투자하려는 사람에게는 두 가지 선택이 있다. 하나는 2년 만기 채권을 구입하는 것이고 다른 하나는 1년 만기 채권을 산 다음 만기가 되어 회수한 자금으로 다시 1년 만기 채권을 구입하는 것이다. 2년간 투자할 자금이 1억원, 1년 만기 양도성예금증서(CD)의 현재 이자율은 4%, 내년의 CD이자율이 i_1이라면 오늘 1년 만기 CD를 사고 1년 후 매각한 자금으로 다시 이자율이 i_1인 1년 만기 CD를 구입하면 수익(V_s)은 다음과 같다.

$$V_s = 1\text{억원}(1+0.04)(1+i_1)$$

1년 만기 CD를 2년에 걸쳐 사면 투자자의 수입은 두 번째 해의 이자율(i_1)의 영향을 받는다.

이자율은 시장사정에 따라서 변동하므로 1년 만기 CD의 다음해 이자율(i_1)은 기대만 할 수 있을 뿐이다. 만일 다음 해의 기대이자율 $E(i_1)$도 4%이고 1년 만기 CD를 계속 구입하면 2년 후에 받을 금액은 다음과 같다.

$$V_s = 1\text{억원}(1+0.04)(1+0.04) = 10{,}816\text{만원}$$

만일 1년 후의 기대이자율이 $E(i_1)=10\%$이라면 1년 만기 CD를 연이어 구입함으로써 2년 후에 받을 금액은 다음과 같다.

$$V_s = 1\text{억원}(1+0.04)(1+0.10) = 11{,}440\text{만원}$$

위 식에서 미래의 1년 만기 이자율을 높게 기대하면 1년 만기 CD를 연속 구입함으로써 생기는 총수익은 더욱 커진다는 것을 알 수 있다.

은행이 2년 만기 CD의 이자율로 i_2를 제공한다면 이 CD를 구입한 사람이 받는 금액(V_l)은 다음과 같다.

$$V_l = 1\text{억원}(1+i_2)^2$$

투자자는 장단기 CD를 완전한 대체재로 간주하기 때문에 $V_s < V_l$인 경우에는 장기 CD를 구입하고 $V_s > V_l$이면 단기 CD를 구입할 것이다.

$V_l = V_s$인 경우에만 2년 만기 CD 구입에서 생기는 기대수익과 1년 만기 CD의 연속구입에서 생긴 기대수익이 같게 된다.

장단기 금융자산 사이에 완전한 대체관계가 있고 대여자는 기대수익에만 관심을 갖는다면 차입자가 장기자금을 차입하는 방법은 연속적인 단기대여에 의해서 얻을 것으로 대여자가 기대하는 수익률과 같은 수준의 수익률을 대여자에게 제공하는 것이다.

그러면 이자율의 기간구조는 어떻게 결정되는가를 보기로 하자.

첫째, 1년 만기 CD의 이자율이 현재 4%이고 투자자가 기대한 내년 이자율이 $E(i_1)=6\%$인 경우 투자자가 2년 만기 CD를 구입하도록 하는 방법은 $V_l = V_s$를 만족시키는 2년 만기 이자율(5%)을 투자자에게 지급하는 것이다.

$$1억원(1+i_2)^2 = 1억원(1+0.04)(1+0.06)$$
$$(1+i_2)^2 = (1+0.04)(1+0.06)$$
$$1+i_2 = \sqrt{(1+0.04)(1+0.06)} = 1.05$$

$i_2 = 5\%$에서 투자자는 두 가지 투자방법으로부터 동일한 금액[1]($V_s = V_l =$ 11,025만원)을 얻게 되므로 은행이 5%의 이자율을 지급하면 2년 만기 CD를 투자자에게 매각할 수 있다.

둘째, 미래의 단기금리에 대한 기대가 변하면 현재의 장기금리가 변하게 된다. 예를 들면 현재의 1년 이자율이 4%이고 투자자가 내년에도 이자율이 4%에 머물 것이라고 기대한다면 2년 만기 CD의 이자율은 다음 식을 만족시키게 된다.

$$(1+0.04)(1+0.04) = (1+i_2)^2$$

위 식을 i_2에 관해서 풀면 $i_2=4\%$가 된다. 따라서 투자자가 이자율이 2년간 불변이라고 기대하면 1년 만기 CD 이자율은 2년 만기 CD 이자율과 동일하게 된다.

---

1) 엄밀히 계산하면 V_s=11,024만원, V_l=11,025만원이지만 약간의 오차에 대해서는 86페이지 주 1) 참조.

그림 6-4 기대설과 수익률곡선

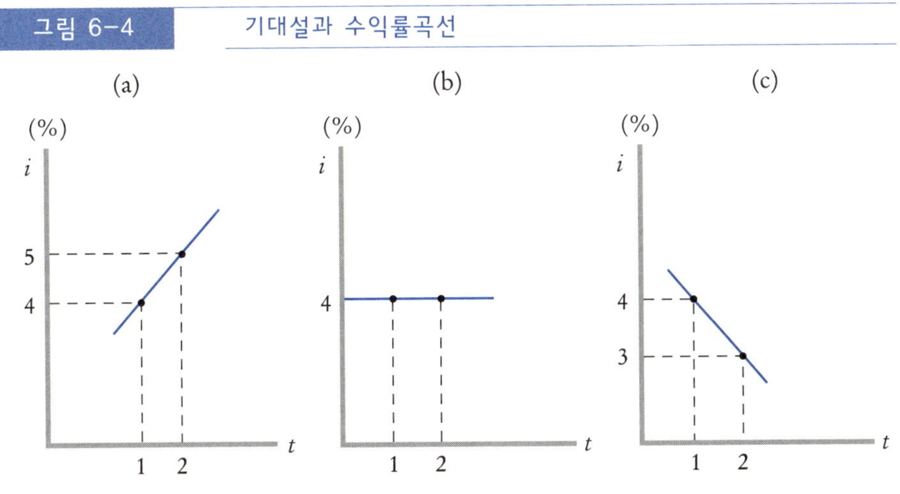

셋째, 투자자가 내년에 1년 만기 CD 이자율이 2%로 하락한다고 기대한다면 2년 만기 CD 이자율은 다음 조건을 만족시켜야 한다.

$$(1+0.04)(1+0.02)=(1+\boldsymbol{i}_2)^2$$

이를 $\boldsymbol{i}_2$에 관해서 풀면 2년 만기 CD 이자율은 3%가 된다.

[그림 6-4]는 위에서 설명한 세 가지 경우의 수익률곡선을 차례로 보여 주고 있다. 수익률곡선의 기울기는 미래의 단기이자율에 대한 기대에 의하여 결정된다는 것을 알 수 있다. 그림에서 $\boldsymbol{t}$는 만기까지의 기간을 가리킨다. 그림 (a)는 우상향의 수익률곡선으로서 투자자는 내년 이자율이 더 높을 것으로 기대한다. 그림 (b)는 평탄한 수익률곡선으로 투자자는 이자율이 4%선을 유지할 것으로 기대한다. 그림 (c)는 우하향의 수익률곡선으로 투자자는 내년에 이자율이 하락할 것으로 기대한다.

위에서 설명한 내용을 일반화해 보기로 한다. $\boldsymbol{i}$가 1년 만기 CD의 현재이자율, $\boldsymbol{E(i_t)}$가 $\boldsymbol{t}$년 후에 구입하는 1년 만기 CD의 기대이자율, $\boldsymbol{i_n}$이 $\boldsymbol{n}$년 만기 CD의 현재이자율이라고 가정하자. 다음 식이 성립하면 연속적으로 CD를 구입하는 것과 한번에 $\boldsymbol{n}$년 만기 CD를 구입하는 것은 투자자에게는 무차별하다.

$$(1+i_n)^n=(1+i)[1+E(i_1)][1+E(i_2)] \cdots [1+E(i_{n-1})] \quad (6\text{-}1)$$

위 식의 왼쪽항은 만기가 n년이고 이자로 매년 i_n을 지급해 주는 CD를 구입하면 받게 되는 수익을 나타낸다. 오른쪽항은 투자자가 이자율 i을 지급해 주는 1년 만기 CD를 구입하고 첫해 말에 상환받은 자금을 다시 $E(i_1)$을 지급하는 1년 만기 CD에 재투자한 다음 두 번째 해 말에도 $E(i_2)$를 지급하는 1년 만기 CD에 재투자하는 연속적인 투자를 가리킨다. 위 식을 i_n에 관해서 풀면 n년 만기 CD의 이자율과 1년 만기 CD의 기대이자율의 관계식을 얻게 된다.

$$i_n=\sqrt[n]{(1+i)[1+E(i_1)][1+E(i_2)] \cdots [1+E(i_{n-1})]}-1 \quad (6\text{-}2)$$

예를 들어 1년 만기 CD의 현재 이자율(i)이 4%이고, 1년 만기 CD의 내년 기대이자율 $E(i_1)$이 6%이면, 2년 만기 CD의 이자율(i_2)은 4.995%이다.

$$i_2=\sqrt[2]{(1+0.04)(1+0.06)}-1=0.04995$$

한 가지 유의할 점은 0.04995는 1년 만기 CD의 현재이자율($i=0.04$)과 1년 만기 CD의 내년 기대이자율 $E(i_1)=0.06$을 단순평균한 것과 거의 같다는 것이다.

$$i_2=0.04995 \approx \frac{i+E(i_1)}{2}=\frac{0.04+0.06}{2}=0.05$$

위 식을 일반화하면 식 (6-3)의 근사식을 구하여 사용할 수 있다.[1)]

$$i_n \approx \frac{i+E(i_1)+E(i_2)+ \cdots +E(i_{n-1})}{n} \quad (6\text{-}3)$$

1) 식 (6-1)에 로그를 취하면 다음과 같다.
$n\ln(1+i_n)=\ln(1+i)+\ln[1+E(i_1)]+\ln[1+E(i_2)]+ \cdots +\ln[1+E(i_{n-1})]$
만일 x가 작으면 $\ln(1+x)$는 x와 근사하게 같으므로 위 식은 다음과 같이 쓸 수 있다.
$n\times i_n \approx i+E(i_1)+E(i_2)+ \cdots +E(i_{n-1})$
다시 n으로 나누면 식 (6-3)을 얻는다.

기대설은 다음과 같은 문제점을 가지고 있다.

첫째, 수익률곡선은 대체로 우상향하는 형태를 취하고 있는데, 기대설로는 이러한 현상을 일관되게 설명하기 어렵다. 기대설에 따르면 수익률곡선이 우상향의 형태를 취하는 것은 투자자들이 언제나 미래의 이자율이 현재보다 높을 것으로 기대한 결과라 할 수 있다. 그러나 단기이자율은 그때 그때의 시장상황을 반영하여 내리거나 오를 수 있기 때문에, 기대설이 타당하다면 수익률곡선의 모양은 상승 일변도가 아니라 오르내리는 모양을 나타내야 한다.

둘째, 먼 미래의 단기이자율에 대한 기대가 현시점에서 형성된다고 가정하고 있다. 예를 들어 장기채권이 20년 만기라면 경제주체는 19년 후의 1년 만기 채권에 대한 이자율을 현재 기대하여야 하는데 이는 비현실적이다.

셋째, 기대설은 경제주체가 미래의 단기이자율에 대하여 확신을 가지고 기대한다고 가정함으로써 불확실한 기대에 기인하는 위험을 고려하지 않고 있다.

다만 장기이자율과 단기이자율 사이에 일정한 관계가 존재한다는 것은 채권시장을 설명하는 데 하나의 대표적인 이자율만을 사용해도 된다는 것을 의미한다. 예를 들면 단기채권에 대한 이자율은 무시하고 장기채권에 대한 이자율만 다루어도 무방하다.

시장분할설

이자율의 기간구조에 관한 시장분할설(segmented-markets hypothesis)은 채권시장은 만기에 따라 분할되어 있으며 만기가 다른 채권간에는 대체관계가 없다고 가정한다. 만기가 다른 채권의 이자율은 각 채권에 대한 수요와 공급에 의하여 결정되며 다른 채권에 대한 기대수익률 등에 의하여 영향받지 않는다. 시장분할설의 가정은 만기가 다른 채권간에 완전한 대체관계가 있다고 보는 기대설과는 정반대라고 할 수 있다.

시장분할설이 만기가 다른 채권간에 대체관계가 없다고 주장하는 이유는 투자자들은 자기가 선호하는 만기의 채권 기대수익률에만 관심을 갖는다고 보기 때문이다. 투자자들은 채권보유기간을 가장 중요시한다. 만일 채권의 만기가 현금이 필요한 시기와 일치하면 아무런 위험 없이 확실한 수익을 얻을 수 있기 때문이다.

투자자가 특정만기의 금융자산을 선호하는 이유를 예를 들어 설명하면 다음과 같다. 만일 2년간 특별히 사용할 곳이 없는 여유자금이 있다면 2년 만기의 금융자산을 선호할 것이다. 2년 만기 채권을 구입하여 만기까지 보유하는 것이 2년 동안 1년 만기 채권을 두 번 구입하거나 또는 2년 이상의 장기채권을 구입하여 만기 이전에 파는 것보다 더 선호할 수 있다. 왜냐하면 그렇게 하는 것이 거래비용을 최소화하고 투자결정에 따른 비용과 노력을 줄일 수 있기 때문이다. 만일 채권을 구입한 후 이자율이 상승하면 채권가격이 하락하게 되어 만기 전에 팔면 손실을 입을 수 있다. 이러한 금리리스크는 2년 만기 채권을 구입하여 만기까지 보유하면 회피할 수 있다.

채권시장에는 일반적으로 현금화시점이 가까운 단기채권을 보유하려는 자금공급자와 장기채권을 발행하여 자금을 조달하고자 하는 자금수요자가 많기 때문에 단기채권의 초과수요와 장기채권의 초과공급이 발생하게 된다. 그 결과 단기채권의 가격이 상승하고 장기채권의 가격이 하락함으로써 단기이자율이 하락하고 장기이자율이 상승하게 되어 수익률곡선은 우상향한다.

시장분할설에 따르면 단기채권과 장기채권은 대체관계가 없으므로 만기(1년과 2년)에 따라 채권시장은 [그림 6-5]의 (a), (b)와 같이 그릴 수 있다. 각 시장의 이자율은 그 시장의 대출자금 수요와 공급에 의하여 독립적으로 결정되며 만기가 다른 시장에 영향을 미치지 않는다. 예를 들어 그림 (a)의 1년 만기 채권시장에서 대출자금수요가 감소($D \rightarrow D'$)하면 1년 만기 시장의 이자율만 5%에서 4%로 하락하고 2년 만기 시장은 아무런 영향을 받지 않는다.

시장분할설은 수익률곡선이 우상향하는 이유를 설명할 수 있으나 만기가 다른 채권의 수익률이 함께 이동하는 현상을 설명할 수 없다는 단점이

그림 6-5 시장분할선과 수익률곡선

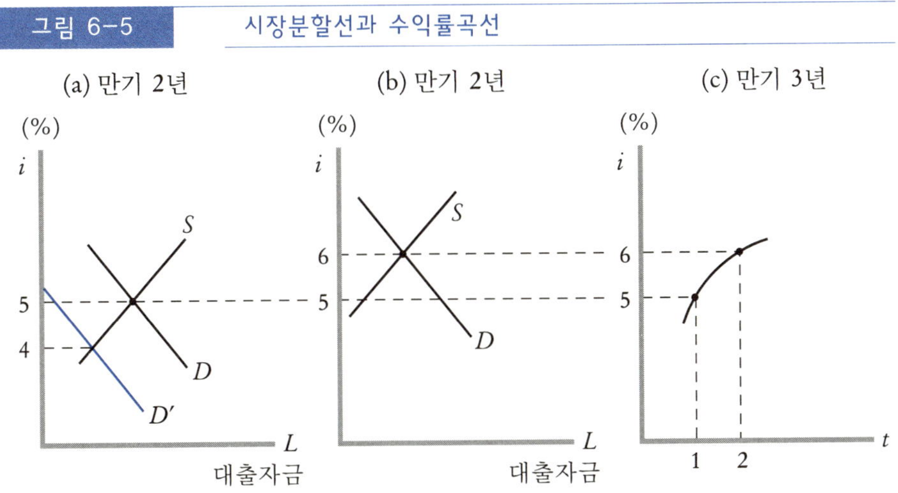

있다. 왜냐하면 전체 수익률곡선이 같은 방향으로 움직인다는 것은 장단기 이자율간에 관계가 있을 경우에만 가능한데, 분할설에 따르면 채권시장은 만기에 따라 완전히 분할되어 있으므로 특정만기의 채권에 대한 이자율 변동이 다른 만기의 채권 이자율에 영향을 미치지 못하기 때문이다.

그 밖에 시장분할설이 타당하다면 중앙은행은 장단기채권의 공급을 조절함으로써 이자율의 기간구조를 변경시킬 수 있다. 실제로 미국의 연방준비은행은 1960년대초 장기이자율을 낮추어 설비투자를 촉진시키는 동시에 단기이자율을 높여 자본의 해외유출을 억제하려는 목적으로, 장기채권의 공급을 줄이는 한편 단기채권의 공급을 늘리는 트위스트조작(twist operation)을 시도한 바 있다.

서식처선호설

서식처선호설(preferred-habitat hypothesis)은 이자율의 기간구조에 관한 이론 가운데 가장 널리 받아들여지고 있는 것으로 장기채권의 이자율은 만기까지의 기대된 평균단기이자율과 기간 프리미엄(term premium)을 합한 것이라고 한다. 이 이론은 기대설과 시장분할설을 종합하고 있다. 만기가 다른 채권간의 대체관계에 관하여 기대설은 완전한 대체관계를 전제하고 있고 시장분할설은 대체관계를 전혀 인정하지 않지만 서식처선호설은 극단적인 가정을 따르지 않고 채권간에 어느 정도의 대체관계를 가정하고 있다.

투자자들은 특정만기를 선호하는 경향이 있으며 자신이 선호하는 만기의 채권시장에 안주하려고 하지만 자기가 선호하지 않는 만기의 채권수익률에도 관심을 가지며 채권수익에 큰 차이가 생기면 평소에 선호하지 않는 채권도 구입할 수 있다.

투자자들이 단기채권을 더 선호한다면 수익이 장기채권보다 낮을지라도 단기채권을 보유하려고 한다. 따라서 투자자들이 장기채권을 보유하도록 하기 위해서는 정(+)의 기간 프리미엄으로 보상해 주어야 한다. 만기까지의 기간이 n년인 채권의 수익률(i_n)은 기대가설의 식 (6-3)에 따라 만기까지 기간의 1년 기대이자율의 평균과 기간 프리미엄(α_n)을 추가하여 나타낼 수 있다.

$$i_n = \alpha_n + \frac{i + E(i_1) + E(i_2) + \cdots + E(i_{n-1})}{n}$$

α_n은 n년 만기를 가진 채권의 기간 프리미엄으로서 차입자와 대여자의 특정만기채권에 대한 수요와 공급에 의해서 결정된다. 기간 프리미엄은 정 또는 부의 값을 가질 수 있으나 대체로 장기채권에 대해서는 정의 기간 프리미엄이 추가된다. 조건이 동일하다면 투자자는 유동성이 높은 단기채권을 선호하기 때문에 기간 프리미엄을 유동성 프리미엄이라고도 부른다.

서식처선호설은 기대설과 시장분할설을 종합하고 있을 뿐 아니라 우상향의 수익률곡선은 물론 평탄하거나 우하향의 수익률곡선도 잘 설명한다. 또 수익률곡선이 왜 우하향보다는 우상향의 기울기를 더 자주 갖는지를 명료하게 설명한다.

예를 들어 2년 만기 채권에 필요한 기간 프리미엄이 $\alpha_2=0.01$이고 1년 만기 채권의 이자율이 6%라면 서식처선호설에 의한 2년 만기 채권의

그림 6-6 서식처선호설과 수익률곡선

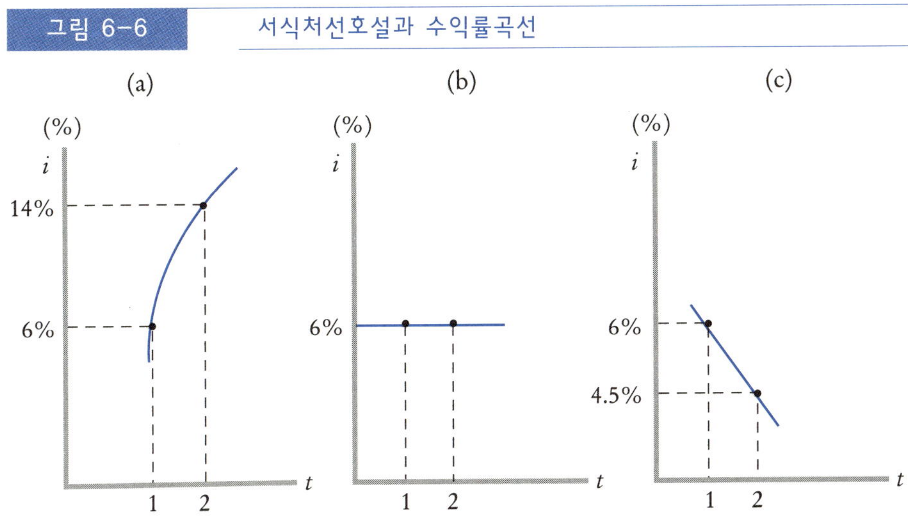

이자율(i_2)은 다음 식에 따라 산출된다.

$$i_2 = 0.01 + \frac{0.06 + E(i_1)}{2}$$

위 식에서 i_2는 $E(i_1)$의 값에 따라 달라진다. 예를 들어 $E(i_1)=0.20$이면 $i_2=0.14$가 된다. 수익률곡선은 [그림 6-6]의 (a)에서 보는 바와 같이 우상향의 기울기를 나타낸다. $E(i_1)=0.04$이면 $i_2=0.06$이 된다. 수익률곡선은 그림 (b)와 같은 평탄한 모습을 보인다. $E(i_1)=0.01$이면 $i=0.045$가 된다. 수익률곡선은 그림 (c)와 같은 우하향의 기울기를 갖는다.

위에서 본 예는 서식처선호설이 여러 가지 형태의 수익률곡선을 잘 설명한다는 것을 보여 주고 있다. 단기금리가 변하지 않거나 약간 하락할 것으로 기대되어도 장기채권의 기간 프리미엄 때문에 수익률곡선은 우상향의 기울기를 가질 수 있다. 우하향의 기울기는 앞으로 단기이자율이 급격히 하락할 것으로 기대되는 경우에만 생겨난다.

제 Ⅲ 편

금융시장

제 7 장

채권시장

1. 채권의 종류

채권(bonds)은 차입자(기업, 정부 등)가 저축자로부터 자금을 조달받기 위해서 발행하는 채무증서이다. 발행자는 비교적 장기로 거액의 자금을 일시에 조달할 수 있고 투자자는 사전에 약정된 이자율에 따라 일정기간 이자소득을 획득하고 만기가 되면 원금을 회수할 수 있는 유가증권(securities)이다.

채권이 일반 차용증서나 은행대출과 크게 다른 것은 제도화된 발행시장과 유통시장을 기초로 한 증권이라는 점이다. 채권은 발행 주체와 발행요건이 법규로 규정되어 있어 공신력이 있고 투자자도 발행시장에서 채권매입을 통한 이자수익 외에도 유통시장을 통한 자본이득 등을 기대할 수 있을 뿐 아니라 자금이 필요할 때 비교적 손쉽게 시장에서 매각할 수 있어 유동성자산으로 이용할 수 있다.

우리나라 채권은 국채, 지방채, 특수채, 회사채 등이 있으며 일반적으로 국채, 지방채, 특수채를 국공채라고 부른다.

국 공 채

국공채는 국가, 지방자치단치, 정부투자기관 또는 특별법에 의하여 설립된 특수법인이 발행하거나 정부가 원리금의 상환을 보증한 국채, 지방채, 특수채 등을 가리킨다.

국채(government bonds)는 중앙정부가 일반 국민을 상대로 발행한 채권으로 국고채권, 재정증권 등이 있다. 국채는 발행자가 정부이기 때문에 채무불이행의 위험이 없고 거래량이 많아 유동성이 높은 대신 수익률은 다른 채권에 비하여 낮다.

국고채는 국채법을 근거로 공공자금관리기금법에 의한 공공자금관리기금의 부담으로 발행되고 있다. 국고채는 정부가 재정융자 등 공공목적에 필요한 자금을 확보 공급하고 국채의 발행과 상환 등을 효율적으로 관리하기 위하여 설치된 공공자금관리기금을 근거로 종전의 농지채권, 농어촌발전채권, 양곡관리기금채권, 외국환평형기금채권 등을 통합하여 발행되고 있다. 현재 만기는 3~10년으로 발행되고 있는데, 3년 만기 국고채 유통수익률은 금융시장의 대표적인 지표금리로 간주된다.

재정증권은 국고관리법에 근거하여 국고금 출납상의 일시부족자금의 조달을 목적으로 일반회계, 특별회계 또는 국고여유자금조정계정의 부담으로 발행된다. 재정증권의 만기는 1년 이내이다.

지방채(municipal bonds)는 지방자치단체가 대규모건설사업, 지방공기업의 설비투자, 재해복구 등 경상적인 수입에 의해서는 경비를 조달하기 어려운 경우 발행하는 채권이다. 지방채는 국채에 비하여 발행액이 작아 유동성이 낮을 뿐 아니라 위험도 높다. 따라서 지방채의 수익률은 발행하는 지방자치단체에 따라 달라질 수 있다. 지방채의 예로는 도시철도공채(서울, 부산 등), 상수도공채, 도로공채 등이 있다.

특수채는 두 가지로 나누어 볼 수 있다. 하나는 특별법에 의하여 설립된 법인이 발행하는 채권으로 각종 공사, 공공단체와 특수목적하에 설립된 금융기관이 발행하는 채권(통화안정증권, 산업금융채권 등)이다. 다른 하나는 개별법률에서 증권거래법상의 특수채로 인정하는 채권으로 은행법에 의한 은행채 여신전문금융업법에 의한 카드채, 리스채, 할부금융채 등이 있다.

회 사 채

회사채(corporate bonds)는 기업이 필요한 자금을 장기간 사용하기 위하여 투자자들로부터 집단적·공개적으로 자금을 차입하고 계약에 따라 일정한 이자를 지급함과 동시에 만기에 원금을 상환할 것을 약속하는 증권을 가리킨다. 따라서 채권에는 만기와 지급할 이자, 만기일에 지급할 원금 등을 반드시 표시하도록 되어 있다.

회사채의 특성을 주식과 비교해보면 대략 다음과 같다.

회사채의 장점

- 배당압력과 경영권침해의 위험 없이 장기자금을 조달할 수 있다.
- 상환기일과 이자율이 확정되어 있어 안정적인 자금사용과 자금계획 수립이 용이하다.
- 회사채에 대한 이자지급은 주식에 대한 배당금지급액과 달리 세무회계상 손실로 인정된다.
- 정확한 금리지표가 있어 객관적인 코스트로 발행이 가능하다.

회사채의 단점

- 회사수익과 상관없이 항상 일정한 이자를 지급하여야 한다.
- 부채비율의 상승을 가져와 재무구조의 악화를 초래할 수 있다.
- 보증사채의 경우 금융기관의 지급보증을 받아야 한다.

회사채의 유형

회사채는 기준에 따라 다음과 같이 나누어 볼 수 있다.

이자지급방법에 의한 분류

회사채는 이자지급방법에 따라 이표채, 할인채 및 등록채로 나눌 수 있다.

이표채(coupon bond)는 쿠폰부사채라고도 하며, 일정기간마다 지급되는 이자액을 명기한 이표(쿠폰)가 회사채권에 첨부되어 있어 채권자는 이자지급기가 되면 이자지급기관에 이표를 떼어 주고 이자를 받는 채권이다.

할인채(discount bond)는 회사채를 발행할 때 액면가에서 이자액을 차감한 가격으로 발행하고 만기까지 이자를 지급하지 않으며, 만기에 액면가로 상환하는 회사채이다. 두 가지 회사채 가운데 이표채가 할인채보다 더 일반적인 형태이다.

등록채(registered bond)는 채권의 소유자가 등록기관에 등록하고 등록기관에서 채권소유자의 명단을 작성한 후 이자지급통지서를 보내면 이에 따라 지급처에서 이자를 지급하는 채권이다.

옵션내용에 의한 분류

투자자가 선택적으로 권리를 행사할 수 있는 옵션이 부여된 사채를 옵션부사채라고 하며 전환사채와 신주인수권부사채가 있다.

전환사채(CB: convertible bond)는 사채발행시에 정해진 조건에 따라 일정한 기간이 지난 다음 사채권자가 희망하면 발행회사의 주식으로 전환할 수 있는 사채를 가리킨다. 전환권은 옵션이므로 전환 여부는 사채권자의 선택에 달려 있다.

전환사채의 보유자는 일정한 전환비율에 따른 보통주의 주당 전환가격보다 주식의 가격이 높을 경우에는 전환사채를 주식으로 전환함으로써 이익을 얻을 수 있다. 반면 주당 전환가격이 낮으면 전환하지 않고 사채권자로 남는다. 전환사채는 회사채로서의 이점을 누리면서 발행회사의 주가가 상승하면 이에 대응하는 평가를 받기 때문에 주식으로서의 장점도 가지게 된다.

신주인수권부사채(BW: bond with warrant)는 특정한 가격으로 일정한 수의 신주를 매수할 수 있는 권리, 즉 신주인수권이 추가되어 있는 회사채를 말한다. 신주인수권은 옵션이므로 인수 여부는 투자자의 결정에 달려 있다. 일반적으로 신주인수권부사채는 현재는 자금을 필요로 하지만 향후의 성장잠재력이 높은 기업이 미래의 주가 상승을 예상하는 투자자를 대상으로 발행된다.

전환사채와 신주인수권부사채는 둘다 일반 사채에 옵션이 부여되어 있다는 점은 같지만 전환사채는 전환권을 행사하면 사채권자의 지위가 소멸되지만 신주인수권부사채의 소유자는 신주인수권을 행사하여도 사채기간중에는 채권자로서의 권리를 그대로 보유한다는 점이 다르다.

상환방법에 의한 분류

일반적으로 회사채는 최종만기일에 일시에 원금을 상환하는 만기상환사채이다. 이와는 달리 수의상환사채(callable bond)는 만기 이전이라도 기업이 원하는 시기에 상환할 수 있는 회사채이다. 기업은 이자율이 낮을 때 기존의 회사채를 상환하고 낮은 이자율로 회사채를 발행하여 이자비용을 절약할 수 있다. 수의상환사채는 기업에게는 유리하나 채권자에게는 불리하므로 상환액은 대부분 액면가격보다 높다.

한편 풋사채(put bond)는 투자자가 일정기간이 지난 다음 상환을 요구하면 기업이 응해 주어야 하는 회사채이다.

보증유무를 기준으로 한 분류

회사채는 이자와 원금의 지급을 제3기관인 은행이나 신용보증기금에서 보증하느냐에 따라 보증사채와 무보증사채로 나눈다. 보증사채의 경우 보증기관이 일반적으로 담보를 요구하며 보증료를 지급하여야 한다. 무보증사채는 회사채발행에 아무런 보증 없이 기업의 신용만으로 발행하는 회사채이다.

담보부사채는 원리금의 상환을 확실히 하기 위하여 특정자산을 담보로 제공하는 것으로서 채무불이행상태에 이르면 회사채권자가 그 자산에 대하여 우선적인 청구권을 가지는 것이다. 무담보사채는 회사채발행에 아무런 담보 없이 발행기업의 신용만으로 발행되는 회사채이다.

2. 채권발행시장

채권발행시장은 정부나 기업 등 발행자가 중개기관을 통하여 채권을 발행하여 투자자에게 이를 제공하고 자금을 공급받는 시장으로 1차시장(primary market)이라고도 한다. 채권은 발행자로부터 투자자에게 직접 발행되는 경우도 있지만 일반적으로 유가증권의 인수를 고유업무로 하는 증권회사를 통하여 불특정다수를 대상으로 공모로 발행된다. 채권의 발행은 일반 채무증서와 달리 발행자와 발행한도가 관련 법률에 의하여 엄격하게 제한되는데, 국채의 경우에는 국회의 동의를 받아야 하고 회사채는 금융감독위원회가 유가증권신고서를 수리한 날로부터 일정한 시간이 지나 그 효력이 발생한 다음 발행할 수 있다.

채권발행시장의 구조

채권발행시장은 발행자, 발행중개기관, 투자자로 구성되어 있다.

발 행 자

발행자는 채권을 발행하여 자금을 조달하는 주체로서 정부, 지방자치단체, 특수법인, 금융기관, 주식회사 등이다. 발행주체에 따라 채권의 발행조건이 다르고 투자위험도 달라질 수 있다.

발행 중개기관

발행 중개기관은 채권발행에 있어 발행자와 투자자 사이에서 채권발행에 따른 업무를 수행하고 이에 따른 위험부담과 판매기능을 담당하는 전문기관으로 주관회사, 인수회사, 판매회사가 있다.

그림 7-1 채권발행시장의 구조

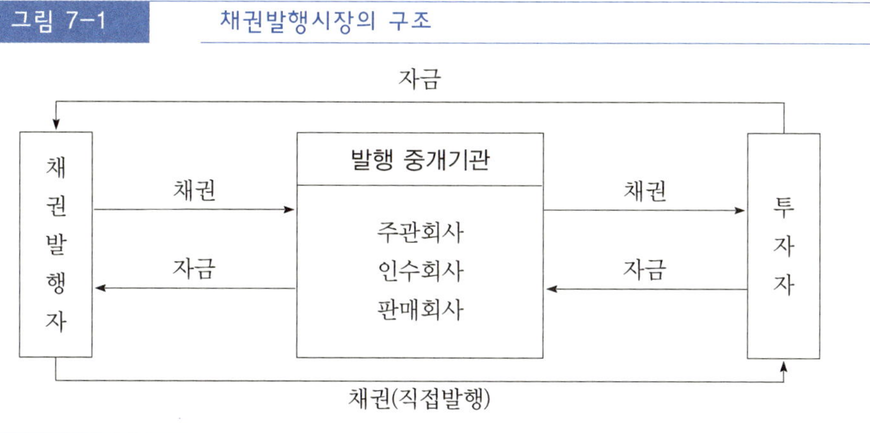

주관회사는 인수회사를 대표하여 발행회사와 채권발행의 타당성, 소화가능 여부, 발행시기, 발행조건 등을 결정하며 인수와 청약업무를 총괄한다. 채권발행규모가 클 경우 간사단을 구성하여 공동으로 주관업무를 수행하는데, 이 중 채권의 인수를 의뢰받은 주관회사를 대표주관회사라고 하며 기타 주관회사를 공동주관회사라고 한다. 현재 주관회사의 자격을 가지는 회사는 증권거래법상 증권업의 고유업무 중 하나인 인수업무를 할 수 있는 증권회사와 산업은행이 있다.

인수회사는 주관회사와 협의하여 발행채권을 인수하는 기관으로 대표주관회사가 정한 자를 말하며 인수한 채권을 일반투자자나 청약기관에 매도하는 도매역할을 수행한다. 현재 인수회사의 자격을 가진 회사는 증권회사와 산업은행이다.

판매회사는 불특정 다수인을 대상으로 채권에 대한 판매를 대행해주는 기관으로 인수단과 달리 할당된 채권을 매각함으로써 판매액에 대한 일정한 수수료를 받는다.

투 자 자

채권투자자는 발행시장에서 모집 매출되는 채권의 청약에 응하여 발행자가 발행하는 채권을 취득하는 자로서 자금의 공급자이다. 채권투자자는 전문적인 지식과 대규모의 자금을 운용하고 있어 법인 형태를 취하고 있는 기관투자자와 개인 자격으로 자산운용을 목적으로 채권에 투자하는 개인투자자가 있다. 우리나라에서는 기관투자자가 주류를 이루고 있다.

채권발행방법

채권의 발행방법에는 사모발행(private placement)과 공모발행(public offering)이 있고 다시 발행위험을 누가 부담하느냐에 따라 직접발행과 간접발행으로 구분된다.

사모발행

사모발행은 발행기업이 직접투자자와 사적인 교섭을 통해 채권을 매각하는 방법이다. 이는 공모로 발행하고자 하여도 인수대상기관을 찾을 수 없거나 단기운영자금조달을 위해 소규모로 발행하는 경우에 주로 이용되며 감독기관에 유가증권신고서 등을 제출하지 않아 신속하게 발행할 수 있다. 우리나라에서는 사모사채가 자금대출의 성격을 갖기 때문에 은행이나 보험회사를 상대로 발행하는 경우가 일반적이다.

그림 7-2 채권의 공모발행

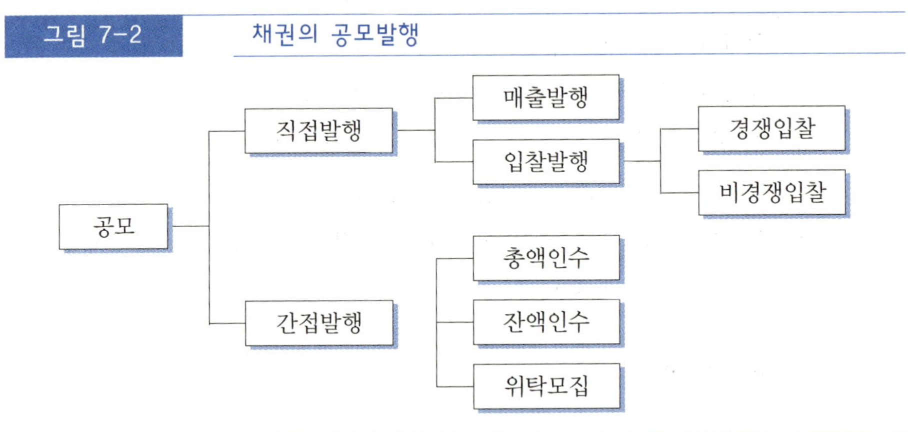

공모발행

공모발행은 불특정다수의 투자자를 대상으로 채권을 발행하는 방법이다. 채권발행에 따른 위험을 발행자 또는 발행기업이 부담하는 경우를 직접발행이라고 하고 인수자가 발행자로부터 발행채권의 전부 또는 일부를 인수하여 발행위험을 부담하고 사무를 직접 담당하는 경우를 간접발행이라고 한다.

직접발행

직접발행 가운데 매출발행은 채권발행액을 미리 확정하지 않고 투자자에게 개별적으로 매출하여 매도한 금액을 발행액으로 하는 방법이다. 우리나라 상법은 매출발행에 의한 사채모집을 허용하지 않고 있으며 특수채의 경우는 한국산업은행의 산업금융채권이 매출발행되고 있고 한국은행의 통화안정증권이 매출발행과 경쟁입찰발행을 병행하고 있다. 경쟁입찰발행은 채권의 발행조건을 미리 정하지 않고 가격이나 수익률을 다수의 응찰자에게 입찰시켜 그 결과를 기준으로 발행조건을 정하는 방식이다.

간접발행

총액인수(firm commitment)는 채권발행업무의 일체를 인수기관이 맡아서 처리함과 동시에 채권발행총액을 인수기관이 인수한 후에 인수기관의 책임하에 모집 또는 매출하는 방법이다. 총액인수는 모집 또는 매출시 가격차에 의한 손익이 인수기관에 귀속되므로 잔액인수에 비해 위험부담이 크다.

잔액인수(stand-by agreement)는 채권발행업무 일체를 인수기관에 위탁함과 동시에 발행회사의 명의로 채권을 모집 또는 매출하는 것으로 모집 또는 매출액이 매출총액에 미달할 때에는 인수기관이 그 잔액을 책임인수한다는 계약에 의한 발행방법이다.

위탁모집(best-effort basis)은 채권발행에 대한 절차를 인수기관에 위임하여 발행하는 방법으로 인수기관은 발행회사의 대리인 자격으로 또는 인수기관 자신의 명의로 채권을 발행하는 방법이다. 이 경우 채권의 모집 또는 매출이 총액에 미달함으로써 발생하는 위험은 발행회사가 진다.

3. 채권유통시장

발행시장에서 채권을 구입한 투자자는 채권의 만기일까지 발행자에게 원금 및 이자의 상환을 청구할 수 없다. 따라서 만기 전에 채권을 현금화하려는 투자자에게 채권의 환금성을 제공하기 위해 채권의 유통시장이 필요하다. 유통시장은 이미 발행된 채권이 거래되는 곳이므로 2차시장(secondary market)이며 채권이 투자자간에 수평적으로 이동되는 횡적 시장이다.

채권유통시장은 채권의 양도를 통한 채권의 유동성과 시장성 부여, 투자원본의 회수와 투자수익의 실현, 채권의 공정한 가격형성과 담보가치의 증대, 발행채권의 가격결정 기능을 수행한다. 채권유통시장에서 채권가격이 공정하게 형성되면 이는 발행시장에서의 기업의 자본비용을 판단하는 기준이 되기도 하고 향후 발행될 가격을 결정하는 데에도 큰 영향을 끼친다.

이러한 채권유통시장의 기능이 원활히 수행되기 위해서는 일정한 수준 이상의 물량이 계속적으로 거래되어야 하는데, 이를 위해서는 일단 채권 물량이 많아야 하며 발행된 채권이 특정 소수에 의해 보유되지 않고 불특정다수에게 분산되어 있어야 한다.

채권유통시장은 거래소 채권시장과 장외채권시장으로 나눈다.

거래소 채권시장

거래소 채권시장에는 국채전문시장, 일반채권시장, 소액국채시장, RP(환매조건부채권 매매)시장이 있다. 아래에서는 국채전문시장과 일반채권시장에 대해서만 고찰하기로 한다.

국채전문유통시장

국채전문유통시장은 국채딜러간 매매거래 및 증권회사를 통한 위탁매매를 위하여 증권선물거래소에 개설된 시장을 말한다. 국채전문유통시장에 참여하는 딜러는 증권거래법에 의해 국채에 대해 자기매매업을 허가받은 국채딜러로서 현재 국채딜러 자격을 갖춘 금융기관은 증권사, 종금사, 은행으로 한정되어 있다.

국채에 대해 자기매매업을 허가받아 국채전문유통시장의 참가자격을 갖춘 국채딜러는 시장조성자(market maker)인 국고채전문딜러(PD: primary dealer)와 일반딜러로 구분된다. 국고채전문딜러는 국고채시장에서 국고채 인수 등에 관하여 우선적인 권리를 부여받는 대신 국고채유통시장에서 시장조성자로서의 의무를 수행하는 국채딜러이다.

일반채권시장

일반채권시장은 일반회사채, 소액국공채, 주식관련사채(CB, WB 등) 등을 거래하는 시장으로 현재는 주식관련사채와 일반국민이 의무적으로 매입하는 첨가소화국공채가 주로 거래되고 있다.

시장참가자는 원칙적으로 제한이 없으나 증권선물거래소회원이 아닌 일반투자자는 회원인 증권사에 위탁계좌를 개설하여 간접적으로 시장에 참가할 수 있다.

그림 7-3 채권시장의 참가자

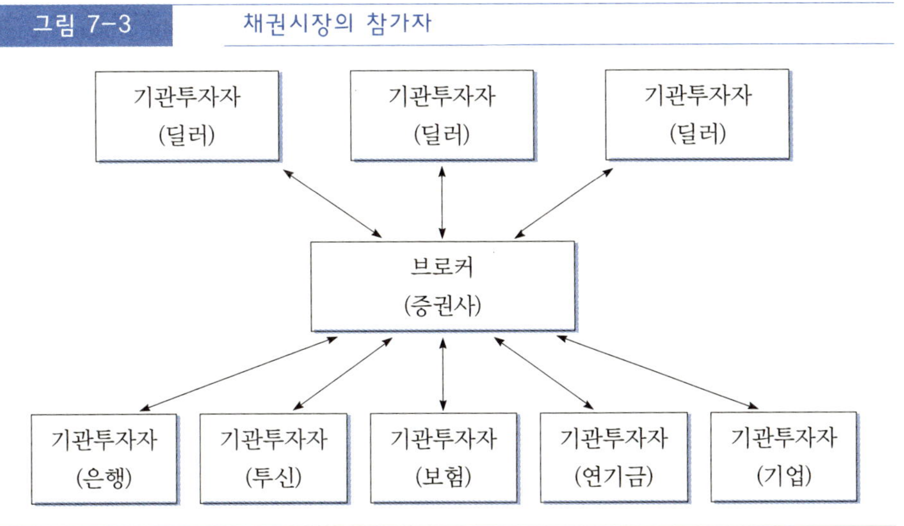

장외채권시장

장외채권시장은 증권거래소에 상장된 채권이나 비상장채권을 대상으로 증권회사 또는 자기매매업자간중개회사(IDB: inter-dealer broker)를 통해 거래하는 시장이다. 장외시장은 개인투자자들이 일부 참가하기도 하지만 주로 금융기관이나 법인이 거액자금을 운용하는 시장이며 관행적인 매매수량단위는 액면 100억원의 정수배이다.

증권회사를 통한 거래

장외채권거래는 대부분 증권회사를 통해 이루어진다. 증권회사채권업무는 일반적으로 채권운용과 채권영업으로 구분되는데, 채권운용은 보유자금과 채권을 가지고 투자자와 직접거래함으로써 운용수익을 높이기 위한 업무로서 증권거래법상 자기매매업무에 해당된다. 채권영업은 고객의 채권매도주문이나 매수주문을 접수한 후 이에 부합하는 거래상대방을 탐색하여 매매거래를 성립시켜 주고 중개수수료를 받는 업무이다.

우리나라 채권유통구조의 특징은 금융선진국과는 달리 딜러의 시장조성기능이 미약한 가운데 딜러와 딜러, 딜러와 기관투자자 등 시장참가자간 유기적 관계가 결여된 브로커 중심의 거래구조를 갖고 있다는 것이다. 딜러는 취약한 재무구조와 딜러지원 체제미비로 시장조성기능을 수행하지 못하고 투자계정의 상품운용에 치중하는 단순투자기관에 머물고 있다. 반면 브로커는 기관간 매매체결을 대행하는 단순중개자로서 채권거래에서 중심적 역할을 수행한다.

채권자기매매업자간중개회사(IDB)를 통한 거래

채권자기매매업자간중개회사는 자체채권상품을 보유하지 않고 상장 및 비상장채권에 대하여 거래대상기관간에 매매중개만을 전문적으로 수행하는 브로커이다. IDB는 도입 초기에 장외시장에서 채권자기매매업허가기관(은행, 증권, 종금)을 대상으로 채권매매의 중개업무를 수행하도록 허가되었으나 우리나라 딜러시장의 발달이 지지부진하면서 IDB 본연의 기능을 수행하는 데 한계를 나타내자 거래대상기관을 비딜러금융기관으로 확대시켰다.

4. 자산유동화증권(ABS)[1)]

최근 들어 우리나라 금융시장의 중요한 변화 가운데 하나는 자산유동화증권(ABS: asset-backed securities)이 금융기관의 새로운 자금조달수단으로서 크게 부각되고 있다는 점이다. ABS는 채권, 주택저당채권, 매출채권 등과 같이 유동성이 낮은 자산을 기초로 하여 발행되는 증권을 의미한다. ABS는 자산보유자(originator)가 특수목적기구(SPV: special purpose vehicle)를 설립하여 이 기구에 기초자산의 법률적소유권을 양도하는 절차를 거쳐 발행되며 이 증권의 원리금은 일차적으로 기초자산으로부터 발생하는 현금흐름으로 상환된다는 특징이 있다.

ABS의 기능

ABS는 첫째, 기초자산보유자의 재무상태를 개선할 수 있다. 금융기관의 경우 보유하고 있는 위험자산을 매각하여 현금화함으로써 BIS자기자본비율을 높일 수 있다. 기업이 ABS를 발행하면 부채비율을 높이지 않고 자금을 조달할 수 있다. 특히 기업이 ABS로 조달한 자금으로 부채를 상환한다면 부채비율은 하락하게 된다.

둘째, ABS는 자금조달비용을 경감시킬 수 있다. 즉 신용도가 낮은 자산보유자가 우량한 기초자산을 이용하여 신용등급이 높은 ABS를 발행하게 되면 자산보유자의 신용등급보다 유리한 조건으로 자금을 조달할 수 있다.

셋째, 일부 금융기관은 ABS를 차입투자(leverage financing) 수단으로 이용하기도 한다. 보유자산을 매각하여 조달한 자금을 재투자하는 과정을 반복하게 되면 실제 주어진 자본금의 제약을 받지 않고 영업을 확대하는

1) ABS는 채권이 아니지만 편의상 여기서 설명.

효과를 얻을 수 있다. 이것은 차입을 통해 영업을 확대시키는 것과 유사하면서도 재무제표에는 이러한 효과가 나타나지 않는다.

한편 투자자에게 ABS는 양호한 투자대상이다. ABS는 신용평가기관의 평가와 신용보강을 거쳐 발행되므로 상대적으로 안전하면서도 일반 회사채보다 수익률이 다소 높기 때문이다.

자산유동화의 기본구조

ABS는 [그림 7-4]에서 보는 바와 같은 과정을 거쳐서 발행된다. 우선 자산보유자가 기초자산을 모아서 이를 특수목적기구(SPV)에 양도한다. SPV는 양도받은 기초자산을 담보로 발행한 ABS를 일반투자자에게 매각하고 매각대금을 자산보유자에게 자산양도의 대가로 지급한다.

자산유동화의 주요 참가기관을 보면 자산보유자는 주로 대출채권을 가진 금융기관이나 외상매출채권을 가진 기업이다. SPV는 자산보유자와 기초자산의 법률적 관계를 분리하기 위하여 설립하는 서류상의 회사(paper company)이다. 자산관리자는 실체가 없는 SPV를 대신하여 기초자

그림 7-4 자산유동화의 기본구조

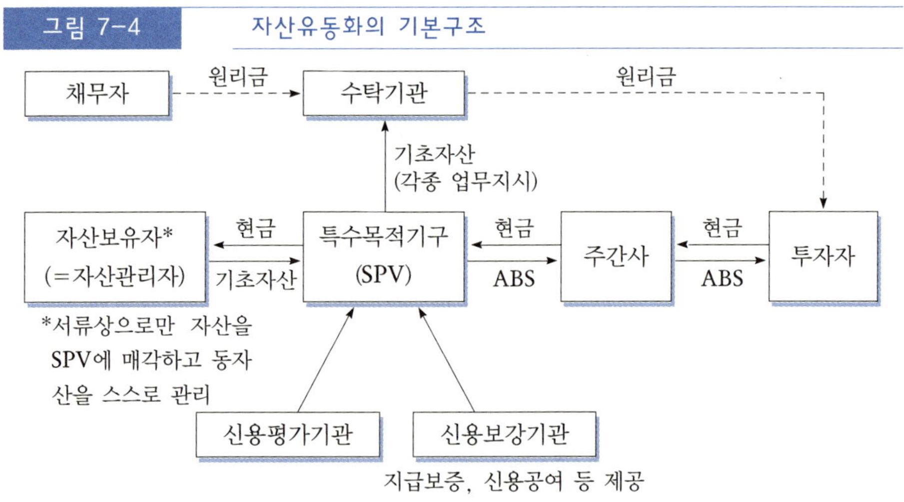

주: 실선은 ABS 발행시 현금흐름을, 점선은 유동화증권 발행 이후 원리금이 회수되는 순서를 나타냄.

산을 실질적으로 관리해주는 기관이다. 일반적으로 기초자산의 내용을 잘 파악하고 있는 자산보유자가 자산관리자가 된다. 수탁기관은 기초자산을 안전하게 보관하는 한편 ABS의 원리금상환실무와 채무불이행시 담보채권행사 등 SPV를 대신하여 세부적인 실무업무를 총괄한다.

신용평가기관은 기초자산의 기대손실과 신용보강기관의 신용도를 객관적으로 평가하여 ABS의 신용등급을 부여함으로써 시장에서 원활하게 거래될 수 있도록 한다. 신용보강기관은 ABS의 안정성을 높이기 위하여 일정한 한도 내에서 ABS에 대해 지급보증을 하거나 신용을 공급(credit line)한다.

ABS의 형태

ABS는 기초자산에 따라 다음과 같이 분류할 수 있다.

CBO(collateralized bond obligation): 채권을 기초로 발행되는 ABS로서 신규 발행채권을 기초로 하는 발행시장 CBO(primary CBO)와 이미 발행된 채권을 기초로 하는 유통시장 CBO(secondary CBO)가 있다.

주택저당채권(MBS: mortgage-backed securities): 주택저당채권(mortgage)을 기초로 발행된 ABS이다. 주택저당채권은 주택의 구입 또는 건축에 소요되는 대출자금에 대한 채권으로서 당해 주택에 설정된 저당권에 의하여 담보된 채권을 의미한다.

CARD(certificates of amortizing revolving debts): 현재 발생한 특정계좌의 신용카드매출채권과 미래 특정시점까지 발생할 신용카드매출채권을 기초로 발행되는 ABS를 말한다.

CLO(collaterlized loan obligation): 금융기관의 대출채권을 기초자산으로 발행되는 ABS를 의미하는데 무수익대출채권(non-performing loan) 등을 포함하는 기존대출채권을 유동화하는 CLO와 신규대출채권을 기초로 하는 발행시장 CLO가 있다.

제 8 장

주식시장

주식과 주식시장은 중요한 경제적 역할을 담당한다. 사람들에게는 부를 보유할 수 있는 수단을 제공하고, 기업에게는 필요한 자금을 조달할 수 있는 길을 열어준다. 주가는 주식을 발행한 기업의 가치를 우리에게 알려주고 희소한 투자자원을 효율적으로 배분하도록 한다. 주식시장에 의하여 자원이 가장 가치 있는 용도에 배분되면 경제의 효율성은 더욱 높아진다.

1. 주식의 특성과 종류

주식의 특성

주식(stocks)은 16세기에 처음 등장했다. 당시 드레이크 경(Sir Francis Drake), 허드슨(Henry Hudson), 바스코 가마(Vasco de Gama) 등과 같은 탐험가들은 장기간의 탐험과 항해를 하기 위해서는 막대한 자금이 필요했다. 왕이나 여왕을 제외하면 위험한 해외탐험에 혼자서 자금을 댈 수 있을 정도로 돈 많은 부자는 없었다. 해결책으로 주식을 발행해서 여러 개의 탐험에 동시에 사용할 수 있는 자금을 조달하고 위험도 분산시킬 수 있는 주식회사(joint-stock company)를 만들었다. 주식회사는 주주에게 투자의 대가로 지분에 따라 이익을 배당했다.

처음부터 주식은 중요한 두 가지 특성을 갖고 있었다. 첫째는 소액으로 발행되어 투자자가 작은 금액으로도 주식에 투자할 수 있고 원하면 회사 전체를 살 수도 있게 하였다. 두 번째는 주식을 양도가능한 것으로 하였다. 주식소유자는 다른 사람에게 주식을 팔 수 있도록 한 것이다. 이러한 주식의 특성은 지금도 그대로 남아 있다.

주식을 소유하면 여러 가지 권리와 의무가 생긴다. 주주는 회사를 부분적으로 소유하며 지분에 따라 경영참가와 이익배분에 참가할 권리를 갖는다. 기업이 파산하는 경우 모든 채권자에게 채무를 상환하고 남는 재산에 대해서 주주는 분배를 요구할 수 있는 잔여재산분배청구권(residual claimant)을 갖는다. 한편 주주는 회사의 채무에 대하여 출자금액을 한도로 하는 유한책임(limited liability)을 진다. 유한책임은 회사가 파산해도 주주가 입는 손실은 최대한 투자한 자금에 그친다는 것을 의미한다. 따라서 투자자는 이미 투자한 것 이상으로 손해 보는 일은 없다.

주식의 특성은 채권과 비교함으로써 더 잘 나타낼 수 있다.

[표 8-1] 주식과 채권의 비교

	주 식	채 권
자금조달	자기자본	타인자본
소유자의 지위	주주	채권자
권 리	이익이 있을 때만 배당수령	확정이자 수령 만기도래시 원금을 상환받음
존속기간	• 발행회사와 존속을 같이하는 영구증권 • 회사해산시 일반채권자보다 후순위로 잔여재산배분	• 기한부증권 • 회사해산시 주주보다 우선하여 변제받을 권리

주식의 종류

보 통 주

회사는 이익의 배당 또는 잔여재산의 분배에 관하여 내용이 다른 여러 가지 주식을 발행할 수 있는데, 표준이 되는 주식이 보통주(common stocks)이다. 보통주의 발행을 통해 조달된 자본은 기업의 영구자본으로서 모든 영업활동의 기본자본이 된다.

보통주의 주주는 기업의 소유주이므로 자기가 소유하고 있는 지분에 따라 경영참가와 이익배분의 권리를 갖는다. 즉 회사정관에 따라 의결권을 행사할 수 있으며 주주권을 다른 사람에게 양도할 수 있고 주주총회에서 임원을 선출할 수 있는 의결권을 가짐으로써 간접적으로 기업경영에 참가한다. 앞서 본 것처럼 주식회사제도는 유한책임제이므로 어떠한 경우도 주주는 자기가 투자한 가치 이상으로 책임을 지지 않는다.

일반적으로 주주의 수는 많을 뿐 아니라 지리적으로도 분산되어 있으므로 주주의 권리는 명목적인 경우가 많으며 소액주주들이 주주권을 행사하는 경우는 별로 없고 대개는 배당과 자본이득에 대해서만 관심을 갖는다.

우 선 주

보통주와 구분되는 것으로서 우선주(preferred stock)가 있다. 우선주는 이익배당이나 잔여재산분배시 보통주에 우선하여 소정의 배당 또는 분배를 받을 수 있는 주식이지만 실제는 배당에 관한 우선주가 주로 발행된다. 우선주 가운데서도 우선적인 이익배당을 전제로 하여 의결권을 부여하지 않은 우선주를 무의결권우선주라고 한다

2. 주식의 기본적 분석

일반적으로 저축자의 투자결정은 먼저 자산을 배분한 다음 주식을 선택하는 과정을 거친다.

자산배분(asset allocation)은 부(wealth)를 다양한 종류의 자산, 예를 들면 주식, 채권, 현금 등에 배분하는 것을 의미한다. 여러 가지 측면에서 투자자의 가장 중요한 결정은 자산배분이라고 할 수 있다. 포트폴리오 배분결정은 투자의 성패를 좌우할 수 있기 때문이다. 예를 들어 포트폴리오의 90%를 주식, 나머지 10%를 현금에 배분한 투자자와 정반대로 자산을 배분한 투자자는 돌발적인 사건으로 인해 주식시장이 폭락하면 어느 주식을 보유하고 있건 간에 투자수익은 전혀 상반되게 나타날 것이다. 자산배분이 결정되었다고 가정하면 남는 것은 어느 주식을 어떻게 선택하는 문제이다. 우월적인 수익-위험(return-risk)관계를 갖고 있는 주식을 선택하는데 주로 기본적 분석이 활용되지만 기술적 분석도 이용된다.

주식의 기본적 분석(fundamental analysis)은 어떠한 주식(시장 포함)도 내재가치(intrinsic value), 즉 투자자에 의하여 추정되는 진정한 가치(true value)를 갖고 있다는 전제를 기초로 하고 있다. 내재가치는 기업의 기대수익을 결정하는 경기, 매출, 이익, 위험 등 기본적 요소(fundamentals)의 함수이다. 투자자는 주식의 가치를 결정하는 기본적 요소를 평가함으로써 주식의 내재가치를 추정한 다음 추정된 주식의 내재가치를 시장가치와 비교하여 투자를 결정할 수 있다.

균형상태에서 주식의 시장가격은 투자자들이 추정한 내재가치의 평균치를 반영한다. 시장가격과 다르게 내재가치를 추정한 투자자는 기대수익이나 위험에 관한 시장의 컨센서스(consensus)와 다른 견해를 갖고 있다는 것을 의미한다. 만일 투자자가 남보다 뛰어난 기본적 분석을 행함으로써 시장의 컨센서스와 다른 견해를 갖게 되었다면 시장이 정확한 정보를 반영하기 이전에 투자함으로써 이익을 얻을 수 있다.

일반적으로 기본적 분석은 하향식 접근(top-down approach)을 따른다. 제일 먼저 투자하기에 적합한 시점인가를 판단하기 위하여 경제 전반(경기 등)과 주식시장을 분석한다. 그 다음은 산업분석을 통하여 가장 전망이 좋은 산업을 결정한다. 투자할 산업을 선택하면 개별기업을 분석하게 된다. 마지막으로 주식의 내재가치를 추정한 다음 내재가치와 시장가치(가격)를 비교하여 투자를 결정한다.

경기와 주식시장

기본적 분석은 거시경제분석에서 시작된다. 거시경제환경을 분석하고 예측하는 일은 유망산업을 선정하고 주식시장을 예측하기 위해 반드시 필요하다. 증권회사 등 투자기관의 애널리스트(analyst)나 투자자는 경기변동, 통화정책과 재정정책의 방향, 이자율과 환율을 비롯한 금융시장의 동향, 실질GDP,[1] 고용, 국제수지와 같은 거시경제지표는 물론 해외경제현황과 전망, 미국 · 일본 등 주요국 주식시장 등을 분석하게 된다. 이와 같은 거시경제변수는 앞에서 다루었거나 나중에 고찰할 것이므로 여기서는 경기변동을 중심으로 고찰한다.

경기변동

경기변동(business cycles)은 거의 모든 경제부문의 산출(output)이 거의 동시에 상승과 하락을 반복하는 것을 의미한다. 즉 경기변동은 생산이 상

그림 8-1 경기변동

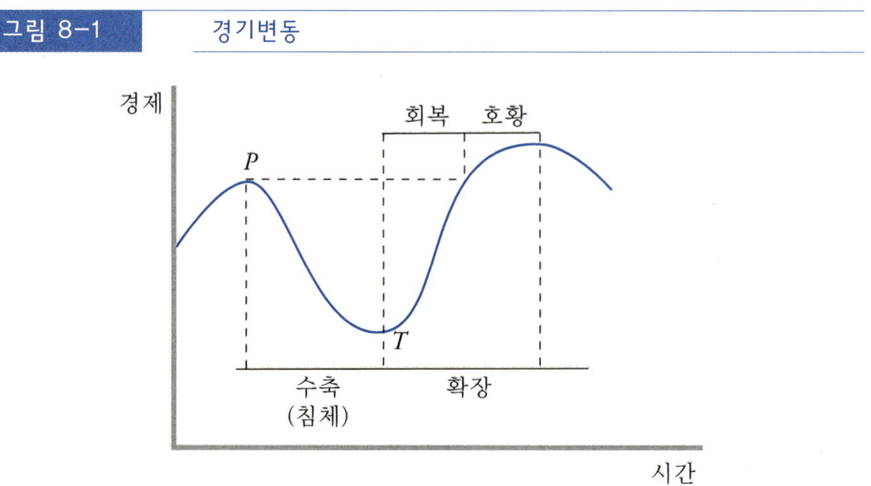

1) 실질GDP: 실질국내총생산(gross domestic product)으로 한 나라 경제에서 일정기간 생산한 재화와 서비스의 가치를 불변시장가치로 평가하여 합산한 것으로 생산수준(output)을 종합적으로 나타내는 대표적인 거시경제지표.

대적으로 빠르게 증가하는 기간과 상대적으로 정체되어 하락하는 기간을 반복하는 것을 가리킨다. 이와 같은 변동은 실질GDP 등으로 측정된다. 경기변동은 반복해서 출현하지만 일정한 간격을 두고 정기적으로 나타나는 것은 아니다. 경기순환의 지속기간도 일정하지 않으며 매우 가변적이다.

[그림 8-1]은 연결된 두 개의 경기순환을 실질GDP로 나타낸 것으로 경기국면과 지속기간을 보여 주고 있다. 각 경기 사이클에서 실질산출(실질 GDP)이 가장 높은 점을 정점(P: peak)이라 하고 가장 낮은 점을 저점(T: trough)이라고 한다. 정점과 저점 사이를 침체기(recession) 또는 수축기(contraction)라고 한다. 저점과 다음 고점 사이를 확장기(expansion)라고 한다. 확장기는 두 단계로 나누어 저점에서 전정점 수준까지를 회복기(recovery)라 하고 회복기 다음 정점까지를 호황기(prosperity)라고 한다. [그림 8-1]은 실제 경기변동이 갖고 있는 공통된 특징, 즉 일반적으로 확장기가 침체기보다 길고 경기사이클의 지속기간이 상이하다는 것을 나타내고 있다.

'사이클' (cycles)이라는 용어는 마치 경기가 일정한 간격을 두고 규칙적으로 반복하는 것 같은 느낌을 준다. 앞서 말한 것처럼 경기의 순환기간(정점에서 정점 또는 저점에서 저점)은 변동하며 경기순환은 규칙적이거나 기계적으로 반복하지 않는다. 일부 학자는 사이클 간에 유사성이 없다는 관점에서 사이클의 존재에 대해서 의문을 제기하는 데 반해 다른 쪽에서는 하나의 경제상태로 연구하기에 충분한 유사성을 갖고 있다고 주장한다.

최근 경제이론은 경기변동(business cycles)보다는 경제변동(economic fluctuation)을 연구하는 방향으로 이동하고 있다. 많은 경제이론은 경제는 언제나 균형상태에 있거나 가까이 있으며 관측되는 경제변동은 경제에 대한 충격(shock)으로 설명할 수 있다고 주장한다. 대표적인 이론으로는 경제변동을 총수요변동(수요충격)으로 설명하는 것과 공급의 변동(기술충격)으로 설명하는 실질경기변동론(real business cycle theory)이 있다.

경기예측

시장에 참가하고 있는 투자가 경기예측과 관련하여 가장 많은 관심을 갖는 것은 경기의 전환점을 미리 아는 것이다. 예를 들면 지금 지속되고 있는 경기침체는 언제 끝나 회복될 것인가 하는 점을 모두가 알고 싶어 한다. 경기전환점을 포착하기 위해서는 경기분석의 대상기간을 월 단위로 하는 것이 효과적이다. 왜냐하면 분석대상기간이 분기나 연 단위가 되면 기간중 일어나는 경기전환을 지나쳐버릴 수 있기 때문이다.

이와 같은 점에서 주식투자자는 월 단위로 작성되는 경기지수, 특히 경기선행지수(leading index)를 많이 이용하는 경향이 있다. 경기선행지수는 총체적인 경제활동수준(실질GDP)보다 먼저 경기변동의 정점 또는 저점에 도달하는 경제변수를 모아 작성한 경기지표이다. 예를 들면 주택산업의 동향은 경기를 선행하는 것으로 간주된다. 주택시장이 활기를 띠면 일정한 시차를 두고 경제가 활성화될 것으로 전망한다. 주택수요가 증가하면 건축자재, 건설노동자, 내구소비재 등에 대한 수요가 증가하기 때문이다. 시차가 생기는 것은 주택수요(예: 건축허가면적)가 증가한 다음 상당한 기간이 지나야 경제에 영향을 미치기 때문이다.

선행지표를 이용하여 경기를 예측하는 방법의 장점은 정교한 이론이나 가정이 필요하지 않다는 점이다. 주로 통계분석을 통하여 어느 경제변수가 경기보다 선행하는가를 찾아내는 것만으로 충분하다. 그러나 경제관계는 언제나 변동할 수 있으므로 과거 자료에 의하여 경기선행성을 확인하였다 해도 선정된 지표가 언제나 미래를 예측하는 데 필요한 정확한 신호를 보내준다는 보장은 없다.

경기지수 가운데 선행지수가 경기의 방향을 예고하는 것이라면 동행지수(coincident index)는 현재의 경기상황을 가리킨다. 후행지수(lagging index)는 경기보다 몇 개월 후행함으로써 경기가 어느 국면을 통과했는지를 확인해 준다.

그 밖에 경기예측방법으로는 실사와 계량모형에 의한 예측이 있다. 실사기법은 기업(business mind)이나 소비자의 전망(consumer confidence)을 설문조사하여 경기지수를 작성하는 것이다. 이 방법은 경제주체의 계획이나 경기판단을 직접 조사하여 반영한다는 장점이 있으나 예측력은 표본설계나 응답내용의 정확성에 결정적 영향을 받는다. 그리고 주요 연구기관은 경제구조를 반영한 거시경제계량모형을 추정하여 장단기 경제예측에 이용한다. 경제예측을 위한 계량모형은 대부분 분기모형으로 앞서 말한 것처럼 경기의 전환점을 찾는 데에는 한계가 있다.

주식시장의 경기선행성

주식시장은 경제의 중요한 일부이며 경제와 긴밀한 관계를 갖는다. 만일 경제가 침체되면 대부분의 기업은 실적이 부진하고 따라서 주식시장도 침체된다. 반대로 경제가 호황을 누리게 되면 대부분의 기업은 실적이 개선되고 주식시장은 활기를 띨 것이다.

경제와 주식시장의 관계에 있어 흥미로운 것은 주식시장은 일반적으로 경제를 평균 6개월 선행한다는 것이다. 역사적으로도 주식시장은 경기변동의 가장 민감한 지표임을 보여 왔다. 다시 말하면 시장과 경제는 밀접하게 관련되어 있지만 주식가격이 경제보다 먼저 전환하는 경향이 있다.

주식시장이 경기보다 선행하는 것은 주식가격의 결정 메커니즘에 기인한다. 뒤에서 보는 것처럼 기본적으로 주식가격은 미래의 모든 현금흐름을 할인한 오늘의 가치, 현재가치이다. 따라서 현재의 주가는 미래에 대한 투자자의 기대를 반영하고 있다. 투자자가 기업의 미래이익에 대한 기대를 변경하면 주가는 신속하게 조정된다. 물론 시장이 기업이익에 대해 잘못 판단할 수 있으며 이로 인해 미래의 경제동향에 대해 잘못된 신호를 보낼 수 있다. 주가가 경제보다 선행하는 이유는 투자자가 요구수익률을 변경하고 이로 인해 주가가 변동하기 때문이다. 아래에서 보게 될 평가모형에 따르면 심리적 요소인 투자자의 신뢰도(confidence)가 변동하면 요구수익률도 변동한다 .

이와 같은 경기변동과 주식시장의 관계를 일관된 것으로 보기에는 한계가 있다. 시장이 미래의 경제동향, 특히 침체에 대해 잘못된 신호를 보낸 적이 과거에 많았기 때문이다. 주식시장은 경기침체보다는 회복에 대한 예측력이 더 좋은 것으로 알려져 있다.

산업분석

산업분석(industrial analysis)은 예상되는 거시경제환경하에서 어느 산업이 유망하고 어느 산업이 부진할 것인지를 밝히는 것이다.

경기와 산업

산업은 경기변동의 영향을 받으며 경기국면에 대한 반응은 산업마다 다르다. 먼저 경기가 저점에 가까워지면 경기침체가 끝날 것으로 기대하는 투자자는 금융주에 대해 관심을 갖게 된다. 왜냐하면 투자자는 경기가 회복되고 대출수요가 증가하면 은행주의 가격이 상승할 것으로 기대하기 때문이다. 은행주와 함께 증권주도 투자자의 관심을 끌게 된다. 경기가 회복기에 접어들면 주식거래가 증가하고 기업의 주식과 채권발행이 확대될 것으로 기대하기 때문이다.

경기가 저점을 지나 회복되기 시작하면 투자자는 내구소비재(자동차, PC, 가전제품 등)를 생산하는 산업의 주식에 관심을 갖게 된다. 경기회복은 소비자 신뢰를 개선하고 개인소득의 증가를 가져올 것이기 때문이다. 기업은 경기회복이 본격화되고 소비나 수출의 신장이 안정적이라고 확신하게 되면 생산시설의 확충을 추진하게 될 것이므로 기계, 장비 등을 생산하는 자본재산업은 매력적인 투자대상이 된다. 내구소비재와 자본재산업은 경제활동수준에 따라 매출, 이익 등이 크게 변동하는 대표적인 경기민감산업(cyclical industry)이다.

경기가 정점을 지나 침체국면에 진입해도 어떤 산업은 다른 산업보다 상대적으로 실적이 좋을 수 있다. 식료품이나 약품과 같은 단순소비재산업은 불황의 영향을 적게 받기 때문에 다른 산업에 비해 높은 실적을 나타낼 수 있다. 가계가 다른 지출은 축소하면서도 생활필수품에 대한 지출은 감소하지 못하기 때문이다. 이러한 산업을 경기방어산업(noncyclical indusrty)이라고 부른다. 경기방어산업의 주가는 주식시장이 경기침체로 약세를 보여도 비교적 안정된 수준을 나타낸다.

경기국면과 산업(또는 주식)의 관계는 확정적이거나 고정적인 것이라고 할 수 없다. 경기변동은 발생원인, 지속기간, 진폭 및 외생요인 등 여러 가지 측면에서 다르고 동일한 산업일지라도 발전단계, 기술수준 등에 따라 경기국면에 대한 반응이 다를 수 있다. 마찬가지로 주가도 경기의 영향을 많이 받지만 금융시장, 해외경기, 외국인의 투자동향 등 수많은 변수의 영향을 받는다.

산업의 경쟁구조

거시경제의 동향이 산업에 영향을 미칠 뿐 아니라 미시경제적 요소도 산업의 구조와 경쟁에 영향을 준다. 예를 들면 독점산업은 정부의 규제를 받을 가능성이 높고 과점산업은 격심한 경쟁 속에 놓이거나 공존하는 전략을 구사하게 된다. 경쟁적 산업은 매우 역동적일 수밖에 없다. 과점과 경쟁적 산업 내의 경쟁은 가격경쟁과 비가격경쟁으로 나누어 볼 수 있다. 가격경쟁은 가격을 인하함으로써 시장점유율을 확대하려고 할 때 발생한다. 비가격경쟁은 광고, 품질, 서비스 등의 개선을 통해 자신을 경쟁상대와 차별화함으로써 고객을 증가시키려고 할 때 일어난다.

기업이 경영전략을 수립하고 추진하기 위해서는 자신이 속해 있는 산업의 경쟁구조를 분석하여야 한다. 산업의 경쟁구조는 기업의 이익에 결정적인 영향을 미칠 수 있기 때문이다. 포터(M. Porter)에 의하면 산업의 경쟁환경 또는 산업내 기업간 경쟁의 강도는 기업이 평균 이상의 수익률을 획득할 수 있는가를 결정한다. 경쟁의 강도는 다섯 가지 요인에 의하여 결정된다.

기존기업간의 경쟁　산업별로 기업간 경쟁이 치열해지고 있는지 또는 안정적이고 원만한지는 가격경쟁과 비가격경쟁의 추이를 보고 판단하여야 한다. 경쟁의 강도는 비슷한 규모의 기업(외국기업 포함)이 같은 산업 내에서 경쟁하면 더 높아진다. 성장속도가 둔화되면 시장점유율을 확대하기 위한 경쟁이 치열해지고 고정비가 크면 가동률을 최대한 높여 가격을 인하하려고 하기 때문에 경쟁은 더욱 심화된다.

신규진입의 위협　산업 내에 경쟁자가 적을지라도 신규기업이 진입

그림 8-2 산업의 경쟁구도

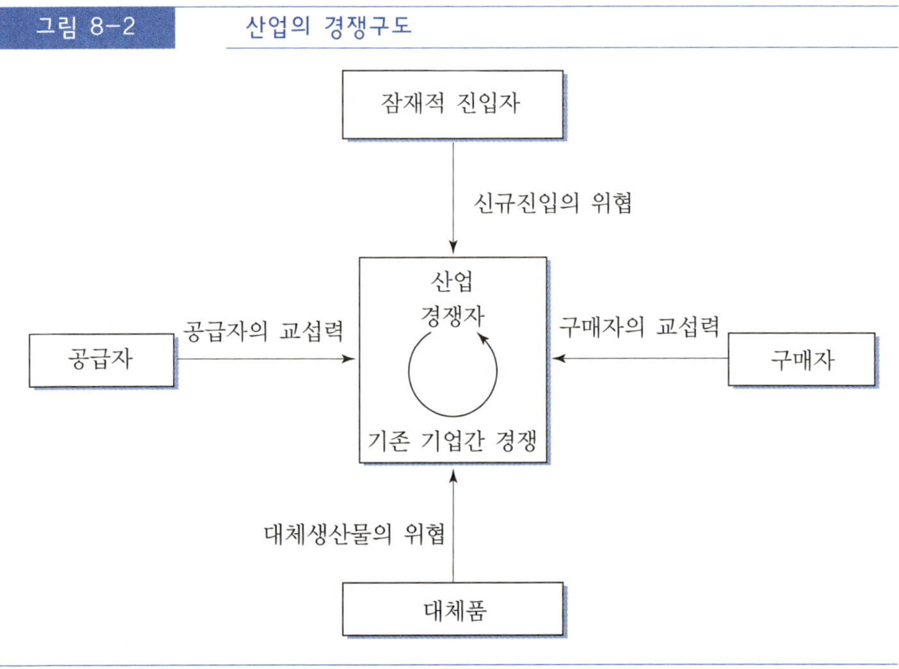

하여 경쟁을 가열시킬 수 있다. 이러한 위험은 진입장벽이 높을수록 그만큼 적어진다. 진입장벽의 예를 들면 제품가격이 원가에 비하여 상대적으로 낮거나 효과적으로 경쟁하기 위해서는 많은 투자가 필요한 경우 신규진입은 어려워진다. 산업내 경쟁에서 성공하기 위해서는 광범한 배급망이 필요하면 신규진입은 더욱 어려워진다. 왜냐하면 기존의 배타적인 배급계약으로 인해 배급망을 새로 조직하는 일이 쉽지 않기 때문이다. 이와 같은 진입장벽 가운데 일부만 없어도 신규진입은 용이해지고 경쟁은 심화되어 수익률이 낮아질 가능성이 높다.

대체생산물의 출현 대체생산물의 출현은 기술발전의 산물로서 산업의 잠재이익을 제약한다. 대체품이 산업의 제품과 기능이나 가격 면에서 얼마나 밀접한 관계를 갖는가를 검토하여야 한다.

구매자의 교섭력 구매자가 경쟁자와 협상하면서 가격을 낮추거나 더 높은 품질이나 더 많은 서비스를 요구하면 산업의 평균수익률에 영향을 미칠 수 있다. 구매자는 공급자의 매출액 가운데 상대적으로 많이 구입하는 경우에는 더욱 강력한 교섭력을 갖게 된다. 일반적으로 가장 취약한 기업은 단일 대기업에만 공급하는 경우라고 할 수 있다. 구매자는 총비용 가운데 차지하는 비중이 큰 품목의 구입가격에 대해 높은 관심을 보이게 된다. 또 구매기업이 일부는 자신이 생산하고 일부는 외부에서 구입하는 경우와 같이 원가에 대해서 잘 알면 매입 가격을 낮추려는 압력을 높인다.

공급자의 교섭력 공급자가 가격을 높이거나 서비스를 낮추려고 한다면 산업의 미래수익을 변화시킬 수 있다. 공급자가 소수이거나 제품이 여러 산업에 필수적인 투입물이면 공급자는 강력한 교섭력을 갖는다. 이와 같은 경우에는 공급자는 비교적 자유롭게 가격이나 서비스를 변경할 수 있다.

산업의 라이프사이클

산업의 매출이나 이익을 전망하기 위해서는 그 산업이 라이프 사이클(life cycle)의 어느 단계에 있는가를 분석할 필요가 있다. 왜냐하면 산업이나 기업이 위치한 단계에 따라 이익, 배당, 시장수요, 자본지출 등이 달라질 수 있기 때문이다. 산업의 라이프사이클은 개발, 성장, 확장, 성숙 및 쇠퇴 등 다섯 단계로 구분할 수 있다.

개발단계 개발(development)단계는 새로운 아이디어, 생산물 또는 생산기술이 성공을 거두면서 시작된다. 산업의 매출은 크게 증가하지 않고 이익은 매우 작거나 적자를 나타낸다. 이익이 발생해도 시장개척과 생산시설의 확충을 위해 재투자하여야 하기 때문에 일반적으로 배당은 없다. 개발단계에 있는 산업은 미래가 불확실하고 경쟁이 예상되기 때문에 기업의 우열을 가리기 어렵다. 이 단계의 산업 또는 기업이 시장에서 성공하면 생산물에 대한 수요, 매출액 및 자산규모가 증가하고 다음 단계로 진입하게 된다.

성장단계 성장(growth)단계는 산업 또는 기업의 제품이 시장에서 일정수준의 인정을 받는 단계이다. 산업 내에는 제한된 수의 기업만이 활동하고 있기 때문에 아직 경쟁의 강도는 낮아 매출과 이익은 가속적으로 증가한다. 이익이 발생하지만 투자를 위한 자금의 내부조달이 필요하므로 현금 대신 주식으로 배당하려는 경향이 있다. 성장단계 후반이 되면 외부자금의 조달이 가능해지기 때문에 내부자금에 대한 의존도가 낮아져 약간의 현금배당을 시도하게 된다. 현금배당은 기관투자가가 주식을 매입하도록 하는 유인이 된다. 개발이나 성장단계에 있는 산업 또는 기업은 위험이 비교적 높고 성장이나 배당을 아직 확신할 수는 없으나 위험을 무릅쓰고 고도성장산업에 투자하기를 원한다면 이 단계에 있는 산업 또는 기업에 투자할 것이다.

확장단계 확장(expansion)단계의 산업 또는 기업은 매출확대와 이익증가는 계속되지만 증가속도는 둔화된다. 생산과 시설의 증가율이 둔화되면서 산업내 기업은 현금으로 배당할 수 있는 여력을 갖게 된다. 실제로는 산업이 [그림 8-3]에 나타나 있는 것처럼 선을 따라 성장한다는 보장은 없기 때문에 성장에서 확장단계로 넘어가는 전환점을 애널리스트나 투자자가 정확하게 판단하는 것이 매우 중요하다. 왜냐하면 전환점을 통과

그림 8-3 산업의 발전단계와 이익배당

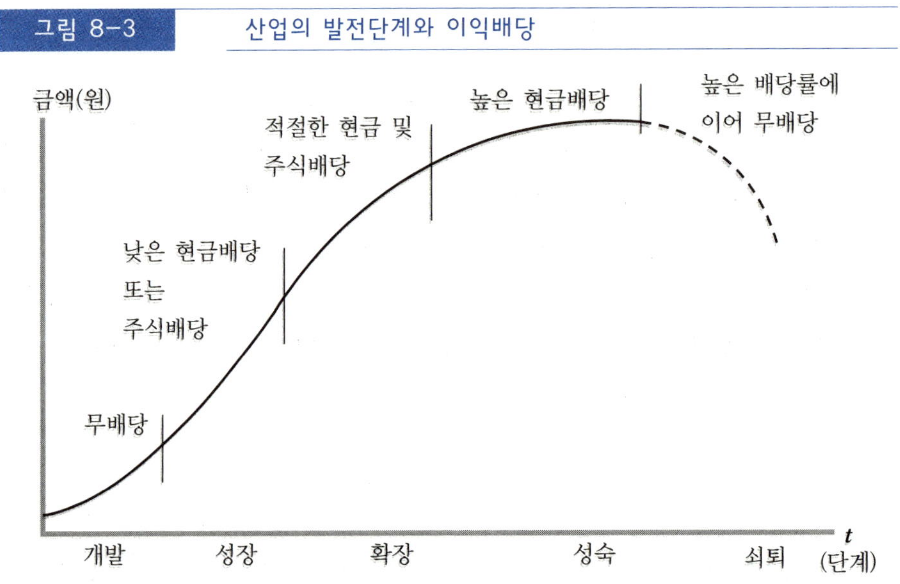

하면서 기업간 경쟁은 더욱 치열해지고 성장속도가 둔화되면서 주가가 하락추세로 반전할 수 있기 때문이다.

성숙단계 성숙(mature)단계는 라이프 사이클 단계 가운데 가장 장기이며 산업의 성장률은 경제 전체의 성장률과 비슷해진다. 생산시설은 완성되고 제품시장은 거의 포화상태에 이른다. 필요한 자금은 국내외에서 조달할 수 있고 영업으로부터 생기는 현금흐름은 성장을 위해 필요한 것보다 많아져 배당도 높아진다.

쇠퇴단계 쇠퇴(decline)단계에서 수요는 변하고 대체산업의 성장으로 인해 매출은 감소한다. 이익마진은 축소되고 일부 기업은 손실을 보게 된다. 투자자는 다른 산업으로 이전할 것을 고려하기 시작한다. 산업내 기업은 쇠퇴하고 있다는 것을 보이지 않기 위하여 이익의 전부 또는 그 이상을 배당한다. 과격한 배당으로 인해 현금부족이 발생하고 퇴출위기에 이르는 기업도 생기게 된다.

위에서는 산업의 라이프사이클을 다섯 단계로 나누어 성장속도와 배당을 중심으로 단계별 특징을 보았다. 그러나 동일한 산업일지라도 기업에 따라 성장경로, 매출, 이익, 배당 등이 다를 수 있다. 예를 들면 성숙단계에 있는 산업에도 성장기업이 있을 수 있다. 산업은 성숙단계에 있지만 효율적인 경영, 우수한 종업원, 현대적인 시설 등을 갖추고 보다 많은 자금을 연구개발(R&D)에 투입하여 새롭고 개선된 제품을 생산하면 높은 성장세를 지속할 수 있다.

기업분석

기업의 경영전략

산업에 영향을 주는 요인은 개별기업에 대해서도 영향을 미친다. 경기변동, 수요변화, 기술변화, 노동조합 및 경쟁구조를 결정하는 요인 등은 기업의 이익과 장기적인 현금흐름에 영향을 미친다. 따라서 애널리스트나 투자자는 기업이 채택하고 있는 구체적인 투자전략을 파악하고 산업 전체의 경쟁구조와 관련하여 평가하는 것이 필요하다. 포터는 기업의 경영전략을 저비용과 차별화전략으로 구분하였다.

저비용전략　저비용전략(low cost strategy)은 대표적인 저비용생산자가 되어 원가면에서 산업내 리더가 되려는 기업전략이다. 비용상 우위는 산업마다 다르지만 규모의 경제, 고유한 기술 또는 원재료에 대한 유리한 접근 등으로 결정된다. 저비용정책으로 이익을 획득하기 위해서는 산업평균은 물론 다른 기업과 차별화할 수 있는 수준에서 가격을 책정할 수 있어야 한다. 그러나 저비용임에도 불구하고 기업이 너무 많이 할인하면 높은 수익률을 실현하지 못할 수 있다.

차별화전략　차별화전략(differentiation strategy)은 기업이 구매자에게 중요한 분야에서 특별한 존재로 부각되고자 하는 전략이다. 차별화의 가능성은 산업에 따라 다를 수 있다. 어떤 기업은 판매방식(점포, 우편 또는 택배)이나 시장접근 등을 바탕으로 차별화를 시도한다. 차별화를 채택한 기업은 차별화로 인한 가격프리미엄이 차별화비용을 초과하는 경우에만 평균을 상회하는 이익을 얻을 수 있다. 따라서 애널리스트나 투자자가 차별화전략을 분석할 때에는 차별화요소가 그 기업만의 특유한 것인지, 비용은 어느 정도인지, 차별화로 생긴 가격프리미엄이 비용을 상회하는지 등을 결정하여야 한다.

위에서는 기업이 채택하고 있는 두 가지 경영전략을 보았다. 투자자는 기업이 어느 전략을 채택하고 있는지, 채택한 전략이 성공적으로 이루어지고 있으며 어느 정도 지속될 수 있는지를 고려하여야 한다. 그뿐 아니라 기업의 경영전략은 동태적으로 평가되어야 한다. 왜냐하면 산업이 발전하면 기업의 경영전략도 변해야 하기 때문이다. 예를 들면 산업이 성장단계에 있으면 차별화정책은 다른 기업이 뒤따를 수 있으며 성숙단계에서는 많은 기업이 원가를 낮추려고 할 것이기 때문이다. 기업을 분석하는 과정에서 애널리스트는 기업이 무엇을 잘하고 무엇을 잘못하고 있는지 산업의 경쟁구조를 결정하는 앞서 본 다섯 가지 요인 가운데 어느 것에 대해 취약한지를 밝혀야 한다. 이와 같은 평가를 통해 애널리스트는 기업의 전망과 위험을 결정할 수 있다.

재무분석

기업의 미래를 전망하기 위한 출발점은 기업에 관한 과거기록이라고 할 수 있다. 왜냐하면 기업활동의 대부분은 계속성을 갖고 있기 때문이다. 이와 같은 계속성은 기업의 경영성과와 재무상태를 집약하고 있는 재무제표(financial statements)에 나타난다.

비율분석　재무제표(대차대조표, 손익계산서 및 현금흐름표 등)에 대한 분석은 기업의 수익성, 유동성, 자본구조 등에 대한 비율분석(ratio analysis)이 대부분을 차지한다. 비율분석을 많이 이용하는 것은 이해나 계산이 쉽기 때문이다. 기업의 재무비율은 정확성과 일관성을 높이고 유용성을 제고하기 위해서는 반드시 동일 산업 내의 다른 기업이나 산업평균 또는 과거의 시계열과 비교하여야 한다.

재무제표의 계정과목을 이용하면 수많은 재무비율[1]을 산출할 수 있으나 기업의 재무상태를 재무적 측면에서 파악하는 데 필요한 대표적인 것은 기업의 수익성, 유동성, 자산이용 및 가격 등에 관한 비율이다.

수익성비율　수익성비율(profitability ratios)은 매출, 총자산 및 투하자본과 관련하여 기업의 이익창출력을 나타낸다.

$$\text{매출액영업이익률} = \frac{\text{영업이익}}{\text{매출액}} \times 100$$

$$\text{총자산이익률(ROA)} = \frac{\text{순이익}}{\text{총자산}} \times 100$$

$$\text{자기자본이익률(ROE)} = \frac{\text{순이익}}{\text{자기자본}} \times 100$$

1) 재무제표 계정과목과 각종 재무비율의 정의에 대해서는 한국은행간, 「기업경영분석」 참조.

총자산이익률과 자기자본이익률은 은행의 재무분석에서 자세히 고찰한다(제13장 참조).

유동성비율 유동성비율(liquidity ratio)은 1년 이내에 만기에 이르는 단기부채를 상환할 수 있는 능력을 가리킨다.

$$유동비율=\frac{유동자산}{유동부채}\times 100$$

$$당좌비율=\frac{당좌자산}{유동부채}\times 100$$

부채이용비율 부채이용비율(debt-utilization ratio)은 기업의 자금이 부채와 자기자본 가운데 어느 것으로 더 많이 조달되었는가를 나타낸다. 따라서 부채이용비율은 기업에 내재하고 있는 금융리스크(financial risk)의 크기를 분석하는 데 유용하다.

$$부채비율=\frac{부채}{자기자본}\times 100$$

$$부채의\ 총자산에\ 대한\ 비율=\frac{부채}{총자산}\times 100$$

$$이자보상비율=\frac{영업이익}{이자비용}\times 100$$

부채비율과 부채의 총자산에 대한 비율은 기업이 금융레버리지(financial leverage)를 얼마나 많이 이용하고 있는가를 보여준다. 이자보상비율(interest coverage ratio)은 영업이익으로 이자를 지급할 수 있는 능력을 나타낸다. 이 비율이 높은 기업은 낮은 기업에 비하여 채무를 이행할 가능성이 더 높다.

가격비율 가격비율(price ratio)은 기업의 경영성과를 시장가치와 관련시켜 나타내는 비율이다.

$$주가수익비율=\frac{주가}{주당순이익}$$

$$배당수익비율=\frac{주당배당}{주가}$$

주식의 평가

기본적 분석가(fundamentalist)는 주식의 시장가격은 내재가치(intrinsic value)를 향하여 움직이는 경향이 있다고 가정한다. 주식의 내재가치가 시장가격보다 높으면 투자자는 그 주식을 매입하려고 할 것이다. 반대로 주식의 내재가치가 시장가격보다 낮으면 주식을 팔려고 할 것이다. 따라서 주식의 내재가치를 추정하는 것은 투자결정에 있어 매우 중요하다.

주식 등의 내재가치를 추정하는 과정을 평가(valuation)라고 한다. 위에서 본 기본적 분석의 대부분이 질적 분석이라면 평가는 계량적 분석이라고 할 수 있다.

배당금할인모형

배당금할인모형(DDM: dividend discount model)은 주식의 추정가치를 산정하는 가장 전통적인 방법으로 현재가치분석을 이용한다. 주식의 가치를 추정하는 현재가치접근법은 제3장에서 본 채권의 평가방법과 개념적으로 다르지 않다. 채권의 현금흐름은 이자와 원금이지만 주식은 주주가 기업으로부터 받는 유일한 현금은 배당이라는 점이 다르다.

주식의 가치

배당금할인모형(DDM)에 따르면 오늘의 주식가치(주당)는 모든 미래 배당금을 할인한 현재가치이다.

$$주식의\ 가치=\frac{D_1}{(1+k)}+\frac{D_2}{(1+k)^2}+\frac{D_3}{(1+k)^3}+\cdots+\frac{D_\infty}{(1+k)^\infty}$$

$$=\sum_{t=1}^{\infty}\frac{D_t}{(1+k)^t} \qquad (8\text{-}1)$$

단, D_1, $D_2\cdots$ =미래에 받을 배당금
k=요구수익률

고정성장형배당금할인모형 (8-1)식의 배당금할인모형은 배당금이 일정률(g)로 성장한다고 가정하면 보다 실용적이고 간편한 다음과 같은 고정성장배당금할인모형(constant-growth version of dividend discount model)으로 전환된다.

$$\text{주식의 가치} = \frac{D_0(1+g)}{(1+k)} + \frac{D_0(1+g)^2}{(1+k)^2} + \cdots + \frac{D_0(1+g)^\infty}{(1+k)^\infty} \qquad (8\text{-}2)$$

단, D_0 = 현재 배당금

식 (8-2)는 다음과 같이 단순화할 수 있다.

$$\text{주식의 가치} = \frac{D_1}{k-g} \qquad (8\text{-}3)$$

단, $D_1 = D_0(1+g)$
D_0 = 현재 배당금

(8-3)식의 고정성장형배당금할인모형은 단순할 뿐 아니라 대다수의 기업, 특히 안정된 대기업의 배당금흐름과 잘 부합되기 때문에 널리 사용된다.

예를 들어 A사는 현재 주당 1,000원을 배당금으로 지급하고 있고 앞으로 배당금이 상당기간 7%씩 성장할 것으로 기대된다고 가정한다. 위험수준을 반영한 요구수익률이 15%라면 A사 주식의 추정가치는 13,375원이 된다.

$$\text{A사 주식의 가치} = \frac{D_1}{k-g} = \frac{1{,}000\text{원}(1+0.07)}{0.15-0.07} = 13{,}375\text{원}$$

내재가치와 시장가치

배당금흐름과 요구수익률이 정해지면 오늘의 주식가치는 배당할인모형을 이용하여 추정할 수 있다. 이와 같이 추정한 가치를 내재가치(intrinsic value)라고도 부른다. 주식의 내재가치는 다음과 같이 투자결정에 이용할 수 있다.

- 내재가치 > 시장가치이면 주식은 시장에서 저평가(undervalued)되어 있으므로 매입하거나 이미 소유하고 있으면 계속 보유한다.
- 내재가치 < 시장가치이면 주식은 시장에서 고평가(overvalued)되어 있으므로 매입해서는 안 되며 이미 보유하고 있으면 매각한다.
- 내재가치 = 시장가치이면 균형상태로 자산은 적정하게 평가되어 있다.

전통적으로 주식분석은 고평가 또는 저평가된 주식을 탐색하기 위한 것으로 간주되어 왔다. 이를 위해 내재가치를 산정하고 주식의 시장가치와 비교한다. 대부분의 투자자는 주가가 언제나 내재가치에 의해 결정되는 것은 아니라고 믿기 때문에 주식을 매매하게 된다.

주가수익비율(PER)

주가수익비율(PER: price/earning ratio)은 주가의 1주당 연간순이익에 대한 비율(EPS: earning per share)이다.

$$\text{PER} = \frac{\text{주가}}{\text{전기 1주당 순이익}}$$

$$\text{단, 1주당 순이익} = \frac{\text{전기순이익}}{\text{총발행 주식수}}$$

따라서 주식의 가치는 아래 식에 따라 측정할 수 있다.

$$\text{주식의 가치} = \text{PER(주가수익비율)} \times \text{EPS(1주당 순이익)}$$

앞서 본 배당금할인모형과 마찬가지로 위 식을 이용하여 얻은 추정치를 현재의 시장가격과 비교하여 주식을 매입하거나 매도할 것을 결정할 수 있다.

예를 들어 A사의 주식가격이 18,000원에 거래되고 있는데, 이 회사의 주당순이익에 대한 시장의 컨센서스는 1,600원이라고 가정하자. 만일 투자자가 적절한 PER은 12라고 생각한다면 A주식의 추정가치는 19,200원(=12×1,600원)이 된다. 이와 같이 추정가치가 현재의 시장가격보다 높으면 투자자는 A주식을 매수하려고 할 것이다.

주가순자산비율

주가순자산비율(PBR: price book-value ratio)은 주가를 1주당 순자산으로 나눈 것이다.

$$\text{PBR} = \frac{\text{주가}}{\text{1주당 순자산액}}$$

$$\text{단, 1주당 순자산액} = \frac{\text{전기순자산액}}{\text{총발행주식수}}$$

순자산은 대차대조표상의 자산에서 부채를 뺀 것으로 대부분의 경우 자기자본과 같다. 일반적으로 기업이 순자산을 많이 갖고 있다는 것은 기업의 재무내용이 양호하다는 것을 나타내므로 주가순자산비율은 재무내용에 비해 주가가 어느 정도인가를 나타낸다고 볼 수 있다. 따라서 PBR을 시장의 주식가격과 비교하여 주가를 평할 수 있다. 주가순자산비율이 낮으면 주식이 저평가되어 있고 비율이 높으면 주식이 고평가되어 있다는 것을 의미한다.

PER은 기업가치를 수익성측면에서 평가하는 것이라면 PBR은 재무상태측면에서 기업가치를 평가하는 것이라고 할 수 있다.

현금흐름비율

일반적으로 회계분석은 순이익의 크기나 결정요인을 중요시하지만 금융이론에서는 현금흐름(cash flow)을 중요시한다. 현금흐름은 회계상의 순이익과 다른 개념으로 현금유입과 현금유출의 차인 순현금흐름을 가리킨다.

기업으로서는 순이익도 중요하지만 현금흐름은 더욱 중요하다. 배당은 현금으로 지급하여야 함은 물론 채무를 상환하거나 자산을 구입하는 등 영업을 지속하기 위해서는 현금이 필요하기 때문이다. 현금흐름은 순이익과 비현금비용(noncash expense)의 합계로 추정된다. 대표적인 비현금비용으로는 감가상각비를 들 수 있다.

현금흐름에 비현금비용(감가상각비)을 포함시키는 이유를 보기로 한다. 기업의 감가상각비는 생산과정에서 사용된 자본설비비용의 추정치를 반영한 것이다. 예를 들어 수명이 5년이고, 잔존가격이 영인 기계를 2006년에 1억원을 주고 구입하였다고 하자. 기계구입비 1억원은 구입한 해만의 비용이라고 할 수 없다. 기계수명기간인 5년 동안 생산에 부과하여야 할 비용이다. 만일 감가상각비를 반영하지 않으면 순이익은 과대평가되고 세금은 높아질 것이다. 따라서 노동비나 재료비처럼 감가상각비를 매출수익에서 차감하게 된다.

그러나 1억원은 2006년에 비용으로 이미 지급되었으므로 2007년부터 2011년까지 이익에서 차감하는 감가상각비는 노동비나 재료비와는 달리 비현금비용이다. 따라서 영업으로부터 생긴 현금흐름을 파악하기 위해서는 감가상각비는 순이익과 함께 현금흐름에 포함되어야 한다.

주식의 가치는 투자자가 미래에 발생할 것으로 기대하는 현금흐름의 기대를 바탕으로 한다. 개별투자자는 주식을 매각하면 현금을 받을 수 있지만 주식 자체에 의한 현금흐름은 기대배당흐름(expected future dividend stream)이며 기대배당흐름은 주식의 가치를 결정하는 기본적인 요소이다. 배당은 현금으로 지급되기 때문에 기업의 배당지급능력은 현금흐름에 의하여 결정된다. 현금흐름은 회계상 이익(손익계산서에 계상되는 순이익)과 밀접한 관계가 있어 기업이 비교적 높은 장부상 이익을 나타내면 높은 현금흐름을 갖게 되지만 그 관계는 정확하지 않은 측면이 있다. 따라서 투자자는 이익 못지않게 현금흐름의 전망에도 관심을 갖게 된다.

$$\text{주당현금흐름(CPS)} = \frac{\text{현금흐름}}{\text{발행주식수}}$$

$$\text{현금흐름비율(PCR)} = \frac{\text{주가}}{\text{주당현금흐름}}$$

현금흐름비율(PCR)이 낮을수록 주식이 저평가되어 있다는 것을 의미하므로 그만큼 상승가능성이 있다고 보아야 한다.

EV/EBITDA비율

EV/EBITDA는 기업가치(enterprise value)를 영업현금흐름(earnings before interest, tax, depreciation, amortization)으로 나눈 것이다. 여기서 EV(기업가치)는 주식의 시가총액(market capitalization)과 부채를 합한 것으로 기업의 이론적 매입가격이라고 할 수 있다. 예를 들면 기업을 매입하려면 지급해야 할 가격이라고 할 수 있다. EBITDA는 세전 영업이익에다 유무형자산의 감가상각비를 더한 것으로 기업이 영업을 통하여 창출한 이익규모를 나타낸다. 감가상각법의 변경이나 특별손익을 계상해서 순이익을 조정할 수 있는 여지를 사전에 제거함으로써 엄밀한 의미에서 기업의 영업능력을 보여준다고 할 수 있다.

EV/EBITDA비율은 기업이 실제로 달성한 영업이익에 비해 주가가 몇 배로 평가되어 있는지를 나타내는 주식평가모형으로 최근 많이 이용되고 있다. 특히 조세나 회계제도의 국별 차이에 큰 영향을 받지 않기 때문에 국제 비교에 널리 이용되고 있다.

예를 들어 이 비율이 10이라면 기업은 연간 EBITDA의 10배에 해당하는 가치를 가지고 있다는 것을 의미한다. 따라서 이 비율을 기준으로 해당기업이 동종유사기업 혹은 경쟁기업과 비교하여 고평가되어 있는지 또는 저평가되어 있는지를 판단할 수 있다. 이 비율이 낮을수록 저평가되어 있으며 높을수록 고평가되어 있다는 것을 가리킨다.

그 밖에 이 비율은 인수나 매입하기에 적합한 기업을 찾는 데 도움을 준다. 기업을 인수하는 데 기업가치가 시가총액보다 합리적인 정보가 되기 때문이다. 예를 들면 EV/EBITDA가 낮은 기업은 인수하기 좋은 대상이라고 할 수 있다.

3. 주식의 기술적 분석

기술적 분석(technical analysis)은 주식의 가격이나 거래량과 같은 공개된 자료(market data)를 기초로 미래의 주가동향을 예측하고 투자시점을 결정하는 과정이라고 할수 있다. 따라서 경기, 매출, 이익, 위험 등과 같은 기본적인 자료(fundamentals)를 기초로 하는 기본적 분석과 대조를 이룬다. 즉 기본적 분석은 주식시장으로부터 떨어져 있는 경제자료를 이용하지만 기술적 분석은 주식시장 그 자체가 가장 좋은 예측자(predictor)라는 관점에서 시장내부에서 생긴 자료를 분석한다. 자연히 기술적 분석은 차트나 그래프를 중심으로 이루어진다. 기본적 분석이 투자할 주식의 선정에 중점을 둔다면 기술적 분석은 투자할 시점을 결정하는 데 초점을 맞춘다.

기술적 분석과 기본적 분석을 별개의 분석기법으로 볼 수 있으나 실제로는 상호보완적으로 이용된다. 두 가지 분석을 함께 이용하는 것은 방안을 다른 쪽에 있는 두 개의 창으로 들여다 보는 것처럼 효과적일 수 있다.

기술주식분석은 다양한 접근이 있으나 아래에서는 기술적 분석의 이론적 기초라고 할 수 있는 다우이론과 차트분석 등에 대해서 보기로 한다.

다우이론

다우이론(Dow Theory)은 기술적 분석에 관한 가장 오래되고 잘 알려진 이론으로 월스트리트저널의 편집장이었던 다우(C. H. Dow)가 1800년대 말에 개발한 것이다. 다우이론은 주식시장의 장기추세를 밝히는 기법으로 1920년대와 30년대에 높은 인기를 모았다.

다우이론은 세 가지 형태의 가격변동을 전제로 하고 있다.

- 주추세(primary trends): 수년간 계속되는 광범한 시장동향
- 중간추세(intermediate trends): 몇 주 또는 몇 달 동안 지속되는 변동
- 소추세(minor trends): 일상적으로 발생하는 무작위 변동

다우는 주식시장을 바다로 비유하여 주추세는 조수(tide), 중간추세는 파도(wave), 소추세는 파도 위에 생기는 잔물결(ripple)이라고 하였다. 조수의 방향은 파도가 해변에 이르는 가장 높은 곳을 보면 알 수 있다. 밀려오는 파도가 계속해서 직전의 파도보다 더 높은 곳에 도달하면 조수는

밀물이고 파도가 직전의 파도보다 더 낮은 곳에 이르면 썰물이 시작되었음을 알리는 것이다.

주추세의 상승은 중간추세가 계속해서 전고점(previous highs)을 돌파하면서 상승하고, 중간추세가 하락하는 경우에도 저점이 전저점보다 높은 수준을 유지할 때 나타난다. 주추세의 하락은 중간추세의 상승이 전고점을 돌파하는 데 계속 실패하고, 중간추세가 하락하는 경우에도 전저점을 하향돌파할 때 나타난다.

중간추세는 기술적 조정(technical correction)을 자주 나타낸다. 조정은 중간추세가 주추세의 동향과 반대방향으로 일시적으로 변동하는 것을 의미하며 과도한 변동에 대한 조정으로 발생한다.

소추세는 일상적인 주가변동으로 잔물결처럼 자주 나타나지만 중요하지 않다. 기술적 분석을 철저하게 신봉하는 테크니시안 또는 차티스트(chartists)도 일반적으로 하루하루의 시장변동을 예측하려고 하지 않는다.

다우이론의 기본개념은 [그림 8-4]와 같이 나타낼 수 있다. 주추세는

그림 8-4 다우이론의 기본개념

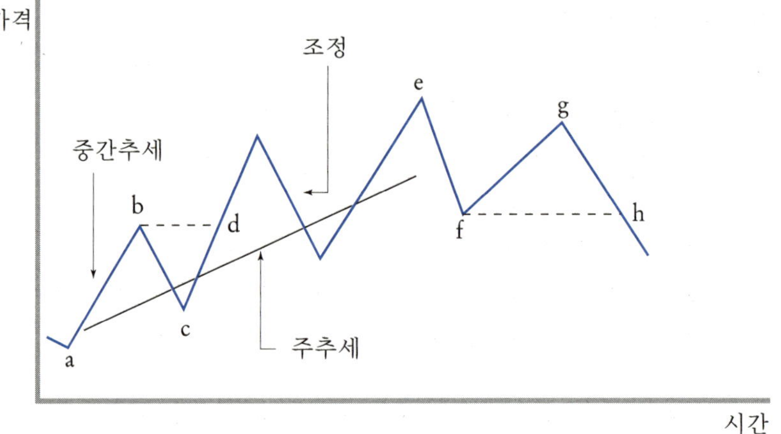

주: 추세의 전환
d점: 상승추세의 시작=전저점(a)보다 높은 저점(c: higher low)+전고점(b)을 상향돌파
h점: 하락추세의 시작=전고점(e)보다 낮은 고점(g: lower high)+전저점(f)을 하향돌파

점선으로 표시되어 1기간을 나타낸다. 1기간 동안 중간추세의 하향조정이 몇 번 있지만 이들 조정은 전저점까지는 도달하지 않는다. 또 조정 다음에 중간추세는 전고점을 초과하여 상승한다.

1기간 후에도 조정이 발생하면서 주가는 하락하지만 이번에는 중간추세가 전고점을 돌파하는 데 실패한다. 그 다음에 발생한 중간추세의 하향조정은 전저점을 하향돌파한다. 이러한 움직임은 주추세의 하향이 시작되었음을 가리킨다.

다우이론에 대한 비판은 여러 가지가 있지만 그 가운데 하나는 이 이론에 따른 투자의 성공률이 높지 않다는 것이다. 특히 다우이론이 개발될 당시의 경제와 오늘날의 경제는 크게 다르기 때문에 이 이론을 적용하는 데 한계가 있을 수밖에 없다.

엘리엇 파동이론

엘리엇 파동이론(Elliot wave theory)은 다우이론의 영향을 받은 엘리엇(R. N. Elliot)이 사람들의 행태와 자연법칙을 바탕으로 개발한 것이다. 엘리엇에 의하면 일반의 대중심리가 비관에서 낙관으로, 다시 낙관에서 비관으로 변하기 때문에 주식시장의 가격이 파동으로 나타난다. 반복되는 파동을 식별하여 이용하면 주식시장을 예측할 수 있다.

엘리엇이론[1]의 기본개념은 다음과 같다.

- 작용 다음에는 반작용이 뒤따른다.
- 추세와 같은 방향의 5개의 추진파동(impulse wave)이 끝나면 3개의 조정파동(corrective wave)이 나타난다(5–3패턴).
- 5–3파동은 한 개의 사이클을 완성하며 한 단계 더 큰 5–3파동의 일부가 된다.
- 5–3패턴은 사이클의 기간과 상관없이 유지되는 기본형이다.

1) 엘리엇이론은 1939년 'Financial World' 지에 연재되었다.

[그림 8-5]는 엘리엇파동의 기본형을 보여주고 있다. 그림에서 보는 바와 같이 주가는 상승 5파와 하락 3파의 8개 파동으로 한 사이클을 형성하면서 순환한다.

그림 8-5 엘리엇파동의 기본형

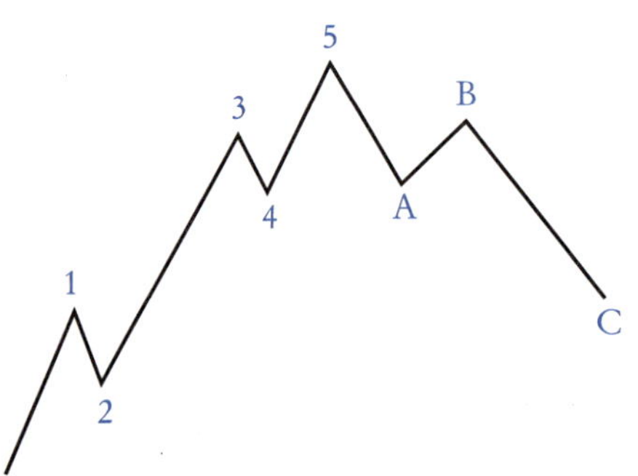

위 그림에서 상승국면의 상승파동 5개 가운데 1, 3, 5는 추진파동이고 파동 2, 4는 1, 3파동의 반동으로 나타나는 조정파동이다. 하락국면의 파동 A, B, C는 1~5가 만들어낸 상승추세를 조정하는 파동이다. A와 C는 추진파동이고 B는 조정파동이다.

한편 파동에는 여러 가지 수준이 있으므로 파동 안에 파동이 존재할 수 있다. [그림 8-6]과 같이 예를 들면 기본형의 점 2와 점 4 사이, 점 5

그림 8-6 파동의 구성(1)

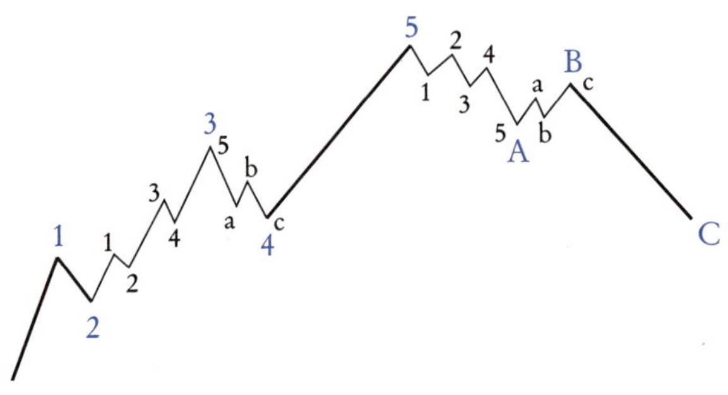

와 점 B 사이를 더 작은 파동으로 나누어 볼 수 있다.

앞의 파동을 더욱 세분하면 [그림 8-7]과 같은 사이클을 얻을 수 있다. 그림에서 [1]과 [2]는 2개 파동이며 (1), (2), (3), (4), (5), (A), (B), (C) 등은 8개 파동이고 1, 2, 3, 4, 5, A, B, C 등등은 총 34개 파동이다.

그림 8-7 파동의 구성(2)

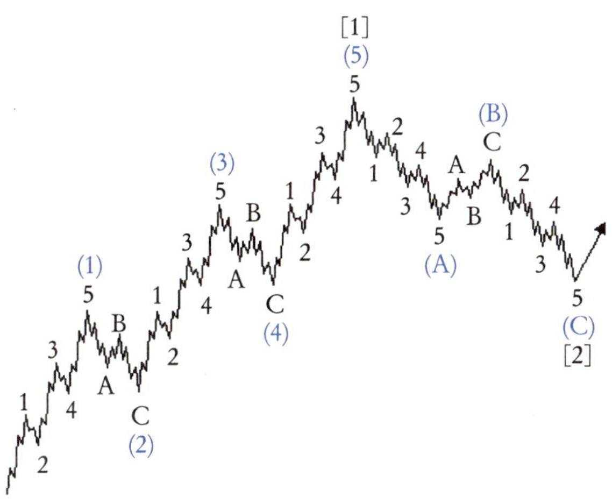

엘리엇이론의 수학적 기초는 피보나치수열(Fibonacci number sequence)이다. 이 수열은 1에서 시작하고 이전 숫자를 더함으로써 새로운 숫자를 만들어 이루어지는 수열이다. 예를 들면, 0+1=1, 1+1=2, 1+2=3, 2+3=5, 3+5=8, 5+8=13, 8+13=21, 13+21=34 등이다. [그림 8-6]과 [그림 8-7]은 기본형파동은 항상 피보나치 수로 분할된다는 것을 보여주고 있다. 하나의 사이클은 5개의 상승파동과 3개의 하락파동, 즉 8개의 파동으로 구성하는데 3, 5, 8은 모두 피보나치 수이다. 두 번 더 세분하면 34개의 파동과 144개의 파동을 만드는데 이것 역시 피보나치 수이다.

엘리엇파동은 기간이 하루인 것으로부터 시작하여 길게는 200년에 걸친 초대형사이클(grand supercyle)이 있다.

차트분석

이동평균선

주가의 이동평균(moving average)은 가장 널리 이용되고 있는 오래된 기술적 분석지표이다. 다른 패턴이나 지표와는 달리 이동평균은 매우 객관적인 지표이므로 이용하고 해석하는 데 이견이 거의 없고 이해하는 데 특별한 지식을 필요로 하지 않는다. 이동평균의 주된 목적은 주가의 추세를 파악하는 데 있으며 주가의 고점이나 저점을 포착하거나 예측하려는 것은 아니다.

이동평균은 여러 가지가 있으나 단순(simple), 지수(exponential) 및 가중(weighted) 이동평균이 비교적 많이 이용된다. 중요한 차이점은 주가에 가중치를 부여하는 방식에 있다. 단순이동평균은 모든 가격에 동일한 가중치를 주는 반면, 지수와 가중이동평균은 최근 주가에 더 많은 가중치를 주어 산출하는 것이다.

여기서는 단순이동평균의 분석을 보기로 한다. 단순이동평균은 다음과 같이 산출된다.

$$MA_{t,n} = \frac{\sum_{i=0}^{n-1} P_{t-i}}{n}$$

$MA_{t,n}$: t일자의 n일 이동평균(예: 5일, 20일 등)

P_t: t일의 종가

예를 들어 5일 이동평균주가는 [표 8-2]와 같이 5일간의 종가를 누적한 다음 5로 나누어 구한다.

이동평균은 과거와 현재의 주가를 포함해서 산출되므로 현재의 주가

[표 8-2] 이동평균의 산출 (단위: 원)

일	1	2	3	4	5	6	7
종 가	10,000	10,500	10,400	10,600	10,300	10,200	10,400
5일간의 종가누적					51,800	52,000	51,900
5일 이동평균					10,360	10,400	10,380

가 이동평균에 미치는 영향은 부분적이므로 이동평균은 그날 그날의 주가보다 느리게 변동한다. 평균기간(*n*)이 짧을수록 그날의 주가에 민감하게 반응하고 평균기간이 길수록 반응은 완만하다.

이동평균은 두 가지 방법으로 투자분석에 이용된다. 하나는 이동평균주가와 주가 그 자체를 비교하는 것이고 다른 하나는 복수의 이동평균을 서로 비교하는 것이다.

첫째, 이동평균주가와 주가의 관계를 분석하여 투자시점을 결정하는 것은 이동평균분석에 있어 가장 중요한 방법이다. 일반적으로 주가가 이동평균선 위로 상승하면 매입신호(B: buy signal), 이동평균보다 하락하면 매도신호(S: sell signal)로 간주한다.

두 번째로, 이동평균은 중요한 시장정보를 제공하지만 어느 것이나 동일한 한계를 갖고 있다. 모두 다 시장보다 늦다는 점이다. 예를 들면 20일 이동평균선이 추세를 확인하는 시점에는 상황이 진행중에 있거나 이미 끝난 다음일 수 있다. 단기이동평균은 장기이동평균보다 그날 그날의 주가변동에 민감하게 반응하므로 신속하게 추세를 파악하는 데 도움이 될 수 있으나 잘못된 신호를 보낼 위험이 높다. 반대로 장기이동평균은 추세를 정확하게 파악하는 데에는 유용하지만 추세전환의 신호를 늦게 보

그림 8-8 이동평균선과 주가

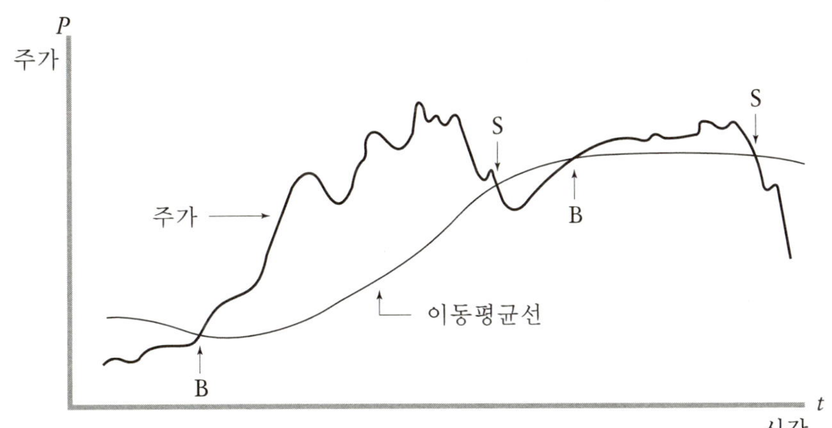

낸다는 단점이 있다.

이와 같은 단점은 두 개 이상의 이동평균을 보완적으로 사용함으로써 극복할 수 있다. 추세분석에 자주 이용되는 이동평균은 5일 이동평균선, 20일 이동평균선, 60일 이동평균선 등이 있다. 일반적으로 5일 이동평균은 단기, 20일은 중기, 60일은 장기로 간주한다. 이러한 장단기 구분은 분석의 목적이나 필요에 따라 달라질 수 있는 것으로 20일 이동평균이 단기, 60일이 중기가 되기도 한다.

복수의 이동평균은 주가의 패턴과 연결하여 이용하면 특히 효과적이다. 예를 들어 단기와 장기 이동평균을 선정하여 두 이동평균이 서로를 향하여 움직이거나 교차할 때의 가격동향을 분석하는 것이다. 단기이동평균선이 장기이동평균선을 아래에서 위로 돌파하면 골든크로스(golden cross)라고 하며 강세반전과 매입신호로 간주된다. 단기이동평균선이 장기이동평균선을 위에서 아래로 돌파하면 데드크로스(death cross)라고 하며 약세전환과 매도신호로 해석한다. 만일 단기이동평균선이 중기와 장기 이동평균선 두 개를 돌파하면 강력한 신호를 나타내는 것이다.

한편 주가가 장기간 상승추세에 있으면 단기이동평균선 아래 중기이동평균선과 장기이동평균선이 차례로 놓이게 되는데 이를 정배열이라고 한다. 반대로 주가가 장기간 하락추세에 있으면 장기이동평균선 아래 중기이동평균선과 단기이동평균선이 차례로 놓이게 되는데, 이를 역배열이라고 한다.

이동평균분석은 가장 많이 이용되는 객관적인 기법이지만 이동평균에만 의존하여 투자를 결정하면 너무 늦을 가능성이 높다.

지지선과 저항선

주가는 어떤 수준까지 내려가면 지지를 받아 반등하고 어떤 수준까지 오르면 되밀려 내려오는 경향이 있다. 전자를 지지선(support line)이라 하고 후자를 저항선(resistance line)이라고 한다. [그림 8-9]에서 보는 바와 같이 전저점은 지지선이 되고 전고점은 저항선이 된다.

지지선은 기술적 분석가(차티스트)가 주식에 대한 수요가 크게 증가하여 상승반전할 것으로 기대하는 주가수준이다. 주가가 상당히 상승한 다

그림 8-9 지지선과 저항선

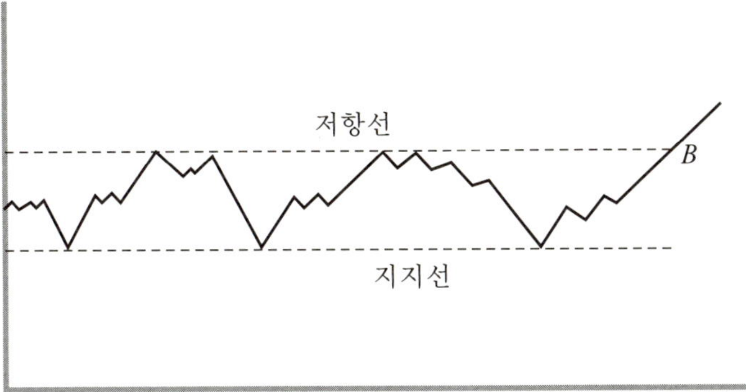

음 이식 매물로 인해 다시 하락을 시작하면서 형성된다. 그 이유는 다음과 같다. 주가가 처음 상승할 때 주식을 매입할 기회를 놓치고 주가가 반락하면 주식을 매입하려고 기다리는 투자자들은 주가가 일정한 수준까지 하락하면 주식을 매입할 것이다. 즉 많은 투자자들이 주식매입을 기다리는 선(지지선)까지 주가가 하락하면 수요는 증가하고 거래량도 증가하기 시작한다. 전저점은 하락하던 주가가 반등한 경험이 있는 주가 수준이기 때문에 이번에도 주가가 전처럼 그 밑으로는 하락하지 않고 상승할 것이라고 기대하는 투자자가 많을 것이다.

한편 저항선은 차티스트가 주식공급이 크게 증가하여 주가가 반전하락할 것으로 기대하는 가격대이다. 저항선은 주가가 높은 수준에서 하락한 다음 형성된다. 즉 주가가 하락하기 시작하면 높은 가격대에서 주식을 매입한 투자자는 자신이 주식을 매입한 가격대 또는 그와 가까운 수준에서 팔 수 있는 기회를 기다리게 된다. 따라서 이들 투자자들이 설정하고 있는 가격대까지 반등하면 주식공급의 증가로 인해 더 이상의 주가상승은 저항을 받게 된다. 다시 말하면 전고점은 상승하던 주가가 하락한 적이 있는 주가수준이기 때문에 심리적으로 많은 투자자는 이번에도 전고점까지 오르면 반락할 것으로 예상하여 전고점에서 매도하려는 주식의 공급이 증가할 것이다. 주가는 더 이상 오르지 못하고 하락하게 된다.

그러나 주가가 [그림 8-9]에서 보는 것처럼 B점에서 저항선을 상향 돌파(breakthrough)하거나 지지선을 하향돌파하면 주가는 새로운 가격대에서 움직이게 된다는 것을 의미한다. 저항선은 돌파되면 새로운 지지선으로 변한다. 마찬가지로 지지선도 돌파되면 저항선으로 바뀐다.

H&S형 반전패턴

H&S패턴(Head & Shoulder pattern)은 이름 그대로 머리와 양쪽 어깨로 이루어진 추세반전(trend reversal)패턴이다. 가장 신뢰할 수 있는 반전패턴으로 대부분의 반전패턴은 H&S형의 변형이라고 할 수 있다.

H&S형은 크게 두 가지로 나눌 수 있다. 하나는 상승추세의 하락반전을 나타내는 정점형(head & shoulder top reversal pattern)과 하락추세의 상승반전을 가리키는 저점형(head & shoulder bottoms reversal pattern)이 있다. 두 패턴은 신호는 물론 형태도 매우 대칭적이다.

그림 8-10 H&S 반전패턴

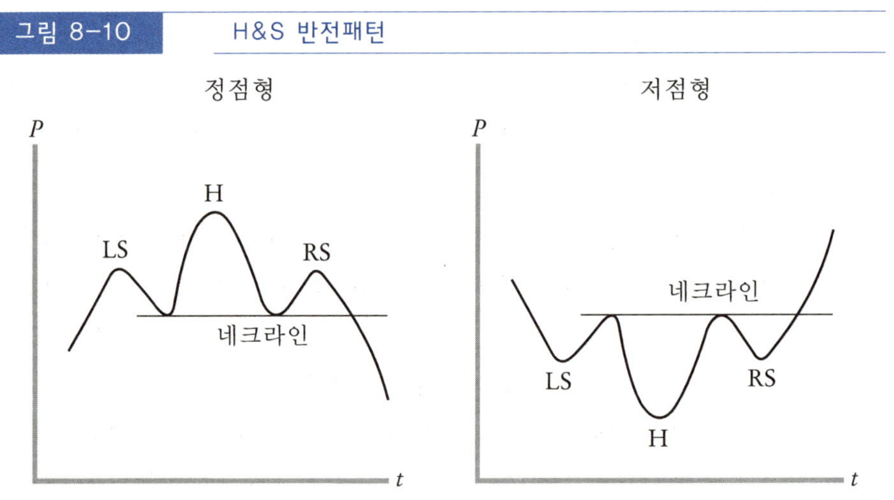

위 그림에서 보는 바와 같이 정점(저점)형은 세 개의 고점(저점), 즉 LS(left shoulder; 왼쪽 어깨)에 이어 H(head; 머리)와 RS(right shoulder; 오른쪽 어깨)가 출현한다. 중간에 있는 고점(저점)이 가장 높(낮)고, 그 양쪽

그림 8-11 정점형 H&S패턴

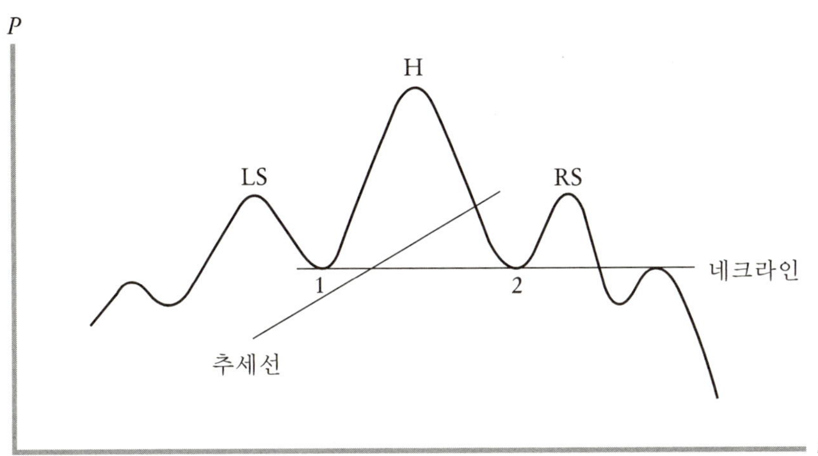

에 있는 고점(저점)은 정점(최저점)보다 낮(높)거나 거의 같다. 저점(고점)을 연결하는 직선을 네크라인(neckline)이라 한다.

여기서는 정점형을 중심으로 보기로 한다.

H&S 패턴을 구성하고 있는 요소에 따라 보면 다음과 같다.

- 추세선: 반전패턴이 되기 위해서는 상승추세가 먼저 지속되고 있어야 한다.
- LS(왼쪽 어깨): 상승추세가 지속되면서 왼쪽 어깨가 추세선보다 높은 곳에 고점을 만든다. 고점에 이른 다음 시작된 하락은 점 1에서 그친다. 저점은 일반적으로 추세선 위에 있으며 추세선과 닿지 않는다.
- H(머리): 왼쪽 어깨의 지점(1)에서 시작한 상승은 전고점을 지나 머리(정점)를 만든다. 정점에 이은 하락은 상승추세선을 하향돌파하여 저점 2에 이른다. 이 저점은 추세선 아래에 위치하므로 상승추세에 영향을 줄 수 있다.
- RS(오른쪽 어깨): 머리의 저점에서 상승하기 시작하여 오른쪽 어깨를 만든다. 오른쪽 어깨의 고점은 머리의 고점(정점)보다 낮으며 왼

쪽 어깨와 비슷한 높이를 나타낸다. 두 어깨가 대칭적인 것이 바람직하지만 때로는 그렇지 않을 때도 있다. 오른쪽 어깨의 고점에서 시작한 하락은 네크라인을 하향돌파하여야 한다.

- 네크라인: 네크라인은 저점 1과 2를 연결한 직선이다. 저점 1은 왼쪽 어깨의 끝이면서 머리의 시작이다. 점 2는 머리의 끝이면서 오른쪽 어깨의 시작이다. 두 저점의 관계에 따라 네크라인은 우상향, 우하향 또는 수평선의 형태를 취한다. 네크라인의 기울기는 약세의 정도를 가리키며 우하향은 우상향보다 더 약세일 수 있다. 네크라인은 주가가 그 위에 있으면 지지선이지만 아래로 내려오면 저항선이 된다.
- 거래량: H&S패턴은 거래량에 의하여 확인되어야 한다. 일반적으로 왼쪽 어깨가 만들어지는 과정에서 최대의 거래량이 나타난다.왼쪽 어깨가 완성되면서 거래량은 감소하다가 머리를 형성하는 과정에서 거래량은 다시 증가한다. 그러나 머리를 만드는 과정에서 나타나는 거래량은 왼쪽 어깨를 만들 때 나타나는 거래량보다 적다. 거래량의 위축은 오른쪽 어깨가 만들어질 때까지 지속된다. 오른쪽 어깨의 붕괴가 시작되고 네크라인이 하향돌파되면서 거래량은 크게 증가한다. 이러한 거래량증가는 전고점에 도달하지 못한 데 대한 실망매물의 증가에 기인한다. 이 단계에 이르면 정보에 밝은 스마트 머니(smart money)는 시장에 새로 참가한 투자자에게 주식을 이미 넘긴 다음이라고 할 수 있다.
- 네크라인의 돌파: 네크라인이 돌파되어야 H&S패턴은 완성되고 상승추세도 하락반전한다. 즉 네크라인의 돌파는 약세(bearish market)의 시작을 의미한다. 네크라인의 돌파가 거래량의 확대와 함께 이루어지면 추세전환은 더욱 확실해진다. 네크라인은 지지선에서 저항선으로 변한다. 일반적으로 네크라인을 하향돌파한 시장은 몇 차례 상향돌파를 시도한다. 시장이 네크라인의 상향돌파에 실패할 때마다 거래량은 증가한다. 때로는 주가가 네크라인까지 반등하지만 저항을 받아 다시 하락하기 시작한다.

4. 주식시장의 역할

주식시장은 현대자본주의 경제에서 중요한 역할을 수행한다. 주식시장에서 결정되는 가격은 우리에게 기업의 시장가치(가격)를 알려준다. 이것은 효율적인 자원배분을 유도한다. 주식의 시장가치가 높은 기업은 투자자가 높이 평가하고 있다는 것을 의미하므로 성장에 필요한 자금을 조달하는 데 유리하다. 대조적으로 주가가 낮은 기업은 운영자금을 조달하는 것조차 어려울 수 있다.

주가가 기업의 기본적 가치(기대이익의 현재가치 등)를 정확하게 반영하는 한 가격이 보내는 신호도 정확하므로 자원배분 메커니즘이 잘 작동하여 투자자금이 사회적으로 가장 유익한 곳으로 흘러가게 된다. 그러나 때로는 주가가 기본적 가치로부터 크게 괴리되고 실질이자율이나 리스크 프리미엄의 변동 또는 미래배당금의 증가율과 관계없이 변동한다.

다수의 경제학자는 시장은 언제나 효율적이고 가격은 기본적 가치로부터 괴리되지 않는다고 믿지만 투자자의 심리적 변동이 가격을 왜곡시킬 수 있는 가능성은 염두에 두어야 한다. 실제로 과도한 낙관과 비관은 다른 사람에게 옮기기 때문에 투자자는 시장의 미래에 대해 정당화하기 어려울 정도로 과열되어 기본적 요소와 관계없이 주식가격을 상승시키는 경우가 있다. 대대적인 과열은 주가에 거품(bubbles)을 만들어 실제 주가와 기본적 요소(fundamentals)를 반영한 주가 사이에 갭을 만들거나 확대시킨다. 이러한 거품은 결국 붕괴되고 시장은 위기를 맞게 된다.

투자자는 주가가 급격하게 상승하거나 하락하면 그로 인한 큰 이익과 손실에 대해 관심을 갖는 것은 당연하다. 그러나 투자자만 관심을 갖는 것은 아니다. 버블은 기업과 소비자의 경제적 의사결정을 왜곡시키기 때문에 모두에게 영향을 미친다. 먼저 기업은 주가가 급등하기 때문에 자금을 조달하기가 훨씬 쉬워진다. 과열된 분위기 속에서 기업은 높은 가격으로도 주식을 팔 수 있으므로 새로운 투자를 위한 자금을 쉽게 조달할 수 있다. 그 결과 기업은 시설이나 설비에 대해 과도하게 투자할 수 있다.

반면 과열투자의 대상이 되지 못한 기업은 자금조달에 어려움을 겪으므로 투자를 너무 적게 하게 된다. 투자의 왜곡은 커지고 버블이 붕괴된 다음에는 새로운 투자를 위한 자금조달은 극도로 어렵게 되어 경제회복은 매우 느릴 수 있다.

주가의 버블이 소비자에게 미치는 영향도 매우 클 수 있다. 주가의 상승은 개인의 부를 증가시킨다. 사람들은 부유해질수록 더 많은 소득을 소비하고 저축은 적게 한다. 주가가 급등하면서 사람들은 고급차나 큰 집을 사고 호화로운 휴가를 보내는 등 과열된 경제를 더욱 과열시킨다.

과열은 오래 계속될 수 없다. 버블이 붕괴되면 사람들은 자신의 부를 재평가하게 된다. 부동산이나 부채가 소득에 비해 너무 많다는 것을 깨닫게 된다. 주식투자 계좌잔액은 급격하게 감소한다. 사람들은 더 절약하고 더 많은 일을 하지 않을 수 없게 된다. 기업도 급격한 수요 감소로 매출은 부진하고 재고는 증가한다. 투자한 공장과 시설의 가동률은 급감한다. 버블로 인한 과잉투자와 비효율적인 자원배분은 커다란 후유증으로 심각한 경제사회문제가 된다. 이와 같이 과열분위기가 과도한 비관으로 급변하면 실질투자와 경제성장은 붕괴될 가능성이 높다.

정상적으로는 주식시장은 원활하게 작동하고 투자자금은 가장 유익한 곳으로 이동한다. 가끔 이와 같은 과정이 잘못되어 주가수준이 합리적인 기본가치로부터 멀어지는 경우가 생긴다. 이러한 버블이 너무 크게 확대되고 특히 붕괴하게 되면 주식시장은 실물경제를 불안정하게 할 수 있다.

5. 주식발행시장

주식발행시장은 주식회사가 발행중개기관 등을 통하여 자금공급자인 투자자에게 주식을 매각하여 자금을 조달하는 시장을 말한다. 새로운 주식이 출현하는 시장이므로 1차 시장 또는 본원시장(primary market)이라고도 한다.[1] 주식발행은 대체로 다음과 같이 나누어 볼 수 있다.

1) 주식발행시장의 구조는 위에서 본 채권발행시장의 구조와 거의 같다.

기업공개

기업공개(IPO: initial public offering)는 주식회사가 신규로 발행하는 주식을 다수의 투자자에게 모집하거나 이미 발행되어 대주주 등이 소유하고 있는 주식을 매출하여 분산시키는 것을 말한다. 즉 폐쇄적인 성격의 개인회사에서 공개적인 회사로 전환시키기 위해 회사가 구주주의 신주인수권을 배재하고 신주를 발행하여 주식을 분산하거나 대주주 등의 기존 소유주식을 분산시키는 것이다.

기업공개와 아래에서 보게 될 상장은 다르다. 즉 기업공개는 개인이나 가족 등 소수의 주주에 의해 폐쇄적으로 경영되던 기업의 주식을 다수의 대중에게 분산하는 것이라고 할 수 있다. 반면 상장은 증권선물거래소가 상장기준을 충족하는 주식에 대하여 유가증권시장에서 대량으로 매매거래될 수 있도록 승인하는 것이다.

증 자

기업은 추가적인 자금이 필요할 때 증자를 통해 자금을 조달할 수 있다. 증자는 주식발행에 의하여 자금이 유입되는 실질적인 증자인 유상증자와 자본금은 증가하나 자금유입이 없는 형식적인 증자인 무상증자가 있다.

유상증자

유상증자는 투자자의 주금납입을 받은 후 신주를 발행함으로써 회사의 주식자본을 증가시키는 방법이다. 유상증자를 하게 되면 주식총수가 증가함과 동시에 신규로 자금 또는 재산이 기업으로 들어오게 된다. 유상증자의 목적으로는 설비자금 또는 운전자금의 조달, 부채의 상환, 재무구조의 개선, 자본금 대형화에 의한 공신력 제고 등을 들 수 있다.

유상증자는 여러 가지 방식이 있으나 우리나라에서 가장 일반적으로 이용되는 것은 상장회사인 경우 시가발행에 의한 주주배정이라고 할 수 있다. 즉 재무구조의 건전화를 도모하기 위하여 시가로 신주를 발행하되 가진 주식 수에 비례하여 기존주주에게 신주인수권을 부여하는 방식이다.

무상증자

무상증자는 기업이 가지고 있는 준비금 또는 재평가적립금을 자본금으로 전입하면서 기존주주들에게 무상으로 신주를 발행(교부)하는 것을 말한다. 무상증자는 자금조달을 목적으로 하지 않고 자본구성을 시정하거나 사내유보의 적정화 등을 위해 추진하는 것으로서 회사의 총자산에는 변동이 없이 재무제표에서 항목간 변경을 통하여 새로운 주식을 발행하는 형식적 증자라고 할 수 있다. 즉 주금납입 없이 준비금 또는 재평가적립금의 자본전입에 의하여 자본을 증가시키고 같은 금액만큼의 신주를 발행하여 이를 주주에게 무상으로 할당하는 방식이다.

기타 주식발행

주식배당에 의한 주식발행 기업의 영업성과에 따라 발생한 이익잉여금의 자본전입을 위한 것으로 회사의 이익을 주주에게 현금으로 배당하는 대신 신주를 발행하여 배당하는 것으로서 사외에 유출될 자금을 자본화시켜 주식으로 지급하기 때문에 자산이 그만큼 유보되어 이익의 자본화라고도 한다.

전환사채의 주식전환 전환사채권자가 전환권을 행사하여 사채를 주식으로 전환시킴으로써 주식을 발행하는 경우로 전환액에 상당하는 부채가 감소하고 자본이 증가하나 자산의 변화는 없다. 상장법인의 경우 공모전환사채는 3개월, 사모전환사채는 1년 동안 전환권행사가 금지되어 있다.

신주인수권부사채의 신주인수권행사 신주인수권부사채권자가 신주인수권을 행사하는 경우이다. 신주인수권증권을 사채와 분리 유통이 가능한 분리형의 신주인수권도 발행이 허용되어 있다.

합병에 의한 주식발행 합병에 의하여 존속하는 회사가 소멸하는 회사의 주주에게 신주를 발행하여 교부하게 되는데, 그 배정에 관한 사항은 합병계약서에 기재되어 추후 주주총회의 승인을 받아야 한다.

주식분할에 의한 주식발행 회사가 자본이나 재산을 변경시키지 않고 기존의 주식을 세분화하여 발행주식총수를 증가시키는 절차로서 분할로 인해 발행되는 주식은 지분율에 따라 배분되므로 주주의 실질적인 지위에는 아무런 변화가 없다. 주식분할의 목적은 일반적으로 주식분산과 유통주식수의 증가에 의하여 원활한 주식거래를 촉진하는 데 있다.

상 장

주식을 증권선물거래소에서 매매할 수 있도록 등록하는 것을 상장(listing)이라 하고 매매대상으로 인정되는 주식을 상장주식, 상장주식을 발행하는 회사를 상장회사라고 한다. 증권거래소에서 매매거래대상으로 선정되는 상장주식은 일정한 기준에 따라 상장심사를 거쳐야 하는데, 이는 주식의 원활한 유통과 공정한 가격형성을 통해 투자자를 보호하기 위해서이다. 상장된 주식의 가치를 거래소가 보증하는 것은 아니지만 해당 상장회사에 대한 신뢰성을 높임으로써 주식가치의 상승, 기업자금조달의 용이, 담보가치의 향상 등 부수적인 효과가 있다.

상장을 형태에 따라 분류하면 신규상장 · 신주상장 · 변경상장 등이 있다. 신규상장은 증권선물거래소에 주식을 최초로 상장하는 것을 말한다. 신주상장은 유무상증자 등으로 새로 발행한 주권을 상장하는 것을 가리킨다. 변경상장은 이미 상장된 주권의 종목 · 종류 · 액면금액 · 수량 등을 변경한 경우를 말한다.

6. 주식유통시장

주식유통시장은 이미 발행된 주식과 현금의 교환으로 매매가 이루어지고 가격이 형성되는 시장으로 2차 시장(secondary market)이라고도 한다.[1] 주식유통시장의 구조는 [그림 8-12]와 같이 나타낼 수 있다.

그림 8-12 주식유통시장의 구조

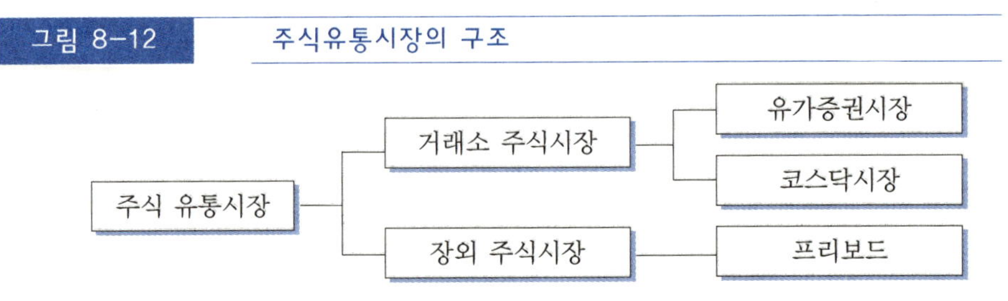

거래소 주식시장

증권선물거래소(종전의 증권거래소)에 개설된 주식시장으로는 유가증권시장(종전의 주식시장)과 코스닥(KOSDAQ)[2]시장이 있다. 코스닥시장은 유가증권시장의 상장요건에 미달하는 중소기업, 벤처기업 등의 자금조달을 위하여 설립된 시장이다. 유가증권시장과 코스닥시장의 거래관련 제도는 [표 8-3]에서 보는 바와 같이 크게 다르지 않다.

주가지수

주식은 부를 보유하는 하나의 수단이다. 주가가 상승하면 더 부유해지고, 하락하면 그만큼 가난해진다. 이와 같은 변동은 소비와 저축패턴에 영향을 미치고 경제활동수준을 변동시키므로 주식시장의 동향을 파악할 필요가 있다. 다시 말하면 거시경제적 관점에서 전체 주가수준을 측정할 수 있어야 한다.

주식시장의 가치를 측정하는 척도를 주가지수(stock-market indexes)라고 한다. 우리나라의 주요 주가지수는 다음과 같다.

---

1) 발행시장과 유통시장의 관계에 관해서는 제2장 참조.

2) Korea Securities Dealers Automated Quatation.

[표 8-3] 유가증권시장과 코스닥시장의 비교

	유가증권시장	코스닥시장
운영주체	증권선물거래소	좌동
매매대상	증권선물거래소 상장 종목	좌동
거래시간	전후장 구분 없이 단일장 09:00 ~15:00, 장 개시 전 1시간 및 장 종료 후 2시간 50분 동안 시간외 매매 가능	좌동
매매단위	10주(10만원 이상 고가주는 1주) 단, 시간외 매매에서 단주거래 가능	단주거래 가능
신용거래	허용	좌동
증권회사 수수료	자율화	좌동
증권거래세 등	증권거래세 : 양도가액의 0.15%(탄력세율) 농어촌 특별세 : 양도가액의 0.15%(탄력세율)	증권거래세 : 양도가액의 0.3%(탄력세율)
결제일	매매일로부터 3일째	좌동
가격제한폭	정률제(기준가격 대비 15%)	좌동

코스피지수(Korea Composite Stock Index)

코스피지수(KOSPI)는 증권선물거래소의 유가증권시장에 상장된 전체 종목을 대상으로 산출하는 대표적인 주가지수이다. 코스피지수는 1980년 1월 4일을 100으로 하여 시가총액방식으로 산출하고 있다. 시가총액은 상장되어 있는 모든 주식의 시가를 더한 금액을 의미한다.

$$\text{코스피지수} = \frac{\text{비교시점의 시가총액}}{\text{기준시점의 시가총액}} \times 100$$

코스피 200지수

KOSPI 200은 유가증권시장에 상장된 종목 중에서 시장대표성, 업종

대표성, 유동성 등을 고려하여 200개를 주가지수선물과 주가지수옵션에 적합하도록 편제한 주가지수이다. KOSPI 200은 코스피지수와 마찬가지로 시가총액지수이다.

코스닥지수

KOSDAQ 지수는 코스닥시장에 등록된 모든 주식을 대상으로 산출된 주가지수이다. 코스닥 50은 코스닥을 대표하는 50개종목을 대상으로 산출하는 것으로 옵션거래의 기초자산이 된다.

매매거래의 절차

거래소 주식시장에서 매매거래를 할 수 있는 자는 증권업의 허가를 받고 증권거래소 회원으로 등록된 증권회사에 한정되어 있으므로 일반투자자가 매매거래를 행하기 위해서는 증권회사에 위탁하여야 한다.

계좌의 설정 증권회사가 고객의 위탁을 받아 매매거래를 처리하고자 할 때에는 투자자와 사전에 매매거래계좌를 설정하여야 하는데, 이 경우 증권회사와 투자자는 매매거래계좌설정계약을 체결하여야 한다.

매매주문의 방법 매매거래계좌가 설정되면 증권회사는 투자자로부터 매매거래에 관하여 주문을 받게 되는데 여기에는 문서에 의한 경우와 전화·전신에 의한 경우가 있으며 최근에는 PC통신이나 인터넷을 통한 HTS(home trading system)거래가 일반화되어 있다.

위탁증거금 증권회사가 투자자로부터 매매거래의 위탁을 받았을 경우 투자자로부터 징수하는 증거금으로 그 징수비율은 회사별로 자유화되어 있으며 증거금을 차감한 나머지 잔액은 매매거래일로부터 3일째 되는 날 결제시 입금하면 된다.

위탁수수료 증권회사가 위탁받은 매매거래가 성립되었을 때 투자자로부터 받는 수수료이며 징수율은 증권회사가 자율적으로 결정한다.

시장의 운영 및 관리

가격변동폭 제한 증권선물거래소는 주식의 공정한 가격형성과 급격한 시세변동에 따른 투자자의 피해방지 등 거래질서를 확립하기 위해 하루에 변동할 수 있는 주가의 상하한폭을 일정한 범위로 제한하고 있다. 가격제한폭은 일반종목인 경우 기준가격(전일 종가) 대비 상하한 15%를 적용하고 있다. 따라서 하루중 기준가격의 15%를 초과하는 가격형성은 불가능하다.

배 당 락 배당기준일이 경과하여 배당을 받을 수 없는 상태를 배당락이라고 한다. 주식회사는 이익잉여금을 처분하고자 주주총회를 개최하게 되는데, 이때 주주총회에서 주주권을 확정하기 위해 권리확정일을 정하고 그 다음 날부터 주주총회 종료일까지는 주주명부를 폐쇄하고 주식의 명의개서를 정지하게 된다. 따라서 배당기준일이 지난 후 주식을 매수한 사람은 이익배당을 받을 권리가 없게 되므로 거래소는 이 날부터 당해 주식에 대하여 배당락을 취함으로써 주가가 합리적으로 형성되도록 관리하기 위한 시장조치이다.

권 리 락 신주배정기준일이 경과함에 따라 구주주에게 부여되어 있는 신주인수권 또는 신주의 무상교부권이 소멸됨에 따라 이를 투자자에게 주지시켜 시장에서 주가가 합리적으로 형성되도록 관리하기 위한 조치이다. 주식회사가 증자를 하는 경우에 신주인수권을 확정하기 위해 신주배정기준일을 정하는데, 이때 그 기준일의 익일 이후에 결제되는 주권에는 신주인수권이 없어진다. 따라서 거래소는 배당락과 마찬가지로 신주배정기준일 전일에 실제로 당해 종목에 권리락조치를 취함으로써 주가가 합리적으로 형성되도록 관리한다. 즉 신주인수권을 받으려면 신주배정기준일 이틀 전까지 주식을 보유하여야 한다.

주식시장의 매매거래중단제도 주식시장의 매매거래중단(circuit breakers)은 코스피지수(KOSPI)가 직전거래일종가보다 10% 이상 하락하여 1분간 지속되는 경우 주식시장의 모든 종목의 매매거래를 중단하는 것이다. 매매거래중단이 발동되면 20분 동안 주식시장의 모든 종목의 매매거래와 채권시장을 제외한 현물시장과 연계된 선물·옵션시장의 매매거래를 중단한다. 거래소는 매매거래중단 후 20분이 경과한 때에는 매매거래를 재개한다. 매매거래제도는 주가상승시에는 발동하지 않고 주가급락시에만 발동한다.

개별종목의 매매거래정지 거래소는 투자자보호와 시장관리상 필요하다고 인정하는 경우에는 특정종목의 매매거래를 일시적으로 정지할 수 있다. 정지요건으로는 풍문 등과 관련하여 주가 및 거래량이 급변하거나 장 개시 전에 급변이 예상되는 종목 또는 기타 매매거래폭주로 신속하게 매매거래를 성립시킬 수 없다고 인정되는 종목에 대하여 중단한다. 매매거래재개는 정지사유에 대한 조회결과를 공시한 시점부터 30분이 경과한 때에 재개하게 된다.

장외주식시장

대표적인 장외시장은 프리보드(Free Board)라고 할 수 있다. 프리보드는 종전의 제3시장을 개편한 것으로 비상장주식이나 상장이 폐지된 주식에 대하여 유동성을 제공하기 위하여 설치, 운영되는 장외시장이다. 운영주체는 한국증권업협회이며 프리보드에 지정된 기업은 주로 중소기업으로 벤처기업이 다수를 차지하고 있다.

제 9 장

효율적 시장이론

여기서는 합리적 기대이론을 금융(자본)시장의 가격결정에 적용한 효율적 시장이론(effcient markets theory)을 보기로 한다. 효율적 시장이론은 금융시장이 균형을 이루고 있을 때 주식을 비롯한 금융자산의 가격은 이용가능한 모든 정보를 반영하므로 투자자가 주식분석 등으로 평균 이상의 수익을 지속적으로 얻는 것은 불가능하다고 주장한다.

1. 기대의 역할

기대(expectations)는 모든 경제참가자의 행태에 영향을 주고 경제활동에 충격을 준다. 기대가 영향을 주지 않는 경제부문은 생각하기 어렵다. 지금까지 보아 온 것만 해도 여러 곳에서 기대의 중요한 역할을 알 수 있었다. 예를 들면 제5장에서 부에 대한 기대는 채권수요에 영향을 미친다는 것을 보았다. 미래이익에 대한 기대는 기업의 채권공급에 영향을 준다. 그 밖에 기대인플레이션은 명목이자율을 결정하는 중요한 요소이고 자산의 기대수익률은 포트폴리오선택을 결정하는 데 필요한 정보를 제공한다.

금융시장참가자의 자산가격에 대한 기대는 시장가격의 수준과 변동을 결정한다. 만일 A기업의 회사채 만기수익률이 8%이고 무위험자산인 국채의 수익률이 6%라면 A기업 회사채의 리스크 프리미엄은 2%(=8%−6%)가 된다. 리스크 프리미엄은 채무불이행위험에 대한 대여자의 기대를 반영한 것이다. B제약회사가 획기적인 치료제를 발견하면 주가는 급등할 것이다. B기업의 주가가 급등한 것은 기대수익이 상승하기 때문이다.

그러면 시장참가자는 가격이나 수익에 대한 기대를 어떻게 형성하는가. 1950년대와 60년대의 경제학자들은 기대는 과거의 정보에 의하여 형성되는 것으로 보았다. 예를 들면 어떤 기업의 주식가격에 대한 기대는 그 주식의 과거가격에 의하여 결정된다. 이와 같이 어떤 변수에 대한 기대가 그 변수의 과거치를 기초로 형성되는 것을 적응적 기대(adaptive expectations)라고 한다. 최근의 과거(최근 1년에서 2년)가 오래된 과거보다 미래에 대한 기대를 형성하는 데 더 많은 영향을 미칠 가능성이 높기 때문에 적응적 기대는 최근에 더 큰 가중치를 둔 과거치의 가중평균으로 측정된다. 예를 들면 인플레이션이 지난 10년간 5%씩 상승하였으나 최근 2년간은 6%씩 상승했다면 사람들은 내년의 인플레이션에 대한 기대는 5%보다는 6%에 가까운 것으로 결정할 것이다.

그러나 사람들이 미래가격에 대한 기대를 형성하면서 과거만을 고려한다고 가정하는 것은 불합리하다. 예를 들면 만일 사람들이 유가가 급격하게 상승하거나 정부지출이 크게 확대될 것으로 기대한다면 이와 같은 미래에 대한 기대는 기대인플레이션에 반영되어야 한다.

2. 합리적 기대

합리적 기대(rational expectations)는 이용가능한 모든 정보(all available information)를 이용한 기대를 의미한다. 합리적 기대의 형성에 이용되는 정보는 과거의 경험뿐 아니라 미래에 대한 기대도 포함한다. 합리적 기대이론에 따르면 기대는 이용가능한 모든 정보를 이용한 최적예측(optimal forecast)과 같다. 최적예측은 미래에 대한 최선의 예측(the best guess of the future)을 의미한다.

따라서 합리적 기대이론은 다음과 같이 간단하게 나타낼 수 있다.

$$X^e = X^{op} \tag{9-1}$$

단, $X^e = X$의 기대
$X^{op} = X$의 최적예측

합리적 기대가 모든 정보를 이용한 최적예측과 같을지라도 예측이 언제나 완전하게 정확할 수 없다. 금융시장의 무작위성(randomness)으로 인해 예측이 목표치보다 약간 작거나 클 수 있다. 그 밖에 예측오차가 발생하는 요인은 더 있다. 최적예측에 긴요한 정보이지만 예측에 이용하지 못했다면 예측은 부정확할 수 있다. 그러나 이용가능한 모든 정보를 사용하였다면 예측은 합리적이다. 이것은 시장참가자가 몰랐거나 비용이 많이 들기 때문에 이용가능한 모든 정보를 이용하지 않는 경우와는 다르다. 비용 등의 이유로 이용가능한 모든 정보를 이용하지 않은 기대는 정확하지 않고 합리적인 것도 아니다.

합리적 기대이론의 논거는 시장참가자가 가격에 대한 기대를 형성하면서 이용가능한 모든 정보를 이용하지 않으면 비싼 대가를 치를 수 있다는 데 있다. 예를 들어 만일 생산자가 이자율이 상승할 것이라는 정보를 무시한다면 이자율상승이 수요에 미치는 효과를 간과하게 되어 너무 많이 생산함으로써 이익이 감소될 수 있다. 또는 생산자가 고유가가 수요와 원가에 미치는 효과를 무시하면 이윤을 극대화하는 생산수준보다 더 많이 생산할 수 있다. 이와 같은 오류는 경영자, 고용인, 주주 모두에게 피해를 주게 되므로 미래에 관련된 이용가능한 모든 정보를 이용하는 것이 유리하다.[1]

합리적 기대는 새로운 정보를 이용할 수 있게 되면 시장참가자들은 정보에 따라 기대를 조정한다는 것을 의미한다. 기대가격의 형성에 관한 최근의 연구에 따르면 새로운 정보를 입수하는대로 기대를 즉시 조정하는 것은 아니라고 한다. 정보를 이용할 수 있게 되었을 때와 정보를 기대에

1) 적응적 기대와 합리적 기대에 관한 상세한 설명은 제21장 참조.

완전히 반영하는 시점 사이에는 시차(lags)가 존재한다. 그러나 일부 실증 분석은 시장참가자의 경제관계 등에 대한 이해도가 높아짐에 따라 기대를 조정하는 시차도 많이 단축되었다고 주장한다.

그리고 합리적 기대는 변수의 행태가 변하면 기대를 형성하는 방식도 변한다는 것을 의미한다. 한 가지 예를 들면 1980년대에 총통화의 변동은 명목GDP의 변동과 긴밀한 관계를 가졌다. 따라서 총통화의 변동은 명목GDP의 변동에 대한 기대를 형성하는 데 매우 중요한 역할을 했다. 그러나 1980년대 말부터는 명목소득의 변동과 총통화의 변동 사이의 상관관계가 낮아지면서 명목소득의 변동에 대한 기대를 형성하는 데 총통화의 변동에 큰 비중을 두지 않게 되었다.

3. 효율적 시장이론

효율적 시장이론의 개념

효율적 시장이론(theory of efficient markets)은 합리적 기대를 금융시장의 가격결정에 적용한 것으로 금융시장의 금융자산가격은 이용가능한 모든 정보를 반영한다는 가정을 기초로 한다.

앞에서 본 것처럼 금융자산을 보유해서 얻는 수익률은 자본이득(가격변동)과 현금수입(배당 또는 쿠폰이자)의 합계를 매입가격으로 나눈 것이다.

$$R = \frac{P_{t+1} - P_t + D}{P_t} \qquad (9\text{-}2)$$

단, R=보유기간(t에서 $t+1$)의 수익률
P_{t+1}=$t+1$기의 가격(보유기간 말의 가격)
P_t=t기의 가격(보유기간 초의 가격)
D=$t+1$기의 배당금 또는 쿠폰이자

다음으로 금융자산의 보유기간이 시작되는 t시점에서의 기대수익률(R^e)을 보기로 하자. 현재가격(P_t)과 배당금 또는 쿠폰이자(D)는 기간 초에 알 수 있으므로 수익률을 결정하는 변수 가운데 불확실한 것은 보유기간 말의 가격(P_{t+1})이다. 보유기간 말의 가격에 대한 기대를 P^e_{t+1}로 표시하면 기대수익률은 다음과 같다.

$$R^e = \frac{P^e_{t+1} - P_t + D}{P_t} \qquad (9\text{-}3)$$

단, R^e = 기대수익률
$P^e_{t+1} = t+1$기의 기대가격(보유기간 말의 기대가격)
$P_t = t$기의 가격(보유기간 초의 가격)
$D = t+1$기의 쿠폰이자 또는 배당금

효율적 시장이론은 금융자산의 미래가격에 대한 기대는 합리적이라고 가정한다. 이것은 기대가격(P^e_{t+1})은 이용가능한 모든 정보를 이용한 최적 예측(P^{op}_{t+1})과 동일하다는 것을 의미한다.

$$P^e_{t+1} = P^{op}_{t+1}$$

따라서 금융자산의 기대수익률(R^e)은 P_{t+1}에 대한 최적예측(P^{op}_{t+1})을 식 (9-3)에 대입하여 얻은 최적예측수익률(R^{op})과 같게 된다.

$$R^e = R^{op} \qquad (9\text{-}4)$$

R^e나 P^e_{t+1}는 관측할 수 없으므로 위의 합리적 기대식 자체가 금융시장의 행태에 관해서 말해 주는 것은 별로 없다. 그러나 R^e의 값을 측정할 수 있는 방법을 찾으면 합리적 기대식은 금융시장에서 금융자산의 가격이 어떻게 변동하는가를 설명하는 데 도움이 될 것이다. 제5장에서 본 채권시장의 수요와 공급분석에 따르면 금융자산의 기대수익률(채권의 경우는 이자율)은 수요와 공급을 일치시키는 균형수익률을 향해 움직이는 경향이 있으며 금융자산의 기대수익률(R^e)은 균형수익률(R^*)과 일치하게 된다.[1)]

$$R^e = R^* \qquad (9\text{-}5)$$

1) 예를 들어 1년 만기 할인채의 수익률은 확실하고 이자율(만기수익률)과 같으므로 기대수익률과 이자율은 같다. 이자율(여기서는 기대수익률)은 채권의 수요와 공급분석에서 볼 수 있는 것처럼 균형이자율(균형수익률)을 향해 수렴하는 경향이 있다. 제5장 참조.

합리적 기대식(식 (9-4))에 있는 R^e를 R^*로 바꾸면 다음과 같은 효율적 시장조건식을 얻게 된다.

$$R^{op}=R^* \tag{9-6}$$

위의 효율적 시장조건은 금융자산의 가격은 이용가능한 모든 정보를 이용한 금융자산의 최적수익률과 금융자산의 균형수익률이 일치하도록 조정된다는 것을 의미한다.

예를 들어 A회사가 예상보다 높은 실적을 발표함으로써 주식의 기대가격이 상승하였다고 가정하자. 우리가 알고 싶은 것은 이와 같은 기대가격의 상승에 대해 주가는 어떻게 반응하는가이다. 현재의 A회사 주식 1주의 가격과 기대가격은 10,000원이고 배당금은 1,500원, 따라서 수익률은 15%라고 가정한다. 15%는 A회사 주식의 위험과 유동성이 반영된 균형수익률이다. A기업이 예상보다 높은 실적을 발표함에 따라 P_{t+1}에 대한 최적예측가격이 예를 들어 11,500원이 되었음에도 불구하고 주가가 이전과 같이 10,000원이라면 식 (9-3)에 따라 최적예측수익률은 30%가 된다. 균형수익률(15%)과 최적예측수익률(30%) 사이에는 큰 격차가 생긴다. 이와 같은 상태를 아직 이용되지 않은 이익기회(unexploited profit opportunity)라고 부른다.

최적예측수익률(R^{op})이 균형수익률(R^*)보다 훨씬 높다는 것을 알게 된 투자자가 A회사 주식을 더 매입하면 주가가 상승하면서 최적예측수익률(R^{op})은 하락한다. 현재의 주가가 충분히 상승하여 최적예측수익률(R^{op})과 균형수익률(R^*)이 같아져 효율적 시장조건($R^{op}=R^*$)이 충족되면 A회사 주식에 대한 매입이 그치고 이용되지 않는 이익기회는 사라진다.

A회사 주식의 새로운 가격은 최적예측가격과 배당금을 식 (9-3)에 대입하여 다음과 같이 구할 수 있다.

$$0.15=\frac{11{,}500\text{원}-P_t+1{,}500\text{원}}{P_t}$$

위 식을 P_t에 관해서 풀면 $P_t=11{,}304$원을 구할 수 있다. 즉 기대가격이 초기의 10,000원보다 높은 11,500원이 되면 주가는 10,000원에서 11,304원으로 신속하게 상승한다. 주가가 11,304원이 되면 최적예측수익률은 균형수익률과 같은 15%가 되므로 효율적 시장조건은 충족된다.

위에서 본 것은 다음과 같이 요약할 수 있다. 즉 최적예측수익률(R^{op})이 균형수익률(R^*)보다 큰($R^{op} > R^*$) 경우는 최적예측수익률과 균형수익률이 같아질 때($R^{op} = R^*$)까지 주가(P_t)는 상승하고 최적예측수익률은 하락한다. 반대로 최적예측수익률이 균형수익률보다 적은($R^{op} < R^*$) 경우는 최적예측수익률과 균형수익률이 같아질 때($R^{op} = R^*$)까지 주가(P_t)는 하락하고 최적예측수익률은 상승한다. 따라서 효율적 시장조건($R^{op} = R^*$)을 충족하는 효율적 시장에서는 이용되지 않은 이익기회는 제거된다.

효율적 시장이론의 의미

효율적 시장이론은 직관적인 의미에서는 매력적이만 시장평균보다 더 높은 수익을 지속적으로 얻을 수 있다고 믿는 투자자들에게는 그렇지 않을 것이다. 효율적 시장이론은 금융자산의 시장가격은 이용가능한 모든 정보를 반영한다는 것을 의미한다. 따라서 만일 금융자산의 발행자에 관한 정보가 이미 예상되었다면 그 정보가 발표될 때는 가격에 미치는 효과는 거의 없거나 미미할 것이다. 예를 들면 어느 기업이 파산에 직면해 있다면 파산이 발표되기 이전에 그 기업의 주식과 채권가격은 이미 하락했을 것이다. 따라서 금융자산의 가격은 기대하지 못한 정보(unexpected information)가 발생했을 때 극적으로 변동한다.

그리고 효율적 시장이론은 지속적으로 시장평균보다 높은 수익을 얻는 것(beat the market)은 불가능하다는 것을 의미한다. 시장이 균형을 이루고 있으면 금융자산의 현재가격은 이용가능한 모든 정보를 이용한 최적예측치이기 때문이다. 예를 들면 투자자가 일요일 아침신문에 어느 기업의 이익에 관한 기사를 읽고 월요일 아침 그 주식을 매입할 때까지 가격은 이미 평균 이상의 수익을 얻을 수 없도록 조정되어 있다는 것이다.

랜덤워크이론

랜덤워크이론(random walk theory)은 주식가격은 독립적으로 변동하기 때문에 과거의 가격변동이나 추세는 주가를 예측하는 데 이용할 수 없다고 주장한다. 즉 주가는 무작위적(randomly)으로 시장에 유입되는 정보에 대한 반응을 나타내는 것이므로 술취한 사람의 걸음처럼 예측할 수 없다. 효율적 시장이론의 중요한 의미도 금융자산의 가격은 대체로 랜덤워크를 따르므로 미래의 주가는 예측할 수 없다는 것이다. 그 이유는 효율적 시장에서 현재의 시장가격은 이용가능한 모든 정보를 반영하고 있기 때문에 시장가격은 새로운 정보가 유입될 때 변동한다. 랜덤하게 발생하는 정보(또는 뉴스)는 예측할 수 없다. 이와 같이 두 이론은 공통된 내용을 갖고 있으므로 사람들이 랜덤워크를 말할 때 실제는 효율적 시장이론을 언급하는 경우가 있다. 효율적 시장이론에 관한 실증분석도 많은 경우 랜덤워크이론 중심으로 이루어졌다.

랜덤워크이론은 프랑스의 수학자 루이 바셸리에(L. Bachelier)가 1900년 처음 발표하였다.[1] 그는 주가가 오를 가능성과 내릴 가능성은 똑같이 50퍼센트씩이며 투기의 수학적 기대는 영(0)이라고 주장하였다.

랜덤워크이론에 따르면 주가는 무작위적으로 변동하기 때문에 예측이 불가능하며 미래주가에 대한 최선의 예측은 현재의 주가라고 한다. 예를 들어 설명하기로 하자. [그림 9-1]에서 보는 것처럼 주가가 연속해서 5일 동안 상승했기 때문에 6일째의 주가가 A가 될 것이라고 예측할 수 없다는 것이다. 왜냐하면 시장에 참가하고 있는 사람들이 과거의 주가에 대해서 알고 있기 때문이다. 만일 주가가 5일 동안 계속 상승하였기 때문에 6일째 되는 날에도 상승할 것으로 예측한다고 가정하자. 그러나 투자자들은 6일째 되는 날을 기다리지 않고 5일째 되는 날에 주식을 매입함으로써 주가를 상승시킨다. 따라서 투자자가 과거에 주가가 상승하였기 때문에 6일째에도 주가가 상승할 것이라고 예측할 수 없으며, A · B · C 가운데

1) 바셸리에는 학위논문(The Theory of Speculation)에서 처음 이 이론을 제시하였으나 랜덤워크란 용어는 나중에 생긴 것임.

그림 9-1 주가의 추세와 예측

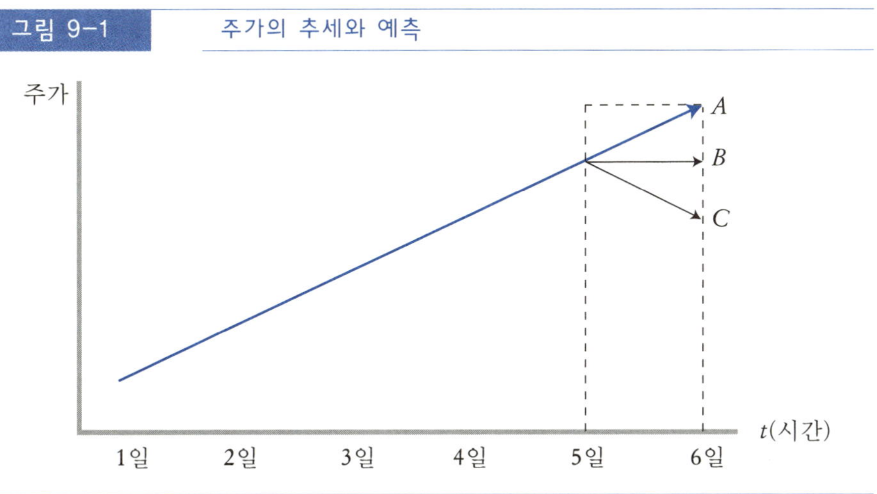

어느 것이 될지 어느 누구도 알 수 없다.

어떤 변수가 무작위적으로 변동할 때 이러한 확률변수를 랜덤워크에 따른다고 한다. 술취한 사람이 어느 방향으로 걸어갈지 아무도 모른다는 점에 착안하여 랜덤워크를 '술에 취한 주정뱅이의 걸음거리'(drunkard walk)라고도 한다. 예를 들어 술취한 친구를 옥수수 밭에 남겨 둔다고 가정하자. 술취한 친구를 약간 밀쳐서 휘청거리게 한 다음, 그 곳을 떠나 다음날 그를 찾기 위해서 옥수수 밭에 돌아온다면 어디서부터 찾기 시작하는 것이 좋을까. 아마 그를 남겨두고 간 곳이 될 것이다. 그 곳에 친구가 없을지 모른다. 그러나 추가로 입수된 정보가 없다면 그 곳이 친구를 찾기 시작하는 데 가장 적당한 곳이 될 것이다.[1]

1) 왜냐하면 랜덤워크에서는 각 시점에서의 움직임을 나타내는 확률변수가 서로 독립적이고 동일한 형태의 확률분포를 가지는데, 각 방향이 선택될 확률이 동일한 단순한 랜덤워크는 반드시 출발점으로 다시 돌아오는(따라서 경로상의 모든 점을 무한 번 지나게 되는) 성질을 갖기 때문이다.

4. 효율적 시장이론의 형태

금융시장이 가격결정에 이용가능한 모든 정보를 신속하고 완전하게 반영하면 그 시장은 효율적이라고 한다. 다시 말하면 만일 정보집합 ϕ가 모든 시장참가자에게 공개되어도 주식가격이 영향을 받지 않으면 그 시장은 정보집합 ϕ와 관련하여 효율적이다. 이것은 정보집합 ϕ를 이용하여 주식을 매매하여 정상수준 이상의 수익을 지속적으로 얻는 것은 불가능하다는 것을 의미한다.

효율적 시장이론은 정보집합에 따라 약형, 준강형, 강형 가설 등으로 나눈다.

그림 9-2 시장 효율성의 수준과 정보

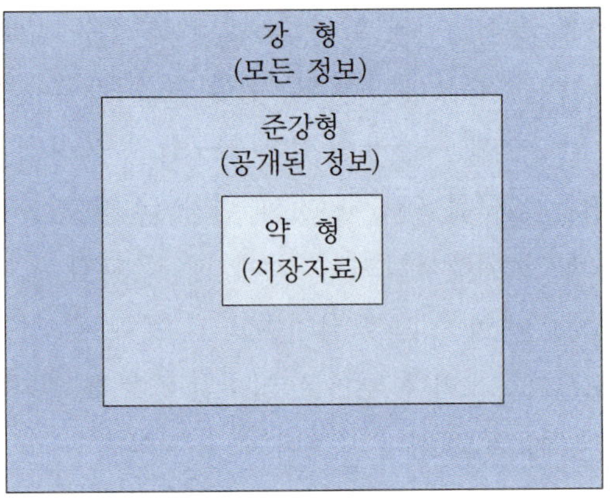

약형가설

약형(weak-form)가설에 따르면 현재의 주가는 과거의 모든 가격과 거래량에 관한 정보, 즉 시장자료(market data)를 이미 반영하고 있으므로 과거 자료는 미래의 주가를 예측하는 데 도움이 되지 않는다. 따라서 가격에 관한 자료를 기초로 하는 기술적 분석으로는 지속적으로 초과수익을 얻을 수 없다는 것을 의미한다.

약형가설의 검증은 위에서 본 바와 같이 주가는 과거의 주가변동과 아무런 관계없이 변동한다는 랜덤워크(random walk)이론을 중심으로 이루어졌으며 거의 모든 실증분석은 약형가설의 타당성을 입증하였다.

준강형가설

준강형(semi-strong)가설에 따르면 주가는 공개된 정보(public information)를 반영하고 있기 때문에 공개된 자료를 기초로 행한 투자는 지속적으로 평균 이상의 수익을 얻을 수 없다. 과거의 주가 · 거래량 등 시장자료도 공개된 정보이므로 준강형가설은 약형가설을 포함한다. 공개된 정보에는 시장자료 외에 이익과 배당에 관한 발표, 경제 · 정치 등에 관한 뉴스 등이 포함된다. 만일 준강형가설이 타당하다면 주식의 내재가치에 영향을 미치는 기업보고서, 경제 및 산업전망 등을 대상으로 하는 기본적 분석으로는 지속적으로 초과 이익을 달성할 수 없다.

다수의 실증분석이 준강형가설의 타당성을 지지하지만 준강형가설로는 설명하기 어려운 예외적인 이상 현상이 많다. 이상현상의 대표적인 예로 소기업효과와 1월 효과를 들 수 있다. 소기업효과(small-firm effect)는 소기업주식의 위험조정수익률이 상대적으로 높게 나타나는 경향을 말하고 1월 효과(January effect)는 소기업효과가 특히 1월 첫 5거래일에 주로 발생하는 현상을 가리킨다.

준강형가설의 타당성은 많은 학자들이 인정하고 있지만 다수의 이상현상이 있기 때문에 약형가설처럼 지지가 확고한 것은 아니다.

강형가설

강형가설은 주가는 공개된 모든 정보뿐 아니라 비공개정보도 완전히 반영하고 있다고 주장한다. 어느 투자자도 주가와 관련된 정보에 독점적으로 접근할 수 없으므로 평균 이상의 수익을 지속적으로 얻을 수 없다.

강형가설은 약형과 준강형가설을 포함한다. 만일 강형가설이 타당하다면 기술적 분석이나 기본적 분석이 무의미한 것은 물론 내부정보에 접근할 수 있는 위치에 있는 사람도 정보를 이용하여 이익을 얻을 수 없다. 내부자거래를 감시할 필요도 없고 주가와 관련된 민감한 기업정보를 증권회사나 투자자에게 유출되지 않도록 하는 방화벽(firewall)도 불필요하게 된다. 대부분의 연구결과는 약형이나 준강형과는 달리 강형가설에 대해 부정적이다.

제 10 장

단기금융시장

1. 단기금융시장의 특징

단기금융시장은 기업, 가계, 정부, 금융기관 등이 단기자금의 과부족을 조절하기 위해 만기 1년 이내의 금융자산이 거래되는 시장을 말하며 콜시장을 비롯하여 환매조건부채권, 기업어음, 양도성예금증서, 표지어음, 통화안정증권 시장으로 구성되어 있다. 단기금융시장은 자금의 수급 불균형을 조절한다는 점에서 주식과 채권시장으로 구성된 자본시장과 같은 기능을 수행하지만 다음과 같은 특징이 있다.

첫째, 단기금융시장은 경제주체들의 유휴자금보유에 따른 기회비용을 최소화하여 자금의 조달과 운용의 효율성을 높일 수 있는 기회를 제공한다. 다수의 경제주체들은 미래의 자금수요에 대비하여 일부 자금을 보유하게 되는데, 이는 결과적으로 그 자금의 이자수입을 포기하게 만든다. 그러나 단기금융시장이 효율적으로 운용되는 경우 시장참가자는 여유자금이 생기면 이를 안정성과 유동성이 높은 단기금융자산으로 운용하고 자금이 부족해지면 단기금융자산을 발행하여 자금을 조달함으로써 유휴자금보유에 따른 기회비용을 줄일 수 있다.

둘째, 단기금융시장은 자본시장에 비하여 자본손실이나 유동성위험이 작아 경제주체들이 금융자산의 위험을 관리할 목적으로 이용한다. 단기금융자산은 장기자본자산(주식이나 장기채권)에 비하여 이자율변동에 따른 가격변동폭이 크지 않으므로 자본손실위험이 작으며 만기 이전에도 쉽게 자금을 회수할 수 있어 유동성위험도 작다. 따라서 투자자는 장기채권 또는 주식가격이 하락할 것으로 예상되면 이들 자산을 매각하고 단기금융자산을 매입함으로써 자본손실을 줄일 수 있다.

셋째, 단기금융시장은 중앙은행의 통화정책이 수행되는 곳이라고 할 수 있다. 중앙은행은 공개시장조작을 통해 단기자금을 조절하는 한편 본원통화 등 유동성을 공급 또는 환수함으로써 자금량을 조절한다. 이에 따른 단기이자율이나 자금수급의 변동은 장기이자율, 통화량, 환율, 주가 등 금융시장 전반에 영향을 미치고 경제활동수준과 물가의 변동을 가져온다.

단기금융시장은 금융기관 상호간의 자금과부족을 조절하는 금융기관간시장과 일반인이 참여하는 대고객시장으로 구분된다. 대표적인 금융기관간시장으로 콜시장을 들 수 있으며 기업어음과 표지어음 시장은 기업이나 은행의 단기자금조달에 주로 이용되고 있다. 환매조건부채권매매(RP)나 양도성예금증서(CD) 시장은 금융기관간시장과 대고객시장의 성격이 혼합되어 있다.

단기금융시장에는 정부를 비롯한 모든 경제주체들이 참여한다. 먼저 예금은행은 CD 또는 표지어음의 발행, 환매조건부채권매도, 콜 차입 등을 통해 자금을 조달하고 일시적으로 남는 자금은 콜시장 등에서 운용한다. 증권회사, 보험회사, 상호저축은행 등도 콜시장 또는 RP시장 등을 통해 부족한 자금을 조달하거나 여유자금을 운용하며 일반기업은 기업어음을 발행하여 일시 부족한 자금을 조달하고 여유자금은 CD의 매입 등으로 운용한다. 한국은행은 환매조건부채권매도(매입) 또는 통화안정증권 발행(상환) 등을 통해 시중유동성을 환수(공급)하는 등 통화정책의 수행을 위해 단기금융시장에 참여한다. 이 밖에 일반인도 일시적인 여유자금을 운용하기 위해 각종 단기금융자산의 거래에 참여한다.

2. 콜 시 장

콜(call)시장은 금융기관 상호간에 일시적인 자금과부족을 조절하기 위하여 초단기로 자금을 차입하거나 대여하는 시장이다. 금융기관은 고객을 상대로 예금을 받고 대출 또는 투자를 하는 과정에서 수시로 자금이 남기도 하고 부족하기도 하는데, 이러한 자금과부족을 콜시장에서 금융기관 간의 자금거래를 통하여 조절한다. 이처럼 콜시장에서의 자금거래는 금융기관의 일시적 자금과부족을 조절하는 거래이기 때문에 1일물 거래가 대부분이다. 또한 콜 자금거래에 적용되는 금리도 다른 시장금리와 마찬가지로 주로 콜시장의 자금수급상황에 따라 결정된다. 즉 금융기관의 단기유동성 사정이 호전되면 콜자금 공급이 늘어나면서 콜금리는 하락하게 되고 반대로 금융기관의 단기유동성 사정이 악화되면 콜자금의 공급이 축소되면서 콜금리는 상승하게 된다.

일반적으로 콜금리의 변동은 장단기금리차를 이용한 차익거래를 통해 일차적으로 CP(기업어음), CD(양도성예금증서) 등 단기금리변동으로 이어지고 나아가 회사채수익률 등 장기금리와 은행의 여수신금리 등에도 영향을 미쳐 소비, 투자 등 경제활동에 변동을 일으키게 된다.

콜시장에서는 투자신탁회사, 은행신탁, 보험회사 등이 콜자금을 대여하는 콜론(call loan)기관이다. 이들 기관은 수탁재산의 일정비율을 유동성자산으로 운용하도록 약관에서 명시하고 있거나 자금운용과정에서 일시적인 여유자금이 자주 발생하기 때문이다. 한편 콜자금을 차입하는 주요 콜머니(call money)기관으로는 외국은행 국내지점과 증권회사를 들 수 있다. 외국은행 국내지점은 원화수신기반이 취약하기 때문에 원화자금수요를 콜자금에 의존하는 경향이 있다. 증권회사는 자금조달수단이 고객예탁금, RP매각 등으로 제한됨에 따라 콜시장에서 영업자금을 조달하고 있다. 국내은행은 비은행권의 자금사정에 따라 콜론기관이 되기도 하고 콜머니기관이 되기도 한다. 일반적으로 비은행권 전체로 자금부족이 발생할 경우 국내은행은 순콜론(콜론>콜머니)포지션을 보이는 반면 비은행권 전체로 자금잉여를 보일 경우 순콜머니(콜머니>콜론)을 나타낸다.

3. 양도성예금증서(CD)시장

양도성예금증서(CD: negotiable certificate of deposit)는 은행정기예금에 양도성을 부여한 증서이다. 예금증서를 교부하고 예금을 받는다는 점은 일반예금과 같으나 권리의 이전과 행사에는 이 증서의 소지가 필요하다는 점에서는 유가증권이라고 할 수 있다.

CD시장은 CD가 발행 · 유통되는 단기금융시장으로서 발행기관인 은행, 중개기관 및 매수기관으로 구성된다. 발행기관인 은행으로서는 대출 등 자금수요에 따라 발행규모를 조절함으로써 탄력적인 자금조달이 가능하다는 이점이 있다. 중개기관은 발행기관과 매수기관을 연결하면서 수수료를 받을 뿐 아니라 자기계산으로 매매에 참여하여 시세차익을 얻을 수도 있으며 매수기관들은 만기가 1년 이하 단기자금 운용수단으로서 CD를 매입한다.

한편 한국증권업협회가 고시하는 CD 최종호가수익률(91일물 기준)은 콜금리와 함께 대표적인 단기시장금리로서 은행의 대출금리 결정 등에 이용되고 있다.

4. 기업어음(CP)시장

기업어음(CP: commercial paper)은 신용상태가 양호한 기업이 상거래와 관계없이 단기자금을 조달하기 위하여 자기신용을 바탕으로 발행하는 만기 1년 이내의 융통어음으로서 상거래에 수반되어 발행되는 상업어음(commercial bill)과 구분된다. CP시장은 발행기업, 할인 · 매출기관, 매수기관 등으로 구성된다. CP는 발행절차가 간편한 데다 통상 담보 없이 신용으로 발행되기 때문에 신속한 자금수단으로 이용되며 금리면에서도 은행대출보다 일반적으로 유리하다. 할인 · 매출기관은 할인 CP를 매수기관에 매출함으로써 매매이익을 얻으며 매수기관은 만기 1년 이하의 단기자금운용수단으로 CP를 활용하고 있다.

5. 표지어음시장

표지어음(cover bill)은 금융기관이 할인하여 보유하고 있는 상업어음, 무역어음, 팩토링어음 등을 기초로 하여 액면분할 또는 통합하여 금융기관이 새로이 발행하는 약속어음을 말한다. 금융기관은 표지어음을 발행하게 되면 표지어음의 기초가 되는 원어음의 부도 여부와 상관없이 지급의무를 부담하게 된다. 표지어음은 일반적으로 만기 1년 이내인 원어음을 기초로 발행되므로 단기금융자산으로 분류된다.

표지어음시장은 표지어음이 발행 · 유통되는 단기금융시장으로 원어음의 할인을 의뢰하는 기업과 표지어음을 발행하는 금융기관 및 표지어음의 매수자로 구성된다. 기업은 원어음의 할인을 통해 영업활동에 필요한 운전자금을 조달하게 되며 금융기관은 표지어음을 발행하여 원어음 할인에 따른 자금부담을 줄이고 원어음할인금리와 표지어음발행금리간의 차이만큼 이익을 얻게 된다. 표지어음의 매수자는 단기자금의 운용수단으로 표지어음을 매입하게 된다.

6. 환매조건부채권매매(RP)시장

환매조건부채권매매(RP 또는 Repo: repurchase agreement)는 일정기간이 경과한 다음 정해진 가격으로 동일한 채권을 당초의 거래방향과 반대로 매매하는 것을 조건으로 채권을 매매하는 것을 말한다. 즉 채권의 매도와 환매라는 두 거래가 하나의 계약으로 구성되어 형식은 채권매매이나 경제적으로는 단기자금대차거래로서 단기자금의 운용과 조달수단으로 이용되고 있다.

그림 10-1 RP거래

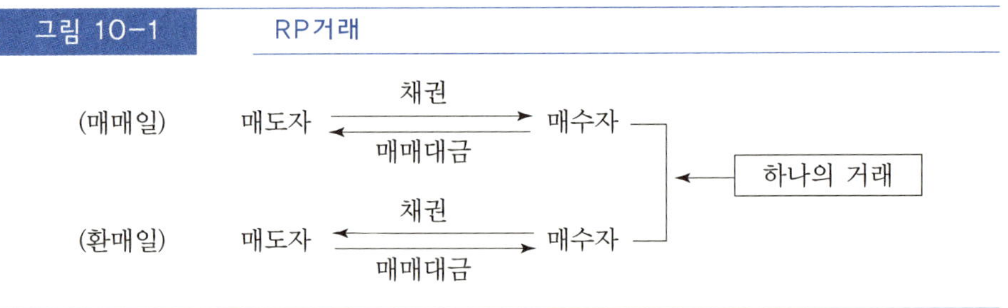

채권 이외에 주식, 부동산 등도 환매조건부매매의 대상이 될 수 있으나 일반적으로 RP라고 할 때는 채권을 담보로 자금을 거래하는 것을 말한다. 따라서 RP시장은 채권시장과 밀접한 관계가 있다. RP시장은 채권을 매개로 단기금융시장과 자본시장을 연결하는 고리로서 RP시장이 발전하게 되면 금융기관간의 활발한 재정거래를 통해 채권가격이 보다 합리적으로 결정되고 단기자금흐름도 원활하게 이루어진다.

RP시장은 매도기관, 매수기관, 중개기관으로 구성된다. 매도기관은 RP를 이용하여 보유채권을 팔지 않고서도 일시적으로 필요한 자금을 구할 수 있다. 여기에 더하여 보유채권을 담보로 자금을 조달하기 때문에 다른 자금조달수단에 비하여 자금조달 비용이 비교적 낮을 뿐 아니라 수익성은 높으나 유동성이 낮아 매각하기 어려운 채권도 RP를 통해 유동화할 수 있다는 장점이 있다. 한편 매수기관은 국채 등을 담보로 자금을 안전하게 운용할 수 있으며, 중개기관은 매도기관과 매수기관을 연결하여 수수료 수입을 얻는다(한국은행의 RP거래에 관해서는 제23장 참조).

7. 통화안정증권시장

통화안정증권은 한국은행이 통화량을 조절하기 위하여 금융기관과 일반인을 대상으로 발행하는 증권을 말한다. 한국은행은 경상수지흑자(적자) 또는 외국인 투자자금유입(유출) 등으로 유동성이 계속 증가(감소)하여 이를 구조적으로 억제(완화)할 필요가 있을 경우 통화안정증권을 순발행(순

상환)하여 남는(모자라는) 유동성을 흡수(공급)하게 된다. 은행·투자신탁운용회사 등은 자금운용이나 BIS자기자본비율을 관리하기 위한 수단으로 통화안정증권을 매입하며 증권회사는 주로 유통시장에서 매매상대방을 연결하여 수수료 수입을 얻는 한편 때로는 자기계산으로 매매하여 시세차익을 얻기도 한다.

통화안정증권은 주로 경쟁입찰이나 일반매출방식으로 발행된다. 발행조건은 만기는 2년 이내에서 11종류로 정형화되어 있으나 실제로는 182물, 364일물, 546일물 및 2년물 위주로 발행된다.

8. 외환시장과 환율

외환시장

외환시장의 기능

외환시장은 외환의 수요와 공급에 의해 외환 매매가 정기적·지속적으로 이루어지는 시장을 가리킨다. 외환시장은 특정의 장소를 지칭하기보다는 외환거래가 이루어지는 총괄적인 거래메커니즘을 의미한다. 외환시장은 서로 다른 종류의 통화를 교환하는 매매시장으로서 환율이 매개변수라는 점에서 금리를 매개변수로 하는 외환의 대차시장인 외화자금시장(foreign money market)과는 성격이 다르다.

외환의 수요와 공급은 모든 대외거래의 결과로 나타난다. 구체적으로 보면 외환수요는 상품 및 서비스의 수입, 이전지급 등 경상지출과 장단기 자본지출에 의해서 결정되며 외환공급은 상품 및 서비스의 수출, 이전수입 등 경상수입과 장단기 자본유입에 의하여 결정된다.

외환시장의 가장 중요한 기능은 외환의 수요와 공급을 조절하는 것이라고 할 수 있는데, 이러한 조절과정은 통화간의 교환비율인 환율의 변동을 통해서 이루어진다.

외환의 수요·공급은 경상거래와 자본거래를 모두 포괄하여 설명하여야 하나, 편의상 경상거래만 고려하기로 하자.

외환(U$)에 대한 수요는 [그림 10-2]에서 보는 바와 같이 환율과 역의 관계를 갖는다. 우하향의 외환수요곡선(*D*)은 외국통화를 하나의 상품으로 볼 때 환율은 상품의 가격이므로 가격이 낮을수록 수요량이 증대한다는 일반적인 수요법칙에 따라 설명할 수 있으나 외환수요가 국제무역거래에서 재화 및 서비스의 수입을 위한 파생수요라는 관점에서도 외환수요곡선의 우하향을 설명할 수 있다. 외국상품의 외화표시가격에 변화가 없다고 가정할 때 환율이 하락할수록 수입품의 국내가격은 그만큼 저렴해지므로 수입품에 대한 국내수입수요는 늘어나고 외환에 대한 수요도 증가한다.

외환공급은 환율과 정(+)의 관계를 나타낸다. 외환공급곡선(*S*)의 우상향은 일반적인 공급법칙을 적용하여 설명할 수 있으나 외환공급이 외국에 대한 수출을 통하여 이루어진다는 점에서도 설명할 수 있다. 수출품의 국내가격 또는 자국통화표시 수출가격이 변하지 않는다고 가정할 때 환율이 상승할수록 외국시장의 외국통화표시 자국수출품 가격은 저렴해진다.

그림 10-2 외환의 수요와 공급

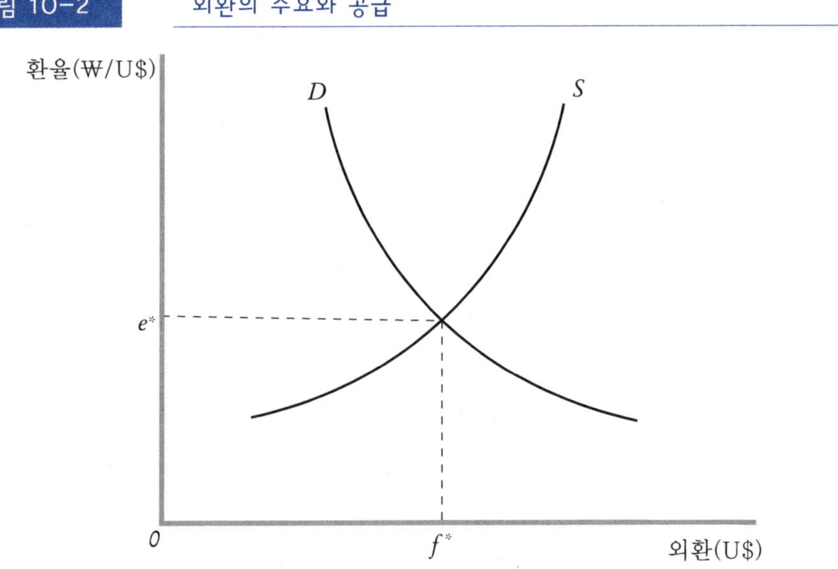

이에 따라 자국수출품에 대한 외국의 수입수요는 증대되고 그만큼 외환공급은 늘어나게 된다. 외환공급곡선은 우상향하는 모습을 나타낸다.

외환시장의 구조

외환시장은 은행간 시장(interbank market)과 대고객 시장(customer market)으로 이루어져 있다. 금융기관이 개인이나 기업을 상대로 거래하는 대고객 시장보다는 금융기관 간에 외환을 거래하는 은행간 시장이 더 중요한 역할을 한다. 은행간 시장은 대량의 외환수급이 조절되고 기준환율이 결정되는 도매시장으로서 외환시장이라고 할 때는 은행간 시장을 가리키는 경우가 대부분이다.

은행간 시장은 금융기관, 외환브로커 및 한국은행 등이 주요 기관으로 참가하고 있으며 점두시장으로서 외환거래자들이 사무실에서 전화나 팩스 또는 컴퓨터 단말기 등을 통해 거래한다.

그 밖에 은행간 거래는 금융결제원이나 자금중개회사를 통하는 장내거래와 은행간에 직접 거래하는 장외거래로 구분할 수 있는데 중개수수료가 저렴하고 결제리스크도 낮은 장내거래가 대부분을 차지하고 있다.

금융기관

은행간 시장은 국내은행, 외국은행 국내지점, 종합금융회사 등 금융기관이 참가한다. 금융기관은 대고객 외환거래 결과 발생한 외환매매의 차액을 조정하거나 환차익을 얻기 위하여 은행간 시장에서 거래한다.

금융기관이 개인이나 기업 등을 상대로 외환거래를 하면 외환포지션은 자연히 불균형을 이루게 된다. 외환포지션[1]은 외환매입액과 외환매도액의 차액을 말하는데 이 차액만큼 금융기관은 환리스크에 노출된다. 일중 매입액이 매도액보다 많으면 매입초과(overbought)포지션이 되고 그 반대의 경우는 매도초과(oversold)포지션이 된다. 만일 금융기관이 대고객

1) 외환포지션은 외환거래 또는 자본거래 결과 나타난 외화자산과 외화부채의 차액을 말하는데, 전일자 포지션이 스퀘어(square: 외환자산=외환부채)라고 가정하면 금일 금융기관의 외환포지션은 외환시장에서의 외환매입액과 외환매도액의 차이와 같다고 할 수 있다.

거래결과 나타난 외환포지션의 불균형상태를 그냥 두면 환율이 변동함에 따라 원화표시의 손익이 변동하므로 금융기관은 리스크 회피를 위해 불균형을 해소하려고 한다.

금융기관은 환율변동을 기대하고 환차익을 얻기 위해 포지션을 불균형 상태로 만들기도 한다. 예를 들어 환율상승이 기대되면 매입초과포지션을 취하고 환율하락이 기대되면 매도초과포지션을 취하여 차익을 얻으려고 한다. 이러한 투기적 거래는 과다한 환리스크를 부담시킬 우려가 있으므로 금융기관 포지션에 대해 규제를 가하고 있다. 금융기관은 딜러 개인별로 포지션한도를 설정 · 운용함으로써 과도한 환리스크 노출을 억제한다.

외환브로커

환리스크 부담 없이 은행간 외환매매를 중개하고 기준환율을 공시하는 기관으로서 외국환중개회사가 있다. 외환브로커는 금융기관이 먼저 전화 주문한 거래에 대해 컴퓨터를 이용하여 매입자와 매도자를 연결시키게 된다. 이 경우 외환 매입주문(bid)은 높은 가격을 제시한 순서로, 외환 매도주문(offer)은 낮은 가격을 제시한 순서로 계약을 체결하고 동일가격을 제시한 경우에는 주문시간이 빠른 것을 우선하고 있다.

한국은행

환율변동폭이 비정상적으로 크거나 환율수준이 중장기 균형수준에서 크게 이탈하면 한국은행은 보유외환 또는 외국환평형기금[1)]을 이용하여 은행간 시장에 개입하는 경우가 있다. 원화가치가 적정수준 이상으로 강세를 보이면 외화매입－원화매도를 하게 되며 반대로 원화가치가 급격히 약세를 보이면 외화매도－원화매입을 하게 된다. 이러한 외환시장 개입은 외환수급에 변동을 가져와 환율에 영향을 미치는 한편 나아가 시장참가자들의 기대를 변동시켜 장래의 환거래에도 영향을 미치게 된다.

---

1) 외환시장의 안정을 위해 1967년 설치된 기금으로 재원은 정부출연, 외국환평형기금채권 발행 등으로 조달하고 콜론, 예치금 등으로 운용하고 재정경제부 장관이 필요하다고 인정하는 경우 외환시장 개입재원으로 활용.

환 율

환율의 개념

환율(rate of exchange)은 한 나라의 통화를 다른 나라의 통화로 표시한 것으로 자국통화의 입장에서 보면 자국통화의 상대적 대외가치이다. 환율은 양국 통화의 교환비율이므로 어떤 통화 1단위를 획득하는 대가로 포기하여야 하는 다른 통화의 양을 나타낸다. 우리나라에서 환율은 보통 외화 1단위를 원화로 표시하고 있다. 예를 들어 대미달러 환율이 940원이라면 1달러와 940원이 교환된다는 것을 의미한다.

외국 통화가치를 자국통화로 표시하고 있기 때문에 자국통화표시 환율이라고 부른다. 이에 반해 1원의 가격을 달러(예: 1원=1/940달러)로 표시하면 외국통화표시 환율이 된다.

자국통화표시 환율을 기준으로 환율상승은 외국통화의 가치상승, 즉 자국통화의 가치하락을 의미한다. 이를 자국통화의 절하(depreciation) 또는 외국통화의 절상(appreciation)이라고 부른다. 반대로 환율하락은 자국통화의 가치상승 또는 외국통화의 가치하락을 의미하며 자국통화의 절상 또는 외국통화의 절하라고 표현한다.

일반적으로 환율상승 또는 환율하락의 개념은 환율이 시장수급에 의해 결정되는 변동환율제하에서의 용어이며 고정환율제하에서 통화당국의 인위적인 환율인상에 의한 통화가치의 하락은 평가절하(devaluation), 환율인하에 의한 통화가치의 상승은 평가절상(revaluation)이라고 한다.

환율체계

우리나라 환율은 기준환율, 재정환율, 외국환은행간 매매율, 대고객 매매율 등으로 구분된다.

기준환율과 재정환율

기준환율은 미달러화에 대한 원화환율로서 전영업일의 시장평균환율[1)]

1) 시장평균환율(market average rate)은 은행간 외환시장에서 외국환중개회사의 중개로 거래된 전영업일의 제2영업일 결제 현물환 거래환율을 거래량으로 가중평균하여 산출.

이 된다. 서울외국환중개주식회사는 영업일 개시 30분 전까지 재정경제부 장관, 한국은행 총재 및 각 외국환은행장에게 당일의 기준환율을 통보하고 있다. 기준환율은 종전에는 은행간 거래환율의 상하한 변동폭을 정하는 기준으로 이용되었으나 자유변동환율제 이행 후에는 소득세법 및 법인세법에 의거 외화소득을 평가하는 기준으로 활용되고 있다.

한편 재정환율은 미달러화 이외 통화에 대한 원화환율로 서울외국환중개주식회사가 매일 고시하고 있다. 재정환율은 국제금융시장에서 형성되고 있는 미달러화와 여타국 통화간의 환율을 기준환율로 재정하여 산출하며, 현재 총 28개국 통화에 대한 원화의 재정환율이 고시되고 있다. 이러한 기준환율과 재정환율을 매매기준율이라고 한다. 재정환율 산출예로서 원화와 엔화의 관계를 보면 다음과 같다.

예를 들어 전영업일의 기준환율이 달러당 940원이고, 금일 오전 8 : 40분 현재 동경시장의 엔화환율이 달러당 120엔이라면 원/엔 환율은 7.83원(1엔당)이 된다.

940(원/달러)/120(엔/달러) = 7.83(원/엔)

원/엔 환율은 100엔에 대한 환율로 표시되므로 금일의 엔화 재정환율은 783원(100엔당)이 된다.

금융기관간 매매율

금융기관간 매매율은 금융기관이 참여하는 은행간 외환시장에서 형성되는 환율이다. 금융기관간 매매율은 각 은행의 대고객 거래환율을 결정하는 기준이 되며 일반적으로 특정일의 최종거래환율은 그 날의 대표환율로서 이용된다.

대고객 매매율

금융기관이 고객과 외환을 매매할 때 적용되는 환율로서 자율적으로 결정, 고시한다. 대부분의 금융기관은 서울자금중개가 매 영업일 오전 9시에 고시하는 기준환율과 재정환율을 이용하여 당일의 대고객 환율을 1차

그림 10-3 우리나라의 환율체계(예시) (원/달러)

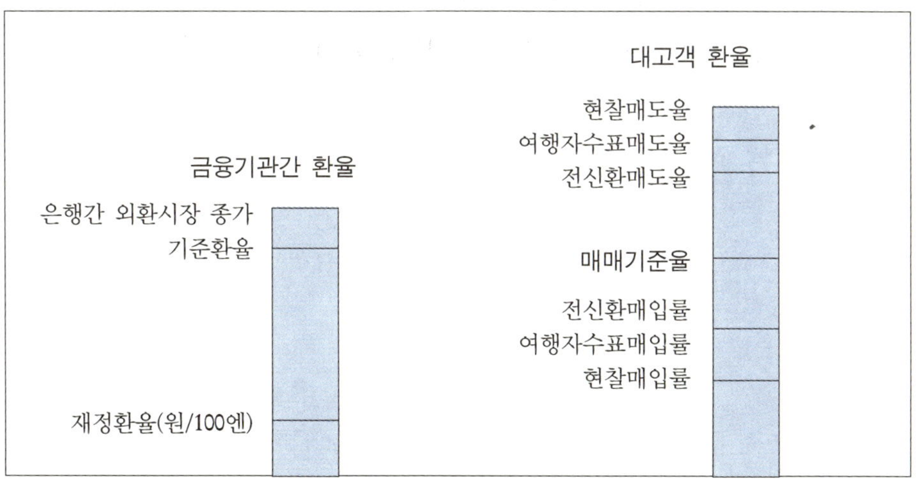

고시한 후, 영업개시와 함께 금융기관간 거래환율의 수준과 변동추이 등을 보아 즉시 대고객 환율을 수정하여 다시 고시하고 있다.

대고객 환율은 거래되는 외환의 종류에 따라 전신환매매율, 일람출급환어음매입률, 수입어음결제율, 기한부어음매매율, 여행자수표매매율 및 현찰매매율 등으로 구분되는데, 각각의 매매율은 금융기관의 대고객 매매기준율에 수수료 및 자금부담에 따른 금리(환가료) 등을 감안하여 결정된다.

전신환매매율은 전신에 의하여 1일 이내에 자금이 결제됨에 따라 금융기관의 자금부담이 전혀 수반되지 않은 경우에 적용되는 환율이다. 일람출급환어음매입률, 수입어음결제율 및 기한부어음매매율은 금융기관의 결제자금 선지급에 따른 자금부담과 금리 등을 반영하여 결정된다.

대고객매매율 가운데 전신환매매율은 수수료가 낮아 매매기준율에 가장 근접하며, 현찰매매율은 외화의 운송 및 보관비용과 비수익자산으로서의 환위험 등으로 수수료가 높아 매매기준율과 가장 큰 차이를 보인다.

한국은행이 외부기관과 외환거래할 때 적용되는 환율은 과거에는 금융기관간 매매율과 국제통화시세 등을 감안하여 한국은행 총재가 결정하였으나 지금은 매매기준율을 적용한다. 외국환거래법은 한국은행과 외국환평형기금과의 거래, 주한 국제연합군과의 거래, 국제금융기구에 대한 출자 및 출연에 따른 정부와의 거래, 기타 한국은행 총재가 필요하다고 인정하는 거래 등에 대하여도 매매기준율을 적용하도록 정하고 있다.

제 11 장

파생금융상품시장

파생금융상품(financial derivatives)은 그 가치가 통화 · 채권 · 주식 등 기초금융자산(underlying assets)의 가치변동에 의해 결정되는 금융계약으로서 계약형태에 따라 선도계약, 선물, 옵션, 스왑 등으로 구분되며 기초자산의 유형에 따라 통화, 금리, 주식관련 상품 등으로, 거래방법에 따라 장내와 장외거래로 구분할 수 있다.

1. 선물시장

선물의 개념

선물의 특성

선물계약(futures contract)은 사전에 결정한 가격으로 미래의 특정일에 일정량의 상품 또는 금융자산을 교환(인도)할 것을 매수자와 매도자가 합의한 것이다. 선물계약의 대상이 되는 상품 또는 금융자산을 기초자산(underlying asset)이라고 한다.

선물계약의 거래는 단지 매입자와 매도자의 합의에 의하여 약정이 이루어졌다는 것을 의미할 뿐 주식이나 채권을 매매하는 것과는 의미가 다르다. 선물계약을 매수하는 경우에는 매수자가 특정한 달(특정일)에 특정한 양과 질의 상품 또는 금융자산을 인수하는 데 동의하는 것이다. 마찬가지로 매도의 경우에는 매도자가 특정한 달(특정일)에 특정상품 또는 금융자산을 인도하는 데 동의하는 것이다. 다시 말하면 계약의 매입은 투자자가 특정상품 또는 금융자산의 인도를 수락하고 매입하겠다는 것을 약속하는 것이고 계약의 매도는 특정상품 또는 금융자산을 인도하고 매도하겠다는 것을 약속하는 것이다. 선물계약의 거래에는 매수자와 매도자가 있으나 실제 계약은 개인과 거래소 사이에 이루어진다. 거래소는 투자자가 계약을 매입하면 특정상품의 인도(매도)를 보증하고 투자자가 계약을 매도하면 특정상품의 인수(매수)를 보증하게 된다.

투자자는 특정상품을 미래에 인도할 것을 약속하는 계약을 매수할 수 있다. 이것을 매수포지션(long position)이라고 하며 만일 특정상품의 가격이 상승하면 계약의 가치도 상승하므로 투자자는 이익을 얻게 된다. 또한 투자자는 특정상품의 인도계약을 매도할 수 있다. 이것을 매도포지션(short position)이라고 하며 매도자는 미래의 특정시점에 계약(상품의 인도)을 이행할 것에 동의하는 것이다. 매도포지션을 취한 투자자는 특정상품의 가치가 하락하고 그에 따라 계약가치가 하락하면 이익을 얻게 된다.

이 두 선물포지션이 이익을 창출하는 과정을 예를 들어 보기로 하자. 밀의 선물가격(futures price)을 (부셸당) 3.50달러로 가정한다. 여기서 선물가격은 계약에 따라 미래에 밀을 인도할 때의 가격을 가리킨다.

밀 가격이 상승할 경우와 하락할 경우로 나누어 선물가격을(부셸당) 3.50달러로 정한 선물계약의 손익을 포지션별로 보기로 하자.

만일 선물계약 만기에 밀 가격이 3.50달러를 상회하면 3.5달러로 밀을 인도하기로 한 선물계약을 매수한(매수포지션을 취한) 투기자(speculator)는 이익을 얻게 된다. 예를 들어 밀 가격이 4.00달러로 상승하면 투자자는 선물계약에 따라 밀을 인도받고 3.50달러를 지급함으로써 계약을 행사할 수 있다. 그런 다음 인도받은 밀을 현물시장(spot market)에서 4달러로 매도함으로써 0.50달러의 이익을 얻는다. 그러나 계약을 매도한(매도포지션을 취한) 투기자는 손실을 입게 된다. 밀 가격이 3.50달러에서 4.00달러로 상승하면 선물계약을 매도한 투기자는 4.00달러로 밀을 사서 3.50달러로 계약 매수자에게 인도해야 하기 때문에 0.50달러의 손실을 보게 된다.

만일 선물계약만기에 밀 가격이 하락하면 매수포지션과 매도포지션의 손익은 정반대가 된다. 예를 들어 밀 가격이 3.00달러로 하락하면 선물계약을 매수한, 즉 매수포지션을 취한 투기자는 현물시장에서 3.00달러를 주면 살 수 있는 밀을 선물계약에 따라 3.50달러로 인도받아야 하기 때문에 0.50달러의 손실을 입게 된다. 그러나 밀 선물계약을 매도한(매도포지션을 취한) 투기자는 현물시장에서 3.00달러로 밀을 매입한 다음 계약가격인 3.50달러로 인도하기 때문에 0.50달러의 이익을 얻는다.

이와 같은 선물포지션의 손익구조를 주식선물을 예로 들어 설명해 보기로 하자.

만일 (1주당) 선물가격이 60달러이고 만기가 3개월인 주식선물계약을 매입한 투기자는 3개월 후에 주식을 60달러로 매입할 것에 동의하는 것이고 매도자는 3개월 후에 주식을 60달러에 매도할 것에 동의하는 것이다.

[그림 11-1]은 종축에 3개월 후(만기)의 주식가격을 나타내고 있다.

그림 11-1 선물계약 매수포지션의 손익

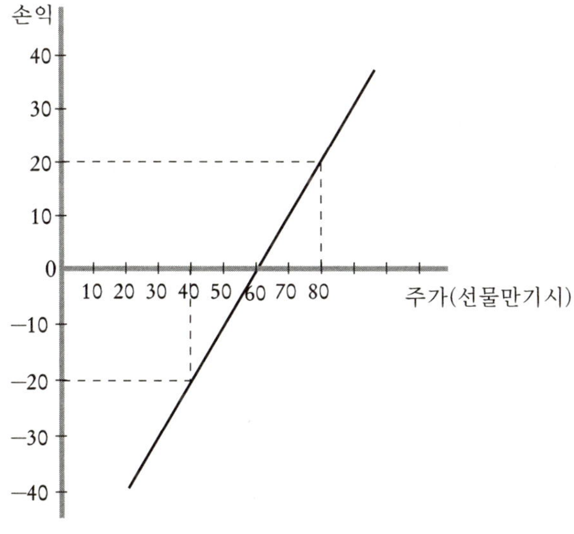

만일 만기의 주가가 60달러를 넘으면 주식선물을 매수한 투기자의 이익은 주가와 1대1의 비율로 증가한다. 예를 들어 만기에 주가가 80달러가 되면 이익은 20달러가 된다. 왜냐하면 선물계약의 이행으로 60달러로 주식을 사서 80달러로 시장에서 팔 수 있기 때문이다. 그러나 주가가 만기에 40달러가 된다면 선물계약의 매입자는 주당 60달러를 주고 사서 시장에서 40달러로 팔아야 하기 때문에 20달러의 손실을 보게 된다.

선물거래의 손실과 이익은 실제로는 상품을 인도하는 일이 없이 발생한다. 물론 투기자가 선물계약을 매입하면 상품을 인도받게 될 가능성이 있고 선물계약을 매도하면 상품을 인도해야 할 가능성은 언제든지 존재한다. 그러나 대부분 인도일 이전에 투기자는 매도한 계약과 만기, 상품 등이 동일한 계약을 매입함으로써 매도계약을 상쇄할 수 있고 매입한 계약과 동일한 계약을 매도함으로써 매입한 계약을 상쇄할 수 있기 때문에 실제로 만기 월에 상품을 인도하는 일은 매우 드물다.

기존의 계약을 상쇄하는 과정은 예를 들어 보기로 하자. 어느 투기자가 다음달이 만기인 밀 선물계약을 소유하고 있다고 가정하자. 만일 투기자가 이 매입포지션을 종료하고 싶으면 다음달이 만기인 밀 선물계약을 매도하면 된다. 만일 투기자가 매수계약에 따라 실제로 밀을 인도받는다고 해도 매도계약에 따라 처리할 수 있다. 두 계약은 서로 상쇄되기 때문에 실제로 밀을 인도하고 뒤이어 매도하는 일은 생기지 않는다. 따라서 반대매매(reverse trade)로 투기자의 밀에 대한 포지션은 끝나고 물리적 이전은 발생하지 않는다. 이와 같이 선물계약을 반대매매를 통해 종료할 수 있는 것은 일반계약이 당사자간에 합의가 이루어져야만 취소할 수 있는 것과는 대조적이다.

선물과 선도

선물계약 외에 선도계약(forward contract)도 당사자간에 미리 합의한 가격과 조건으로 미래의 특정시점에 특정상품이나 금융자산을 인도하기로 약속하는 것이다. 선물계약은 19세기 중엽 시카고에서 처음 거래되기 시작하였으나 선도계약은 적어도 고대 로마나 그리스 시대까지 거슬러 올라갈 만큼 오래된 것이다. 지금도 선도계약은 장외에서 전화나 컴퓨터 통신을 이용하여 금융기관 간에 외환거래 등을 대상으로 이루어지고 있다.

선물계약과 선도계약의 특성은 다음과 같이 비교해 볼 수 있다.

첫째, 선물계약은 조직적인 거래소에서 거래되는 반면 선도계약은 장외에서 두 당사자가 직접 거래한다. 선물계약은 공인된 거래소에 의하여 상품의 규격, 품질, 인도일 등 모든 거래조건이 표준화되어 있으나 선도거래는 거래조건 등이 거래당사자간의 합의에 따라 신축적으로 정해진다.

둘째, 선물계약의 이행은 거래소가 보증하지만 선도계약의 이행은 당사자의 신용에 달려 있다. 선도계약은 채무불이행위험 때문에 신용등급이 높은 금융기관이나 대기업만이 거래하는 경향이 있다.

셋째, 선물계약은 선도계약에 비하여 유동성이 높다. 선물계약은 표준화되어 있기 때문에 유통시장에서 만기 전에 현재의 선물가격으로 언제든지 매도할 수 있으나 선도계약은 거래 당사자간에 합의한 개별적이고 특수한 조건을 반영하고 있어 다른 사람에게 매도하기 어렵다.

선물시장의 기능과 구조

선물시장의 기능

선물시장은 다음과 같은 경제적 기능을 수행한다.

첫째, 선물시장은 위험기피자가 위험을 투기자에게 이전할 수 있도록 하는 경제적 기능을 수행한다. 예를 들면 현물보유자가 가격하락을 예상하는 경우 현물보유량만큼 선물시장에서 매도(short position)하여 현물가격하락에 따른 손실을 선물시장에서 얻은 이익으로 보전할 수 있게 한다. 또한 미래에 현물을 매입하려는 투자자가 가격상승을 예상하면 필요한 수량만큼 선물시장에서 매수(long position)해 두면 가격상승에 따른 기회손실을 선물시장에서 얻은 이익으로 보전할 수 있다.

둘째, 선물시장은 미래의 가격을 예측(price discovery)할 수 있도록 하는 기능이 있다. 다수의 시장참가자가 미래의 현물가격에 관련된 정보를 수집, 분석, 예측하고 이를 바탕으로 하는 가격경쟁을 통해 선물가격이 형성되므로 현물가격의 예측치로서 선물가격의 객관성과 신뢰도는 높다고 말할 수 있다. 따라서 선물시장에서 결정되는 선물가격은 미래의 가격을 예고하는 기능을 한다.

셋째, 선물시장이 가격변동위험을 전가할 수 있도록 하므로 투자자가 현물시장에 대한 투자를 확대하고 차익거래자는 현물시장과 선물시장의 괴리로부터 차익을 얻기 위해 두 시장에서 동시에 거래하므로 현물시장의 거래가 원활해지고 가격의 합리적 결정과 현물시장의 안정화에 기여할 수 있다.

그 밖에, 선물시장에서는 비교적 적은 금액(증거금 15% 내외)으로 큰 규모의 거래가 가능하므로 투자원금에 대한 수익률이 매우 높아 투기자에게 좋은 투자수단을 제공한다.

선물시장의 구조

선물은 선물거래소에서만 거래된다. 우리나라는 한국증권선물거래소 하나만 있지만 미국은 여러 개의 선물거래소가 있으며 거래소간 경쟁이 치열하다. 가장 오래되고 규모가 큰 것은 시카고에 있는 CBOT[1]이며 그 다음은 CME[2]이다. CBOT는 원래는 곡물선물에 특화되어 있었으나 1977년에 시작한 정부채권선물거래가 압도적인 비중을 점하고 있으며 CME도 원래 가축선물거래가 주류를 이루었으나 지금은 통화, 주가지수 선물 등이 거래량의 대부분을 차지하고 있다.

선물거래는 전통적으로 금, 밀, 원유(oil)와 같은 상품거래가 중심을 이루었으나 통화, 주식, 채권 등도 상품으로 간주되면서 금융자산을 기초자산으로 하는 금융선물(financial futures)이 등장하게 되고 매력적인 투자대상이 되었다. 최근 금융선물거래가 크게 증가하여 미국의 경우 금융선물이 차지하는 비중이 전체 선물거래의 약 3분의 2를 차지하고 있다.

---

1) Chicago Board of Trade.

2) Chicago Mercantile Exchange.

선물거래제도

일일정산

선물은 매일 거래되고 새로운 가격이 정해지므로 투자자는 가격변동으로 인한 이익이나 손실이 매일 발생한다. 이러한 투자자의 이익과 손실은 증거금계정을 통해 매일 결제된다. 이를 일일정산(marking to market)이라고 한다. 일일정산은 증거금제도와 함께 투자자의 손실이 무한정 확대되는 것을 방지한다.

증 거 금

선물거래는 일일정산을 원활하게 하고 채무불이행위험을 제거하기 위해 선물거래자에게 일정액 이상의 증거금(margin)을 예치하도록 요구한다. 투자자는 거래를 시작하려면 거래액의 일정비율을 개시증거금(initial margin)으로 납부하고 거래하는 동안 일정액 이상의 증거금을 유지하여야 하는데, 이를 유지증거금(maintenance margin)이라고 한다. 만일 거래자가 필요한 수준의 증거금을 유지하지 않으면 청산소가 직접 반대매매를 행하여 선물계약을 청산한다.

미결제약정

미결제약정(open interest)은 체결된 선물계약 가운데 만기일에 인도 또는 인수해야 할 계약수를 가리킨다. 따라서 어느 시점의 미결제약정수는 선물매도자가 인도하고 선물매입자가 인수하여야 할 계약수이다. 선물거래가 새로 시작되는 시점의 미결제약정수는 영(0)이지만 시간이 지남에 따라 선물계약의 증가로 미결제약정수는 증가한다. 그러나 결제일이 가까워지면 대부분의 선물이 반대매매로 청산되기 때문에 미결제약정수는 급속히 감소한다.

계약의 이행

투자자가 선물을 매입하거나 매도한 후 만기까지 반대매매를 하지 않으면 만기일에는 계약을 이행하여야 한다. 만기에 계약을 이행하는 방법으로는 실물인수도와 현금결제가 있다. 실물인수도 또는 실물결제는 만기에 기초자산을 인도하고 대금을 결제함으로써 계약을 이행하는 것이고 현금결제는 현물가격기준으로 일일정산하여 계약을 이행하는 방법이다.

선물시장의 참가자

선물시장의 참가자는 거래목적이나 행태에 따라 위험회피자, 투기자, 차익거래자 등으로 나눌 수 있고 거래기간에 따라 스켈퍼, 데이 트레이더, 포지션 트레이더 등으로 구분할 수 있다.

위험회피자

위험회피자(hedger)는 가격변동 위험에 노출된 상품이나 자산을 가진 투자자로서 가격변동 위험을 제거하기 위하여 자신이 취급하고 있는 상품이나 자산을 대상으로 하는 선물계약을 매매한다. 즉 헤저(hedger, 위험기피자)는 이미 보유하고 있는 포지션과 반대되는 포지션을 취함으로써 가격변동으로 인해 발생할 수 있는 위험을 감소시키려고 한다.

헤징(hedging)은 기본적으로 원래의 포지션과 반대되는 포지션을 취함으로써 위험을 감소시키거나 제거하려는 과정이다. 다시 말하면 현물시장의 포지션이 선물시장에서 취할 포지션을 결정한다. 이미 보유중인 상품이나 금융자산은 선물시장에서 매도할 수 있기 때문에 상품이나 자산의 보유(재고)는 매수포지션(long position)으로 간주된다. 반면 보유하고 있지 않은 상품이나 자산을 대상으로 하는 선물을 매도하는 것은 매도포지션(short position)으로 간주된다.

투자자는 선물에 대해 매입포지션과 매도포지션을 취할 수 있으므로 헤지포지션도 매도 헤지(short hedge)와 매수 헤지(long hedge) 두 가지가 있다.

매도 헤지　현물(상품이나 금융자산)을 보유하고 있는 투자자는 선물을 매도(short)하여야 한다. 투자자는 매도 헤지를 보유중인 상품이나 자산의 가치를 보호하는 수단으로 이용하여야 한다. 투자자가 금융자산 등 현물을 보유하고 있으면 현물시장에서 매수(long)포지션을 취하고 있는 것이므로 가격하락으로부터 보유자산의 가치를 보호할 필요가 있으며 매도 헤지는 매수포지션으로 인한 위험을 감소시키거나 제거할 수 있다.

매입 헤지　현물(상품이나 자산)을 보유하고 있지 않은 투자자는 현물시장에서 사실상 매도포지션을 취하고 있으므로 매입 헤지, 즉 선물시장에서 매수포지션을 취하여야 한다. 지금은 현물을 보유하고 있지 않으나 머지않아 보유할 계획을 갖고 있는 투자자가 투자자금을 조달할 때까지 현물의 현재가격과 수익률을 고정하고 싶은 경우에도 매입 헤지, 즉 매수포지션을 이용함으로써 매도포지션의 위험을 감소시킬 수 있다.

헤지와 관련하여 한 가지 유의할 사항은 베이시스 위험(basis risk)이다. 베이시스는 선물가격과 현물가격의 차이를 가리킨다.

베이시스 = 선물가격 − 현물가격

만기에는 선물가격과 현물가격이 일치하므로 베이시스는 영(0)이 된다. 그러나 선물가격과 현물가격은 각기 고유한 요인으로 인해 변동하므로 만기에 이르는 동안 베이시스는 끊임없이 변동한다. 베이시스의 변동이 헤지 기간 동안 헤지포지션에 영향을 미치지만 헤지한 자산의 가격변동보다 작으면 헤지는 위험을 감소시킨다. 베이시스의 변동(위험)은 선물가격과 현물가격의 변동이 상쇄된 결과이므로 선물가격 또는 현물가격의 변동보다는 훨씬 작은 것이 일반적이다.

투 기 자

투기자(speculators)는 헤저와는 대조적으로 위험을 부담하면서 이익을 얻기 위해서 선물을 사고판다. 투기자는 가격변동으로부터 이익을 얻을 수 있을 것으로 기대하면서 가격변동의 위험을 자발적으로 부담한다. 일반적으로 투기자는 헤저와는 달리 선물계약의 기초자산인 상품이나 금융자산을 보유하거나 거래하지 않는다. 즉 투기자는 사전에 어떤 시장포지션도 갖고 있지 않다. 전형적인 투기전략은 선물가격이 상승할 것으로 예상하면 선물시장에서 매수포지션을 취하고 선물가격이 하락할 것으로 예상하면 매도포지션을 취하는 것이다.

투기자는 헤저가 창출한 초과수요와 초과공급을 흡수하고 헤저가 회피하는 가격변동 위험을 부담함으로써 선물시장이 원활하게 운영되도록 한다. 투기자는 시장의 유동성을 높이고 가격의 가변성을 낮추는 데 기여한다.

누구나 기초자산인 상품이나 금융자산에 대해 직접 투기할 수 있다. 예를 들면 금리가 하락할 것으로 예상하는 투자자는 국채를 직접 매입할 수 있으며 굳이 선물시장에 갈 필요가 없다. 그런데도 선물시장에 투자하는 가장 큰 이유는 나중에 보는 바와 같은 선물거래의 레버리지(leverage)라고 할 수 있다.

한편 선물시장의 투기자는 투자 기간에 따라 구분할 수 있다.

스 켈 퍼　　스켈퍼(scalper)는 아주 미세한 선물 가격의 변화로부터 이익을 얻으려는 목적으로 초단기로 거래하는 투자자이다. 이들이 몇 분 이상 선물을 보유하는 일은 극히 드물다. 일반적으로 선물은 수수료가 매우 낮아 작은 차익을 내도 이익을 실현할 수 있어 초단기투자가 성행한다.

데이 트레이더　　데이 트레이더(day trader)는 선물을 매수하거나 매도하였다가 그 날로 반대매매를 통해 포지션을 청산하는 투자자를 가리킨다. 데이 트레이더는 선물거래는 가격변동성에 따른 위험부담이 크기 때문에 그날 취한 매수 또는 매도 포지션은 당일 장 종료 전에 청산한다.

포지션 트레이더　　포지션 트레이더(position trader)는 포지션을 청산하지 않고 계속 보유하는 투자자로서 선물가격의 변동이 자신에게 유리하게 될 때까지 기다리면 이익을 얻을 수 있다고 믿고 상당히 긴 기간 동안 포지션을 유지한다.

차익거래자

차익거래(arbitrage)는 두 시장의 가격차이를 이용하여 무위험으로 이익을 얻기 위해 매수포지션과 매도포지션을 동시에 취하는 것을 가리킨다. 예를 들면 파운드화가 파리에서는 2.46달러인데 취리히는 2.50달러라면 차익거래자는 파운드를 파리에서 사는 것과 동시에 취리히에서 판다. 파리에서 매입한 파운드는 취리히에서 인도된다. 차익거래자는 이 거래에서 아무런 위험부담 없이 파운드당 0.04달러의 이익을 얻는다. 일반적으로 차익거래는 순간적으로 이루어지기 때문에 거래비용은 무시할 수 있을 정도로 작다. 이러한 무위험 차익거래로 파운드의 가격은 파리와 취리히에서 거의 같게 된다.

차익거래자는 선물시장과 현물시장의 가격차이를 이용하여 무위험으로 이익을 얻으려고 한다. 두 시장의 가격에 괴리가 생기면 차익거래의 기회가 발생한다. 예를 들어 주식선물을 매도함과 동시에 현물주식을 매수하거나 주식선물을 매수는 것과 동시에 현물주식을 매도한다. 이와 같은 차익거래로 선물과 현물의 가격차이는 없어진다. 다음에 설명하는 바와 같이 선물시장에서 가장 활발한 차익거래는 기관투자가의 프로그램 매매에 의한 지수차익거래이다.

금리선물

금리선물은 그 가치가 기초자산인 금리로부터 파생되는 금융상품을 말한다. 즉 기초자산인 금리를 거래대상으로 현재시점에서 정한 가치로 미래의 특정시점에서 사거나 팔 것을 약정한 계약이라고 할 수 있다. 그러나 실제로는 거래대상이 되는 금리가 아니라 금리수준에 따라 가치가 변동하는 국채 등 고정금리부 금융자산(fixed income instruments)으로서 이들 거래대상의 만기에 따라 단기금리선물과 장기금리선물로 나눈다.

한국증권선물거래소에 상장되어 있는 금리선물은 기초자산의 만기에 따라 3년국채선물, 5년국채선물 등 장기금리선물과 통화안정증권금리선물, CD금리선물 등 단기금리선물로 구분한다.

[표 11-1] 금리선물 거래조건

구 분	5년국채선물	3년국채선물	통화안정증권 금리선물	CD금리선물
거래대상	국고채 (액면 1억원, 5년 만기, 금리 8%)	국고채 (액면 1억원, 3년 만기, 금리 8%)	통화안정증권 (액면 2억원, 만기 364일)	CD만기 (액면 5억원, 91일물)
가격표시 방법 (소수 둘째자리)	액면가 1억원을 '100.00' 으로 환산하여 표시	좌 동	100－R* * 통화안정증권 수익률	100－R* * CD 유통수익률
최소가격 변동폭(tick)	0.01	좌 동	좌 동	좌 동
최소가격 변동가치	10,000원 (1억원×0.01×1/100)	좌 동	20,000원 (2억원×0.01×1/100)	12,500원 (5억원×0.01×1/100×91/364)
결제월주기 (상장결제월)	3, 6, 9, 12월 (2개)	좌 동	3, 6, 9, 12월 (4개)	좌 동
최종결제일 (최종거래일)	결제월의 3번째 수요일(t－1)	좌 동	좌 동	좌 동
최종결제방법	현금결제	좌 동	좌 동	좌 동
가격제한폭 (주문가격제한[1])	없음 (±6.00)	없음 (±4.00)	없음 (±1.50)	좌 동
도입시기	2003. 8. 22	1999. 9. 29	2002. 12. 6	1999. 4.23

1) 지정가 오류를 피하기 위해 기술적인 측면에서 주문가격제한폭을 둠.
자료 : 한국은행간 '우리나라의 금융시장', 2006년.

주가지수선물

주가지수선물의 매매

주가지수선물(stock index futures)은 주가지수를 기초자산으로 하는 선물계약으로 1982년에 거래되기 시작하였다. 주가지수선물의 등장은 선물시장의 발전에 기폭제와 같은 역할을 했다. 미국의 주가지수선물 가운데 거래량이 가장 많은 것은 S&P500 선물이고 우리나라 투자자가 주로 관심을 갖는 지수선물은 나스닥100 선물이다. 우리나라에서는 코스피200 지수선물과 코스닥50 지수선물이 거래되고 있다. 코스피 지수선물의 거래량이 코스닥 지수선물보다 압도적으로 많다. 여기서 선물이라고 할 때는 코스피200 지수선물을 가리키고 현물 또는 현물지수라고 할 때는 코스피200을 가리킨다.

주가지수선물거래는 일반선물거래와 비교하여 두 가지 점이 크게 다르다.

첫째, 통상의 선물거래에서는 실제로 존재하는 실물을 표준화하여 선물거래의 대상으로 하고 있는 반면, 주가지수선물거래는 현물시장에서 거래되고 있지 않은 계산상의 수치(주가지수)를 대상으로 한다. 주가지수는 지수를 구성하고 있는 주식의 평균가격을 나타내는 하나의 지표일 뿐이다.

둘째, 다른 선물거래에서는 만기일까지 반대매매가 이루어지지 않는 선물계약은 매매대상인 실물을 인도하고 그 대가를 지급함으로써 계약이 종료되지만 주가지수선물거래는 매매대상이 실제 존재하지 않는다. 따라서 실물을 인도하거나 인수할 수 없으므로 현금으로 결제된다. 주가지수선물이 결제되거나 청산될 뿐 아니라 다른 선물과 마찬가지로 거래될 수 있도록 하기 위해 주가지수에 일정한 금액을 곱하는 방법으로 가격을 부여한다.

코스피200 선물은 선물지수에 50만원(승수)을 곱한 금액(선물지수×50만원)을 1단위로 한다. 이것은 선물지수 1포인트당 가격이 50만원이라는 것을 의미한다. 예를 들어 선물지수가 110이면 선물(계약) 1단위의 가격은 5,500만원(=110×50만원)이 된다. 만일 선물지수가 110에서 2포인트 상승하여 112가 되면 선물가격(1계약)은 5,600만원이 되어 100만원의 차익이 발생하고 현금으로 결제된다.

지수선물의 만기는 3, 6, 9, 12월의 두 번째 목요일이다. 일반적으로 선물이라고 할 때는 현시점에서 만기가 가까운 근월물을 가리킨다. 예를 들면 4월에는 6월물이 근월물이다. 선물지수는 남은 기간이 길수록 변동을 예측하기 어렵기 때문에 근월물에 거래가 집중된다.

현물주식은 매매를 하지 않으면 손익이 실현되지 않으나 선물은 매수 또는 매도 잔액이 계좌에 있으면 매매를 안 해도 손실이나 이익이 실현된다. 매일 지수변동에 따라 종가를 기준으로 손익을 현금으로 정산하는 일일정산제도가 있기 때문이다. 선물 1계약의 매매를 가정하여 일일정산의 예를 보기로 하자. 2007년 5월 29일 코스피200 지수선물의 시가는 212.38이고 종가는 212.06이었다. 이날 시가에서 선물을 매도하고 장 마감 시간까지 매도수량을 보유한 투자자의 계좌에는 시가에서 종가까지 하락한 차이 즉 0.32포인트(=212.38−212.06)에 해당하는 16.0만원(=0.32×50만원)이 자동적으로 입금되는 반면 선물을 시가에서 매수한 투자자의 계좌에서는 동일한 16.0만원이 자동적으로 출금된다.

마찬가지로 이날 9시 10분경 선물을 212.81에 매도한 사람의 계좌에는 0.74포인트(212.81−212.06)에 해당하는 37만원(=0.74×50만원)이 자동적으로 입금되는 반면 선물을 212.81에 매수한 사람의 계좌에서는 37만원이 자동적으로 출금된다. 이와 같이 매도 또는 매수한 선물(매도 또는 매수포지션)을 반대매매를 통해 청산하지 않은 채 보유하고 있으면 지수변동으로 인해 발생한 손익이 매일 정산된다.

투자자들이 주가지수선물을 선호하는 가장 큰 이유는 레버리지효과라고 할 수 있다. [표 11-2]에서 선물(A)는 증거금(거래액의 15%)을 전액

[표 11-2] 주식과 지수선물의 수익률 비교 (가정: 가격 10% 상승)

	주 식	선물(A)	선물(B)
증거금	현금 100%	현금 15%	현금 5% 대용 10%
현재가격	10,000원	100p	100p
계약단위	5,000주	1계약	1계약
투자자금	5,000만원	750만원	250만원
포지션	5,000만원	5,000만원	5,000만원
수익(가격 10% 상승)	500만원	500만원	500만원
수익률	10%	67%	200%

현금으로 하는 경우이고 선물(B)는 증거금을 현금과 대용증권(주식 등)으로 나누어 내는 경우이다. 이 예에서 보는 바와 같이 선물의 수익률은 현물보다 훨씬 높다. 주식의 수익률은 10%인 데 비하여 선물(A)의 수익률은 67%이고 선물(B)의 수익률은 200%에 이른다.

선물(A)의 수익률을 예로 들어 산출과정을 보면 다음과 같다.

투자자금: 750만원=100포인트 ×1계약 ×50만원 ×15%
투자수익: 500만원=5,000만원 ×1.1 −5,000만원
수 익 률: 67% =500만원 / 750만원

지수차익거래와 프로그램매매

프로그램매매(programmed trading)는 가격과 수량 등 매매조건을 미리 입력해 컴퓨터가 자동으로 매수·매도 주문을 내는 것으로 기관투자가가 차익거래와 비차익거래[1)]에 이용한다. 프로그램매매라고 할 때에는 주로 차익거래를 가리킨다.

지수차익거래(index arbitrage)는 시장 베이시스를 이용하여 현물과 선물에 대해 동시에 반대포지션을 취함으로써 위험부담 없이 이익을 추구하는 거래이다. 시장 베이시스는 다음과 같이 정의된다.

시장 베이시스 = 코스피200 선물 − 코스피200
(선물가격) (현물가격)

만기에는 선물가격과 현물가격이 일치하므로 베이시스는 영이 되지만 만기에 이르기까지는 끊임없이 변동하며 장중에도 크기는 물론 부호까지 변하는 경우가 있다. 지수선물이 현물지수보다 높아 베이시스가 플러스가 되면 콘탱고(contango) 또는 정상시장(normal market)이라 하고 지수선물이 현물지수보다 낮으면 백워데이션(backwardation) 또는 비정상시장(abnormal market)이라고 한다. 콘탱고가 발생하면 선물은 매도하고 현물

---

1) 비차익거래는 주가지수와 주식구성이 비슷한 인덱스 펀드(index fund)가 지수와 같은 상승률을 내도록 하는 거래로서 선물과는 관계가 없다.

은 매수하는 매수차익거래가 일어나며 백워데이션이 출현하면 선물은 매수하고 현물은 매도하는 매도차익거래가 이루어진다.

선물가격 > 현물가격 ⟶ 매수차익거래 ⟶ 선물매도, 현물매수
선물가격 < 현물가격 ⟶ 매도차익거래 ⟶ 선물매수, 현물매도

차익거래시 코스피200에 포함된 주식을 모두 구성비율대로 매매하는 것은 현실적으로 어렵기 때문에 기관투자가는 약 30~50종목으로 주식바스킷(baskets)을 만들어 거래한다. 지수차익거래에 있어 현물의 매수와 매도는 이와 같은 주식바스킷(basket)의 매수와 매도를 의미한다. 위험이 없는 차익거래가 되기 위해서는 반드시 매도와 매수포지션을 동시에 취하여야 한다. 두 포지션을 동시에 취하지 않으면 차익거래자는 매도포지션이나 매수포지션에 놓이게 되어 위험에 노출된다.

지수선물과 현물지수 사이에 차이가 출현하면 프로그램매매가 촉발되면서 괴리가 축소된다. 콘탱고가 나타나면 선물을 매도하고 현물을 매수하게 되므로 지수선물은 하락하고 현물지수는 상승한다. 반대로 백워데이션이 출현하면 선물을 매수하고 현물을 매도하므로 지수선물은 상승하고 현물지수는 하락한다.

프로그램매매에 의한 차익거래는 주가를 왜곡시킬 수 있다. 주식은 기본적 분석에 의하여 평가되는 경향이 있으나 프로그램매매에 묶이게 되면 주식의 내재가치와 상관없이 급격한 가격변동에 휩싸일 가능성이 있다. 지수차익거래자가 현물에 대해 매입포지션을 취하면 바스킷에 포함된 주식의 가격은 급격하게 상승하고 반대로 매도포지션을 취하면 주가는 급락할 수 있다. 개별주식의 가격이 차익거래자의 포지션에 따라 장중에도 상승과 하락을 반복할 수 있다. 프로그램매매로 인한 가격변동은 지수선물의 만기가 가까워질수록 더 커지는 경향이 있고 특히 주가지수선물, 주가지수옵션, 주식옵션 등(세 마녀)의 만기가 되는 트리플 위칭데이(triple witching day)에는 주가가 극심하게 변동하는 경우가 많다. 일년에 네 번 있는 이 날은 다양한 투자자(선물의 헤저와 투기자, 옵션 보유자와 발행자)가 차익거래를 해소하고 포지션을 종료하려고 하기 때문이다.

투자전략을 컴퓨터에 미리 입력한 다음, 시장상황에 따라 일괄해서 거래하는 프로그램매매는 1987년 7월 미국에서 발생한 주가폭락(Black Monday)의 원인이라는 사실이 밝혀지면서 관심을 끌게 되었다. 우리나라도 1996년 12월 프로그램매매로 인한 주가폭락으로 대혼란을 겪은 적이 있다. 프로그램매매는 기관투자가들이 비슷한 전략을 구사할 가능성이 매우 높고 대량주문을 동시에 내놓기 때문에 현물시장에 큰 영향을 미칠 수 있다. 프로그램매매로 인한 급변한 가격변동을 최소화하기 위해서 필요한 경우 시행되는 매매체결지연제도(sidecar)와 매매거래중단제도(circuit breakers)가 있다.

2. 옵션시장

옵션의 개념

옵션의 용어

옵션(options)은 선택권을 의미한다. 파생증권으로서 옵션은 어떤 자산(기초자산)을 특정시점 또는 그 이전에 미리 정한 가격으로 사거나 팔 수 있는 권리를 가리킨다. 옵션은 기초자산에 따라 여러 가지가 있으나 여기서는 편의상 주식을 기초자산으로 하는 주식옵션을 중심으로 설명한다.

주식(기초주식)을 살 수 있는 옵션을 콜옵션(call option), 주식을 팔 수 있는 옵션을 풋옵션(put option)이라고 한다. 선물에서 본 것처럼 옵션도 매입하면 매수포지션(long position), 매도하면 매도포지션(short position)을 취한다고 한다. 옵션가격을 옵션의 프리미엄이라고 부른다. 즉 프리미엄은 매수자가 매도자에게 지급하는 옵션가격이다.

옵션보유자가 옵션을 행사하여 주식을 사거나 팔 수 있는 가격을 행사가격(exercise price 또는 strike price)이라고 한다. 행사가격은 콜 보유자에게는 주식을 매수할 수 있는 가격이고 풋 소유자에게는 주식을 매도할 수 있는 가격이다. 예를 들어 행사가격이 50달러인 스톡옵션을 보유하고 있다면 옵션보유자는 주당 50달러로 주식을 매수할 수 있는 선택권이 있음을 의미한다. 옵션을 행사할 수 있는 마지막 날을 만기(expiration date)라고 한다. 만기일에 옵션 보유자는 자신에게 유리하면 옵션을 행사하고 그렇지 않으면 옵션을 포기할 수 있다.

만기일에만 권리를 행사할 수 있는 옵션을 유럽형, 만기일은 물론 만기일 전이라도 권리를 행사할 수 있는 옵션을 미국형이라고 한다.

콜옵션과 풋옵션

콜옵션은 옵션보유자에게 특정한 가격으로 특정주식을 만기일 또는 그 이전에 매입할 수 있는 권리를 준다. 콜 가격과 주가는 같이 변동하기 때문에 주가가 상승할 것으로 기대하는 투자자는 콜을 매수한다. 따라서 콜은 투자자가 주식을 사지 않고도 주가의 상승에 대해 투자할 수 있도록 한다. 예를 들면 A사 주식의 1주당 행사가격이 50달러인 콜옵션 1계약은 콜 매입자에게 만기 또는 그 이전에 콜 매도자(또는 공급자)로부터 1주당 50달러로 A사 주식을 매입할 수 있는 권리를 준다. 그 대가로 콜 매입자는 매도자에게 프리미엄(콜의 가격)을 지급한다.

풋은 매입자에게 특정한 가격으로 특정주식을 만기일 또는 그 이전에 매도할 수 있는 권리를 준다. 풋옵션이 행사되면 주식은 풋의 매수자(소유자)로부터 풋의 공급자(매도자)에게 매도되며 풋 매도자는 특정한 가격을 지급하고 특정주식을 인수할 의무가 있다. 주가가 하락하면 풋 가격은 상승하므로 주가 하락을 기대하는 투자자는 풋을 매수한다. 따라서 풋은 투자자가 주식을 팔지 않고도 주가의 하락에 대해 투자할 수 있도록 한다. 예를 들면 A사 주식의 1주당 행사가격이 50달러인 풋의 공급자는 일정한 조건하에서 풋의 소유자에게 주당 50달러를 지급하고 주식을 인수할 의무가 있다. 풋의 공급자는 풋옵션을 판 대가로 프리미엄(옵션 가격)을 받는다.

옵션의 매수자와 매도자는 주가와 콜 가격에 대해 다음과 같이 상반된 견해를 갖는다고 말할 수 있다.

• 콜 매도자는 주가가 변동하지 않거나 하락할지 모른다고 기대한다.
• 콜 매수자는 주가가 머지않아 상승할 것으로 기대한다.

• 풋 매도자는 주가가 변동하지 않거나 상승할 것으로 기대한다.
• 풋 매수자는 주가가 머지않아 하락할 것으로 기대한다.

예를 들어 A기업에 대해 낙관적인 전망을 갖고 있는 투자자가 만기가 다음 달인 A사 주식에 대한 콜 옵션을 행사가격 50달러로 1계약(100주)을 매입했다. 단, A주의 가격은 49달러이고 프리미엄(옵션가격)은 1주당 2달러로 가정한다(중개수수료는 무시).

콜을 매입한 투자자에게 생길 수 있는 일은 다음 세 가지 가운데 하나가 될 것이다.

• 옵션은 아무런 가치를 갖지 못한 채 소멸된다.

A사의 주가가 만기일에 45달러로 하락하였다고 가정하자. 콜은 콜 매입자에게 50달러로 A주를 매입할 수 있는 권리를 준다. 그러나 시장에서 45달러를 주면 살 수 있는 A주식을 옵션보유자가 옵션을 행사하여 50달러를 주고 매입할 이유가 없다. 따라서 옵션은 아무런 가치 없는 것이 된다.

• 옵션을 행사한다.

A주가가 행사가격 이상으로 상승하면 투자자는 5,000달러를(=50달러×100주) 지급하고 옵션을 행사함으로써 100주를 받는다.

• 옵션을 유통시장에서 매도한다.

만일 A주가가 상승하면 콜의 가치(가격)도 상승한다. 상장된 콜은 유통시장에서 항상 거래되므로 콜 소유자는 A주식에 투자하려는 다른 투자자에게 콜을 매도할 수 있다. 실제로 대부분의 투자자는 옵션을 행사하지 않고 주식이나 채권처럼 공개된 시장에서 매각한다.

풋은 콜과 정반대라고 할 수 있다. 풋 공급자는 특정한 풋 계약을 매입자에게 프리미엄을 받고 매도한다. 풋 매도자는 주가가 변동하지 않거나 상승할 것으로 예상하는 반면, 풋 매입자는 주가가 하락할 것으로 예상한다. 콜 매입자와는 달리 풋 매도자(공급자)는 주식을 인수해야 할 경우가 생긴다. 예를 들어 풋 공급자가 A사 주식에 대한 풋옵션을 행사가격 1주당 70달러로 매도하였다고 가정하자. 매도할 당시 A사의 주가는 1주당 69달러이고 프리미엄은 3달러이었다. 만기에 주가가 1주당 60달러로 하락했다고 가정하자. 풋 매수자(소유자)는 A사 주식을 시장에서 60달러를 주고 사서 풋(팔 권리)을 행사한다. 풋 공급자는 시장의 주가는 60달러인데 70달러를 주고 풋 매입자로부터 주식을 인도받아야 한다. 따라서 풋 매수자는 풋 매도자로부터 받은 70달러에서 60달러(주식매입비용)와 3달러(풋 매입비용)를 빼고 남은 7달러가 이익이 된다. 한편 풋 매도자는 시장에서는 1주당 60달러면 살 수 있는 주식을 70달러로 인수하기 때문에 10달러의 손해를 보게 된다. 그러나 풋 매도자는 이미 프리미엄으로 3달러를 받았으므로 순 손실은 7달러가 된다.

옵션시장의 기능

옵션은 장외에서도 거래되지만 대부분 거래소에서 거래된다. 옵션거래소는 옵션거래의 대상이 되는 상품 또는 자산의 만기 행사가격 등을 표준화하여 거래가 용이하게 이루어지도록 한다.

옵션시장의 주요 기능

옵션시장의 주요 기능은 다음과 같다.

첫째, 옵션은 불리한 가격변동에 대한 헤지 수단으로 이용될 수 있다. 주식을 사서 보유할 경우에 주가가 오르면 큰 이익을 얻을 수도 있지만 주가가 하락하면 커다란 손실을 입게 된다. 그러나 콜옵션을 보유하고 있으면 주가가 하락할 때는 단지 옵션을 포기하면 되기 때문에 발생할 수 있는 손실은 옵션 매입가격으로 한정된다. 주식을 빌려 매도하는 경우에는 주가가 하락하면 큰 이익을 낼 수 있지만 주가가 오르면 큰 손실을 입게 된다. 그러나 풋옵션을 보유하면 주가가 오르더라도 옵션을 포기하면 되므로 손실은 풋옵션의 매입가격에 한정된다. 이와 같이 옵션은 주가가 불리한 방향으로 움직일 때 손실을 일정한 한도 내로 제한함으로써 위험에 대한 헤지 기능을 수행한다.

둘째, 옵션은 주식투자에 비해 레버리지를 증대시키는 효과적인 수단이다. 옵션투자에 소요되는 금액은 주식투자보다 훨씬 적기 때문에 옵션을 이용하면 적은 금액으로써 높은 이익을 얻을 수 있다. 이것은 옵션을 이용하여 투자하면 직접 주식을 거래하는 것보다 수익률이 크게 높아지는 레버리지(leverage)효과를 얻을 수 있다는 것을 의미한다.

셋째, 풋과 콜은 투자자가 포트폴리오의 수익과 위험의 관계를 개선할 수 있는 기회를 확대한다. 예를 들면 주식은 매도하고 콜은 매입함으로써 주식 매도의 위험을 감소시킨다.

넷째, 옵션시장은 투자자에게 유동성을 공급한다. 유동성은 투자자에게 매우 중요하다. 투자자가 원하면 수요와 공급에 의하여 결정되는 가격으로 언제든지 옵션을 사거나 팔 수 있다는 것은 옵션거래를 효율화하는데 기여한다.

그 밖에 주가지수옵션을 이용하면 투자자는 한번의 투자결정으로 시장동향과 함께 할 수 있다.

옵션거래와 선물거래

옵션과 선물은 [표 11-3]에서 보는 바와 같이 여러 가지 점에서 차이가 있으나 가장 중요한 것은 계약이행에 관한 것이다. 선물은 만기가 오기 전에 매입포지션과 매도포지션을 반대매매를 통하여 청산하지 않으면 선물의 매수자와 매도자는 현물시장의 가격과 상관없이 만기일에는 반드시 기초자산의 인도나 현금 결제에 의하여 계약을 이행하여야 한다. 그러나 옵션의 경우 옵션 매입자는 기초자산의 가격에 따라 옵션의 행사 여부를 결정할 수 있는 권리를 가지며 옵션 매도자는 옵션 매입자가 옵션을 행사하는 경우에만 계약을 이행할 의무를 갖는다.

[표 11-3] 옵션거래와 선물거래의 비교

	옵션거래	선물거래
권리, 의무	매수자는 권리, 매도자는 의무만 갖는다.	매수자, 매도자 모두 권리와 의무를 갖는다.
거래내용	기초자산의 인도를 전제로 한 거래	기초자산을 매수 또는 매도할 수 있는 권리에 대한 거래
거래의 대가	매수자가 매도자에게 권리에 대한 대가(프리미엄)를 지급	대가를 지급하지 않음
리스크	매수자는 지급한 프리미엄에 국한, 매도자는 무제한이되 프리미엄만큼 차감	매수자와 매도자 모두 무한대
위탁증거금	매수자는 없으며 매도자에게만 부과	매수자, 매도자 모두에게 부과
일일정산	매수자는 필요없고 매도자에게만 일일정산	매수자, 매도자 모두 일일정산
결제방법	권리행사포기시 결제 불필요	반대매매와 인수도에 의하여 결제

옵션의 가치

옵션의 특성을 이해하기 위해서는 옵션의 가치를 포지션별로 고찰할 필요가 있다. 가장 간단하면서도 일반적인 방법은 만기 직전의 옵션가치(investment value)를 분석하는 것이다. 옵션의 가치는 옵션을 행사하면 얻을 수 있는 수익과 같다. 따라서 옵션의 이익(net profit)은 옵션가치에서 옵션의 매입비용을 차감한 것이 된다.

콜옵션의 가치

먼저 콜옵션을 매입한 경우를 보면 콜은 보유자가 미리 정해진 가격으로 주식을 매입할 수 있는 권리이므로 콜 보유자는 옵션을 행사하여 이익이 되는 경우에만 옵션을 행사할 것이다. 만기일에 주식가격이 행사가격보다 높으면 콜 보유자는 현물시장에서 주식을 사는 것보다 옵션을 행사하여 주식을 매입하는 것이 유리하다. 이 경우 콜옵션의 가치는 주가에서 행사가격을 뺀 것과 같다. 예를 들면 투자자가 A사 주식에 대한 콜옵션을 행사가격 50달러로 매입하였다면 만기에 있어 콜옵션의 가치는 [표 11-4]에서 보는 바와 같이 A사의 주가에 의하여 결정된다. 즉 만기에 있어 옵션의 가치는 주가(기초자산의 가치)의 함수이다.

[표 11-4] 주가와 콜옵션의 가치

행사가격: $50

A사 주식의 가격($)	40	45	50	55	60
콜옵션의 가치($)	0	0	0	5	10

반대로 만기일에 주가가 행사가격보다 낮으면 콜 보유자는 옵션을 행사하여 주식을 사는 것보다 현물시장에서 직접 매입하는 것이 유리하므로 옵션을 행사하지 않을 것이다. 이 경우 옵션의 가치는 영이 된다.

따라서 만기에 있어 매입 콜의 가치는 다음과 같이 나타낼 수 있다.

$S_T > E$인 경우　　매입 콜의 가치 $= S_T - E$

$S_T \leq E$인 경우　　매입 콜의 가치 $= 0$

단, S_T = 주식가격(만기)
E = 행사가격

[그림 12-2]의 (a)는 매입 콜의 가치는 주가가 행사가격에 이르기까지는 영이고 행사가격을 상회하면서 주가와 콜의 가치는 일 대 일의 비율로 증가한다는 것을 보여 주고 있다.

한편 콜옵션의 매도자(발행자)는 콜 매입자와는 정반대로 주가가 상승할수록 손실을 보게 된다. 주가가 행사가격보다 높아 콜 매입자가 옵션을 행사하게 되면 콜 매도자는 현물시장보다 낮은 가격으로 주식을 팔아야 하기 때문이다. 만일 주식가격이 행사가격보다 낮으면 콜 매도의 가치는 영이 된다.

따라서 만기에 있어 콜 매도의 가치는 다음과 같이 나타낼 수 있다.

$S_T > E$인 경우　　매도 콜의 가치 $= -(S_T - E)$

$S_T \leq E$인 경우　　매도 콜의 가치 $= 0$

그림 11-2 옵션의 가치

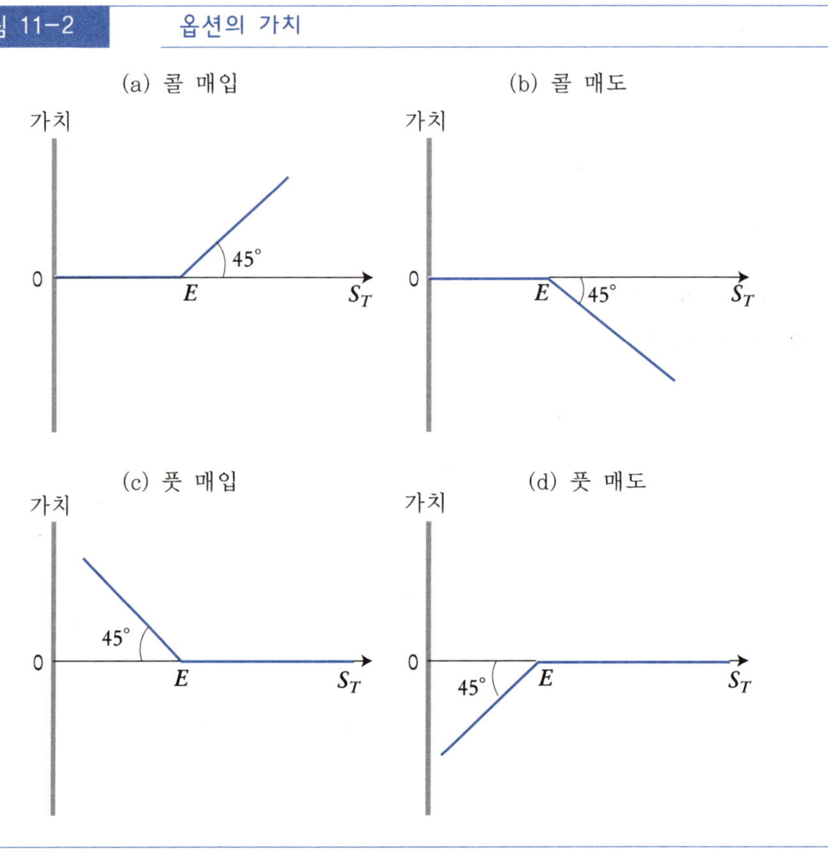

[그림 11-2]의 (b)는 콜 매입과 정반대인 콜 매도와 주가의 관계를 보여 주고 있다.

풋옵션의 가치

풋옵션은 옵션 보유자가 특정주식을 팔 수 있는 권리이다. 만기일의 주가가 행사가격보다 높은 경우 옵션 보유자는 주식을 시장에서 파는 것이 유리하므로 옵션을 행사하지 않을 것이다. 풋옵션의 가치는 영이 된다. 그러나 만기일의 주가가 행사가격보다 낮으면 옵션 보유자는 현물시장에서 주식을 파는 것보다 행사가격으로 매도하는 것이 유리하므로 옵션을 행사할 것이다. 이 경우 풋옵션의 가치는 행사가격에서 주가를 뺀 것과 같다.

따라서 만기에 있어 매입 풋의 가치는 다음과 같이 된다.

$S_T \geq E$인 경우 매입 풋의 가치 $= 0$
$S_T < E$인 경우 매입 풋의 가치 $= E - S_T$

[그림 11-2]의 (c)는 만기에 있어 매입 풋의 가치와 주가의 관계를 보여 주고 있다.

한편 풋을 매도한 경우는 위에서 본 풋 매입과 정반대이므로 만기 풋 매도의 가치는 다음과 같이 나타낼 수 있다.

$S_T \geq E$인 경우 매도 풋의 가치 $= 0$
$S_T < E$인 경우 매도 풋의 가치 $= -(E - S_T)$

[그림 11-2]의 (d)는 풋 매도의 가치와 주가의 관계를 나타내고 있다.

내재가치와 시간가치

먼저 옵션의 행사가격과 주가의 관계를 나타내는 용어로서 주가가 콜의 행사가격(E)보다 높으면 콜은 내가격(in the money), 주가가 콜의 행사가격보다 낮으면 콜은 외가격(out of the money)이라고 부른다. 주가와 행사가격이 같으면 콜은 등가격(at the money)이다. 이러한 정의는 풋에 대해서는 반대로 적용된다.

콜옵션의 가격(가치)은 내재가치와 시간가치로 나눌 수 있다. 만일 콜이 내가격이면 주가와 행사가격의 차이에 해당하는 가치를 갖는다. 이 가치를 콜옵션의 내재가치(intrinsic value)라고 한다. 즉 내재가치는 옵션의 권리를 행사하는 경우 확실하게 얻어지는 이익을 의미한다. 만일 콜이 외가격이면 내재가치는 영이 된다. 이 경우의 옵션가격은 투기적 요소로 이루어진 것이다.

콜옵션의 내재가치는 다음과 같이 나타낼 수 있다.

콜옵션의 내재가치 = 주가(기초자산 가격) − 행사가격 ≥ 0

한편 풋은 콜과 반대로 다음과 같이 나타낼 수 있다.

풋옵션의 내재가치 = 행사가격 − 주가(기초자산가격) ≥ 0

옵션가격이 내재가치 아래로 내려가는 일은 거의 없다. 왜냐하면 만일 옵션가격이 내재가치 아래로 내려가면 차익거래자(arbitragers)가 옵션을 매입하여 행사함으로써 위험 없이 수익을 얻기 위하여 옵션을 매입하면 옵션가격은 내재가치와 같게 되거나 더 높아지기 때문이다. 따라서 괴리가 잠시 나타날 수 있으나 곧 차익거래로 소멸된다.

옵션가격은 거의 언제나 내재가치를 초과하는데, 이 초과분은 옵션가격의 상승가능성을 반영하는 것으로 이를 시간가치(time value) 또는 시간프리미엄(time premium)이라고 한다. 시간가치는 투자자가 주가의 상승을 예상하고 내재가치를 초과하여 지급하는 것이다. 옵션 매입자는 미래의 잠재적인 주가변동에 대해 가격을 지급할 용의가 있기 때문에 시간은 정의 가치를 갖으며 옵션만기까지 시간이 많을수록 시간가치는 상승할 가능성이 높다. 시간가치를 구성하는 투기적 요소를 중요시하는 사람은 시간가치를 투기프리미엄(speculative premium)이라고 부른다.

시간가치는 옵션가격과 내재가치의 차이로 나타낼 수 있다.

시간가치 = 옵션가치 − 내재가치

따라서 옵션가격은 내재가치와 시간가치를 합한 것이다.

옵션가격 = 내재가치 + 시간가치

콜옵션을 소유하고 있는 투자자가 주식의 매입을 원하는 경우에는 옵션을 행사하는 것보다 옵션을 팔고 현물시장에서 주식을 매수하는 것이 언제나(적어도 무배당주식인 경우) 유리하다. 그렇게 하지 않으면 투자자는 옵션가격에 반영된 투기프리미엄을 상실할 수 있기 때문이다.

주식옵션 · 금리옵션

다음에 보게 될 주가지수옵션을 제외하고 증권선물거래소에서 거래되는 옵션(금융자산이 기초자산인)은 주식옵션, 금리옵션, 통화옵션과 선물옵션이 있다.

주식옵션(stock option)은 개별주식을 기초자산으로 하는 것으로 시가총액이 큰 7개 기업의 주식을 대상으로 하는 옵션이 거래되고 있다. 금리옵션(interest rate option)은 국고채(KTB) 또는 CD를 대상으로 하는 옵션이다. 통화옵션(currency)은 미 달러를 기초자산으로 한다. 최근에는 금리옵션과 통화옵션은 선물옵션(options on futures)의 형태로 거래되는 경향이 있다. 선물옵션은 특정한 선물계약을 기초자산으로 하는 옵션이다. 선물옵션을 행사하면 대상 현물을 매매하는 것이 아니라 현물에 대한 선물계약이 이루어지는 것이다. 예를 들어 콜옵션을 행사하면 옵션 행사자는 행사가격에 선물매수포지션을 취하고 옵션 매도자는 선물매도포지션을 취하게 된다. 결과적으로 선물의 매수 · 매도관계가 성립된다. 그 후에는 다른 선물처럼 청산될 때까지는 일일정산이 이루어진다. 선물옵션은 1980년대 초 미국에서 거래되기 시작한 이후 투자자부터 인기를 모으고 있는데 그 이유로는 현물을 기초로 하는 옵션에 비해 유동성 높고 거래가 용이하다는 점 등을 들 수 있다.

주가지수옵션

주가지수옵션(stock index options)은 주가지수를 기초자산으로 하는 옵션이다. 미국은 S&P500, 나스닥100 등 여러 가지 주가지수옵션이 있으나 우리나라는 코스피200 지수옵션만 있다. 주가지수옵션은 최근 국내외를 막론하고 거래규모가 급격하게 팽창하고 있으며 일반투자자의 참여가 활발하다.

주가지수옵션이 투자자의 인기를 모으는 것은 다른 옵션과 마찬가지로 레버리지효과가 크다는 것외에 투자자가 시장 전반을 상대로 투자할 수 있도록 하는 기능 때문이다. 예를 들어 투자자가 시장이 상승할 것으로 예상해도 시장에서 거래되는 모든 종목의 주식을 매입할 수 없으므로 선별해서 매입할 것이다. 그러나 투자자가 예상한 대로 주식시장이 상승해도 매입한 주식의 가격이 상승한다는 보장이 없다. 왜냐하면 개별주식이 갖고 있는 고유한 비체계적 위험(예: 파업, 이익감소, 인수합병 등) 때문이다. 이와 같은 비체계적 위험은 주식포트폴리오를 다양하게 구성함으로써 감소하거나 제거할 수 있다는 것은 이미 위에서 설명하였다. 투자자가 주식포트폴리오의 구성을 다각화할수록 비체계적 위험은 감소하거나 제거되고 체계적 위험(시장위험)만 남게 되어 포트폴리오 수익률은 시장수익률과 비슷해진다.

그런데 주가지수옵션은 투자자가 다양한 주식으로 포트폴리오를 직접 구성하지 않고도 시장을 대상으로 투자할 수 있게 한다. 투자자가 시장이 앞으로 상승할 것으로 예상하면 주가지수에 대한 콜옵션을 매입하고 시장이 하락할 것으로 예상하면 풋옵션을 매입하면 된다.

주가지수옵션은 포지션을 헤지하는 데 이용할 수 있다. 예를 들면, 다양한 주식으로 구성한 포트폴리오를 보유하고 있는 투자자는 포트폴리오를 청산하고 싶지 않으면서도 시장이 단기간에 하락하지 않을까 우려할 수 있다. 주가지수에 대한 풋옵션을 매입하면 시장이 하락하는 경우에도 투자자는 어느 정도 보호받을 수 있다. 시장의 하락으로 인해 발생한 포트폴리오의 손실은 풋옵션으로 얻은 이익으로 일부 상쇄할 수 있다. 시장이 상승하면 투자자는 이미 지급한 프리미엄은 상실하지만 포트폴리오의 보유로 이익을 얻는다. 그러나 문제는 보유 포트폴리오와 시장지수가 완전하게 합치되지 않을 수 있다는 것이다. 따라서 헤지의 효율성은 양자간의 유사성에 달려 있다.

주가지수옵션에 대한 투자는 개별주식 옵션에 대한 투자와 비슷하다. 투자자가 주식시장의 상승세를 예상하면 콜을 매입하고 시장의 하락세를 전망하면 풋을 매입한다. 이와 같은 전략으로 입을 수 있는 최대손실은 프리미엄이다. 그러나 얻을 수 있는 이익은 옵션의 레버리지 때문에 매우 클 수 있다.

주가지수옵션은 다른 옵션과 마찬가지로 만기, 행사가격, 콜과 풋 등에 따라 가격(프리미엄)이 다르다. 주가지수옵션의 만기일은 매월 두 번째 목요일이다. 옵션도 선물과 마찬가지로 가장 가까운 만기의 옵션이 집중적으로 거래된다. 지금이 4월 하순이면 5월물이 주로 거래된다. 만기가 아직 먼 옵션은 위험부담이 높기 때문이다. 만기가 같아도 콜옵션과 풋옵션의 행사가격은 현재의 코스피200을 기준으로 여러 가지가 있다. 따라서 거래의 편의를 위해 예를 들면 2007년 6월 만기, 행사가격 220.0인 콜은 간략하게 'C0706 220.0'로 표시한다. 지수옵션은 금액으로 환산할 때 사용하는 승수는 포인트당 10만원이다. 선물의 50만원에 비하면 1/5이다. 옵션가격이 1.50이면 금액으로는 15만원이 된다.

주가지수옵션의 레버리지를 예를 들어 보기로 하자. 레버리지는 투자자가 주가지수옵션을 선호하는 가장 큰 이유 가운데 하나라고 할 수 있다.

예를 들어 머지않아 주식시장이 상승할 것으로 예측하는 투자자가 2007년 5월 말에 만기가 6월이고 행사가격이 215.0인 코스피200 지수 콜옵션(C0706 215.0)을 2.1로 매입하였다고 가정하자 이날 코스피200은 216.5였다. 투자자가 예상한 대로 시장이 상승세를 보여 주가지수가 2% 상승하여 220.8이 되었다고 가정하자. 만일 투자자가 지금 옵션을 행사한다면 주가지수 220.8과 행사가격 215.0의 차이인 5.8포인트를 금액으로 환산해서 받게 된다. 주가지수 옵션은 1포인트당 10만원이므로 옵션행사로 받을 수 있는 금액은 58만원(=5.8×10만원)이 되고 수익률은 176.2%(=(5.8－2.1)/2.1)에 달한다.

실제로는 우리나라의 주가지수옵션은 유럽형이므로 만기일 이전에는 옵션을 행사할 수 없으며 만기일에도 옵션의 행사 여부와 관계없이 행사가격과 주가지수의 차이 1포인트당 10만원으로 계산하여 자동적으로 결제된다. 즉 차액이 매도자의 계좌에서 출금되어 매수자의 계좌로 입금된다. 주가지수옵션을 만기까지 보유하는 경우는 별로 없고 일반적으로 선물과 마찬가지로 만기 전에 가장 유리하다고 판단되는 시기에 옵션은 청산된다.

3. 스왑시장

스왑(swap)은 형태가 다른 두 가지 지급채무(payment obligations)를 교환하기로 당사자간에 합의하는 것이다. 기본적인 것으로는 이자율스왑과 통화스왑이 있다. 이자율스왑의 교환대상은 같은 통화로 표시된 지급이고 통화스왑은 다른 통화로 표시된 것이다. 스왑도 다른 파생상품과 마찬가지로 위험관리에 이용된다. 스왑시장이 급속하게 확대되고 있는 이유는 계약당사자가 자금을 저렴하게 조달할 수 있기 때문이다. 스왑시장은 다국적기업, 국제금융기관 등이 적극 활용하고 있으며 국제채권시장에서도 중요한 역할을 한다.

이자율스왑

이자율스왑(interest rate swap)은 정기적인 이자지급을 두 당사자가 맞바꾸어 하기로 하는 약정이다. 전형적인 이자율스왑은 한쪽 당사자가 상대방에게 특정한 날에 고정이자를 지급할 것을 약속하는 한편 다른 당사자는 LIBOR[1], 국채 또는 CD금리를 기준으로 하는 변동금리를 지급할 것에 동의하는 것이다.

가장 보편적인 스왑은 고정금리 채무자와 변동금리 채무자간의 협약인 표준형 스왑(plain vanilla swap)이다. 예를 들어 A회사는 B회사보다 낮은 고정금리로 자금을 차입할 수 있으나 변동금리시장에서는 B회사가 A

[표 11-5] 차입금리의 비교

(단위: 만원)

	고정금리	변동금리
A 회사	국채수익률 + 1.0%	LIBOR + 1.0%
B 회사	국채수익률 + 1.5%	LIBOR + 0.6%

1) LIBOR(London Inter-Bank Offered Rate)

회사보다 낮은 금리로 자금을 차입할 수 있다고 가정하자. 그리고 A회사는 변동금리로 1백만 달러를 10년간 차입하려고 하는데 B회사는 고정금리로 동일한 금액을 10년간 차입할 계획이라고 가정한다.

[표 11-5]는 두 회사가 차입할 수 있는 금리를 나타내고 있다.

앞의 표에 따르면 A사는 B사보다 0.5% 포인트 낮은 고정금리로 차입할 수 있다. 변동금리시장에서는 B사는 A사보다 0.4% 포인트 낮게 리보[1)]에 연동된 금리로 차입할 수 있다. 다시 말하면 A사는 고정금리시장에서, B사는 변동금리시장에서 우위에 있다는 것을 알 수 있다. 스왑을 추진하는데 A사는 1백만 달러를 국채수익률에 1%를 더한 고정금리로 차입하는 한편 B사는 리보에 0.6%를 더한 변동금리로 1백만 달러를 차입한다. 두 회사는 동일한 금액을 차입하기 때문에 스왑 과정에서 원금을 교환할 필요는 없다. A사는 B사에 대해 리보 플러스 0.6%를 지급하고 B사는 A사에 대해 국채수익률 플러스 1.0%를 지급하여야 한다. 스왑으로 A사는 자신이 차입하는 것보다 0.4% 포인트 낮게 변동금리로 차입하고 B사는 자신이 빌리는 것보다 0.5% 포인트 낮게 고정금리로 차입하게 된다.

통화스왑

외국투자와 글로벌 기업의 증가로 인해 환율 리스크를 관리하기 위한 통화스왑(currency swap)이 증가하고 있다. 예를 들면 미국기업이 영국에서 사업을 하게 되면 파운드로 지급해야 할 필요가 생길 수 있다. 만일 파운드가 상승(달러는 하락)하면 달러 지급액은 증가한다. 그러나 파운드가 하락(달러는 상승)하면 달러지급액은 감소한다. 미국에서 사업하는 영국기업은 달러로 지급해야 하기 때문에 미국기업과 반대되는 입장에 놓인다.

스왑을 통해 영국기업은 미국기업의 파운드화 지급을 담당하고 미국기업은 영국기업의 달러지급에 동의한다. 두 기업은 자국통화로 지급하게 되므로 환율과 관련된 위험은 없어진다.

해외해서 차입한 자금을 스왑하면 이자비용을 감소시킬 수 있다. 예를 들어 미국기업은 미국에서는 유리한 조건으로 차입할 수 있으나 자금을 사용할 영국에서 차입하면 더 높은 비용을 부담할 수 있다. 반면 영국기업은 영국에서는 낮은 금리로 차입할 수 있으나 자금이 필요한 곳은 미국이다. 이 두 기업은 자기나라에서 차입하면 이자비용을 줄일 수 있다. 자금이 필요한 곳은 외국이므로 자금을 국내에서 차입한다 할지라도 외국통화로 환전해야 한다. 외국통화로 환전하면 대출을 상환하기 위해서는 자금을 다시 환전해야 하므로 환율위험에 노출된다.

만일 미국기업은 미국에서, 영국기업은 영국에서 차입하고 부채를 스왑한다면 두 기업은 부채를 자국통화로 갖게 된다. 이러한 스왑을 성사시키기 위해서는 수수료를 주고 스왑 딜러(대형은행 등)를 이용한다. 즉 미국기업은 달러표시 채무증서를 발행하여 자금을 조달하고 조달한 자금을 딜러에게 넘긴다. 딜러는 조달한 달러 자금을 영국기업에게 전달하고 영국기업은 동시에 파운드화표시 채무증서를 발행해 자금을 조달하고 조달한 자금을 딜러에게 넘기면 딜러는 조달한 파운드화 자금을 미국기업에게 전달한다. 영국기업은 파운드로 이자를 지급하고 미국기업은 달러로 이자를 지급한다. 이와 같은 스왑으로 미국기업은 대차대조표에 달러표시 부채를 계상하지만 파운드화를 사용할 수 있게 된다. 스왑 협약에 따라 부채는 달러로 표시되기 때문에 환율위험은 없다. 더구나 국내에서 낮은 금리로 자금을 차입한다면 이자부담도 낮아질 수 있다. 파운드로 빌리고 달러를 사용하는 영국기업도 미국기업과 같은 효과를 거둘 수 있다. 스왑이 이루어지기 위해서는 양측 모두가 유리하고 금액도 규모가 비슷해야 한다. 스왑의 잠재적 이익은 환율 리스크의 감소, 이자비용의 절감 또는 두 효과를 합한 것이라고 할 수 있다.

스왑시장의 기능과 구조

스왑시장은 신용시장의 불완전성으로 인해 생기는 문제를 효율적으로 해소한다. 즉 동일한 신용을 가진 기업이 상이한 금리로 차입해야 하는 시장의 불완전성 가운데 대표적인 것 두 가지를 들면 다음과 같다.

자국기업의 선호

투자자들은 자국기업을 더 선호하는 경향이 있기 때문에 비슷한 신용도를 가져도 국내기업이 외국기업보다 더 저렴한 비용으로 자금을 조달할 수 있다. 투자자가 자국기업을 더 선호하는 이유로는 국내기업은 더 잘 알려져 있고 정보를 얻거나 모니터링하기 용이하다는 것 등을 들 수 있다.

은행과 자본시장의 상이한 선호

채권시장은 신용도가 높은 기업의 채권을 선호하는 경향이 강하다. 이것은 신용도가 낮은 기업에 대해 부과하는 리스크 프리미엄이 매우 높을 수밖에 없다는 것을 의미한다. 그러나 은행은 전통적으로 신용등급이 낮은 기업에 대해 채권시장보다는 리스크 프리미엄을 낮게 부과한다. 이것은 신용도가 낮은 기업은 은행대출시장에서 비교우위를 갖는 경향이 있고 신용도가 높은 기업은 자본시장에서 비교우위를 갖는다는 것을 의미한다.

스왑시장에서 중개기관은 스왑을 성사시키고 신용위험을 해소하는 데 중요한 역할을 한다. 스왑의 당사자가 관심을 갖는 원금(notational principal amounts)이 서로 달라 예를 들면 A는 1백만 달러가 필요하고 B는 80만 달러가 필요하다면 그 차이를 보완하는 거래를 중개기관이 담당한다. 이 경우 중개기관은 위험을 예방하기 위해 헤지한다.

스왑 당사자의 중요한 관심사는 상대방의 채무불이행위험이다. 여기서 말하는 채무불이행위험은 원금은 당사자가 보유하고 있기 때문에 원금에 대한 것이 아니고 스왑의 대상인 이자지급에 관한 것이다. 채무불이행위험 때문에 중개기관은 수수료를 받고 스왑의 지급을 보증하는 경우도 있다. 대부분의 스왑은 중개기관이 거래상대방이 된다. 이것은 현대 스왑의 중요한 특징이다. 다수의 스왑 이용자, 예를 들면 다국적기업은 신속한 스왑 체결을 원하며 이러한 요구를 충족시킬 수 있는 가장 좋은 방법은 거래상대방을 브로커가 소개할 때까지 기다리지 않고 금융기관 자신이 스왑거래의 상대가 되는 것이다.

제 Ⅳ 편
은　　행

제 12 장

은행의 기능과 제도

1. 은행의 기원

은행의 기원에 관해서는 여러 가지 설이 있으나 17세기 영국의 금세공상(goldsmith)이나 이탈리아의 환전상(money changer)에서 찾는 것이 일반적이다. 먼저 금세공상을 본 다음 환전상과 머천트뱅커에 관해서 보기로 한다.

금세공상

금세공상은 처음에는 금·은·보석의 세공과 매매, 환전 등의 업무를 영위하였으나 점차 은행으로서의 역할을 맡게 되었다. 앞서 본 바와 같이 물물교환은 매우 비효율적인 제도이므로 사람들은 상품을 화폐로 삼았는데 금·은과 같은 귀금속이 가장 많이 사용되었다. 금·은은 상대적으로 희귀하고 높은 가치를 지니고 있을 뿐 아니라 여러 가지 크기로 손쉽게 나눌 수 있기 때문이다. 금·은을 이용하는 거래는 편리하지만 중량이나 순도를 속이려는 문제가 발생하였다. 금세공상은 일정한 수수료를 받고 금의 중량과 순도를 확인해주는 보증서를 발급함으로써 이러한 문제를 해결하였다. 점차 금세공상은 고객의 주문을 기다리지 않고 금의 중량과 순도를 표준화하고 자신의 이름을 명시하여 고객이 사용할 수 있도록 하였는데 이 표준화된 금괴단위가 주화(coins)의 시초라고 할 수 있다.

한편 금세공상은 안전한 금고를 갖고 있었기 때문에 고객들의 금화를 보관하고 예탁증서(deposit certificates)를 발급해 주었다. 물건을 구입하려는 고객은 처음에는 예탁증서를 금세공상에 제시하고 금을 되찾아 재화를 구입하였으나 나중에는 예탁증서를 직접 재화와 교환하게 되었다. 이러한 거래가 확산됨에 따라 일부 신용도가 높은 금세공상이 발행한 예탁증서는 상거래에서 보편적인 지급수단으로 활용되어 근대적인 의미의 통화의 역할을 수행하게 되었다. 금세공상은 금의 보관자에서 예탁증서의 발행자로 변신하게 된다.

또한 보관중인 모든 금화가 동시에 인출되지 않는다는 사실을 인식하게 된 금세공상은 교환의 매개수단으로 사용되는 예탁증서를 예탁받은 금의 가치 이상으로 발행하여 대출하기 시작하였으며 대출을 확대하기 위해 이자를 지급하면서 금 예치를 적극적으로 유치하였다.

이러한 변화(보관하고 있는 금 이상으로 대출)는 금세공상이 전액지급준비에서 부분지급준비로 전환한 것을 의미한다. [표 12-1]은 부분지급준비제도 도입에 따른 금세공상 대차대조표의 변화를 나타내고 있다.

[표 12-1] 금세공상의 대차대조표

〈대출 이전〉

(단위: 온스)

자 산		부 채	
금	100	예탁증서	100
합 계	100	합 계	100

〈대출 이후〉

(단위: 온스)

자 산		부 채	
금 대 출	100 400	예탁증서	500
합 계	500	합 계	500

전액지급준비제도에서는 100온스의 금을 예탁받아 100온스의 예탁증서를 발급하였으나 부분지급준비제도(예: 지급준비율 20%)에서는 100온스의 금을 예탁받아 500온스의 예탁증서를 발급할 수 있게 되었다. 결과적

으로 금세공상은 400온스의 예탁증서를 추가로 발행할 수 있게 된 것이다. 부분지급준비제도의 도입으로 금세공상은 현대적인 은행으로 변신하여 신용창출기능을 수행하게 되었고 예탁증서는 훗날 은행권(bank notes)이 되었다.

은행의 역할을 겸한 금세공상이 처음 출현한 시기는 명확하지 않으나 고대 메소포타미아(Mesopotamia)지방에서 금세공상이 대출업을 했다는 기록이 남아 있다. 그리스에서도 델피(Delphi), 다이디마(Didyma), 올림피아(Olympia) 등에서 적어도 기원전 7세기부터 금세공상이 대출업을 했다고 전해지며 그 밖에 에루살렘과 페르시아와 같은 지중해연안 여러 곳에서도 생겨났다고 한다.

머천트뱅커

지금 사용하는 은행(bank)이라는 용어는 중세무역의 중심지인 이탈리아에서 환전상들이 시장에 테이블을 내놓고 업무를 보았는데 그 테이블을 방카(banca)라 부른 데서 유래한 것이다. 환전상들도 금화를 보관하고 부분지급준비제도(지급준비율은 대략 30%)를 도입했다. 예치된 금화에 대해서는 고리대금업을 금지하는 종교상의 이유로 이자가 아니라 이익을 배당하는 형식으로 대가를 지급했다.

환전상은 12~13세기 국제무역의 중심지인 이탈리아 전역에서 번창했으나 15세기 들어 대부분 파산하였으며 16세기에는 완전히 소멸되었다. 이에 따라 무역업에 종사하던 대상인들이 환전상의 역할을 대신하여 대출업무와 무역결제자금의 외국송금업무를 담당하였는데 이들을 머천트뱅커(merchant banker)라 불렀다. 15~16세기 르네상스시기에 플로렌스지방의 메디치(Medici)가는 대표적인 머천트은행가로 거대한 부와 정치세력을 쌓았다. 대부분의 머천트뱅커는 국내에서 활동하였지만 롬바르디(Lombardy)지역에 근거를 둔 머천트뱅커는 런던이나 베를린과 같은 유럽의 주요 도시로 진출하여 은행업을 영위하였다. 오늘날 세계금융의 중심지인 런던의 롬바르드가(Lombard street)는 이들에게서 유래되었다. 독일의 중앙은행인 독일연방은행이 민간은행에 대출하는 금리는 아직도 롬바르드 금리라고 한다.

2. 은행의 기능

금융중개

금융시장에서 저축자와 차입자를 연결시키는 경로는 직접금융과 간접금융이 있다. 직접금융은 저축자가 자금을 직접 차입자에게 빌려주는 것이다. 대부분 브로커가 개입하지만 거래를 원활하게 하는 데 그친다. 간접금융은 대여자와 차입자 사이에 금융중개기관이 개입한다. 은행은 금융중개기관으로서 예금을 받아 차입자에게 대출한다.

금융을 중개하면서 은행은 예금자에게 주는 것보다 더 높은 이자를 차입자로부터 받는다. 저축자는 은행을 거치지 않고 차입자에게 직접 대출하는 것이 이익이 더 많고 차입자도 저축자로부터 직접 차입하는 것이 유리하지 않을까 하고 생각할 수 있다. 그런데 왜 저축자와 차입자는 은행을 이용하는가. 그것은 은행을 이용하여 얻는 이익이 은행을 이용하면서 부담하는 비용보다 크기 때문이다. 은행의 금융중개기능은 예금자나 차입자에게 이익을 준다.

단기차입 · 장기대출

은행은 저축자가 단기간만 빌려주려고 하는 자금을 차입자에게 장기간 대출해주는 중요한 기능을 수행한다. 자금을 단기간 맡기려고 하는 저축자와 장기간 빌리려고 하는 차입자를 연결하는 은행은 단기차입, 장기대출의 입장에 놓인다. 저축자의 예금을 받는 것은 실제로는 저축자로부터 자금을 차입하는 것과 같다. 예금은 예금주의 요청에 따라 즉시 지급하거나 비교적 짧은 기간에 지급해야 한다. 그러나 은행은 대부분 기간을 확정하여 대출한다. 대출기간은 몇 개월 또는 몇 년이 될 수 있다. 예금

전부를 만기 10년으로 대출했는데 그 이전에 예금주가 예금을 인출하려고 하면 어려운 처지에 놓이게 된다. 만일 예금지급에 필요한 자금을 마련하지 못하면 유동성위기에 빠질 수도 있다. 그러나 은행은 다양한 예금자를 갖고 있으므로 일반적으로 어느 한 예금자의 긴급한 예금인출로 인해 유동성문제가 발생하지 않는다. 예금자가 다수인 경우 대부분 영업일의 예금유입과 인출은 거의 상쇄되어 총예금은 안정된 수준을 유지한다.

은행은 단기차입과 장기대출로 인해 생길 수 있는 유동성위기를 피할 수 있는 대책을 마련한다. 급작스러운 예금인출에 대비하여 지급준비금을 보유할 뿐 아니라 다른 은행 또는 중앙은행으로부터 대출받을 수 있도록 한다. 또 은행은 자금의 일부를 가지고 정부채권을 구입(정부에 대한 대출)한다. 국채는 현금으로 전환하기 쉽기 때문이다. 이러한 방법으로 유동성을 높게 유지함으로써 기대하지 못한 예금인출이 발생해도 필요한 자금을 조달할 수 있도록 한다.

소액예금 · 거액대출

은행은 많은 소액예금을 모아 차입자에게 거액으로 대출한다. 100만원만 가지고 있는 A는 1억원을 빌리려는 사람에게 대출할 수 없다. 은행은 A와 다른 사람들이 이자를 받기 위해 예금한 소액의 저축을 모아서 1억원을 대출해줄 수 있다. 즉 은행은 수많은 소액예금을 모아 거액으로 대출하는 금액전환기능이 있다.

위험의 분산

은행은 예금자의 위험을 감소시키는 역할을 한다. 소액예금자(저축자)는 물론 거액예금자도 차입자에게 직접 대출할 때 생기는 위험을 최소화하는 것은 어려운 일이다. 예를 들면 A가 전 생애를 통해 모은 저축을 다른 사람에게 빌려주었는데 그 사람이 빌린 돈을 상환하지 않으면 A는 모든 것을 잃고 만다. 그러나 저축한 자금을 소액으로 나누어 많은 사람들에게 대출한다면 한두 사람이 상환하지 않아도 저축한 자금을 전부 잃어버리는 일은 없다. 이러한 분산투자를 투자의 다각화(diversification)라고 한다. 저축자가 자금을 여러 차입자에게 대출하면 한 사람 또는 몇 명의 차입자가 채무를 이행하지 않아도 모든 것을 잃는 경우는 발생하지 않는다.

저축자가 금융중개기관을 이용하지 않고 투자를 다양화하는 것은 쉬운 일이 아니다. 차입자는 대체로 거액의 차입을 원하지만 소액의 저축자가 여러 차입자에게 거액을 공급할 수 없기 때문이다. 은행은 저축자, 특히 소액저축자가 투자를 다양화할 수 있도록 해준다. 저축자가 은행을 이용하면 아주 작은 위험만 부담한다. 왜냐하면 소수의 차입자가 차입금을 상환하지 않아도 은행이나 예금주가 받는 충격은 상대적으로 작기 때문이다.

거래비용의 감소

은행은 금융거래에 따르는 비용을 감소시킨다. 거래비용으로는 차입자의 신용을 조사하는 데 드는 비용이 있다. 저축자들이 은행과 같은 금융중개기관을 이용하지 않고 투자의 다각화를 시도한다면 각 저축자는 다수의 차입자에게 소액을 대출하게 된다. 모든 저축자는 개별적으로 차입자의 신용을 조사하게 되므로 조사가 중복된다. 예를 들어 어느 차입자가 10명의 저축자로부터 100만원씩 1,000만원을 빌리려고 한다고 하자. 각 저축자는 차입자의 신용을 사전에 조사해야 한다. 차입자가 1,000만원을 차입하기까지는 10번의 신용조사가 행해진다. 그러나 은행은 10명의 저축자로부터 100만원씩 차입(예금)하여 1,000만원을 모아 한 건의 대출로 차입자에게 빌려줄 수 있으므로 한번의 신용조사만 필요할 뿐이다. 직접금융에 비해 아홉 번의 신용조사와 그에 따른 비용과 시간이 절약된다.

대출과 관련한 거래비용으로서 차입자에 대한 감시비용을 들 수 있다. 원리금에 대한 차입자의 지급 능력은 물론 재정상태를 관찰하는 비용이 이에 속한다. 이 비용도 직접금융에서는 10명이 각자 부담해야 하지만, 10명의 자금을 모은 은행은 한 번만 부담하면 된다. 더구나 은행은 대출에 관한 전문지식과 경험이 많으므로 신용을 조사하고 대출을 모니터링하는 데 일반 저축자보다 더 효율적이다.

지급결제

은행은 중앙은행과 함께 지급제도의 중심에 있으면서 금융거래를 결제하는 역할을 한다. 정부, 기업, 가계의 경제거래에 이용되는 지급수단은 여러 가지가 있다. 화폐를 사용하여 거래하는 경우에는 거래당사자간에 화폐를 교환하는 것으로 거래가 끝난다. 화폐가 아닌 지급수단, 예를 들면 수표나 어음 또는 직불카드를 사용하는 거래는 은행이 채무자의 예금계정에서 채권자의 계정으로 자금을 이체하여야만 결제가 이루어지고 거래가 종결된다.

은행이 지급결제기능을 갖고 있는 것은 고객의 결제계정인 요구불예금을 관리하기 때문이다. 결제기능은 환전상이나 금세공상 시절부터 고객의 예금계좌를 보유, 관리해 온 은행의 전통적 기능에서 유래한다. 효율적인 지급제도는 경제의 안정과 성장에 긴요하기 때문에 은행의 지급결제기능은 사회경제적으로 매우 중요하다.

통화공급

은행은 통화공급에 있어서 중요한 역할을 한다. 요구불예금은 통화를 구성하므로 은행의 대출증가로 요구불예금이 증가하면 통화량도 증가한다. 은행이 요구불예금을 공급하는 과정을 개별은행과 은행제도(은행전체)로 나누어보기로 한다.

개별은행의 예금창출

예를 들어 S은행이 보유하고 있던 100만원의 국채를 중앙은행에 팔면 100만원의 지급준비금(reserves)이 생긴다. 이를 [표 12-2]와 같이 T계정으로 나타낼 수 있다.

편의상 두 가지를 가정한다. 첫째, 기업이나 가계는 현금을 현재보다 더 많이 보유하기를 원하지 않는다. 둘째, 은행의 필요지급준비율은 10%라고 가정한다. 필요지급준비율(required reserve ratio)이란 중앙은행이 은

[표 12-2] S은행 (단위: 만원)

자 산		부 채	
유가증권	−100		
지급준비금	+100		

행으로 하여금 보유하도록 요구하는 예금의 일정비율을 가리킨다. S은행의 경우 예금이 없으므로 필요지급준비금도 없다. 100만원은 초과지급준비금(excess reserves)이다.

S은행이 이자수입을 얻기 위해 초과지급준비금 100만원을 D회사에 대출하였다고 가정하자. 은행이 대출할 때는 차입자의 요구불예금계좌를 개설하고 그 계좌에 대출금을 입금한다. 이 과정에서 부채는 요구불예금이 100만원 증가하고 자산은 대출이 100만원 증가한다.

[표 12-3] S은행 (단위: 만원)

자 산		부 채	
유가증권	−100	요구불예금	+100
지급준비금	+100		
대 출	+100		

이와 같이 은행은 대출을 통하여 요구불예금을 창출한다. 요구불예금은 통화를 구성하므로 은행대출은 통화의 공급을 증가시킨다. S은행은 아직도 초과지급준비금을 갖고 있으므로 추가로 대출할 수 있으나 이 지급준비금이 S은행에 오랫동안 머무르리라고 기대할 수 없다. 차입자인 D회사가 대출을 모두 인출하여 재화와 서비스를 구입하면서 판매자에게 수표를 발행할 수 있기 때문이다. 수표를 받은 자가 다른 은행에 그 수표를 예금하면 S은행의 지급준비금 100만원은 다음 [표 12-4]와 같이 전액 유출되고 만다.

따라서 개별은행이 대출하기 이전의 초과지급준비금보다 더 많은 금액을 대출하는 것은 위험이 따른다.

[표 12-4] S은행 (단위: 만원)

자 산		부 채
유가증권	−100	
대 출	+100	

은행제도의 예금창출

위에서 설명한 대로 D회사의 수표가 A은행에 예금된다면 A은행의 자산과 부채는 다음과 같이 된다.

[표 12-5] A은행 (단위: 만원)

자 산		부 채	
지급준비금	+100	요구불예금	+100

A은행도 이자수입이 없는 초과지급준비금은 원하지 않으므로 필요지급준비금 10만원을 제외한 90만원을 대출할 것이다.

[표 12-6] A은행 (단위: 만원)

자 산		부 채	
필요지급준비금	+10	요구불예금	+100
대 출	+90		

A은행의 차입자가 사용한 90만원이 B은행의 예금으로 들어오면 B은행의 대차대조표는 [표 12-7]과 같다.

[표 12-7] B은행 (단위: 만원)

자 산		부 채	
지급준비금	+90	요구불예금	+90

B은행도 필요지급준비금 9만원을 제외한 81만원을 대출하면 대차대조표는 [표 12-8]과 같다.

[표 12-8] B은행 (단위: 만원)

자 산		부 채	
필요지급준비금	+9	요구불예금	+90
대 출	+81		

B은행에서 대출받은 차입자가 사용한 81만원도 어느 은행(예를 들면 C은행)에 예금될 것이다. 처음에는 은행제도(은행부문)에 100만원의 지급준비금이 생겼으나 가, A, B, C 은행의 대출로 총요구불예금이 271만원 증가했다는 것을 알 수 있다.

은행제도 내의 모든 은행이 초과지급준비금을 전부 대출하면 요구불예금은 [표 12-9]와 같이 증가한다. 즉 100만원의 지급준비금 증가로 인한 요구불예금의 총증가는 1,000만원에 달한다. 다시 말하면 요구불예금은 지급준비금의 10배(필요지급준비율 0.1의 역수배) 증가한다.

은행이 초과지급준비금을 대출하지 않고 유가증권에 투자해도 결과는 마찬가지다. A은행이 초과지급준비금으로 유가증권을 구입하면 대차대조

[표 12-9] 요구불예금의 창출[1] (단위: 만원)

은 행	요구불예금[2]	대 출[2]	필요지급준비금[2]
S	0.00	100.00	0.00
A	100.00	90.00	10.00
B	90.00	81.00	9.00
C	81.00	72.90	8.10
D	72.90	65.61	7.29
.	.	.	.
.	.	.	.
전체	1,000.00	1,000.00	100.00

1) 필요지급준비율은 10%, 지급준비금의 최초 증가액은 100만원이라고 가정
2) 변동액

표는 [표 12-10]과 같이 된다.

[표 12-10] A은행 (단위: 만원)

자 산		부 채	
필요지급준비금	+10	요구불예금	+100
유 가 증 권	+90		

A은행은 90만원 어치의 유가증권을 구입하면서 90만원의 수표를 유가증권 매각자에게 준다. 이 수표는 예를 들면 B은행 등에 예금된다. 그 다음의 예금확장과정은 대출한 경우와 마찬가지로 계속된다. 은행이 초과지급준비금으로 대출을 하건 또는 유가증권을 구입하건 예금확대효과는 같다.

예금창출식

지금까지의 설명으로 개별은행과 은행제도(은행 전체)의 예금창출에 차이가 있다는 것을 알 수 있다. 개별은행은 초과지급준비금까지만 예금을 창출할 수 있기 때문에 예금의 배수적 확장이 어렵지만, 은행제도 전체로서는 가능하다. 왜냐하면 개별은행으로서는 초과지급준비금이 모두 유출되는 일이 생길 수 있지만 지급준비금은 은행제도를 떠나지 않기 때문이다. 은행제도 내의 여러 은행이 대출함으로써 예금을 창출하기 때문에 지급준비금이 어느 은행을 떠난다 할지라도 다른 은행이 대출과 예금을 창출하게 된다. 이러한 과정은 지급준비금 증가가 몇 배의 예금증가를 가져올 때까지 계속되며 다음과 같은 예금창출식으로 나타낼 수 있다.

$$\Delta D = \frac{1}{rr} \Delta R$$ [1)]

단, ΔD = 은행제도의 요구불예금변동액
ΔR = 은행제도의 지급준비금변동액
rr = 필요지급준비율

1) $\Delta D = \Delta R + \Delta R(1-rr) + \Delta R(1-rr)^2 + \cdots$
$= \left[\frac{1}{1-(1-rr)}\right]\Delta R = \frac{1}{rr}\Delta R$

위 식에 따르면 은행제도의 예금증가는 지급준비금증가액에다 필요지급준비율의 역수를 곱한 것과 같다.

예금창출식은 중앙은행이 필요지급준비율이나 지급준비금의 수준을 결정함으로써 요구불예금을 완전하게 조절할 수 있을 것 같이 보이지만 실제의 예금창출은 모형이 가리키는 것처럼 기계적으로 이루어지는 것은 아니다.

예를 들어 A회사(일반인)가 B은행의 대출금 90만원을 예금하지 않고 현금으로 가지고 있다면 C은행에는 예금이 없고 예금창출과정은 중단된다. 요구불예금의 증가액은 단지 100만원에 그치고 위에서 계산한 1,000만원에 훨씬 못 미친다. 이와 같이 대출의 일부를 일반인이 현금보유의 증가에 사용한다면 요구불예금은 예금창출모형이 가리키는 만큼 증가하지 않는다.

은행이 초과지급준비금을 전액 대출하지 않는 경우도 생각할 수 있다. 만일 B은행이 초과지준액 90만원 전부를 보유하기로 결정한다면 C은행에는 예금이 생기지 않으므로 예금창출과정은 계속되지 않는다.

따라서 중앙은행은 필요지급준비율, 은행은 초과지급준비금, 일반인은 현금보유에 관한 결정을 통해 각각 통화공급에 영향을 미친다.

3. 은행과 비대칭적 정보

은행이 금융기관 가운데 가장 중요한 역할을 하는 것은 금융시장에 존재하는 정보의 비대칭성 때문이다. 금융시장에서 거래하는 사람들이 갖고 있는 정보는 다를 수 있다. 예를 들면 차입자는 자신이 추진하는 투자계획에 대하여 대여자보다 더 많이 알고 있다. 의사가 자신의 의술에 대해 환자보다 더 자세히 알고 있는 것과 같다. 거래자 일방이 상대방보다 더 좋은 정보를 갖고 있는 경우를 비대칭적 정보(asymmetric information) 또는 정보의 비대칭성이라고 한다. 비대칭적 정보가 존재하면 금융거래에 있어 역선택(adverse selection)과 도덕적 해이(moral hazard)가 발생한다.

역선택은 거래가 성립하기 전에 생기는 비대칭적 정보문제이다. 다시 말하면 원하지 않는(adverse) 결과를 가져올 가능성이 높은 사람이 금융거래에 참여하기를 가장 원한다. 가장 적극적으로 대출받으려고 하는 차입자는 신용불량자가 될 가능성이 높다. 예를 들면 위험을 선호하는 사람이나 사기꾼은 대출금을 상환할 계획이 없으므로 대출받기 위해 가장 열심이다. 역선택으로 인해 신용불량자에게 대출할 가능성이 높기 때문에 대여자는 신용이 좋은 사람에 대한 대출도 주저하게 된다.

도덕적 해이는 거래가 성립된 후에 일어난다. 차입자가 대여자가 바라지 않는 방향으로 행동할 위험을 대여자가 부담하는 것이다. 예를 들면 대출을 받은 다음 차입자는 높은 수익을 얻기 위해 위험이 높은 사업을 추진할 수 있다. 왜냐하면 타인 자금을 이용하고 있기 때문이다. 도덕적 해이는 대출금의 상환가능성을 낮추므로 대여자는 대출을 기피할 수 있다.

역선택과 은행의 역할

역선택의 발생

비대칭적 정보 문제는 에커롭[1)](G. Akerlof)이 왜 새차 가격에 비하여 중고차는 상대적으로 더 많이 할인되는가를 분석하면서 제기되었다. 에커롭의 분석을 예를 들어 설명해보기로 한다.

중고차시장에 제조연도는 같지만 자동차의 성능이나 상태가 크게 다른 중고차가 매물로 나온다고 가정하자. 중고차를 팔려는 사람은 차를 사려고 하는 사람보다도 그 차에 대하여 더 잘 안다(비대칭적 정보). 예를 들어 중고차의 성능을 $q_1>q_2>q_3=0$와 같은 세 단계로 나눌 수 있다고 가정하자. [그림 12-1]에서 보는 바와 같이 성능이 q_1인 차는 100만원이 제값이고 q_2인 차는 50만원, q_3인 차는 값이 영이라고 가정한다. 차를 사려는 사람은 기대가격 이상의 차값은 내려고 하지 않는다. 차주인은 자기

1) Akerlof, G., "The Market for 'Lemons': Quality, Uncertainty and the Market Mechanism," Quarterly Journal of Economics 84, 1970.

그림 12-1 역선택의 과정

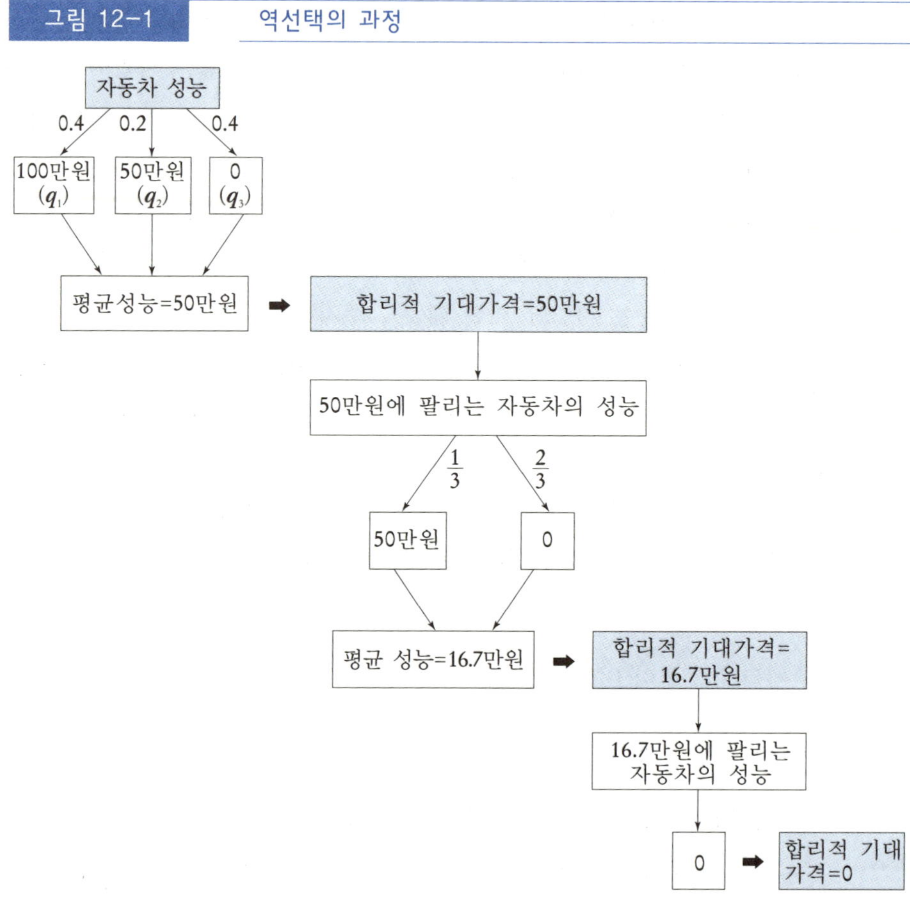

차에 대해서 잘 알고 있으나 구입하려는 사람은 차의 성능이 q_1, q_2 또는 q_3일 것이라는 것만 알 뿐 정확한 것은 알지 못한다. 그러나 차를 사려는 사람은 중고차의 품질분포는 알고 있어 차성능이 q_1이 될 확률은 0.4, q_2는 0.2, q_3는 0.4라고 믿는다. 이러한 중고차시장에서는 어떠한 일이 일어나는가?

차구매자는 임의로 선택한 중고차 가격의 기대치를 (0.4)×100만원+(0.2)×50만원+(0.4)×0=50만원으로 추정한다. 이 가격으로는 q_1의 성능을 가진 차소유주는 매각을 거부한다. q_2와 q_3의 성능을 가진 차만이 50

만원에 매물로 나올 것이다. 이것을 기대한 자동차 구매자는 중고차의 질적 분포에 대한 종래의 생각을 바꾸게 된다. 중고차 판매가격이 50만원이라면 차성능이 q_2일 확률은 1/3(=0.2/(0.2+0.4))이고 q_3일 확률은 2/3라고 추정한다. 차값의 기대치는 (1/3)×50만원+(2/3)×0=16만 7천원으로 떨어지게 된다. 따라서 50만원은 시장청산가격이 될 수 없으며 어느 차도 50만원에 팔리지 않는다. 16만 7천원이 기대가격이면 q_2의 성능을 가진 자동차는 시장에서 사라지고 오직 레몬(lemon: 성능이 나쁜 차)만이 매물로 나온다. 이러한 과정이 역선택이다.

중고차시장의 역선택문제는 중고차를 샀다가 되파는 자동차 딜러와 같은 중개인에 의하여 해결될 수 있다. 딜러는 중고차의 성능에 대해 전문성이 있기 때문에 어느 차가 피치(peach: 좋은 차)이고 어느 차가 레몬인가를 판별한다. 딜러가 좋은 차에만 보증서를 발급하여 차의 품질을 보증하면 정보의 비대칭성이 해소되기 때문에 더 많은 사람들이 정당한 가격을 지급하고 자동차를 사려고 할 것이다.

금융시장의 역선택

중고차시장과 마찬가지로 금융시장에도 레몬문제가 있다. 레몬문제는 기업의 자금조달비용을 증가시킨다. 금융시장의 역선택문제를 예를 들어 설명해 보기로 한다. 먼저 주식시장을 보자. A사는 컴퓨터칩을 생산하는 신설회사라고 가정한다. 이 회사는 자본만 조달하면 최신 칩생산기술을 개발할 수 있지만 그렇지 못하면 기술개발을 포기할 수밖에 없다. 한편 레몬사도 A사와 비슷한 칩생산을 위해 자금을 조달하려고 한다. 레몬사 생산품의 품질은 시장에 잘 알려져 있지 않지만 A사 제품보다 낮은 수준이다. 현실적으로 투자자들은 이용가능한 정보만으로는 기업의 전문적인 기술수준이나 생산능력을 정확히 판단할 수 없다. A사가 주식을 팔려고 하면 시장은 레몬사와 같은 가격으로 A사의 주식값을 정하려고 하기 때문에 A사의 주가는 저평가된다. 결국 A사의 자금조달비용은 주주가 기업에 관한 모든 정보를 갖고 있는 경우에 비해 높아지게 된다.

비대칭적 정보로 인한 역선택은 채권시장에서도 나타난다. 예를 들어

A사와 레몬사가 각각 새로운 사업에 필요한 자금을 조달하기 위해 채권 발행을 추진한다고 가정하자. 채권시장의 투자자는 두 회사가 발행한 채권 수익률이 높게 되기를 바라게 되는데 이 때 역선택이 발생할 수 있다. 왜냐하면 높은 금리를 부담하면서도 자금을 빌리려는 것은 A사보다는 레몬사와 같이 위험이 높은 차입자일 것이므로 위험이 적은 A사보다는 레몬사가 채권발행에 성공할 가능성이 높아 역선택이 발생할 수 있기 때문이다. 만일 레몬사의 사업이 성공하면 채권에 투자한 사람은 큰 수익을 얻게 되지만 실패하면 대여자는 손실을 입게 된다. 이러한 문제를 알기 때문에 대여자는 자금의 수요와 공급이 일치하는 데까지 금리를 올리기보다는 신용의 가용량을 제한하려고 한다. 신용공급의 제한은 신용할당(credit rationing)으로 나타난다. 대여자가 신용을 할당하게 되면 우량기업이든 불량기업이든 잘 알려져 있지 않은 기업은 자금조달비용이 상승하고 우량차입자마저 금융시장에서 자금조달이 어려워진다.

무임승차 문제

비대칭정보로 인한 역선택을 예방하고 정보비용을 축소시키기 위한 제도에는 여러 가지가 있다. 많은 국가는 금융시장에서 증권을 매각하고자 하는 기업에 대해서는 주식관련 정보를 공개하도록 강제하고 있다. 예를 들면 증권시장에서 주식이 거래되는 기업은 회계기준에 따라 재무제표를 작성하여 공개하지 않으면 안 된다. 이러한 공개도 정보비용을 감소시키지만 완전히 제거하지는 못한다. 그 이유로는 첫째, 우량기업일지라도 설립된 지가 오래되지 않으면 투자자들이 필요로 하는 정보가 없는 경우가 있다. 두 번째는 레몬기업은 정보를 좋은 방향으로만 과장하는 경향이 있기 때문에 이들 기업의 주식이나 채권은 과대평가될 수 있다.

정부뿐만 아니라 민간기업도 차입자에 대한 정보를 수집하고 수집한 정보를 저축자(대여자 또는 투자자)에게 판매함으로써 역선택을 감소시킬 수 있다. 저축자는 정보구입에 대가를 지급하더라도 차입자를 더 잘 판단할 수 있게 되므로 높은 수익을 얻을 수 있다. 그러나 정보를 수집하고 공급하는 민간기업도 역선택을 완전히 제거할 수는 없다. 역선택으로 인한 정보비용을 최소화하는 데 기여할 뿐이다.

민간기업이 정보를 생산하고 판매하는 기능을 원활히 수행하기 위해서는 생산된 정보에 대한 무임승차문제(free-rider problem)가 해결되어야 한다. 정보수집 업체에 회원으로 가입한 사람은 공급받은 정보에 대하여 대가를 지급하고 이용하지만 가입하지 않은 사람들이 아무런 대가를 지급하지 않고 정보를 이용하는 혜택을 받는 경우가 있다. 아무런 비용부담 없이 정보에 접근하는 사람들을 무임승차자라고 부른다. 무임승차자문제는 정보수집 기업에 피해를 주고 정보수집의 효율성을 감소시킨다. 예를 들면 어떤 사람이 주식과 채권에 관한 최신정보를 공급하는 신용평가회사에 회비를 내고 회원으로 가입했다고 하자. 이 회원이 신용평가회사가 공급하는 정보를 이용하여 저평가된 주식을 구입할 때마다 이를 모방하여 비회원들이 똑같이 주식을 산다면 주식값이 상승하게 되고 회원으로서 누리는 이익은 그만큼 줄어든다. 결국 신용평가회사의 회원은 정보를 구독하지 않거나 회비를 처음보다 적게 부담하려고 하며 수입이 줄어든 신용평가회사는 많은 정보를 저축자에게 공급하려는 의욕이 크게 감소하거나 폐업하게 될 것이다.

은행의 역할

은행은 많은 차입자의 신용에 관한 정보를 수집하는 데 전문성을 갖고 있다. 특히 은행은 레몬(신용없는 차입자)과 신용있는 차입자를 일반대여자보다 더 잘 구별하기 때문에 예금금리보다 더 높은 금리로 대출하여 이익을 얻는다. 은행은 대출정보를 공개하지 않음으로써 무임승차문제도 회피할 수 있다. 투자자들은 은행의 활동을 관찰하기 어려울 뿐 아니라 은행을 모방하여 이익을 낼 수도 없다. 일반적으로 은행의 대출자산은 금융시장에서 거래되지 않기 때문이다.

은행은 정보의 수집과 이용면에서 우월한 지위를 이용하여 비대칭적 정보로 인한 역선택의 가능성을 감소시킨다. 역선택문제를 해소할 수 있는 중개기능으로 은행은 기업의 외부자금조달에서 가장 중요한 역할을 수행하고 금융시장에서도 압도적인 위치를 차지한다.

도덕적 해이와 은행의 역할

도덕적 해이의 발생 도덕적 해이(moral hazard)는 금융거래계약을 맺은 다음 차입자의 행태가 변하는 경우, 즉 차입자가 정보를 은폐하거나 대여자가 원하지 않은 일을 하기 때문에 발생하는 정보문제이다. 대여자가 자금을 빌려 주거나 투자를 결정할 때 역선택의 효과를 최소화하기 위해서 차입자에 대한 정보를 수집하고 분석하지만 정보문제는 여기에서 끝나지 않는다. 차입자가 자금을 받은 다음 원래의 목적대로 사용하지 않거나 대여자의 이익을 반영하지 않는 방법으로 행동할 가능성이 있기 때문이다. 도덕적 해이는 주인(재산의 소유자 또는 고용인)과 대리인(재산의 사용자 또는 피고용인)의 이해관계가 상충되는 상태를 나타내기 위해 처음 보험이론에 도입되었다. 경제적 합리성에 따라 행동하는 대리인이 자신의 효용을 극대화하려고 하면 주인의 이익과 상충되거나 주인측이 손해볼 가능성이 높다. 따라서 주인은 자신과 대리인의 목적 사이에 조화가 이루어지도록 하는 계약을 체결하려고 한다. 도덕적 해이는 인간과 기계를 구분하는 하나의 기준이 될 수 있다. 기계는 도덕적 해이가 없기 때문이다.

주인-대리인문제 도덕적 해이의 대표적인 예는 주식금융(equity financing)에서 발생하는 주인-대리인문제(principal-agent problem)라고 할 수 있다. 주주(주인)와 다른 목적을 갖고 있는 경영자(대리인)의 행동으로 인해 생기는 정보문제이다. 주주는 자본을 소유하고 있는 주체이며 경영자는 기업의 자산을 통제하고 관리하는 대리인이다. 주식을 별로 소유하고 있지 않는 경영자는 기업의 가치를 극대화하고자 하는 의욕이 주주만큼 강하지 않기 때문에 주인-대리인문제가 발생한다. 기업의 이익증대(또는 주식가치의 상승)는 주주에게 귀속되지만 일반적으로 기업자산을 관리하는 경영자에게는 돌아가지 않기 때문에 이윤극대화에 대해 경영자는 주주만큼 강한 유인을 갖지 않는다. 경영자는 기업의 가치를 최대화하는 방향으로 기업을 경영하기보다는 때로는 개인적인 목적을 위해서 기업을 경영하려고 한다.

주인-대리인문제는 경영자의 행태에 관한 정보가 비대칭적이기 때문에 생기는 것이므로 기업 소유주가 경영자의 행동에 관해 완전한 정보를 갖는다면 발생하지 않는다. 경영자가 기업자금을 효율적으로 운용하고 있는지를 판단하려면 철저한 감시(모니터링)가 필요한데 그러한 감시에는 비용이 많이 소요된다. 소액주주들에게는 이러한 감시비용을 부담할 만한 유인이 없다. 어떤 소액주주들이 경영자를 감시할 생각이 있다 할지라도 다른 주주들은 무임승차할 것이다.

부채금융

도덕적 해이로 인해 발생하는 정보비용을 감소시키는 방법으로 주식금융 대신 부채금융(debt financing)을 들 수 있다. 예를 들면 어떤 기업의 주식을 매입하는 형태로 1억원을 투자하기보다는 1억원을 금리 10%의 조건으로 빌려 주는 것이다. 부채는 만기상환이 약정되어 있기 때문에 그 기업이 상환불능 상태에 이르지 않는 한 채권자는 굳이 기업을 감시할 필요가 없다. 차입자가 원리금을 지급하는 한 채권자는 기업의 수익이 얼마이건 관심을 가질 이유가 없다. 부채금융의 경우 주식투자에 비하여 자금대여자가 부담할 감시비용이 더 적다는 이점이 있다.

부채금융이 주식투자보다 도덕적 해이문제를 감소시키지만 이를 완전히 제거하는 것은 아니다. 그 이유는 대차계약에 의하여 자금을 차입한 채무자도 높은 이익을 획득하기 위해 위험성이 높은 사업을 추진할 가능성이 있기 때문이다. 사업이 성공하면 기업에게는 다행이지만 실패하면 대여자는 원리금을 상환받지 못하게 된다. 대차계약에도 도덕적 해이의 위험성이 존재한다. 이러한 도덕적 해이문제를 제거하기 위하여 대여자는 기업이 리스크가 높은 사업을 추진하는 것을 제한하는 약정을 대차계약에 반영할 수 있다. 그러나 기업이 실제로 약정내용을 이행하고 있는지 감시하는 데 드는 비용이 클 뿐 아니라 약정 때문에 채무증서의 시장성과 유동성이 감소될 수 있다. 약정만으로 차입자의 위험성 높은 모든 활동을 억제하고 대여자를 보호하는 것도 어려운 일이다.

은행의 역할

도덕적 해이의 대표적 예인 주인-대리인문제는 금융중개로 해결할 수 있다. 한 예로서 동업자들의 출자금을 모아 새로 시작하는 사업에 투자하는 벤처캐피탈(venture capital)을 들 수 있다. 벤처캐피탈은 창업 자본을 제공해 주는 대가로 신생회사의 주식을 받는다. 도덕적 해이를 제거하기 위해 대상기업의 이사회에 자신의 직원을 파견하기도 한다. 벤처캐피탈이 자금을 공급하는 초기에는 대상기업의 주식은 다른 누구에게도 매각되지 않으므로 다른 투자자들은 벤처캐피탈의 감시에 무임승차할 수도 없다. 벤처캐피탈은 도덕적 해이문제를 최소화할 수 있다.

금융중개기관, 특히 은행은 많은 저축자를 위해 위임받은 감시자(delegated monitor)로 행동함으로써 차입자의 기회주의적인 처신을 방지하고 도덕적 해이로 인한 정보비용을 감소시켜 자금을 저축자로부터 투자자에게 원활히 중개한다.

위임받은 감시자에 관한 다이아몬드(D. Diamond)의 이론을 그림으로 설명해 보기로 한다. 먼저 금융중개기관이 없는 경우를 보자. [그림 12-2]에서 직접금융을 통하여 n개의 기업이 m명의 소액대여자로부터 투자자금을 구하려 한다고 가정하자. 대여자는 기업에 대해 단지 $1/m$의 자금만을

그림 12-2 직접금융

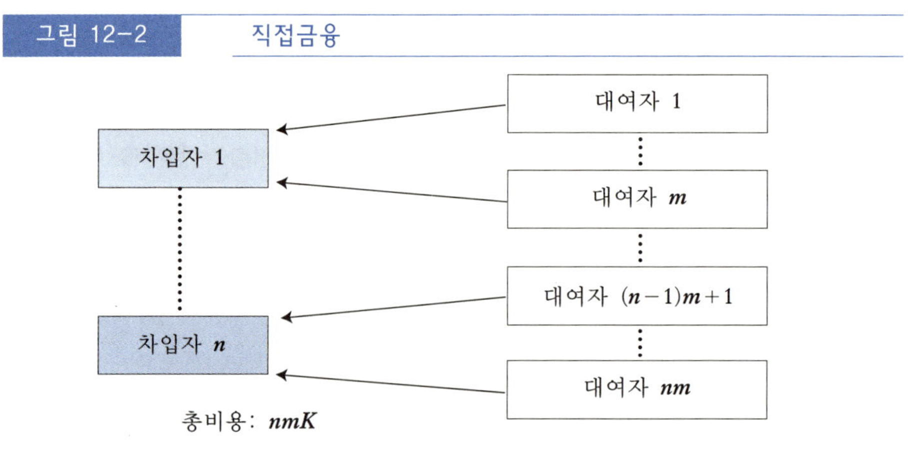

대여할 수 있다. 이 때 m명의 대여자는 비대칭적 정보로 인해 기업(1, ⋯, n)의 투자 프로젝트 현금흐름에 관하여 정확히 알 수 없기 때문에 도덕적 해이문제가 발생할 수 있다. 차입자의 도덕적 해이를 예방하기 위한 감시비용이 대여자 1인당 K만큼 발생한다면 그림에서 볼 수 있는 것처럼 기업당 감시비용은 mK가 되고, n개 기업 전체의 총감시비용은 nmK가 된다.

다음으로 [그림 12-3]에서 보는 바와 같이 m명의 대여자가 기업에 대한 감시기능을 은행에 위임하는 경우를 살펴보자. 은행 역시 기업당 감시비용으로 K가 발생할 것이므로 n개 기업에 대한 총감시비용은 nK가 된다.

여기서 새롭게 제기되는 문제는 nm의 소액대여자가 n개 기업에 대한 은행의 감시행위를 관찰할 수 없고 감시행위에 관한 정보를 얻을 수 없기 때문에 또 다른 도덕적 해이가 생길 수 있다. 은행의 도덕적 해이를 방지하기 위해서는 nm의 대여자는 은행을 직접 감시해야 하고 그러한 감시는 막대한 비용(nmK)을 초래한다. 그러나 대여자는 $1/m$의 대여금액에 대한 명목금액(이자+원금)을 보장받을 수 있고 그렇지 못할 경우에는 은행은 청산된다는 조건의 예금계약을 대여자와 은행 사이에 맺는다면 이러한 문제를 해결할 수 있다. 예금계약과 관련된 비용을 C_n이라고 할 때

그림 12-3　은행을 통한 간접금융

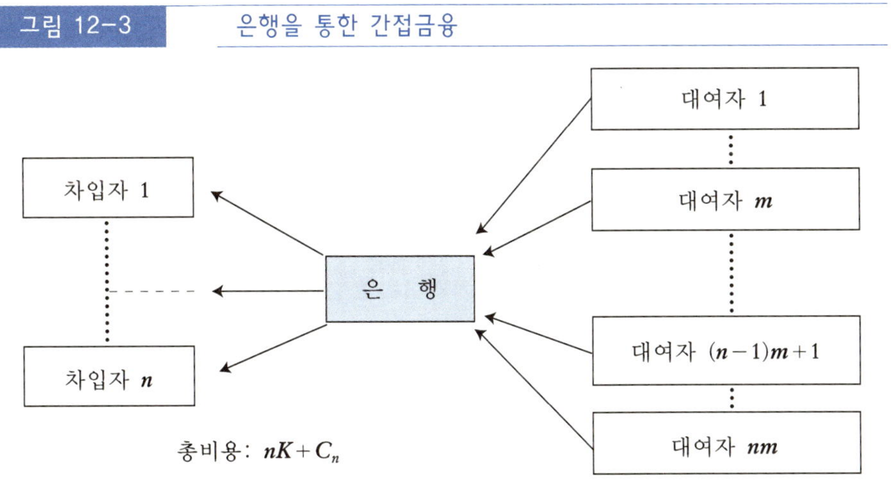

그림에서 알 수 있듯이 은행을 통한 간접금융관련 총비용은 $nK+C_n$이 된다. 감시기능을 은행에 위임함으로써 발생하는 총비용 $nK+C_n$이 m명의 대여자가 직접 감시하는 경우의 총비용 nmK보다 작으면, 정보의 비대칭성하에서도 감시기능을 은행과 같은 금융중개기관에 위임하는 것이 금융시장의 효율성을 높인다.

4. 우리나라의 은행제도

은행의 정의

은행의 정의는 제도적 측면에서 매우 중요하다. 왜냐하면 은행으로 규정되는 금융기관은 일반기업이나 다른 금융기관에 비해 엄격한 감독과 규제를 받기 때문이다. 어떤 금융기관이 은행에 속하느냐 하는 것은 매우 중요한 의미를 갖는다. 일반적으로 은행에 대한 정의는 법에 의해서 정해진다.

일상적인 예대업무

우리나라는 은행법에 예금의 수입, 유가증권, 기타 채무증서의 발행에 의하여 불특정 다수인으로부터 채무를 부담하여 조달한 자금을 대출하는 것을 규칙적·조직적으로 행하는 법인을 은행이라고 정의하고 있다. 한편 미국은 은행지주회사법에 의하여 요구불예금의 수입과 상업대출을 함께 영위하는 자를 은행으로 규정하고 있다. 일본도 은행법에 예금 또는 정기적금의 수입과 자금대출 또는 어음대출을 함께 하거나 환을 거래하는 자를 은행이라고 한다. 따라서 은행은 일반인으로부터 예금을 받아 대출을 일상적인 업으로 하는 금융기관이라고 정의된다.

은행은 첫째, 예대업무를 일상적으로 또는 체계적·조직적으로 행한다. 일반기업도 영업하는 과정에서 고객에게 자금을 빌려주거나 타기업으로부터 자금을 차입하지만 은행으로 분류하지 않는 것은 대차업무를 일상적이거나 규칙적·조직적으로 행하는 것이 아니기 때문이다.

두 번째, 은행은 예금과 대출을 업으로 행한다. 은행의 주된 생산물은 대출이며 대출자금은 일반인으로부터 받은 예금으로 조달한다.

세 번째, 은행은 일반인 또는 불특정다수인을 상대로 하는 금융기관이다. 사적 기관이면서 일반인에게 유동성이나 지급결제 등 독특한 서비스를 제공한다. 일반인을 상대로 하기 때문에 예금자보호와 지급제도의 안정성 확보를 위해서 공적 기관이 은행활동에 대해 감독과 규제를 행하게 된다.

은행의 종류

은행이라는 명칭을 사용하는 금융기관은 은행법에 의하여 설립된 일반은행과 특별법에 의하여 설립된 특수은행이 있다. 예를 들면 한국산업은행은 특별법에 의하여 설립된 금융기관으로서 은행이라는 명칭을 사용하고 있으나 은행법에 의하여 설립된 은행과는 다르다.

일반은행은 은행법에 의하여 금융감독위원회의 인가를 받아 설립된 금융기관이다. 일반은행은 전국을 영업구역으로 하는 시중은행과 영업구역이 원칙적으로 소재지인 도나 광역시로 제한되어 있는 지방은행 및 외국은행 국내지점이 있다. 한편 특수은행은 특별법에 의하여 설립된 금융기관으로 일반은행이 재원, 채산성 또는 전문성 등의 제약으로 필요한 자금을 충분히 공급하기 어려운 특수경제부문에 자금을 공급하는 기능을 담당함으로써 일반은행 기능을 보완하고 이를 통해 국민경제의 균형적 발전을 도모하기 위해 설립된 은행이다. 재원조달은 재정자금 및 채권발행 등에 의존한다.

은행의 소유구조

주식 소유의 제한

우리나라의 은행법은 동일인[1)]의 은행주식 소유한도를 원칙적으로 의

1) 주주 1인과 대통령령이 정하는 특수관계인.

결권 있는 발행주식의 10%로 제한하고 있다. 다만 산업자본의 은행지배를 막기 위해 산업자본이 4%를 초과한 은행주식을 보유한 때는 초과분에 대한 의결권은 행사할 수 없다.

은행주식의 소유제한에 대해서는 의견이 엇갈리고 있다. 은행주식의 소유를 제한하여야 한다고 주장하는 가장 큰 이유는 산업자본의 은행지배를 방지하려는 데 있다. 우리나라와 같이 소수 대규모 기업집단에 경제력이 과도하게 집중되고 있는 상황에서 대기업에게 은행업 진출까지 허용하면 경제력 집중은 더욱 심화될 우려가 있다. 그리고 산업자본의 은행소유를 허용할 경우 이익상충(conflict of interests)문제와 불공정행위가 발생할 가능성이 높다. 예를 들면 대규모 기업집단이 은행을 지배하게 되면 경쟁기업에 대한 정보의 부당한 이용과 대출제한, 동일계열사에 대한 대출우대, 대출시 계열기업제품의 구입강요 등 불공정행위가 발생해도 은행감독이나 공정거래에 관한 규제로는 이를 막기 어렵다. 그 밖에 은행을 소유하는 산업자본의 계열기업이 경영실패로 은행을 부실화시키면 금융제도가 불안정해질 수 있다.

한편 은행주식의 소유한도를 완화하거나 폐지하여야 한다는 주장에 따르면 책임경영체제를 확립하기 위해서는 소유한도규제를 완화하거나 폐지하여 지배주주가 경영권을 행사할 수 있도록 하여야 한다. 은행부실화의 근본원인은 동일인의 주식소유한도를 엄격히 규제함으로써 책임경영체제가 확립되지 못한 데 있다. 은행주식의 소유규제를 완화할 경우 현실적으로 지배주주가 될 수 있는 자금력을 갖고 있는 주체는 산업자본밖에 없으므로 산업자본에 의한 은행소유는 불가피하다. 특히 종금, 증권, 보험 등 비은행금융기관에 대해서는 소유규제를 하지 않으면서 은행에 대해서만 산업자본의 소유를 금지하는 것은 형평에 어긋난다고 주장한다.

주요국 현황

미국 · 영국 · 독일 등 주요 선진국은 은행주식을 일정비율(5~10%) 이상 소유하려면 감독당국에 신고하거나 사전승인을 받도록 은행법 등에서 규제하고 있다. 미국은 1956년 은행지주회사법을 제정하면서 은행지주회사(bank holding company)[1]의 주식을 소유하려고 하는 자는 은행업과 관계가 없는 회사의 주식을 보유할 수 없도록 함으로써 산업자본의 은행업 진출을 원천적으로 금지하였다. 일본은 은행법상으로는 은행소유에 대한 규제가 없으나 타회사 주식을 소유함으로써 경쟁을 제한할 가능성이 있을 경우 이를 금지하는 독점금지법의 적용을 받는다.

선진국의 소유구조 현황을 보면 은행주식의 소유는 보험회사, 투신사와 같은 기관투자가를 중심으로 광범위하게 분산되어 있으며 최대주주의 지분율은 대체로 4~7%의 수준을 나타내고 산업자본이 최대주주인 경우는 거의 없다. 예를 들면 미국과 일본은 지분율이 1% 미만인 소액주주의 지분 합계가 60~80% 수준이며 독일[2]은 90%를 상회하고 있다.

은행의 경영지배구조

은행의 경영지배구조는 은행경영을 감시하고 견제하는 통제장치(corporate governance)를 의미하는데, 내부적으로는 이사회, 주주총회 등이 이러한 기능을 담당한다. 일반적으로 은행 경영지배구조는 주주가 이사회의 이사를 선임하고 이사회는 주주를 대리하여 은행장에게 경영목표를 제시한 후 목표달성 여부를 평가하여 이에 합당한 보상을 해 주는 것이다.

이 사 회

이사회는 은행의 경영목표를 사전에 설정하고 사후적으로 은행의 경영목표에 따라 실제 운영되고 있는지를 확인하며 이러한 활동을 주주에게 알려 경영을 보다 투명하게 하는 역할을 담당한다. 우리나라 은행은 책임경영체제를 확립하기 위해 1997년 1월 비상임이사 중심의 새로운 이사회 제도를 도입하였다. 이사회는 상임이사와 비상임이사로 구성되며 비상임

1) 은행의 의결권 있는 주식총수의 25% 이상을 직접 또는 간접적으로 소유하거나 지배하는 회사이다. 대규모 상업은행의 대부분은 은행지주회사의 자회사이다. 예를 들면 Citi은행은 Citi그룹이라는 은행지주회사의 자회사이다.

2) 독일 3대 은행(Deutsche Bank, Commerzbank, Dresdner Bank) 중 Dresdner Bank는 예외적으로 지분율이 1% 미만인 소수주주의 지분율 합계가 다소 낮은 수준이다.

그림 12-4 은행의 경영지배구조(예시)

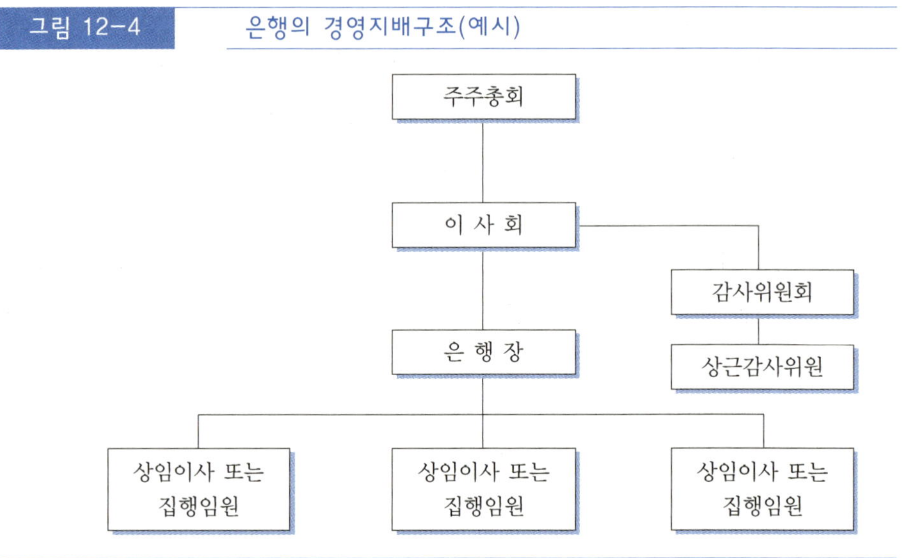

이사의 수가 상임이사보다 많아야 한다. 임원의 임기 및 이사의 수는 상법상의 제한범위 내에서 각 은행의 정관에 따라 자율적으로 정한다. 비상임이사의 선임은 주주대표 및 이사회가 추천하는 이사가 각각 70%, 30%씩 되도록 하였다. 또한 산업자본이 은행을 실질적으로 지배하는 것을 차단하기 위하여 5대 계열기업군 소속기업체, 계열주 및 계열주의 특수관계인은 비상임이사가 될 수 없다. 한편 비상임이사만 참여하는 이사회에서 은행장 및 감사후보를 금융감독위원회에 추천한다.

이사회는 은행의 최고의사결정기구로서 경영목표의 설정 및 평가, 정관의 제정 및 변경, 임직원의 보수를 포함한 예·결산, 거액 부실여신 및 사고처리 대책, 해산·영업양도 및 합병 등 조직의 중요한 변경사항 등을 심의·의결한다.

감 사

감사는 은행의 업무와 재산상태를 상시 감사하고 이사에 대하여 영업에 관한 보고를 요구할 수 있다. 감사는 이사회에 출석하여 의견을 진술할 수 있으며 이사가 법령 등을 위반한 행위를 하거나 그 행위를 할 염려가 있다고 인정될 때에는 이사회에 이를 보고하여야 한다.

주주총회

주주총회는 이사 및 감사의 선임 또는 해임, 재무제표 승인, 정관변경 등의 사항을 의결한다. 주주들은 이사의 위법행위를 중지할 것을 청구(이사의 위법행위중지청구권)할 수 있으며 은행에 대하여 이사의 책임을 추궁할 소의 제기를 청구(대표소송제기권)할 수 있다. 한편 장부와 서류의 열람 및 등사를 서면으로 청구(회계장부열람청구권)할 수 있는 권한을 행사할 수 있다.

은행의 업무영역

겸업화추세

은행제도는 업무의 취급범위에 따라 예금과 대출업무만을 영위하는 전업은행제도(sound banking system)와 예대업무 외에 증권의 인수 및 중개, 투자관리, 보험 등의 금융서비스를 제공하는 겸업은행제도(universal banking system)로 구분된다. 순수한 의미의 겸업은행은 은행, 증권, 보험과 관련된 업무를 단일금융기관에서 영위하는 것을 가리키나 자회사 등을 통한 비은행업무 수행도 광의의 겸업은행으로 분류된다.

은행제도는 나라마다 형태를 달리하고 있다. 독일은 오래 전부터 겸업제도를 채택해 왔지만 전업은행제도를 근간으로 해 오던 영국, 일본, 미국 등 여러 나라도 은행의 업무영역 제한을 대폭 완화 또는 철폐하는 방향으로 금융개혁을 추진함으로써 은행의 증권 및 보험업 겸업이 일반화되어 가는 추세를 보이고 있다. 예를 들면 미국은 글래스 스티걸법(Glass-Stegall Act)에 따라 은행업과 증권업을 엄격히 분리하여 왔으나, 연준이 1989년 은행지주회사의 회사채인수, 1990년 J.P.모건에 주식인수를 허용하면서 겸업화가 급속하게 진전되었다. 1999년 11월에는 금융현대화법[1)]

1) The Financial Services Modernization Act.

이 제정되어 은행, 증권, 보험업의 겸업을 허용하였다.

우리나라는 전업은행제도를 원칙으로 하였으나 은행업 이외에 금전신탁 · 재산신탁 등 신탁업무, 증권업무 중 국공채 인수 및 판매, 사모사채 인수, 환매조건부채권매매, 기관투자가로서 자기계산에 의한 유가증권의 보유 및 운용 등을 직접 영위하고 있으며 그 밖의 증권업무, 리스 등은 자회사를 통해 취급하고 있다. 따라서 우리나라의 은행제도는 전업제도와 겸업제도의 중간형태를 띠고 있으며 대체로 [그림 12-5]와 같이 나타낼 수 있다.

그림 12-5 우리나라 은행의 겸업형태

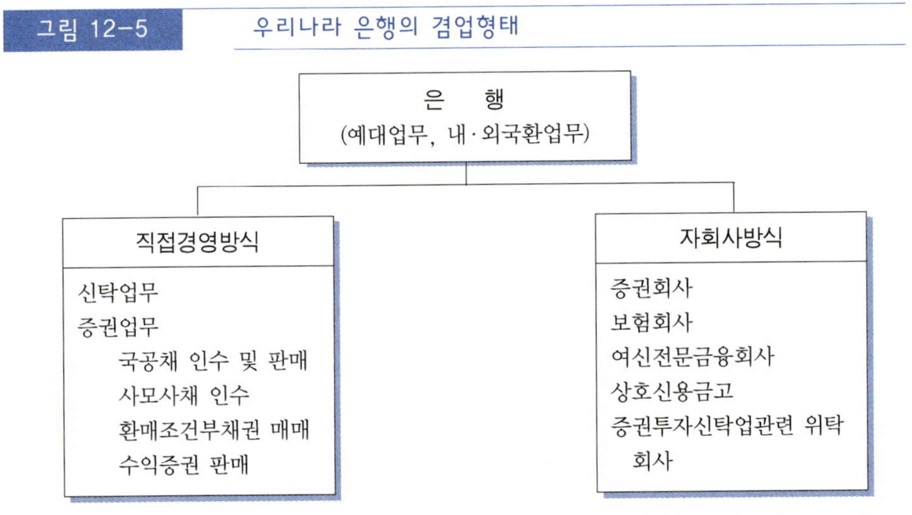

겸업화의 장단점

범위의 경제

겸업은행제도를 지지하는 주요한 논거로는 범위의 경제가 자주 인용된다. 범위의 경제는 동일한 생산자원을 가지고 한 가지 상품을 생산하는 것보다 더욱 낮은 비용으로 두 가지 이상의 상품을 생산할 수 있을 때 나타난다. 금융산업에서 범위의 경제는 주로 고정자산을 공동으로 이용하는 데에서 발생한다. 그 밖에 범위의 경제가 발생하는 요인으로서 전산설비나 정보의 공동이용에 의한 생산비용의 절감, 은행점포 등 서비스 전달체계의 공동이용에 의한 거래비용의 절감 등을 들 수 있다. 또한 업무영역 확대는 각 업무별로 금융기관간 경쟁을 심화시켜 금융산업의 효율성을 제고하는 효과도 있다.

은행의 안전성

겸업은행제도는 다양한 장점을 가지고 있음에도 불구하고 그 동안 각국이 이 제도의 도입에 소극적이었던 이유는 은행이 고위험의 증권 · 보험업무를 수행하면 은행의 안전성이 저하될까 우려했기 때문이다. 은행경영의 안전성이란 항상 예금자를 비롯한 모든 청구권자에게 채무를 상환할 수 있는 청산능력(solvency)을 갖추고 있다는 것을 뜻한다. 은행의 안전성이 크게 낮아지면 악성루머 등 심리적 요인에 의한 예금인출사태, 이자율 상승 등의 부작용이 나타나 금융산업은 물론 타산업 및 국민경제에 심각한 문제를 야기시킬 수 있다.

그러나 은행의 겸업은 안전성 측면에서 다음과 같은 효과를 가져올 수도 있다. 은행고유업무와 여타 금융업무의 수익률간에 상관관계가 낮으면 겸업화를 통해 위험을 분산하는 효과를 얻을 수 있다. 반면 상관관계가 낮을지라도 증권 및 보험업무의 위험도가 은행업무의 위험도보다 크면 결국 겸업은행의 위험도는 증대된다. 따라서 겸업화로 인한 은행의 안전성 저하 여부는 실증분석을 통해서만 가려질 수 있다. 실증분석에 따르면 은행업무만을 수행하는 것보다 적정수준의 보험업무나 증권업무를 동시에 수행하는 것이 오히려 위험분산효과로 인해 은행의 안전성이 높아지는 것으로 나타났다.

업무영역

우리나라 은행의 업무범위는 은행법 등에 규정되어 있다. 은행은 고유업무와 부수업무를 별도의 인가없이 영위할 수 있으나 은행업이 아닌 업무를 직접 경영하기 위해서는 금융감독위원회의 인가를 받아야 한다.

고유업무는 예금수입이나 유가증권 또는 채무증서의 발행에 의해 조달한 자금을 대출하는 업무와 내·외국환업무로 되어 있다. 은행은 요구불예금의 수입에 의한 만기 1년 이내의 대출, 즉 전통적인 상업금융업무

외에 장기금융업무도 영위할 수 있다. 여기서 장기금융업무는 1년 이상의 기한부예금 또는 사채의 발행에 의하여 조달한 자금을 1년을 초과하는 기한으로 대출하는 것을 말한다.

부수업무는 은행업무를 영위하는 데 수반되는 업무를 가리킨다. 채무보증, 어음인수, 상호부금, 유가증권 투자, 환매조건부채권매매, 유가증권의 인수·매출, 유가증권의 모집 또는 주선, 팩토링 등이 포함된다. 그 밖에 겸영업무에는 신탁업과 신용카드업이 있다.

종전의 은행업무는 예금과 대출 위주로 운용되어 왔으나 금융수요가 다양화되고 상대적으로 규제를 덜 받는 비은행금융기관의 급성장으로 은행의 자금중개기능이 위축됨에 따라 점차 은행의 업무범위는 확대되었다. 대표적인 사례로 국공채, 회사채의 인수, 환매조건부 국공채매도, 신용카드업무, 환매조건부 회사채매도, 사모사채 인수, 국공채 창구판매 등을 들 수 있다.

한편 은행은 2003년 8월부터 방카슈랑스(bancassurance)를 도입하였다. 방카슈랑스는 은행이 보험회사와 연계하여 보험상품을 개발 판매하는 것으로 새로운 형태의 금융서비스라고 할 수 있다. 프랑스에서 처음 시작하여 유럽은 물론 미국과 일본에서도 도입되었다.

금융지주회사

위에서는 은행의 겸업형태로 직접경영방식과 자회사방식 두 가지를 보았다. 금융기관의 겸업화와 금융의 대형화를 위한 새로운 형태로 금융지주회사제도가 2000년 10월에 도입되었다.[1)]

금융지주회사(financial holding company)는 주식소유를 통해 은행업, 증권업, 보험업 등의 금융업을 영위하는 금융회사를 소유, 지배, 관리하는 것을 주된 사업으로 하는 지주회사이다. 금융지주회사는 고유사업 없이 주식소유를 통해 자회사를 지배하는 순수지주회사[2)]이다.

1) 금융지주회사제도는 미국에서 겸업화를 대폭 허용하는 Gramm-Leach-Biley법이 1999년 11월 제정되면서 각국으로 확산되었다.

2) 고유의 사업을 영위하는 지주회사는 사업지주회사라고 한다.

그림 12-6 금융지주회사의 조직도(예시)

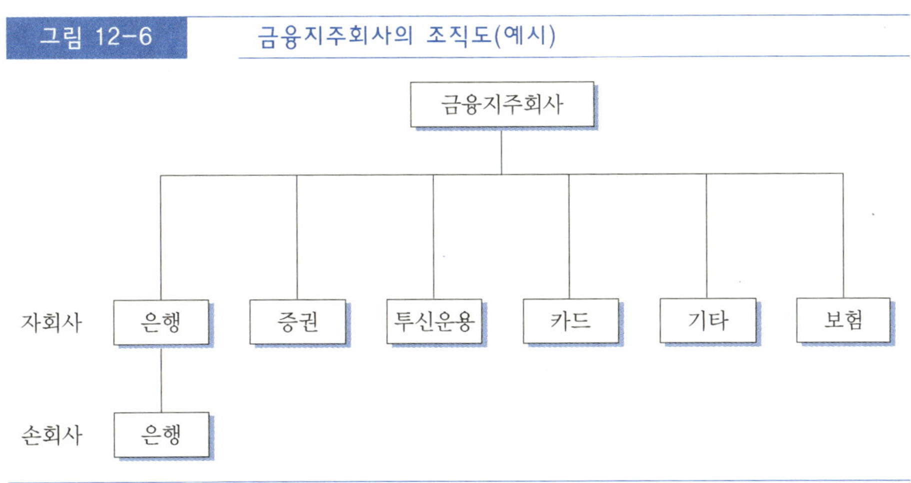

겸업화를 위한 은행 자회사 방식은 위에서 본 바와 같이 모회사인 은행 아래 증권, 보험 등 비은행금융기관이 종속적으로 배치되지만 금융지주회사 방식은 지주회사 산하에 은행을 포함한 여러 가지 금융기관이 서로 독립된 지위로 병렬해서 배치된다.

지주회사는 중앙집권적 조직으로서 일상적인 업무에서 벗어나 금융업을 포괄하는 중장기적인 경영전략을 수립하고 추진하는 데 전담한다. 중복되는 개별회사의 경영전략과 관리기능의 상당부분을 지주회사가 담당함으로써 그룹의 효율성을 제고한다.

금융지주회사제도의 효율성에 관한 논의는 은행의 겸업화와 마찬가지로 범위의 경제와 위험분산효과에 집중된다. 금융지주회사제도는 자회사를 통한 다양한 금융상품의 겸업이 가능하도록 하기 때문에 금융상품의 생산 및 판매비용이 절감됨으로써 수익이 증가하는 범위의 경제를 누릴 수 있다. 범위의 경제는 다양한 금융상품을 동일한 금융기관 또는 금융그룹이 제공함으로써 금융상품단위당 고정비용과 간접비용이 절감되면서 나타난다. 또한 정보기술의 발달로 정보의 집중과 공유가 용이해지면 범위의 경제는 더욱 증가한다. 금융겸업화로 이러한 경제적 효과에 대해서 실증분석은 대체로 긍정적이다.

다음으로 금융지주회사의 위험은 앞서 본 은행자회사방식과 마찬가지로 포트폴리오이론에 따라 자회사의 수익률이 완전정상관관계를 갖지 않으면 감소된다고 가정할 수 있다. 그러나 자산운용의 다각화로 사업기회가 확대된 금융지주회사는 보다 위험이 높은 사업을 선호하게 되어 오히려 위험이 증가한다는 주장도 적지 않다.

제 13 장

은행경영의 원리

1. 은행경영의 목적

은행경영의 목적

은행은 다른 기업과 마찬가지로 기본 목적은 주주의 부(wealth)를 극대화하는 것이다. 따라서 대출, 투자, 차입, 가격 및 서비스 등에 관한 은행의 결정은 주주의 부에 미치는 영향을 반영하여 이루어진다.

주주의 부는 은행주식의 시장가치에 의하여 측정된다. 주식의 시장가치는 세 가지 요인 즉 현금흐름[1)](cash flow), 현금흐름의 타이밍, 현금흐름과 관련된 위험에 의하여 결정된다.

은행경영의 제약

은행은 수익과 위험이 균형을 이루는 가운데 주주의 투자가치를 극대화하여야 한다는 것 외에도 여러 가지 경영상의 제약을 받는다.

1) 현금흐름의 개념에 관해서는 제8장 2 참조.

그림 13-1　은행경영의 목적과 제약

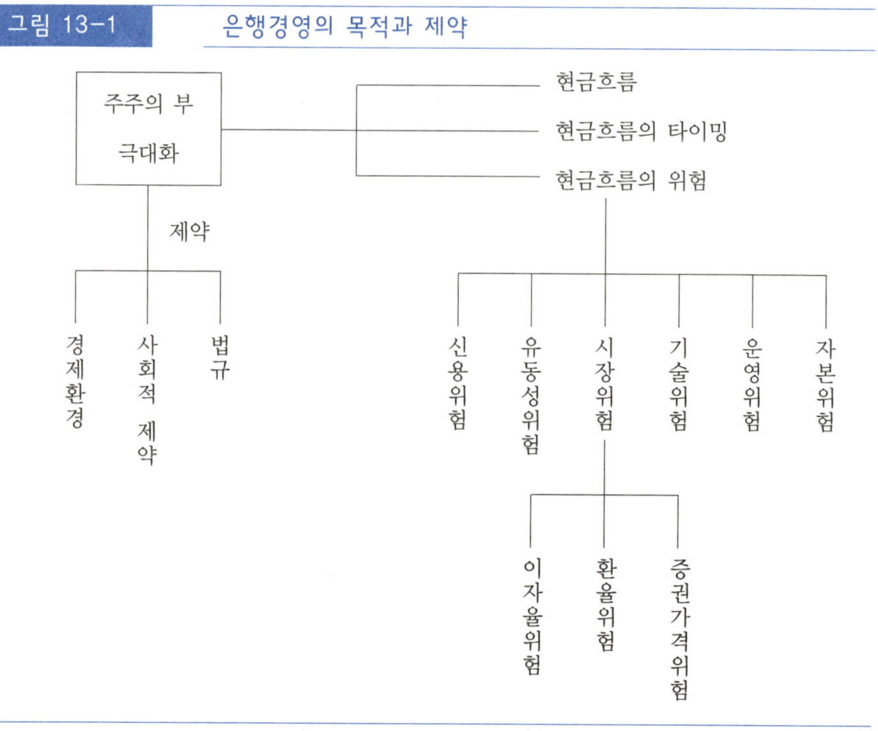

경제환경과 경쟁

경제환경은 은행경영을 제약한다. 은행의 수익과 성장은 경제성장의 영향을 받기 때문이다. 경제가 발전하고 성장하면 은행도 함께 성장하고 이익은 증가할 것이다. 경기침체, 디플레이션 또는 자연적 재해 등으로 인해 경제가 곤경에 빠지면 은행의 이익도 감소하고 경제성장은 정체될 것이다. 실제로 대부분의 은행파산은 경제불황에 기인한다.

금융시장에서의 치열한 경쟁도 은행경영에 영향을 미친다. 예를 들어 은행경영자가 신용위험을 보상하기 위해서는 대출이자가 8%는 되어야 한다고 믿어도 다른 금융기관이 7%로 대출한다면 금융시장은 은행경영을 제약한다.

사회적 제약

사회적 제약은 은행이 금융제도에서 핵심적인 역할을 수행하기 때문에 생긴다. 은행의 경영성과는 지역사회의 경제발전과 긴밀한 관계를 갖고 있기 때문에 경제적, 사회적 활동을 통하여 지역사회의 발전과 생활향상에 적극적으로 기여하여야 한다.

법 규

은행은 정부의 감독과 규제를 가장 많이 받는 산업이다. 은행의 포트폴리오에 대한 법규와 감독은 은행경영에 대한 가장 큰 제약이라고 할 수 있다. 대부분의 감독과 규제는 은행의 신용, 경제적 가치, 건전성 등에 영향을 주는 위험을 감소시키기 위한 것이다.

2. 은행의 재무구조

대차대조표

은행의 대차대조표(balance sheet)는 특정시점을 기준으로 은행이 보유하거나 투자한 자산, 부채 및 자본을 나타낸다. 대차대조표는 다음과 같은 관계로 요약된다.

자산 = 부채 + 자본

은행자산은 현금 및 예치금, 유가증권, 대출 등이 주요항목이며 부채는 예금과 차입금 두 가지가 대부분이다. 자본은 주주가 은행에 투자한

[표 13-1] 대차대조표상의 주요 항목

자 산	부채와 자본
현금 및 예치금	예금
유가증권	차입금
대출	기타 부채
고정자산	자본
기타자산	

것이다. 대차대조표상의 부채와 자본은 은행이 대출이나 투자에 필요한 자금의 조달규모와 구성내용을 나타내는 반면 자산은 은행이 대출, 유가증권 및 기타 자산에 자금을 얼마 할당했는지를 가리킨다.

은행의 자산

은행이 보유하고 있는 자산은 운용하는 방법에 따라 대체로 현금 및 예치금, 유가증권, 대출금, 고정자산 및 기타자산 등으로 구분된다.

현금 및 예치금

현금은 은행이 매일 매일의 예금인출과 대출에 대비하기 위하여 보유하고 있는 자산으로서 시재금(vault cash)과 타점권 등이 포함되며 가장 유동성이 높은 자산이다. 시재금은 고객의 현금인출요구에 응하기 위하여 은행금고에 보관된 지폐와 주화를 말한다. 은행은 시재금이 법정지급준비금의 일부로 계산된다는 이점이 있음에도 불구하고 수익성이 없고 보관 및 수송에 따르는 높은 비용과 위험 때문에 최소한의 시재금만을 보유하려고 한다. 타점권은 고객과의 거래 등으로 보유하게 된 타점지급 어음·수표 및 제 증서를 의미하는데, 구체적으로는 국고수표, 은행자기앞수표, 당좌수표 등이 포함된다.

예치금은 여유자금을 운용하거나 은행간 거래를 결제하기 위하여 타 금융기관에 예치한 자산인 정기예치금, 당좌예치금 등과 은행이 예금채무의 일정비율을 한국은행에 예치한 지급준비금이 있다.

유가증권

은행은 이자소득을 수취하고 유동성을 확보하기 위하여 각종 유가증권을 보유하는데 국채, 통화안정증권, 주식 및 사채 등이 포함된다. 은행이 법정지급준비금, 고객의 일상적 현금인출요구, 고객발행 수표의 교환 등을 위해 보유하는 자금을 제1선 지급준비금(primary reserves)이라고 한다면 국채와 같이 시장성이 있는 유가증권은 제1선 지급준비금의 부족을 보충하기 위한 제2선 지급준비금(secondary reserves)이라 할 수 있다. 은행은 제1선 지급준비금의 부족에 대비하여 제2선 지급준비금으로서 유동성이 높은 단기유가증권을 보유하는데, 이는 현금이 필요할 때 자본손실의 위험을 거의 수반하지 않고 즉시 현금화할 수 있는 자산이기 때문이다. 제2선 지급준비금에 포함되지 않은 유가증권은 은행의 투자포트폴리오로서 이자소득 및 자본이득을 목적으로 보유한다.

대 출 금

대출금[1]은 이자수취를 목적으로 일정한 담보를 제공하거나 신용으로 원리금의 반환을 약정한 고객에게 융자해 준 자금이며 은행의 자금운용형태 중 대표적인 것으로 은행자산 가운데 가장 큰 비중을 차지한다. 대출이자는 은행의 최대수익원이 된다. 대출금은 약정한 이자율에 의해 이자를 수취하므로 수익성이 비교적 안정적이고 다른 자산보다도 높은 수익률을 제공해 준다. 반면 차입자에 대한 개별적 신용공여라는 점에서 차입자의 상환능력 및 상환의사가 대출채권의 건전성을 결정하므로 채무불이행위험이 있으며 만기 전에는 현금화할 수 없어 유동성이 낮다.

은행대출 가운데 콜론은 자금중개회사를 통하거나 금융기관간 직접거래에 의하여 다른 금융기관에게 자금을 단기로 대여한 것이다. 한편 매입어음은 기업 등이 발행한 상업어음, 무역어음, 환어음 등을 매입하는 방식으로 대여한 대출채권을 가리킨다.

고정자산

은행이 영업상 필요 때문에 소유하고 있는 업무용 고정자산과 주로 대출금의 정리를 위해 취득한 비업무용 고정자산이 있다.

은행의 부채와 자본

은행부채는 주로 저축자로부터 조달한 자금이다. 대출이나 유가증권투자와 같이 은행에 소득을 가져다주는 자산을 구입하는 데 운용(금융투

---

1) 은행의 자금공여는 대출(loan)과 할인(discount)이라는 두 가지 형태를 취하는데, 증서의 액면금액을 모두 공여하고 만기일에 원금과 이자를 받기로 하면 '대출', 액면금액에서 이자를 미리 뺀 나머지를 공여하고 만기일에 원금만 받기로 한다면 '할인'이라고 한다.

입)하며 조달방법에 따라 예금, 차입금 등으로 구분된다.

예 금

은행예금은 이자지급 등을 조건으로 일반대중 또는 기업, 공공기관 등 불특정다수로부터 예수받아 관리·운용하는 자금으로서 은행 자금조달의 주된 원천이다.

은행예금은 요구불예금과 저축성예금으로 구분된다. 요구불예금은 예금주의 지급청구가 있으면 언제든지 조건 없이 지급해야 하는 예금으로 현금과 거의 같은 유동성을 갖기 때문에 통화성예금이라고도 부른다. 요구불예금은 예금주의 요구에 의해 즉시 인출되므로 이자가 거의 없거나 지급되어도 이자율이 매우 낮아 조달비용이 저렴한 자금원천이다.

차 입 금

은행은 운용자금을 주로 예금에 의해서 조달하지만 한국은행, 정부, 타금융기관, 각종 기금 등으로부터 차입하여 조달하고 있다. 한국은행 차입금은 상업어음재할인이나 무역금융 등을 위한 총액한도대출, 일시부족자금대출, 농축수산어음 담보대출 등의 형태로 한국은행으로부터 차입한 자금이다. 정부차입금은 은행이 정부 및 정부관리기금으로부터 재정자금을 차입하는 것으로 재정차관전대차입금 등이 있다. 이 밖에도 은행의 자금조달수단으로 금융채권 발행, 표지어음 발행, 환매조건부채권(RP) 매도 등이 있다. 원화금융채권 가운데는 후순위채가 있다. 후순위채는 은행이 도산하면 변제순위가 주식에는 우선하지만 예금 등에는 뒤지는 채무이다. 일정한 조건이 충족되면 자기자본의 일부로 간주된다.

자 본

자본은 운영자금의 조달원이기도 하지만 은행이 지급불능상태에 처할 경우 예금자를 보호하기 위한 최종적인 자체 재원인 동시에 자산가치 하락이나 손실 발생시 이를 흡수하여 영업을 지속할 수 있도록 하는 완충역할을 하는 것으로 은행의 안전성과 건전성을 판별하는 척도가 된다.

자본은 주식을 발행하거나 유보이익을 통하여 조달되므로 자기자본(=

총자산－부채)이라고도 하며 자본금, 자본잉여금, 이익잉여금 등으로 구성된다. 자본금은 보통주 및 누적적 우선주의 발행에 의하여 조달된 납입자본금을 가리킨다. 자본잉여금은 자본거래로부터 발생한 잉여금으로서 자본금으로의 전입이나 결손금의 보전 이외에는 처분할 수 없다. 자본잉여금은 자본준비금[1]과 재평가적립금으로 나누어진다. 이익잉여금은 영업활동의 결과 발생한 이익 중 은행 내에 유보·축적된 이익을 처리하는 계정으로 자본잉여금과 달리 특별한 경우를 제외하고는 처분에 아무런 제한이 없다. 이익잉여금은 이익처분 결과, 은행 내에 유보된 제 준비금[2]과 아직 처분되지 않은 당기말미처분이익잉여금으로 구분된다.

손익계산서

손익계산서(income statement)는 특정기간의 수익과 비용을 나타낸 것이다. 대차대조표가 스톡개념이라면 손익계산서는 플로우개념이다. 손익계산서는 다음과 같이 요약된다.

총수익 － 총비용 = 순이익

[표 13-2] 손익계산서의 주요항목

수 익	비 용
대출이자	예금이자
투자증권수익	비예금차입비용
수수료수입	일반관리비
비이자수입	감가상각비
	법인세

은행의 수익과 비용은 이자수익, 이자비용, 비이자수익, 비이자비용 등 크게 네 가지로 나눌 수 있다.

1) 자본준비금은 주식발행초과금, 감자차익, 합병차익 등으로 구성된다.

2) 제 준비금은 법정준비금, 배당준비금, 별도준비금, 기업합리화적립금, 해외투자손실준비금, 기술개발준비금, 임의적립금 등으로 구성된다.

이자수익과 이자비용

이자수익 이자수익은 은행수익의 많은 부분을 차지한다. 이자수익의 대부분은 대출이자수익과 유가증권관련 이자수익이다. 그 밖에 콜론이나 환매채 또는 다른 은행에 예치한 예금으로부터의 이자 등이 있다. 대출수익이 중요한 비중을 차지하지만 최근에는 은행이 수수료 수입을 위한 영업을 확대함으로써 수수료 수익의 비중이 대출이자수익보다 더 빨리 증가하는 추세를 보이고 있다.

이자비용 이자비용 가운데 예금이자가 가장 큰 비중을 차지한다. 그 밖에 장단기 차입금(발행채권, 외화차입금)에 대한 이자도 비교적 큰 비중을 점한다.

순이자수익 총이자수익에서 총이자비용을 빼면 순이자수익이 된다.

비이자수익과 비이자비용

비이자수익 비이자수익은 대출이나 유가증권 투자 등에서 생긴 소득 이외의 소득을 가리키며 은행이 각종 서비스를 제공하여 얻는 소득이다. 최근에는 이러한 수수료 수입을 은행수익의 중요한 원천으로 간주한다. 대출보다 서비스 수입을 적극 확대하면 이익의 증가는 물론 수익원을 다양화하고 금리변동이 은행수익에 미치는 영향을 적게 할 수 있다.

비이자비용 비이자비용의 주요항목은 임금과 같은 인건비와 사무실 관리비 등이 있다.

순비이자비용 은행은 비이자수익은 증가시키고 비이자비용은 축소하려고 노력하지만 일반적으로 비이자비용이 비이자수익을 초과하며 그 차이를 은행부담(B: bank's burden)이라고 한다.

$$B = \text{비이자비용} - \text{비이자수익}$$

대차대조표와 손익계산서의 관계

은행의 대차대조표와 손익계산서는 서로 관련되어 있다. 예를 들면 대차대조표의 자산과 부채는 손익계산서의 이자수익에 영향을 미친다.

대차대조표는 다음과 같은 항등식으로 나타낼 수 있다.

$$\sum_{i=1}^{n} A_i = \sum_{j=1}^{n} L_j + NW$$

단 A_i=i번째 자산 L_j=j번째 부채 NW=자기자본
i=1, 2, ⋯, n j=1, 2, ⋯, m

각 자산의 이자수익은 평균수익률(y_i)과 평균투자액(A_i)을 곱한 것과 같다.

$$\text{이자수익} = \sum_{i=1}^{n} y_i A_i$$

단, y_i=i번째 자산의 수익률

마찬가지로 부채에 대해 지급하는 이자비용은 평균이자비용(c_j)과 자금조달액(L_j)을 곱한 것과 같다.

$$\text{이자비용} = \sum_{j=1}^{m} c_j L_j$$

단, c_j=j번째 부채의 평균이자비용

순이자수익(NII: net interest income)은 이자수익과 이자비용의 차이이다.

$$NII = \sum_{i=1}^{n} y_i A_i - \sum_{j=1}^{m} c_j L_j$$

위의 식은 순이자수익을 결정하는 요인을 보여주고 있다. 첫째, 순이자수익은 자산과 부채의 금액 또는 구성비가 바뀌면 그에 따라 변한다. 포트폴리오의 구성이 바뀌면 A_i와 L_j의 크기가 변한다. A_i와 L_j는 상이한 이자율을 곱하기 때문에 순이자수익도 변한다. 둘째, 포트폴리오의 구성

이 변하지 않을지라도 자산의 평균수익률과 부채의 평균이자율은 시장이자율이 변하거나 금융자산 또는 부채의 만기가 연장되거나 단축되기 때문에 변할 수 있다.

은행은 주된 고객을 기준으로 소매은행(retail banks)과 도매은행(wholesale banks)으로 구분된다. 소매은행과 도매은행은 고객의 금융형태를 반영하여 재무제표구성이 크게 다르다. 소매은행은 개인이나 가계가 주요한 고객이기 때문에 개인의 요구불예금, 저축예금, 정기예금 등이 은행부채의 대부분인 반면 개인이나 소기업에 대한 대출이 대출포트폴리오의 대부분을 점한다. 그러나 도매은행은 기업이 주된 고객이기 때문에 예금의 비중은 낮은 반면 비예금차입에 크게 의존하며 대출은 주로 대기업에 집중된다. 이와 같은 포트폴리오의 차이로 인해 수익성자산의 수익률(y_i)과 부채의 이자비용(c_j)은 소매은행과 도매은행이 상이하다.

그 밖에 비이자수익, 비이자비용 및 대손충당금(PLL: provision for loan loss), 유가증권수익(SG: security gains)도 간접적으로 대차대조표의 구성에 영향을 미친다. 대출포트폴리오가 클수록 대손충당금은 커지고 가계나 개인대출이 많으면 비이자비용이 높은 비중을 갖는다.

따라서 은행의 순이익(NI: net incom)은 자산, 부채 및 관련된 현금흐름에 의해 결정된다.

$$NI = \sum_{i=1}^{n} y_i A_i - \sum_{j=1}^{m} c_j L_j - B - PLL + SG - T$$

순이익이 주주에 대한 배당을 초과하면 유보이익(자기자본)을 증가시킨다.

수익성분석

일반적으로 은행의 수익성분석은 재무비율(financial ratio)을 이용한다. 개별은행의 재무비율은 은행업종 평균이나 과거의 재무비율과 비교된다. 비율분석은 다른 요인이 일정하다는 조건하에서만 가능하므로 여러 가지 재무비율을 관련지어 분석하는 것이 효과적이다. 은행의 대표적인 수익성비율은 자기자본이익률과 총자산이익률이라고 할 수 있다.

자기자본이익률(ROE)

자기자본이익률(rate of return on equity)은 자기자본수익률 또는 자기자본순이익률이라고도 하며 순이익의 자기자본에 대한 비율을 가리킨다.

$$\text{자기자본이익률} = \frac{\text{순이익}}{\text{자기자본}} \times 100$$

은행경영의 목적이 주주의 부를 극대화하는 것이므로 주주에게 귀속될 수 있는 순이익의 상대적 크기를 나타내는 자기자본이익률은 매우 중요한 지표라고 할 수 있다. 그 밖에 ROE는 다음과 같은 점에서 중요하다.

- ROE가 다른 은행과 비교하여 낮으면 경쟁력을 강화하기 위하여 필요한 자본조달이 어려워진다.
- ROE가 일정 수준보다 낮으면 감독당국은 은행의 자산규모를 제한할 수 있으므로 은행은 성장에 제약을 받게 된다.
- ROE는 구성요소를 분해하면 은행의 경영실적을 분석하는 데 유용하다.

총자산이익률(ROA)

총자산이익률(rate of return on assets)은 자산수익률이라고도 하며 수익을 창출하기 위하여 은행의 실물과 금융자원이 어느 정도 활용되었는가를 나타낸다. 일반적으로 ROA는 은행경영을 평가하는 데 사용된다.

$$\text{총자산이익률} = \frac{\text{순이익}}{\text{총자산}} \times 100$$

ROE와 레버리지

위에서 본 ROE와 ROA는 은행경영을 평가하는 데 가장 많이 사용되는 비율이다. 두 비율의 관계는 위험과 수익의 기본적인 상충관계를 분석하는 데 매우 유용하다.

$$ROE = \frac{\text{순이익}}{\text{총자산}} \times \frac{\text{총자산}}{\text{자기자본}} \times 100$$

$$= ROA \times EM \times 100$$

위의 EM(equity multiplier), 즉 자기자본승수는 총자산(=부채+자기자본)의 자기자본에 대한 비율이므로 은행의 자금조달이 자기자본보다 부채(예금 포함)에 어느 정도 의존해 있는가를 나타낸다.

따라서 위 식은 주주에게 귀속되는 수익은 자금조달방식, 즉 부채 또는 자기자본 가운데 어느 것에 더 많이 의존했는가에 대해 매우 민감하다는 것을 보여 주고 있다. ROA가 낮아도 금융레버리지(부채/자기자본; financial leverage)가 높으면 적은 자기자본으로도 비교적 높은 ROE를 달성할 수 있다는 것을 알 수 있다.

[표 13-3]에서 보는 바와 같이 예를 들어 A, B 두 은행은 모두 100억원의 자산을 갖고 있다고 가정한다. 그리고 A은행은 부채가 90억원이

[표 13-3] 금융레버리지[1]의 효과

	A은행	B은행
총자산(억원)	100	100
자기자본(억원)	10	5
부채(억원)	90	95
EM($=\frac{\text{총자산}}{\text{자기자본}}$)[2]	10	20
ROA(%)	1	1
ROE(%)	10	20

1) 금융레버리지 $= \frac{\text{부채}}{\text{자기자본}}$

2) EM $= \frac{\text{총자산}}{\text{자기자본}} = \frac{\text{부채}+\text{자기자본}}{\text{자기자본}}$

고 자기자본은 10억원인 반면 B은행은 부채가 95억원이고 자기자본이 5억원이라고 가정한다. 따라서 EM은 A은행이 10이고 B은행은 20이 된다. 예를 들어 ROA(총자산이익률)는 두 은행 모두 1%일지라도 ROE의 경우 A은행은 10%가 되고 B은행은 20%가 된다. 이 예에서 알 수 있는 것처럼 은행이 이익을 낼 경우 B은행이 A은행보다 두 배나 많은 자기자본이익률(ROE)을 나타내기 때문에 B은행이 유리하다. 반대로 은행이 손실을 입게 되면 금융레버리지는 손실의 부정적인 효과를 증폭시킨다. 예를 들어 두 은행의 ROA가 같은 −1%일지라도 B은행의 ROE는 A은행의 두 배인 −20%가 된다. 이와 같이 레버리지가 크면 ROE를 높일 수 있으나 위험도 그만큼 증가한다.

EM은 위험의 크기를 나타낸다. EM은 얼마나 많은 자산(예: 대출)이 채무불이행이 되는 경우 은행이 파산하는가를 나타내기 때문이다. 위의 예에서 1/EM(자기자본/총자산)은 A은행이 10%이고 B은행은 5%이다. 가령 두 은행이 같은 질의 자산을 갖고 있을지라도 위험수준은 A은행이 B은행보다 낮다. 다시 말하면 A은행은 B은행보다 두 배나 더 많은 자산이 채무불이행이 되어야 파산하게 된다. 따라서 높은 EM은 높은 자본위험 또는 파산위험을 가리킨다.

그 밖에 ROE와 ROA의 관계를 이용하면 은행의 이익을 결정하는 요인을 밝힐 수 있다.

$$ROE = \frac{\text{순이익}}{\text{총자산}} \times \frac{\text{총자산}}{\text{자기자본}} \times 100$$

$$= \frac{\text{순이익}}{\text{영업수익}} \times \frac{\text{영업수익}}{\text{총자산}} \times \frac{\text{총자산}}{\text{자기자본}} \times 100$$

$$= \text{순이익마진} \times \text{자산이용률} \times \text{자기자본승수} \times 100$$

위 식에서 ROA는 이익마진과 자산이용률을 곱한 것과 같다. 이익마진은 세금을 포함한 각종 비용의 관리능력을 나타내고 자산이용률은 수익을 창출하기 위하여 자산을 효과적으로 관리하는 능력을 가리킨다.

3. 은행의 위험관리

위험(risk)은 어떤 현상에 대한 불확실성 또는 기대한 것과 다른 결과가 생길 가능성을 의미한다. 은행경영의 기본적 목적은 주주의 부(wealth)를 극대화하는 것이다. 이와 같은 목적은 은행주식의 시장가치(가격)를 극대화함으로써 달성된다. 부의 극대화와 이익의 극대화(profit maximization)는 개념이 다르다. 부는 위험을 조정한 현금흐름을 기초로 한다. 그러나 이익의 극대화는 은행경영자가 단지 수익을 많이 내고 비용을 절감하는 자산에 투자하면 이룰 수 있다. 이익을 많이 내기 위해서는 높은 위험을 부담하여야 한다. 일반적으로 은행이익은 자산 포트폴리오 위험과 같은 방향으로 움직이기 때문이다. 위험이 증가하면 순이익과 주식가치의 변동성이 높아진다. 어느 은행이 많은 이익을 창출해도 위험이 높은 부실자산을 많이 갖고 있으면 은행의 시장가치(주식가격)는 오히려 하락할 수 있다. 따라서 부를 극대화하기 위해서 은행경영자는 수익과 위험 사이의 상충관계를 균형 있게 유지하고 위험을 관리하는 것이 필요하다.

위험관리(risk management)는 경영자가 은행의 금융활동과 관련한 각종 위험을 평가하고 관리하는 과정을 말한다. 여기서는 은행이 경영목적을 추구하는 과정에서 노출되는 위험의 개념과 관리를 간략하게 고찰하고 일부 위험에 대해서는 나중에 자세하게 보기로 한다.

이자율위험

이자율위험(interest rate risk)은 시장이자율의 변동으로 인해 은행의 수익과 가치가 손상될 수 있는 위험을 의미한다. 이자율위험은 시장의 가격변동에 기인하여 발생하는 위험이므로 환율위험, 유가증권가격위험 등과 함께 시장위험(market risk)에 속한다.

이자율위험은 자산과 부채의 만기가 일치하지 않을 때 발생한다. 은행은 부채(예금)를 자산(대출)으로 전환(asset transformaion)하는 기능을 하기 때문에 대차대조표상의 자산과 부채의 만기는 일치하지 않는다. 특히 부채의 만기는 단기이고 자산의 만기는 장기인 경향이 있다. 이와 같은 자산과 부채의 만기 불일치(mismatch)가 이자율위험을 만든다.

설명의 편의상 은행의 자산과 부채, 둘 다 채권이라고 가정하자. 즉 은행의 예금부채와 대출자산 모두 채권과 같다고 가정한다. 앞서 본 것처럼 이자율의 변동은 채권가치(가격)에 영향을 미친다. 이자율이 상승하면 채권가격은 하락하고 이자율이 하락하면 채권가격은 상승한다. 더구나 채권가격은 만기가 길수록 이자율변동의 영향을 크게 받는다. 따라서 이자율이 상승하면 은행은 자산가치가 부채가치보다 더 많이 하락할 위험을 부담하게 된다.

은행의 자산과 부채를 이자율에 민감(interest-rate sensitive)한 것과 이자율에 민감하지 않은 것으로 나누어 보기로 하자. 이자율에 민감한 자산이란 수익이 이자율변동의 영향을 받는 자산을 의미한다. 새로 매입한 단기채권은 언제나 이자율변동을 반영하므로 끊임없이 만기가 돌아오고 새로운 것으로 대체되는 단기채권은 이자율변동에 민감한 수익을 창출한다. 대조적으로 은행이 장기채권을 매입하면 고정된 수익을 받는다. 예를 들어 이자율은 5%, 만기 10년, 액면가액 100만원인 채권을 매입하면 10년 동안 시장이자율이 어떻게 변동하든 매년 5만원씩 받는다. 따라서 장기채권으로부터 받는 수익의 흐름은 이자율에 민감하지 않다.

예를 들어 [표 13-4]와 같이 자산 가운데 20%는 이자율에 민감하고 나머지 80%는 이자율에 민감하지 않다고 가정한다. 만일 이자율이 5%수준에 안정되어 있으면 은행은 100만원당 5만원의 이자를 받는다.

다음으로 은행부채는 자산과 약간 다른 구조를 갖는다. 예금의 반은 이자율에 민감하고 나머지 반은 이자율에 민감하지 않다고 가정한다. 다시 말하면 은행부채의 반은 시장이자율과 연동된 변동이자율을 지급하는 예금이라면 예금과 관련된 비용은 시장이자율에 따라 변동한다. 예금의 나머지 반은 이자율이 확정된 CD와 같은 정기예금이라고 가정한다. 기존 CD 보유자에 대해 은행이 지급하는 금액은 시장이자율에 따라 변동하지 않는다.

[표 13-4] 이자율위험(예)－이자율상승이 은행이익에 미치는 영향(자산 100만원당)

	자 산	부 채
이자율에 민감한 자산 또는 부채	20만원	50만원
이자율에 민감하지 않은 자산 또는 부채	80만원	50만원
이자율에 민감한 자산과 부채의 이자율(변동 전)	5%	3%
이자율에 민감한 자산과 부채의 이자율(변동 후)	6%	4%
	자산수익	부채비용
이자율변동 전	5만원＝(0.05×20만원) ＋(0.05×80만원)	3만원＝(0.03×50만원) ＋(0.03×50만원)
이자율변동 후	5.2만원＝(0.06×20만원) ＋(0.05×80만원)	3.5만원＝(0.04×50만원) ＋(0.03×50만원)
이익(이자율변동 전)	100만원당 2만원(＝5만원－3만원)	
이익(이자율변동 후)	100만원당 1.7만원(＝5.2만원－3.5만원)	

갭 분석

갭＝이자율민감자산－이자율민감부채

20만원 － 50만원 ＝ －30만원의 갭

은행이 이익을 내기 위해서는 부채에 대해 지급하는 이자율이 자산으로부터 받는 이자율보다 낮지 않으면 안 된다. 이 두 이자율의 차이가 은행의 순이자 마진이다. 부채의 이자율이 3%라고 가정하면 은행은 부채 100만원당 3만원을 이자로 지급한다. 은행이 자산으로부터 받는 이자율이 5%이므로 순이자마진(NIM)은 2%가 된다. 이 마진은 은행의 이익이 된다.

이자율에 민감한 자산과 부채의 이자율이 1%포인트 상승하면 어떻게 되는가. 자산 100만원당 은행의 수익은 5만원에서 5만2천원으로 증가한다. 그러나 부채비용도 3만원에서 3만5천원으로 상승한다. 따라서 이자율이 1%포인트 상승하면 은행의 이익은 자산 100만원당 2만원에서 1만7천원으로 3천원(15%)감소한다. 이 예는 일반적인 경우를 보여 준다. 즉 은행이 이자율에 민감한 자산보다 이자율에 민감한 부채를 더 많이 가지고 있으면 이자율이 상승하는 경우 은행의 이익은 감소한다는 것을 보여주고 있다.

이자율위험을 관리하기 위한 첫 단계는 은행의 대차대조표가 이자율 변동에 대해 어느 정도 민감한가를 결정하는 것이다. 위험관리자는 이자율의 1%포인트 변동에 대한 은행이익의 변동치를 추정하여야 한다. 이와 같은 과정을 갭 분석(gap analysis)이라고 한다. 왜냐하면 이자율민감자산과 이자율민감부채의 차이, 즉 갭에 초점을 맞추어 분석하기 때문이다. [표 13-4]의 예에서 갭은 −30만원(=20만원−50만원)이 된다. −30만원의 갭은 이자율이 1%포인트 상승하면 은행의 이익은 위에서 본 것과 같이 자산 100만원당 3천원 감소한다는 것을 의미한다. 갭 분석은 만기를 고려하면 더욱 정교해진다(제16장 참조).

유동성위험

은행은 예금주가 예금을 현금으로 인출하려고 할 위험을 갖고 있다. 저축예금을 갖고 있는 예금주는 언제나 은행에 와서 예금을 현금으로 찾아 갈 수 있다. 예상하지 못한 예금인출 등으로 인해 유동성자금이 갑자기 필요하게 되는 것을 유동성위험(liquidity risk)이라고 한다. 은행은 대차대조표 양변에 유동성위험을 갖고 있다. 예금인출은 부채쪽 위험이지만 자산쪽에도 유동성위험이 있다. 예를 들면 은행은 기업에 대해 크레디트 라인(credit line)을 설정하고 기업이 요구하면 대출해 주기로 약속한다. 이러한 대출약정에 따라 기업이 대출을 요구하면 은행은 필요한 유동성을 마련하여야 한다.

만일 은행이 고객의 긴급한 예금인출이나 자금요청에 응하지 못하면 영업이 중단될 수 있다. 은행이 자기자본을 보유하고 있다 할지라도 유동성 부족으로 예금인출 등에 대응하지 못하면 파산할 수도 있다. 요구하는 대로 현금을 지급하지 못하는 은행에는 아무도 자금을 맡기지 않을 것이다. 이 때문에 은행경영자는 유동성위기를 매우 심각하게 생각한다.

유동성위험을 이해하고 은행이 어떻게 관리하는지 알아보기 위해서 [표 13-5]와 같은 A와 B은행의 대차대조표를 가정해 보기로 하자.

[표 13-5(a)] A은행의 대차대조표(초과지급준비금이 500만원인 경우)

(단위: 백만원)

자 산		부 채	
지급준비	15	예금	100
대출	100	차입금	30
유가증권	35	자본금	20

A은행의 부채(1억 5천만원)는 주로 예금으로 구성되어 있으며 그 밖에 차입금과 자본금이 있다. 자산은 대출, 유가증권, 지급준비금으로 구성되어 있다. 만일 필요지급준비금이 예금액의 10%라고 가정하면 예금이 1억원이므로 적어도 1,000만원을 지급준비금으로 보유하여야 한다. 실제로는 1천5백만원을 지급준비금으로 갖고 있으므로 500만원은 초과지급준비금이 된다.

이 경우 고객이 500만원의 인출을 요구해도 A은행은 500만원의 초과지급준비금을 갖고 있으므로 아무런 어려움 없이 예금주의 지급요구에 응할 수 있다. 마찬가지로 크레디트 라인을 가지고 있는 기업이 대출약정에 따라 500만원을 인출해 가도 아무런 문제가 없다. 예전에는 이와 같은 방식으로 유동성위험을 다루었다. 즉 은행은 고객의 인출요구에 대응하기 위해 충분한 초과지급준비금을 보유했다. 이것은 유동성위험을 수동적으로 관리하는 것이라고 할 수 있다. 문제는 초과준비금을 보유하고 있으면 대출이나 유가증권을 매입해서 얻을 수 있는 이자나 수익을 포기하여야 하므로 기회비용이 높다는 것이다.

따라서 은행은 갑작스러운 인출위험을 적은 비용으로 관리하기 위하여 여러 가지 방법을 강구한다. 예를 들어 B은행의 대차대조표는 [표 13-5(b)]와 같다고 가정하자. 이 은행은 필요지급준비금으로 1천만원을 보유하고 있어 초과지급준비금은 없다. 고객이 500만원을 인출하는 경우 은행은 지급준비금으로 지급할 수 없으므로 다른 방도를 찾아야 한다. 대

[표 13-5(b)] B은행의 대차대조표(초과지급준비금이 없는 경우)

(단위: 백만원)

자 산		부 채	
지급준비금	10	예금	100
대출	100	차입금	30
유가증권	40	자본금	20

응책은 500만원의 인출로 생긴 부족을 자산이나 부채로 조정하는 것이다.

먼저 자산측에서 은행이 선택할 수 있는 것 가운데 가장 신속하고 용이한 방법은 보유하고 있는 유가증권포트폴리오 일부를 매각하는 것이다. 보유 유가증권 가운데 국공채가 가장 먼저 매각대상이 될 가능성이 높다. 국공채는 비교적 낮은 비용으로 신속하게 매각할 수 있기 때문이다. 유가증권을 매각한 결과는 [표 13-6(a)]에 나타나 있다. 자산과 부채 모두 예금인출 전에 비해 500만원씩 감소되었다([표 13-5](b)와 비교). 자산측에서 은행이 선택할 수 있는 두 번째 방법은 대출자산의 일부를 다른 은행에 매각하는 것이다. 대출매각으로 예금인출에 대응한 결과는 [표 13-6(b)]에 대출과 예금의 감소로 나타나 있다. 그 밖에 유동성수요에 대처할 수 있는 방법은 만기가 돌아오는 대출을 경신하지 않는 것이다. 일반적으로 기업은 단기대출을 받아 정기적으로 경신하므로 은행은 언제나 대출기간을 연장하지 않을 수 있다. 그러나 이러한 방법은 권장할 만한 것이 못된다. 대출을 연장하지 않는 것은 고객과의 거래관계를 단절하는 것으로 고객을 다른 은행에 보내 그 은행의 고객이 되도록 하는 것과 같다.

[표 13-6(a)] B은행의 대차대조표(500만원의 예금인출과 자산조정 후)

예금인출을 자산매각으로 충당한 경우

(단위: 백만원)

자 산		부 채	
지급준비금	10	예금	95
대출	100	차입금	30
유가증권	35	자본금	20

[표 14-6(b)] B은행의 대차대조표(500만원의 예금인출과 자산조정 후)

예금인출을 대출감축으로 대응한 경우

(단위: 백만원)

자 산		부 채	
지급준비금	10	예금	95
대출	95	차입금	30
유가증권	40	자본금	20

특히 은행이 가장 피하고 싶어 하는 것은 대차대조표상의 자산(대출)을 감소시킴으로써 예금유출을 초래하는 것인데, 이는 은행규모가 축소되기 때문이다. 은행은 부채를 자산으로 전환함으로써 이익을 창출하기 때문에 대차대조표의 규모가 작을수록 이익도 낮아진다.

따라서 오늘날 은행은 유동성위험에 대처하기 위해서 부채관리를 이용한다. 즉 예금인출에 대한 대책으로 자산을 매각하기보다는 다른 자금원을 찾는다. 은행이 추가로 자금을 획득하는 방법에는 두 가지가 있다. 첫째는 자금부족을 메우기 위해서 중앙은행이나 다른 은행으로부터 차입하는 것이다. 예금인출을 차입금증가로 대처한 결과는 [표 13-7(a)]에서 보는 바와 같이 예금은 500만원 감소한 반면, 차입금은 500만원 증가로 나타나 있다. 예금유출에 대응하기 위해 부채를 조정하는 두 번째 방법은 예금을 추가로 받는 것이다. 가장 일반적인 방법은 거액CD(양도성예금증서)를 발행하는 것으로 이 경우는 [표 13-7(b)]가 보여 주는 바와 같이 예금액에는 변동이 없다.

[표 13-7(a)] B은행의 대차대조표(500만원의 예금인출과 부채조정 후)

차입으로 예금인출에 대응

(단위: 백만원)

자 산		부 채	
지급준비금	10	예금	95
대출	100	차입금	35
유가증권	40	자본금	20

[표 13-7(b)] B은행의 대차대조표(500만원의 예금인출과 자산조정 후)

예금유치로 인출에 대응

(단위: 백만원)

자 산		부 채	
지급준비금	10	예금	100
대출	100	차입금	30
유가증권	40	자본금	20

신용위험 · 환율위험

신용위험

은행은 예금주에게 지급하는 이자율과 차입자로부터 받는 이자율의 차이, 즉 자산의 수익이 부채의 비용을 초과함으로써 이익을 얻는다. 이러한 이익창출이 확실하게 이루어지려면 차입자가 약속한대로 대출을 상환하여야 하지만 대출을 상환하지 않을 가능성은 언제나 존재한다. 은행대출이 상환되지 않을 수 있는 위험을 신용위험(credit risk)이라고 한다.

은행은 신용위험을 관리하기 위해 다양한 방법을 사용한다. 가장 기본적인 것은 다각화(diversification)와 신용분석(credit analysis)이다. 다각화는 위험을 가능한 한 광범위하게 분산하는 것이다. 은행은 정보수집에 전문화되어 있어 특정 지역 또는 업종에서 경쟁적 이점을 얻으려는 경향이 있다. 문제는 만일 오직 한 지역 또는 오직 한 산업에만 대출을 집중하면 특정지역 또는 특정산업의 위험에 노출된다는 것이다. 이와 같은 위험을 회피하기 위해 은행은 대출의 다각화에 노력한다. 신용분석은 통계모형과 대출신청자에 대한 정보를 종합하여 분석한다. 신용분석의 결과는 특정 차입자가 채무를 상환하지 않을 가능성에 대한 평가로 나타난다. 대출담당자가 대출하기로 결정하면 이자율을 얼마나 높게 책정할 것인가를 결정하는 데 신용평가를 이용하게 된다. 차입자의 신용이 낮을수록 부과하는 이자율은 더 높아진다.

환율위험

환율위험(foreign exchange risk)은 자산과 부채가 다른 통화로 표시된 경우에 발생한다. 예를 들면 원화로 표시된 부채를 갖고 있는 은행이 미국기업에 달러로 대출했다고 가정하자. 이 경우 원-달러 환율에 변동이 있으면 은행자산의 원화가치가 변동한다. 은행은 환율위험을 두 가지 방법으로 관리한다. 하나는 대출과 같은 달러예금을 수취함으로써 자산과 부채를 대응시키는 것이다. 다른 하나는 위험을 회피하기 위해 달러화선물이나 스왑을 이용하는 것이다.

기술위험 · 운영위험

기술위험

최근 기술혁신은 은행의 중요한 관심사가 되었다. 은행은 내부와 외부의 통신망, 컴퓨터 등에 집중적으로 투자하고 기술적 하부구조의 확장에 전력을 다하고 있다. 좋은 예로 최신 컴퓨터의 경쟁적 도입과 자동현금출납기(ATM: automated teller machine) 네트워크의 확장을 들 수 있다.

기술위험(technology risk)은 기술투자가 기대한 비용절감이나 시너지 효과가 나타나지 않을 때 발생한다. 기술위험이 대규모 손실을 가져와 은행의 효율성과 경쟁력을 약화시키는 결과를 가져올 수 있다. 그러나 기술투자의 성과가 기대한대로 나타나면 경쟁은행보다 더 좋은 실적을 올릴 수 있으며 새로운 혁신적인 금융서비스와 상품으로 은행의 장기성장에 기여할 수 있다.

운영위험

운영위험(operational risk)은 부적절한 내부 프로세스, 직원의 실수나 착오, 시스템의 불안정 및 외부요인 등으로 인해 발생하는 손실위험을 가리킨다. 최근 은행의 IT시스템에 대한 의존도가 높아짐에 따라 전체 리스크 가운데 운영위험이 차지하는 비중이 증대되고 있다. 운영위험은

2004년에 확정된 신BIS협약에 반영되었다. 이와 같이 운영위험이 중요시된 것은 9.11과 같은 사태에서 은행이 자신과 직원을 보호하여야 할 필요성이 제기된 데에도 기인한다.

자본위험

자본위험(capital risk) 또는 지급불능위험(solvency)은 독립된 별개의 위험이라고 하기보다는 여러 가지 위험의 영향으로 인해 은행이 자본잠식이나 지급불능의 위험에 빠질 수 있는 중대한 위험이다. 예를 들면 은행이 부실대출자산을 지나치게 많이 갖고 있거나 포트폴리오 내 유가증권의 시장가치가 폭락하는 경우 보유자산을 매각하면 자본손실이 발생하여 자본이 잠식될 수 있다.

자본의 경제적 가치는 자산의 시장가치에서 부채의 시장가치를 뺀 것과 같다. 따라서 자본위험은 자본의 시장가치가 부채의 시장가치보다 적어 자본의 경제적 가치가 영 또는 그 이하로 감소할 수 있는 가능성을 의미한다. 이러한 상황에서는 은행은 자산을 처분해도 예금주를 포함한 신용공여자에 대한 채무상환은 불가능해지고 지급불능상태에 놓인 은행은 파산하게 된다.

4. 은행의 자본관리

은행자본의 역할

은행자본은 일상적인 영업활동을 지원할 뿐 아니라 은행의 장기존속을 확실하게 해 주는 역할을 한다.

첫째, 자본은 금융 또는 영업상의 손실을 흡수함으로써 경영자가 문제를 해결하고 수익력이 회복될 때까지 파산위험을 막아주는 완충역할을 한다.

둘째, 자본은 예금이 유입되기 전, 은행이 설립인가를 받고 영업을 시작하는 데 필요한 자금을 공급해 준다. 신설되는 은행은 개업을 위하여 토지를 매입하고 사무실을 신축하거나 임대하는 등 시설을 갖추며 직원을 채용하는 데 사용할 창업비가 필요하다.

셋째, 은행자본은 은행에 대한 일반인의 신뢰를 높이고 신용공여자(예금주 포함)에게 은행의 재무건전성(financial strength)을 확인시켜 준다.

넷째, 자본은 은행의 성장, 새로운 서비스 및 시설을 개발하거나 확대하는 데 필요한 자금을 공급한다.

다섯째, 은행자본은 은행의 성장을 제약하는 요인으로 작용함으로써 오히려 은행이 장기에 걸쳐 건전하게 성장하도록 하는 측면이 있다. 일반적으로 감독당국이나 금융시장은 은행자본이 대출이나 위험자산의 성장과 비슷한 속도로 증가할 것을 바란다. 따라서 위험을 흡수하는 쿠션인 자본은 은행의 위험노출과 함께 증가할 필요가 있다. 대출과 예금을 너무 빨리 확대하는 은행은 금융시장과 감독당국으로부터 성장속도를 줄이거나 자본을 증가시키라는 신호를 받게 된다.

은행의 적정자본

적정자본의 개념

일반적으로 은행자본의 적정규모(capital adequacy)에 대하여 감독당국과 은행주주는 상반된 견해를 갖는다. 감독당국은 은행과 금융제도의 안정성을 가장 중요시하기 때문에 은행의 위험, 바꾸어 말하면 이익분포의 낮은 끝 쪽에 초점을 맞추어 은행자본의 적정규모를 결정하려는 경향이 있다. 이와는 대조적으로 은행주주는 이익분포의 중앙, 즉 평균 또는 기대수익에 초점을 맞추어 적정자본을 책정한다.

이와 같이 적정자본에 대한 시각은 다르지만 감독당국이나 주주 모두 수익의 변동성(위험)을 고려한다. 감독당국은 은행의 수익이 감소하여 자본이 잠식되고 종국에는 파산에 이를 수 있다는 각도에서 수익의 변동성을 파악한다. 주주는 수익의 변동성(위험)이 높기 때문에 주당수익이 높아져야 한다고 주장한다.

자본의 적정성과 관련하여 감독당국이 갖는 상충문제는 은행이 높은 수준의 자본을 보유하도록 규제하면 은행 및 은행제도의 리스크는 낮출 수 있지만 은행제도의 효율성과 경쟁력을 저해할 수 있다는 점이다. 은행자본에 대한 규제는 은행대출을 제약하는 요인으로 작용한다. 은행은 대출자금을 가장 효율적인 방법으로 배분하지 않을 수 있으며 이로 인해 경제의 생산성이 감소할 수 있다. 또 감독당국의 자본규제는 은행의 다른 금융산업에 대한 경쟁력이 상대적으로 약화될 수 있다. 예를 들어 감독당국이 높은 수준의 자본을 유지하도록 은행을 규제하면 은행의 자산증가는 제약을 받게 되어 다른 금융산업의 빠른 성장을 따라 갈 수 없게 되어 은행은 경쟁에서 불리할 수밖에 없다. 결국 감독당국의 적정자본에 대한 정책은 은행제도의 안정성과 건전성이라는 잠재적 이익과 은행제도의 효율성과 경쟁력의 저하라는 잠재적 비용 등을 비교하여 결정되어야 한다.

한편 은행주주는 자본의 적정규모에 대해 감독당국과 상반되는 견해를 갖는다. 은행주주는 주식의 가치를 최대화할 수 있도록 자본과 부채의 최적조합을 원한다. 앞서 본 것처럼 자기자본이 작을수록 금융레버리지는 커진다. 이익이 플러스인 한 큰 레버리지는 총자산이익률(ROA)을 높은 자기자본이익률(ROE)로 바꾸어 놓는다. 반대로 손실이 발생하면 은행의 자기자본이익률에 미치는 부정적 효과는 진폭된다. 따라서 주주는 부채와 자기자본의 최적조합으로 주식가치가 극대화되기를 바란다.

자본의 적정규모는 은행이 얼마나 많은 위험에 노출되는가에 달려 있다. 보유자산의 위험이 높고 유동성자금의 조달이 어렵거나 부채와 자산의 만기나 듀레이션이 심각할 정도로 일치하지 않는 은행은 위험을 완충시킬 수 있을 정도의 자기자본을 보유할 필요가 있다. 반면 위험에 대한 노출이 작은 은행이 금융레버리지를 증대시키는 것은 합리적이라고 할 수 있다.

BIS자기자본비율제

은행의 적정자본은 은행내부와 외부사정을 종합하여 결정하는 것이 합리적이지만 1970년대 이후 금융의 자유화와 세계화(golbalization)가 급속하게 진전되면서 은행의 건전성과 금융시장의 안정성을 높이기 위해 국제업무를 수행하는 모든 은행에 대해 최저자기자본비율제를 적용하자는 바젤협정(Basel Agreement)이 1988년 국제결제은행(BIS: Bank for International Settlement)의 바젤은행감독위원회에 의하여 제정되었다.

BIS자기자본비율제는 은행은 대출금 등의 자산보유액에 자산종류별 위험가중치를 곱하여 위험가중자산을 산출, 합산하고 이 금액의 8% 이상을 자기자본으로 보유하도록 하는 것이다.

$$\text{BIS자기자본비율}(\%) = \frac{\text{자기자본}}{\text{위험가중자산}} \times 100 \geq 8\%$$

예를 들어 은행의 자산구성이 아래 표와 같이 위험자산 규모가 2,500억원이라면 이 은행이 필요한 최저자기자본은 위험가중자산의 8%인 200억원이 된다.

[표 13-8] 위험가중자산의 산출(예)

	금액(억원)	위험가중치(%)	위험가중자산(억원)
현금	300	0	–
국채	400	0	–
기업대출			
신용보증기금	1,000	10	100
주택담보	200	50	100
신용대출	1,300	100	1,300
가계대출			
주택담보	1,000	50	500
신용대출	500	100	500
합 계	–	–	2,500

BIS자기자본비율제의 시행 초기에 위험가중자산의 산출에 사용한 기준위험은 신용위험이었으나 금리, 환율, 주가 등 시장가격의 변동이 은행의 건전성에 미치는 영향이 커짐에 따라 바젤위원회는 1996년 1월 신용위험뿐 아니라 시장위험까지도 반영한 새로운 최저자기자본비율제를 채택하였다. 우리나라는 시장위험을 반영한 자기자본비율제도를 2002년부터 도입하여 트레이딩목적의 자산 부채규모가 1조원 이상이거나 총자산대비 트레이딩자산 부채의 비중이 10% 이상인 은행에 적용하고 있다. 이 기준에 해당되지 않은 은행에 대해서는 신용위험만을 반영한 자기자본비율이 적용된다.

다시 바젤위원회는 금융환경변화로 현행 BIS협약의 유효성이 저하됨에 따라 이를 대체할 신BIS협약을 2004년 6월에 확정하였다. 새로운 협약이 정한 BIS자기자본비율제는 신용위험의 가중치결정방법을 개선하고 운영위험을 추가하는 것으로 우리나라에서는 2008년 초부터 시행된다.

$$\text{신BIS자기자본비율}^{1)} = \frac{\text{자기자본}}{\text{신용위험가중자산} + \text{시장위험가중자산} + \text{운영위험가중자산}} \times 100 \geq 8\%$$

은행의 자본조달

은행의 증자압력

전세계은행은 성장을 뒷받침하고 예금주에게 미칠 위험의 최소화와 은행제도의 안정성을 위해 더 많은 자본을 조달하라는 금융시장과 감독당국의 압력을 받고 있다. 인플레이션도 자본을 증가하도록 하는 요인이 된다. 인플레이션은 자산과 부채의 명목금액을 증가시킴으로써 자산과 부채의 차액인 자본의 상대적 규모를 축소시키기 때문이다. 경제의 변동성 확대도 은행의 이익변동을 증폭시키기 때문에 충격에 대응하기 위해서는

1) 신BIS자기자본비율의 개념을 나타낸 것이며 산식이나 항목에 대한 자세한 것은 별도의 관련자료 참조.

증자가 필요하게 된다. 그 밖에 은행의 증자필요성은 은행의 규모확대와 현대화에 따른 시설 매입 및 운영자본의 수요증가 등에 기인한다.

투자자는 은행을 리스크가 많은 투자대상으로 보는 경향이 있다. 이는 규제완화, 은행과 비은행간의 치열해진 경쟁, 불확실한 경제상황 때문이다. 따라서 투자자는 은행의 자본력 강화를 원하고 자본이 취약한 은행의 주식이나 채권은 기피하게 된다.

자본을 기준(capital based supervision)으로 하는 감독정책도 은행자본을 증가하도록 하는 압력이 된다. 감독기관은 은행의 새로운 업무나 자회사 매입 등을 승인하는 조건으로 건실한 자본력을 보유하도록 요구할 수 있다. 자본력이 강한 은행은 새로운 분야에로의 진출이 허용되지만 자본력이 취약한 은행은 신규사업에 진출하는 것을 규제한다.

자본계획

자본을 조달하려는 은행은 먼저 장기적인 자본수요를 추정한다. 증자를 위한 자본계획(capital plan)은 일반적으로 다음과 같은 네 단계를 거쳐 작성된다.

제 1 단계　먼저 종합적인 기본계획을 수립할 필요가 있다. 경영자와 이사회는 어떠한 모습의 은행을 목적으로 할 것인지를 결정하는 일이 선행되어야 한다. 기본계획에는 적어도 은행의 규모, 제공할 서비스, 장기적인 이익전망 등이 포함되어야 할 것이다. 최근에는 점점 다수의 은행이 자본계획에 미래에 진출할 업무영역이나 서비스에 대한 구상을 중요한 이슈로 다룬다. 예를 들면 새로운 업무 가운데 어떤 것은 위험을 감소시키기 때문에 자본증가의 필요성이 없지만 어떤 업무는 위험을 증가시키므로 더 많은 자본이 필요하게 된다.

자본계획을 수립하기 위해서는 예상재무제표를 작성하여 예상되는 여러 가지 상황을 분석하여 필요한 자본규모를 추정하기도 한다. 특히 장기자본은 은행의 자금조달원 가운데서도 비용이 가장 높기 때문에 미래를 충분히 검토하고 대비하여야 한다.

제2단계 은행은 증자의 목적, 계획업무의 위험, 당국의 규제 등에 비추어 적합하다고 간주되는 자본규모를 결정한다. 자본규모는 앞에서 본 수익과 위험의 상충관계를 반영하여 책정되어야 할 것이다.

제3단계 내부에서 조달할 자본규모를 결정한다. 경영자는 현재 이익의 어느 정도를 배당으로 지급하고 나머지를 유보하여 미래의 자금수요에 대응할 것인가를 결정하지 않으면 안 된다. 이를 위해서는 수익을 전망하게 된다. 수익증가가 어느 정도 자본을 공급해 줄 수 있는가를 추정할 필요가 있기 때문이다.

제4단계 은행의 필요와 목적에 비추어 가장 적합한 자본조달원을 평가하고 선택한다. 일반적으로 은행은 여러 가지 방법으로 장기자본을 조달할 수 있다. 주식의 발행, 채무증서의 공여, 자산매각, 수익의 가속성장 등이다. 따라서 자본조달방식을 크게 나누어 보면 내부조달과 외부조달이 있다.

자본의 내부조달

오랫동안 은행자본은 주주에게 지급하지 않고 은행내부에 유보한 이익에서 조달되었다. 내부적으로 조성된 자본은 시장에 의존하는 것이 아니므로 조달비용이 낮다. 자본의 내부조달은 비용이 작을 뿐 아니라 기존주주의 은행에 대한 지분과 지배력을 약화시키지 않는다. 그러나 은행이 주식을 매각하면 적어도 일부는 새로운 주주가 매입할 것이다. 새 주주는 미래의 이익에 대해 배당받을 권리가 생기고 은행의 기본정책에 대해 투표권을 행사할 수 있게 된다.

내부조달의 원천인 유보이익은 과세대상이며 그 규모는 경영자가 조절할 수 없는 금리변동이나 경제상황에 따라 크게 달라질 수 있다는 단점이 있다.

배당정책 은행의 자본조달을 순이익의 증가에 의존한다는 것은 이익 가운데 얼마를 유보하고 얼마를 주주에게 배당할 것인지를 결정하여야 한다는 것을 의미한다. 즉 경영자와 이사회는 유보율(=유보이익/세후순이익: retention ratio)을 결정하여야 하고 유보율이 정해지면 자연히 주주에 대한 배당도 결정된다.

유보율은 은행경영에 중요한 의미를 갖는다. 유보율이 너무 낮으면(배당률이 너무 높으면) 내부자본의 증가는 낮아진다. 이는 은행의 부실화 위험을 높이고 수익성자산의 확대를 어렵게 한다. 반면 유보율이 너무 높으면 주주의 배당소득은 감소한다. 배당소득의 감소는 은행주식의 시장가치를 하락시킬 수 있다.

최대배당정책은 주주의 투자가치를 극대화하는 것이다. 주식수익률이 다른 투자의 수익률과 같거나 높으면 기존투자자를 확보하고 새로운 투자자를 모을 수 있다. 특히 배당의 안정성은 매우 중요하다. 배당이 상대적으로 안정적이면 투자자는 배당위험이 적은 것으로 판단하게 되면서 그 은행은 매력적인 투자대상이 된다.

은행경영자가 유보율(또는 배당률)을 결정하면서 고려하여야 할 중요한 요소는 은행이 자기자본의 총자산에 대한 비율을 훼손하지 않으면서 자산(특히 대출)을 증가시킬 수 있는가이다. 이것은 내부에서 자본을 어느 정도 빨리 조달할 수 있는가를 의미한다. 내부자본의 조달속도(ICGR: internal capital growth rate)는 다음과 같이 결정된다.

$$
\begin{aligned}
\text{내부자본성장률} &= \frac{\text{유보이익}}{\text{자기자본}} \\
&= \frac{\text{순이익}}{\text{자기자본}} \times \frac{\text{유보이익}}{\text{순이익}} \\
&= \text{ROE} \times \text{유보율}
\end{aligned}
$$

그런데 ROE는 다음과 같이 나타낼 수 있다.

$$
\begin{aligned}
\text{ROE} &= \frac{\text{순이익}}{\text{운영수익}} \times \frac{\text{운영수익}}{\text{총자산}} \times \frac{\text{총자산}}{\text{자기자본}} \\
&= \text{순이익마진} \times \text{자산운용률} \times \text{자기자본승수}
\end{aligned}
$$

따라서 내부자본성장률은 다음과 같이 결정된다.

내부자본성장률 = 순이익마진 × 자산운용률 × 자기자본승수
× 유보율

위 식은 내부자본성장률(ICGR)을 높이기 위해서는 순이익과 유보율 모두를 증가시키거나 적어도 둘 중 하나를 증가시키지 않으면 안 된다는 것을 보여주고 있다.

예를 들어 경영자가 올해의 ROE를 10%로 예측하고 순이익의 50%를 주주에게 배당할 계획이라고 하자. 이 경우 자기자본과 자산간의 비율(자기자본승수)을 감소하지 않고 얼마나 빨리 내부자본이 성장할 수 있는가를 보기로 한다. 이 예의 ICGR은 다음과 같다.

ICGR = ROE × 유보율 = 0.10 × 0.50 = 0.05(5%)

자기자본 - 자산 비율에 변화가 없다면 이 은행의 내부자본성장률은 5%이므로 은행자산도 5% 이상 증가할 수 없다. 은행자산이 그 이상 성장하면 자기자본의 총자산에 대한 비율이 하락할 것이며 자기자본비율이 하락하면 감독당국이나 시장은 은행의 자본증가를 요구할 것이다.

예를 하나 더 들어 보기로 하자.

은행이 올해의 자산증가율을 10%로 계획하면서 자기자본의 자산에 대한 현재의 비율을 유지하려고 한다면 은행경영자에게 어떠한 옵션이 있는가.

위에서 본 식은 수많은 가능성을 보여준다.

예를 들어 ROE가 20%로 상승한다면 유보율을 50%로 유지해도 ICGR은 10%가 되기 때문에 현재의 자본-자산비율은 변함이 없다. 그러나 ROE가 10%이면 모든 순이익을 유보하여야만 자기자본비율을 유지할 수 있다. 따라서 ROE가 10% 이하이면 모든 이익을 유보해도 자본-자산비율은 하락하게 되고 시장이나 감독당국은 외부에서 자본을 조달할 것을 요구할 수 있다.

자본의 외부조달

은행이 외부에서 자본을 조달하는 방법은 여러 가지가 있다. 보통주 또는 우선주의 발행, 고정자산의 매각과 임차, 후순위채의 발행 등이 있다. 이 가운데 어느 방법을 선택할 것인가는 수익에 미치는 영향, 은행의 위험노출, 기존 주주의 지배력, 주식시장의 상황 및 당국의 규제 등을 고려하여 결정하게 된다.

보통주의 발행 주식발행은 주식보유자가 갖게 되는 높은 위험과 발행비용을 감안하면 가장 고비용의 외부자금조달방식이다. 기존주주가 신주 모두를 매입하지 않는 한 신주발행은 은행에 대한 통제력과 주당이익(EPS)의 잠식을 초래한다. 그러나 주식총액의 증가로 인해 은행의 미래 차입능력이 증대되고 이익창출력도 증가하는 등 장점도 있다.

우선주의 발행 우선주의 발행은 보통주와 마찬가지로 고비용의 외부조달 방식이다. 우선주는 보통주에 우선하여 은행이익에 대한 권리를 갖고 있어 우선주에 먼저 배당한 다음 보통주에 배당하므로 보통주에 대한 배당이 낮아질 수 있다. 우선주의 발행도 은행이 앞으로 차입하는 데 도움이 된다.

후순위채의 발행 후순위채는 만일 차입자금이 이자비용보다 더 높은 수익을 낸다면 금융레버리지의 발생으로 주당이익이 상승한다는 장점이 있다. 더구나 후순위채에 대해 지급한 이자는 세금이 감면된다. 반면 부채는 파산이나 이익리스크를 증대시키며 향후의 주식발행을 어렵게 할 수도 있다.

시설의 매각과 임차 은행은 사무실의 전부 또는 일부를 매각한 다음 다시 영업용으로 사용하기 위해 그 시설을 매입자로부터 임차하는 경우가 있다. 이러한 거래는 상당히 많은 현금유입을 가져오고 내부유보를 증가시킴으로써 은행의 자본력을 강화할 수 있다. 가장 성공적인 매각과 임차(sale and leaseback)거래는 인플레이션과 경제성장이 재산의 가치를 장부가격보다 높이는 경우에 생긴다. 최근 은행은 자기자본비율을 개선하기 위하여 자산을 매각하는 일이 많다. 자산의 매각은 위험자산의 증가를 막고 자산의 일부를 정부채나 위험이 낮은 투자에 돌림으로써 위험가중자산의 비중을 감소시킬 수 있다.

제14장

은행대출

1. 은행의 대출결정

은행산업은 다양한 서비스를 생산하지만 가장 중요한 생산물은 대출이라고 할 수 있다. 여기서는 은행이 이익의 극대화를 위해 대출액을 어떻게 결정하는가를 보기로 한다. 대출의 결정과정은 대출시장의 경쟁구조에 따라 다르므로 은행을 순수경쟁은행, 시장지배은행, 과점은행으로 나누어 설명한다.

순수경쟁은행

개별은행(individual banks)이 전체 대출시장에 비하여 상대적으로 작은 경우 대출에 부과하는 이자율에 대해 영향을 미칠 수 없으므로 개별은행은 대출시장에서 결정된 이자율을 받아들여 자신의 대출에 적용하는 가격순응자(price taker)이다. 이와 같은 시장구조를 은행간의 순수경쟁(pure competition)이라고 한다.

다음과 같은 조건이 갖추어지면 은행의 대출시장은 순수경쟁적이다.

- 전체 시장에 비하여 규모가 '작은' 다수의 매입자와 매도자가 존재

한다.

- 각 은행은 비슷한 대출을 공급한다. 즉 생산물 차별화는 없다.
- 은행서비스의 매수자와 매도자는 시장이자율에 대해 충분한 정보를 갖고 있다.
- 대출과 관련한 거래비용은 없다.

이와 같은 조건이 그대로 충족되기는 어렵지만 유익한 벤치마크가 될 수 있으며 어떤 경우는 현실과 유사하다. 은행서비스시장은 수많은 매수자와 매도자(또는 수요자와 공급자)가 존재한다. 더구나 은행은 다를지라도 공급하는 대출의 본질은 비슷하다. 중요한 것은 이자율을 포함한 대출조건이다. 순수경쟁과 완전경쟁(perfect competition)은 유사점이 있으나 중요한 차이점은 완전경쟁은 위의 네 가지 조건 외에 자유로운 진입과 퇴출(free entry and exit)을 조건으로 하지만 순수경쟁은 은행시장에로의 자유로운 진입과 퇴출을 조건으로 하지 않는다.

시장지배력이 없는 은행을 분석하기 위해 완전경쟁보다 순수경쟁모형을 사용하는 이유는 은행산업에는 자유로운 진입이 없기 때문이다. 은행이자율에 대한 규제는 철폐되었지만 은행산업으로의 진입은 엄격히 규제되고 있기 때문이다. 퇴출은 진입보다는 덜 엄격하다. 왜냐하면 은행은 매각되거나 충분한 시간을 주고 관리하면 청산될 수 있기 때문이다.

다음으로 순수경쟁시장에서 개별은행은 시장지배력이 없고 시장에서 결정된 이자율을 대출에 적용하는 이유는 다수의 은행이 존재하고 각 은행이 제공하는 대출은 기본적으로 같으므로 차입자는 어느 은행에서든 신속하게 대출받을 수 있기 때문이다. 더구나 거래비용이 없기 때문에 어느 은행이 다른 모든 은행보다 높은 이자율을 부과하면 차입자는 다른 은행에서 대출을 받을 것이다.

시장의 대출수요와 개별은행대출에 대한 수요

순수경쟁시장에서는 [그림 14-1(a)]에서 보는 바와 같이 대출공급곡선(S)과 대출수요곡선(D)의 교차가 균형대출이자율(i_L)을 결정된다. 대출

시장의 대출수요와 은행대출에 대한 수요

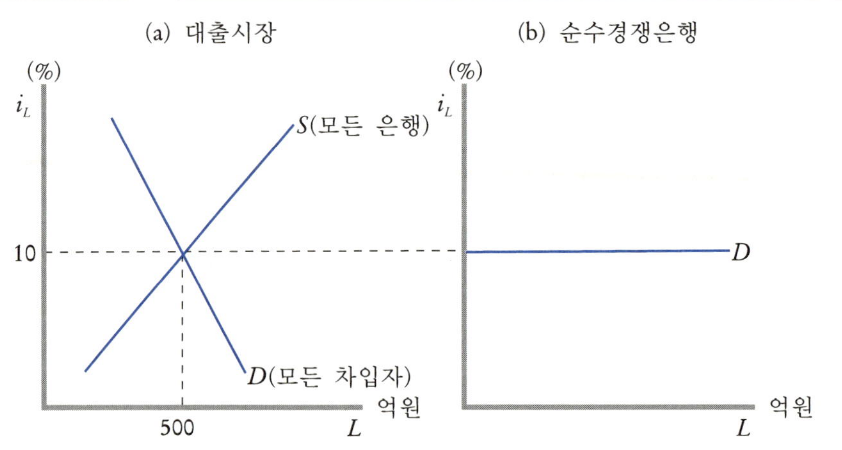

자금(L)은 은행이 공급하고 가계, 기업, 정부 등은 수요한다. 그림 (a)에서 균형대출이자율은 10%이고 균형대출액은 500억원이다.

순수경쟁시장에서 개별은행은 가격순응자로서 시장이자율을 주어진 것으로 받아들인다. 이것은 [그림 14-1(b)]에서 보는 것처럼 개별은행의 대출에 대한 수요곡선(**D**)은 시장이자율수준에서 수평하다는 것을 의미한다. 즉, 은행은 대출시장의 균형이자율을 주어진 것으로 받아들이고 이 이자율수준에서 원하는대로 대출을 할 수 있다.

시장의 대출수요곡선은 우하향의 기울기를 나타내지만 순수경쟁은행이 공급하는 대출에 대한 수요는 수평하다는 점이 매우 중요하다. 차입자는 시장이자율의 변동보다 은행이 부과하는 이자율의 변동에 대해 더 민감하다. 왜냐하면 시장을 기준으로 보면 자금을 대체할 수 있는 대안이 별로 없지만 개별은행이 제공하는 대출은 대체할 기회(예를 들면 다른 은행의 대출)는 많기 때문이다.

대출이 이자율변동에 대해 어떻게 반응하는가를 측정하기 위해서는 대출수요의 이자율탄력성(interest elasticity of demand for loans)을 이용한다.

$$\text{대출수요의 이자율탄력성} = \frac{\text{대출수요의 변동(\%)}}{\text{이자율의 변동(\%)}}$$

대출수요의 이자율탄력성이 1(절대치)보다 크면 대출이자율의 1% 상승은 1% 이상의 대출수요 감소를 초래한다는 것을 의미하며 대출수요가 이자율변동에 대해 탄력적(elastic)이라고 한다. 대출수요의 이자율탄력성이 1(절대치)보다 작으면 대출이자율의 1% 상승은 1% 이하의 대출수요 감소를 가져 온다는 것을 의미하며 대출수요는 이자율변동에 대해 비탄력적(inelastic)이라고 한다.

순수경쟁시장인 경우 개별은행에 대한 대출수요는 완전히 탄력적이다. 이것은 순수경쟁은행이 시장이자율보다 대출이자율을 약간만 더 높게 해도 그 은행은 모든 대출고객을 잃어버릴 것이기 때문이다. 따라서 순수경쟁은행의 대출에 대한 수요의 탄력성은 무한대이며 완전히 탄력적이다. 이 때문에 개별은행이 제공하는 대출에 대한 수요는 앞서 본 것처럼 시장에서 결정된 대출이자율 수준에서 수평하다.

순수경쟁은행의 대출결정

대출시장의 수요와 공급은 시장대출이자율을 결정한다. 순수경쟁은행은 시장대출이자율을 주어진 것으로 받아들이고 동 이자율수준에서 얼마나 많이 대출할 것인가를 결정한다. 그러면 은행은 이익의 극대화를 위한 대출액을 어떻게 결정하는가. 이러한 의문에 답하기 위해서는 이익은 은행의 수입(revenue)과 비용의 차이이기 때문에 은행수입과 비용의 본질에 대해서 알아볼 필요가 있다.

대출로 생긴 은행의 수입(R)은 대출이자율(i_L)과 대출액(L)을 곱한 것과 같다.

$$R = i_L \times L$$

예를 들면 은행이 10%의 이자율로 1억원을 대출했다면 은행의 수입(이자소득)은 1천만원이 된다. [그림 14-2(a)]는 개별은행의 수입을 횡축에 표시된 대출액의 함수로 나타내고 있다. 대출액과 수입의 관계는 선형(linear)이다 왜냐하면 은행은 추가하는 각각의 대출에 대해 동일한 대출이자(i_L)를 받기 때문이다. 은행의 수입은 대출이 증가함에 따라 증가한다.

대출이 L_A이면 은행의 수입은 150억원이 된다. 대출이 증가하여 L_M이 되면 수입은 500억원으로 증가한다.

$C(L)$, 즉 대출비용은 두 개의 요소로 구성된다. 첫째는 은행의 자금비용이다. 은행이 대출하기 위해서는 지급준비금(reserves) 형태의 자금이 필요하다. 지급준비금은 예금을 유치함으로써 조성되고 예금의 유치비용은 예금이자율과 예금액을 곱한 것이다. 두 번째 구성요소는 은행경영을 위한 일반관리비이며 예금창구직원과 대출담당직원의 인건비, 대출심사와 관련된 비용, 건물 등의 관리비, 상환받지 못한 대출관리비 등이 포함된다.

[그림 14-2(a)]에서 $C(L)$은 대출을 많이 하면 비용이 증가한다는 것

그림 14-2 순수경쟁하의 이익극대화: 총수입 – 총비용 접근

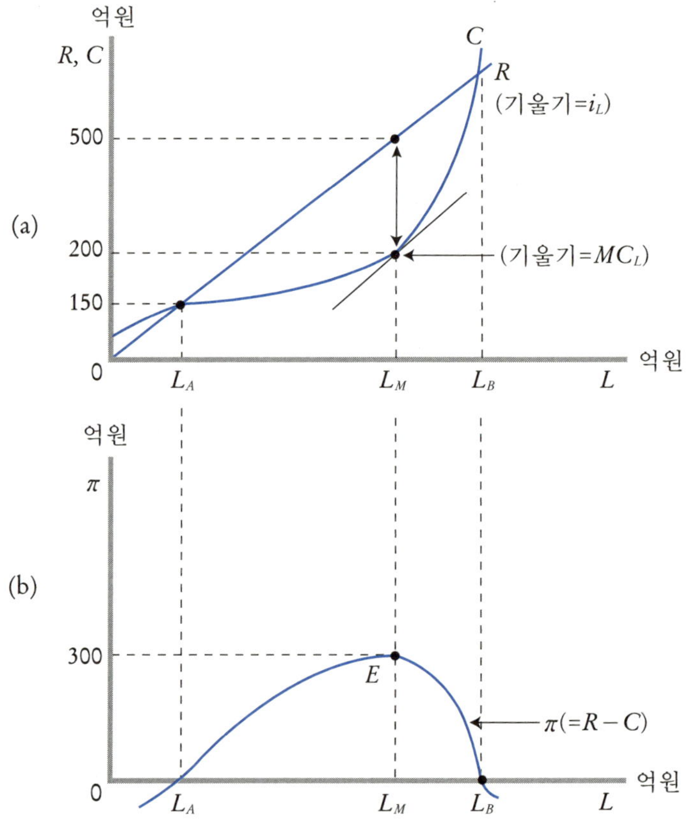

을 보여 주고 있다. 유의할 점은 비용함수가 영보다 높은 점에서 종축과 만나는 것이다. 이것은 은행이 대출을 하지 않더라도 건물관리와 같은 비용은 지급하여야 하기 때문이다. 이와 같은 비용은 대출수준과 관계없이 지급하여야 하기 때문에 고정비(fixed costs)라고 부른다. 대출액이 변함에 따라 변동하는 비용을 변동비(variable costs)라고 한다.

수입곡선(R)은 비용곡선과 달리 직선이다. 앞서 본 것처럼 순수경쟁 은행은 시장이자율에 영향을 줄 수 없으므로 은행의 수입은 이자율과 대출액을 곱한 것($i_L \times L$)이다. 이것은 [그림 14-2(a)]의 원점에서 시작하는 직선(R)으로 나타낸다. 그러나 비용(곡선)은 은행이 대출을 많이 하게 되면 처음에는(대출이 L_A가 될 때까지는) 증가율이 낮지만 그 다음부터는 높은 증가율로 증가한다. 그 이유를 보면, 은행은 새로운 건물에서 많은 창구직원, 대출담당자, 기타 부서직원을 채용해서 개업한다. 은행이 영업을 시작하면서 예금을 받고 대출하게 됨에 따라 비용이 약간 상승한다. 비용은 대부분 예금에 대해 지급하는 이자이지만 건물비나 노무비는 예금이나 대출건수와 관계없이 지급된다. 따라서 비용은 완만하게 증가한다. 그러나 어떤 단계에 이르면 대출과 예금건수가 크게 증가하면서 비용이 급속하게 증가하게 된다. 많은 대출신청과 예금거래로 인한 시설확장과 인력보충이 필요해진다. 이 단계에서는 대출의 추가는 예금에 대한 이자뿐만 아니라 더 많은 직원을 채용해서 연수하고 은행시설을 확장하는 비용 등 많은 추가비용을 초래한다. 비용곡선의 형태는 은행이 대출을 많이 함에 따라 대출에 필요한 재원이 추가로 필요하게 되고 그에 따라 비용은 지속적으로 높이 증가한다는 것을 반영한다.

최적대출액의 결정: 총수입과 총비용접근

은행의 이익(π)은 총수입과 총비용의 차이다. [그림 14-2(a)]에서 이익은 수입곡선과 비용곡선의 수직거리로 나타내고 있다. 대출이 L_A보다 적으면 비용곡선은 수입곡선보다 위에 있고 이익은 마이너스로 손실이 발생한다. 대출이 L_A와 L_B 사이에 있으면 수입곡선은 비용곡선 위에 있어 은행이 이익을 실현하고 있다는 것을 보여준다. 대출이 L_B를 초과하면 다시 비용이 수입보다 많아지고 은행은 손실을 입게 된다.

[그림 14-2 (b)]는 그림 (a)에 나타나 있는 수입과 비용의 차이를 보여주고 있다. 이익곡선은 은행이 대출액에 따라 얻을 수 있는 이익을 나타내고 있다. 이익은 L_A 또는 L_B에서는 영이다. 이것은 그림 (a)와 일치하는 것으로 L_A와 L_B 수준에서는 수입과 비용이 같기 때문이다. 특히 이익함수($R-C$)가 가장 높은 E점에서 이익은 극대화된다. 이 점의 대출수준은 L_M이다. 그림 (a)에서 이 점은 수입과 비용 사이의 수직거리가 가장 길고 이 수준의 대출에서 비용곡선의 기울기와 수입곡선의 기울기는 같다.

이와 같이 이익을 극대화하는 대출수준에서 수입곡선과 비용곡선의 기울기가 같은 이유를 보면 비용곡선의 기울기는 한계비용(MC_L: marginal cost)이라고 부르며 대출을 1단위 추가하는 데 따른 비용을 의미한다. 예를 들면, 1원을 추가로 대출하는 데 은행이 부담하는 비용이 0.07원이고 대출의 한계비용은 0.07이 된다. 마찬가지로 수입곡선의 기울기는 대출이자율(i_L)이며 은행이 추가로 대출해서 얻게 되는 수입을 반영한다. 예를 들어 이자율이 8%이면 은행은 대출로 1원당 0.08원의 이자소득을 얻는다.

순수경쟁은행은 이익을 극대화하기 위해서 대출의 한계비용과 대출이자율이 같은 수준까지 대출한다. 만일 한계비용이 이자율([그림 14-2 (a)]의 L_M 왼쪽에 있는 점)보다 낮으면 은행은 추가로 대출함으로써 비용보다 수입에 더 많이 추가할 수 있다. 마찬가지로 한계비용이 이자율보다 더 높으면 은행이 대출을 1원 감소하면 이익보다 비용을 더 많이 감소시키게 된다. 요약하면 이익을 극대화하기 위하여 순수경쟁은행은 대출의 이자율과 한계비용이 일치하는 금액을 대출한다.

$$i_L = MC_L$$

이 조건은 은행이 추가로 1원을 대출해서 얻는 수입(i_L)은 1원을 대출함으로써 생기는 비용과 같다는 것을 가리킨다.

최적대출의 결정: 한계수입과 한계비용의 접근

[그림 14-3]은 순수경쟁은행이 이익을 극대화하는 대출을 결정하는

과정을 위에서 본 것과 다른 방식으로 설명하고 있다. 예를 들어 시장에서 대출이자율(i_L)이 0.1 또는 10%로 결정되고 대출이자율이 개별은행이 제공하는 대출에 대한 수요곡선(D_i)으로 정의한다. MC_L곡선은 은행이 추가로 1원을 대출할 때 부담하는 한계비용을 나타낸다. 따라서 점 A에서 한계비용과 한계수입은 같고 이익은 극대화된다. 이 점에 대응하는 대출은 L_M=100억원이다. [그림 14-3]의 AC_L곡선은 개별은행의 평균대출비용, 즉 대출액에 대한 비용의 비율이다.

$$AC_L = \frac{C}{L}$$

예를 들면, 100억원의 대출비용이 5억원이면 대출 1원당 평균비용은 5%(=5억원/100억원)가 된다. 이와 같이 평균대출비용은 금액이 아니라 대출액에 대한 비율(%)로 나타낸다.

[그림 14-3]에서 보는 바와 같이 개별은행은 이익을 극대화하기 위해 L_M=100억원을 대출한다. A점과 B점 사이의 거리는 100억원의 대출과 관련하여 은행이 받는 대출이자(10%)와 평균대출비용(5%)의 차이는 5%(=10%−5%)가 된다. 따라서 비용을 재외하고 은행은 100억원의 대출로 5%의 이익(5억원=0.05×100억원)을 얻는다. 이것은 [그림 14-3]에서 어두운

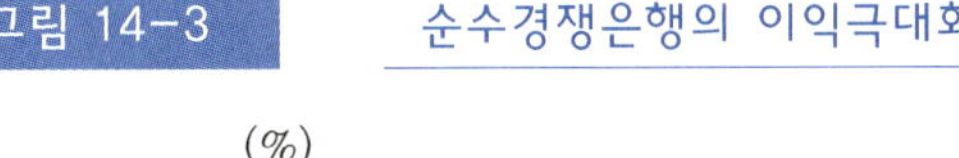
그림 14-3 순수경쟁은행의 이익극대화

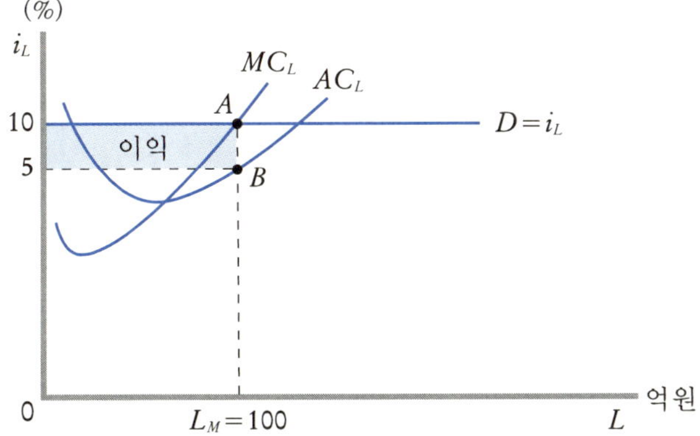

색의 4각형의 넓이, 즉 100억원의 저변과 0.05의 높이를 곱한 것이다.

시장지배은행

시장지배(market power)는 시장에서 차지하고 있는 전 지분을 상실하지 않으면서 가격을 정할 수 있는 기업의 힘을 의미한다. 시장지배은행은 순수경쟁은행과는 대조적으로 대출에 부과하는 이자율에 대해 어느 정도의 통제력을 갖는다. 시장지배은행이 부과하는 이자율은 시장에서 결정되지 않고 개별은행이 선택하는 대출액에 의하여 결정된다.

시장지배은행은 [그림 14-4]에서 보는 바와 같이 우하향의 대출수요곡선을 갖는다. 이와 같은 우하향의 대출수요곡선은 시장지배은행이 다른 은행보다 더 높은 이자율을 부과해도 어떤 차입자는 대출을 받는다는 것을 의미한다. 예를 들면, 시장지배은행이 대출에 대해 7%의 이자율을 부과하면 150억원의 대출이 가능하지만 대출이자율을 10%로 인상하면 100억원밖에 대출하지 못한다. 왜냐하면 일부 차입자는 차입을 포기하거나 다른 은행에서 대출받기 때문이다. 따라서 시장지배은행이 대출을 더 많이 하기 위해서는 대출이자율을 인하하지 않을 수 없다.

그림 14-4 시장지배은행에 대한 대출수요

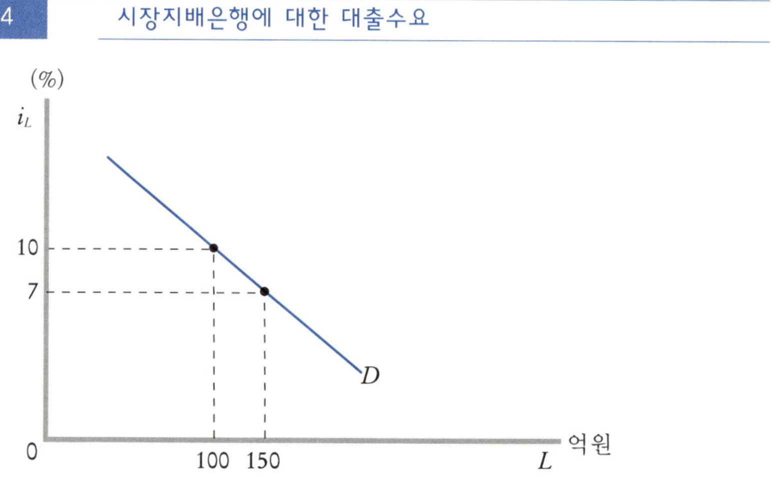

시장지배은행의 대출결정

시장지배력을 가진 은행은 이익을 극대화하는 대출이자율과 대출액을 어떻게 결정하는가를 보기로 하자. 시장지배은행의 결정은 순수경쟁은행보다 좀더 복잡하다. 왜냐하면 시장지배은행이 받는 대출이자율은 공급하는 대출액에 따라 결정되기 때문이다.

[그림 14-5(a)]에 있는 시장지배은행에 대한 대출수요곡선에서 30%의 대출이자율을 부과하면 대출수요는 영이 되고 그림 (b)에서도 대출의 함수인 은행수입(A점)은 영으로 나타난다. 그림 (a)에서 보는 바와 같이 은행이 대출이자율을 0%로 인하하면 100억원을 대출할 수 있으나 그림

그림 14-5 시장지배은행의 대출수요와 수입

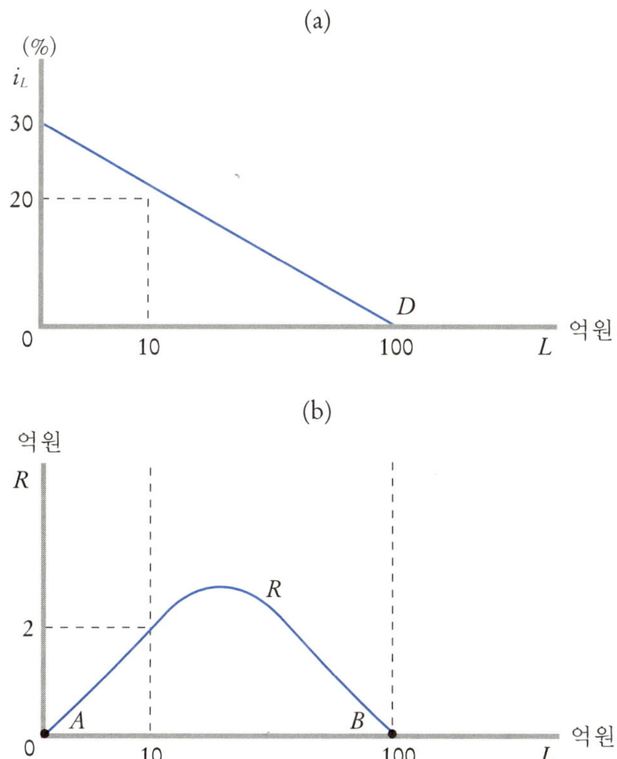

(b)의 수입(**B**점)은 영이 된다. 그러나 영과 30% 사이의 이자율로는 은행은 여러 가지 금액을 대출할 수 있다. [그림 14-6(b)]의 수입함수는 0원과 100억원 사이의 다양한 수준의 수입을 나타내고 있다. 예를 들면 은행이 20%의 이자율을 부과하면 10억원을 대출할 수 있고 2억원(=0.20×10억원)의 수익을 얻는다.

시장지배은행이 이익을 극대화하는 대출수준을 결정하기 위하여 [그림 14-5(a)]의 수익곡선을 은행의 비용곡선 위로 옮김으로써 [그림 14-6(a)]를 얻는다. 비용은 **A**점의 왼쪽 또는 **B**점의 오른쪽에서는 수입을 초과하므로 은행은 손실을 입게 된다. [그림 14-6(b)]는 이익을 대출의 함

그림 14-6 시장지배은행의 극대이익을 위한 대출의 결정

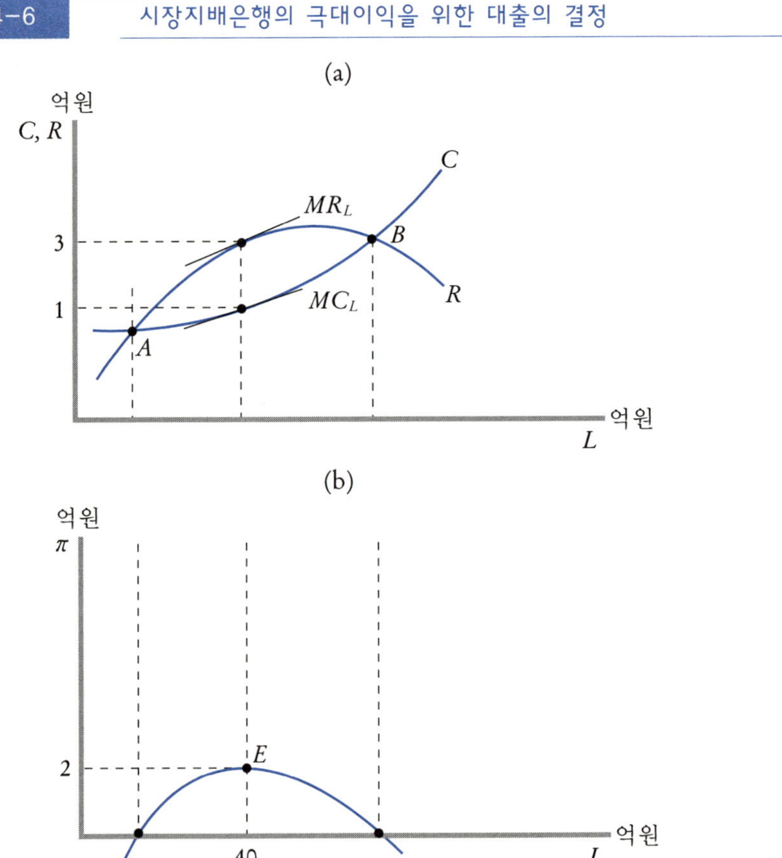

수로 나타냄으로써 이와 같은 손실을 반영한다. *A*점과 *B*점의 대출로부터 얻는 수입은 비용과 같으므로 은행이 이익은 영이 된다.

*A*점과 *B*점 사이의 대출은 수입이 비용을 초과하므로 은행은 이익을 얻는다. 수입과 비용 사이의 수직거리는 대출이 40억원일 때 가장 길다. 이 점에서 수입은 3억원이고 비용은 1억원이다. 이에 상응하는 이익은 2억원으로 그림 (b)의 *E*점이다.

이익이 극대화되는 점에서 수입곡선의 기울기(MR_L)는 비용곡선의 기울기(MC_L)와 같다. 수입곡선의 기울기(MR_L)는 대출을 추가함으로써 은행이 얻는 한계수입(marginal revenue)이다. 예를 들어 은행이 추가로 1원을 대출함으로써 0.1원의 수입이 증가한다면 추가대출의 한계수입은 0.10이 된다. 마찬가지로 한계비용(MC_L)은 추가로 1원을 대출함으로써 생기는 은행의 비용이다. 이익의 극대가 이루어지는 점에서는 $MR_L = MC_L$이 된다.

이익이 극대화되는 점에서 왜 $MR_L = MC_L$인가를 보기로 하자. 예를 들면 은행이 40억원보다 대출을 적게 한다면 수입곡선의 기울기(MR_L)가 비용곡선의 기울기(MC_L)보다 크다. $MR_L > MC_L$이면 은행은 더 많이 대출하면 비용보다 더 많은 수익을 얻을 수 있다. 은행이 대출을 40억원까지 확대하면 MR_L은 MC_L과 같게 될 것이다. 그러나 은행은 40억원을 초과해서 대출하지 않는다. 40억원을 초과하는 대출은 MR_L이 MC_L보다 작기 때문이다. 즉 40억원을 초과해서 대출하면 수입보다 비용이 더 많이 증가하기 때문이다. 요약하면 이익을 극대화하기 위해서 시장지배력은행은 한계수익과 한계비용이 일치하는 대출을 공급한다.

[그림 14-7]은 시장지배은행의 최적대출결정을 다른 각도에서 설명하고 있다. 은행대출에 대한 수요곡선(*D*)은 은행이 시장지배력을 갖고 있기 때문에 우하향의 기울기를 나타내고 있다. 대출과 관련한 한계수입(MR_L)은 수요곡선 아래에 위치한다. 한계수입곡선은 한계비용곡선과 *A*점에서 일치하므로 이 은행의 이익을 극대화시키는 대출은 L_M이 된다.

시장지배은행이 대출에 대해 부과하는 이자율은 수요곡선상의 *B*점이며 은행이 부과하는 이자율은 iL_M이다. 은행은 시장지배력을 반영하여 대출의 한계비용보다 높은 이자율을 부과한다.

그림 14-7 시장지배은행의 이익극대화

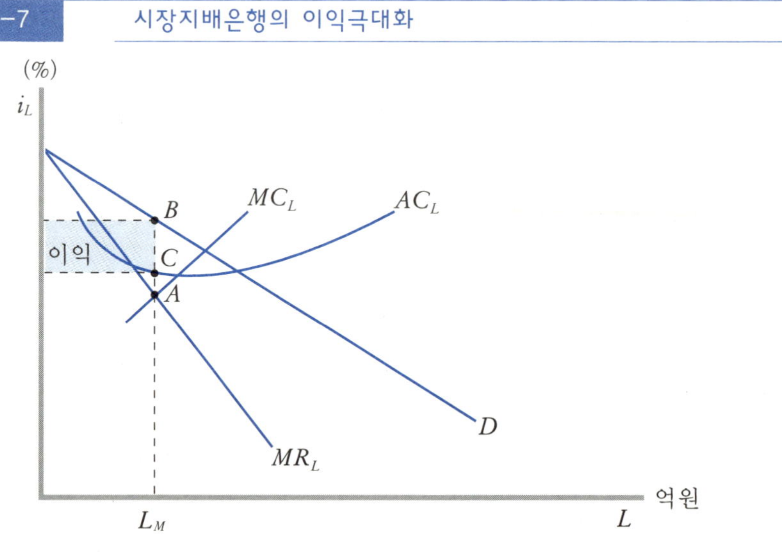

[그림 14-7]에서 ***B***와 ***C*** 사이의 수직거리는 대출로 받는 이자율과 대출의 평균비용 사이의 차이(스프레드)를 나타낸다. 이 스프레드와 대출액(L_M)을 곱하면 시장지배력은행의 이익이 결정된다.

그림 14-8 평균비용=한계비용인 경우

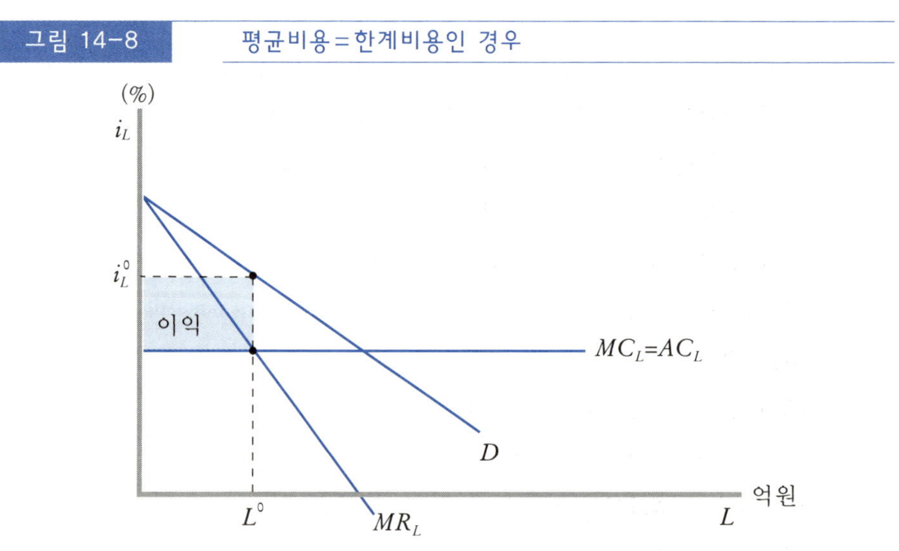

다음으로 시장지배은행이 공급하는 모든 대출의 한계비용은 일정하고 평균비용과 같다고 가정하자. 즉 한계비용과 평균비용이 각 수준의 대출에서 동일하고 대출건수가 증가해도 변동하지 않는다고 가정하면 [그림 14-8]과 같이 나타낼 수 있다.

한계비용과 평균비용은 수평선($MC_L = AC_L$)이 되고 극대이익을 이루는 대출수준은 $MR_L = MC_L$이 되는 대출(L^0)이다. 이 수준에 대응하는 이자율은 i_L^0이다. 은행의 이익은 색깔로 표시된 부분이다.

과점은행

과점(oligopoly)은 몇 개 기업만이 재화나 용역을 생산하는 경우를 말한다. 따라서 과점은행은 고객을 두고 다른 몇 개 은행과 경쟁한다. 여기서는 대출고객을 두고 두 개의 은행이 경쟁하는 복점은행(duopoly banks)을 보기로 한다. 시장에 셋 또는 네 개 은행이 있어도 기본원리는 그대로 적용된다. 과점은행시장의 특징은 은행의 높은 상호의존이다.

과점적 상호의존

먼저 과점적 상호의존(oligopolistic interdependence)에 관해서 보기로 하자. 예를 들어 두 은행이 같은 동네에 가까이 위치해 있다고 가정하자. 따라서 어느 은행도 다른 은행보다 유리한 입지에 있지 않다. 따라서 한 은행의 행동은 다른 은행의 이익에 충격을 준다. 예를 들면, 한 은행이 대출이자율을 다른 은행보다 낮추면 대출을 받으려는 사람들은 이자율이 낮은 은행으로 몰릴 것이다. 이것은 높은 이자율을 부과하는 은행의 이익이 급격하게 감소시킬 것이다. 이와 같은 효과는 과점적 상호의존을 나타낸다.

과점은행의 상호의존은 이들 은행이 취하는 행동에는 전략적 요소가 포함된다는 것을 의미한다. 이와 같은 전략적 상호작용(strategic interactions)의 분석에는 게임이론(game theory)이 이용된다. [표 15-1]의 보상행렬(payoff matrix)은 X은행과 Y은행 사이의 과점적 상호의존을 보여

[표 14-1] 보상행렬(가상 예)

	Y은행		
X은행	이자율	8%	15%
	8%	0, 0억원	40, −10억원
	15%	−10, 40억원	10, 10억원

주고 있다. 편의상 각 은행은 두 가지 대출이자율(15%와 8%) 가운데 하나를 선택한다고 가정한다.

[표 14-1]의 각 칸(cell)에 있는 첫번째 금액은 X은행의 이익이고 두 번 째 금액은 Y은행의 이익이다. 만일 두 은행이 같은 8%의 이자율을 대출에 부과하면 두 은행의 이익은 영이 된다. 만일 X은행이 8%, Y은행이 15%의 대출이자율을 부과하면 X은행은 40억원의 이익을 얻지만 Y은행은 10억원의 손실을 입는다. X은행은 낮은 이자율로 경쟁관계에 있는 Y은행의 고객을 끌어 들여 큰 이익을 얻게 된다. 마찬가지로 Y은행이 8%의 낮은 이자율을 부과하는데 X은행이 15%를 부과하면 Y은행은 X은행의 고객을 유치하므로 X은행은 10억원의 손실이 발생하고 Y은행은 40억원을 이익을 얻는다. 그러나 두 은행이 같은 15%의 이자율을 부과하면 두 은행의 이익은 같은 10억원이 된다(두 은행은 동일한 시장지분을 갖고 있다고 가정).

따라서 [표 14-1]은 X은행의 이익은 자신이 부과하는 이자율뿐만 아니라 경쟁은행이 부과하는 이자율에 의해서 결정된다는 것을 보여 주고 있다. 이와 같은 상황에서 각 은행은 어떤 이자율을 선택할 것인가. 이에 대한 대답 가운데 하나는 15%일 수 있다. 왜냐하면 두 은행이 15%를 부과하면 이익은 각각 10억원이 될 것이기 때문이다. 그러나 만일 Y은행이 15%의 이자율을 부과한다면 X은행은 이자율을 8%로 낮춤으로써 이익을 10억원에서 40억원으로 증가시킬 수 있다.

과점은행의 균형소득을 결정하기 위해 X은행의 입장에서 [표 5-1]를 검토해 보기로 하자. 만일 Y은행이 8%를 부과하면 X은행도 8%를 부과함으로써 이익을 극대화할 것이다. 왜냐하면 영의 이익을 받아들이는 것이 경쟁은행의 낮은 이자율에 대항해서 15%를 부과하는 경우 발생하는 10억원의 손실보다는 유리하기 때문이다.

만일 Y은행이 15%를 부과해도 X은행은 8%를 부과하는 것이 유리하다. 왜냐하면 40억원의 이익은 15%를 부과하여 10억원의 이익을 얻는 것보다 유리하기 때문이다. 요약하면 Y은행이 부과하는 이자율과 관계없이 X은행은 낮은 이자율(8%)을 부과하는 것이 유리하다. 보상행렬은 대칭적이기 때문에 Y은행의 입장에서 보아도 결과는 마찬가지이다. 따라서 과점시장의 균형소득은 각 은행이 낮은 이자율을 부과하여 영의 이익을 얻는 것이다.

이러한 결과는 의외로 생각할 수 있다. 두 은행이 높은 이자율을 부과하기로 합의하면 모두에게 이익이 되는데 왜 은행은 높은 이자율을 부과하기로 합의하지 않은가. 은행이 이익을 더 얻기 위해 높은 이자율을 부과하기로 약속하는 것은 담합(collusion)이다. 우리나라를 비롯한 거의 모든 나라에서 담합은 불법화되어 있으므로 은행은 높은 이자율을 부과하기로 하는 약정을 맺을 수 없다. 그 밖에 다른 원인도 있다. 예를 들어 은행장이 비밀로 만나 높은 이자율을 부과하기로 합의했다고 가정하자. 이러한 약속을 지키는 것이 유리한지 X은행의 입장에서 보기로 하자. 만일 X은행이 담합을 어기고 이자율을 낮추면 10억원에서 40억원으로 이익을 늘릴 수 있다. 따라서 X은행은 Y은행이 높은 이자율을 부과하도록 유인하여 더 많은 이익을 내려 할 것이다. 물론 Y은행도 이와 같은 점을 인식하고 있기 때문에 처음부터 약정이 이루어질 가능성은 낮다.

그러나 X은행장은 정직하기 때문에 높은 이자율을 부과하기로 한 약속을 결코 어기지 않는다고 가정하자(이 은행장은 다른 은행장에게 한 약속은 지킬 만큼 정직하지만 담합을 금지하는 법을 준수할 정도로는 정직하지 않다고 가정한다). 만일 Y은행장이 약속을 깨면 X은행은 어떻게 되는가. Y은행이 속이는 경우 X은행은 10억원의 손실을 입게 된다. 주주들이 X은행장에게 경쟁은행은 40억원의 이익을 냈는데, X은행이 10억원의 손실을 입게 된 이유를 묻는다면 은행장은 무어라고 대답할 것인가. X은행장은 담합을 했는데 속았다고 답변할 수 없을 것이다. 그렇게 하면 법을 위반한 죄로 교도소에 가게 될 수 있다. 무엇이라고 답변해도 해임되거나 처벌을 받을 것이다. 이 때문에 처음부터 담합하려는 의욕은 강하지 않다.

반복적인 상호작용

과점대출시장에 대한 지금까지의 분석은 은행이 담합하기 어려운 점을 밝히는 것이었다. 그러나 분석의 중요한 특징은 은행이 약속을 깨도 아무런 비용이 들지 않고 이익만 갖는 것이다. 이와 같은 결과가 생기는 것은 고객을 향한 경쟁이 단 한 번(one shot)의 상호작용을 가정하기 때문이다. 즉, [표 14-1]이 보여주는 보상행렬은 은행이 단지 한 번만 대하는 경우를 나타내고 있다.

실제로는 은행은 고객을 향해 매년 서로 경쟁한다. 은행이 반복해서 [표 14-1]과 같은 보상행렬을 갖게 된다면 은행은 어떤 경우에는 속는 것을 두려워하지 않고 담합할 수 있다. 예를 들어 X은행과 Y은행이 비밀로 만나 “두 은행이 함께 높은 이자율(15%)을 부과하자. 만일 어느 한 은행이 약속을 어겨 낮은 이자율(8%)을 부과하면 그 다음부터는 매 기간마다 낮은 이자율을 부과하도록 한다”는 내용의 협약을 맺었다고 가정하자. 이와 같이 두 은행이 약속하면 누구도 속일만한 유인을 갖지 못하게 되는 상황이 형성된다. 이 점을 먼저 직관적으로 검토해 보기로 해보자. 이러한 협약하에서 약속을 어기고 낮은 이자율(8%)를 부과하는 은행은 즉시 10억원 대신 40억원을 벌게 된다. 약속을 어긴 은행에게는 즉각 이익이 돌아간다. 그러나 은행은 반복해서 경쟁하기 때문에 약속을 어기는 것은 미래비용을 발생시킨다. 약정에 따르면 어느 한 은행이 약속을 어기면 두 은행은 미래의 모든 기간에 낮은 이자율을 부과한다. 따라서 속인 은행은 항구적으로 10억원 대신 0원을 벌게 될 것이다. 즉, 오늘 담합을 어긴 은행의 이익은 오늘은 10억원 대신 40억원의 이익을 얻지만 약속을 어긴 대가로 미래 모든 기간에 10억원 대신 0원을 벌게 된다.

만일 약속위반으로 인한 비용의 현재가치가 약속을 위반해서 한 번 받게 되는 이익보다 많으면 은행이 약속을 위반하는 경우 손해를 보게 되므로 약속한대로 높은 이자율이 유지될 것이다. 은행들이 위에서 본 요지의 담합을 하였다고 하면 X은행은 Y은행이 약정을 지킬 것으로 믿는다. 그러면 X은행은 약속을 지킬 만한 유인이 있는가. 만일 X은행이 약속을 어기면 오늘은 40억원의 이익을 얻지만 앞으로 모든 기간 동안 0원을 벌게 된다. 왜냐하면 X은행이 오늘 속였기 때문에 Y은행은 앞으로 영원히 낮은 이자율을 부과할 것이기 때문이다. Y은행이 낮은 이자율을 부과하면 X은행이 할 수 있는 최선은 0원을 얻는 것이다. 따라서 X은행이 약속을 위반할 경우 이익의 현재가치는 다음과 같다.

$$\text{약속을 어길 경우의 이익(현재가치)} = 40\text{억원} + 0 + 0 + 0$$

만일 X은행이 속이지 않으면 매 기간마다 영원히 10억원을 번다. 따라서 약속을 위반하지 않으면 X은행이 버는 이익의 현재가치는 다음과 같다.

약속을 위반하지 않은 경우의 이익(현재가치)[1)]

$$= 10\text{억원} + \frac{10\text{억원}}{1+i} + \frac{10\text{억원}}{(1+i)^2} + \frac{10\text{억원}}{(1+i)^3} + \cdots\cdots = \frac{10\text{억원}(1+i)}{i}$$

단, i는 현재가치의 산출에 이용되는 이자율

X은행은 약속을 위반해서 얻는 이익이 약속을 지킬 때의 이익보다 적다면 약속을 위반하지 않으므로 위에서 본 예의 경우 다음식이 성립하면 약속을 위반할 이유가 없다.

$$\text{약속을 위반하는 경우의 이익} = 40\text{억원} < \frac{10\text{억원}(1+i)}{i}$$

$$= \text{약속을 위반하지 않는 경우의 이익}$$

만일 $i < \frac{1}{3}$이면 위 식은 성립한다. 다시 말하면 X은행이 현재가치를 계산하는 데 이용하는 이자율이 33%(또는 1/3)보다 작다면 X은행이 약

1) 다음과 같은 공식을 이용한 결과이다.
$1 + x + x^2 + \cdots\cdots + x^i + \cdots\cdots = \sum_{i=0} x^i = 1/(1-x)$

속위반으로 얻는 것보다 잃는 것이 더 많게 된다. Y은행도 마찬가지이다. 따라서 과점은행이 반복해서 경쟁하기 때문에 은행들은 담합하여 높은 대출이자율을 부과함으로써 매기마다 10억원을 얻을 수 있다. 이것은 차입자의 부담으로 은행이 부당하게 이익을 얻는 것으로 담합을 금지하는 이유를 설명해 준다.

2. 은행대출과 정보

대출과 대칭적 정보

모든 차입자가 은행대출을 상환하는 것은 아니다. 일부 차입자는 대출을 상환하지 않으며 그로 인해 은행의 이익은 감소하게 된다. 대출금을 상환하지 않을 차입자를 미리 안다면 처음부터 대출하지 않으면 되지만 은행이 가지고 있는 정보는 불완전하여 차입자의 대출금 상환여부를 사전에 안다는 것은 어려운 일이다. 이러한 불완전한 정보가 은행대출에 미치는 영향을 살펴보기로 한다.

먼저 대칭적 정보와 은행대출의 관계를 고찰한다. 대칭적 정보(symmetric information)는 은행과 차입자가 차입자의 대출상환에 관해서 동일한 정보를 가지고 있는 경우를 가리킨다. 가령 차입금을 상환할 가능성이 저소득차입자는 10%이고 고소득차입자는 90%라고 하자. 이 경우의 대칭적 정보는 저소득차입자가 대출을 신청하면 은행과 차입자 모두 대출금이 상환될 가능성은 10%라는 것을 안다는 것을 의미한다. 마찬가지로 고소득차입자가 대출을 신청하면 은행과 차입자 둘 다 원금이 상환될 확률이 90%라는 것을 안다. 대칭적 정보가 존재하면 같은 이자율 수준으로 고소득차입자에게 대출하는 것이 저소득차입자에게 대출하는 것보다 은행의 기대수익이 높다. 은행이 저소득차입자에게 대출할 때는 채무불이행리스크를 보상받을 수 있도록 더 높은 이자를 받는다. 두 은행은 차입자의 리스크 정도에 따라 채무불이행의 가능성을 충분히 보상받을 수

그림 14-9 신용리스크와 이자율

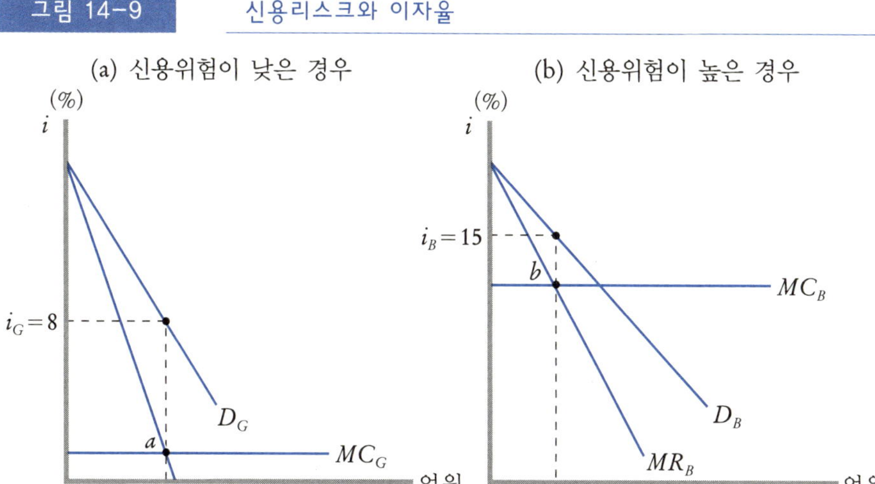

있도록 대출이자를 차별화한다.

[그림 14-9]는 신용이 양호한 차입자에게는 낮은 대출이자율(i_G), 신용이 불량한 차입자에게 높은 이자율(i_B)을 부과한다는 것을 보여주고 있다. 먼저 대출의 한계비용(MC_L)은 일정하다고 가정한다. 그러나 채무불이행은 대출비용을 증가시키므로 채무불이행의 가능성은 대출의 한계비용을 상승시킨다. 그림 (a)와 (b)에서 신용이 불량한 차입자에 대한 대출의 한계비용(MC_B)이 신용이 우량한 차입자에 대한 대출의 한계비용(MC_G)보다 높다. 그림 (a)에서 한계수익(MR_G)과 한계비용(MC_G)은 ***a***점에서 같게 되므로 신용이 양호한 차입자에 대한 대출액은 L_G이고, 대출이자는 i_G=8%가 된다. 마찬가지로 그림 (b)에서 신용이 불량한 차입자에 대한 대출의 한계비용과 한계수익은 ***b***점에서 만나게 되므로 대출액은 L_B, 대출이자율은 i_B=15%가 된다. 신용이 불량한 차입자도 대출은 받을 수 있으나 신용이 양호한 차입자보다 더 높은 이자율을 부담하여야 한다.

대출과 비대칭적 정보

여기서는 차입자가 자신의 상환능력에 대해 은행보다 더 잘 알고 있는 상황, 즉 비대칭적 정보가 은행대출에 어떠한 영향을 미치는가 보기로 하자.

예를 들어 정직한 차입자와 부정직한 차입자가 있으며 외관상으로는 둘 다 같지만 인품 등이 다르다고 가정한다. 편의상 정직한 차입자가 대출금을 상환하는 경우는 90%이고 부정직한 차입자가 대출금을 상환할 확률은 10%라고 가정한다. 차입자는 자신이 정직한지 정직하지 않은지를 잘 알지만 은행은 모르기 때문에 비대칭적 정보 문제가 발생하게 된다.

은행은 정직한 차입자와 부정직한 차입자를 구별할 수 없기 때문에 이 두 차입자에게 동일한 이자율을 부과한다. 이때 부과되는 이자율은 대칭적 정보가 존재한다면 차입자의 신용에 따라 차등을 두어 부과할 이자율을 평균한 것이다. 이것은 정보가 대칭적일 경우 부과할 이자율에 비해 비대칭적 정보로 인해 정직한 차입자에게 높은 이자율을 부과하는 반면 부정직한 차입자에게는 낮은 이자율을 부과한다는 것을 의미한다. 부정직한 차입자가 채무를 이행하지 않기 때문에 생기는 리스크를 정직한 차입자가 보상하기 위하여 높은 이자율을 부담하는 것과 같다. 다시 말하면 비대칭적 정보로 인해 정직한 차입자가 부정직한 차입자를 보조해 주는 것과 같다.

비대칭적 정보로 인해 생기는 문제는 여기에 그치지 않는다. 정보가 대칭적일 경우 부담하는 이자율 수준보다도 정보의 비대칭성으로 인해 더 높은 이자율을 부담해야 하는 정직한 차입자가 일부 차입을 포기함에 따라 대출수요는 감소하게 된다. 정직한 차입자의 대출비중은 감소하는 반면 부정직한 차입자의 비중이 커지면서 은행대출 가운데 채무불이행의 비중이 증가한다. 은행은 채무불이행의 증가로 인한 대출의 한계비용 상승을 상쇄하기 위해 대출이자를 인상하게 된다. 대출이자가 인상되면 주로 상환할 의사가 없는 부정직한 차입자만이 대출을 신청할 것이다. 이러한 악순환으로 인해 이자율이 계속 상승하면서 정직한 차입자는 결국 시장에서 퇴출하고 부정직한 차입자에게만 대출이 계속된다. 이러한 현상이 역선택(adverse selection)이라는 것은 앞에서 보았다.

역선택이 은행의 대출이자에 어떠한 영향을 미치는지 [그림 14-10]를 통해 보기로 한다. 은행은 신용이 우량한 차입자와 불량한 차입자를 구별할 수 없기 때문에 이들의 대출수요는 하나의 수요곡선($D=D_G+D_B$)으로 나타난다. 수요곡선에 상응한 한계수익곡선은 MR_L이고 채무불이행이 없는 대출의 한계비용을 MC_N이라고 하자. 만일 차입자의 채무불이행이 없다면 은행은 MR_L과 MC_N이 만나는 점 ***a***에서 대출한다. 이 점에서 대출액은 200억원이고 이자율은 6%이다. 다음으로 부정직한 차입자의 채무불이행이 증가함에 따라 대출의 한계비용이 증가한다고 하자. 한계비용곡선은 채무불이행이 없는 경우의 한계비용(MC_N)곡선보다 위로 이동하며 MC_D^1가 된다. 대출의 한계비용이 상승하게 되면 ***b***점에서 $MR_L=MC_D^1$가 된다. 금리는 6%에서 13%로 상승하지만 대출은 200억원에서 150억원으로 감소한다. 대출 감소는 높은 이자 때문에 정직한 차입자가 대출신청을 줄였기 때문이다. 부정직한 차입자는 채무를 이행할 의도가

그림 14-10 역선택과 대출

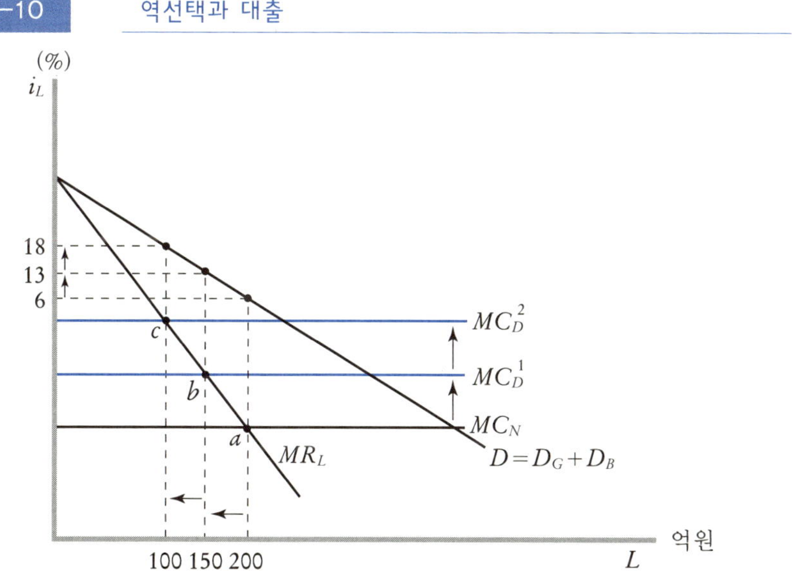

없으므로 높은 대출이자를 부담하면서도 차입을 증가시킨다. 부정직한 차입자의 대출비중은 더욱 증가하여 한계비용을 MC_D^2로 이동하게 한다. 다시 MC_D^2와 MR_L은 c점에서 만나고 금리는 18%로 상승한다.

비대칭적 정보하에서는 채무를 이행할 의사가 없기 때문에 높은 대출금리를 부담하면서까지 차입하는 부정직한 차입자만 남게 된다. 비대칭적 정보로 인해 발생하는 문제에 대처할 수 있는 방법이 없다면 은행은 어떠한 대출도 거절할 수밖에 없는 상황에 이를 수 있다. 이러한 역선택을 해소하기 위하여 은행은 차입자의 신용리스크를 평가하고 관리하는 여러 가지 기법을 개발하여 활용한다.

3. 은행대출의 형태

은행의 주된 신용공여수단인 대출은 형식에 따라 어음할인, 어음대출, 증서대출, 당좌대출로 구분된다.

어음할인은 차입자가 취득한 어음을 은행이 어음할인일로부터 만기일까지의 이자를 차감하고 매입함으로써 차입자에게 자금을 공급하는 대출이다. 어음대출은 차입자가 은행을 수취인으로 하여 발행하는 약속어음을 은행이 받고 자금을 공급하는 방식으로 이루어지는데 기업에 대한 단기운전자금 대출에 주로 활용된다. 증서대출은 대출시 차입자로부터 어음 대신 증서를 징구하는 것으로서 특약 사항이 많은 대출이나 한번 취급하고 나면 상환시까지 재대출이 일어나지 않는 가계대출 또는 장기시설자금대출에 주로 이용된다. 당좌대출은 당좌계정 거래자와 은행간의 약정에 의거 당좌대출한도 내에서 당좌예금잔액을 초과하여 발행된 수표를 은행이 자동대출의 형태로 지급에 응하는 대출이다.

이 가운데 어음대출이 은행에서 가장 많이 활용되고 있다. 어음대출은 금전소비대차계약에 의한 민법상의 채권 외에 어음법상의 채권도 확보할 수 있어 채권보전상 증서대출에 비해 유리할 뿐 아니라 어음에 배서하여 한국은행으로부터 대출을 받을 수 있는 이점이 있기 때문이다.

대출의 종류에는 상업어음할인, 당좌대출, 일반자금대출, 적금대출, 무역금융, 무역어음할인 등이 있는데 이 가운데 일반자금대출 비중이 가장 높다.

상업어음할인 · 당좌대출

상업어음할인

상업어음할인은 당좌대출과 함께 기업의 단기운전자금을 공급하는 대표적인 대출형태로서 상거래와 관련하여 발행된 어음을 만기일 전에 할인 · 매입하고 동 대금을 어음할인 의뢰인에게 지급하는 제도이다. 상업어음할인은 자동결제성을 지니는 단기대출금으로서 상업금융의 전형적인 형태라고 할 수 있다.

상업어음할인 대상은 상거래에 수반하여 발행, 양도배서 또는 인수한 어음이다. 은행은 할인 · 매입한 어음을 한국은행으로부터 재할인받을 수 있는데 종래에는 한국은행의 대출과 관련하여 적격업체제도가 있었으나 총액대출제 시행 이후 적격업체제도는 폐지되었다.

당좌대출

당좌대출은 당좌예금 또는 가계당좌예금 거래자가 은행과의 사전약정에 따라 일정한도 내에서 예금잔액을 초과하여 발행한 수표나 어음을 은행이 지급함으로써 이루어지는 대출이다. 당좌대출은 거래자가 자기 당좌계정에 입금시킴으로써 상환되며 대출 약정기간중 수시 상환할 수 있다.

당좌대출은 은행대출 중 가장 신속하고 간편하기 때문에 자금의 입출금이 빈번한 기업에게는 편리한 제도이다. 은행의 입장에서 볼 때는 대출의 규모 · 시기 등을 예측할 수 없어 거래관계가 긴밀하고 신용상태가 양호한 기업에 대하여만 당좌대출거래를 허용하고 있다.

일반자금대출 · 적금관계대출

일반자금대출

일반자금대출은 자금용도에 대한 특별한 제약이 없고 대출과목도 따로 정해지지 않은 대출을 총칭하는 것이다. 대출기간은 기업의 운전자금과 가계자금의 경우 보통 1년 이내(단 3년 이내에서 기간연장 가능)이며 기업시설자금은 통상 3~10년 사이에서 취급하고 있다. 일정한 기간을 경과하여야 수입이 발생하는 경우에는 일정한 거치기간을 설정할 수 있다.

한편 운전자금의 경우 한도거래에 의하여 취급되는 일반자금 회전대출이 있는데, 이는 신용상태가 양호한 기업에 대하여 여신한도를 설정하고 1년 이내의 단기운전자금대출을 동 한도를 초과하지 않는 범위 내에서 회전 취급하는 대출방식이다.

적금관계대출

적금관계대출은 적금계약자에게 자금융통의 편의를 제공하기 위한 대출이다. 적금대출과 적금담보대출의 두 가지 종류가 있으며 융자대상, 융자방법 등은 각 은행이 자율적으로 정한다. 적금대출은 정기적금계약을 체결하고 월부금을 일정기간(1/4회차 정도) 납입한 경우 적금계약금액 범위 내에서 대출하는 것이며 적금담보대출은 납입액 범위 내에서 실시하는 대출이다.

무역금융 · 무역어음할인

무역금융

무역금융은 수출입관련업체, 즉 수출업체나 수출용 원자재 또는 수출용 완제품 공급업체를 대상으로 수출 또는 수출을 위한 원자재나 완제품의 공급이행에 소요되는 자금을 지원하는 대출인데 30대 계열기업군 소속기업체는 대출대상에서 제외된다. 무역금융의 융자대상은 수출신용장 등에 의하여 물품 · 건설 및 용역을 수출하거나 국내 공급하고자 하는 자, 내국신용장에 의하여 수출용 완제품 또는 원자재를 공급하고자 하는 자, 이와 같은 방식에 의한 수출 또는 공급실적이 있는 자로서 동 수출실적을 기준으로 대출받고자 하는 자 등이다.

무역어음할인

무역어음할인은 무역거래와 관련하여 수출업자가 발행하고 할인의뢰한 무역어음을 금융기관이 할인 · 매입하는 제도로서 수출업체에 대한 금융지원을 확대하기 위하여 도입한 것이다. 무역어음할인은 금융지원이 수출물품 선적 전에 이루어진다는 점에서 무역금융과 유사하나 할인적격업체를 제한하지 않고 한국은행의 재할인지원이 없다는 점에서 차이가 있다.

외화대출

외화대출은 원칙적으로 물품의 수입 또는 기술도입 대가 및 용역비 지급과 관련된 대외 외화결제자금, 해외직접투자자금, 한국수출입은행과의 협조융자자금, 국산기계구입자금, 대외 외화차입금의 원리금 상환자금 등으로 제한되어 있다. 대출한도는 소요자금 범위 내로 하며 대출기간은 외국환은행이 자금의 용도 및 기업의 자금사정 등을 감안하여 적절하게 운용하도록 되어 있다. 대출금리는 외국환은행이 주요 국제금융시장 금리 및 외화여신업무 취급비용 등을 감안하여 자율적으로 정한다.

제15장

은행예금

1. 은행의 예금수요

여기서는 예금을 대출과 연계해서 은행이 이익을 극대화하는 예금이자율과 예금액을 어떻게 결정하는가를 보기로 한다. 나중에 보는 바와 같이 극대이익을 위한 예금과 예금이자율의 결정과정은 은행이 대출시장과 예금시장에서 누리고 있는 시장지배력의 정도에 따라 다르다. 따라서 먼저 대출의 투입재로서 예금의 역할을 본 다음 대출과 마찬가지로 순수경쟁은행과 시장지배은행으로 나누어 은행의 예금수요를 살펴보기로 한다.

은행은 대출을 생산하기 위하여 여러 가지 투입재를 이용한다. 다른 기업과 마찬가지로 은행은 노동(예: 창구직원, 회계원 대출심사역 등), 건물, 컴퓨터 등을 이용한다. 은행은 금융자본과 운영자금을 획득하기 위하여 상업어음, 주식, 채권 등을 발행한다. 그러나 다른 기업과는 달리 은행이 대출(산출물)을 생산하기 위하여 이용하는 자금의 주요 원천은 예금을 받아 조성한 지급준비금(reserves)이다. 앞서 본 것처럼 고객이 은행에 1,000원을 예금하면 은행의 지급준비금은 1,000원 증가한다. 법규에 따라 은행은 예금의 일정비율(예: 3%)을 필요지급준비금으로 보유하여야 한다. 그 밖에 은행은 인출에 대비하여 예금의 일정비율(예: 10%)을 초과지급준비

[표 15-1] A 은행의 대차대조표(예시)

자 산		부 채	
지급준비	100원	예 금	1,000원
대 출	900원	자본금	0원

금으로 보유한다. 나머지 90%는 대출자금시장에 대출로 공급한다. 이 경우 은행의 대차대조표는 [표 15-1]과 같이 된다.

은행이 예금을 원하는 가장 큰 이유는 예금은 이자소득을 창출하는 대출을 생산하는 데 이용할 수 있는 지급준비금을 만들기 때문이다. 따라서 개별은행의 예금에 대한 수요는 은행의 대출에 대한 수요에서 유발된다는 의미에서 유발수요(derived demand)라고 부른다. 대출을 생산하는 예금의 역할을 보기 위하여 다른 모든 투입요소(예: 인력, 시설 등)는 일정하다고 가정한다.

예금의 총생산과 한계생산

예금에 대한 수요는 부분적으로 예금의 생산성에 달려 있다. 총생산(total output)은 주어진 양의 투입으로 생산되는 총수준을 가리킨다. 예를 들면 100,000원의 예금으로 80,000원을 대출할 수 있다면 예금 100,000원의 총생산은 80,000원의 대출이 된다.

한계생산(marginal product)은 다른 투입이 일정하다는 가정하에 투입의 한 단위 변동으로 생기는 총생산의 변동을 의미한다. 예를 들어 예금의 1원 증가가 0.8원의 대출을 증가시킨다면 예금의 한계생산은 0.8원의 대출이다.

거의 모든 생산과정에서 투입물을 증가시키면 처음에는 총생산이 증가한다. 예를 들면 이발소에서 첫번째 채용한 이발사가 헤어컷(haircut)을 시간당 영에서 두 번으로 증가시킨다면 첫번째 이발사의 한계생산은 두 번의 헤어컷이 된다. 두 번째로 채용된 이발사가 헤어컷의 수를 시간당 두 번에서 다섯 번으로 증가시킨다면 두 번째 이발사의 한계생산은 세 번의 헤어컷이 되므로 첫번째 이발사의 한계생산보다 크다. 두 번째 이발사의 한계생산이 더 큰 것은 예를 들면 전화가 왔을 때도 다른 사람이 전화를 받는 동안 한 이발사는 일을 계속할 수 있기 때문이다. 한 사람만 있을 때는 전화가 오면 생산활동이 중단된다.

다른 투입은 일정하다는 가정하에 특정투입물의 사용이 많아지면 그 투입물의 한계생산은 종국에는 감소하기 시작한다. 즉 총생산은 계속 증가하지만 증가율은 둔화된다. 위의 예에서 세 번째 이발사를 채용하면 생산(헤어컷)은 시간당 다섯 번에서 일곱 번으로 증가하지만 세 번째 이발사의 한계생산은 두 개가 된다. 이것은 두 번째 이발사의 한계생산보다 세 번째 이발사의 헤어컷이 적다. 이발사의 수가 많을수록 새로 채용된 이발사의 한계생산은 더욱 감소한다. 이와 같은 현상을 한계수익체감의 법칙(law of diminishing marginal returns)이라고 하며 만일 한 투입물은 증가하고 다른 투입물은 일정하다면 투입물의 한계생산은 결국 감소한다는 것을 의미한다.

은행에 적용하면 한계수익체감의 법칙은 다른 투입이 일정하다면 예금액의 증가는 결국 예금의 한계생산을 감소시킨다는 것을 가리킨다. 은행은 대출상환의 모니터링, 불량채권의 회수, 대출신청의 처리, 예금과 대출의 회계와 관리 등을 위해 노동과 자본설비(컴퓨터 등 포함)를 투입한다. 이와 같은 투입요소가 주어진 수준에서 예금이 점점 증가하게 되면 대출과 회계 담당자의 책상에는 새로운 계정을 개설하기 위한 서류와 대출신청서 등이 쌓인다. 은행이 공급할 수 있는 새로운 대출은 결국은 감소하게 된다.

[그림 15-1(a)]는 은행의 총대출생산(L)과 예금(D)의 관계를 나타내고 있다. 예금이 0원에서 100억원으로 증가함에 따라 은행이 생산하는 대출은 증가(증가율이 높아지면서)한다. 예를 들면 첫번째의 예금 50억원은 40억원의 대출을 생산하지만 두 번째의 예금 50억원이 증가시키는 대출액은 45억원이다. 첫번째 예금 50억원의 한계생산은 40억원의 대출이고, 두 번째 예금 50억원의 한계생산은 45억원의 대출이다. 추가된 5억원의 대출은 예금이 0원에서 100억원으로 증가함에 따라 높아지는 총생산곡선

그림 15-1 예금의 총생산과 한계생산

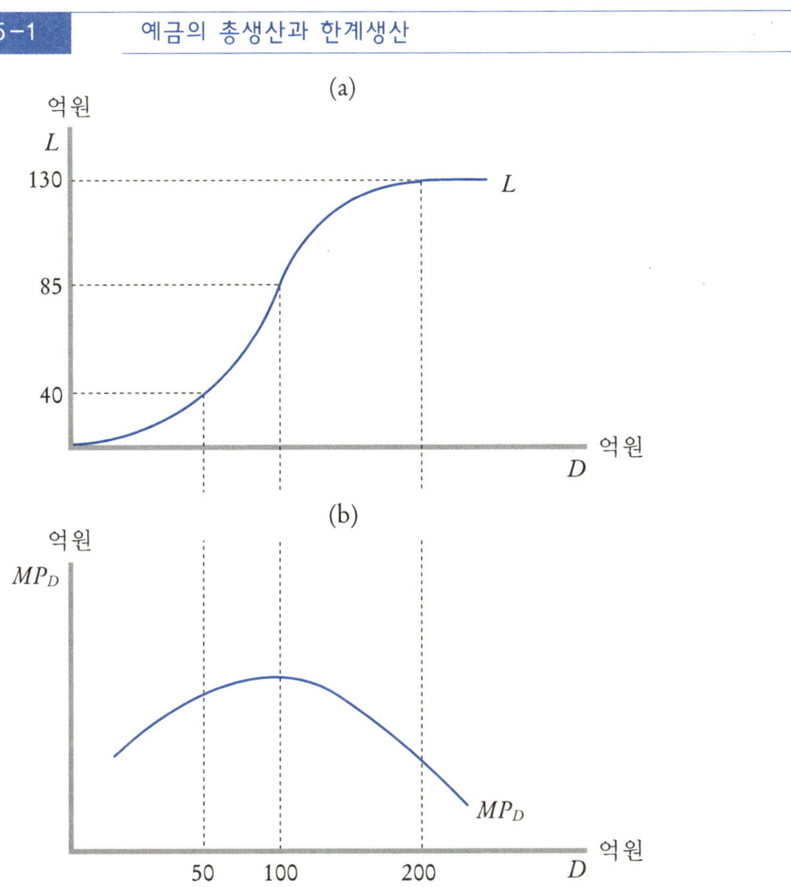

의 기울기로 나타난다.

그림 (b)는 예금의 한계생산(MP_D)을 나타낸 것으로 예금의 한계생산은 예금이 100억원일 때보다 50억원일 때가 더 작다는 것을 보여 주고 있다. 그림 (b)에 그린 예금의 한계생산과 그림 (a)에 있는 총생산곡선기울기의 관계를 보면 총생산곡선이 가파르게 되면 그 기울기가 상승하고 예금의 한계생산도 증가한다. 총생산곡선이 평탄해지면 기울기가 낮아지고 예금의 한계생산도 하락한다.

[그림 15-1(a)]에서 예금이 100억원을 초과하여 증가하면 대출총액은 증가하지만 증가율은 감소한다. 특히 100억원에서 200억원으로 예금이

100억원 증가해도 45억원의 대출 증가를 가져올 뿐이다. 이와 같은 45억원의 대출 증가는 예금이 0원에서 100억원으로 증가한 결과 생긴 85억원의 대출보다 40억원이 더 적다. 총대출생산곡선의 기울기는 예금이 100억원을 초과하면서 낮아진다. 이것은 예금이 100억원을 넘으면 추가되는 예금의 한계생산이 감소한다는 것을 가리킨다. 다시 말하면 예금이 100억원을 초과하면 한계수익체감의 법칙이 적용된다는 것을 의미한다.

은행대출과 예금의 관계는 다음과 같은 간단한 대출함수로 나타낼 수 있다. 필요지급준비율(required reserve ratio)을 rr이라면 은행은 예금의 rr만큼 지급준비금으로 보유하여야 한다. 따라서 D가 예금이라면 은행은 법적으로는 $(1-rr)\times D$까지 대출할 수 있다.

따라서 대출(L)생산은 은행이 법적으로 대출할 수 있는 예금액의 함수라고 할 수 있다.

$$L = F([1-rr]\times D)$$

예를 들어, 필요지급준비율이 0.09이고 예금이 100만원이라면 은행은 법적으로 91만원까지 대출할 수 있다. 실제로 얼마를 대출할 것인가는 은행에 달려있다. 은행은 90만원만 대출할 수도 있다. 예금이 200만원으로 증가하면 은행은 법적으로 182만원(=[1-0.09]×2,000,000원)까지 대출할 수 있다. 그러나 한계수입의 감소로 인해 은행은 실제로는 175만원만 대출할 수도 있다. 이와 같은 숫자는 [그림 15-1(a)]에 그려진 총생산곡선처럼 예금의 한계수익체감이 존재하는 경우 은행예금이 두 배가 되어도 대출은 두 배가 되지 않을 수 있다는 것을 말해 준다.

순수경쟁은행

은행의 산출(대출)과 투입(예금) 사이의 생산관계를 보았으므로 은행이 예금이자율과 예금규모를 결정하는 과정을 알아보기로 한다. 대출시장과 마찬가지로 먼저 순수경쟁은행의 행태를 본 다음 시장지배은행을 고찰하기로 한다.

예금의 공급

순수경쟁예금시장에서, 개별은행은 전체예금시장에 비해 규모가 작고 예금자에 대해 시장예금이자율을 지급하여야 한다. 왜냐하면 예금자는 다른 은행보다 낮은 예금이자율을 지급하는 은행에는 자금을 예치하지 않을 것이기 때문이다. 은행예금시장이 순수경쟁적인 경우 예금시장의 수요와 공급이 만나는 점에서 시장예금이자율이 결정된다. 모든 은행은 대출을 생산하기 위한 투입재로 예금을 수요하고 가계와 기업은 예금을 공급한다.

[그림 15-2(a)]는 예금시장의 균형을 보여 주고 있다. 예금시장의 수요와 공급에 의해서 결정되는 시장예금이자율은 4%이다. 개별은행에 대한 예금의 공급은 그림 (b)에서 보는 바와 같이 시장예금이자율(4%)에서 수평하다. 왜냐하면 개별은행은 4%의 이자율을 제공하지 않을 수 없기 때문이다. 대조적으로 모든 은행에 대한 예금공급은 그림 (a)에서 보는 바와 같이 우상향의 기울기를 갖는다. 이와 같이 예금시장과 개별은행이 다른 것은 개별은행의 경우 예금자는 은행이자율에 매우 민감하기 때문이

그림 15-2 순수경쟁은행에 대한 예금공급

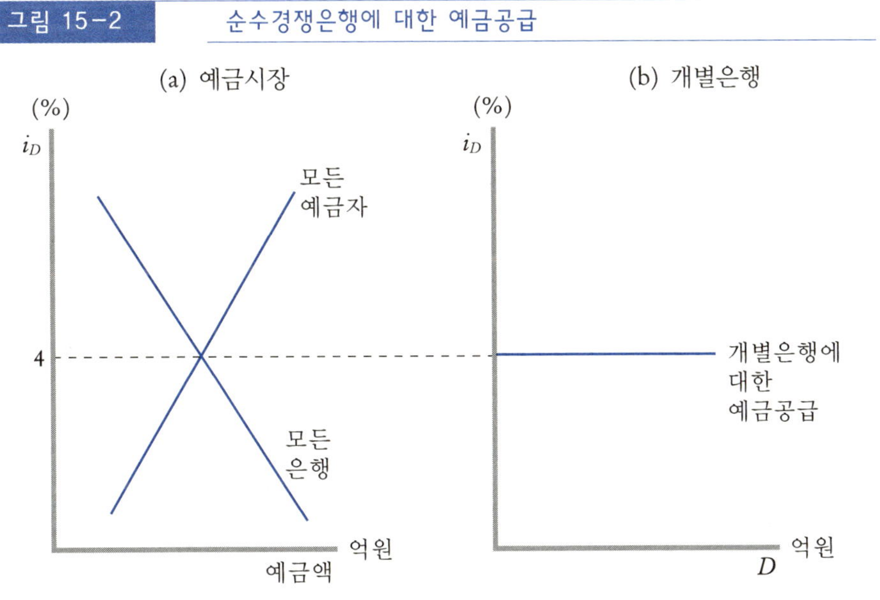

다. 만일 순수경쟁은행이 지급하는 이자율이 다른 경쟁은행이 지급하는 이자율보다 낮으면 예금자를 다른 은행에게 잃게 된다. 따라서 순수경쟁의 개별은행에 대한 예금공급은 시장예금이자율에서 완전히 탄력적이다.

예금의 한계생산액

앞에서 본 것처럼 순수경쟁은행이 대출하려면 대출에 대해 시장대출이자율(i_L)을 부과하여야 하는 것처럼 순수경쟁은행이 예금을 유치하려면 시장예금이자율(i_D)을 지급하여야 한다. 순수경쟁은행은 대출이자율과 예금이자율에 대해 지배력은 없지만 대출건수는 결정할 수 있다. 앞에서 순수경쟁은행이 이익을 극대화하는 대출수준을 결정하는 과정을 보았으므로 순수경쟁은행에 관한 분석을 완료하기 위해서는 은행이 대출을 공급하기 위하여 필요한 예금액을 어떻게 결정하는가를 살펴볼 필요가 있다.

예금의 한계생산(marginal products of deposit)은 은행이 추가로 1원을 예금으로 받으면 공급할 수 있는 추가대출액을 가리키며 MP_D로 표시한다. 은행은 시장이자율(i_L)로 대출하기 때문에 예금의 한계생산액(VMP_D: value of marginal product of deposits), 즉 추가 1원의 예금으로부터 얻는 추가수입은 다음과 같이 나타낼 수 있다.

$$VMP_D = i_L \times MP_D$$

추가된 예금액 1원의 한계생산액은 추가로 받은 1원의 예금으로 생긴 지급준비금을 대출로 전환함으로써 생긴 이자소득의 가치를 의미한다. 이익을 극대화하기 위해 순수경쟁은행은 예금의 한계생산액과 추가 1원의 예금을 획득하는 데 필요한 비용과 일치하는 점까지 예금을 계속 유치한다.

$$VMP_D = i_D$$

예를 들어 예금의 1원 증가가 대출을 0.8원까지 증가시키면 예금의 한계생산(대출의 증가)이 0.8이 된다. 대출이자율이 10%라면 예금의 한계생산액은 0.08원이 된다.

$$VMP_D = 0.1 \times 0.80 = 0.08$$

바꾸어 말하면 마지막 예금 1원은 은행이 이자소득으로 0.08원을 얻게 해 준다. 만일 은행이 예금에 대해 지급하여야 할 시장이자율이 4%라면 예금 1원을 더 추가하는 데 소요되는 비용은 1원×0.04 또는 0.04원이 된다. 이것은 은행이 예금으로 받은 1원을 대출하여 받는 것(0.08원)보다 1원을 예금으로 받는 데 드는 비용(0.04원)이 적으므로 은행은 예금을 추가로 받아 대출하는 것이 유리하다는 것을 말해준다. 그러나 은행이 더 많은 예금을 유치하면 한계수익체감의 법칙에 따라 예금의 한계생산과 한계생산액이 감소한다. 은행이 예금을 추가로 유치하면 예금의 한계생산액(VMP_D)은 예금이자율(i_D)과 일치할 때까지 하락하고 종국에는 한계생산액이 예금이자율 아래로 하락할 것이다. 이렇게 되면 은행은 예금을 대출로 전환하여 얻을 수 있는 것보다 더 많은 것을 추가예금에 대해 지급하게 된다. 따라서 이익을 극대화하기 위해서 순수경쟁은행은 $VMP_D = i_D$가 되는 점까지만 적극적으로 예금을 유치할 것이다.

[그림 15-3]은 순수경쟁은행의 이익을 극대화하는 예금수준을 보여주고 있다. 종축은 예금이자율, 횡축은 예금액을 나타내고 있다. 개별은

그림 15-3 순수경쟁하에서 이익을 극대화하는 예금액

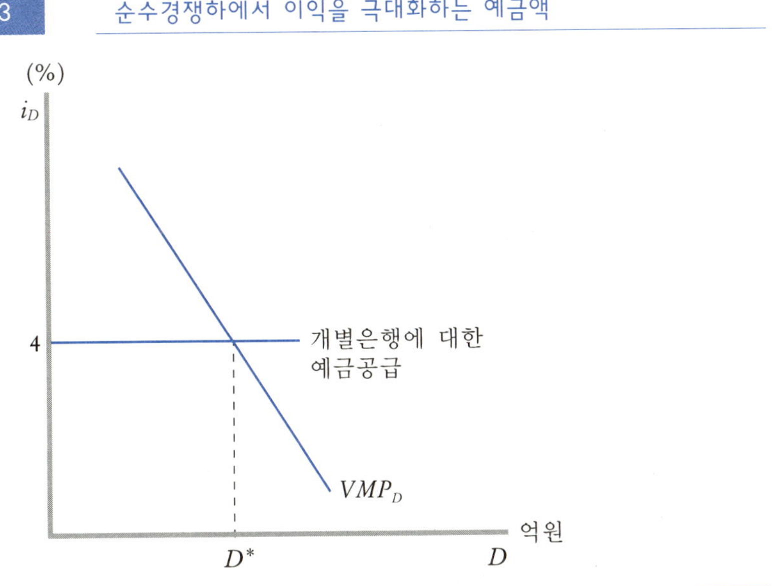

행에 대한 저축공급은 4%의 시장이자율에서 수평하다. 예금의 한계생산액(VMP_D)과 은행예금이자율(4%)이 일치하는 점에 대응하는 D^*가 이익을 극대화하는 예금액이 된다. VMP_D곡선은 각 예금이자율수준에서 은행이 수요하는 예금액을 결정하기 때문에 예금에 대한 순수경쟁은행의 예금수요곡선이 된다. 순수경쟁은행의 예금수요는 한계수익 체감의 법칙으로 인해 우하향의 기울기를 갖는다.

시장지배은행

위에서 본 분석은 이자율에 영향을 미칠 수 없는 소규모 은행에 대해서만 타당하다. 대조적으로 대형은행은 모든 고객을 잃지 않으면서 대출이자율이나 예금이자율을 올릴 수 있는 시장지배력을 갖는다. 시장지배력을 가진 은행이 이익의 극대화를 실현할 수 있는 예금수준을 알기 위해서는 두 가지 경우를 나누어 볼 필요가 있다. 첫째는 은행이 대출공급에 대해서는 시장지배력을 갖고 있지만 예금에 대해서는 시장지배력이 없는 경우이고, 두 번째는 은행이 대출시장과 예금시장 모두에서 시장지배력을 갖는 경우다.

대출시장에서만 시장지배력이 있는 경우

먼저 시장지배력이 대출시장에서만 있고 예금시장에서는 없는 은행을 보기로 한다. 앞서 본 것처럼 대출시장에서 시장지배력을 갖고 있는 은행은 우하향의 대출수요곡선을 갖는다. 이것은 은행이 대출을 추가로 공급하기 위해서는 대출이자율을 인하하지 않으면 안 된다는 것을 의미한다. 이 은행은 예금에 관해서는 순수경쟁적인 예금시장에서 영업을 하기 때문에 시장예금이자율로 예금을 쉽게 유치할 수 있다.

[그림 15-4]의 그림 (a)에서 개별은행대출에 대한 수요는 우하향의 기울기를 갖는다. 이것은 대출시장에서 은행이 갖고 있는 시장지배력을 반영하기 때문이다. 그림 (b)에서 은행에 대한 예금공급은 시장이 결정한 이자율에서 완전히 탄력적이다. 이것은 은행이 순수경쟁적 예금시장에서

그림 15-4 시장지배은행의 대출에 대한 수요와 개별은행에 대한 예금의 공급

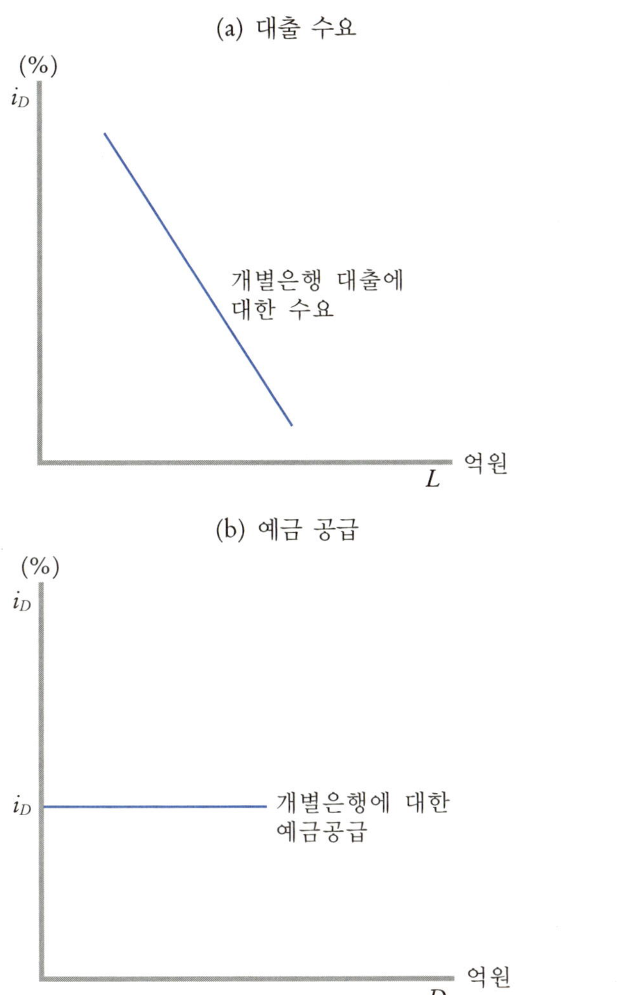

예금을 획득한다는 것을 반영한다.

은행이 추가로 유치하는 예금은 예금의 한계생산(MP_D)만큼 대출을 증가시킨다. 은행은 대출시장에서 시장지배력을 갖고 있으므로 추가로 대출하기 위해서는 대출이자율을 인하하여야 한다. 은행이 1원을 추가로 대출해 받는 추가수입이 대출의 한계수입(MR_L)이다. 대출로 받는 추가수입과

예금을 추가로 받은 결과 생긴 대출의 변동을 곱하여 얻는 것을 예금의 한계생산물수입(MRP_D: marginal revenue product of deposits)이라고 한다.

$$MRP_D = MR_L \times MP_D$$

이것은 은행이 예금을 추가로 받아 조성한 지급준비금을 대출로 전환해서 얻는 추가이자소득을 가리킨다.

대출시장에서 시장지배력을 가지고 있는 은행이 이익을 극대화하려면 얼마나 많은 예금을 유치하여야 하는가. 은행은 예금이자율(i_D)이 시장에서 결정되는 경우 은행은 대출의 한계수입과 예금의 한계생산을 곱한 것이 예금이자율과 같아질 때까지 예금을 유치한다.

$$MR_L \times MP_D = i_D$$

또는 $MRP_D = i_D$

위 식의 의미는 다음과 같다. MP_D(예금의 한계생산)는 은행이 예금의 추가로 생긴 지급준비금으로 공급한 대출을 가리킨다. MR_L(대출의 한계수입)은 대출의 증가가 은행수입을 얼마나 많이 증가시키는가를 나타낸다. 예금의 한계생산과 대출의 한계수입을 곱한 것은 추가예금으로 생기는 추가수입을 가리킨다. 왜냐하면 한계생산은 추가대출을 가리키며 한계수입을 곱하면 추가대출로 생긴 추가수입을 의미하게 된다. 이익의 극대화를 위해서는 MRP_D(예금의 한계생산물수입)가 추가예금의 비용, 즉 예금이자율(i_D)과 같아야 한다. 따라서 이익이 극대화되는 예금수준에 이르면 마지막 1원의 예금을 유치함으로써 생기는 추가수입은 마지막 예금 1원의 추가비용과 같게 된다.

[표 15-3]는 이와 같은 원리를 보여주고 있다. 예금은 0원에서 200억원 까지이고 대출은 0원에서 130억원에 이른다. 예금의 한계생산은 대출의 변동(ΔL)을 예금의 변동(ΔD)으로 나눈 것이다. 예를 들면 예금이 0원에서 50억원으로 증가하면 대출은 0원에서 40억원으로 증가하므로 예금의 한계생산은 0.8(=40억원/50억원)이 된다. 예금이 50억원에서 100억원으로 증가하면 대출은 40억원에서 85억원으로 증가하므로 예금의 한계

[표 15-2] 예금의 한계생산물수입(예시)

예금 (억원)	대출 (억원)	예금의 한계생산	대출 이자율	수입 (억원)	한계수입	예금의 한계 생산물수입
D (1)	L (2)	$MP_D = \frac{\Delta L}{\Delta D}$ (3)	i_L (4)	$R = i_L \times L$ (5)	$MP_L = \frac{\Delta R}{\Delta L}$ (6)	$MRP_D = MR_L \times MP_D$ (7)
0	0	–	15%	0	–	–
50	40	0.8	11%	4.4	11%	8.8%
100	85	0.9	6.5%	5.525	2.5%	2.25%
150	115	0.6	3.5%	4.025	−5%	−3%
200	130	0.3	2%	2.60	−9.5%	−2.85%

생산은 0.9(45억원/50억원)가 된다.

[표 15-2]의 컬럼(column, 열) (2)와 (4)는 이 은행에 대한 대출수요를 나타낸다. (4)의 대출이자율이 15%까지 상승하면 (2)의 대출수요는 0원이 된다. 이자율이 11%로 하락하면 대출수요는 수요의 법칙에 따라 40억원으로 증가한다. (2)에 있는 숫자를 그에 상응하는 (4)의 숫자로 곱하면 (5), 즉 여러 가지 금액을 대출함으로써 은행이 버는 수입(이자소득)을 나타낸다. 예를 들면 은행이 대출에 대해 11%의 이자율을 부과하면 40억원을 대출하여 4억4천만원(=0.11×40억원)의 수입을 올릴 수 있다. 만일 은행이 대출이자율을 6.5%로 인하하면 대출액은 85억원이 되고 수입은 5억5,250만원이 된다.

컬럼 (6)은 대출의 한계수입(은행수입의 변동을 대출액의 변동으로 나눈 것)을 보여 주고 있다. 예를 들면 은행이 대출을 0원에서 40억원으로 증가시키면 한계수입은 0.11(=(4.4억원−0)/(40억원−0)) 또는 11%가 된다. 한 가지 유의할 점은 대출이 40억원에서 85억원까지 증가함에 따라 한계수입은 11%에서 2.5%로 하락한다는 것이다. 더구나 은행이 대출을 115억원까지 증가시키면 한계수입은 마이너스가 된다. 이것은 어떤 점을 지나면 대출의 증가로 얻는 수입이 대출을 더 많이 하기 위하여 인하한 낮은 이자율로 인해 생긴 손실로 상쇄되므로 대출의 총수입은 하락하기 때문이다.

컬럼 (7)은 대출의 한계수입 (6)과 예금의 한계생산 (3)을 곱해서 산출한 예금의 한계생산물수입을 보여주고 있다. 은행은 예금의 한계생산물수입과 예금이자율이 같은 점까지 예금을 계속 유치함으로써 이익을 극대화한다. 예를 들면, 2.25%의 이자율로 원하는 예금을 모두 유치할 수 있다면 100억원을 유치함으로써 이익을 극대화하려고 한다. 예금이 100억원인 경우 2.25%의 예금이자율은 예금의 한계생산물수입과 일치한다. 은행은 6.5%의 대출이자율(i_L)로 85억원을 대출한다. 5억5,250만원(=85억원×0.065)의 수입을 얻는 반면 예금의 이자비용은 2억2,250만원(=100억원×0.0225)이 된다.

[그림 15-5]는 [표 14-3]의 내용을 그래프로 나타낸 것이다. MRP_D 곡선은 대출시장에서만 시장지배력을 가진 은행의 예금수요를 가리킨다. 종축은 예금에 대한 이자율(순수경쟁시장에서 결정)을 나타내고 횡축은 예금액을 표시하고 있다. 시장예금이자율이 2.25%인 경우 이익을 극대화하는 예금수준은 100억원이며 여기서 $i_D = MRP_D$의 조건이 성립한다.

이와 같이 대출시장에서만 시장지배력을 갖고 있는 은행의 경우 수요

그림 15-5 이익극대화예금: 대출시장지배은행

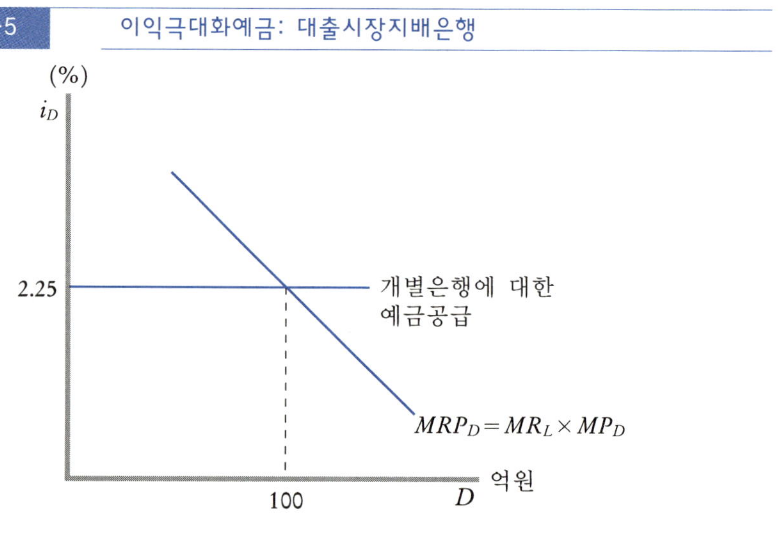

곡선의 기울기가 우하향인 것은 두 가지 이유 때문이다. 첫째, 한계수익이 체감한다면 추가로 예금을 수취함에 따라 한계생산은 감소하게 되고 예금의 한계생산물수입(MRP_D)도 감소한다. 두 번째는 대출의 한계수입은 대출이 증가함에 따라 감소하고 예금이 증가함에 따라 MRP_D는 하락한다. 이러한 두 번째 요소는 순수경쟁은행의 경우에는 존재하지 않는다. 왜냐하면 대출을 더 많이 하기 위하여 이자율을 인하할 필요가 없기 때문이다. 따라서 대출시장에서 시장지배력을 갖고 있는 은행은 예금의 한계수입이 체감하지 않을지라도 우하향의 예금수요곡선을 갖게 된다.

대출시장과 예금시장에서 시장지배력을 가진 은행

규모가 큰 대형은행은 대출시장과 예금시장 모두에 시장지배력을 갖는 경우가 많다. 이와 같은 시장구조는 예금주에게 지급하는 이자율을 낮게 하는 경향이 있다. 이익을 극대화하려는 은행은 추가로 획득하는 1원의 이익과 비용을 비교한다. 만일 은행이 대출시장에서 시장지배력을 누린다면 추가로 1원을 예금으로 획득함으로써 얻는 이익의 척도는 예금의 한계생산물수입(MPR_D)이다.

$$MPR_D = MR_L \times MP_D$$

그러나 추가로 1원을 예금으로 유치하는 비용은 은행이 예금시장에서 시장지배력을 갖고 있으며 [그림 15-6]의 S와 같은 우상향의 예금공급곡선을 상대하여야 하기 때문에 예금액에 따라 다르다. 이것은 추가로 예금을 획득하는 비용에 영향을 미친다. 예를 들면, 은행이 현재 D_0의 예금을 획득하고 있으나 D_1까지 증가시키려고 한다면 이자율을 i_D^0에서 i_D^1로 인상하여야 한다. 이와 같은 상황에서는 은행이 추가로 1원을 예금으로 유치하는 데 드는 비용은 현재의 예금이자율이 아니고 1원의 예금액변동에 기인한 예금비용의 변동, 즉 예금의 한계자원비용(MRC_D: marginal resource cost of deposits)이다.

[표 15-3]은 예금의 한계자원비용이 어떻게 산출되는가를 보여주고 있다. 처음 두 컬럼(열)은 은행에 대한 예금공급을 나타내고 있다. 예를

[표 15-3] 예금의 한계자원비용

예금(억원)	예금이자율	이자비용(억원)	예금의 한계자원비용
D	i_D	$C=i_D \times D$	$MRC_D=\frac{\Delta C}{\Delta D}$
25	0.5%	0.125	–
50	1%	0.5	1.5%
75	1.5%	1.125	2.5%
100	2%	2.0	3.5%
125	2.5%	3.125	4.5%
150	3%	4.5	5.5%

들면 은행이 0.5%를 이자로 지급하면 25억원의 예금을 유치할 수 있으며 0.125억원의 비용을 부담한다. 다시 은행이 예금을 50억원으로 증가하려면 예금이자율을 1%로 인상하여야 하며 이자비용은 0.5억원으로 증가한다. 예금의 한계자원비용은 예금비용의 변동을 예금액의 변동으로 나눈 것이다. 이 예에서 한계자원비용은 0.015 또는 1.5%이다.

$$(0.5억원-0.125억원)/(50억원-25억원)=0.015 \text{ 또는 } 1.5\%$$

이와 같이 은행의 MRC_D는 예금이자율보다 1% 포인트 더 크다. 왜냐하면 은행은 추가된 예금 25억원뿐만 아니라 초기예금 25억원에 대해서도 이자율을 0.5%에서 1%로 인상하기 때문이다. 만일 은행이 새 예금에 대해서만 1%의 이자율을 지급하고 기존의 예금에 대해서는 계속 0.5%의 이자율을 지급한다고 발표하면 어떻게 될까. 기존 예금은 인출된 다음 새로운 예금으로 예치될 것이다. 따라서 한계자원비용의 개념은 시장지배은행은 모든 예금에 대한 시장이자율을 인상하여야만 추가로 예금을 유치할 수 있다는 사실을 감안한 것이다. 이와 같이 이자율인상은 추가예금에 대해서만 지급하는 이자보다 더 큰 비용을 은행이 부담하도록 한다. [그림 15-6]에서 보면 한계자원비용곡선(MRC_D)은 예금공급곡선(S)보다 위에 놓여 있다. 이것은 예금증가는 예금이자율(i_D)보다 더 많은 자

그림 15-6 예금의 한계자원비용

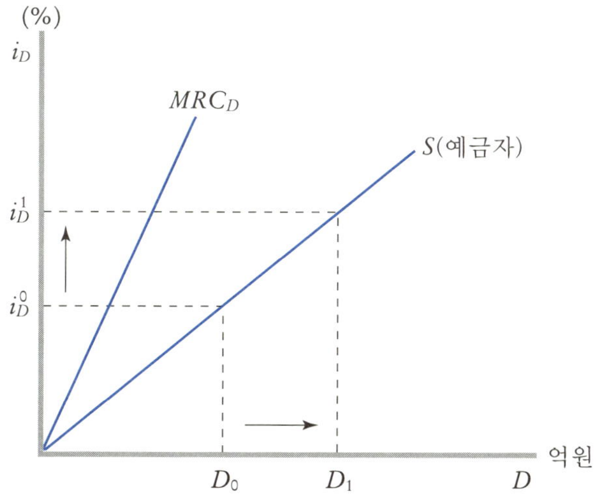

원비용을 증가시키기 때문이다.

예금의 추가적인 획득이 갖는 이익과 비용을 보았으므로 은행의 이익을 극대화하는 예금수준을 결정할 수 있다. 대출과 예금시장 모두에서 시장지배력을 갖고 있는 은행은 예금증가의 추가비용(MRC_D)과 예금증가로 인한 추가수입(MRP_D)이 일치하는 점까지 예금을 증가함으로써 이익을 극대화한다.

$$MRP_D = MRC_D$$

예를 들면 [그림 15-7]에서 MRP_D와 MRC_D는 A점에서 교차하므로 이익을 극대화하는 예금액은 D^*가 된다.

그러면 은행은 D^*의 예금을 유치하기 위해서 예금에 대해 어느 정도의 이자율을 지급하여야 하는가. [그림 15-7]에서 은행은 시장지배력을 갖고 있기 때문에 D^*의 예금을 유치하는 데 가장 낮은 이자율을 지급할 것이다. 이와 같은 이자율은 공급곡선상의 B점에 의해서 결정되며 이때의 이자율은 $i_D{}^*$가 된다. 바꾸어 말하면 은행이 예금주에게 $i_D{}^*$의 이자율을 제공함으로써 공급되는 예금은 이익을 극대화하는 예금액인 D^*가 될

그림 15-7 이익극대화예금: 대출시장과 예금시장의 시장지배은행

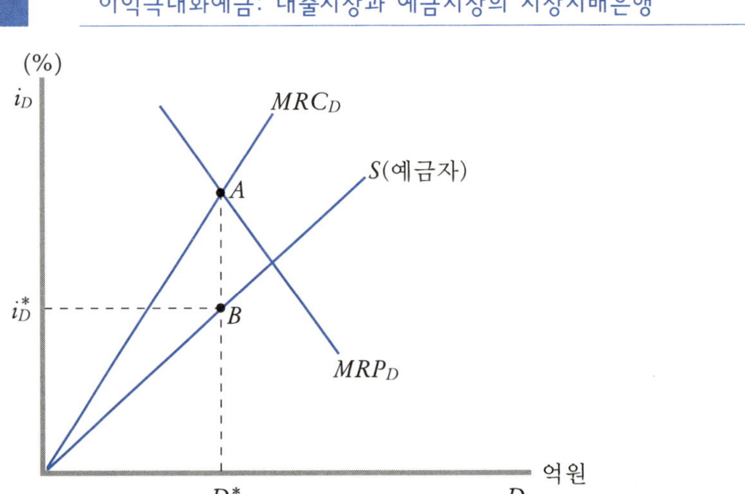

것이다. 만일 은행이 더 낮은 이자율을 제공하면 D^*보다 적은 예금을 유치하게 되고 이익의 극대화는 이루지 못한다.

2. 은행예금과 불확실성

예금인출과 대수의 법칙

은행이 이윤을 극대화하기 위하여 예금에 의해서 조달한 지급준비금을 대출로 전환한다는 것은 유동성이 높은 자산(지급준비금)을 유동성이 낮은 자산(대출)으로 전환하는 것을 의미한다. 이와 같은 자산전환으로 인해 은행은 예금주의 인출요구에 응하지 못할 수 있다. 만일 예금주가 1억원을 예금하고 1년간 인출하지 않을 것이 확실하다면 은행은 1억원에 의해 조성된 지급준비금을 1년간 대출할 수 있다. 그러나 은행은 예금주들이 얼마나 오랫동안 예금으로 맡겨 둘지 알지 못한다.

이러한 불확실성을 해결해 주는 것이 통계학에서 말하는 대수의 법칙

(law of large numbers)이다. 대수의 법칙은 다음과 같이 설명할 수 있다. 예를 들어 동전을 계속 던지면 동전의 앞면이 나올 상대적 빈도(표본비율)는 0.5(모비율)로 수렴하게 된다. 마찬가지로 복권을 계속 구입하면 평균 당첨액은 사전에 계산된 기대금액에 가까워진다. 이와 같이 표본비율(또는 평균)은 표본수가 커지면서 모집단의 비율(또는 평균)에 확률적으로 근접하게 된다. 이러한 표본평균과 모평균의 관계를 대수의 법칙이라 한다. 이 법칙이 성립하는 것은 표본수가 증가함에 따라 표본평균 내에 있는 우연적 요소가 상쇄되어 사라지기 때문이다. 모평균이 μ인 확률분포에서 크기가 n인 확률표본의 표본평균이 $\overline{X_n}$이라면 대수의 법칙은 아래와 같이 나타낼 수 있다.

$$\lim_{n \to \infty} P\left(\,|\overline{X_n} - \mu| < \varepsilon\right) = 1 \qquad (\varepsilon\text{은 임의의 양수})$$

이 법칙은 동전을 던지거나 복권을 구입하는 행위(표본)가 독립적으로 이루어진다는 가정하에 성립한다.

대수의 법칙을 은행에 적용하면 예금인출에 관한 예금주의 결정이 독립적이고 예금주의 수가 많다면 은행은 대출을 해도 많은 예금주의 인출에 대응할 수 있다는 것을 알 수 있다. 예를 들어 같은 금액의 예금을 갖고 있는 N명의 예금주가 있다고 가정하자. 예금총액이 D라면 각 개인은 $D_i = \dfrac{D}{N}$의 예금을 갖고 있다. 만일 어떤 개인 i가 W_i원의 예금을 인출한다면 인출한 예금의 비율(d_i)은 다음과 같다.

$$d_i = \frac{W_i}{D_i} = \frac{W_i}{D/N}$$

이것을 변형하면 다음 식을 얻는다.

$$\Sigma d_i = \frac{\Sigma W_i}{D/N}$$

만일 위 식을 예금주 수(N)로 나누면 다음 식을 얻는다.

$$\overline{d} = \frac{\Sigma d_i}{N} = \frac{\Sigma W_i}{D}$$

모든 예금주가 예금 가운데에서 인출하는 평균비율($\overline{d}$)은 모든 예금주가 인출한 총액(ΣW)을 예금총액(D)으로 나눈 것과 같다.

만일 예금인출이 예금주 각자의 독립적 결정에 의한 것이고 예금주가 많다면 대수의 법칙은 총예금에 대한 인출총액의 비율이 어느 한 개인이 예금에서 인출하는 비율과 같아질 확률이 매우 높다는 것을 가리킨다. 예를 들면 어느 예금주가 은행으로부터 예금을 인출할 확률이 p이고 N이 크다면 다음 식이 성립된다.

$$\overline{d} = p = \frac{\Sigma W_i}{D}$$

만일 p=0.5이면 예금주가 예금을 인출할 가능성은 반반이다. 따라서 예금의 반을 지급준비금으로 확보하고 나머지는 대출해도 은행으로서는 예금주의 인출에 합리적으로 대처하는 것이다.

은행이 대수의 법칙에 따라 예금인출을 어떻게 정확히 기대할 수 있는가를 예를 들어 설명해 보기로 하자. [표 15-4]에서 보는 바와 같이 예금총액은 동일한 100만원인데 예금주 수와 일인당 예금이 다른 네 가지 경우를 비교해 보자. 예금주가 예금을 그대로 은행에 맡겨두는 확률이 90%이고 예금을 인출할 확률이 10%이며 인출하려는 어떤 예금주의 결정은 다른 예금주의 결정과는 독립적이라고 가정한다.

먼저 A의 경우를 보면 100만원이 예금으로 남을 확률은 90%이며 예금이 하나도 남지 않을 확률이 10%이다. 예금 전액이 인출될 수 있는 확률이 10%이기 때문에 은행이 대출을 행하기에는 위험이 크다.

[표 15-4] 은행예금

	예금주(인)	1인당 예금액(원)	예금총액(원)
A	1	1,000,000	1,000,000
B	2	500,000	1,000,000
C	4	250,000	1,000,000
D	1,000	1,000	1,000,000

B는 두 명의 예금주가 있어 A보다는 나은 편이다. 한 예금주가 은행에 맡겨둘 확률은 90%이므로 두 예금주가 예금을 은행에 맡겨둘 확률은 0.90×0.90=0.81(81%)이 된다. 첫번째 예금주가 예금을 인출하고 두 번째 예금주는 예금을 찾지 않을 확률은 0.10×0.90=0.09(9%)가 된다. 첫번째 예금주가 예금을 인출하지 않으나 두 번째 예금주가 예금을 인출할 확률도 0.90×0.10=0.09(9%)가 된다. 예금주 모두가 예금을 인출할 확률은 0.10×0.10=0.01(1%)이 된다. 따라서 100만원이 전액 예금으로 있을 확률은 81%, 50만원이 예금으로 있을 확률은 18%이다. 예금이 완전히 고갈될 확률은 1%에 불과하다. 예금주가 한 명 대신 두 명만 되어도 예금이 전부 유출될 확률은 10%에서 1%로 줄어든다.

예금주가 네 명인 C를 보면 네 명 모두가 예금을 은행에 맡겨둘 확률은 65.61%이다. 세 명이 예금을 은행에 남기고 한 명만 인출해 갈 확률은 29.16%이며 남아 있을 예금액은 75만원이 된다. 예금주 두 명은 예금을 남겨두고 나머지 두 명이 예금을 인출하여 예금잔액이 50만원일 확률은 4.86%가 된다. 오직 한 명만 예금을 은행에 남겨둘 확률은 0.36%이고 네 명 모두 예금을 인출할 확률은 0.01%이다. 따라서 예금주가 한 명에서 네 명으로 늘어나면 은행예금이 고갈될 확률은 10분의 1(10%)에서 10,000분의 1(0.01%)로 줄어들고 은행예금이 50만원 이하로 줄어들 가능성은 0.37%로 감소된다. 은행이 50만원 이상의 예금을 보유할 가능성은 매우 높다고 할 수 있다.

예금주가 1,000명이고 1,000원씩 예금하는 D의 경우를 보자. 은행예금이 50만원 이하가 될 가능성은 사실상 영에 가깝다. 은행이 80만원 이하로 예금을 보유할 확률은 1,000만분의 1보다 약간 작다. 은행예금이 87만 5천원 이하가 될 확률은 약 1,000분의 4이다. 따라서 1,000명의 예금주를 가진 은행이 예금으로 85만원 이상을 보유할 가능성은 거의 확실하다. 이러한 결과는 대수의 법칙이 은행에 미친 효과라고 할 수 있다.

위의 예는 복잡한 현실세계를 단순화한 것이지만 대수의 법칙은 은행이 지급준비금으로 보유하여야 할 금액을 예측하는 데 큰 도움이 된다.

예금뇌취와 금융공황

대수의 법칙을 설명하면서 개인의 예금인출은 다른 사람과는 독립적으로 이루어진다고 가정하였으나 많은 예금자가 동시에 예금을 인출하는 사태가 일어날 수 있다. 예를 들면 어느 은행이 대출부실로 파산할 위험이 있다고 알려지면 예금을 찾으려 몰려드는 예금뇌취(bank run)현상이 나타나며 그런 과정에서 다른 은행까지도 예금을 인출하려는 금융공황(bank panic)이 발생할 수 있다. 예금뇌취는 예기치 못한 예금인출사태가 한 은행에 집중되는 것을 말하며 금융공황은 어느 한 은행이 예금을 지급하지 못하게 되면 다른 은행도 예금을 지급할 수 없을 것이라는 우려 때문에 예금뇌취현상이 은행산업 전체로 확산될 때 발생한다.

은행은 고객이 오는 순서에 따라 서비스하기 때문에 예금주들은 먼저 예금을 인출하기 위해 은행 앞에 줄을 서게 된다. 이러한 현상은 예금주들의 불안을 증폭시켜 점점 더 많은 예금주들이 예금을 찾아가기 시작하고 은행의 지급준비금은 고갈되고 만다. 물론 은행이 예금을 지급하기 위한 자금을 보유하고 있는 현금(시재금)에만 의존하는 것은 아니다. 중앙은행에 예치한 지급준비금을 인출할 수도 있고 현금화를 신속히 할 수 있는 국채와 같은 유동성이 높은 보유자산을 매각할 수도 있다. 그러나 금융공황이 발생하면 많은 은행이 자금을 구하려 하기 때문에 국채나 기타 자산의 시장가격이 급속히 하락함으로써 건전한 은행마저 파산할 수 있는 위기에 놓인다. 이에 따라 건전한 은행의 예금주도 거래은행의 건전성에 대한 우려를 갖게 되고 금융공황은 더욱 악화될 수 있다. 이와 같이 예금뇌취현상이 문제되는 것은 어느 한 은행의 파산 때문이 아니라 한 은행의 파산이 다른 은행에도 파급되고 건전한 은행도 파산할 수 있다는 전염효과(contagion effect) 때문이다.

건전한 은행도 예금뇌취현상에 취약한 이유는 두 가지를 들 수 있다. 하나는 은행은 예금을 일부만을 지급준비로 갖고 있기 때문에 모든 예금인출요구에 응할 만한 현금을 가지고 있지 않다는 것이다. 다른 하나는 은행부채의 상당부분이 예금주의 요청이 있으면 지급해야 하는 예금형태를 취하고 있기 때문이다.

예금뇌취에 대한 대책으로는 현금지급을 일시적으로 중지하는 방법이 있다. 현금지급 중지기간중에는 예금에 대한 현금지급만 중지하고 그 밖의 영업, 예를 들면 수표결제, 대출 및 예금수취 등은 종전대로 행한다. 뇌취현상이 진정되면 예금지급을 재개한다. 그 밖에 중앙은행은 최종대출자(lender of last resort)로서 은행에 자금을 공급할 수 있다. 중앙은행이 은행에 현금을 대여하는 제도가 존재한다는 것만으로도 불건전한 은행 때문에 생긴 뇌취현상이 건전한 은행의 파산까지 야기하지는 않을 것이라는 확신을 일반인이 갖게 된다.

최근에는 예금뇌취의 발생 가능성이 현저히 줄어들었다. 은행이 파산할지라도 일정액까지의 예금은 지급을 보장해 주는 예금보험제도가 도입되어 예금주들이 앞다투어 예금을 인출할 필요가 줄어들었기 때문이다.

3. 은행예금의 형태

예금은 일반대중 또는 기업, 공공기관 등 불특정 다수로부터 은행이 보관·예탁을 받아 관리 운용할 수 있는 자금으로서 은행의 자금조달에 있어 가장 중요한 위치를 차지한다.

일반은행이 취급하는 예금의 종류는 지급결제 편의나 일시적 보관을 목적으로 하는 요구불예금과 저축이나 이자수입을 주목적으로 하는 저축성예금으로 나누어진다. 요구불예금과 저축성예금의 구분은 편의상 거치기간의 설정 여부가 기준이 되었으나 저축과 결제기능이 혼합된 새로운 예금제도의 도입으로 구분이 불분명해졌다.

최근 은행은 수신기반 확충을 위해 증권·보험 등과 연계한 예금상품을 도입하고 있다. 예를 들어 고객이 증권회사에 주식매매를 주문하면 고객의 은행예금계좌를 통해 자동으로 결제되는 사이버(cyber)증권투자용 계좌가 은행에 도입되었다. 또한 예금자에 대해 보험혜택을 부여하는 방카슈랑스(bancassurance), 즉 은행·보험 연계상품의 취급도 늘고 있다.

요구불예금·저축성예금

요구불예금

요구불예금 가운데 먼저 당좌예금은 은행과 당좌거래계약을 체결한 거래처가 발행한 당좌수표, 약속어음 또는 당좌계약자가 인수한 환어음의 지급을 은행에 위임하고자 개설하는 예금이다. 당좌예금은 예금주의 입장에서는 일상의 지급거래를 위한 결제예금의 성격을 지니며 은행의 입장에서는 당좌대월에 의해 신용창출의 원천이 된다. 따라서 상업금융업무를 영위하는 일반은행만이 원칙적으로 당좌예금을 취급할 수 있다.

가계당좌예금은 일반당좌예금과는 달리 이자를 지급하는데 3개월마다 원금에 가산된다. 가입대상은 신용상태가 양호한 개인으로 제한되며 구체적인 기준은 각 은행이 정하는데 대출한도는 예금가입자의 신용도 등을 감안하여 정해진다.

보통예금은 거래대상, 예치금액, 예치기간, 입출금 횟수 등에 아무런 제한이 없어 자유롭게 거래할 수 있는 예금으로서 당좌예금계정을 개설하지 않은 중소기업가의 출납예금으로 많이 이용되고 있다.

별단예금은 환·대출·보관 등 은행의 업무수행상 발생하는 미결제, 미정리자금 또는 타예금계정으로 취급할 수 없는 자금 등 일시적 보관금에 붙이는 편의적 계정명칭으로서 후일 다른 계정으로 대체되거나 지급될 예금을 말한다. 별단예금으로 취급되는 주요 예수금은 자기앞수표발행자금, 공탁금, 부도대금, 미지급송금, 당좌예금 해지잔액이다. 별단예금은 사무처리중에 일시 예치하는 예금이므로 이자를 지급하지 않는 것이 원칙이다.

공공예금은 지방자치단체와의 금고사무취급계약에 의해 재산세·등록세·주민세 등의 지방세와 수도료 등의 공공요금 수납대행업무를 취급하는 예금이다. 공공예금은 예수와 지급업무가 해당 지방자치단체와의 개별계약에 의해서만 이루어진다는 점에 그 특징이 있다.

저축성예금

저축성예금 가운데 정기예금은 예금자가 이자수취를 목적으로 예치기간을 사전에 약정하여 일정금액을 예입하는 기한부예금이다. 정기예금은 은행측에서 볼 때는 일정기간 예금인출의 가능성이 작기 때문에 자금운용의 안정성이 보장되는 이점이 있다. 정기예금의 한 형태로서 특정 목적을 위해 예금하는 목적부정기예금이 있는데 대표적인 것으로는 주택청약정기예금을 들 수 있다.

정기적금은 계약금액과 계약기간을 정하고 예금주가 일정금액을 정기적으로 납입하면 은행이 만기일에 계약금액을 지급하는 적립식 예금이다. 일반정기적금은 가입대상 및 예치한도에 제한이 없으며 계약기간은 6개월 이상이다. 정기적금은 예금주가 일정기간(일반적으로 1/4회차 정도) 납입하면 적금계약액 범위 내에서 대출이 가능하며(적금대출) 또한 통상 적금납입액의 95% 이내에서 대출(적금담보대출)을 받을 수 있는 이점이 있다.

저축예금은 가계저축의 증대를 도모하기 위한 가계우대저축의 하나로 수시 입출금이 가능한 결제성예금이면서도 이자가 지급되고 있다. 최근에는 예금거래실적 등에 따라 마이너스대출이 제공되기도 한다. 한편 금리자유화의 실시에 맞춰 자산운용회사의 단기금융상품펀드(MMF)나 종합금융회사의 어음관리계좌(CMA) 등과 경쟁이 가능한 고금리의 시장금리부 수시입출식예금(MMDA: money market deposit account)이 저축예금의 일종으로 도입되었다. 이 예금은 일반 저축예금처럼 수시입출이 가능하며 최저예치한도에 대한 제한이 없다.

기업자유예금은 법인이나 개인기업에게 일시여유자금의 운용수단을 제공하기 위해 도입한 예금으로 수시 입출이 가능하며 비교적 높은 이자를 지급하고 있다. 기업자유예금에도 시장금리부 수시입출식예금이 있다.

양도성예금증서·외화예금

양도성예금증서

양도성예금증서(CD)는 정기예금에 양도성을 부여한 금융상품으로서 은행의 수신경쟁력을 제고하고 금리자유화의 기반을 조성하는 동시에 시중 여유자금을 흡수하기 위하여 도입되었다.

양도성예금증서는 최저발행액에 대한 제한은 없지만 일반적으로 발행단위가 1,000만원 이상이며 만기는 30일 이상이다. 발행형식은 할인식 양도가능증서의 형식을 취하고 있으며 중도환매는 허용되지 않는다. 한편 양도성예금증서는 중도환매가 불가능하기 때문에 도입 당시 지급준비금 예치의무가 면제되었으나 양도성 예금증서에 대한 발행한도를 철폐하면서 지급준비금이 부과되고 있다.

외화예금

외화예금은 대외지급수단에 의한 예금으로서 외국환거래법에 의해 규제되고 있다. 외화예금은 예금주체에 따라 대외계정, 거주자계정 및 해외이주자계정으로 구분되며 예금의 종류로는 당좌예금 · 보통예금 · 통지예금 · 정기예금 · 정기적금의 5종이 있다.

외화예금의 금리는 외국환은행이 주요 국제금융시장 금리 등을 감안하여 자율적으로 결정하며 외국환은행은 수취한 외화예금에 대해서 금융통화위원회가 정하는 비율의 지급준비금을 한국은행에 예치하여야 한다.

4. 기타 은행업무

지급보증 · 유가증권투자

지급보증

지급보증은 은행이 거래자의 의뢰에 따라 거래자가 제 3 자에게 부담하는 채무(확정채무)의 지급을 약정하거나 보증채무 등 장래에 부담하게 될 가능성이 있는 채무(우발채무)를 인수하는 것으로서 신용공여시 자금의 공급이 수반되지 않는 점에서 대출과 성격을 달리한다.

지급보증은 보통 지급보증서를 발급하고 있으나 경우에 따라서는 환어음의 인수(또는 보증) 및 약속어음에 대한 보증 등의 형태를 취하기도 한다. 신용장 개설은 지급보증의 한 형태이다.

유가증권투자

은행은 조달한 자금을 대출에 운용하는 외에 유가증권투자를 통하여 보유자산의 다양화와 수익성 제고를 도모한다. 일반은행이 보유하고 있는 유가증권으로는 국고채, 통화안정증권, 금융채, 지방채, 주식, 사채 등이 있다.

유가증권은 시장가치가 수시로 변화하는 위험자산이므로 은행법은 은행경영의 건전성 확보를 위해 과도한 유가증권투자를 규제하고 있다. 주식 또는 상환기간 3년을 초과하는 유가증권에 대한 투자를 자기자본의 100% 이내로 제한하고 있다. 국채와 통화안정증권은 통화 보유한도 대상에서 제외된다.

유가증권투자와 더불어 일반은행은 은행법 및 증권관계법률에 따라 증권업무와 증권투자신탁업무를 제한적인 범위 내에서 취급하고 있다.

증권업무로서 국공채 인수 및 간사단 참여, 회사채의 인수단 참여 등의 발행시장 업무와 발행시장에서 인수한 회사채, 국공채의 환매조건부매도업무, 국채의 자기매매업무 등 유통시장 업무를 수행한다. 또한 은행은 수익증권과 뮤추얼펀드의 판매 등 증권투자신탁관련 업무도 영위하고 있다.

은행신탁·내외국환

예금업무는 아니지만 은행의 신탁업무, 내·외국환업무도 살펴보기로 한다.

신탁업무는 위탁자인 투자자와 수탁자인 은행신탁계정이 신탁계약을 체결하고 운용수익을 배당하는 금융상품으로 확정금리가 지급되는 일반예금과는 성격이 다르다. 내국환업무는 국내 격지간 자금수수 및 결제를 은행이 매개해 주는 것을 말하며 외국환업무는 국제간의 대차관계를 은행이 중개해 주는 업무이다.

신탁업무

신탁업과 은행업 신탁은 투자자인 신탁설정자(위탁자)와 신탁인수자(수탁자) 상호간의 특별한 신뢰관계를 기초로 하여 위탁자가 특정의 재산권을 수탁자에게 이전하고 수탁자로 하여금 수익자의 이익 또는 특정 목적을 위하여 재산권을 관리 · 처분토록 하는 법률관계를 의미한다([그림 15-8]).

그림 15-8 투자자와 은행신탁계정의 관계

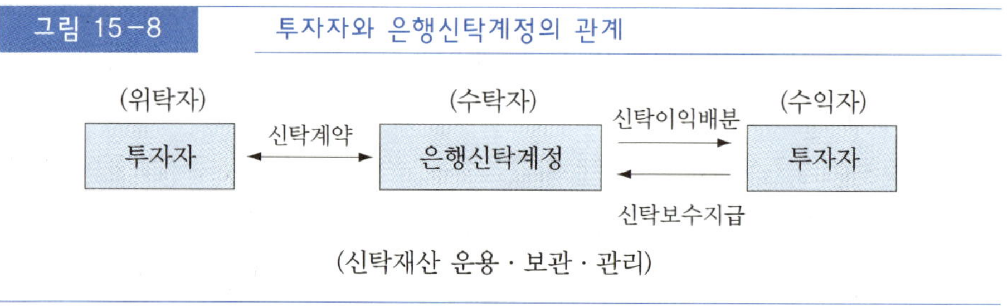

신탁업은 [표 15-5]에서 보는 바와 같이 은행업과 여러 면에서 차이가 있다. 예금자의 입장에서는 은행신탁과 은행예금이 큰 차이가 없는 것

[표 15-5] 신탁업과 은행업의 비교

	신탁업	은행업
고유기능	재산관리기능 장기금융기능	자금중개기능 단기금융기능
계약성격	3자관계 (위탁자, 수탁자, 수익자)	양자관계(거래자와 은행)
이익분배	운용수익배당(수수료 차감)	원금과 약정이자 지급
재산소유권	수탁자 명의	예금자 명의
대 상	금전 및 금전 이외의 재산	금전 및 금융자산
취급상품의 예금보험대상 여부	원칙적으로 비대상	대상

으로 인식되었으나 실적배당이 원칙인 은행신탁은 예금보험대상에서 제외된다는 점에서 차별성이 부각되었다. 은행의 입장에서도 은행신탁과 투자신탁 또는 뮤추얼펀드와의 경쟁이 심화되면서 은행예금과의 차별화가 진전되고 있다.

은행신탁의 유형 은행신탁업무는 금전신탁과 금전신탁 이외의 신탁으로 구분된다.

금전신탁은 위탁자가 운용방법을 지정하는지의 여부에 따라 특정금전신탁과 불특정금전신탁이 있다. 특정금전신탁은 위탁자가 신탁재산의 운용대상으로 특정 주식이나 대출 등을 지정하여 위탁하는 것이며, 불특정금전신탁은 위탁자에 운용을 일임하고 신탁종료시에 금전으로 환급할 것을 약정하는 것이다. 불특정금전신탁 상품 가운데 일반 불특정신탁의 취급은 1996년 1월부터 금지하였으며 가계금전신탁, 기업금전신탁, 개인연금신탁, 신종적립신탁, 단위금전신탁 등은 2004년 7월부터 취급이 중지되었다.

금전신탁 이외의 신탁은 금전 또는 금전 이외의 재산으로 수탁하여 신탁종료시 신탁재산을 현상 그대로 수익자에게 교부하는 신탁이다. 주요 신탁유형으로는 금전신탁 이외의 금전신탁, 유가증권신탁 또는 부동산신탁 등의 재산신탁과 증권투자신탁이 있다.

그림 15-9 은행신탁의 유형

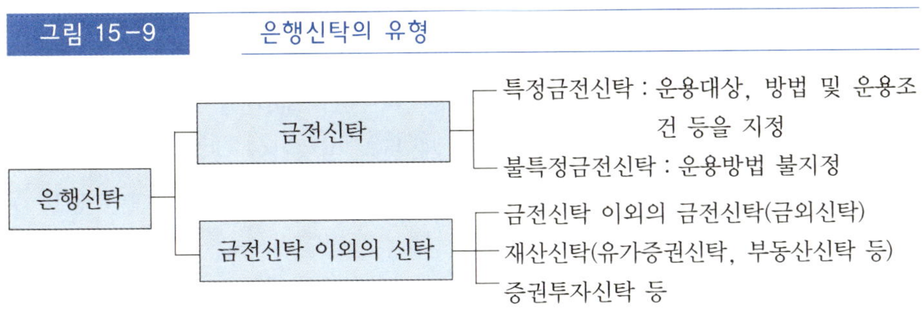

내 · 외국환업무

내 국 환 내국환은 국내 격지간의 채권 · 채무 결제 또는 자금수수를 당사자간의 직접적인 현금수수 없이 은행을 매개로 결제하는 금융거래를 말한다. 은행은 환업무를 통하여 수수료 수입을 얻을 뿐만 아니라 송금 또는 추심대전을 단기간 은행에 머물게 함으로써 운용자금의 확대효과도 누릴 수 있다. 환업무는 현금수수에 따른 위험배제, 시간과 경비의 절감 등에 기여한다.

내국환업무의 취급 결과 발생한 은행간의 환대차는 원칙적으로 금융결제원에서 교환결제되는데 교환결제자금은 은행이 한국은행에 지급준비금으로 예치한 당좌예금이 이용되므로 결국 각 은행간의 환대차는 한국은행 지급준비예치금계정의 대체결제로 최종정리된다.

외 국 환 외국환업무는 국제간의 대차관계를 현금수송에 의하지 않고 외국환은행의 중개에 의하여 결제하는 업무이다. 외국환은 외국화폐, 외화수표, 외화증권 등 구체적인 대외지급수단 그 자체를 말하기도 한다. 이러한 혼동을 줄이기 위해 외국환거래법에서는 외국환을 대외지급수단, 외화증권 및 외화채권으로 정의하고 있다.

은행이 취급하고 있는 외국환업무는 크게 외국환매매, 우리나라와 외국간의 지급 및 영수, 거주자와의 외화로 표시되거나 지급되는 예금 · 금전의 대차 또는 보증, 기타 부대업무로 나눌 수 있다.

외국환 매매업무는 일반적인 외국환매매업무와 외국환은행 등과의 외국환매매업무로 구분된다. 일반적인 외국환매매업무는 무역거래에 수반하는 수출환어음 매입, 수입대금결제 등과 여행자에 대한 외화현찰 및 여행자수표 등의 매매, 기타 외채원리금 상환을 위한 외국환매매 등을 들 수 있다.

은행간 매매거래는 외국환 중개회사를 경유하거나 은행간 직접거래로 이루어지는데 전자의 경우가 대부분이며 환율은 외환의 수급상황에 의해 결정되고 있다. 외국환매매거래에는 매매계약과 동시에 외국환의 수도가 일어나는 현물환거래뿐 아니라 매매계약 후 일정기간이 지난 다음 외국환의 수도가 3일 이내에 이루어지는 선물환거래 및 결제일 등이 서로 다른 외환거래를 반대 방향으로 동시에 체결하는 스왑거래도 이용되고 있다.

우리나라와 외국간의 지급·추심 및 영수업무는 경상거래에서 발행하는 외국환 결제업무에서 파생되는 것이다. 이는 내국환의 경우와 마찬가지로 결제방법에 따라 송금환과 추심환으로 나누어진다. 송금환은 국내의 채무자(수입상 등)가 외국환은행을 통해 해외의 채권자(수출상 등)에게 대금을 송금하는 것이고 추심환은 채권자가 채무자를 지급인으로 하고 어음매입(또는 추심)은행을 수취인으로 하는 환어음을 발행하여 채무자에게 대금을 추심하는 방식이다. 그 밖에 은행은 수입신용장개설 등 대외 외화표시 보증업무와 외화대출 및 외화예금업무 등을 취급하고 있으며 대외거래 등에 대한 각종 부대업무도 수행하고 있다.

신용카드업 · 방카슈랑스

신용카드업

은행업이 아닌 업무로서 금융감독위원회의 인가를 얻어 취급하고 있는 겸영업무로 신탁업무 외에 신용카드업무가 있다.

신용카드는 현금이나 수표 없이도 신용카드 가맹점으로부터 물품이나 서비스를 이자부담 없이 일정기간 외상구매할 수 있는 신용거래수단이다. 은행은 신용카드에 의한 외상구매관련 업무뿐 아니라 신용카드회원에 대해 일정한도 내에서 현금서비스를 제공하는 등 카드금융업무도 취급한다.

방카슈랑스

방카슈랑스(bancassurance)는 은행(banque)과 보험(assurance)을 합성한 프랑스어로 은행의 판매망을 통해 은행고객을 대상으로 보험상품과 서비스를 제공하는 것을 말한다. 협의로는 은행창구에서 보험상품을 판매하는 판매제휴를 뜻하지만 광의로는 은행과 보험사간에 자본참여 및 합작회사

설립과 같은 폭넓은 개념이다.

최근에는 공동의 고객을 대상으로 한 공동상품의 개발, 판매 등 보험회사와 은행간 동등한 종합적 업무제휴 형태로 발전하는 경향을 보이고 있다. 즉 은행창구에서의 보험상품 판매뿐 아니라 공동상품개발과 은행상품의 보험창구 판매 등이 활성화되고 있다.

우리나라의 경우 방카슈랑스는 기존의 보험판매조직에 대한 충격이나 중소형보험회사의 경영악화 등을 최소화하기 위하여 단계별로 시행되고 있다. 2003년 8월 초 처음 도입할 당시에는 저축성보험, 2005년 4월 이후에는 순수보장성 제3보험(질병·상해 또는 간병에 대한 보험) 등이 판매되었으며 2006년 10월부터는 만기환급형 제3보험의 판매까지 가능하게 되었다.

제 16 장

은행의 자산 · 부채 관리

1. 자산 · 부채 관리(ALM)의 개념

오늘날의 은행은 복합적인 조직체로서 여러 부서를 통하여 다양한 서비스를 제공한다. 각 부서는 전문가로 구성되어 있으며 다른 종류의 결정을 내린다. 은행 내의 상이한 집단이 어느 고객에게 대출할 것인지, 어떤 유가증권을 은행의 투자포트폴리오에 추가할 것인지, 일반인에게 어느 수준의 예금금리를 제공할 것인지, 은행이 어떤 자본을 유치해야 할 것인지 등을 결정한다. 이러한 모든 결정은 서로 밀접하게 연관되어 있다. 예를 들면 어느 소비자의 대출신청을 받아들여야 할 것인가는 신규대출을 지원하기 위해서 은행이 자금을 조달할 수 있는가에 달려 있다. 마찬가지로 은행이 받아들일 수 있는 위험의 크기는 부실대출로 인해 생기는 손실로부터 주주와 예금주를 보호할 수 있는 은행자본의 적정성과도 관련되어 있다.

관리가 효율적으로 이루어지는 은행은 이와 같은 모든 결정이 은행 전체로서 잘 조정되어 서로 충돌되지 않도록 함으로써 일관성 없는 결정으로 인해 은행의 이익이나 가치에 손상을 주는 일이 없도록 하여야 한다. 오늘날 은행경영자는 은행의 자산과 부채포트폴리오를 통합된 차원에서 보아야 하고 총 포트폴리오가 은행이익과 은행이 받아들일 수 있는 위험수준에 어떠한 영향을 주는지를 고려한다. 이와 같이 조정되고 통합된 은행의 의사결정형태를 자산 · 부채 관리(ALM: asset-liability management)라고 한다. 자산 · 부채 관리기법은 경기변동과 예금-대출에 대한 계절적 압력에 대응할 수 있는 방어적 수단과 은행의 목적달성에 기여할 자산포트폴리오를 구성하도록 하는 공격적 수단을 제공한다.

자산 · 부채 관리의 목적은 은행의 대차대조표를 은행목적에 기여할 수 있게 구성되도록 하는 전략을 수립하고 행동에 옮기는 것이다. 일반적으로 ALM의 주된 목적으로 (a) 이자수입과 이자비용 간의 마진(margin) 또는 스프레드(spread)를 극대화하거나 적어도 안정시키는 것, (b) 받아들일 수 있는 위험수준에서 은행의 가치(주가)를 극대화하거나 적어도 보호하는 것 등이라고 할 수 있다.

2. 자산 · 부채 관리전략

자산관리전략

은행이 항상 자산과 부채를 종합해서 보았던 것은 아니다. 은행은 오랫동안 부채와 자본금 등 자금 원천은 주어진 것으로 간주하고 대출, 유가증권투자 등 자산관리에 중점을 두어 왔다. 이와 같은 자산관리(asset management)는 은행이 보유하는 예금의 종류와 금액 및 차입금은 대부분 고객에 의해서 결정된다고 보았다. 이 견해에 따르면 요구불예금, 저축예금, 기타 자금 등의 상대적 크기도 일반인이 결정한다. 은행경영자가 결정하여야 할 핵심분야는 예금이나 차입이 아니라 자산이었다. 은행경영자는 유입된 대출자금을 어떤 조건으로 누구에게 배정할 것인가를 결정할 권한만 갖고 있을 뿐이다. 이러한 자산관리접근이 주류를 이루었던 데에는 상당한 이유가 있었다. 금융산업에 대한 규제가 완화되기 이전에는 예금의 형태, 예금이자율, 비예금자금원 등이 엄격하게 규제되어 있었고 은행경영자가 자금원에 대해 할 수 있는 것은 극히 제한적이었다.

부채관리전략

1960년대와 70년대는 자산 · 부채 관리전략의 극적 변화를 예고했다. 급변하는 이자율과 치열한 경쟁에 직면하게 된 은행은 새로운 자금원의 개발, 예금과 비예금부채의 비용과 혼용 등에 더 큰 관심을 경주하기 시작하였다. 이러한 새로운 전략을 부채관리(liability management)라고 불렀다. 부채관리의 목적은 은행이 오랫동안 자산에 대해 행사하였던 통제와 비교할 정도로 은행의 자금원에 대한 통제력을 장악하는 것이었다. 통제수단은 가격, 즉 은행이 예금과 차입금에 대해 제공하는 이자율과 기타 조건이었다. 가용자금을 초과하는 과대한 대출수요가 있는 은행은 예금과 단기금융시장의 차입에 대한 이자율을 경쟁은행에 비해 더 높게 책정함으로써 자금을 유입시킬 수 있었다. 반대로 자금은 많으나 이익을 낼만한 용도가 없는 은행은 낮은 대출이자율을 제안함으로써 경쟁은행에 타격을 주었다.

자금관리전략

부채관리기법은 이자율의 변동성이 높아지고 은행의 위험이 더욱 커짐에 따라 오늘날 은행에서 많이 사용하는 자금관리(funds management)접근에 자리를 내주었다. 자금관리는 자산과 부채관리에 대한 보다 균형된 접근으로 다음과 같은 목적에 중점으로 두고 있다.

- 은행경영자는 은행의 장단기 목적을 달성하기 위해 자산과 부채의 금액, 수익, 비용 등에 대해 강력한 통제력을 행사하여야 한다.
- 경영자의 자산과 부채에 대한 통제는 잘 조정되어 자산과 부채의 관리가 일관성이 있고 서로 충돌되지 않도록 하여야 한다. 자산과 부채관리의 효율적인 조정은 자산(대출 등), 수익과 부채(예금 등), 비용 사이의 스프레드를 최대화하는 데 도움이 된다.
- 수익과 비용은 대차대조표 양변, 즉 자산과 부채에서 발생한다. 은

행 정책은 은행서비스로부터의 수익은 최대화하고 비용은 최소화하도록 추진될 필요가 있다.

따라서 은행의 모든 소득은 대출과 투자로부터 나와야 한다는 전통적인 견해는 은행은 각종 금융서비스(신용, 지급, 저축, 금융자문 등)를 판매한다는 견해로 바뀌었다. 모든 서비스의 가격은 생산비용을 충당할 수 있도록 매겨져야 한다. 대차대조표의 부채 측을 관리하면서 생기는 수수료 수입은 대출 등 자산을 관리하면서 얻는 수익만큼 은행의 이익에 기여할 수 있다.

3. 갭의 분석과 관리

은행이 어떠한 자산 · 부채 관리전략을 선택하던 파괴력이 가장 큰 이자율위험을 피하기 어렵다. 금융시장의 이자율변동은 은행의 가장 중요한 수익원(대출과 유가증권으로부터의 이자소득)과 가장 중요한 비용(예금과 차입금에 대한 이자)에 영향을 미친다. 그뿐 아니라 이자율변동은 은행의 자산과 부채의 시장가치를 변동시키고 그에 따라 은행의 자본금, 즉 주주의 은행에 대한 투자가치도 변동한다. 이자율변동은 은행의 대차대조표와 손익계산서에 영향을 미친다. 더구나 이자율변동이 심해지면서 은행경영자는 전적으로 새롭고 예측하기 어려운 영업환경에 놓이게 되었다.

이자율위험을 관리하기 위한 기법으로는 금액갭(dollar gap), 듀레이션갭(duration gap) 등이 있다. 금액 갭은 가장 오래되고 널리 사용되고 있는 기법으로 듀레이션 갭을 이해하는 데 기초가 된다.

갭 분석

갭 분석의 목적

이자율위험을 관리하는 중요한 목적은 은행의 이익(세금과 모든 비용을 뺀 순소득)이 이자율변동으로 인해 악영향을 받지 않도록 차단하는 것이다. 이자율이 어느 방향으로 움직이든 은행은 원하는 수준의 이익을 달성하고 이익이 안정적이기를 원한다.

이러한 목적을 달성하기 위해서 은행경영은 이자율변동에 가장 민감한 자산과 부채 포트폴리오의 요소에 집중되지 않으면 안 된다. 이들 요소에는 대차대조표의 자산 쪽에 있는 대출과 투자 등 수익자산(earning assets)과 부채 쪽에 있으면서 이자를 지급하는 예금과 단기차입금 등이 포함된다. 이자율변동의 악영향으로부터 은행이익을 보호하기 위해서 은행경자는 다음과 같은 순이자소득(*NII*: net interest income)을 유지하려고 한다.

순이자소득(*NII*) = 이자소득 − 이자비용

단, 이자소득 = 대출과 투자로부터 생기는 수입
이자비용 = 예금과 기타차입금에 지급하는 이자

만일 차입금의 이자비용이 대출이나 유가증권으로부터 생기는 소득보다 더 빨리 증가한다면 은행의 순이자소득은 축소되고 은행 전체의 이익에도 악영향을 미칠 것이다. 만일 이자율의 하락으로 인해 대출과 유가증권의 소득이 차입비용에 대한 이자비용보다 더 빨리 감소한다면 은행의 순이자소득이 감소할 것이다.

자산과 부채의 분류

갭 분석은 은행의 모든 자산과 부채를 (시장)이자율에 민감한(interest rate sensitive) 것, 이자율에 민감하지 않은(noninterest rate sensitive) 것으로 구분한다. 구분의 기준은 이자수익(자산의 경우) 또는 이자비용(부채의 경우)이 일반이자율과 함께 변동하는가이다. 이자율 민감도는 자산 또는 부채의 가격(또는 이자율)이 얼마나, 자주, 다시 결정(repricing)되는가에 달려 있다. 따라서 만기가 단기인 자산과 부채는 만기가 장기인 것보다 더 이자율에 민감하다. 그러나 만기가 장기인 자산과 부채도 일반이자율이 변동할 때 다시 결정되는 변동이자율이라면, 이자율에 민감한 것이라고 할

[표 16-1] 이자율민감도에 따른 자산과 부채의 분류(예시)

자 산		부 채	
현금	*NRS*	요구불예금	*NRS*
단기증권	*RSA*	단기차입	*RSL*
장기증권	*NRS*	단기저축예금	*RSL*
단기대출	*RSA*	장기저축예금	*NRS*
장기대출	*NRS*	자본금	*NRS*

주: *RSA* = 이자율에 민감한 자산
RSL = 이자율에 민감한 부채
NRS = 이자율에 민감하지 않은 자산 또는 부채

수 있다. 따라서 이자율민감도는 만기가 아니라 가격이 결정되는 빈도에 달려 있다.

[표 16-1]은 은행의 자산과 부채를 이자율민감도에 따라 구분한 것이다. 일정한 기간(time horizon)에 이자율이 변동함에 따라 이자수입 또는 부채비용이 변동하는 자산과 부채를 이자율에 민감한 자산(*RSA*: rate-sensitive assets) 또는 이자율에 민감한 부채(*RSL*: rate-sensitive liabilities)라고 한다. 일정기간에 이자율의 변동에도 불구하고 이자수입이나 비용이 변동하지 않는 자산과 부채는 이자율에 민감하지 않는 것(*NRS*: nonrate-sensitive)이라고 한다. 다시 말하면 일정기간에 가격을 다시 결정하는 자산과 부채는 이자율에 민감하다고 한다.

여기서 한 가지 유의할 것은 자산과 부채의 이자율민감도를 측정하는데 기간선택이 매우 중요하다는 점이다. 자산이나 부채가 일정기간(예: 90일)에는 이자율에 민감하지만 더 짧은 기간(예: 30일)에는 이자율에 민감하지 않을 수 있다. 아주 긴 기간 동안에는 모든 자산과 부채는 이자율에 민감하다. 매우 짧은 기간(예: 하루)에는 거의 모든 자산과 부채는 이자율에 민감하지 않기 때문에 기간이 짧아질수록 이자율에 민감하지 않은 자산과 부채에 대한 이자율에 민감한 자산과 부채의 비율은 하락한다. 금융계에서 사용하는 표준기간은 없고 각 은행이 필요에 따라서 기간을 정한다.

[표 16-1]에서 보는 자산과 부채의 분류는 단기예금과 단기증권은 만기가 1년 또는 그 이하인 경우이다. 이 기준에 따르면 이자율에 민감한 자산에는 만기가 1년 또는 그 이하인 자산(단기증권과 단기대출)과 변동이자율대출(1년 이내에 이자율을 조정한다고 가정)이 포함된다. 다른 자산은 이자율에 민감하지 않은 것으로 현금, 장기증권, 장기대출이 포함된다.

(시장)이자율의 변동이 은행의 순이자소득에 미치는 총 효과는 이자소득과 이자비용에 미치는 효과에 의하여 결정된다. 이자비용에 미치는 효과는 부채의 이자민감도에 달려 있다. [표 16-1]의 예에서 이자율에 민감한 부채는 단기저축예금, 단기차입금이다. 이자율에 민감하지 않는 부채는 요구불예금과 장기저축예금이다.

금액갭과 순이자소득

이자율변동이 이익에 미치는 총 효과는 금액갭(dollar gap)에 의하여 요약된다. 금액갭은 이자율에 민감한 자산액(***RSA***)과 이자율에 민감한 부채액(***RSL***)의 차이를 말한다. 이자율의 변동이 은행이익에 미치는 효과는 금액 갭에 의하여 측정된다.

$$\begin{aligned}\text{금액갭} &= \text{이자율변동에 민감한 자산액} - \text{이자율변동에 민감한 부채액} \\ &= \boldsymbol{RSA}\text{액} - \boldsymbol{RSL}\text{액}\end{aligned}$$

갭을 이용하여 다른 은행과 이자민감도를 비교하는 것은 의미가 없다. 왜냐하면 은행의 규모가 다르기 때문이다. 은행간 비교를 위해서는 상대적 비율을 구해야 한다.

$$\text{상대적 갭 비율} = \frac{\text{금액갭}}{\text{총자산}}$$

$$\text{이자율민감도비율} = \frac{\boldsymbol{RSA}\text{액}}{\boldsymbol{RSL}\text{액}}$$

어떤 특정시점에서 이자율에 민감한 자산이 이자율에 민감한 부채보다 많으면, 즉 $\boldsymbol{RSA} > \boldsymbol{RSL}$이면 그 은행은 정(+)의 금액 갭을 가지며 자산민감(asset sensitive)상태에 있다고 한다. 마찬가지로 이자율에 민감한 부채가 이자율에 민감한 자산보다 많으면, 즉 ***RSL*** > ***RSA***인 은행은 부(−)의 갭을 가지며 부채민감(liability sensitive)상태에 있다고 한다.

정의 갭을 갖고 있는 은행은 이자율이 상승하면 순이자소득이 증가하고 이자율이 하락하면 순이자소득은 감소한다. 대조적으로 부의 갭을 갖고 있는 은행은 이자율이 상승하면 순이자소득이 감소하고 이자율이 하락하면 순이자소득은 상승한다. 부의 갭은 은행경영자가 이자율이 하락할 것으로 예상하고 있다는 것을 의미한다.

만일 어느 은행이 이자율에 민감한 자산이 75억원이고 이자율에 민감한 부채가 115억원이라면 금액 갭은 −40억원이다.

$$\text{금액 갭} = \boldsymbol{RSA}\text{액} - \boldsymbol{RSL}\text{액}$$
$$(-40\text{억원}) = (75\text{억원}) - (115\text{억원})$$

이자율변동이 은행의 순이자소득에 미치는 효과는 다음과 같은 식으로 설명할 수 있다.

$$(\Delta NII) = \boldsymbol{RSA}\text{액}(\Delta \boldsymbol{i}) - \boldsymbol{RSL}\text{액}(\Delta \boldsymbol{i}) = \text{갭}(\Delta \boldsymbol{i})$$

단, (ΔNII) = 순이자소득의 변동기대액
(Δi) = 이자율의 기대변동(%포인트)

이자율변동이 은행의 순이자소득에 미치는 효과를 예를 들어 보기로 하자.

은행의 ***RSA***는 55억원이고 ***RSL***은 35억원이라면 갭은 20억원이 된다. 만일 이자율이 8%에서 10%로 상승하면 순이자소득은 4,000만원 증가할 것이다.

$$\text{갭} \times \Delta \boldsymbol{i} = 20\text{억원} \times 0.02 = 4{,}000\text{만원}$$

마찬가지로 만일 은행의 ***RSA***는 35억원이고 ***RSL***이 55억원이라면 은행은 부의 갭을 갖고 있으며 부채민감 상태이다. 이자율이 2%포인트 상승하면 순이자소득은 4,000만원 감소한다.

[표 16-2] 갭, 이자율 및 순이자소득

금액 갭	이자율	순이자소득
정(+) $RSA > RSL$	상승	증가
	하락	감소
부(−) $RSA < RSL$	상승	감소
	하락	증가
영(0) $RSA = RSL$	상승	불변
	하락	불변

이자율변동이 순이자소득에 미치는 효과는 [표 16-2]에 요약되어 있다. 정의 갭을 가지고 있는 은행의 순이자소득은 이자율이 상승하면 증가하고 이자율이 하락하면 감소한다. 부의 갭을 가진 은행의 순이자소득은 이자율의 변동과 역으로 상승하거나 하락한다. 대조적으로 영의 갭을 가진 은행은 이자율변동으로 인해 순이자소득이 변동하지 않는다.

갭 관리

공격적 갭 관리

자산 · 부채 관리의 목적은 전통적으로 순이자소득의 크기를 컨트롤하는 것이다. 이러한 컨트롤은 방어적 또는 공격적인 자산 · 부채 관리를 통해 달성할 수 있다. 방어적 자산 · 부채 관리(defensive ALM)의 목적은 순이자소득을 이자율변동으로부터 격리시키는 것이다 대조적으로 공격적 자산 · 부채 관리(aggressive ALM)는 은행의 포트폴리오를 변경함으로써 순이자소득을 증가시키는 데 초점을 둔다. 공격적 자산 · 부채 관리의 성공 여부는 미래의 이자율변동을 예측하는 능력에 달려 있다. 예를 들면 이자율의 상승을 예상하고 예상되는 이자율상승으로 이익을 얻을 수 있도록 포트폴리오를 재조정하는 공격적 전략은 만일 이자율이 변하지 않거나 하락하면 실패하게 된다. 이와는 대조적으로 방어적 자산 · 부채 관리는 미래의 이자율을 예측할 수 있는 능력이 필요하지 않다.

공격적인 갭 관리는 두 가지 단계를 밟는다. 첫째, 이자율의 변동방향을 예측하여야 한다. 둘째, 예상되는 이자율변동을 이용하기 위하여 자산과 부채의 이자율민감도를 조정하여야 한다. 일반적으로 이자율의 상승을 예측하면 포트폴리오는 정의 갭 포지션(position)으로 조정된다.

만일 이자율이 상승할 것으로 예상하면 정의 갭을 가진(이자율에 민감한 자산이 부채보다 더 많은) 은행은 부채로 인한 비용보다 이자수입이 더 많이 증가할 것이다.

이자율의 상승을 예상하지만 정의 갭 포지션에 있지 않은 은행은 포트폴리오를 조정할 필요가 있다. 예를 들면 장기증권을 매각함으로써 자산의 만기를 단축하고 매각대금을 이용하여 단기증권을 매입한다. 다른 전략으로 자산포트폴리오를 변동하는 대신 부채의 만기를 연장하는 것이다. 부채의 만기를 연장하는 방법은 장기CD를 매각하고 그 자금을 초단기차입자금을 상환하는 데 이용하는 것이다. 이와 같은 전략으로 이자율 상승이 자금비용에 미치는 충격을 완화함으로써 순이자소득과 순이자마진의 상승에 기여한다.

그러나 공격적인 포트폴리오 관리하에서 이자율의 하락이 예상되면 포트폴리오는 위에서 본 것과 반대로 포트폴리오를 조정하게 될 것이다. 은행경영자는 부의 갭 포지션으로 이동하여 이자율하락으로부터 이익을 얻으려고 한다. 고정이자율자산의 만기를 연장하고 금액을 증가시키는 한편 변동이자율의 자산을 축소한다. 그 밖에 CD를 단기차입금으로 대체함으로써 부채의 만기를 단축한다.

[표 16-3] 공격적 갭 관리

이자율의 기대변동 (경영자예측)	최선의 갭 포지션	공격적 관리
이자율상승	정(+)의 갭	이자율에 민감한 자산의 증가 이자율에 민감한 부채의 감소
이자율하락	부(−)의 갭	이자율에 민감한 자산의 감소 이자율에 민감한 부채의 증가

방어적 갭 관리

방어적 전략하의 갭 관리는 공격적 갭 관리와는 상당히 다르다. 예상되는 이자율변동으로부터 이익을 얻으려고 하는 공격적인 전략과는 대조적으로 방어적 전략은 이자율변동으로 인한 은행의 이익감소를 방지하려고 한다. 따라서 공격적 전략은 순이자소득을 증가시키려고 하는 데 반하여 방어적 전략은 순이자소득의 변동성을 축소하려고 한다.

일정기간 이자율에 민감한 자산액과 이자율에 민감한 부채액이 균형을 유지하도록 함으로써 금액 갭은 영에 가까워진다. 만일 방어적 전략이 성공하면 이자율의 상승은 동일한 금액의 이자소득의 상승과 이자비용의 상승을 초래할 것이므로 순이자소득에는 아무런 변동이 없다. 마찬가지로 만약 이자율에 민감한 자산과 부채의 금액이 균형을 이룬다면 이자율의 하락은 동일한 금액의 이자소득과 이자비용을 감소시키기 때문에 순이자소득과 순이자마진은 변동하지 않는다.

4. 듀레이션 갭의 분석과 관리

전통적인 갭 분석이 주식가치보다도 회계상의 소득을 더욱 중요시한다는 문제점 때문에 이자율위험에 대한 은행의 노출을 측정하고 관리할 새로운 대안으로 등장한 것이 듀레이션 갭 분석이다. 듀레이션(duration)은 금융자산으로부터 나오는 모든 현금흐름(cash flow)으로 시간(연)을 가중평균한 것이다. 듀레이션 갭은 자산과 부채 듀레이션의 차이를 의미한다. 듀레이션과 듀레이션 갭은 이자율변동이 자산과 부채, 나아가서는 은행자본의 시장가치(가격)에 미치는 영향을 나타내는 이자율민감도(interest rate sensitivity)라고 할 수 있다.

듀레이션의 분석

먼저 듀레이션(D)의 산식을 유도한 다음 듀레이션을 구해 보기로 한다. P_0은 만기가 n년이고 만기까지 매년 현금흐름(C_t)을 만들어 내는 채권의 가치(가격)라고 가정하면 P_0는 다음과 같은 현재가치식으로 추정된다.

$$P_0 = \frac{C_1}{(1+i)} + \frac{C_2}{(1+i)^2} + \frac{C_3}{(1+i)^3} + \cdots\cdots + \frac{C_n}{(1+i)^n}$$

$$= \sum_{t=1}^{n} \frac{C_t}{(1+i)^t}$$

위 식을 이자율(i)에 관해서 미분하면 다음 식을 얻는다.

$$dP_0 = -\left[\frac{(1)C_1}{(1+i)^2} + \frac{(2)C_2}{(1+i)^3} + \cdots\cdots + \frac{(n)C_n}{(1+i)^{n+1}} + \right] di$$

다시 위 식을 P_0로 나누면 아래 식을 얻는다.

$$\frac{dP_0}{P_0} = -\frac{1}{P_0}\left[\frac{(1)C_1}{(1+i)} + \frac{(2)C_2}{(1+i)^2} + \cdots\cdots + \frac{(n)C_n}{(1+i)^{n+1}} \right] \frac{di}{(1+i)}$$

위 식은 다음과 같이 쓸 수 있다

$$\frac{dP_0}{P_0} = -\left[\frac{\sum_{t=1}^{n} \frac{(t)C_t}{(1+i)^t}}{\sum_{t=1}^{n} \frac{C_t}{(1+i)^t}} \right] \frac{di}{(1+i)} \qquad (16\text{-}1)$$

위 식 대괄호 속에 있는 것이 듀레이션(D)이며 식 (16-1)은 다음과 같이 쓸 수 있다.

$$\frac{dP_0}{P_0} = \frac{-Ddi}{1+i}$$

식 (16-1)은 금융자산의 가격변동성(price volatility)을 나타낸다. 이자율변동이 작고 불연속적이면 채권가격변동의 근사치는 다음과 같이 쓸 수 있다. 실제 금융시장에서 관측하는 가장 작은 이자율변동은 대체로 1 베이시스 포인트(1%의 100분의 1)이다.

$$\frac{\Delta P_0}{P_0} = -\frac{D\Delta i}{1+i} = D^* \Delta i \qquad (16-2)$$

식 (16−2)는 다음과 같이 바꾸어 쓰기도 한다.

$$\frac{\Delta P_0}{P_0} = -D^* \Delta i$$

단, $D^* = \dfrac{D}{1+i}$

$D^* = \dfrac{D}{(1+i)}$를 조정 듀레이션(modified duration)이라고 한다.

식 (16−1)에서 보는 바와 같이 듀레이션은 이자율위험을 나타내는 지표로서 시간(연)을 현금흐름의 현재가치로 가중평균한 것이다. [표 16−4]는 매년 60만원씩 쿠폰이자를 지급하고 5년이 지나면 1,000만원의 원금을 상환하는 5년 만기채권의 듀레이션을 산출한 예이다. 채권은 6%의 시장이자율로 할인된다고 가정한다.

듀레이션은 선형조작 요소(linear operator)로서 이자율민감도를 나타낸다. [표 16−4]의 예를 전제로 이자율이 6%에서 7%로 상승하는 경우 식 (16−2)를 적용해서 채권가치(가격)의 변동성을 다음과 같이 추정할 수 있다.

$$\frac{\Delta P_0}{P_0} = -4.465\left(\frac{0.01}{1.06}\right) = -0.04212 \text{ 또는 } -4.212\%$$

이자율변동으로 인한 ΔP는 −42.12만원이며 채권가격은 1,000만원에서 957.88만원으로 하락할 것이다.

듀레이션은 이자율민감도와 관련한 쿠폰효과(coupon effect)문제를 이해하는 데 도움을 준다. 쿠폰효과는 채권의 만기가 주어진 경우 쿠폰이자가 작을수록 이자율변동으로 인한 채권가격의 변동은 더 크다는 것을 의

[표 16-4] 듀레이션의 산출

연도(t) (1)	현금흐름 (2)	현금흐름의 현재가치(i = 6%) (3)	연도(t) x 현금흐름의 현재가치 (1) x (3)
1	60	56.60	56.60
2	60	53.40	106.80
3	60	50.38	151.13
4	60	47.53	190.10
5	1,060	792.09	3,960.45
합계		1,000.00	4,465.08

$$\text{듀레이션}(\boldsymbol{D}) = \frac{\sum_{t=1}^{5} \frac{(t)C_t}{(1+\boldsymbol{i})^t}}{\sum_{t=1}^{5} \frac{C_t}{(1+\boldsymbol{i})^t}} = \frac{\Sigma \boldsymbol{t} \times \text{현금흐름의 현재가치}}{\Sigma \text{현금흐름의 현재가치}} = \frac{4,465.08}{1,000.00} = 4.465\text{년}$$

미한다. 쿠폰효과가 발생하는 것은 쿠폰이자가 큰 채권보다 작은 채권의 경우 만기에 상환하는 금액이 현금흐름에서 차지하는 비중이 상대적으로 더 크기 때문이다. 듀레이션의 산정과정에서 쿠폰액이 적은 채권의 현금흐름분포는 쿠폰액의 비중보다 원금상환액의 비중을 더욱 크게 반영 하도록 한다. 예를 들면 [표 16-4]에서 본 것처럼 5년만기 쿠폰이율 6%, 할인이자율 6%인 채권의 듀레이션은 4.465년이지만 쿠폰이율이 12%인 채권의 듀레이션은 4.14년이다.

듀레이션 갭의 관리

듀레이션 갭과 자본가치

듀레이션은 은행 대차대조표의 순자산가치, 즉 자본의 시장가치가 이자율변동에 의하여 어떠한 영향을 받는지를 알 수 있게 한다. 즉 은행의 전 자산포트폴리오와 전 부채포트폴리오의 듀레이션을 포트폴리오의 현금흐름과 시장이자율에 관한 정보를 이용하여 추정할 수 있다.

은행은 자산포트폴리오의 듀레이션과 부채포트폴리오의 듀레이션을

[표 16-5] A은행의 대차대조표와 듀레이션

(단위: 억원)

자 산		듀레이션(년)	부채와 자본		듀레이션(년)
유동성증권	150	0.5	요구불예금	400	0
투자증권	100	3.5	단기정기예금	350	0.4
변동이자율대출	400	0	장기정기예금	150	2.5
			자본	100	
총자산	1,000	1.125	총부채와 자본	1,000	0.572

대략 일치시킴으로써 자본이 이자율위험에 노출되지 않도록 관리할 수 있다. 은행이 듀레이션을 거의 일치시키면 일반이자율변동이 자산과 부채의 가치에 거의 동일한 효과를 미치므로 자본가치에 미치는 효과가 상쇄되기 때문이다.

듀레이션 갭(duration gap)은 은행의 자산포트폴리오 듀레이션과 부채포트폴리오 듀레이션의 불일치 정도를 나타내는 척도이다. 이제 듀레이션 갭이 자본가치의 이자율위험을 나타낸다는 것을 예를 이용하여 알아보기로 한다.

[표 16-5]는 A은행의 대차대조표와 개별 자산과 부채의 듀레이션을 보여 주고 있다. 은행의 자산포트폴리오 또는 부채포트폴리오의 듀레이션은 각 포트폴리오를 구성하고 있는 개별자산 또는 부채의 듀레이션을 그 자산 또는 부채의 금액을 가중치로 하여 평균한 것이다.

[표 16-5]에서 A은행의 자산포트폴리오 듀레이션(D_A)은 1.125년이고 부채포트폴리오 듀레이션(D_L)은 0.572년임을 알 수 있다.

식 (16-2)의 가격변동성추정식은 자산과 부채에 적용할 수 있다.

$$\frac{\Delta A}{A} = -D_A\left[\frac{\Delta i}{(1+i)}\right]$$

$$\frac{\Delta L}{L} = -D_L\left[\frac{\Delta i}{(1+i)}\right]$$

위 두 식은 다음과 같이 바꾸어 쓸 수 있다.

$$\Delta A = -D_A A\left[\frac{\Delta i}{(1+i)}\right]$$

$$\Delta L = -D_L L\left[\frac{\Delta i}{(1+i)}\right] \quad (16-3)$$

단, A = 자산의 시장가치
L = 부채의 시장가치
D_A= 자산의 듀레이션
D_L= 부채의 듀레이션

은행자본(NW: net worth)의 가치변동은 대차대표상의 회계항등식(자산=부채+자본)을 이용하면 다음과 같이 나타낼 수 있다.

$$\Delta A = \Delta L + \Delta NW$$

또는

$$\Delta NW = \Delta A - \Delta L \quad (16-4)$$

식 (16−3)을 식 (16−4)에 대입하면 다음 식을 얻는다.

$$\Delta NW = -D_A A\left[\frac{\Delta i}{(1+i)}\right] + D_L L\left[\frac{\Delta i}{(1+i)}\right]$$

$$= -(AD_A - LD_L)\left[\frac{\Delta i}{(1+i)}\right]$$

위 식은 A로 나누면 다음과 같이 된다.

$$\frac{\Delta NW}{A} = -(D_A - \frac{L}{A}D_L)\left[\frac{\Delta i}{(1+i)}\right] \quad (16-5)$$

식 (16−5)은 대차대조표 전체의 가격(가치)변동성을 나타낸다. A은행의 듀레이션 갭(DG)은 아래와 같다.

$$DG = D_A - \frac{L}{A}D_L \quad (16-6)$$

위 식에서 L/A(부채/자산)는 금융레버리지(financial leverage)로서 자산 포트폴리오를 구성하기 위하여 사용된 자본 이외의 자금, 즉 차입금 또는 부채의 상대적 규모이다. 일반적으로 은행은 자산이 부채보다 많으므로 레버리지는 1보다 작다.

식 (16-5)를 ΔNW에 관하여 풀면 더 간략하게 된다.

$$\Delta NW = -DG\left[\frac{\Delta i}{(1+i)}\right]A \tag{16-7}$$

[표 16-5]에 있는 A은행의 자산(1.125)과 부채(0.572) 듀레이션을 식 (16-6)에 대입하여 듀레이션 갭을 구하면 0.610년이 된다.

$$DG = D_A - \frac{L}{A}D_L$$

$$= 1.125 - \frac{900\text{만원}}{1{,}000\text{만원}} \times 0.572 = 0.610$$

만일 이자율이 10%에서 0.2%포인트 상승한다면 자본가치의 변동은 식 (16-7)에 따라 -11.1만원으로 추정된다.

$$\Delta NW = -DG\left[\frac{\Delta i}{(1+i)}\right]A$$

$$= -0.610 \times \frac{0.2}{(1+0.10)} \times 1{,}000\text{만원} = -11.1\text{만원}$$

[표 16-6] 은행의 듀레이션 갭과 자본가치

은행의 듀레이션 갭	이자율변동	은행의 자본가치
정$(D_A > \frac{L}{A}D_L)$	상승 하락	감소 증가
부$(D_A < \frac{L}{A}D_L)$	상승 하락	증가 감소
영$(D_A = \frac{L}{A}D_L)$	상승 하락	불변 불변

식 (16-7)에 따르면 듀레이션 갭이 정(+)인 경우 이자율이 상승하면 자본가치는 감소하고 이자율이 하락하면 자본가치는 증가한다. 마찬가지로 듀레이션 갭이 부(−)인 경우 이자율이 상승하면 자본가치는 증가하는 반면 이자율이 하락하면 자본가치는 하락한다.

듀레이션 갭의 관리

듀레이션 갭의 관리는 적극적인 위험관리전략과 방어적인 위험관리전략으로 나누어 볼 수 있다.

적극적인 위험관리전략은 이자율의 변동을 예측하여 듀레이션 갭을 바꾼다. 예를 들어 이자율이 상승할 것으로 기대하면 경영자는 정(+)의 갭 포지션으로부터 부(−)의 갭 포지션으로 이동한다. 이와 같은 포지션 이동은 자산의 듀레이션을 감소시키고 부채의 듀레이션을 상승시키면 가능해진다. 이자율 하락을 예상하면 반대방향으로 포트폴리오를 조정하면 된다. 유의할 것은 이자율상승에 대응하는 포트폴리오전략은 단기자산과 장기부채의 증가라는 점에서 듀레이션 갭이나 금액 갭은 비슷하다. 그러나 이러한 전략은 정의 금액 갭(이자율에 민감한 자산액과 부채액의 차이로 측정하는)과 부의 듀레이션 갭(자산과 부채의 듀레이션 연수의 차이로 측정하는)을 생기게 할 수 있다.

방어적 이자율위험관리는 자산과 부채의 듀레이션을 같도록 함으로써 영의 듀레이션 갭을 유지하려고 한다. 대출수요나 CD량의 변동으로 인

[표 16-7] 듀레이션 갭의 관리

경영자의 예측	경영전략	기대효과
이자율 상승	D_A의 감소와 D_L의 증가 (부의 듀레이션 갭 가까이 이동)	자본가치의 상승 (경영자의 이자율예측이 맞는 경우)
이자율 하락	D_A의 증가와 D_L의 감소 (정의 듀레이션 갭 가까이 이동)	자본가치의 상승 (경영자의 이자율예측이 맞는 경우)

해 포트폴리오 구성에 변동이 생기면 이자율위험관리자는 듀레이션 갭을 영에 가까운 수준에 유지할 수 있도록 자산과 부채의 듀레이션을 조정할 것이다.

제 17 장

예금보호 · 금융감독

1. 예금보험

예금보험의 목적

예금보험은 은행이 부실화 등으로 지급불능상태에 놓일 경우 예금보호기구가 은행을 대신하여 예금의 전액 또는 일부를 지급하는 제도를 가리킨다. 예금자를 보호하는 제도로서는 금융감독, 중앙은행의 최종대부자 기능 등도 있으나 예금보험제도는 사후적 · 직접적으로 보호한다는 특징이 있다.

예금보험제도는 1934년 미국에서 처음 도입되었다. 연방예금보험공사(FDIC: Federal Deposit Insurance Corporation)가 설립되기 전에 예금주들이 가졌던 큰 문제는 정보의 비대칭성이었다. 예금주는 은행이 갖고 있는 자산, 특히 대출의 건전성을 알 수 없었다. 더구나 은행이 파산하게 되면 은행이 청산절차를 마칠 때까지 기다려야 예금의 일부를 돌려받을 수 있었다. 은행의 경영상태를 알 수 없는 예금주들은 은행에 예금하는 것을 주저하게 된다. 이러한 문제를 해결하기 위해서는 정부가 은행에 어떠한 일이 발생해도 예금주는 예금을 찾아갈 수 있다는 것을 보장해주는 예금보험제도가 필요하게 되었다.

예금보험은 예금을 보호해 주는 기능 외에 금융공황의 발생을 방지시키는 역할도 한다. 예금자가 은행자산의 건전성에 대한 정보를 예금주가 갖지 못하면 건전한 은행도 파산에 이를 수 있으며 경제에 악영향을 미친다. 예를 들어 예금보험제도가 없는데 어떤 사건으로 인해 은행 가운데 5% 정도가 대출이 부실화되어 파산에 가까워졌다고 하자. 예금주는 정보의 비대칭성으로 인해 자기가 거래하는 은행이 건전한지 또는 부실화된 5%에 속하는지를 알 수 없다. 예금주는 자신의 예금을 전액 찾을 수 없게 될지 모른다고 우려하게 되므로 예금을 인출하려고 한다. 은행은 고객이 오는 순서에 따라 서비스하기 때문에 예금주들은 앞다투어 은행에 먼저 가려고 할 것이다.

은행제도의 건전성에 대한 불확실성과 비대칭적 정보는 은행의 경영상태가 건전하건 그렇지 못하건 간에 예금인출사태 또는 금융공황을 유발한다. 어느 한 은행의 파산은 연쇄적으로 다른 은행의 파산을 불러오는 전염효과(contagion effect)가 발생한다. 예금보험제도가 있으면 은행에 어떠한 일이 생겨도 예금손실은 일어나지 않는다는 것을 알기 때문에 예금인출사태가 일어날 가능성은 크게 감소한다.

도덕적 해이와 역선택

예금보험제도는 예금자를 보호하고 금융공황을 막는 데 기여하지만 문제점도 있다. 가장 중요한 결점은 도덕적 해이와 역선택을 유발할 수 있다는 것이다.

도덕적 해이는 예금자와 은행 양측에서 생긴다. 예금보험이 실시되면 사람들은 예금하기 전에 은행의 재정상태를 알아보려고 하지 않는다. 은행이 파산해도 예금은 다시 찾을 수 있으므로 시간과 비용을 소비하면서 예금할 은행의 사정을 자세히 알아볼 필요가 없다. 예금은 보호되기 때문에 높은 이자를 주는 은행에 예금하면 된다. 즉 예금자는 은행파산으로 인한 예금손실을 예방하기 위한 노력을 기울일 필요가 없다. 이러한 예금자의 도덕적 해이로 인해 부실한 은행도 양호한 은행 못지않게 예금이 들어온다. 부실은행과 파산은행의 수나 규모는 증가하고 보험기구의 보험금 지급도 확대된다. 그뿐 아니라 예금주는 예금한 은행이 너무 높은 위험을 부담하면서 대출을 행하고 있다는 의심이 가면 예금을 인출함으로써 시장 규율을 보여주어야 하는데도 그렇게 하지 않는 것이 일반적이다. 이러한 일도 예금이 보호되기 때문에 생기는 것이다. 은행측에도 예금보험으로 인해 도덕적 해이가 생긴다. 은행은 높은 위험을 감수하면서 수익성을 제고하려는 유인을 갖게 된다. 은행이 실패해도 예금보험기구가 예금지급을 보장해 주기 때문에 위험이 많은 대출도 실행하게 된다.

한편 예금보험은 역선택을 유발한다. 예를 들면 파산할 가능성이 많은 은행은 다른 은행보다 높은 예금이자를 제공함으로써 조금이라도 더 많은 예금을 유치하여 위기를 벗어나려고 한다. 이러한 은행은 높은 예금이자로 인해 증가한 대출자금조달비용을 충당하기 위해 다른 은행보다 더 높은 대출이자를 부과하게 된다. 이것은 역선택을 생기게 한다. 높은 이자를 부담하면서 대출받으려는 차입자는 신용불량으로 인해 다른 은행에서 낮은 이자로 대출받을 수 없는 사람들이다. 신용위험이 높은 대출은 많이 하면 할수록 은행이 파산할 가능성은 증대된다. 도덕적 해이와 역선택의 문제를 해결하기 위해 정부는 금융감독을 통해 개별은행의 대출포트폴리오를 감시하고 자산과 자본을 규제한다.

예금보험공사의 기능

우리나라의 예금보험은 무자본특수법인인 예금보험공사가 담당하고 있다. 예금보험공사는 금융기관이 파산 등으로 예금 · 보험계약 · 예탁금을 지급할 수 없는 경우 예금 등의 지급을 보장하는 역할을 한다.

첫째, 예금보험공사의 보호대상예금은 개인 및 법인의 예금 · 보험계약 · 예탁금의 원금 및 이자이며 외화예금, 금융채, CD, RP, 실적배당신탁 등은 보호대상에서 제외된다. 예금보험공사가 지급하는 보험금의 한도는 금융기관별로 1인당 5천만원이다.

둘째, 예금보험공사는 예금보험기금을 관리운용한다. 보험기금은 보

그림 17-1 예금보험의 구조

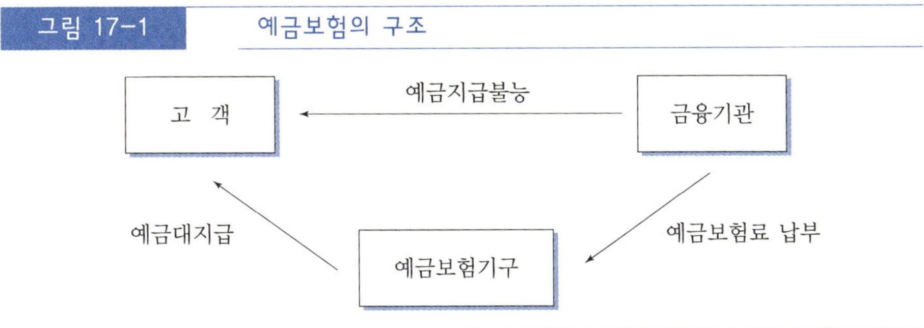

험료의 수납 및 보험금의 지급, 예금 등 채권의 매입, 정리금융기관에의 출자, 자금지원, 부실우려 금융기관 등에 대한 지원을 위하여 예금보험공사에 설치되어 있다.

그 밖에 예금보험공사는 부실금융기관[1] 또는 부실우려 금융기관[2]을 인수 · 합병하거나 그 영업을 양수하고자 하는 자 또는 계약이전을 받고자 하는 자의 자금지원 신청이 있거나 부실금융기관의 합병 등이 원활하게 이루어질 수 있도록 하기 위하여 필요하다고 인정되는 때에 자금을 지원할 수 있다.

예금보험공사는 부실우려 금융기관의 재무구조 개선이 필요하다고 인정되는 때에는 당해 부실우려 금융기관에 대한 출자 · 출연 또는 재정경제부장관이 지정하는 유가증권을 매입할 수 있다. 또한 금융산업의 구조개선에 관한 법률에 의거 금융감독위원회의 요청이 있는 경우 당해 부실금융기관에 대하여 출자 또는 유가증권을 매입할 수 있다.

---

1) 부실금융기관은 다음의 세 가지 경우를 말한다.
- 부채가 자산을 초과하거나 거액의 금융사고 또는 부실채권의 발생으로 부채가 자산을 초과하게 되어 정상적인 경영이 어렵게 될 것이 명백하다고 금융감독위원회 또는 예금보험공사 운영위원회가 결정한 부보금융기관
- 예금 등 채권의 지급 또는 다른 금융기관으로부터의 차입금 상환이 정지상태에 있는 부보금융기관
- 외부로부터의 차입 없이는 예금 등 채권의 지급이나 차입금의 상환이 어렵다고 금융감독위원회 또는 예금보험공사 운영위원회가 결정한 부보금융기관

2) 재무구조가 취약하여 부실금융기관이 될 가능성이 많은 것으로 예금보험공사 운영위원회가 결정하는 부보금융기관을 말한다.

[표 17-1] 보호대상예금

구 분	보호대상예금	보호대상제외예금
공통	개인 · 법인예금	차입금(콜) 정부 · 지방자치단체, 한국은행 · 금융감독원, 부보금융기관 예금
은행	예금, 적금, 부금, 표지어음, 원본보전신탁	외화예금, CD, 은행발행채권, 실적배당신탁, RP
증권회사	고객예탁금, 증권저축	청약자예수금, 유통금융대주담보금, 제세예수금, 수익증권, RP, 증권사발행 채권
보험회사	개인보험계약, 퇴직보험계약	법인보험계약, 보증보험계약, 재보험계약
종합금융회사	발행어음, 표지어음, CMA	매출어음, 수익증권, RP, 종금사발행 채권
상호신용금고	계금, 부금, 예금, 적금, 표지어음	
신용협동조합	출자금, 예탁금, 적금	

2. 금융감독

금융감독의 목적

금융산업은 자율적인 경영에 의하여 이윤을 추구하는 기업으로서의 특성이 있지만 예금자 보호, 신용질서의 유지 및 국민경제에 대한 원활한 자금공급기능 수행 등 공공성도 함께 지닌다. 금융감독이란 이러한 두 성격이 조화될 수 있도록 금융기관을 규제하고 지도하는 행위를 가리킨다.

금융감독은 금융기관의 인가, 취급상품의 종류는 물론 업무영역 등 광범위한 분야에 걸쳐 그 적용이 확대되어 왔다. 각국의 금융감독제도는 금융위기나 역사적 · 정치적 사건에 부응하여 발전한 측면도 강하다. 어떤 특정한 틀이나 원리에 의존하였다기보다는 다양한 의견을 반영하여 여러 목적을 달성하도록 만들어진 것이다. 금융감독의 목적은 시대상황에 맞춰 변해 왔으나 대체로 예금자 보호, 금융거래제도의 안정성, 효율적인 금융제도, 금융소비자 보호 등으로 나누어 볼 수 있다.

예금자 보호

금융감독의 기본적인 목적은 예금자 보호이다. 금융규제의 필요성은 일반인이 자금을 금융기관에 예금하거나 금융기관을 통해 금융거래를 행한다는 점에서 찾을 수 있다. 금융기관의 고객이나 채권자는 일반기업과의 거래에서는 생기지 않는 특별한 입장에 놓이게 된다.

첫째, 대부분의 고객은 금융거래나 자금운용을 행하기 위해 금융기관을 이용하는데 이를 위해서는 거래계좌를 보유하여야 한다. 고객은 금융기관에 대한 채권자가 되고 은행의 건전성과 관련을 갖게 된다. 이는 고객이 재화나 서비스를 구매할 경우에는 거래기업의 채권자가 되는 일이 없다는 것과 대비되는 것이다.

둘째, 금융기관들은 고객으로부터 예탁받은 자금의 일부를 인출에 대비하여 보유한다. 이러한 부분지급준비제도 하에서 예금의 안전성은 금융기관의 자본, 대출금, 보유 유가증권 및 기타자산 등과 밀접한 관련을 갖는다. 대다수 고객들은 금융기관의 상황에 대하여 대체적인 판단을 내릴 수 있지만 정확히 판단하는 것은 매우 어려운 데다 많은 비용이 소요된다. 더구나 금융기관 경영평가에 필요한 중요한 정보는 일반인들이 이용할 수 없는 경우가 많다. 이와 같이 금융거래자들은 일반기업의 재화나 서비스 구매자들에 비해 자신의 이익을 보호하기가 매우 어려우므로 예금자 보호를 위한 금융감독이 필요하다.

금융제도의 안정성

금융감독의 두 번째 목적은 금융제도의 안정성을 보장하는 것이다. 개인과 기업이 매일 무수한 거래를 행하는 경제에서는 이를 안전하게 보장하는 금융제도의 존재야말로 경제의 건전성을 높이는 데 결정적인 역할을 한다. 대부분의 일상적인 거래가 확신과 안정성이 보장되는 가운데 완결되지 않는다면 복잡한 경제제도가 혼란을 피하면서 효율적으로 기능하기 어렵다. 이상적인 금융감독은 경제활동의 변동이나 개별 금융기관의 문제가 경제의 거래흐름을 단절시키고 전체 금융제도에 대한 신뢰를 위협하는 것을 방지해야만 한다. 금융제도의 안정성을 보장하기 위해서는 금융기관이 적정 유동성을 보유하고 건전성을 유지하여야 한다. 금융제도의 안정성은 예금자 보호의 목적과도 긴밀하게 관련되어 있다.

효율적인 금융제도

효율적인 금융제도는 금융거래자들이 양질의 서비스를 경쟁적 가격으로 제공받게 하는 것이다. 금융감독의 목적은 경제 전체적으로 효율성과 경쟁을 촉진시키고 적정수준의 금융서비스가 제공되도록 보장하는 규제의 틀을 만들어내는 것이다.

경쟁과 효율성은 시장에서 활동하는 금융기관의 수, 다른 금융기관들이 시장에 진입하여 경쟁에 참여할 수 있는 자유, 그리고 금융기관들이 대고객 서비스를 수행하는 데 있어 적절한 규모를 갖출 수 있는 능력 등에 달려 있다. 따라서 금융감독당국은 금융산업에 있어서 자원의 집중문제나 시장으로의 신규진입 또는 업무영역 확대 등에 대해서 관여하게 된다.

그러나 금융감독이 특정 금융기관의 활동을 불필요하게 제약함으로써 이들이 규제의 정도가 약한 다른 금융기관들과의 경쟁에서 불리한 위치에 놓이게 한다든지 또는 고객에 대한 신용제공이나 다른 금융서비스를 충족시키는 것을 제약하는 일이 없도록 해야 한다. 이외에도 금융감독은 금융시스템이 변화하는 경제여건과 기술진보에 신속하게 적응할 수 있도록 하여야 할 것이다.

금융소비자 보호

금융감독은 금융기관과 다양한 관계를 맺고 있는 금융소비자의 이익을 보호하는 것을 목적으로 한다. 이 목적은 예금자 보호를 위해 마련된 각종 규제, 금융산업의 독점금지조항, 채권자 보호와 금융계약의 강제집행에 관련된 법 등에 나타난다. 금융소비자 보호 관련조항은 대체로 두 가지 형태로 반영된다. 첫번째는 금융기관이 고객에게 예금과 대출조건을 충분히 공시하도록 하는 것이다. 공시제도를 통해 소비자들이 다양한 금융기관과 금융상품에 대해서 충분한 정보를 가지고 비교 · 선택할 수 있도록 하며 차입자들은 금융계약의 비용과 의무를 보다 명확히 인식하여 불공정한 관행에서 벗어날 수 있도록 하기 위한 것이다. 둘째는 모든 금융소비자들이 신용에 대해서 동등한 접근기회를 가지고 동등한 대우를 받도록 하는 것이다.

금융감독의 형태

금융기관 경영의 건전성과 금융제도의 안정성을 유지하기 위해 금융감독기관이 사용하는 감독수단은 국가나 금융산업의 발전단계에 따라 다르지만 기본적인 형태는 대체로 유사하다. 금융감독수단은 감독시점 및 목적에 따라 인가와 같은 사전적 · 예방적 감독과 검사, 제재 등 사후적 · 교정적 감독으로 구분될 수 있다. 여기서는 인가, 검사, 제재 및 금융분쟁의 조정에 대하여만 고찰하고 건전성 규제에 관해서는 다음 절에서 살펴보기로 한다.

신설, 합병 및 해산의 인가

인가는 일반적으로 제3자의 법률행위를 당국이 동의해 줌으로써 법률상의 효력을 완성시키는 행정행위를 말한다. 인가는 법률관계의 형성을 당사자에게 일임하는 것이 부적당하다고 인정될 경우 국가 또는 공공단체 등 행정주체가 직접 관여함으로써 법률관계가 공익과 합치되도록 하는 데 근본 취지가 있다.

금융기관의 신설, 합병, 해산 등에 대한 인가권은 은행법, 증권거래법, 보험업법 등 관련법에 의해 금융감독위원회가 보유하고 있다. 금융감독위원회는 인가권을 통하여 금융업에의 신규 진입과 퇴출 등을 적절히 조정함으로써 금융기관의 공신력을 제고하는 한편 금융기관간의 적정한 경쟁을 유도한다. 예를 들어 은행신설 인가의 경우에는 사업계획의 타당성, 자본금 및 주주구성과 주식인수자금의 적정성, 경영진의 경영능력과 성실성 및 공익성 등에 관한 인가요건을 사전에 설정하여 부적합한 은행의 설립을 제한함으로써 은행도산 등 금융제도의 불안정 요인을 사전에 예방한다. 이 밖에 금융감독과 관련한 인가권에는 금융기관의 정관 및 자본금 변경 인가 등이 있다.

검 사

검사는 감독기관의 감독행위가 피감독기관의 업무수행에 민감하게 작용하는 가장 직접적이고 종합적인 감독수단이다. 검사방법에는 검사원을 검사대상기관의 영업현장에 직접 투입하여 실지검사를 수행하는 임점검사(on-site examination)와 서면검사를 중심으로 하는 상시감시(off-site surveillance)가 있다.

임점검사는 감독업무의 핵심적인 부문으로 감독기관은 임점검사를 통해 금융기관의 전반적인 재무상태와 관련법규 준수상황을 판단하는 데 필요한 세부정보를 입수한다. 은행의 경우 임점검사는 보통 CAMELS방식[1]에 의해 경영실태를 평가하고 문제은행에 대해서는 그 정도에 따라 적기시정조치를 발동한다. 또한 종합금융회사, 상호신용금고, 신용협동조합, 여신전문금융회사의 경우에도 업종에 따라 구체적인 평가항목은 다르지만 평가방식은 은행과 비슷하다.

상시감시는 인력과 시간의 제약으로 인해 모든 금융기관에 대해 임점검사를 실시하는 데에는 한계가 있기 때문에 금융기관으로부터 영업실적 및 재무구조관련 보고서를 징구하여 경영실태를 분석 · 평가하는 방식이다. 상시감시를 통해 부실징후 또는 취약부문이 발견된 금융기관에 대하

1) 1979년 미국의 은행감독기관(FRB, OCC, FDIC)들은 부보예금금융기관의 재무상태에 대한 통일된 검사 · 평가를 위해 CAMEL방식을 도입하였다. CAMEL이란 capital adequacy(자기자본의 적정성), asset quality(자산건전성), management(경영진의 능력), earnings(수익성), liquidity(유동성) 등 5개 평가부문의 머리 글자를 딴 것으로 우리나라는 1996년 10월 동 평가방식을 도입하였다. 한편 1999년 1월부터는 CAMEL에다 sensitivity to market risk(시장위험에 대한 민감도)를 추가한 CAMELS방식을 평가방식으로 사용하고 있다.

여는 임점검사의 강도 및 빈도를 높이거나 임점검사 실시전 중점검사항목을 미리 선정하는 등 임점검사와 상호연계되어 운용된다.

제 재

감독기관은 검사결과 필요하다고 인정되는 경우 일정한 제재를 취함으로써 금융기관에 대한 감독이 효과적으로 이루어질 수 있도록 하고 있다. 제재에는 일반통치권에 속한 행정벌과 위법 · 부당행위관련 임직원에 대한 직접문책인 징계벌로 구분할 수 있다. 행정벌로는 은행법, 증권거래법, 보험업법 등의 벌칙조항에서 규정한 징역, 벌금, 과태료를 들 수 있으며 징계벌로는 직원 징계요구, 임원의 업무집행정지 및 해임권고, 금융기관에 대한 경고 및 영업정지 등이 있다. 다만 금융기관 직원에 대한 징계는 그 목적이 금융기관의 내부질서를 유지하는 데 있으므로 징계사유 발생시 기관장 앞으로 관련 직원의 징계를 요구한다.

금융분쟁의 조정

금융기관과 금융기관 이용자 사이에 발생하는 분쟁의 조정에 관한 사항을 심의 · 의결하기 위하여 금융감독원에 금융분쟁조정위원회를 두고 있다. 동 위원회는 금융기관과 고객간에 분쟁이 발생하여 양자 또는 거래당사자 일방이 분쟁의 조정이나 피해구제를 요청하는 경우 이를 신속하게 조사하여 공정하게 조정함으로써 어느 일방이 부당한 피해를 입지 않도록 함과 아울러 분쟁을 소송으로 해결하는 데 드는 비용과 시간을 절약할 수 있도록 한다. 금융분쟁조정위원회가 작성한 조정안을 분쟁당사자가 수락하는 경우 조정안은 재판상의 화해와 동일한 효력을 갖는다.

건전성규제

건전성규제(prudential regulation)는 일반적으로 금융기관간 경쟁을 제약하지 않으면서 금융기관의 경영이 안전하고 건전하게 영위될 수 있도록 하기 위한 규제이다. 현재 시행되고 있는 여러 규제사항 중 구체적으로 어떤 것이 건전성규제에 해당하는지를 엄밀히 구별하기란 쉽지 않다. 이는 금융기관에 대한 규제가 그 내용이나 형태에 있어 금융권별로 상이할 뿐 아니라 개별국가의 금융산업 구조와 발전 정도 등에 따라 국가별로도 상당한 차이를 보이기 때문이다. 국제적으로 상당한 합의 수준에 이른 건전성규제 내용을 보더라도 국제금융기구들이 제시하고 있는 건전성규제의 포괄범위는 조금씩 다르다. 예를 들면 IMF는 과도한 리스크부담의 제한, 적절한 공시 및 회계제도의 구축, 부실은행의 경영제한 및 시정조치 등을 들고 있으며 바젤위원회는 자기자본의 적정성, 리스크관리, 편중여신, 내부통제제도 등에 관한 규제를 건전성규제로 분류한다. 우리나라의 경우 금융기관에 대한 건전성규제의 주요 내용을 살펴보면 다음과 같다.

은행의 건전성

은행에 대해서는 자기자본비율, 원화 및 외화 유동성비율, 외화의 만기불일치비율[1] 등에 관한 경영지도기준을 설정하여 그 이행상황을 점검

[표 17-2] 은행에 대한 적기시정조치의 주요 내용

조치단계	경영개선권고	경영개선요구	경영개선명령
발동요건	• BIS비율 6~8% • 경영실태평가 결과 종합평가 등급이 3등급 이상으로서 자산건전성 부문이 4등급 이하 등	• BIS비율 2~6% • 경영실태평가 결과 종합평가등급 4등급 이하 등	• 부실 금융기관 • BIS비율 2% 미만 등
주요 조치내용	• 인력 및 조직운영의 개선, 부실자산의 처분, 자본금의 증액 또는 감액 등	• 영업소 폐쇄 · 통합, 조직축소, 자회사 정리, 합병, 제3자인수, 영업의 양도 등	• 주식의 일부 또는 전부 소각, 인수 · 합병, 영업양도, 6개월 이내의 영업정지, 계약이전 등

1) 외화자금 조달 및 운용의 적정유동성을 유지하기 위해 설정된 것으로 (기간별 외화유동성자산－외화유동성부채)/총외화자산의 비율이 기간별로 일정비율 이상이어야 한다.

[표 17-3] 은행의 자산건전성 분류기준

단 계	분류기준[1]
정 상	• 경영내용, 재무상태 및 미래현금흐름 등을 감안할 때 채무상환능력이 양호하여 채권회수에 문제가 없는 것으로 판단되는 거래처(정상거래처)에 대한 자산
요 주 의	• 경영내용, 재무상태 및 미래현금흐름 등을 감안할 때 채권회수에 즉각적인 위험이 발생하지는 않았으나 향후 채무상환능력의 저하를 초래할 수 있는 잠재적인 요인이 존재하는 것으로 판단되는 거래처(요주의거래처)에 대한 자산 • 1개월 이상 3개월 미만 연체대출금을 보유하고 있는 거래처에 대한 자산
고 정	• 경영내용, 재무상태 및 미래현금흐름 등을 감안할 때 채무상환능력의 저하를 초래할 수 있는 요인이 현재화되어 채권회수에 상당한 위험이 발생한 것으로 판단되는 거래처(고정거래처)에 대한 자산 • 3개월 이상 연체대출금을 보유하고 있는 거래처에 대한 자산중 회수기대가액 해당부분
회수의문	• 경영내용, 재무상태 및 미래현금흐름 등을 감안할 때 채무상환능력이 현저히 저하되어 채권회수에 심각한 위험이 발생한 것으로 판단되는 거래처(회수의문거래처)에 대한 자산중 회수기대가액 초과부분 • 3개월 이상 12월 미만 연체대출금을 보유하고 있는 거래처에 대한 자산중 회수기대가액 초과부분
추정손실	• 경영내용, 재무상태 및 미래현금흐름 등을 감안할 때 채무상환능력의 심각한 악화로 회수불능이 확실하여 손실처리가 불가피한 것으로 판단되는 거래처(추정손실거래처)에 대한 자산중 회수기대가액 초과부분 • 12월 이상 연체대출금을 보유하고 있는 거래처에 대한 자산중 회수기대가액 초과부분

주: 1) 새로운 자산건전성 분류기준에 의한 분류로서 분류기준에는 채무상환능력, 연체, 부도 여부 등 3가지가 있는데 여기서는 채무상환능력 및 연체기준에 의한 분류를 예로 들었음.

한다. 경영지도기준을 충족하지 못하는 등 재무상태가 불건전하다고 판단되는 은행에 대해서는 이의 개선을 위한 계획 또는 약정서를 제출하도록 하거나 해당 은행과 경영개선협약을 체결하여 은행경영의 건전성이 유지되도록 할 수 있다. 아울러 자기자본비율 점검 및 경영실태평가 결과 부실화 소지가 있는 은행에 대해서는 부실화가 크게 진전되기 이전에 적절한 조치를 취함으로써 조기에 경영을 정상화하고 경영정상화 가능성이 없는 은행에 대해서는 퇴출하도록 하는 적기시정조치제도(prompt corrective action)를 운영하고 있다. BIS 자기자본비율이 8%에 미달하거나 경영실태 평가결과가 일정 등급 이하인 은행에 대해서는 그 미달정도에 따라 경영개선권고, 경영개선요구, 경영개선명령 등 적기시정조치를 부과한다.

또한 자산건전성 분류기준을 설정하여 은행이 보유하고 있는 자산을 건전성의 정도에 따라 분류하도록 하고 있다. 자산건전성은 정상, 요주의, 고정, 회수의문, 추정손실 등 5단계로 분류되는데 단계별로 대손충당금 적립이나 경영실태평가시에 차등을 둠으로써 불건전자산의 발생을 예방하고 이미 발생한 불건전자산에 대해서는 조기에 정상화하도록 유도한다. 종전의 자산건전성 분류기준은 차입자의 과거 금융거래실적을 기준으로 이루어지기 때문에 보유자산의 부실화를 조기에 발견하지 못하고 부실화가 상당히 진전된 후에야 인식하게 되는 문제점이 있어 1999년 말부터는 차입자의 과거 원리금 상환실적뿐 아니라 미래의 채무상환 능력까지를 충분히 반영한 새로운 자산건전성 분류기준(FLC: forward looking criteria)을 시행하고 있다.

이 밖에 시장참가자들에 의한 은행경영 감시기능 즉 시장규율 기능을 높이기 위해 대차대조표, 손익계산서, 연결재무제표 등의 공시를 의무화하고 있으며 유가증권 · 부동산 과다 투자에 따른 리스크 증대를 방지하기 위하여 유가증권 및 부동산 투자한도를 규제한다.

한편 종합금융회사, 상호저축은행, 신용협동조합, 여신전문금융회사에 대해서는 업종별 특성을 감안하여 은행과 유사한 건전성규제를 시행하고 있으나 대체로 국제업무를 영위하지 않고 있는 상호저축은행, 신용협동조합, 여신전문금융회사에 대해서는 은행에 비해 다소 완화된 건전성규제 기준을 적용하고 있다.

자기자본비율 규제

1970년대 이후 금융의 자유화와 국제화가 급속히 진전되면서 은행간 경쟁이 치열해지고 은행은 예대마진의 축소와 수익악화에 직면하게 되었다. 이에 따라 고수익·고위험 중심의 자산운용전략을 추구함으로써 자산의 건전성이 저하되고 부외거래가 대폭 확대되면서 은행의 리스크가 크게 증대되었다.

1970년대 말부터는 일본계 은행이 국제금융시장에 저리의 자금공급을 급속히 확대하면서 국가간 경쟁여건의 형평성과 일본계 은행들의 자기자본비율의 취약성에 대한 우려가 제기되었다. 1982년 멕시코의 외채상환 불능사태를 계기로 은행의 자기자본 충실도 확보문제가 부각된 가운데 미국은 자국은행에 대한 자기자본 규제를 강화하는 경우 미국계 은행의 국제경쟁력이 저하될 것을 우려하여 자기자본 규제에 대해 국제적으로 통일된 기준을 제정할 필요성을 주장했다.

1987년 9월 국제금융시장의 안정성과 국제업무를 영위하는 은행간 경쟁조건의 형평성 확보를 위해 미국·영국·일본 등의 감독당국은 1992년 말부터 위험가중 자기자본규제제도를 정식 도입키로 합의하고 이를 시행하기 위한 협정을 1988년 7월 국제결제은행(BIS: Bank for International Settlement)의 바젤은행감독위원회가 제정·발표하였다(제13장 참조).

금융감독기구

1997년 12월 금융감독기구의 설치 등에 관한 법률이 제정(1998. 4. 1 시행)됨에 따라 종래 재정경제원, 한국은행, 증권감독원, 보험감독원 등으로 분산되어 있던 금융감독기능이 금융감독위원회 및 금융감독원으로 통합되었다.

1998년 4월 출범한 금융감독위원회는 국무총리 소속하의 합의제 행정기관으로 금융기관 감독과 관련된 규정의 제·개정, 금융기관의 신설 및 경영과 관련된 인·허가, 금융기관 검사 및 제재와 관련된 주요사항 등을 심의 의결하는 금융감독관련 최고의사결정기구이며 아울러 금융감독원의 업무, 운영 및 관리에 관한 지시감독기능도 수행한다. 금융감독위원회에는 증권·선물시장의 불공정거래를 조사하고 기업회계기준 및 회계감리에 관한 업무를 담당하는 증권선물위원회가 설치되어 있다.

금융감독위원회 또는 증권선물위원회의 지시를 받아 금융기관에 대한 검사·감독업무를 수행하는 금융감독원은 1999년 1월 무자본특수법인으로 설립되었다. 금융감독원은 설립과 동시에 종전의 은행감독원, 증권감독원, 보험감독원 및 신용관리기금의 고용관계 등 모든 권리·의무와 재산을 포괄 승계하였다. 금융감독원장은 금융감독위원회 위원장이 겸임하며 운영경비는 정부·한국은행·금융기관의 출연금, 검사대상 금융기관의 분담금을 재원으로 하여 충당한다.

금융감독체계의 개편으로 금융감독과 관련된 포괄적 기능은 금융감독위원회·금융감독원이 담당하지만 금융관련 법령의 제·개정과 관련된 사항은 종전과 같이 재정경제부가 관장하고 있다. 한국은행에 대해서는 금융감독원에 대한 금융기관 검사 및 공동검사 요구, 동 검사결과의 송부요청 그리고 필요시 시정조치 요구 등 제한적이고 간접적인 감독권한을 부여하고 있다.

제 V 편

통화의 수요와 공급

제 18 장

통화수요

사람들은 왜 이자를 주는 예금이나 채권을 갖지 않고 부의 일부를 통화(화폐와 요구불예금)로 보유하는가. 통화를 보유하는 것은 통화 나름대로의 기능을 갖고 있기 때문이다. 통화는 금융자산이면서 교환의 매개수단이다. 이 때문에 개인이나 기업은 다른 재화나 서비스를 수요하는 것처럼 통화를 수요한다.

일반적으로 통화수요는 케인즈가 주장한 통화보유의 동기를 중심으로 논의하는 경향이 있다. 케인즈는 금융적 수익이 전연 없거나 거의 없는 통화를 사람들이 보유하는 동기를 세 가지로 구분하였다. 하나는 거래적 동기(transactions motive)로서 계획된 거래를 위해 통화를 보유하는 것이다. 두 번째는 예상하지 못한 지출을 대비해서 통화를 보유하는 예비적 동기(precautionary motive)이다. 세 번째는 투기적 동기로 현대적인 용어로는 포트폴리오 동기(portfolio motive)이다. 포트폴리오 동기는 통화를 포트폴리오를 구성하는 금융자산의 하나로 여기며 상대적 기대수익률 등을 기초로 통화를 보유하는 것을 말한다. 따라서 거래적 동기와 예비적 동기는 매개수단으로서의 통화의 역할과 관련된 반면 투기적 또는 포트폴리오 동기는 가치저장수단으로서의 통화의 역할과 관련된다.

1. 통화의 거래수요

통화의 거래적 수요를 설명하는 이론으로는 교환방정식, 케임브리지방정식, 재고이론접근을 들 수 있다. 통화수요를 결정하는 가장 중요한 요인으로 교환방정식은 거래액, 케임브리지방정식은 소득을 들고 있다. 재고이론접근은 거래액 또는 소득과 함께 이자율도 거래적 통화수요를 결정하는 요인으로 보았다. 통화의 거래수요이론은 모두 교환의 매개수단으로서의 기능을 중요시한다.

교환방정식

모든 거래에는 사는 사람과 파는 사람 쌍방이 있으며 경제 전체로 보면 판매액과 구매액은 같게 된다. 판매액은 일정기간 동안 이루어진 거래량에다 그 거래의 평균금액을 곱한 것과 동일하며 구매액은 같은 기간중의 통화량에다 통화가 회전한 평균횟수를 곱한 것과 같다.

통화공급을 M_S, 통화의 유통속도(transactions velocity of money)를 V_T, 일반물가수준을 P, 거래량을 T라고 한다면 다음과 같은 항등식을 얻게 된다.

$$M_s V_T = PT$$

위 식을 피셔(I. Fisher)의 교환방정식(equation of exchange)이라고 부른다.

통화공급량이 외생적으로 주어진다면 균형상태에서는 통화수요(M_d)와 통화공급이 같게 된다.

$$M_s = \frac{1}{V_T} PT = M_d$$

어떤 사회의 통화수요는 거래액(PT)에 유통속도의 역수($\frac{1}{V_T}$)를 곱한 것과 같다.

통화의 유통속도(V_T)는 교환방정식에 있는 다른 변수(P, T)와는 관계없이 지급이나 결제와 관련된 제도에 따라 결정된다. 예를 들어 신용카드가 광범위하게 사용되는 경제는 모든 결제를 현금만으로 행하는 경제보다 통화를 사용할 필요성이 적다. 이러한 제도적인 여건은 상당한 시간이 지나면 변하지만 급속히 변하는 것은 아니므로 유통속도는 단기적으로 불변이라고 가정한다.

피셔는 통화수요가 거래액에 의하여 결정된다고 보았기 때문에 그의 통화수량설을 거래잔액설(transactions balance theory)이라고도 부른다.

국민소득계정이 발전함에 따라 통화경제학자들은 거래량보다는 소득거래를 중심으로 교환방정식을 바꾸었다. Y를 명목국민소득, P는 Y에 대응되는 물가지수(디플레이터), 그리고 y를 실질국민소득이라고 하면 다음 관계가 성립한다.

$$Y = Py$$

M을 통화량, V_y를 통화량이 소득거래에 사용된 횟수라고 하면 교환방정식은 다음과 같이 바꾸어 쓸 수 있다.

$$MV_y = Py$$

위 식은 피셔의 교환방정식과 비슷하지만 통화의 소득속도(V_y : income velocity of money)는 유통속도(V_T)와는 다른 의미를 갖는다. V_T는 통화 1단위가 일정규모의 거래를 매개하기 위해 회전한 횟수를 나타내는 것인 데 비하여 V_y는 통화 1단위가 일정규모의 소득을 생산하기 위해 쓰인 횟수를 의미한다.

케임브리지방정식

피셔는 경제 전체가 필요로 하는 통화량은 무엇에 의하여 결정되는가에 대해 관심을 두어 통화수요에 관한 거시경제이론을 주장했다면, 마샬(A. Marshall)이나 피구(A. Pigou)와 같은 케임브리지학파는 개인이 보유하고자 하는 현금은 무엇에 의하여 결정되는가 하는 미시경제적 접근에 더 많은 관심을 두었다.

케임브리지학파는 개인의 선택행위를 중요시하여 통화수요문제를 미시경제론적인 측면에서 분석하였다. 이는 고유한 통화수요이론을 세우기보다는 일반적인 수요이론을 통화수요이론에 적용한 것이라고 할 수 있다. 이러한 특성으로 인해 케임브리지학파가 통화수요를 결정하는 요소로서 열거한 변수는 피셔와는 크게 다르다. 통화수요문제를 통화를 보유하고자 하는 개인의 선택과 관련된 것으로 간주하기 때문에 일반재화에 대한 수요이론과 마찬가지로 통화수요이론에도 제약조건, 기회비용, 개인의 기호 등이 중요한 요소로 등장하게 된다.

케임브리지학파에 따르면 일반적으로 통화는 재화와 서비스를 교환하는 수단으로 받아들여지므로 보유하고 있는 것이 편리하다고 여겨지는 자산이다. 따라서 거래가 많으면 많을수록 더 많은 현금을 보유하려고 한다.

어떠한 개인도 통화를 원하는 대로 보유할 수 있는 것은 아니다. 보유하고자 하는 현금액이 그의 총부를 초과할 수 없으므로 부는 통화보유를 제약하는 조건이 된다. 개인이 부 가운데 얼마를 통화로 보유할 것인가를 결정하려면 여러 가지 요소를 고려하게 된다. 통화수요는 거래규모뿐 아니라 통화보유의 기회비용, 즉 다른 자산을 보유하지 않음으로써 상실하게 될 소득에 의하여 결정된다. 명목통화수요는 물가수준의 영향도 받는다. 왜냐하면 재화나 서비스의 가격이 일정한 비율로 상승할 경우, 개인이 보유하고자 하는 통화량도 같은 비율로 증가하지 않으면 종전과 같은 편의성을 갖기 어렵기 때문이다. 케임브리지학파는 개인의 선택행위라는 관점에서 통화보유로부터 생기는 편의성, 부, 기회비용 및 앞으로 일어날 일에 대한 기대와 같은 변수들이 통화수요에 중요한 영향을 미친다고 보았다.

변수간의 관계나 중요도에 대한 논의는 많지 않았으며, 어떤 개인의 부, 거래량, 소득수준 등은 단기간에는 서로 안정적인 비례관계를 갖는다고 가정함으로써 이론을 단순화하였다. 마샬에 따르면 사람들은 명목소득의 일부를 현금형태로 보유하려고 한다. 어떤 개인의 명목소득이 Py이고 소득 가운데 통화로 보유하려고 하는 비율이 k라면 그 사람의 통화수요는 다음과 같이 나타낼 수 있다.

$$M_d = kPy$$

위 식이 케임브리지방정식(Cambridge equation)이며 k는 '마샬의 k' (Marshallian k)이다. k는 상수가 아니며 통화수요를 결정하는 요인에 따라 변하는 함수이다. 마샬은 현금잔액접근을 방정식으로 표현하지 않았으며 케임브리지 방정식은 후계자들이 만든 것이다.

케임브리지방정식의 양변을 물가(P)로 나누면 다음 식을 얻는다.

$$\frac{M_d}{P} = m_d = ky$$

즉 사람들의 실질통화수요(m_d) 또는 실질통화잔액은 실질소득과 마샬의 k에 의해서 결정된다.

재고이론접근

위에서 본 케임브리지방정식은 통화를 보유하면 다른 금융자산(예: 채권)을 보유함으로써 얻을 수 있는 소득(예: 이자)을 포기하여야 하는 통화보유의 기회비용을 간과하고 있다. 더구나 케임브리지방정식은 개인의 지출패턴에 따라서 영향을 주는 계절요인 등으로 인해 통화수요가 변동할 수 있는 가능성을 반영하지 못하고 있다. 예를 들면 많은 사람들은 12월에도 다른 달과 같은 소득을 벌지만 연말연시의 자금수요 때문에 통화를 더 많이 보유하려고 한다. 연말연시를 대비하여 생기는 통화수요의 변동은 마치 재고조정(inventory adjustment)과 같다. 에어콘 부속품을 제조하는 기업이 성수기인 봄과 여름에 대비하여 재고를 늘리는 것처럼 사람들은 12월에는 통화보유를 증가시킨다. 다시 말하면 사람들은 연말연시에 지출이 증가할 것을 예상하여 현금재고(cash inventory)를 조정한다.

보몰(W. Baumol)과 토빈(J. Tobin)은 개별적으로 최적의 재고를 결정하는 재고이론을 통화의 거래적 수요에 적용하였다. 이 이론을 통화수요의 재고이론(inventory theory of money demand)이라고 한다. 두 사람이 발견한 것은 케임브리지방정식은 거래적 동기를 반영하면서도 중요한 요소(예: 이자율)를 간과하고 있다는 점이다.

거래를 위해 통화를 보유하는 것은 매출을 위해 재화를 재고로 보유하는 것과 같다. 거래시기와 금액을 알 수 있다면 소득 가운데 현금보유는 최소화하고 나머지 소득은 현금이 필요할 때까지 이자를 지급하는 채권 등에 투자하는 것이 유리하다. 소득을 나눌 수 있는 대상으로 현금과 채권만 있다고 가정하면 소득이 발생하는 초기에 소득을 이자를 받을 수 있는 채권으로 전환한 다음 필요한 시기에 필요한 금액만 현금화하여 사용할 수 있다.

예를 들어 어떤 사람이 소득을 받는 즉시 채권에 투자한다고 가정하자. [그림 18-1]의 윗부분에서는 초기에 ***OA***의 소득을 받으며 그것을 일정률로 지출하여 마지막 4주에는 소득이 영이 됨을 보여주고 있다. 한편

그림 18-1 주 1회 현금화하는 경우 현금보유 잔액

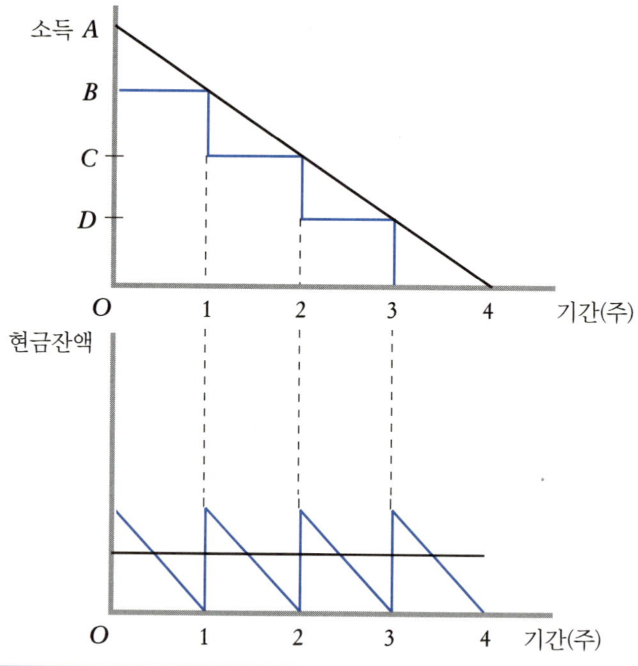

주중에 사용할 현금은 주초에 마련한다고 가정하면 거래를 위한 현금잔액은 그림의 아랫부분과 같다. 첫 주에는 *AB*, 그 다음 주에는 *BC*를 지출하고 세 번째 주는 *CD*를 지출한다. 이러한 지출패턴과 채권의 현금화비용을 감안하여 채권을 현금화하는 시기와 크기를 결정하게 된다.

현금화비용은 두 가지로 구성되어 있다. 첫째는 현금화에 따른 거래비용이다. 현금화에 따른 거래비용은 현금화 규모에 영향을 받지 않는 고정적인 요소와 현금화 규모에 따라 변하는 가변적인 요소로 나누어 볼 수 있으므로 거래횟수까지 감안한 거래비용(C_t)은 다음과 같이 나타낼 수 있다.

$$C_t = \frac{T}{E}(a + bE)$$

단, T : 총거래액 E : 매회 현금화액 $\frac{T}{E}$: 거래횟수

a : 고정비용 b : 현금화액 단위당 수수료

현금화비용을 구성하는 두 번째 요인은 통화보유의 기회비용, 즉 채권을 현금화함으로써 포기하여야 할 이자소득이다. 통화보유의 기회비용(C_0)은 평균통화보유액($E/2$)에 이자율(i)을 곱한 것과 같다.

$$C_0 = i\frac{E}{2}$$

따라서 현금화에 따른 총비용(C)은 다음과 같다.

$$C = C_t + C_0 = \frac{aT}{E} + bT + \frac{iE}{2}$$

C를 E에 관해서 미분하고 그 값을 영으로 두어 풀면 현금화비용을 최소화하는 E값을 얻을 수 있다.

$$-\frac{aT}{E^2} + \frac{i}{2} = 0$$

$$E = \sqrt{\frac{2aT}{i}}$$

이 식이 거래적 통화수요에 관한 제곱근법칙(square root rule)이다. 제곱근법칙에 따르면 거래적 통화수요는 이자율의 감소함수이며 소득(총거래액)의 증가함수이다. 그 밖에 통화수요가 거래액보다 낮은 비율로 증가한다는 것, 즉 거래적 통화수요에는 규모의 경제가 작용한다는 것도 보여주고 있다.

한편 거래적 통화수요(평균통화보유액)는 다음과 같이 나타낼 수 있다.

$$M_d = \frac{E}{2} = \sqrt{\frac{aT}{2i}}$$

보몰은 거래적 통화수요도 이자율의 영향을 받는다는 것을 밝힘으로써 케인즈의 통화수요함수를 보다 일반적인 함수형태로 표시할 수 있게 하였다.

$$M_d = L(y,\ i)$$

케인즈의 예비적 동기

전통적으로 거래적 동기는 교환의 매개수단으로서 계획된 거래에 사용할 통화에 대한 수요에 관한 것이다. 그러나 많은 거래는 미리 충분하게 계획한 것이 아닐 수 있다. 예를 들면 갑자기 자동차 고장으로 수리가 필요하거나 바겐세일로 사고 싶은 옷을 아주 싸게 살 기회가 갑자기 생길 가능성은 언제나 존재한다. 이와 같은 예상하지 못한 거래를 위해 예비적으로 현금을 준비해 둘 필요가 있다. 케인즈는 이와 같이 계획되지 않은 거래(unplanned transaction)를 위한 통화수요를 예비적 동기로 인한 통화보유라고 한다.

일반적으로 예비적 동기로 인한 통화수요는 거래를 위한 통화수요와 마찬가지로 실질소득이 증가하면 따라서 증가하고 이자율이 상승하면 감소하는 경향이 있다.

2. 통화의 포트폴리오 수요

통화수요의 거래적 동기와 예비적 동기는 교환의 매개수단으로서 통화의 역할에 초점을 맞추고 있다. 이와 같은 통화의 역할은 오랫동안 강조되어 왔으나 1920년대와 30년대에 케인즈는 통화수요를 논하면서 중요한 통화의 다른 기능, 즉 가치저장수단으로서의 통화의 역할을 중요시했다.

케인즈는 투기적 동기(speculative motive)를 중심으로 통화수요를 분석함으로써 통화의 기능을 교환의 매개뿐 아니라 불확실성의 세계에서 가치를 저장하는 영역으로까지 확대되었다. 토빈(J. Tobin)은 통화수요의 투기적 동기를 확장하여 통화수요의 포트폴리오이론을 발전시켰다.

케인즈의 투기적 동기

사람들은 부(wealth)를 여러 가지 방식으로 보유할 수 있다. 하나는 토지, 주택, 내구재와 같은 비금융자산으로, 다른 하나는 채권, 주식, 예금과 같은 금융자산으로 보유한다. 케인즈는 통화를 금융부(financial wealth)의 중요한 일부로 보았다.

사람들은 금융부를 통화보유(m)와 채권(b)에 나누어 보유한다고 가정하자. 채권과 통화를 구분하는 요소는 통화의 명목가격은 항상 통화 1단위(예: 1원, 1달러 등)이지만 채권의 명목가격은 언제나 변동한다. 채권은 가격이 변동하기 때문에 채권을 보유하는 사람은 채권가격이 오르면 자본이득(capital gain)을 얻지만, 채권가격이 하락하면 자본손실을 입게 된다. 대조적으로 통화 1원 또는 예금액 1원은 시간이 지나도 동일한 1원의 명목가치를 갖는다. 따라서 모든 금융부를 화폐나 요구불예금을 갖고 있으면 자본이득을 얻거나 자본손실을 입는 일은 없다. 즉 통화의 명목수익률은 채권의 명목수익률보다 안정적이다.

그러면 사람들은 금융부를 통화와 채권에 어떻게 배분하는가를 보기로 하자. 어떤 시점에서 개인이 갖고 있는 금융부가 w이라면 이 부를 이자를 받지 못하는 통화(m)와 이자(r)를 받을 수 있는 채권(b)으로 나눌 수 있으므로 특정 시점의 개인의 금융부는 다음과 같이 나타낼 수 있다.

$$w = m + b$$

특정시점에서 금융부가 일정하다면 통화의 변동과 채권의 변동을 합한 것은 영이 된다.

$$\Delta m + \Delta b = 0$$

위 식은 채권보유의 변동(Δb)은 통화보유의 변동($-\Delta m$)으로 상쇄되어야 한다는 것을 의미한다. 예를 들어 어떤 사람이 10,000원의 금융부를 5,000원은 통화, 5,000원은 채권으로 나누어 보유하고 있다고 가정하자. 만일 채권보유를 2,000원 더 증가시키려면 통화보유를 2,000원 감소하지 않으면 안 된다. 현재의 금융부(10,000원)를 유지하기 위해서는 통화는 3,000원 채권은 7,000원을 보유하게 된다.

케인즈는 일정한 금융부를 통화와 채권에 배분하는 것은 통화수요와 이자율의 관계와 관련된다고 보았다. 채권은 이자수익이 있기 때문에 이자율이 변동하면 채권의 시장가격과 채권을 보유하려는 욕구에 영향을 미친다. 채권보유의 변동은 통화보유의 변동을 초래하므로 이자율의 변동은 통화를 보유하려는 욕구를 변동시킨다고 할 수 있다.

그러면 사람들이 이자율변동에 대한 기대와 관련한 투기적 전략으로서 통화와 채권보유를 어떻게 조정하는가를 보기로 하자. 사람들은 채권가격은 시장이자율과 역관계를 갖고 있다는 것을 알고 있기 때문에 채권보유로 인해 생기는 자본이득이나 손실은 앞으로 이자율이 상승하는가 또는 하락하는가에 달려 있다는 것도 인식하고 있다고 할 수 있다. 따라서 투자자는 미래의 이자율변동을 예상하면서 통화와 채권으로 구성된 포트폴리오를 조정할 것이다.

시장이자율이 투자자가 높은 수준이라고 생각할 정도까지 지금 상승하고 있다고 가정하자. 이 경우 투자자는 미래에 이자율이 하락하고 그에 따라 채권가격은 상승할 것으로 예상하게 될 것이다. 따라서 이 투자자는 금융부의 일부로 보유하고 있는 채권으로부터 자본이득을 기대하게 된다. 나아가 채권보유로부터 생길 것으로 예상되는 자본이득을 증가시키기 위해 금융부를 채권에 더 많이 배분할 것이다. 금융부는 고정되어 있으므로 채권보유를 증가하기 위해서는 통화보유를 감소하지 않을 수 없다. 이와 같이 시장이자율의 상승은 투자자로 하여금 통화수요를 감소시키므로 통화수요는 시장이자율과 역관계를 갖는다는 것을 알 수 있다.

반대로 시장이자율이 낮은 수준이라고 투자자가 생각할 정도까지 하락하고 있다고 가정하자. 이 경우 투자자는 미래에 이자율이 상승하고 그에 따라 채권가격이 하락함으로써 보유하고 있는 채권으로부터 자본손실이 발생할 것으로 예상하게 된다. 예상되는 자본손실을 피하기 위하여 이 투자자는 채권을 팔고 통화보유를 증가시킨다. 이와 같이 이자율의 하락은 투자자로 하여금 통화보유를 증가시키므로 사람들의 통화수요는 이자율과 역관계를 갖는다는 것을 알 수 있다.

포트폴리오접근

통화수요의 포트폴리오접근(portfolio approach to money demand) 또는 자산접근(asset approach)은 1950년대에 토빈(J. Tobin)이 개발한 것으로 이자율이 통화수요에 영향을 미친다는 케인즈이론의 타당성을 다른 각도에서 보여주었다. 포트폴리오접근은 통화보유자가 부를 통화와 통화 이외의 기타 자산에 배분하는 결정을 분석한다. 채권과 같은 기타자산은 이자를 지급하지만 가격이 변동하거나 원리금을 상환받지 못할 위험이 있다. 대조적으로 통화는 이자가 없거나 거의 없지만 이와 같은 위험은 없다.

케임브리지학파나 케인즈는 통화를 부를 저장하는 수단이라고 주장했으나 개인이 통화보유를 어떻게 결정하는가에 관한 체계적은 분석은 없었다. 더구나 위험이 통화보유에 미치는 효과에 대한 고려도 없었다. 토빈은 위험을 반영한 통화보유이론을 수립하고 부와 이자율이 통화수요의 결정적 요인이라는 것을 밝혔다.

포트폴리오접근은 통화를 보유하는 유일한 이유는 안전한 자산이기 때문이라고 가정한다. 주식이나 채권은 가격이 상하로 변동하고 그에 따라 자본이득 또는 자본손실이 발생한다. 그러나 통화를 보유하면 이와 같은 일은 없다. 포트폴리오이론은 통화는 채권과 같은 위험자산과 달리 가격위험 등이 없다는 것을 강조한다.

통화와 같은 무위험자산의 존재가 개인이 부를 통화와 기타자산 사이에 배분하는 데 어떠한 영향은 미치는가 보기로 하자. 거의 모든 사람들은 주식이나 채권의 보유로 얻는 수익은 좋아하지만 위험은 싫어한다. 앞서 본 것처럼 이와 같은 사람을 위험기피자(risk averse)라고 부른다. 위험기피자는 포트폴리오의 일부를 통화와 같은 안전자산에 투자한다.

포토폴리오의 핵심은 개인의 포트폴리오에서 통화와 위험자산(채권, 주식 등)이 차지하는 비율이 포트폴리오의 수익과 위험을 결정한다는 것이다. 통화가 많을수록 평균수익이 낮아지지만 위험도 낮아진다. 주식이나 채권이 많을수록 평균수익은 증가하지만 위험도 높아진다. 위험을 기피하는 정도는 사람에 따라 다르므로 통화와 위험자산을 포트폴리오에 편입하는 비율도 사람마다 다를 수 있다. 위험을 아주 싫어하는 사람은 오직 통화만 보유하는 반면 위험중립적인 사람은 주식만을 보유하려고 할 것이다.

이와 같은 점을 이용하여 토빈은 채권이나 주식의 평균수익이 변동하는 경우 통화보유에 어떠한 일이 생기는가를 설명한다. 예를 들어 채권과 주식의 평균수익이 증가한다면 포토폴리오 내의 통화보유는 어떤 일이 생기는가. 이 경우에는 두 가지 효과가 상호작용한다. 하나는 대체효과(substitution effect)로서 채권과 주식의 수익이 상승한다는 것은 투자자는 주어진 위험하에서 더 높은 수익을 받을 수 있다는 것을 의미한다. 이와 같은 높은 수익은 위험을 부담한 데 대한 보상이 증가한 것을 의미하므로 투자자에게는 주식과 채권을 더 많이 보유할 유인이 생긴다. 따라서 주식과 채권의 수익 증가는 통화보유를 감소시키는 대체효과가 발생한다. 두 번째는 소득효과(income effect) 또는 부효과(wealth effect)를 들 수 있다. 주식과 채권의 수익이 높아지면 소득(또는 부)이 증가한다. 부가 증가하면 사람들은 선호에 따라 위험을 늘리거나 줄일 것이다. 만일 부의 증가가 더 많은 위험을 선택하도록 한다면 부효과는 대체효과와 같은 방향으로 작용할 것이다. 그러나 부가 증가하는 경우 사람들이 낮은 위험을 선택하면 부효과는 대체효과와 반대 방향으로 작용한다. 따라서 대체효과는 명확한 데 비하여 부효과는 불확실하다.

이와 같이 포토폴리오접근에 따르면 통화수요는 이자율에 의하여 결정되고 통화가 포토폴리오의 중요한 구성부분이 되는 것은 유용한 교환의 매개수단이기 때문이 아니라 안전한 자산이라는 점 때문이다.

제 19 장

통화공급

1. 통화공급의 결정

통화승수모형

통화공급에 관한 기본적인 모형이라고 할 수 있는 통화승수모형(money multiplier model)은 케이간(P. Cagan) 등이 발전시킨 것이다. 제1장에서 본 바와 같이 통화(M)는 일반인이 보유하고 있는 현금(C)과 요구불예금(D)을 합한 것으로 가정한다.

$$M = C + D$$

일반인은 요구불예금의 일정비율을 현금으로 보유하려고 한다. 보유하고자 하는 현금의 예금에 대한 비율을 c라고 하면 현금과 예금은 다음과 같은 관계를 갖는다.

$$C = c \times D$$

은행의 지급준비금(R)은 법규에 의한 필요지급준비금(RR)과 초과지급준비금(ER)을 합한 것과 같으며 중앙은행이나 타 금융기관으로부터 차입한 차입지급준비금(borrowed reserves)과 비차입준비금(nonborrowed reserves)으로 나눌 수 있다.

$$R = RR + ER$$

필요지급준비금은 필요지급준비율(rr)과 예금을 곱한 것이다.

$$RR = rr \times D$$

은행이 보유하고자 하는 초과지급준비금은 초과지급준비율(er)과 예금액을 곱한 것과 같다.

$$ER = er \times D$$

따라서 지급준비금은 다음과 같이 나타낼 수 있다.

$$R = (rr + er)D$$

한편 일반인이 보유하는 현금(C)과 은행의 지급준비금(R)의 합계, 즉 중앙은행의 통화성 부채를 본원통화[1](RB: reserve base)라고 한다.

$$RB = C + R$$

다시 본원통화와 요구불예금의 관계는 다음과 같다.

$$RB = (rr + er + c)D$$

위 식을 D에 관해서 풀면 다음 식을 얻는다.

$$D = \left[\frac{1}{rr+er+c}\right] \times RB$$

한편 본원통화와 현금의 관계는 다음과 같다.

$$C = \left[\frac{c}{rr+er+c}\right] \times RB$$

따라서 통화량(M)과 본원통화의 관계를 나타내는 통화승수모형은 다음과 같이 나타낼 수 있다.

1) 또는 monetary base, base money

$$M = \left[\frac{1+c}{rr+er+c} \right] \times RB$$

괄호 속의 $\frac{1+c}{rr+er+c}$가 통화승수(money multiplier)이며 일반인이 원하는 현금비율(c), 필요지급준비율(rr) 및 은행이 원하는 초과지급준비율(er)에 의하여 결정된다. 본원통화(RB)는 통화승수의 배수만큼 통화량을 증가시키기 때문에 고성능통화(high powered money)라고 한다.

예를 들어 중앙은행이 본원통화를 3,000억원 수준에서 유지하고 필요지급준비율은 예금의 10%로 정했다고 하자. 은행은 예금의 5%를 초과지급준비금으로 보유하고 일반인은 예금의 10%를 현금으로 갖고 있다면 통화량은 다음과 같이 산출된다.

$$M = \left[\frac{1+0.1}{0.1+0.05+0.1} \right] \times 3{,}000\text{억원}$$
$$= 4.4 \times 3{,}000\text{억원}$$
$$= 1\text{조 } 3{,}200\text{억원}$$

예를 들어 $\Delta RB = 1{,}000$억원, $rr = 0.1$, $er = 0.05$, $c = 0.1$이라면 통화량은 4,400억원 증가한다.

$$\Delta M = \left[\frac{1+0.1}{0.1+0.05+0.1} \right] \times 1{,}000\text{억원}$$
$$= 4.4 \times 1{,}000\text{억원}$$
$$= 4{,}400\text{억원}$$

위 산식은 중앙은행, 은행 및 일반인에 의하여 통화량이 결정된다는 것을 보여주고 있다.

통화승수모형이 통화공급 결정과정을 충분히 설명할 수 있는가에 대해서는 비판이 없지 않다. 예를 들어 굿하트(C. Goodhart)는 통화승수모형은 통화와 본원통화의 항등식에서 도출되므로 행태적인 내용이 결여되어 있다고 지적한다. 그러나 통화승수접근법은 본원통화 조절을 통한 통화관리를 주장하는 학자들의 이론적 근거가 되고 있다. 통화승수가 고정되어 있고 본원통화를 조절할 수 있다면 통화당국은 통화공급량을 통제할 수 있기 때문이다.

통화공급의 결정 요인

위에서 본 식에 따라 통화공급(M_s)은 다음과 같이 정의할 수 있다.

$$M_S = \left[\frac{1+c}{rr+er+c}\right] \times RB$$

위 식이 통화공급식(money supply equation)으로서 본원통화가 주어졌을 때 통화량이 얼마나 창출되는가를 가리키고 있다. 통화공급의 주요한 결정요인이 필요지급준비율(rr), 초과지급준비율(er), 예금에 대한 현금비율(c) 및 본원통화(RB)임을 알 수 있다. 이 요인 가운데 어느 하나가 변해도 통화량은 변동한다. 따라서 통화량을 결정하는 경제주체는 중앙은행, 은행, 일반인 등이라고 할 수 있다.

중앙은행

중앙은행은 본원통화의 공급이나 필요지급준비율의 변경을 통해 통화공급에 영향을 미친다.

본원통화 중앙은행이 본원통화를 공급하거나 환수하는 과정은 정부부문,[1] 금융부문, 국외부문 및 기타부문을 통해 이루어진다. 부문별 공급내용은 한국은행의 대차대조표를 바탕으로 작성된 [표 19-1]을 보면 알 수 있다. 즉 자산측의 부문별 본원통화공급액(=정부부문+금융부문+국외부문+기타부문)은 부채측의 본원통화(=화폐발행액+금융기관지준예치금)와 일치하게 된다.

좀더 구체적으로 본원통화가 어떻게 공급되는지 살펴보기로 하자. 먼

1) 지방정부는 제외.

[표 19-1] 본원통화의 공급

(A) 한국은행의 대차대조표		(B) 본원통화의 부문별 공급	
정부신용	본원통화 화폐발행액 금융기관지준예치금 정부예금	정부부문 정부대출(+) 국채(+) 정부예금(−)	본원통화 화폐발행액 금융기관지준예치금
금융기관신용		금융부문 금융기관대출(+) 통화안정증권발행(−)	
국외자산	국외부채	국외부문 국외자산(+) 국외부채(−)	
기타자산	기타부채	기타부문 기타자산(+) 기타부채(−)	

저 정부부문의 경우 중앙정부가 재정지출을 확대시킬 수 있도록 중앙은행이 정부에 대출을 하거나 정부가 발행한 국채를 인수하면 본원통화가 공급된다. 반면, 정부가 거두어들인 세금을 중앙은행에 예치하면 본원통화가 환수된다. 금융부문을 보면 중앙은행이 금융기관에 대해 대출(재할인)하면 본원통화가 공급되며 공개시장조작의 일환으로 중앙은행이 통화안정증권을 발행하여 금융기관에 매각하면 본원통화가 환수된다. 그리고, 국외부문에서는 수출증가나 외국자본의 국내투자 등으로 유입된 외화를 중앙은행이 금융기관을 통해 매입하고 원화를 지급하게 되면 국외자산이 증가하면서 본원통화가 공급된다. 이 밖에 기타부문의 경우 중앙은행이 금융기관이 아닌 민간에게 통화안정증권을 팔면 본원통화가 환수되며 민간이 보유하는 통화안정증권이 만기 도래하여 중앙은행이 통화안정증권을 상환하거나 중앙은행이 건물이나 집기 등 고정자산을 매입하게 하면 본원통화가 공급된다.

이러한 경로를 통해 본원통화가 증가하면 통화승수 배만큼 통화량이 증가하게 된다.

예를 들어 $rr = 0.1$, $er = 0.05$, $c = 0.1$이고 본원통화(RB)가 3,000억원이라면 통화공급은 1조 3,200억원이라는 것을 앞에서 보았다. 만일 중앙은행이 통화안정증권을 발행하여 금융기관이나 민간에게 매각함으로써 본원통화를 2,000억원으로 감축하면 통화공급량은 1조 3,200억원에서 8,800억원으로 4,400억원 감소한다.

$$M_s = \left[\frac{1+0.1}{0.1+0.05+0.1}\right] \times 2{,}000 = 8{,}800\text{억원}$$

필요지급준비율 중앙은행이 필요지급준비율을 변경하는 경우에도 통화승수와 통화량이 변동된다. 예를 들어 필요지급준비율을 높이면 통화승수가 작아지므로 통화량이 감소하지만 필요지급준비율을 낮추면 통화승수는 커지기 때문에 통화량은 증가한다.

은 행

은행제도는 초과지급준비율(er)을 조정함으로써 통화공급량에 영향을 준다. 높은 초과지급준비율은 은행이 창출하는 대출액을 감소시키기 때문에 초과지급준비율의 상승은 통화량의 감소, 초과지급준비율의 하락은 통화량의 증가를 가져온다. 초과지급준비율은 대출시장의 이자율, 예금뇌취의 위험, 차입지급준비금의 금리 등에 의하여 결정된다.

대출이자율 대출이자율은 초과지급준비금을 보유하는 데 따르는 기회비용이기 때문에 초과지급준비율에 영향을 미친다. 초과지급준비금은 이자수입이 없으므로 은행이 초과지급준비금을 보유하게 되면 대출을 통하여 얻을 수 있는 이자소득을 잃게 된다. 대출이자율이 높을수록 초과지급준비금을 보유함으로써 생기는 기회비용은 증가한다. 은행이 원하는 초과지급준비율은 대출이나 다른 유가증권의 이자율이 상승하면 감소하게 된다.

예금뇌취위험 예금뇌취의 위험도 은행의 초과지급준비율을 결정하는 요인이다. 은행이 초과지준을 가지고 있으면 기대하지 못한 급작스러운 예금인출에 직면해도 대출의 조기회수, 유가증권의 매각, 다른 은행이나 중앙은행으로부터의 차입을 피할 수 있다. 급격한 예금인출의 위험이 높을수록 초과지급준비율은 높아진다.

차입지급준비금의 이자율 차입지급준비금의 이자율도 초과지급준비율의 결정에 영향을 미친다. 자금이 긴급히 필요한 경우 다른 은행 또는 중앙은행으로부터 자금을 차입할 수 있다. 지급준비금을 원활하게 차입할 수 있는 능력은 초과지급준비금을 보유하는 대안이 될 수 있다. 초과지준을 보유함으로써 대출이나 증권으로부터 얻을 수 있는 이자소득을 포기하는 대신 긴급시에 차입할 생각으로 초과지급준비금을 거의 두지 않고 거의 전액 대출할 수도 있다. 그러나 차입지급준비금의 이자율(예를 들면 시장금리나 중앙은행의 대출금리)이 상승하면 차입준비금에 의존하는 방법도 바람직하지 않으므로 초과지급준비율은 상승하게 된다. 초과지급준비율이 상승하면 통화승수와 통화공급은 감소한다.

일 반 인

일반인은 통화량에 영향을 주는 현금비율(c)을 결정한다. 만일 일반인이 보다 많은 현금거래를 원하면 현금비율은 높아질 것이다. 현금비율의 상승은 통화승수와 통화량의 감소를 가져온다. 현금비율은 요구불예금의 이자나 수수료, 소득, 은행의 파산위험성 및 불법행위 등 여러 가지 요인에 의하여 결정된다.

요구불예금의 이자 통화보유자는 통화를 현금이나 요구불예금 중 어느 형태로 보유할 것인지를 결정하게 된다. 현금으로 보유하게 되면 예금으로 가지고 있을 때 생기는 이자소득을 포기해야 하는 기회비용이 발생한다. 따라서 요구불예금의 이자가 상승하면 현금비율은 낮아지게 된다. 요구불예금계정에 부과하는 수수료도 예금으로 통화를 보유하는 비용을 증가시키므로 수수료가 인상되면 현금비율이 상승하게 된다.

소 득 통화보유자의 소득도 현금비율에 영향을 준다. 일반적으로 소득이 증가하면 현금비율은 하락한다. 실질소득이 상승하면 현금과 예금에 대한 수요는 모두 증가하지만 현금보다도 수표나 신용카드에 의한 거래가 더 크게 증가하기 때문에 예금수요가 더욱 증가하여 현금비율은 하락한다.

은행의 파산가능성 은행의 파산가능성이 증가하면 통화보유자는 예금보다는 현금을 더 선호하게 된다. 예금보험제도가 도입되어 있는 경우 은행이 파산해도 소액예금주는 큰 피해나 불편을 받지 않는 것이다. 그러나 어떤 은행이 파산할 가능성이 있다는 것만 알려져도 예금의 현금화가 촉발되고 현금비율이 상승하면서 통화승수는 감소한다.

지하경제 현금은 마약거래, 불법도박 및 탈세 등과 같은 불법행위에 이용된다. 따라서 지하경제가 확대될수록 현금비율은 높아지고 통화승수는 그만큼 감소한다.

통화공급곡선

통화공급량은 본원통화, 필요지급준비율, 초과지급준비율 및 현금비율에 의하여 결정된다는 것을 보았다. 이 가운데 본원통화와 필요지급준비율은 중앙은행이 정하지만 초과지급준비율과 현금비율은 은행과 예금주에 의해서 결정된다. 이러한 분석을 기초로 이자율에 대응되는 통화공급곡선(money supply curve)을 보기로 한다.

경제학자들 사이에는 이자율이 통화공급에 미치는 효과에 관해서 두 가지 다른 견해가 있다. 하나는 통화공급의 결정요인은 이자율과 같은 변수가 아니라 모형 밖의 요인들에 의하여 결정되는 외생적(exogenous)인 것이라고 주장한다. 이자율의 변동이 현금비율이나 은행의 초과지급준비율을 변경시키지 못하기 때문에 통화공급은 외생적으로 이루어진다. 다른 견해는 통화공급은 내생적(endogenous)이라고 한다. 통화공급의 결정요인인 현금비율이나 초과지급준비율은 내생적이며 이자율과 같은 경제변수의 영향을 받는다. 이 두 견해가 통화공급곡선의 형태에 어떻게 반영되는가를 보기로 한다.

외생적 통화공급

은행은 고정적인 비율의 예금을 초과지급준비금으로서 보유하고 예금주도 예금의 일정비율을 보유하려고 한다고 가정하자. 이 경우 초과지급준비율과 현금비율은 외생적으로 결정되며 이자율과 기타 경제변수와는 독립적이다. 두 비율은 상수이므로 통화공급곡선은 [그림 19-1]에서 보는 바와 같이 수직이며 이를 외생적 통화공급곡선이라고 부른다.

외생적 통화공급곡선은 통화공급이 은행의 초과지급준비에 대한 선호와 예금주의 현금보유에 대한 선호에 의하여 결정되며 이러한 경제주체의 선호는 이자율의 영향을 받지 않는다고 가정한다. 통화승수가 이자율의 영향을 받지 않는다면 통화공급량도 이자율의 변동에 아무런 영향을 받지 않는다.

그러면 외생적으로 결정되는 현금비율(c), 초과지급준비율(er), 필요

그림 19-1 외생적 통화공급곡선

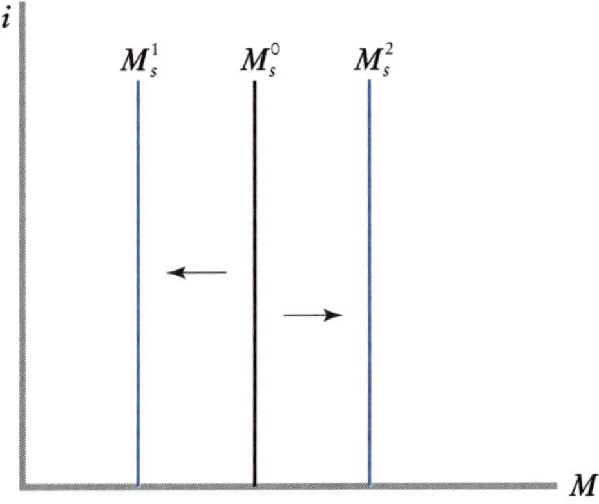

지급준비율(rr) 및 본원통화(RB)의 변동은 통화공급곡선에 어떠한 영향을 주는가를 보기로 하자. c, er, rr의 증가는 통화공급선을 M_s^0에서 M_s^1으로 이동시킨다. c, er, rr 이들 요인의 증가는 통화승수와 통화공급을 감소시키기 때문이다. 반대로 이들 변수의 감소는 통화공급곡선을 오른쪽으로 이동시킨다. 본원통화의 변동도 통화공급에 직접적인 영향을 미친다. 본원통화가 감소하면 통화공급곡선은 왼쪽으로 이동하고 증가하면 오른쪽으로 이동한다.

내생적 통화공급

초과지준과 현금비율은 상수가 아니라 경제상황에 따라 체계적으로 변한다. 예를 들어 이자율이 상승하게 되면 많은 은행은 초과지준을 감소시키고 높은 금리로 대출하려고 한다. 마찬가지로 예금주도 높은 이자소득을 얻기 위해 현금보유를 줄이고 예금을 증가시킨다. 따라서 통화승수는 상수가 아니라 이자율의 증가함수이다. 통화공급곡선은 내생적이며 우상향의 기울기를 갖는다.

내생적 통화공급곡선이 우상향의 기울기를 갖는 이유는 다음과 같다. 첫째, 이자율이 상승하면 초과지준은 감소하는 반면 통화승수는 증가하므

그림 19-2 내생적 통화공급곡선

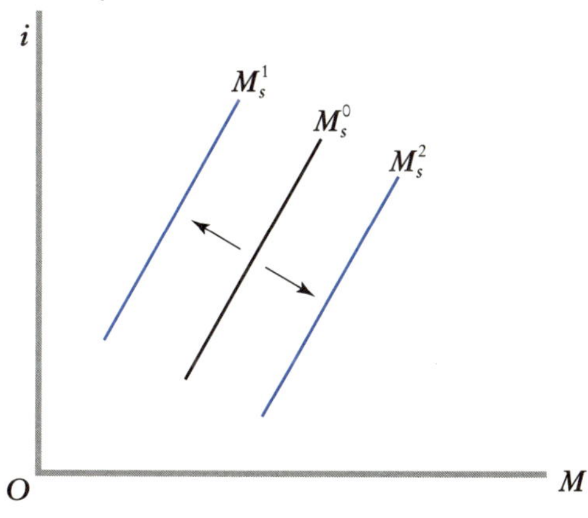

로 이에 따라 통화공급이 증가하기 때문이다. 둘째, 이자율 상승이 현금비율을 낮추고 통화승수를 증가시키므로 통화공급은 증가하게 된다. 통화공급이 이자율의 증가함수이므로 통화공급곡선은 [그림 19-2]처럼 우상향의 형태를 갖는다. 한편 필요지급준비율(rr)이나 본원통화(RB) 등의 변동은 위에서 본 바와 같이 통화공급곡선을 이동시킨다. 예를 들면 본원통화의 감소는 통화공급곡선을 왼쪽으로 이동시킨다.

2. 통화공급과 이자율

여기서는 통화공급이 이자율에 미치는 영향을 유동성선호설에 따라 보기로 한다. 유동성선호설(liquidity preference theory)은 케인즈가 처음 제기한 이자율결정이론으로서 균형이자율은 통화의 수요과 공급이 일치하는 수준에서 결정된다고 주장한다. 케인즈는 사람들은 부를 오직 두 가지 형태, 즉 통화와 채권으로 보유한다고 가정한다. 여기서 통화는 화폐(currency)와 요구불예금을 합한 것으로 이자가 지급되지 않거나 약간만 지급되며 언제든지 거래에 사용할 수 있는 것이다. 채권은 통화를 제외한 광범위한 것으로 이자를 지급하는 장기금융자산을 포함한다. 채권에 포함되는 금융자산은 유동성이 적고 가격이 이자율과 역방향으로 변동하기 때문에 이자율위험에 노출된다(여기서 채무불이행위험은 없고 이자율은 무위험수익률로 가정한다).

통화시장의 균형: 유동성선호설

유동성선호설에 따르면 사람들(개인과 기업)이 통화를 보유하는 이유는 거래의 편의, 예상하지 못한 일에 대한 대비, 이자율상승을 기대한 투기 등이라고 할 수 있다. 통화는 이자가 지급되지 않지만 통화수요는 이자율의 감소함수이다. 이자율이 낮으면 사람들은 통화를 더 많이 보유하려고 한다. 왜냐하면 통화(유동성)를 보유함으로써 잃어버리는 이자는 크

그림 19-3 통화시장의 균형

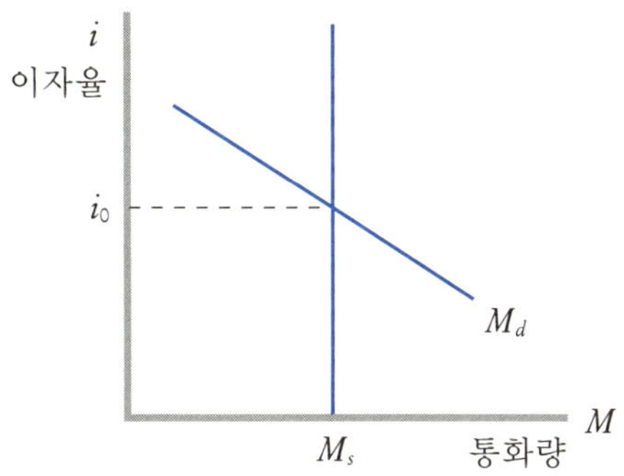

지 않은 대신 이자율이 상승(채권가격이 하락)할 가능성은 크기 때문이다. 반대로 이자율이 높으면 사람들은 통화보다는 채권을 더 보유하려고 한다. 통화(유동성)를 보유함으로써 포기해야 할 이자가 클 뿐 아니라 이자율이 하락하면 채권가격이 상승할 것이기 때문이다. 이자율과 통화수요의 부(−) 관계는 [그림 19−3]의 M_d곡선(통화수요곡선)이 보여 주고 있다. 즉 M_d곡선은 주어진 소득수준과 기대인플레이션에서 이자율과 통화량의 관계를 나타낸다.

케인즈는 통화공급은 중앙은행에 의하여 외생적으로 결정된다고 가정한다. 따라서 통화공급은 이자율의 영향을 받지 않으므로 통화공급곡선(M_s)은 수직선이 된다. 통화시장(market for money)은 통화의 수요와 공급이 일치하는 점에서 균형을 이루기 때문에 균형이자율은 i_0가 된다. 가정에 따라 통화와 채권만 존재하므로 통화시장의 균형은 채권시장의 균형을 의미한다.

균형이자율은 통화의 수요와 공급에 영향을 주는 요소가 변동하면 그에 따라 변동한다. 케인즈는 중요한 수요측 요인으로 소득과 물가수준을 들었다. 소득이 증가하면 통화의 유동성가치가 상승하기 때문에 통화수요곡선은 오른쪽으로 이동하고 이자율은 상승한다. 사람들은 구매력을 기준으로 한 실질통화량(real money)을 원하기 때문에 기대인플레이션의 상승은 수요곡선을 오른쪽으로 이동하게 하고 이자율을 상승시킨다.

케인즈에 따르면 통화공급곡선은 오직 중앙은행의 정책에 따라 이동한다. 중앙은행의 시장이자율에 대한 영향력은 공개시장조작을 통해 증권을 매매함으로써 통화량을 변동시킬 수 있는 능력에서 나온다. 통화공급이 증가하면 공급곡선은 오른쪽으로 이동하고 균형이자율은 하락한다. 마찬가지로 통화량이 감소하면 공급곡선은 왼쪽으로 이동하고 이자율은 상승한다. 그러나 통화공급과 이자율의 관계는 케인즈가 주장한 것보다 훨씬 복잡하다는 것이 일반적 견해이다.

통화공급이 이자율에 미치는 효과

앞서 본 케인즈의 통화수요모형을 이용하여 통화공급의 변동이 이자율에 미치는 효과를 좀더 상세히 보기로 한다. 통화공급의 변동이 이자율수준에 미치는 효과는 유동성효과, 소득효과, 기대인플레이션효과 등으로 나누어 볼 수 있다. 이 세 가지 효과는 통화공급이 변동된 후 동시에 일어나지 않고 분산해서 나타나는 경향이 있으며 방향과 크기도 다르다. 한 효과가 다른 효과를 상쇄하거나 압도하는 경우도 있다. 통화공급의 변동이 이자율수준에 주는 충격의 방향과 크기는 경제의 산출과 고용수준에 의하여 결정된다.

유동성효과

유동성효과(liquidity effect)는 통화공급의 변동에 대한 이자율의 초기반응(initial reaction)이라고 할 수 있다. 통화공급이 증가하면 이자율이 하락하는 것은 통화공급곡선이 이동되기 때문이다. 예를 들면 중앙은행이 채권을 매입함으로써 통화공급을 증가하면 초과지급준비금이 발생하고 은행은 더 많이 대출할 수 있게 된다. [그림 19－4]에서 보는 바와 같이 통화수요가 일정하다면 통화공급의 증가는 공급곡선을 오른쪽($\overline{M}_{S0} \rightarrow \overline{M}_{S1}$)으로 이동시키므로 균형이자율은 i_0에서 i_1으로 하락한다(유동성효과). 마찬가지로 통화공급이 감소하면 공급곡선은 왼쪽으로 이동하고 이자율은 상승한다.

그림 19-4 통화공급의 유동성효과

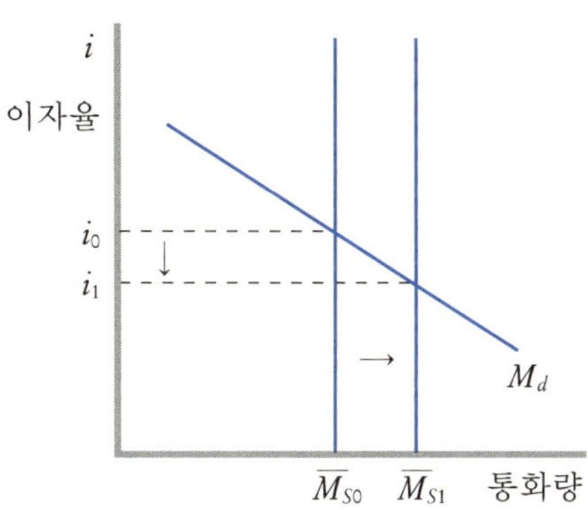

소득효과

통화공급의 변동이 경제에 미치는 효과는 비교적 널리 알려져 있다. 통화공급의 감소는 경제의 수축(contraction)을 가져오는 경향이 있는 반면 일반적으로 통화공급의 증가는 경제에 대해 확장적(expansionary)인 영향을 미친다. 왜냐하면 통화공급이 증가하면 대출은 더 많이 할 수 있게 되고 고용이 증가하거나 조업시간이 증가하기 때문이다. 소비자와 생산자는 재화와 용역을 더 많이 구입한다. 따라서 통화공급은 소득수준을 변동시킨다. 통화수요는 소득의 증가함수이기 때문에 통화공급의 증가로 인해 소득이 증가하면 통화수요는 증가하게 된다. 통화수요가 증가하면 이자율은 상승한다(소득효과: income effect). 이와 같은 통화공급의 소득효과가 유동성효과를 압도하는지, 그렇다면 시간적인 간격은 얼마인지 등에 관해서 정확히 밝혀진 것은 없다. 다만 소득효과가 유동성효과의 일부를 상쇄할 가능성은 있는 것으로 추정되고 있다. 이 두 효과의 상대적 크기는 통화공급이 변동할 당시의 경제상황 등에 달려 있다.

기대인플레이션효과

통화공급의 증가가 확장적인 통화정책이지만 그로 인한 소득증가는 중앙은행이 정책을 집행할 당시의 경제상황에 따라 달라진다. 만일 경제가 완전고용보다 크게 낮은 수준에서 있다면 통화공급의 증가는 생산과 고용을 자극할 수 있다. 그러나 경제가 거의 완전고용수준에서 재화와 서비스를 생산하고 있다면 통화공급의 증가는 물가수준이 상승할 것이라는 기대인플레이션을 자극한다. 통화공급의 증가로 인해 기대인플레이션이 상승하면 앞서 본 바와 같이 이자율이 상승한다(기대인플레이션효과: expected inflation effect).

이와 같이 기대인플레이션효과는 이자율을 소득효과와 같은 방향으로, 유동성효과와는 반대방향으로 이동시킨다. 물론 인플레이션이 진행되고 있는 시기에도 통화공급이 감소하면 기대인플레이션이 억제되고 이자율은 하락할 수 있다.

기대인플레이션기대효과의 상대적 크기에 관한 통설은 없다. 경제상황에 따라 기대인플레이션효과가 유동성효과를 압도할 수도 있으며 단지 유동성효과의 일부를 상쇄하는 데 그칠 수도 있다.

제 20 장

인플레이션

1. 거시경제이론의 패러다임

거시경제이론은 경제성장, 인플레이션, 실업, 국제수지 등과 같은 경제총량(economic aggregates)을 대상으로 한다. 경제총량은 국민경제 안에 있는 다양한 시장의 행태와 수많은 경제주체의 행동결과를 집계한 것이다. 경제주체와 개별시장의 행태 그 자체를 대상으로 하는 이론체계는 미시경제학이다. 거시경제학은 정책지향적인 측면이 강하다. 거시경제변수의 행태뿐 아니라 거시경제정책도 연구대상이다. 예를 들면, 경제총량이 정부정책에 의하여 어떠한 영향을 받는가 또는 경제총량을 가장 바람직한 방향으로 움직이도록 하는 데 최적한 정부정책은 무엇인가 등에 관한 연구도 중요한 위치를 차지한다. 거시경제학은 양대산맥인 고전학파와 케인즈학파가 주도하고 있다.

고전학파와 케인즈학파

고전학파의 패러다임[1]은 경제의 건강한 상태(healthy state of the eco-

1) 패러다임(paradigm)은 학파의 철학적, 이론적 틀을 의미한다.

nomy)를 상정한다. 고전학파는 미시경제학적 기초인 왈라스모형의 완전경쟁을 가정하므로 모든 시장은 동시에 청산되고 수요와 공급은 균형을 이룬다. 예를 들면 노동시장도 현재의 임금으로 노동을 공급하고자 하는 모든 노동자는 일자리를 얻게 되고 기업은 원하는 노동자를 모두 고용할 수 있으므로 균형을 이룬다. 이와 같이 이루어진 노동시장의 균형은 완전고용을 의미한다.

고전학파의 패러다임은 여러 가지 분산된 요소를 바탕으로 발전된 것이지만 그 가운데 가장 중요한 것은 19세기 전반의 정치적 · 경제적 자유주의 철학이다. 당시의 경제분석은 상품, 생산요소, 통화, 채권 등 개별시장에 집중되었다. 이들 시장은 경쟁과 보이지 않는 손(invisible hand)에 의하여 균형에 이르고 경제는 순조롭게 운용된다. 모든 가격은 시장이 균형에 이르도록 신축적으로 조정되므로 시장은 언제나 청산된다. 이와 같이 완벽하게 작동하는 경제에 대해 정부의 통화정책이나 재정정책이 해야 할 역할은 거의 없다.

한편 케인즈학파의 패러다임은 거시경제의 병리(pathology of the economy)에 초점을 두고 있다. 케인즈학파의 패러다임도 경제 내의 모든 시장이 때로는 균형에 도달할 수 있다는 것을 인정한다. 그러나 경제가 언제나 완전고용수준에서 균형을 이루거나 단기에 완전고용수준으로 돌아가는 경향이 있다고 가정하지 않는다. 균형이 이루어진다 해도 그것은 경제구조나 집단적 행동 때문에 왈라스의 일반균형 모형에서 말하는 경쟁적 균형이 아닐 수 있다. 경제가 왈라스의 일반균형 밖에 있으면 정부나 중앙은행은 재정정책이나 통화정책을 통하여 경제의 움직임에 영향을 미쳐야 한다. 이것이 케인즈 "일반이론[1]"의 핵심이다.

일반이론은 새로운 패러다임을 구축했을 뿐 아니라 정부의 간섭을 분명하게 주장했다. 경제가 저절로 완전고용수준으로 되돌아가는 것을 기다리는 것은 무책임하다. 불황 가운데서 예산을 균형으로 유지하려는 것은

1) 케인즈의 일반이론(*General Theory of Employment, Interest and Money*, 1936)에 대해 사무엘슨(P. Samuelson)은 다음과 같이 평하였다. "It is a badly written book, poorly organized …. In short, it is a work of genius."

어리석을 뿐 아니라 위험한 일이다. 재정정책의 적극적인 활용은 경제가 높은 수준으로 회복하는 데 반드시 필요하다.

위에서 본 고전학파와 케인즈학파의 패러다임을 인체의 건강과 비유해서 설명해보기로 한다.

경제가 균형상태에 있는 것은 건강한 상태에 있는 것과 같고 경제가 균형으로부터 벗어나는 것은 병에 걸리는 것과 같다. 사람은 완벽할 정도로 건강하거나 의사의 도움 없이 짧은 시일에 저절로 고쳐지는 가벼운 병에 걸릴 수 있다. 그러나 전문의의 도움 없이는 회복할 수 없는 중병을 앓을 수 있다.

고전학파 패러다임은 경제가 건강한 상태에서 이탈하는 것은 사소한, 일시적인 것이며 저절로 고쳐지는(self-correcting) 것으로 간주한다. 경제라는 신체에 병이 생길 수 있으나 그러한 병은 심각하거나 오래 지속되는 것이 아니므로 의사에게 찾아가지 않아도 되고 걱정하거나 비용을 들일 필요도 없다.

이와는 대조적으로 케인즈학파 패러다임은 경제가 일반균형(건강한) 상태에서 이탈하는 것을 훨씬 심각하게 생각한다. 균형으로부터의 이탈은 경제를 구성하는 어떤 부분의 심각한 질병 때문에 발생할 수 있다. 균형상태로의 회복이 느리면 전문의(정부나 중앙은행)의 도움으로 회복속도를 더 높여야 한다.

인체와 비유해서 거시경제에 관한 기본적인 두 가지를 말할 수 있다. 인체와 마찬가지로 경제는 때로는 순조롭게 기능하지만 그렇지 않을 때도 있다. 따라서 두 가지 경우를 모두 연구하는 것이 필요하다. 순조로운 상태는 그렇지 않은 경우를 고치는 데 벤치마크(benchmark)가 된다. 그리고 인체의 병처럼 경제가 적절하게 기능하지 않는 원인, 징후, 치료법은 매우 다를 수 있다. 케인즈학파의 패러다임은 경제의 병리에 초점을 두고 있으므로 건강한 상태를 가정하는 고전학파보다 훨씬 다양한 처방을 갖는다.

신고전학파 통합

케인즈의 일반이론은 현대적인 거시경제학의 시작이었으며 고전학파에 대한 혁명이었다. 1930년대 초 발생한 세계적인 대공황은 경제적인 재앙이었을 뿐 아니라 고전학파의 참담한 패배였다. 대량실업에 대한 고전학파의 설명은 불충분했으며 적절한 대책도 내놓지 못했다. 많은 경제학자나 정치인이 총수요를 증가시키기 위하여 공공사업을 포함한 각종 대책을 주장했으나 그러한 정책은 효과가 없다고 고전학파는 반대했다. 왜냐하면 고전학파이론에서 생산과 고용은 수요측이 결정하는 것이 아니기 때문이다.

일반이론은 유효수요(effective demand: 지금의 총수요)의 중요성을 강조했다. 단기에는 유효수요가 생산을 결정한다. 유효수요를 유도하는 과정에서 케인즈는 현대경제학의 기본이 되는 개념, 즉 승수, 유동성선호, 소비와 투자에 영향을 미치는 기대의 중요성, 수요와 생산에 영향을 미치는 동물적 정신(animal spirits) 등을 처음 도입했다.

일반이론은 발간되면서 거시경제학의 중심이 되었다. 모든 사람이 의견을 같이한 것은 아니지만 거의 모든 토론은 일반이론에 관한 것이었다. 1950년대 초에는 고전학파이론과 케인즈이론의 통합이 이루어졌다. 이를 사무엘슨(P. Samuelson)은 신고전학파 통합(neoclassical synthesis)이라고 불렀다. 신고전학파 통합은 총수요에 관한 케인즈이론, 총공급에 관한 고전학파이론, 총수요와 총공급이 일치하지 않는 경우 가격이 어떻게 조정되는가 등을 중심으로 하는 이론체계이다. 이 '통합'은 자유방임만으로는 완전고용을 달성하기 어렵고 완전고용수준에 이르기 위해서는 통화정책과 재정정책을 적절히 사용하여야 한다고 주장한다. 신고전학파 통합은 그 후 20여년 동안 거시경제학의 지배적인 패러다임이 되었다.

케인즈학파와 통화론자의 논쟁

거시경제학의 급속한 발전으로 많은 거시경제학자들에게 미래는 밝게 보였다. 경제변동에 대한 이해는 높아지고 계량모형은 발전되어 정책에 더욱 잘 이용할 수 있게 되었다. 그러나 거시경제학에 대한 낙관적인 분위기는 프리드만을 비롯한 통화론자(monetarists)의 도전을 받게 된다. 1960년대에 전개된 케인즈학파와 통화론자의 논쟁은 통화정책과 재정정책의 상대적 효율성과 필립스곡선에 관한 것이었다.

케인즈는 불황에 대한 정책으로 통화정책보다는 재정정책의 중요성을 강조한다. *IS*곡선은 급경사를 이루므로 이자율의 변화는 수요와 생산에 별다른 영향을 미치지 못한다. 따라서 통화정책은 효율적이라고 할 수 없다. 재정정책은 수요에 직접 영향을 미치므로 보다 빠르고 확실하게 생산에 영향을 미친다.

이에 대하여 프리드만은 강력하게 이의를 제기한다. 미국의 지난 약 100여년간의 통화와 생산의 관계를 분석한 결과 통화량 변동이 생산변동의 대부분을 설명한다. 대공황도 통화정책의 실패(통화량의 급격한 감소)에 기인한 것이라고 주장한다.

이 논쟁은 통화정책과 재정정책 모두 효과가 있다는 데 공감하면서 끝났다. 만일 생산의 구성에 관심이 있거나 경제개방을 고려한다면 최선의 정책은 두 정책을 혼합(policy mix)하여 수행하는 것이다.

두 번째 논쟁은 필립스곡선에 관한 것이었다. 필립스곡선은 초기에는 케인즈학파 모형의 일부는 아니었다. 필립스곡선은 임금과 물가의 변동을 설명하는 데 편리하고 신뢰할 만한 방법이므로 신고전학파 통합의 일부가 되었다. 1960년대에는 그 때까지의 실증분석을 기초로 케인즈학파는 실업과 인플레이션 사이에는 장기에도 안정적인 상충관계(trade-off)가 있다고 믿었다. 그러나 프리드만과 펠프스(E. Phelps)는 찬성하지 않았다. 장기 상충관계의 존재는 경제이론의 기초와도 상반된다고 주장한다. 만일 정책당국이 실제로 그러한 관계를 이용하려고 하면, 즉 높은 인플레이션을 받아들임으로써 낮은 실업률을 달성하려고 한다면 상충관계는 신속히 사라지게 된다. 결국 프리드만과 펠프스의 주장이 옳다는 것이 증명되었으며 1970년대 중반에는 인플레이션과 실업 사이에는 장기적인 상충관계가 없다는 견해가 일반화되었다.

합리적 기대이론[1)]

케인즈학파와 통화론자 사이에 논쟁은 있었으나 1970년대 들어서면서 거시경제학은 성숙해지고 경제문제에 대한 설명이나 경제정책에 대한 기여도 커졌다. 대부분의 주장과 토론은 같은 패러다임하에서 이루어졌다. 그러나 거시경제학계는 두 가지 형태로 위기를 맞게 된다.

하나는 새로운 경제현실이었다. 1970년대 중반까지 거의 모든 나라가 스태그플레이션을 경험한 것이다. 높은 인플레이션과 높은 실업의 병존이라는 기존이론으로는 설명할 수 없는 새로운 현상이 발생한 것이다. 스태그플레이션의 발생으로 거시경제학은 타격을 받았다. 여러 해의 연구 끝에 생산과 물가에 대한 공급충격의 결과라고 설명했다.

다른 하나는 새로운 아이디어였다. 1970년대 초 루카스(R. Lucas), 사전트(T. Sargent), 바로(R. Barro) 등은 주류 거시경제학을 강력하게 공격하였다. 루카스와 사전트에 따르면 케인즈학파의 거시경제이론은 기대가 행태에 미치는 효과를 무시하고 있다. 사람들은 이용할 수 있는 모든 정보를 이용하여 기대를 형성한다고 가정한다. 합리적 기대이론(rational expectations hypothesis)은 거시경제학에 큰 충격을 주었다.

합리적 기대이론은 발표된 지 얼마 되지 않아 올바른 가정으로 널리 받아들여졌다. 모든 경제학자들이 민간이나 기업 등 시장참가자는 기대를 언제나 합리적으로 형성한다고 믿었기 때문에 합리적 기대이론을 받아들인 것은 아니다. 경제학자들은 실제의 기대가 합리적 기대와 다른지 또는 다르다면 어떻게 다른지를 이해할 수 있을 때까지는 합리적 기대가 자연스러운 벤치마크가 되기 때문에 받아들인 것이다. 합리적 기대이론의 도전으로 1980년대 말까지 거시경제학계는 대대적인 개편이 이루어졌다. 오늘날 거시경제학은 합리적 기대를 가정하는 새고전학파(new classical macroeconomics)와 새케인즈학파(new Keynesian macroeconomics)가 주도하고 있다.

---

1) 졸저, 「통화금융론」 7쇄, 박영사, 2004년, 제29장 참조.

2. 인플레이션이론

고전적 통화수량설

통화수량설은 통화공급과 인플레이션 사이에 비례적 관계가 있다고 주장한다. 이러한 명제는 지난 2세기에 걸쳐 발전되어 온 것으로 앞서 본 바와 같이 피셔가 교환방정식으로 나타내었다. 교환방정식은 통화량(M)과 소득속도(V_y)를 곱한 것은 총지출(Py)과 동일하다는 것을 가리킨다.

$$MV_y = Py$$

교환방정식은 항등식임과 동시에 정의식이며 증가율로 바꾸어 동태화할 수 있다. 즉, 모든 변수는 시간의 함수로 가정하고 자연대수를 취한 다음 시간에 관해서 미분하면 다음과 같이 증가율로 나타낼 수 있다. 다만, 물가상승($\dot{P}$)은 인플레이션을 가리키는 π로 바꾸어 쓴다.

$$\dot{M} + \dot{V}_y = \pi + \dot{y}$$

단, · 는 변동률을 표시

통화공급증가율($\dot{M}$)과 통화의 소득속도변동률($\dot{V}_y$)을 합한 것은 총지출증가율($\pi + \dot{y}$)과 같다는 것을 의미한다.

만일 소득속도($\dot{V}_y = 0$)는 일정하고 실질소득(y)의 증가는 통화공급량 증가와 관계가 없다고 가정하면 위 식은 다음과 같이 된다.

$$\pi = \dot{M} - \dot{y}$$

즉, 인플레이션은 통화량증가율에서 실질소득증가율을 뺀 것과 같다. 통화공급이 증가하면 같은 비율로 인플레이션도 상승한다. 이러한 고전적 통화수량설은 나중에 통화론자의 이론적 배경이 되었다.

인플레이션 갭

인플레이션 갭(inflationary gap) 모형은 케인즈가 처음 주장한 것으로, 재화와 서비스에 대한 총수요와 총공급간에 갭이 생기면 그 갭은 인플레이션을 일으킨다는 것이다. 인플레이션 갭은 후에 인플레이션에 관한 디맨드풀 이론의 기초가 되었다.

인플레이션 갭 모형을 총수요곡선을 이용하여 설명하면 다음과 같다. [그림 20-1]에서 초기의 총수요곡선이 독립적 지출[1]의 증가로 인해 AD_0에서 AD_1으로 이동하였다고 하자. AD_1에 대응되는 국민소득은 y_1이나 완전고용수준(y_f)을 초과하므로 실현이 불가능하다. 총수요는 ***ab***만큼의 인플레이션 갭을 발생시키는데 이러한 갭이 물가상승을 가져온다.

인플레이션 갭으로 인한 물가상승은 일시적인가 아니면 지속적인가?

그림 20-1 인플레이션 갭

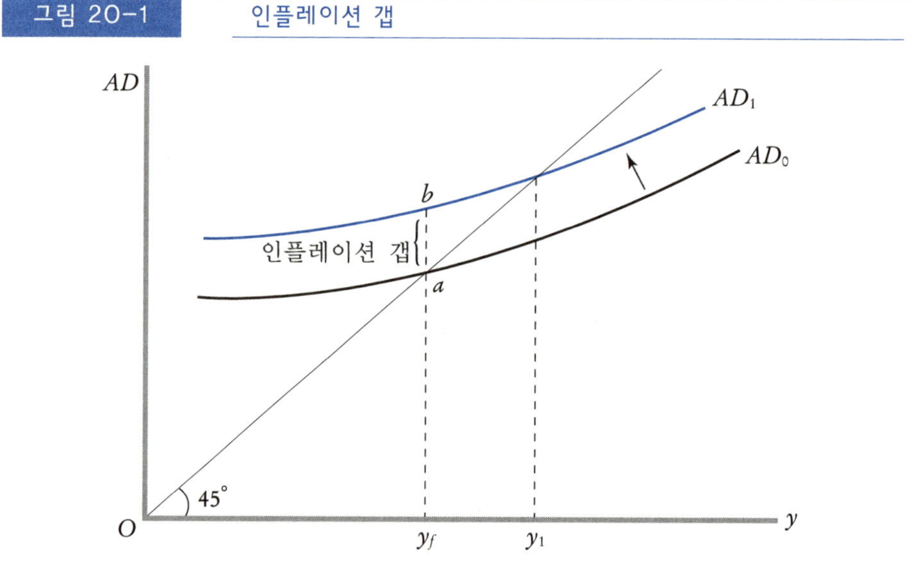

1) 독립적 지출은 소득수준과 상관 없이 이루어지는 지출을 가리킨다.

인플레이션 갭이 남아 있는 한 물가는 계속 상승하기 때문에 이에 대한 해답은 물가상승이 인플레이션 갭을 제거할 것인지의 여부에 달려 있다. 물가상승이 인플레이션 갭을 제거하는 경로는 두 가지가 있다.

첫째, 통화공급과 관련지어서 생각할 수 있다. 케인즈학파의 통화수요 분석에 따르면 물가가 상승하면 거래적 통화수요가 증가하게 된다. 거래적 통화수요가 증가함에도 불구하고 통화공급이 늘어나지 않으면 투기적 수요를 충족시키는 데 이용될 수 있는 통화는 적어지게 되어 이자율이 상승한다. 투자나 소비가 이자율에 대하여 탄력적이라면 이자율 상승은 총수요를 감소시켜 인플레이션 갭을 제거한다.

둘째, 통화공급과 관련 없이도 인플레이션 갭은 제거될 수 있다. 예를 들어 물가가 상승함에 따라 한계소비성향이 높은 저소득층으로부터 낮은 고소득층에게로 소득재분배가 이루어진다면 총수요는 감소하고 인플레이션 갭은 사라진다.

이상의 논의는 ***IS–LM***모형을 이용하여 설명할 수 있다. 먼저 [그림 20-2]에서 IS_0곡선과 $LM\left(\frac{M_0}{P_0}\right)$곡선이 교차하는 a에 상응하는 이자율을

그림 20-2 인플레이션 갭과 물가상승

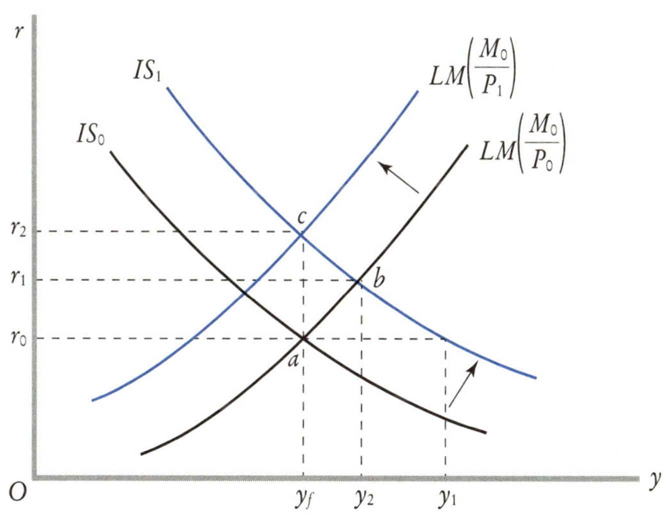

r_0, 실질소득을 완전고용수준의 y_f라고 하자. 재화에 대한 독립적 지출이 증가하면 IS_0곡선은 이동하여 IS_1이 된다. 현재의 이자율인 r_0에서 재화시장이 균형을 이루기 위해서는 소득수준이 y_1이어야 하나 통화시장의 균형에 필요한 소득수준은 수요증가 이전과 마찬가지로 y_f이다. 따라서 재화시장과 통화시장이 함께 균형을 이루기 위해서는 이자율이 r_1, 소득수준은 y_2가 되어야 한다. y_2와 완전고용수준인 y_f의 갭이 인플레이션 갭이다. 초과수요는 y_f에 대해서는 영향을 줄 수 없으므로 물가만을 상승시킨다.

한편 명목통화량이 M_0로 불변인 상태에서 물가가 P_0에서 P_1으로 상승하면 실질통화량이 감소하여 LM곡선은 좌상향으로 이동한다. 이자율은 상승하고 소득수준은 하락하여 $LM\left(\frac{M_0}{P_1}\right)$와 IS_1은 소득이 y_f이고 이자율이 r_2인 c에서 만나게 된다. 새로운 균형점에서 인플레이션 갭이 사라져 인플레이션 과정은 끝나게 된다.

디맨드풀과 코스트푸쉬 인플레이션

인플레이션에 관한 논의는 1960년대에 활발히 전개되었는데, 특징은 인플레이션을 디맨드풀(demand-pull) 인플레이션과 코스트푸쉬(cost-push) 인플레이션으로 구분한 것이다.

디맨드풀 인플레이션은 수요가 경제 전체의 생산능력을 초과함에 따라 물가가 상승하는 것을 가리킨다. 경제가 방대한 실업과 유휴시설을 갖고 있는 상태에 있다면 수요 확대는 인플레이션을 발생시키기보다는 생산과 고용을 증가시키지만 총수요가 생산능력을 초과하면 디맨드풀 인플레이션이 유발된다. 디맨드풀 인플레이션가설에 따르면, 수요가 완전고용 달성을 위해 필요한 수준에 이르도록 하는 데 정책의 초점을 두어야 하며 그보다 높은 수준으로 확대하면 인플레이션을 일으킨다.

코스트푸쉬 인플레이션은 임금인상과 같은 공급충격(supply shock)으로 인한 원가상승이 유발하는 물가상승을 가리킨다. 제2차세계대전 직후 방대한 실업이 존재함에도 불구하고 노동조합의 임금인상 압력으로 인해 인플레이션이 발생하였는데, 이를 코스트푸쉬 인플레이션이라고 불렀다.

그 후 1970년대의 두 차례에 걸친 원유가 급등으로 인한 물가상승은 임금상승으로 인한 것과는 다른 형태의 코스트푸쉬 인플레이션이다. 코스트푸쉬 인플레이션은 디맨드풀 인플레이션과는 대조적으로 자원이 완전고용에 이르기 전에도 임금이나 유가상승과 같은 공급충격으로 인한 비용상승 때문에 발생하는 인플레이션이다.

총수요함수와 총공급함수를 이용하여 인플레이션의 형태를 구별해 보기로 한다. 먼저 총수요곡선이 오른쪽으로 이동하는 경우를 보기로 하자. 총수요곡선의 이동은 ***IS***곡선과 ***LM***곡선 중에서 어느 하나가 이동하였거나 또는 두 곡선이 모두 이동하였을 때 생긴다. 총수요곡선을 오른쪽으로 이동시키는 요인을 케인즈학파는 정부 및 민간부문지출의 독립적인 증가와 같은 비통화적 충격에서 찾았고, 통화론자들은 통화공급의 변화라고 생각하였다.

[그림 20-3]에서 총수요의 증대는 y_0y_2만큼의 초과수요를 일으키고 물가상승을 초래한다. 초과수요가 발생하면 기업은 보다 높은 임금을 지급함으로써 고용을 늘리려고 한다. 노동자는 실질임금을 바탕으로 노동공

그림 20-3 디맨드풀 인플레이션

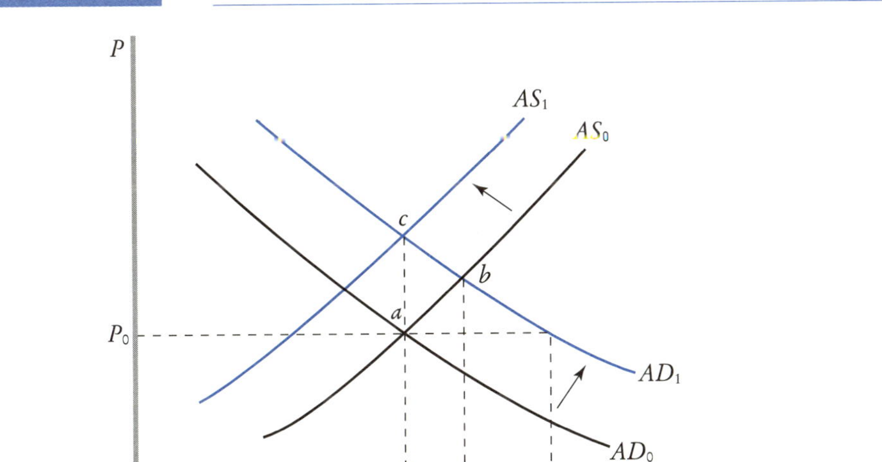

급을 결정하는데 기대물가수준이 실제물가수준 변화 후 일정한 시차를 두고 조정된다고 가정하면 노동자는 명목임금 상승을 실질임금 상승으로 오인하여 노동공급을 늘리게 된다.

이러한 조정과정을 거치면서 경제는 총공급곡선을 따라 a에서 b 방향으로 이동하며 생산량은 y_0수준 이상으로 확대된다. 그런데 b는 안정적인 상태라고 할 수 없다. 일정한 시간이 경과하여 노동자가 명목임금뿐 아니라 물가도 상승하였다는 것을 알게 되면 실질임금이 하락하였다는 것을 깨닫게 되고 물가수준에 관한 자신의 기대를 수정한다. 노동자들은 실질임금을 원래 균형수준으로 회복시키려고 하며 그 과정에서 명목임금이 상승하고 총공급곡선은 좌측으로 이동하게 된다. AS_1은 물가수준의 상승을 반영하여 명목임금이 완전히 조정된 경우의 총공급곡선을 나타낸다. 새로운 균형점 c의 실질임금은 a의 실질임금과 같지만 명목임금과 물가수준은 a의 경우보다 높다.

디맨드풀 인플레이션은 물가상승과 생산 및 고용의 일시적인 증가를 나타내는 ab와, 물가의 추가적인 상승과 비용의 증가에 따른 총공급함수의 이동이 일어나는 bc의 두 국면으로 나누어진다.

코스트푸쉬 인플레이션의 전형적인 예로는 해외원유가의 상승이나 노동생산성 증가가 수반되지 않은 명목임금 상승 등을 들 수 있다. 명목임금의 상승은 소득분배구조의 변화를 목표로 한 노조활동의 결과로 나타날 수 있다. 임금상승뿐만 아니라 독과점 등에 기인한 다른 투입요소의 가격상승도 코스트푸쉬 인플레이션을 초래한다.

비용의 외생적인 증가는 [그림 20-4]에서 총공급곡선을 AS_0에서 AS_1으로 이동시킨다. 물가수준 P_0에서는 y_0y_1만큼의 초과수요가 발생하므로 물가수준은 P_0에서 P_1으로 상승한다. 비용상승에 따른 인플레이션은 실질통화공급량을 $\frac{M}{P_0}$으로부터 $\frac{M}{P_1}$으로 감소시키므로 통화에 대한 초과수요가 발생한다. 여기서부터 통화시장과 재화시장의 상호작용이 시작된다. 통화에 대한 초과수요는 이자율을 상승시키고 이자율의 상승은 민간수요 중에서 이자율에 민감한 부분의 수요감소를 초래하며 총수요의 감소는 생산과 고용을 감소시킨다. 외생적인 비용상승에 대한 1차적인 반응은 물가

그림 20-4 코스트푸쉬 인플레이션

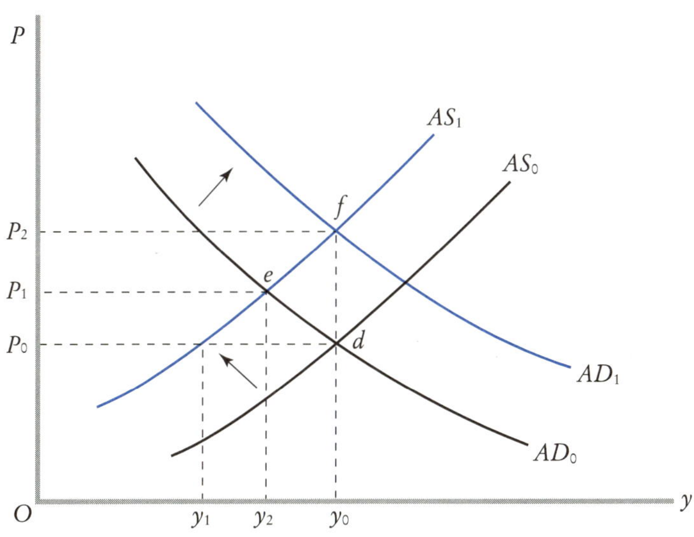

상승을 동반한 생산과 고용의 감소로 나타나며 이러한 현상을 사무엘슨(P. Samuelson)은 스태그플레이션(stagflation)이라고 불렀다.

디맨드풀 인플레이션과 마찬가지로 ***e***로 나타나는 비용상승에 대한 1차 반응은 안정적인 균형이 아니다. 왜냐하면 중앙은행이 스태그플레이션을 허용할 수 없다고 보고 통화공급을 증가시켜 이미 발생한 임금 및 물가의 외생적 상승을 수용하면 총수요곡선이 AD_1으로 이동하여 생산증대와 함께 물가수준이 상승하기 때문이다. 총수요곡선상의 ***f***에서 새로운 균형이 달성될 때까지 이러한 과정은 계속된다. 시차를 둔 통화공급 증가까지를 고려한 코스트푸쉬 인플레이션의 조정경로는 ***d***에서 ***e***를 거쳐 ***f***에 이르는 화살표로 나타낼 수 있다.

최근의 인플레이션이론은 코스트푸쉬 인플레이션과 디맨드풀 인플레이션을 구분하지 않는다. 예를 들면 임금과 물가가 함께 상승하는 현실의 인플레이션을 코스트푸쉬 인플레이션과 디맨드풀 인플레이션으로 구분하기가 어려울 뿐 아니라 물가와 명목임금 중에서 어느 것이 먼저 상승하였다고 단정하기도 쉽지 않기 때문이다. 기준이 되는 시점에 따라 임금상승을 외생적인 비용상승으로 볼 수도 있고, 이미 발생한 물가수준의 상승에 따른 조정으로 해석할 수도 있다.

통화론자의 인플레이션모형

통화론자의 인플레이션모형(monetarist model of inflation)에 의하면 인플레이션은 초과수요와 기대인플레이션에 의하여 결정된다고 가정한다.

$$\pi = a(ED) + b\pi^e$$

단, π : 인플레이션
ED : 초과수요
π^e : 기대인플레이션

위 식의 기대인플레이션 π^e가 적응적 기대에 의하여 형성된다면 π^e는 과거의 인플레이션에 의해 결정된다. 과거의 인플레이션은 과거의 초과수요에 의해 영향을 받으므로 π^e도 과거의 초과수요로부터 영향을 받는다.

초과수요는 수요가 자연실업률에 상응하는 생산수준을 유지하는 데 필요한 수준을 초과하는 경우를 가리킨다. 통화론자는 초과수요가 통화의 초과공급 때문에 생긴다고 본다. 예를 들어 기술진보 등으로 자연수준 생산이 증가한 결과 실질통화수요가 증가하면 이에 대응하기 위해서는 실질통화공급을 확대할 필요가 있다. 실질통화공급 증가율이 자연수준 생산의 증가 때문에 발생한 실질통화수요 증가율을 상회하면 초과수요가 나타난다. 실질통화수요의 소득탄력성이 1이라고 하면 다음과 같은 식을 얻게 된다.

$$ED = (\dot{M} - \pi) - \dot{y}_n$$

단, $\dot{M}$: 명목통화공급 증가율
$\dot{y}_n$: 자연수준 생산의 증가율

초과수요(ED)는 단기적으로는 생산과 고용에 영향을 주며 가변적이고 긴 시차를 거쳐 물가에 영향을 미친다. 장기적으로는 기대인플레이션과 실제인플레이션은 일치($b = 1$)하게 되고 기대하지 못한 인플레이션

$(=\pi^e-\pi)$이 제거됨에 따라 생산과 고용은 자연수준으로 돌아가고 초과수요는 사라지게 된다. 위 식은 다음과 같이 정리할 수 있다.

$$\pi=\dot{M}-\dot{y}_n$$

따라서 장기 인플레이션(long-run inflation)은 명목통화공급의 증가율($\dot{M}$)과 자연수준 생산의 증가율($\dot{y}_n$)의 차이에 의하여 결정된다.

통화론자에 따르면 통화공급의 증가는 인플레이션의 충분조건이 된다. 이러한 주장의 타당성은 자연수준 생산의 증가를 초과하는 명목통화공급의 증가가 과연 초과수요를 초래하는가에 달려 있다. 통화공급이 증가해도 유통속도가 불안정하고 유휴자금으로 퇴장되어 지출에 아무런 영향을 미치지 않으면 통화공급의 증가가 인플레이션의 충분조건이 되지 못한다.

또 통화공급의 확대가 없는 한 어떠한 인플레이션도 일시적인 현상에 불과하다. 통화공급의 증가가 인플레이션의 유일한 원인은 아닐지라도 필요조건이라고 통화론자는 주장한다. 이러한 견해에 대해 많은 경제학자들은 공감한다.

3. 인플레이션의 비용

인플레이션은 여러 가지 부작용을 발생시킨다. 인플레이션으로 인한 비용은 일반인이 기대한 인플레이션(expected inflation)과 기대하지 못한 인플레이션(unexpected inflation)으로 나누어 살펴볼 수 있다.

기대한 인플레이션

기대한 인플레이션은 기업과 가계가 금융거래를 할 때 고려하는 인플레이션을 가리킨다. 기대한 인플레이션은 자원배분에 영향을 미친다.

먼저 인플레이션은 통화가치의 감소를 초래한다. 인플레이션은 통화의 구매력을 감소시키는 세금이라고 할 수 있다. 예를 들어 10,000원을 현금으로 가지고 있는 사람은 연간 3%의 인플레이션이 발생할 경우 1년에 300원의 구매력을 잃게 되는 셈이다. 인플레이션은 통화잔액에 대하여 세금을 부과하기 때문에 일반인의 통화수요는 줄어든다. 통화수요가 감소하면 개인이나 기업은 현금보유를 회피함으로써 예금 인출을 위해 은행에 자주 가야 한다. 통화수요 감소로 인해 생기는 거래비용을 신발비용(shoe-leather costs)이라 한다. 일반인의 신발비용은 인플레이션이 부과하는 세금이다. 이 비용이 정부가 얻는 수입을 초과하면 인플레이션은 사회적 손실을 발생시킨다.

두 번째, 인플레이션이 발생하면 개인이나 기업의 소득세 부담이 증가한다. 일반적으로 소득세는 명목소득을 대상으로 하며 누진세율이 적용된다. 누진세제하에서는 소득이 증가할수록 세율이 높아진다. 명목소득은 인플레이션에 따라 증가하므로 높은 세율로 인해 납세자의 조세부담이 가중되며 민간소득이 정부로 이전된다.

세 번째, 인플레이션은 금융거래를 왜곡시킨다. 왜냐하면 자금대여자는 실질수익보다는 명목수익에 대해 세금을 부과받기 때문이다. 기대인플레이션이 4%이고 세율이 30%이며 명목이자율이 8%라고 가정하면 세후 실질수익률은 1.6%{=(1−0.30)×8%−4%}가 된다. 만일 기대인플레이션이 8%이고 명목이자율이 4%포인트 더 올라 12%가 된다면 세후 실질수익률은 0.4%{=(1−0.30)×12%−8%}가 된다. 1.6%의 실질수익률을 유지하기 위해서는 명목이자율이 인플레이션변동률(=8%−4%)보다 더 크게 상승해야 한다. 한편 차입자는 기대한 인플레이션으로 인해 이득을 얻게 되는데 인플레이션변동으로 차입의 세후 실질비용이 달라지기 때문이다. 예를 들어 기대한 인플레이션이 높은 경우 기업은 명목이자 지급액이 비용으로 처리되어 세금감면의 혜택을 받게 된다.

인플레이션이 진행됨에 따라 기업은 제품가격을 빈번하게 조정하여야 하는 비용이 발생하게 된다. 예를 들어 새로운 가격표를 인쇄하거나 이를 고객에게 알리는 데 비용이 든다. 이를 메뉴비용(menu costs)이라 한다. 메뉴비용을 부담하여야 하는 개별기업들은 실제로 인플레이션을 완전히 반영하여 개별제품가격을 시의적절하게 변경시키지 못하기 때문에 상대가격이 변동하게 되어 결과적으로 인플레이션은 비효율적인 자원배분을 초래한다.

기대하지 못한 인플레이션

일반이 기대하지 못한 인플레이션은 기대한 인플레이션에 비하여 사회적으로 더 나쁜 영향을 미친다. 기대하지 못한 인플레이션은 개인의 부를 재분배한다. 이는 금융자산의 장기 대차관계를 통하여 설명할 수 있다. 대차계약은 통상 명목금액으로 이루어지며 실제인플레이션에 연동시키기로 규정하는 경우도 있지만 대부분은 기대되는 인플레이션을 기초로 하여 명목이자율을 결정한다. 실제인플레이션이 기대한 인플레이션과 다르게 될 경우 자금차입자(채무자)가 자금대여자(채권자)에게 지급하는 사후 실질이자율이 대여자와 차입자가 계약 당시 기대한 것과 달라지게 되므로 부의 재분배가 발생한다.

예를 들어 자금대여자나 차입자 모두 인플레이션이 없을 것으로 기대하고 연이자 4%로 1,000만원의 대차관계를 맺었다고 가정하자. 인플레이션과 관계 없이 대여자는 1,040만원(= 1,000만원×1.04)을 차입자로부터 연말에 받게 된다. 만약 실제인플레이션이 7%라면 대여자의 실질수익률은 −3%가 된다. 기대하지 못한 인플레이션 7%는 실질구매력 70만원을 대여자로부터 차입자에게 이전시키는 효과를 가져온다. 반면에 실제인플레이션이 계약 당시 자금대여자 및 차입자가 기대한 수준보다 낮을 경우는 자금차입자로부터 자금대여자에게로 부의 재분배가 일어난다.

기대하지 못한 인플레이션으로 인해 부가 재분배되는 예로서 노동자와 기업간의 고용계약을 들 수 있다. 기대하지 못한 인플레이션은 명목으로 임금을 계약한 노동자의 실질임금을 감소시켜 기업의 부를 늘리는 결과를 초래한다. 이러한 부의 재분배효과는 기대하지 못한 인플레이션이 높을수록 확대되며 채권자와 채무자 또는 노동자와 기업이 갖는 불확실성도 그만큼 커지게 된다.

기대하지 못한 인플레이션이 거시경제에 미치는 효과는 기대한 인플레이션보다 추정하기 어렵다. 어느 한쪽의 손실은 다른 편의 이득으로 나타나지만 자원의 재분배에는 비용이 따른다. 예를 들면 기업이나 가계는 인플레이션이 초래한 자원의 재분배로 인한 손실을 방지하기 위하여 인플레이션을 예측하는 데 많은 시간과 자원을 소비하게 된다. 이와 같은 지출은 기대하지 못한 인플레이션의 비용이라고 할 수 있다.

인플레이션의 불확실성

기대하지 못한 인플레이션 때문에 생기는 불확실성[1]은 가격이 제공하는 정보를 왜곡시킨다. 시장경제에서 가격은 가계와 기업에게 자원배분을 알리는 신호라고 할 수 있다. 예를 들어 쇠고기값이 닭고기값보다 더 상승하면 농민들은 쇠고기를 더 많이 생산하고 가계는 닭고기를 더 많이 소비하게 된다. 또한 주식가격이 일반물가보다 더 상승하면 좋은 투자기회가 있다는 정보가 될 수 있다. 이러한 신호는 상대가격의 변화를 의미하며 상대가격 변화를 통하여 자원배분이 이루어진다. 그러나 인플레이션이 매우 불규칙하여 불확실성이 높으면 가격의 신호기능이 정상적으로 작동하지 않게 된다.

가격이 정확한 정보를 제공하지 않으면 자원은 효율적으로 배분되지 못한다. 인플레이션의 불확실성에 따라 발생하는 부작용의 극단적인 예로서 물가상승률이 몇 백 또는 몇 천 퍼센트에 이르는 하이퍼인플레이션(hyperinflation)을 들 수 있다. 하이퍼인플레이션의 부정적인 효과는 매우 크다. 대부분의 사람들은 위험을 회피하기 때문에 인플레이션으로 인한 위험을 최대한 줄이려 한다. 예를 들면 가계와 기업은 현금보유를 최소화한다. 기업은 근로자에게 짧은 기간단위로 임금을 자주 지급하게 된다. 근로자는 받은 임금을 물가가 오르기 전에 신속히 소비하거나 보다 안전한 외국통화로 교환하려고 한다. 가격은 더 이상 자원배분기능을 못하게

1) 일반적으로 장래 인플레이션의 움직임에 대한 각 경제주체의 예측치가 큰 격차를 보일수록 인플레이션의 불확실성이 높다고 정의된다.

된다. 하이퍼인플레이션 기간중에는 정부의 세금징수도 급속히 감소하는데 이는 세금납부액이 명목금액으로 고정되어 있으므로 납세자가 세부담을 낮추기 위해서 납부를 미루려는 경향이 생기기 때문이다.

4. 기대인플레이션

인플레이션의 결정요인으로 중요시되고 있는 기대인플레이션(inflationary expectations)의 형성과정에 관해서는 정태적, 적응적 또는 합리적 기대에 의하여 설명된다.

정태적 기대

정태적 기대의 개념

정태적 기대가설(static expectations hypothesis)은 기대형성에 관한 이론 중 가장 간단한 것으로서 경제주체들은 어떤 변수의 미래값은 가장 최근의 과거 실제치와 같을 것이라고 기대한다. 예를 들면 지난해의 인플레이션이 5%였다면 올해의 인플레이션도 지난해와 같은 5%가 될 것이라고 기대한다. 고전학파이론은 경제가 균형상태에 달하면 상당기간 또는 영구히 그러한 상태에 머물 것이라고 가정하기 때문에 정태적 기대를 전제로 하는 경우가 많다.

정태적 기대에 의한 기대인플레이션을 식으로 쓰면 다음과 같다.

$$\pi_t^e = \pi_{t-1}$$

t기의 기대인플레이션(π_t^e)은 $t-1$기의 실제인플레이션(π_{t-1})과 같다.

정태적 기대의 형성과정

정태적 기대에 의한 기대인플레이션 형성과정을 예를 통해 살펴보기로 하자. [표 20-1]은 실제인플레이션과 정태적 기대인플레이션간의 관계

[표 20-1] 정태적 기대인플레이션 (단위: %)

기간(t)	실제인플레이션(π_t)	기대인플레이션(π_t^e)	예측오차($\pi_t - \pi_t^e$)
1	5	–	–
2	5	5	0
3	11	5	6
4	25	11	14
5	25	25	0

를 나타내고 있다. 1기의 실제인플레이션이 5%이면 이는 곧 2기의 기대인플레이션이 된다. 2기의 실제인플레이션도 5%이면 1기의 실제인플레이션과 동일하여 예측오차가 생기지 않는다.

3기에 실제인플레이션이 11%로 상승하면 6%의 예측오차가 발생한다. 3기의 기대인플레이션은 2기의 실제인플레이션인 5%이기 때문이다. 3기의 인플레이션이 11%로 관측되면 4기의 기대인플레이션은 11%이나 4기의 실제인플레이션은 25%이기 때문에 예측오차는 14%가 된다. 5기에는 실제인플레이션이 4기와 같은 25%이므로 예측오차는 발생하지 않는다.

정태적 기대는 미래의 인플레이션을 예측하는 데 있어서 가장 최근의 인플레이션에만 의존하고 다른 정보는 고려하지 않으므로 실제인플레이션이 변동하지 않는 안정적인 경제환경에서는 예측오차가 없지만 경제환경이 급변하면 체계적 오차(systematic error)를 범하게 된다. 예를 들면 인플레이션이 시간의 경과와 함께 상승하는 경우 정태적 기대는 인플레이션을 계속해서 과소예측하는 체계적 오차를 범하게 된다. 일반적으로 경제변수는 불규칙적으로 변동하므로 예측치가 실제치보다 커졌다 작아졌다 하는 불가피한 오류가 반복적으로 나타날 수 있는데 여기서 말하는 체계적 오차란 이러한 불가피한 오차를 지칭하는 것이 아니고 예측치가 실제치를 계속 하회하거나 계속 상회하는 오류를 가리킨다.

적응적 기대

적응적 기대의 개념

적응적 기대가설(adaptive expectations hypothesis)은 케이간(P. Cagan)이 처음으로 체계화한 것으로 경제주체들은 과거의 실제인플레이션과 기대인플레이션의 차이, 즉 예측오차의 일정부분을 다음 기의 기대형성에 반영하여 수정해 나간다고 가정한다.

적응적 기대에 의한 기대인플레이션은 다음 식으로 나타낼 수 있다.

$$\pi_t^e = \pi_{t-1}^e + \lambda(\pi_{t-1} - \pi_{t-1}^e) \qquad 0 < \lambda < 1$$

t기의 기대인플레이션은 $t-1$기의 기대인플레이션에다 $t-1$기의 인플레이션에 대한 예측오차의 λ배만큼을 더한 것이 된다. 여기서 조정계수(adjustment factor) λ는 기대형성과정에서 생기는 오차를 수정해 가는 속도를 나타낸다. λ가 0에 가까울수록 조정이 아주 완만하게 이루어진다는 것을 의미하며 1에 가까울수록 조정속도가 빠르다는 것을 가리킨다. $\lambda=1$이면 $\pi_t^e = \pi_{t-1}$이 되어 정태적 기대형성과 같게 된다.

위 식은 다음과 같이 바꾸어 쓸 수 있다.

$$\pi_t^e = \lambda\pi_{t-1} + (1-\lambda)\pi_{t-1}^e$$

t기의 기대인플레이션은 $t-1$기의 실제인플레이션과 기대인플레이션의 가중평균이다. 이 관계식은 모든 기간에 걸쳐 성립하므로 π_{t-1}^e는 다음 식과 같다.

$$\pi_{t-1}^e = \lambda\pi_{t-2} + (1-\lambda)\pi_{t-2}^e$$

위 두 식을 정리하면 다음과 같다.

$$\pi_t^e = \lambda\pi_{t-1} + \lambda(1-\lambda)\pi_{t-2} + (1-\lambda)^2\pi_{t-3}^e$$

같은 방식으로 π_{t-2}^e, π_{t-3}^e, …을 구하여 순차적으로 대입해 나가면 다음 식을 구할 수 있다.

$$\pi_t^e = \lambda\pi_{t-1} + \lambda(1-\lambda)\pi_{t-2} + \lambda(1-\lambda)^2\pi_{t-3} + \lambda(1-\lambda)^3\pi_{t-4} + \cdots$$
$$= \sum_{i=0}^{\infty}\theta_i\pi_{t-i-1}$$
$$단,\ \theta_i = \lambda(1-\lambda)^i, \quad \sum_{i=0}^{\infty}\theta_i = 1$$

금기의 기대인플레이션은 전기의 실제인플레이션을 포함한 과거의 모든 실제인플레이션의 가중평균이다. 적응적 기대가설에 따르면 각기의 실제인플레이션에 부여되는 가중치는 현재의 시점으로부터 멀어질수록 기하급수적으로 감소하므로 기대인플레이션의 형성은 오래된 과거의 인플레이션보다 최근의 인플레이션에 의하여 더 큰 영향을 받는다.

적응적 기대가설은 관측할 수 없는 기대변수를 관측가능한 과거실제치의 가중평균으로 표시할 수 있도록 함으로써 실증연구에 널리 이용되었다. 경제주체들이 과거의 예측오차로부터 배워 나가는 과정뿐 아니라 실제의 경험적 현실을 잘 반영하고 있다. 적응적 기대치는 충분한 시간이 지나면 결국 실제치와 일치하게 된다는 점에서 경제가 어떤 충격으로 인하여 이동하는 동태적 경로를 보여준다. 이러한 장점 때문에 통화론자들이 많이 이용하였으며, 케인지안의 총수요관리정책을 비판하는 데 근거로 삼았던 자연실업률가설이나 수직선 형태의 장기 필립스곡선의 도출에 기여하였다.

적응적 기대의 형성과정

그러면 적응적 기대인플레이션의 형성과정을 예를 들어 설명해 보기로 한다. [표 21-2]는 조정계수 λ가 0.3 및 0.6일 경우의 기대형성과정을 비교한 것이다. 우선 조정계수 λ가 0.3인 경우 1기에서는 기대인플레이션과 실제인플레이션이 일치한다고 가정하면 예측오차가 발생하지 않으며 2기의 적응적 기대인플레이션은 다음과 같이 계산된다.

$$\pi_2^e = \pi_1^e + \lambda(\pi_1 - \pi_1^e) = 0.05 + 0.3(0.05 - 0.05) = 0.05$$

1기의 예측오차가 0이기 때문에 2기의 기대인플레이션은 1기에 기대하였던 5%가 된다. 같은 방법으로 2기의 실제인플레이션도 기대한 대로

5%로 나타나 예측오차가 발생하지 않았으므로 3기의 기대인플레이션은 2기와 같은 5%이다.

3기의 실제인플레이션은 10%이고 기대인플레이션은 5%이므로 5% 만큼의 예측오차가 발생하며 이는 4기의 기대인플레이션에 반영된다.

$$\pi_4^e = \pi_3^e + \lambda(\pi_3 - \pi_3^e) = 0.05 + 0.3(0.10 - 0.05) = 0.065$$

4기의 기대인플레이션이 6.5%로 나타난 것은 3기에 예측오차(5%)가 발생하였기 때문이다. 5기의 기대인플레이션은 4기의 기대인플레이션(6.5%)에다 예측오차(3.5%)의 0.3배를 더한 7.55%가 된다.

[표 20-2]는 λ가 0.6일 경우의 기대인플레이션도 보여주고 있다. $\lambda = 0.3$과 $\lambda = 0.6$인 경우를 비교해 보면 조정계수가 클수록 기대인플레이션은 실제인플레이션에 빠르게 접근한다는 것을 알 수 있다.

[표 20-2]에서 본 실제인플레이션과 적응적 기대인플레이션의 관계를 그림으로 나타내면 [그림 20-5]와 같다. 적응적 기대인플레이션은 과거 인플레이션 관측치의 가중평균이기 때문에 실제인플레이션에 점진적으로 접근하며 조정계수 λ가 클수록 실제인플레이션인 10%에 신속히 수렴한다. 그렇지만 조정속도가 아무리 빠르더라도 적응적 기대인플레이션은 실제인플레이션보다 계속 낮은 수준에 머물러 체계적 오차를 범하게 된다.

적응적 기대의 특징을 살펴보면 첫째, 정태적 기대와 마찬가지로 미

[표 20-2] 적응적 기대인플레이션 (단위: %)

기간(t)	실제인플레이션(π_t)	$\lambda = 0.3$일 때		$\lambda = 0.6$일 때	
		기대인플레이션(π_t^e)	예측오차 ($\pi_{t-1} - \pi_{t-1}^e$)	기대인플레이션(π_t^e)	예측오차 ($\pi_{t-1} - \pi_{t-1}^e$)
1	5	5	0	5	0
2	5	5	0	5	0
3	10	5	0	5	0
4	10	6.5	5	8	5
5	10	7.55	3.5	9.2	2

그림 20-5 조정계수와 적응적 기대인플레이션

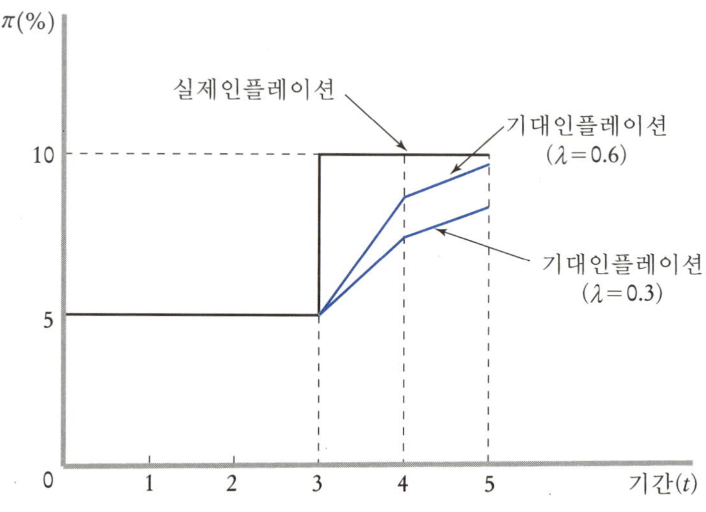

래를 예측하는 데 유용한 변수들을 무시하고 있다. 예를 들면 통화공급은 물가에 영향을 미치므로 통화량의 변동은 인플레이션을 예측하는 데 유용하게 활용될 수 있으나 이를 무시한 채 인플레이션의 과거 실적치만을 이용한다. 미래가 계속해서 변하는데 과거에만 의존하여 미래를 예측하는 것은 오류를 범할 수 있다.

둘째, 적응적 기대인플레이션은 매우 점진적으로 조정되며 시간의 경과에 따라 점차 실제인플레이션에 수렴한다. 인플레이션이 지속적으로 상승하는 경우 적응적 기대인플레이션은 항상 실제인플레이션보다 낮아지는 체계적 오차를 발생시킨다. 기대형성과정이 너무 과거지향적이며 현재의 경제상황이 아무리 중요할지라도 무시된다고 가정하는 것은 합리적이라고 할 수 없으며 λ의 크기가 특별한 기준 없이 자의적으로 결정된다는 것도 적응적 기대의 약점이다.

합리적 기대

합리적 기대의 개념

합리적 기대가설(rational expectations hypothesis)은 적응적 기대가설에 대한 반론으로 1960년대 초 뮤스[1](J. Muth)가 처음 제시한 이후 약 10여 년간 중요성을 인정받지 못하다가, 1970년대 초 루카스(R. Lucas)가 개념을 확장 · 정리하고 거시경제학의 중요한 문제에 적용시켜 나감으로써 커다란 충격과 변혁을 불러일으켰는데 이를 케인즈혁명에 비유하여 합리적 기대혁명이라고 부른다.

뮤스는 적응적 기대가설에 의한 기대형성과정은 오차의 반복에도 불구하고 이를 수정하지 않는 불합리성을 지니고 있다고 비판하고 경제주체의 기대는 특정변수의 과거값에만 의존하는 것이 아니라 경제이론을 포함한 이용가능한 모든 정보들을 토대로 형성된다고 주장하였다. 즉 경제주체들은 비록 완전한 정보를 갖고 있지는 않으나 모든 정보를 효율적으로 이용하여 어떤 변수의 미래값을 예측하며 이 예측치는 경제주체의 주관적인 기대치로서 그 변수의 조건부 기대치와 일치한다. 합리적 기대가 언제나 정확하다는 것을 의미하는 것은 아니며 예측에 있어 체계적 오차를 범하지 않는다는 것을 의미한다.

합리적 기대는 수식으로 표시될 수 있는 것이 아니고 예측 가능한 체계적 오차를 배제해야 한다는 조건으로 표시될 수 있다. 이러한 조건을 나타내는 방법은 어떤 변수에 대한 경제주체의 주관적 기대가 주어진 정보하에서 그 변수의 확률분포의 평균과 같다고 가정하는 것이다. $t-1$기에 이용가능한 정보집합을 I_{t-1}이라고 할 경우 t기의 합리적 기대인플레이션은 다음과 같이 쓸 수 있다.

$$\pi_t^e = E(\pi_t \mid I_{t-1})$$

1) 뮤스(J. Muth)가 '합리적 기대'를 제시한 논문은 "Rational Expectations and Theory of Price Movement"(Econometrica 29, 1961)이었다. 뮤스의 가설이 획기적인 것이었음에도 불구하고 학계에서 즉시 받아들여지지 않았던 것은 내용이 어려운 데다 명확하지 못한 데가 있었기 때문이라고 한다.

$t-1$기에 형성된 t기의 기대인플레이션 π_t^e는 I_{t-1}이 주어진 상황하에서 π_t의 수학적 기대치와 같다. 적응적 기대가설이 과거지향적이라면 합리적 기대가설은 미래지향적이라고 말할 수 있다.

합리적 기대의 형성과정

다음으로 합리적 기대의 형성과정을 예를 들어 살펴보자. 합리적 기대인플레이션 형성의 첫 단계는 인플레이션에 관한 적절한 경제이론을 선정하는 것이다. 앞서 본 고전적 통화수량설에 따르면 소득유통속도가 일정할 경우 인플레이션(π)은 통화증가율($\dot{M}$)이 실질국민소득 증가율($\dot{y}$)보다 클 때 발생한다.

$$\pi = \dot{M} - \dot{y}$$

예를 들어 통화증가율이 10%이고 실질국민소득 상승률이 3%이면 인플레이션은 7%가 된다. 만일 실질국민소득이 불변($\dot{y}=0$)이고 t기의 인플레이션이 $t-1$기의 통화증가율과 동일하다고 가정하면 합리적 기대에 의한 t기의 기대인플레이션은 $t-1$기의 통화증가율에 의하여 형성된다.

$$\pi_t^e = \dot{M}_{t-1}$$

위 식은 통화수량설에 의한 합리적 기대인플레이션은 단순히 전기의 통화증가율이 되며 과거의 인플레이션이나 전기의 예측오차에 의존하지 않는다는 것을 나타내고 있다.

기대인플레이션의 비교

합리적 기대와 적응적 기대를 비교해 보기로 한다. [표 21-3]에서 보는 바와 같이 통화증가율은 2기 이후 5%에서 10%로 상승하고 실제인플레이션은 2기까지 5%이며 나머지 기간중에는 10%라고 가정한다. 1, 2기에는 실제인플레이션과 기대인플레이션 모두 안정적이지만 2기의 통화증가율($\dot{M}_2$)이 10%이기 때문에 3기의 합리적 기대인플레이션(π_3^e)은 10%가

[표 20-3] 기대인플레이션의 비교

(단위: %)

기간(t)	통화증가율($\dot{M}_t$)	실제인플레이션 (π_t)	합리적 기대인플레이션 (π_t^e)	적응적 기대인플레이션 (π_t^e, $\lambda=0.6$)
1	5	5	5	5
2	10	5	5	5
3	10	10	10	5
4	10	10	10	8
5	10	10	10	9.2

되며 실제인플레이션과 일치한다. 합리적 기대와는 대조적으로 적응적 기대인플레이션은 3기에서 5%의 오차를 범할 뿐 아니라 통화증가율과 인플레이션은 밀접한 관계가 있다는 경제이론을 무시함으로써 실제인플레이션에 점진적으로 수렴해 갈 뿐이다.

한편 실질국민소득의 증가율이 가변적이라고 가정하면 기대인플레이션(π^e)은 다음과 같이 고쳐 쓸 수 있다.

$$\pi_t^e = \dot{M}_{t-1} - \dot{y}_{t-1}$$

위 식에서 실질국민소득이 상승하고 통화증가율이 하락하면 인플레이션은 낮아지므로 [그림 20-6]에서 보는 바와 같이 t_1기의 합리적 기대인플레이션은 π_1%에서 π_2%로 낮아진다. 실제인플레이션은 π_1% 및 π_2%대에서 불규칙적인 등락을 보이지만 이들의 조건부 기대치인 합리적 기대인플레이션은 π_1% 및 π_2%로 일정하다. 이는 합리적 기대에도 예측오차가 발생할 수 있음을 나타내고 있다. 현실 세계는 경제이론이 상정하는 것보다 훨씬 복잡하며 예측 불가능한 사건으로 인해 실제인플레이션은 이용가능한 정보를 근거로 예측한 것보다 높거나 낮아질 수 있기 때문이다.

대조적으로 적응적 기대인플레이션은 t_1기 이후에는 인플레이션을 과대예측하는 체계적 오차를 범한다. 오차는 점차 축소되지만 t_2기에 들어서도 여전히 기대인플레이션이 실제인플레이션보다 높은 수준을 나타낸다. 경제구조의 변화에 합리적 기대는 신속히 조정되지만 적응적 기대는

그림 20-6 기대인플레이션의 비교

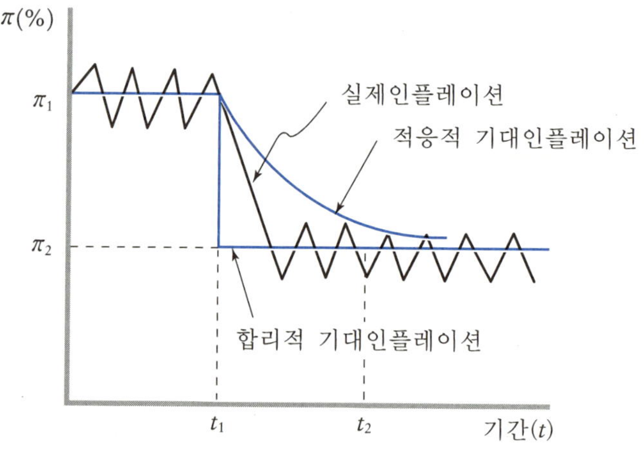

점진적으로 조정된다.

합리적 기대가 다른 기대형성 방법보다 우월한 점은 예측오차를 완전히 제거하는 데 있는 것이 아니라 체계적 예측오차가 발생하지 않는 데 있다. 그러나 합리적 기대도 적절하지 못한 경제이론을 근거로 하면 체계적 오차가 생기게 된다. 위에서 본 예에서는 소득유통속도가 일정하다고 가정하였으나 현실이 그렇지 않으면 통화수량설에 근거한 합리적 기대인플레이션도 체계적 오차를 발생할 수 있다. 합리적 기대는 올바른 경제모형을 토대로 할 때 예측력을 제고시키며 체계적 오차를 제거할 수 있는 것이다.

그 밖에 합리적 기대에 대한 비판도 여러 가지 측면에서 제기되고 있으나 두 가지만 요약하면 다음과 같다. 첫째는 사람들은 합리적 기대를 형성할 만큼 경제이론을 모두 아는 것은 아니다. 경제학자들도 관련경제이론에 대해서 의견의 합치를 보지 못하는 것이 일반적인데 경제학자가 아닌 일반인이 경제이론을 이해하고 이를 기대에 반영한다는 것은 매우 어려운 일이다.

두 번째는 일반인은 합리적 기대에 필요한 관련정보를 수집하고 분석하지 않는 경향이 있다. 관련경제이론을 이해하지 못하는 사람들이 적절한 정보를 수집하여 처리할 것으로 기대하는 것은 무리라고 할 수 있다. 이와 같은 합리적 기대의 문제점 때문에 단순하고 사용하기 쉬운 정태적 및 적응적 기대가설이 자주 이용되고 있다.

5. 필립스곡선

필립스곡선(Phillips Curve)은 인플레이션과 실업률의 관계를 가리킨다. 필립스[1)](A.W. Phillips)가 명목임금변동률과 실업률의 역관계를 제시했으나 명목임금이 인플레이션과 같은 방향으로 변동한다는 것을 알게 되면서 필립스곡선은 인플레이션과 실업률의 관계로 나타내게 되었다.

필립스곡선이 발표된 후 이에 대한 실증연구가 수없이 이루어졌다. 1960년대에는 인플레이션과 실업률간에 안정적인 역관계가 존재한다는 인식이 일반화되었으나 60년대 말부터는 필립스곡선은 일시적인 현상이며 기대인플레이션이 필립스곡선을 이동시킨다는 주장이 제기되었다.

케인즈학파 이론

필립스곡선은 케인즈학파의 총공급 이론과 밀접한 관계가 있다. [그림 20-7]의 (a)는 산출량(y)이 케인즈학파의 총공급곡선(AS)과 총수요곡선(AD)에 의하여 결정된다는 것을 보여 주고 있다. 그림 (b)는 총생산함수($F(n)$)를 나타내고 그림 (c)는 종축은 인플레이션(π), 횡축은 실업률(u)을 가리키고 있다.

1) 프리드만과 펠프스(E. Phelps)는 거의 동시에 필립스곡선을 비판했지만 프리드만의 이론이 더 잘 알려지게 된 것은 프리드만이 1968년 미국경제학회장 취임연설에서 필립스곡선을 비판했기 때문이라고 한다. 그의 취임연설문 "The Role of Monetary Policy"(*American Economic Review* 58, 1968)는 2차대전 후 발표된 거시경제학 논문 가운데서 가장 중요한 것으로 간주되고 있다.

그림 20-7 필립스곡선의 유도

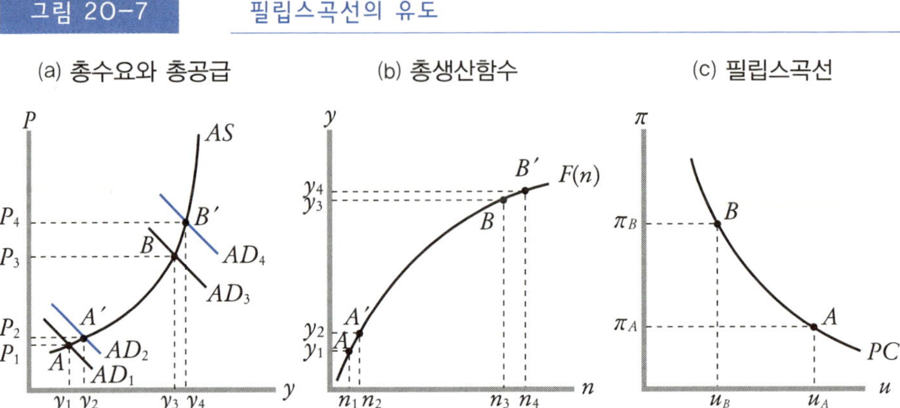

필립스곡선을 유도하기 위해 경제가 침체국면에 있는 경우와 확장국면에 있는 경우로 나누어 고찰한다. 먼저 경제가 침체 속에 있으면 총수요가 AD_1에서 AD_2로 증가해도 생산($y_1 \rightarrow y_2$)과 물가($P_1 \rightarrow P_2$)의 변동은 상대적으로 작다. 산출량의 증가가 작으면 그림 (b)의 고용($n_1 \rightarrow n_2$)도 작게 증가하므로 그림 (c)의 실업률(u_A)은 높은 수준에 있게 된다. 물가의 상승폭도 작으므로 그림 (c)의 인플레이션(π_A)도 낮게 나타난다. 따라서 인플레이션 π_A에 대응되는 실업률은 u_A가 된다.

다음으로 경제가 확장국면에 있는 경우를 보기로 하자. 총수요곡선이 AD_3에서 AD_4로 확대되면 물가($P_3 \rightarrow P_4$)는 비교적 크게 상승하지만 산출량($y_3 \rightarrow y_4$)은 약간 증가하는 데 그친다. 왜냐하면 높은 총수요 수준에서 산출량은 총공급곡선이 급경사를 이루는 곳에서 결정되며 이 부분에서는 수확체감의 법칙이 작용하므로 물가상승이 실질산출량에 미치는 효과가 작기 때문이다.

그림 (b)에서 확장국면(y_3, y_4)의 생산함수($F(n)$)는 평탄하고 고용은 높은 수준에 있기 때문에 실업률은 비교적 낮다. 그림 (c)의 인플레이션은 높은 물가상승으로 인해 π_B가 되며 그에 대응하는 실업률은 u_B이다.

그림 (c)의 A와 B는 필립스곡선(PC)상의 두 점이다. 필립스곡선이 안쪽으로 볼록한 것은 한계수확체감의 법칙 때문이다. 이론적으로는 인플레이션율이 상승하면 실업률이 낮을 때보다도 높을 때 실업은 더 많이 감소한다.

[그림 20-7]에서 중요한 점은 필립스곡선은 우하향의 기울기를 갖는다는 것이다. 필립스곡선을 유도하는 과정에서 본 바와 같이 필립스곡선의 기울기는 우상향의 볼록한 총공급곡선에 기인한다. 즉 케인즈학파의 총공급 이론이 인플레이션이 증가하면 실업률이 감소한다는 필립스곡선을 뒷받침한다.

통화론자의 비판

1960년대 말부터 통화론자는 필립스곡선이 보다 높은 인플레이션을 받아들이면 실업을 감소시킬 수 있다는 안정된 관계를 나타낸다는 견해를 비판하기 시작했다. 통화론자에 따르면 그러한 관계를 이용하려는 정책은 장기적으로는 인플레이션만 상승시킬 뿐 실업에 대해서 미치는 효과는 매우 작다. 60년대에는 필립스곡선이 존재하고 있는 것으로 믿었기 때문에 통화론자의 주장은 초기에는 큰 관심을 끌지 못했다. 1960년대 말 프리드만은 인플레이션과 실업률간의 안정된 역관계는 지속될 수 없다는 것을 예언했다. 70년대가 시작되면서 점점 많은 경제학자들이 통화론자의 주장을 경청하게 되었다. 70년부터 90년대까지 안정적인 필립스곡선은 존재하지 않는다는 것이 밝혀졌다.

통화론자의 주장은 총공급곡선이 우상향하는 것은 정보가 불완전하기 때문이라는 케인즈학파 이론과 뿌리를 같이한다. 통화론자에 따르면 불완전 정보이론은 단기에만 적용된다. 단기는 정보가 불완전하고 기대인플레이션과 실제인플레이션이 일치하지 않는 짧은 기간을 가리킨다. 장기에서는 고전학파 이론에서 본 것처럼 총공급곡선은 수직이라고 한다.

통화론자 이론의 핵심은 장기에 대한 정의에 있다. 통화론자는 장기를 노동자가 경제상황에 대한 정보를 수집하고 기대인플레이션과 실제인플레이션을 일치시키기에 충분한 기간으로 정의한다. 장기에는 노동자는 고전학파가 가정하는 것과 같이 충분한 정보를 갖는다. 고전학파 이론과는 달리 통화론자는 경제가 언제나 그러한 장기상태에 있다고 주장하지 않는다. 여러 해에 걸쳐 그러한 상태를 향해 움직이는 경향이 있다고 가정한다.

따라서 완전한 정보를 이용할 수 있는 장기에서는 기대인플레이션은 실제인플레이션과 같으며 총공급곡선은 수직이라는 고전학파의 주장은 타당하다. 물가수준의 변동은 고용량에 아무런 영향을 주지 못하기 때문에 산출량에도 영향을 미치지 못한다. 결국 인플레이션의 변동은 실업률에 영향을 미치지 못한다. 경제는 자연실업률[1)](natural rate of unemployment) 수준을 향하여 움직인다. 자연실업률은 모든 사람이 인플레이션에 대한 완전한 정보를 이용할 수 있는 장기의 균형실업률이다.

통화론자가 실업과 인플레이션 사이의 상충관계를 전적으로 부인하는 것은 아니다. 통화론자는 실업률에도 순환변동이 있다는 케인즈학파 이론에 대해 동의한다. 경기순환적 요인으로 인한 실업은 인플레이션과 역의 관계를 갖는다는 점도 부인하지 않는다. 노동자는 물가와 인플레이션에 대해 불완전한 정보밖에 가질 수 없다는 전통적인 케인즈학파의 가정에 대해서도 통화론자는 반대하지 않는다. 통화론자가 주장하는 것은 불완전한 정보는 단기적 현상이라는 것이다. 장기에는 사람들은 정보를 거의 완전하게 이용할 수 있으므로 케인즈학파의 총공급이론은 장기적인 관점에서 보면 유용한 개념이 아니라고 주장한다.

[그림 20-8]은 통화론자의 주장을 나타내고 있다. 먼저 그림 (a)는 두 개의 총공급곡선을 보여준다. 첫째는 케인즈학파의 총공급곡선으로 통화론자에 의하면 단기 총공급곡선(AS_{SR}: $P^e = P_1$)이다. 이 단기 총공급곡선에 따라 불완전한 정보를 가진 노동자는 물가수준에 대한 기대(예: $P^e = P_1$)를 형성한다. 노동자는 물가가 변동해도 단기에는 그러한 변동을 알지 못하므로 물가에 대한 기대를 바꾸지 않는다. 예를 들면 물가수준이 단기에 P_1에서 P_2로 상승해도 기대물가수준은 변하지 않으므로 산출량은 y_1에서 y_2로 증가한다. 반대로 물가수준이 단기에 P_1에서 P_3로 하락한다면 실

1) 많은 학자들은 non-accelerating rate of unemployment(NAERU)라고 부른다.

그림 20-8 장 · 단기 필립스곡선

(a) 장 · 단기 총공급곡선

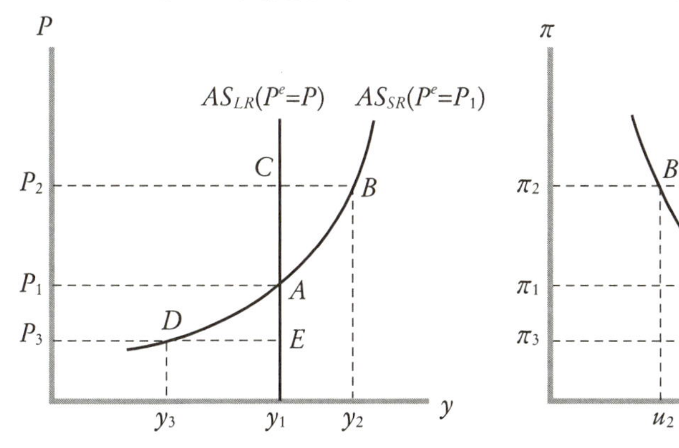

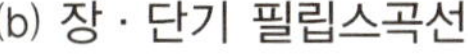

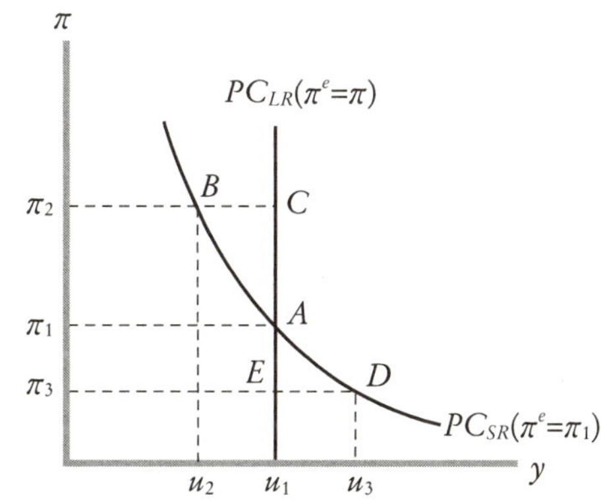

질산출량은 $\boldsymbol{y}_1$에서 $\boldsymbol{y}_3$로 감소한다.

그림 (a)의 두 번째 총공급곡선은 장기공급곡선($\boldsymbol{AS_{LR}} : \boldsymbol{P^e = P}$)이다. 장기에는 노동자가 충분한 정보를 갖게 되므로 물가수준에 대한 기대는 언제나 실제물가수준과 같다. 장기 총공급곡선은 고전학파의 수직형태의 공급곡선이다. 총공급곡선이 수직이므로 물가수준의 변동($\boldsymbol{A \rightarrow C}$)은 산출량에 아무런 영향을 미치지 않는다. 물가수준의 하락도 $\boldsymbol{A}$에서 $\boldsymbol{E}$로의 이동으로 나타날 뿐 실질산출량은 변동하지 않는다.

그림 (b)는 두 개의 필립스곡선을 보여주고 있다. 하나는 우하향의 단기 필립스곡선($\boldsymbol{PC_{SR}} : \pi^e = \pi_1$)으로 단기 총공급곡선($\boldsymbol{AS_{SR}} : \boldsymbol{P^e = P_1}$)에서 유도된 것이다. 단기 필립스곡선에 따르면 물가상승으로 인한 인플레이션의 상승($\pi_1 \rightarrow \pi_2$)은 실업률을 $\boldsymbol{u}_1$에서 $\boldsymbol{u}_2$로 감소시킨다. 왜냐하면 단기에는 노동자의 기대물가는 조정되지 않으므로 기대인플레이션($\pi^e = \pi_1$)은 일시적으로 고정되기 때문이다.

그림 (b)에 있는 다른 필립스곡선은 수직의 장기 총공급곡선으로부터 유도된 장기 필립스곡선($\boldsymbol{PC_{LR}} : \pi^e = \pi$)으로 수직이다. 장기에는 노동자는 정보를 충분히 갖고 있으므로 기대인플레이션(π^e)은 실제인플레이션과 같다. 따라서 인플레이션이 상승해도 장기곡선에 따라 A에서 C로 이동하기 때문에 실업률은 변하지 않는다. 인플레이션이 하락해도 A에서 E로 이동하기 때문에 실업률에 대해 아무런 장기효과를 미치지 못한다. 실업률 u_1이 자연실업률이 된다.

제 VI 편
통화정책

제 21장

중앙은행의 기능과 제도

1. 중앙은행의 기원

중앙은행(central bank)[1)]은 정부의 은행, 은행의 은행이면서 통화정책을 담당하는 공적 기관이다. 중앙은행이 처음부터 공공기관으로 출발하였던 것은 아니며 초기에는 정부의 인가를 받아 설립된 특수한 상업은행으로서의 성격이 강했다. 가장 오래된 중앙은행인 스웨덴 국립은행(Sveriges Riksbank)이 1668년 네덜란드인 사업가의 도움으로 설립되어 국회의 승인하에 정부의 은행으로서 역할을 수행하였으나 다른 은행과 마찬가지로 일반 금융업무를 취급하였다. 이 은행이 최종대출자(lender of last resort) 기능을 갖게 된 것은 그로부터 약 230년 후인 1890년대에 들어서이며 독점적 발권력도 1897년에 부여받았다. 1694년에 영국중앙은행(the Bank of England)이 전쟁 비용의 조달이 필요한 윌리암 왕(King William of Orange)의 요청으로 스코틀랜드 사람인 패터슨(W. Patterson)에 의하여 창설되었다. 그 후 1800년에 나폴레옹(Napoleon Bonaparte)은 프랑스 혁명기간의 하이퍼인플레이션과 극심한 불황을 안정시키기 위해 프랑스은행(the Banque de France)을 설립하였다.

1) 중앙은행(central bank)이라는 용어는 1873년 Economist지의 편집장인 Walter Bagehot가 처음 사용하였다.

이와 같이 중앙은행은 1600년대 말부터 출현하기 시작하였으나 근대적인 중앙은행이 생긴 것은 대부분 20세기에 들어 온 다음에야 볼 수 있는 현상이었다. 예를 들면 1900년에 중앙은행을 보유하고 있던 국가는 18개에 불과했다. 미국의 연방준비은행(Federal Reserve System)은 의회가 통과시킨 Glass-Own법을 1913년 12월 윌슨 대통령이 서명함으로써 창설되었다. 한국은행은 1950년에 창립되었다. 최근에는 중국의 인민은행이 1979년에 발족되었으며 가장 최근에는 1998년 유럽중앙은행(ECB: European Central Bank)이 설립되었다.

정부와 금융제도의 중요성이 증대되면서 중앙은행의 필요성도 함께 증대되었다. 오늘날 중앙은행을 갖고 있지 않은 나라는 상상하기조차 어렵다.

2. 중앙은행의 기능

중앙은행은 정부의 은행으로 출발하였으나 시일이 지남에 따라 여러 가지 기능이 추가되었다.

정부의 은행

중앙은행은 정부의 은행으로서 화폐발행을 독점하는 특별한 위치에 있다. 초기에는 중앙은행이 발행하는 (중앙)은행권은 왕이나 황제가 발행한 것보다 더 신용할 수 있는 것으로 간주되었다. 통치자는 자신의 부채를 상환하지 않음으로써 자기가 발행한 화폐를 아무런 가치가 없는 것으로 만드는 경향이 있었다. 대조적으로 초기의 중앙은행은 자신이 발행한 지폐를 금으로 교환해 줄 수 있는 충분한 지급준비를 보유하였다. 사람들이 통화를 사용하려면 통화에 대한 신뢰를 가져야 한다. 아주 오래 전에는 지폐를 금으로 교환하였으나 오늘날 중앙은행이 약속하는 것은 헌 지폐를 새것으로 교환해 주는 것이다. 이것만으로도 일반이 중앙은행을 신뢰하는 한 충분하다고 할 수 있다.

중앙은행이 화폐를 발행할 수 있다는 것은 그 나라 경제가 이용할 수 있는 통화와 신용을 조절할 수 있다는 것을 의미한다. 나중에 보는 바와 같이 거의 모든 중앙은행은 단기이자율을 조정함으로써 통화와 신용량을 조절한다. 이와 같은 활동을 통화정책(monetary policy)이라고 부른다. 오늘날 지구상의 모든 중앙은행은 경제성장과 인플레이션을 안정시키기 위해 통화정책을 입안하고 집행한다. 확장적 또는 적응적 통화정책은 이자율을 낮춤으로써 단기에 성장과 인플레이션을 높이는 반면 긴축적 또는 제한적 통화정책은 이자율을 높임으로써 성장과 인플레이션을 낮게 한다.

국가가 독자적인 통화정책을 갖기를 원하는 이유를 이해하는 것이 매우 중요하다. 앞서 본 것처럼 아주 기본적인 개념으로 화폐를 제조해서 발행하는 일은 이익이 매우 많은 사업이다. 예를 들면 만원권을 한장 인쇄하는 비용은 몇 십원에 불과할 것이다. 그러나 제조된 만원권은 만원어치의 재화나 서비스와 교환할 수 있다. 따라서 정부가 독점적인 화폐발행권을 보유하고 화폐발행으로 생기는 수입을 공공의 이익을 위해서 사용하려는 것은 당연하다. 그리고 정부는 화폐제조에 대한 통제력을 상실하면 인플레이션에 대한 통제력을 잃어버린다는 것도 안다. 높은 통화공급 증가율은 높은 인플레이션을 불러온다.

나라마다 중앙은행을 창설하는 주된 이유는 자국 화폐에 대한 통제력을 확보하기 위한 것이다. 독점적인 화폐발행권을 다른 사람에 주는 것은 재앙이 될 수 있다. 그럼에도 불구하고 최근 몇 나라는 화폐발행권을 다른 사람에게 넘긴 일이 있다. 12개의 유럽국가는 경제통합을 위한 조치로 통화정책을 수행할 권한을 유럽중앙은행(European Central Bank)에게 이양하였다. 이것은 인플레이션이 낮은 수준에서 유지되도록 하는 장치를 확실하게 한 다음에 이루어졌으므로 유럽중앙은행의 통화정책이 남용될 위험은 거의 없다고 말할 수 있다.

은행의 은행

초기의 중앙은행은 정부가 정치적으로 후원하고 방대한 양의 금을 보유하고 있었기 때문에 당시는 가장 크고 신뢰할 수 있는 은행이었다. 중앙은행이 발행한 지폐는 작은 은행이 발행한 것보다 안전한 것으로 여겨졌으며 예금보유자가 예금을 현금으로 더욱 용이하게 전환할 수 있도록 하였다. 이와 같은 안정성과 편리함 때문에 대부분의 다른 은행도 중앙은행에 예금하게 되었다.

중앙은행은 지금도 은행의 은행으로서 기능하고 있다. 중요한 기능으로 금융경색기에 자금을 공급하고 지급제도를 관리한다.

중앙은행이 화폐를 발행할 수 있다는 것은 금융위기와 같이 아무도 대출할 수 없는 시기에 중앙은행은 대출할 수 있다는 것을 의미한다. 은행은 모든 예금주가 예금을 일시에 인출하면 기능이 마비되고 만다. 예금뇌취(bank run)는 아무리 경영이 잘 되고 있는 은행도 감당하기 어렵다. 예금뇌취로 인한 위기를 극복하기 위해 중앙은행은 건전한 은행에 대출형태로 현금을 공급할 수 있다. 이와 같은 최종대출자로서의 기능은 나중에 다시 살펴보게 된다. 여기서 이해하여야 할 것은 중앙은행은 건전한 은행과 금융기관이 원활하게 운영되도록 함으로써 금융제도 전체의 안정성과 건전성을 제고한다는 점이다. 최종대출자로서의 역할은 현대 중앙은행의 가장 중요한 기능 가운데 하나라고 할 수 있다.

모든 국가는 안전하고 효율적인 지급제도를 갖고 있지 않으면 안 된다. 사람들은 서로 지급하고 결제할 수 있는 방법이 필요하고 금융기관은 상호간에 저렴하고 신뢰할 수 있는 방법으로 자금을 이전하는 것이 필요하다. 모든 은행이 중앙은행에 계좌를 가지고 있다는 사실은 중앙은행을 은행간 지급을 결제하는 데 가장 좋은 곳으로 만든다.

정부의 은행으로서 그리고 은행의 은행으로서 중앙은행은 한 나라의 금융제도와 경제에 있어 가장 크고 강력한 존재 가운데 하나라고 할 수 있다. 중앙은행은 주어진 역량으로 경제를 안정시키고 사람들의 복리를 증진하여야 할 책무가 있다. 대부분의 중앙은행은 이러한 역할을 수행하고 있으나 중앙은행이 극단적인 정치적 압력에 놓이거나 무능한 경우에는 경제와 금융제도에 대해 파괴적인 위해를 가할 수 있다 예를 들면 동남아시아 어느 중앙은행은 퇴출되어야 할 부실 금융기관에 무리하게 대출함으로써 1997년의 아시아금융위기를 촉발하였다.

3. 중앙은행제도

최근 중앙은행이 통화정책을 효율적으로 수행하기 위해 필요한 조건에 관해서 공감대가 광범하게 이루어지면서 많은 나라의 중앙은행제도가 개편되었다. 중앙은행제도의 개편은 정치적 압력으로부터의 독립, 위원회에 의한 의사결정, 일반인에 대한 책임과 정책의 투명한 전달, 정책목적간의 상충관계를 명시한 틀 안에서의 정책운용 등을 도입하는 방향으로 이루어졌다.

정치적 독립

중앙은행은 정치적 압력으로부터 독립되어야 한다는 아이디어는 비교적 새로운 것이다. 원래 중앙은행은 정부의 은행으로 출발하였다. 중앙은행이 처음에는 왕이나 황제의 지시를 받았고 나중에는 민주적으로 선출된 의회의 간섭을 받았다. 정치인들은 통화정책처럼 중요한 것에 대한 통제권을 좀처럼 포기하지 않으려고 했다. 그러나 1990년대에 거의 모든 정부는 중앙은행에게 독립성을 부여하였다.

독립성이 보장되기 위해서는 두 가지 요소가 충족되어야 한다. 하나는 중앙은행은 자신의 예산을 자유롭게 통제할 수 있어야 한다. 만일 정치인이나 정부가 중앙은행의 예산을 결정한다면 이들이 중앙은행의 결정을 컨트롤할 수 있게 된다. 두 번째는 중앙은행의 정책이 은행 밖에 있는 사람들에 의해서 번복될 수 없도록 하여야 한다.

통화정책이 성공하기 위해서는 장기적 관점이 필요하다. 오늘 결정한

정책의 효과는 많은 경우 단기간에는 감지되지 않고 몇 년 후에 나타난다. 민주적으로 선출된 정치인은 시야(time horizon)를 다음 선거에 집중하는 경우가 대부분이다. 정치제도는 국회의원이 다음 선거 이전에 선거민이 좋아 할 일들, 예를 들면 장기안정을 희생하고 단기호황을 가져오는 이자율정책 등을 선호하도록 한다. 장기목적을 희생하고 단기이익을 달성하고 싶은 유혹은 정치인이 외면하기 어렵다. 선택할 기회가 있다면 정치인은 경기부양적 통화정책을 선택할 것이다. 정치인이 원하는 통화정책은 너무 낮은 이자율과 너무 높은 통화공급인 경우가 많다. 이와 같은 정책은 산출과 고용을 신속하게(선거 이전에) 증가시키고 인플레이션은 나중에(선거 후에) 상승한다. 저금리정책이 인기가 있는 것은 대출자보다 차입자가 더 많기 때문이다.

이러한 경향을 인식한 현대 정부는 통화정책에 대한 책임을 별도의 비정치적인 기관에 넘기게 되었다. 정치인의 일상적인 압력을 차단하기 위해 정부는 중앙은행이 예산을 자체적으로 편성하고 집행하도록 하는 한편, 결정된 정책을 외부에서 번복하기 어렵게 하거나 번복할 수 없도록 하였다.

위원회에 의한 정책결정

중요한 결정은 개인이 하여야 하는가 또는 위원회가 하여야 하는가. 결정이 촌각을 다투는 긴박한 것이라면 개인에게 맡기는 것이 효율적이다. 통화정책은 많은 정보를 수집하고 면밀하게 검토한 다음 결정하는 것이 일반적이다. 위기가 발생한 경우는 누군가가 결정하여야겠지만 정상적인 상태에서는 통화정책의 결정은 개인보다는 여러 사람으로 구성된 위원회에 맡기는 것이 더 좋을 것이다. 아주 특출한 사람이라면 위원회와 마찬가지로 정책결정을 맡길 수도 있겠지만 언제나 비상하게 탁월한 사람이 책임질 것이라는 가정으로 중요한 기관을 설립하는 것은 현명한 일이라고 할 수 없다. 그리고 중앙은행제도의 특성상 최고책임자는 함부로 경질할 수 없다는 점을 감안하면 잘못된 사람을 최고위직에 임명하는 데 따른 위험과 비용은 매우 높다고 할 수 있다.

대안은 위원회가 통화정책을 결정하는 것이다. 지식과 경험, 다양한 그룹의 의견 등을 취합하는 것이 개인적 결함에 의하여 정책이 좌우될 수 있는 위험을 감소시킬 수 있다. 이와 같은 이유로 모든 주요국의 통화정책은 위원회에서 결정된다. 예를 들면 한국은행은 금융통화위원회, 미국은 연방공개시장위원회(FOMC: federal open market committee), 유럽중앙은행은 이사회(Governing Council), 일본은행은 정책위원회 등이 통화정책을 결정한다.

책임과 정책의 투명성

중앙은행독립과 관련하여 중요한 문제가 제기된다. 그것은 대의민주주의(representative democracy)와 모순된다는 점이다. 가장 중요한 정부기능 가운데 하나인 통화정책을 임명된(appointed) 사람이 맡도록 하는 것은 본질적으로 비민주적이라는 것이다. 정치인은 선거인에게 책임진다. 그러나 독립된 중앙은행은 통화정책에 관하여 제도적으로 아무에게도 책임지지 않는다. 중앙은행이 하고 있는 일에 대해 아무런 체크가 없다면 사람들이 어떻게 금융제도에 대해 신뢰를 가질 수 있겠는가 하는 의문이 생긴다. 만일 정책당국이 잘하고 있다는 신뢰를 사람들이 갖지 않으면 경제는 효율적으로 운영되지 못할 것이다.

중앙은행 독립론자들은 자신들의 제안이 받아들여지려면 이와 같은 문제들이 해결되어야 한다는 것을 인식하게 되었다. 제시된 해결책은 두 가지였다. 첫째는, 정치인이 통화정책의 목적을 정하는 것이다. 두 번째는, 중앙은행이 통화정책의 추진상황을 공개적으로 보고하도록 하는 것이다. 통화정책의 목적을 명시적으로 정하는 것은 중앙은행의 책임(accountablity)을 확실하게 하려는 것이고 통화정책에 관한 보고와 공개는 통화정책의 투명성(transparency)을 높이기 위한 것이다.

책임과 투명성을 확보하기 위한 제도적 장치는 나라마다 다르다. 어떤 나라에서는 정부가 명시적인 목표를 정하고 다른 나라에서는 중앙은행이 목표를 정한다. 영국은 정부가 매년 특정한 인플레이션 목표를 결정하고 유럽연합(EU)에서는 유럽중앙은행이 물가안정을 주된 목적으로 삼을 것을 요구하는 것이 전부이다. 미국은 연방준비은행의 여러 목적 가운데 하나로 물가안정을 열거하고 있다. 우리나라는 한국은행의 목적으로 물가안정이 법에 명시되어 있을 뿐 아니라 매년 물가안정목표는 정부와 협의해서 정하고 적어도 1년에 한번은 국회에 통화신용정책에 관한 보고서를 제출한다.

거의 모든 중앙은행은 통화정책의 투명성을 높이기 위하여 결정된 정책내용을 즉시 발표한다. 중앙은행에 따라 다소 다르지만 대체로 정책결정회의가 끝나면 정책결정내용, 통화정책방향, 금융시장과 경제동향 등에 관한 분석이 요약된 보도자료를 배포함과 동시에 기자들과의 질의응답시간을 갖는다.

정책 프레임워크와 신뢰도

나중에 보는 바와 같이 통화정책은 낮고 안정된 인플레이션, 높고 안정된 경제성장, 금융제도의 안정, 이자율과 환율의 안정 등 다양한 목적을 갖고 있다. 이와 같은 목적을 달성하기 위해 중앙은행의 통화정책은 독립적이고 투명하지 않으면 안 된다. 이러한 모든 요소가 통화정책의 프레임워크(monetary policy framework)를 구성한다. 정책 프레임워크는 통화정책을 추진하는 과정에서 생길 수 있는 애매한 점을 해소하는 역할을 한다.

중앙은행이 통화정책의 모든 목적을 동시에 달성한다는 것은 불가능하다. 중앙은행이 갖고 있는 정책변수는 사실상 이자율뿐이다. 단 하나의 정책변수로 많은 목적을 달성할 수 없다. 더구나 정책목표 사이에는 서로 충돌하는 상충관계가 존재한다. 대표적인 예가 중앙은행이 거의 일상적으로 상대하게 되는 인플레이션과 경제성장의 상충관계이다. 정책목표는 자주 상충되기 때문에 중앙은행은 우선순위를 명확히 할 필요가 있다. 일반인은 정책당국이 주로 물가안정에 초점을 맞추는지 또는 경제활동의 침체를 막기 위해 어느 정도의 인플레이션을 허용하려고 하는지 등에 관해서 알 필요가 있다.

통화정책의 프레임워크가 잘 갖추어지면 일반인의 중앙은행에 대한 신뢰(credibility)를 높인다. 중앙은행이 통화정책의 목적을 달성하기 위해서 무엇을 하려고 한다고 말하는 것을 모든 사람들이 믿도록 하지 않으면 안 된다. 이 점은 특히 인플레이션을 낮은 수준에서 유지하려고 할 때 중요하다. 왜냐하면 거의 모든 경제적 결정은 기대인플레이션을 기초로 하기 때문이다. 이와 같은 관계는 이자율의 결정에 관해 설명하면서 이미 보았다. 즉 명목이자율은 실질이자율과 기대인플레이션을 합한 것과 같다. 기업의 임금과 제품가격 결정도 마찬가지 과정을 거친다. 기업은 앞으로 인플레이션이 어떻게 될 것인가를 생각하고 제품가격을 결정한다. 노동자와의 임금협상도 기대인플레이션을 기초로 한다. 기대인플레이션이 높을수록 제품가격, 임금, 이자율도 상승한다. 기대인플레이션은 인플레이션을 창출한다. 따라서 통화정책이 성공하기 위해서는 기대인플레이션을 낮출 필요가 있다. 중앙은행이 취해야 할 가장 좋은 방법은 정책목표와 목표를 달성하려는 결의를 보이고 취할 조치를 설명하는 것이다.

4. 한국은행

한국은행의 목적

한국은행은 통화정책의 수립과 집행을 통하여 물가안정을 도모함으로써 국민경제의 건전한 발전에 기여하는 것을 설립목적으로 하고 있다. 설립목적을 포괄적으로 규정하지 않고 물가안정으로 한정하고 있는 것은 통화정책의 일관성 유지 및 중립성 보장과 밀접한 관련을 갖는다. 중앙은행의 설립목적이 광범위하게 규정되어 있으면 중앙은행은 정책목표를 수시로 바꿀 가능성이 있는데 이를 민간이 인식할 경우 통화정책에 대한 신뢰도는 저하될 것이다. 중앙은행이 여러 가지 목표를 함께 달성하려면 동일한 거시경제목표를 추구하고 있는 정부기관과 긴밀한 협조관계를 유지해야 하는데 이 경우 중앙은행은 협조 또는 조정이라는 명분하에 정부의 통제를 받게 될 가능성이 높다.

이 같은 인식을 반영하여 1990년대 들어 중앙은행법을 개정한 뉴질랜드, 프랑스, 필리핀 등 여러 나라들도 중앙은행의 목적을 물가안정으로 단순명료하게 규정하고 있다.

한국은행의 기능

한국은행은 설립목적을 달성하기 위해 다음과 같은 여러 가지 기능을 수행한다.

한국은행권의 발행

법정화폐인 한국은행권과 주화를 발행하는 발권기능을 갖는다. 한국은행은 대한민국 내에서 은행권과 주화를 발행할 수 있는 유일한 발권기관이며 한국은행권은 대한민국 내의 유일한 법화로서 무제한적으로 통용된다.

은행의 은행

금융기관으로부터 예금을 수입하고 금융기관에 대하여 재할인 또는 어음담보대출의 형태로 대출을 해 준다. 금융기관이 일시적으로 자금이 부족하여 예금인출 요구에 응하지 못하는 상황에 처할 경우 긴급자금을 지원하는 최종대출자 기능을 수행한다.

정부의 은행

정부의 은행으로서 국고금을 관리하고 정부가 자금이 부족할 때에는 신용을 제공하기도 한다. 한국은행은 국고금의 공적 예수기관으로서 국고금의 예수 및 출납계리 업무를 담당하고 있는데 국고업무의 원활한 수행을 위해 금융기관 점포와 우체국을 대상으로 전국에 국고대리점 및 국고수납대리점을 설치 · 운영하고 있다. 정부에 대하여 당좌대출 또는 기타의 형식으로 여신을 제공할 수 있으며 국채를 직접 인수할 수도 있다.

통화정책의 수립 · 집행

각종 정책수단을 활용하여 통화량을 조절하는 통화정책을 수립하고 집행한다. 한국은행은 전통적 통화정책수단인 재할인정책, 지급준비율정책, 공개시장조작정책 이외에도 금융기관 여수신최고금리의 결정, 통화안정계정의 설치, 금융기관 여신에 대한 직접통제 등의 수단도 보유하고 있다. 통화정책 운용에 있어 1980년대까지만 하더라도 시장기능을 이용한 정책수단보다는 한국은행 대출조건이나 지급준비율의 조정, 은행 여수신 금리 규제, 통화안정계정 활용 등 직접적인 규제방식에 많이 의존하였으나 최근에는 금융자유화의 진전으로 공개시장조작을 통해 금융기관의 유동성을 조절하는 간접조절방식을 주로 이용하고 있다.

지급결제제도의 운영 · 관리

경제주체간의 채권 · 채무관계를 마무리하는 지급결제가 효율적이고 안전하게 이루어질 수 있도록 관련제도를 운영 · 관리한다. 한국은행은 금융기관이 예치한 예금을 이용하여 금융기관간의 각종 대차거래를 결제해 줌으로써 금융기관간 자금결제의 중심기구로서의 역할을 수행한다.

그 밖에 한국은행은 정부의 환율 · 외환정책에 관한 협의기능을 수행하며 우리나라의 대외지급준비자산인 공적 보유외환을 관리한다. 그리고 통화정책 수행과 관련하여 필요한 경우 금융감독원에 대해 금융기관에 대한 검사 및 공동검사를 요구할 수 있다. 동 검사결과의 송부를 요청하거나 검사결과에 따라 금융기관에 대한 필요한 시정조치를 요청할 수 있다. 금융기관에 대해 긴급자금을 대출할 경우에는 당해 금융기관의 업무와 재산상황을 직접 조사 · 확인할 수도 있다.

한국은행의 조직

한국은행의 조직은 최고정책결정기구인 금융통화위원회, 금융통화위원회가 수립한 정책을 실행에 옮기는 집행기관, 한국은행의 업무를 상시 감사하는 감사를 중심으로 이루어져 있다.

금융통화위원회

금융통화위원회는 금융기관의 최저지급준비율, 금융기관에 대한 긴급여신, 통화안정증권의 발행 등 통화신용정책에 관한 주요 사항[1] 및 한국은행 운영 등에 관한 사항을 심의 · 의결하는 정책결정기구로서 합의제 기구의 형태를 취하고 있다. 한국은행의 정책결정기구를 합의제 의결기구로 설치 · 운영하는 취지는 중앙은행의 정책결정이 국민경제에 커다란 영향을 주므로 각계에서 추천한 위원들에 의해 통화정책이 수립 · 집행되도록 함으로써 정책결정의 민주화와 공정성, 정치적 중립성을 견지하려는 데 있다.

집행기관

집행기관의 집행간부로서 총재, 부총재 및 부총재보가 있다. 총재는 한국은행을 대표하고 업무를 통할하며 금융통화위원회가 수립한 정책을 집행한다.

감 사

감사는 한국은행의 업무를 상시 감사하고 매년 종합감사보고서를 작성하여 정부와 금융통화위원회에 제출한다.

---

1) 금융통화위원회가 심의 · 의결하는 통화신용정책 관련사항으로는 한국은행권의 발행, 금융기관의 최저지급준비율, 한국은행 재할인율, 금융기관에 대한 긴급여신, 공개시장조작, 한국은행 통화안정증권의 발행 · 매출 · 환매 및 상환, 금융기관에 대한 자료제출 요구, 금융감독원에 대한 금융기관 검사 및 공동검사 요구, 금융기관 여수신이자율의 최고율 등이 있다.

한국은행의 정부와의 관계

한국은행법은 정부와 한국은행간의 협조관계에 관하여 규정하고 있다. 먼저 한국은행의 통화신용정책은 물가안정을 저해하지 않는 범위 내에서 정부의 경제정책과 조화를 이룰 수 있도록 하여야 한다는 선언적 규정을 두고 있다. 한국은행은 정부와 협의하여 매년 물가안정목표를 정하도록 되어 있다. 재정경제부 차관으로 하여금 금융통화위원회 회의에 열석하여 발언할 수 있게 하고 있으며 재정경제부 장관은 금융통화위원회 의결사항에 이의가 있을 경우 재의를 요구할 수 있다. 이 밖에 재정경제부 장관은 한국은행의 급여성 경비예산에 대한 사전승인권을 보유하고 있으며 감사원은 매년 한국은행의 업무수행상태를 감사한다.

한국은행 총재는 금융 · 통화에 관한 사항에 대하여 국무회의에 출석하여 발언할 수 있으며 정부는 금융 · 통화에 관한 주요 정책을 수립할 때 금융통화위원회의 자문을 받도록 되어 있다. 금융감독원과의 관계에 있어서는 한국은행은 금융감독위원회의 통화신용정책과 관련된 조치에 대하여 이의가 있을 경우 재의를 요구할 수 있으며, 한국은행이 금융기관에 대한 검사 및 공동검사를 요구하거나 검사결과에 따른 시정조치를 요청하는 경우 금융감독원은 이에 응하여야 한다는 의무규정을 두고 있다. 대국민 책임을 강화하는 취지에서 한국은행은 연 1회 이상 통화신용정책 수행상황에 대한 보고서를 작성하여 국회에 제출하도록 되어 있다.

제 22장

통화정책의 목적과 수단

1. 통화정책의 목적

통화정책(중앙은행)이 경제와 금융제도의 안정을 위하여 추구하는 목적은 다음과 같다.

- 낮고 안정된 인플레이션
- 높고 안정된 실질성장
- 금융제도의 안정
- 이자율과 환율의 안정

안정성(stability)은 통화정책의 키워드라고 할 수 있다. 위에 열거한 인플레이션, 경제성장, 금융시장, 이자율, 환율 가운데 어느 것 하나만 불안정해져도 경제 위험(economywide risk)이 발생한다. 경제 위험은 개인이 분산시킬 수 없는 체계적 위험에 속한다. 제4장에서 본 바와 같이 체계적 위험(systematic risk)은 모든 사람에게 영향을 미치는 것으로 특정한 개인이나 기업에 대해서만 영향을 미치는 비체계적 위험과 다르다. 통화정책(중앙은행)의 역할은 개인이나 기업이 회피할 수 없는 체계적 위험을 감소시킴으로써 경제적 후생을 증진하는 것이라고 할 수 있다. 한 가지 유의할 것은 통화정책이 위에 열거한 목적을 동시에 달성하는 것은 거의 불가능하다는 점이다. 목적 사이에 상충관계(trade-offs)가 존재하기 때문이다. 나중에 보는 바와 같이 인플레이션의 안정은 낮은 성장을 초래할 수 있고 낮은 이자율은 다른 목적과 충돌할 수 있다.

낮고 안정된 인플레이션

낮고 안정된 인플레이션(low, stable inflation)은 장기경제성장을 촉진한다. 많은 나라의 인플레이션과 경제성장의 장기적 관계를 보면 양자간에는 부(−)의 상관관계가 존재한다는 것을 알 수 있다. 이와 같이 인플레이션과 성장 사이에 부의 상관관계가 있는 이유는 높은 인플레이션은 불확실성을 높임으로써 자본에 대한 투자와 기술발전을 저해하기 때문이다. 낮은 자본축적과 낮은 기술수준은 경제성장을 억압한다. 통제되지 않은 인플레이션은 소득분배를 왜곡하고 특히 빈곤층을 해친다. 이러한 인플레이션의 경제사회적 해악 때문에 통화정책(중앙은행)은 물가안정을 주된 목적으로 정하고 있다.

경제를 인플레이션으로부터 자유롭게 하여야 할 본질적 이유는 비교적 명확하다. 표준(standard)은 표준이어야 한다. 1킬로그램(kg)은 항상 무게가 1킬로그램이어야 한다. 1미터(m)는 언제나 길이가 1미터이어야 한다. 마찬가지로 1원은 언제나 가치가 1원이어야 한다. 계산단위도 중량이나 길이와 마찬가지이므로 1원의 가치(구매력)는 장기간 안정되어야 한다. 지속적인 물가안정은 계산단위와 가치저장의 수단으로서 통화의 유용성을 높여준다.

가격은 시장을 기반으로 하는 경제에 있어 중심적 역할을 한다. 즉 가격은 개인과 기업이 자원을 최적하게 배분하는 데 필요한 정보를 제공한다. 예를 들면 기업이 제품가격을 인상할 수 있다면 그것은 수요가 증가했다는 것을 알리는 신호로 간주될 수 있으므로 더 많이 생산하는 것이 기업에게 유리하다. 그러나 인플레이션은 가격의 정보내용을 훼손한다. 모든 가격이 함께 상승하면 그 이유를 파악하기가 어렵게 된다. 구매자가 그 상품을 좋아하게 되어 수요가 이동한 것인지, 상품의 생산비용이 상승하여 공급이 이동한 것인지, 또는 인플레이션 때문에 가격이 상승한 것인지 등 그 원인을 파악할 수 있어야 경제는 효율적으로 운영된다.

인플레이션은 경제성장에 해롭다. 단적인 예를 들어 보면 볼리비아는 1985년 인플레이션이 11,000% 상승하였고 1983년 우크라이나는 5,000% 상승하였다. 이와 같이 물가가 두세 달 사이에 두 배씩 상승하는 하이퍼인플레이션하에서는 가격은 아무런 정보를 갖지 못하고 사람들은 오직 위기대처에만 전력을 경주하게 된다. 볼리비아는 1970년대 말에는 6% 이상 성장하였으나 하이퍼인플레이션이 진행되는 기간에는 마이너스 5% 성장을 기록하였다. 우크라이나 경제도 인플레이션이 절정에 달했을 때는 20% 이상 위축되었다. 이 두 나라 경제는 인플레이션이 진정되면서 다시 성장하기 시작하였다.

낮은 인플레이션은 경제 번영의 기초이므로 거의 모든 사람들은 물가안정이 통화정책의 주된 목적이 되어야 한다는 데 공감한다. 그러면 인플레이션은 어느 정도 낮아야 하는가. 영의 인플레이션은 너무 낮을 수 있다. 그 이유로 두 가지를 든다. 첫째, 만일 중앙은행이 인플레이션을 영의 수준으로 유지하려고 하면 디플레이션(물가의 하락)이 발생할 가능성이 있다. 디플레이션은 부채상환을 어렵게 함으로써 대출금의 부실화가 증가하게 되고 은행의 건전성이 취약해진다. 둘째, 인플레이션이 영이면 노동비용을 삭감하고자 하는 고용주는 명목임금을 삭감하여야 한다. 명목임금을 삭감하는 것은 매우 어렵다. 인플레이션이 낮으면 고용주는 임금을 현재대로 놓아 둘 수 있다. 노동자의 실질임금은 하락할 것이다. 따라서 낮은 수준의 인플레이션은 적어도 고용주의 입장에서 보면 노동시장을 더욱 원활하게 움직이도록 한다.

높고 안정된 실질성장

우리는 중앙은행이 지속적 성장을 뒷받침한다는 말을 자주 사용하는 것을 볼 수 있다. 일반적으로 이 말은 경기변동을 완화한다는 것을 의미한다. 호황은 인기가 있으나 침체는 그렇지 못하다. 침체기에는 직장을 잃은 사람과 파산하는 기업이 증가한다. 안정된 소득이 없는 개인은 신용카드나 주택융자금을 상환하는 데 어려움을 겪게 된다. 소비는 위축되고 소비자에게 제품을 팔아야 할 기업은 매출이 감소된다. 매출이 감소되면 종업원을 더 많이 해고하게 된다. 경기하강국면이 길어질수록 사정은 더욱 악화된다.

중앙은행은 이자율을 조정함으로써 경기변동을 완화하고 성장과 고용을 안정시키려고 한다. 이러한 정책은 장기적으로 지속되는 생산수준 즉 기술, 자본축적의 규모, 일할 수 있는 인력 등에 의하여 결정되는 잠재산출(potential output)수준 또는 잠재GDP가 존재한다는 데 기초를 두고 있다. 기술, 자본, 노동 등 투입요소의 성장은 잠재산출의 성장, 즉 지속가능한 성장(sustainable growth)을 가져온다 우리나라의 잠재성장률은 약 4~5%로 추정되고 있다. 단기적으로 산출이 잠재산출수준에서 벗어나고 성장도 장기추세성장으로부터 괴리될 수 있다. 이와 같은 경제 침체기에는 소득은 정체되고 실업자는 증가한다. 통화정책은 이자율을 인하함으로써 경기침체를 완화할 수 있다.

마찬가지로 성장률이 잠재성장률보다 높을 때가 있다 이 시기에 경제는 호황을 누린다. 그러나 호황은 영원히 지속될 수 없고 뒤이어 지출의 감소, 기업투자의 위축, 해고 등이 따른다. 즉 평균 이상을 성장한 기간 다음에는 평균보다 낮게 성장하는 기간이 따른다. 경제가 잠재성장보다 더 높게 성장하는 시기에 중앙은행이 할 일은 이자율을 인상하여 경제가 지속할 수 없는 수준(unsustainable levels)에서 운영되지 않도록 하는 것이다. 여러 나라의 경험을 종합한 것을 보면 경제의 변동성이 낮은 나라일수록 평균잠재성장률이 더 높은 것으로 나타난다.

잠재성장률을 가능한 높게 유지하는 것은 매우 중요하다. 연평균 4%씩 성장하는 경제와 2%씩 성장하는 경제의 차이는 18년에 경제규모가 두 배로 확대되는 경제와 50%밖에 성장하지 않은 경제의 차이를 의미한다. 고용수준을 높게 유지하는 것도 똑같이 중요하다.

성장과 고용수준만이 중요한 것은 아니다. 안정성(stability)도 중요하다. 경기변동은 분산시킬 수 없는 체계적 위험의 원천이다. 미래에 관한 불확실성은 계획을 더욱 어렵게 하므로 불확실성을 제거하는 것은 모든 사람에게 도움을 준다.

금융제도의 안정

금융제도는 수도관과 같다. 수도관에 물이 잘 흐르면 당연한 것으로 여긴다. 그러나 문제가 생기면 복잡해진다. 만일 사람들이 은행과 금융시장을 신뢰하지 않게 되면 자금은 위험이 낮은 곳(예: 현금보유, 부동산, 귀금속 등)으로 몰리게 되고 금융중개는 중지(disintermediation)될 것이다. 저축자는 자금을 빌려주지 않고 차입자는 필요한 자금을 빌릴 수 없게 된다. 소비금융이나 주택담보대출은 불가능해지고 기업이 사업을 유지하거나 확장하기 위해 필요한 채권 발행도 어려워진다. 금융제도가 붕괴되면 경제활동이 정상적으로 이루어질 수 없다.

금융제도가 혼란에 빠질 가능성은 체계적 위험에 속한다. 개인이 제거할 수 없는 위험이다. 중앙은행은 이러한 위험을 잘 관리함으로써 금융제도가 원활하게 운영되도록 하여야 한다.

이자율과 환율의 안정

거의 모든 중앙은행은 이자율과 환율의 과도한 변동을 막기 위하여 노력한다. 이자율과 환율의 안정은 통화정책의 최종목적인 경제안정화를 달성하기 위한 수단이기 때문이다.

이자율의 변동성이 크면 여러 가지 문제가 생긴다. 첫째, 사람들은 이자율이 낮으면 더 많이 차입하고 지출한다. 가계는 대출을 받아 내구소비재, 주택 등을 매입하고 기업은 채권을 더 발행하여 조달한 자금으로 영업규모를 확장한다. 반대로 이자율이 상승하면 사람들은 차입과 지출을 줄인다. 따라서 이자율이 낮으면 지출이 증가하고 이자율이 높으면 지출이 감소하므로 이자율의 변동성은 산출수준을 불안정하게 한다. 둘째, 이자율의 변동성확대는 금융자산, 특히 장기채권의 높은 위험프리미엄을 의미한다. 위험은 금융에 관한 결정(financial decisions)을 더욱 어렵게 하고 생산성을 낮게 하는 한편 경제의 효율성을 저해한다. 중앙은행은 단기이자율을 조절할 수 있기 때문에 이러한 위험을 관리하고 경제를 안정시킬 수 있는 위치에 있다.

2. 통화정책의 체계

중간목표관리제

위에서는 통화정책이 추구하는 (최종)목적을 보았다. 문제는 목적을 어떻게 하면 달성하는가이다. 중앙은행은 인플레이션이나 경제성장과 같은 목적을 직접 조절할 수 없으므로 보유하고 있는 정책수단과 목적을 연결하는 고리가 필요하다. [그림 22-1]에서 보는 바와 같이 정책수단(후술), 운용목표(operating targets), 중간목표(intermediate targets)를 두는 정책체계를 중간목표관리제라고 한다. 중간목표관리제는 정책수단의 조작으로 운용목표를 변동시키고 운용목표의 변동이 중간목표에 영향을 미치며 중간목표가 최종목적에 영향을 미치도록 하려는 것이다.

금융구조와 여건변화로 인해 중간목표관리제는 많은 문제점을 노출하였다. 무엇보다 [그림 22-1]의 연결 #1(운용목표와 중간목표의 관계)과 연결 #2(통화량과 최종목적의 관계)가 이동하여 중간목표관리제가 역할을 다 할 수 없게 되었다.[1]

그림 22-1 중간목표관리제

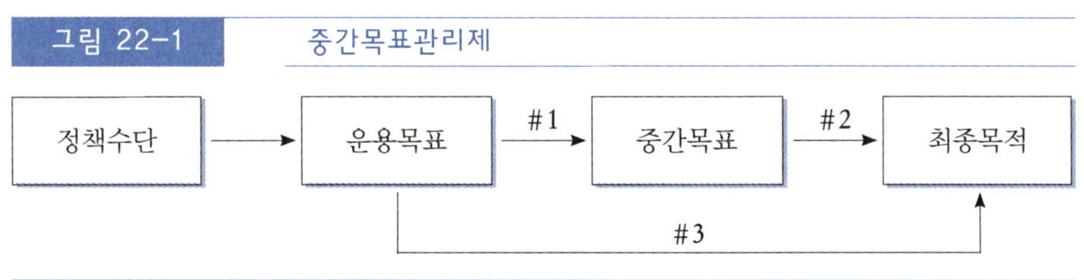

1) 중간목표관리제를 더 이상 운용할 수 없게 된 배경과 요인에 대한 설명은 생략.

따라서 1980년대 이후 많은 중앙은행은 중간목표를 없애고 연결 #3(운용목표와 최종목적의 관계)에 초점을 둔 정책체계를 채택하기 시작하였다. 지금은 거의 모든 중앙은행이 운용목표는 초단기 이자율(예: 콜금리, 연방기금금리 등)을 선정하고 우선적인 최종목적은 낮은 인플레이션을 택하고 있다. 대표적인 예로 인플레이션 목표제를 들 수 있다.

인플레이션 목표제

1990년 뉴질랜드를 시작으로 많은 나라가 통화정책의 효율성을 높이기 위해 인플레이션 목표제(inflation targeting) 또는 물가안정목표제를 채택하였다. 인플레이션 목표제는 물가안정을 최우선적인 목적으로 선정하고 인플레이션 목표를 수치로 정해 발표한다. 이와 같은 접근은 중앙은행이 인플레이션을 낮은 수준으로 억제할 것이라는 믿음을 모든 사람들이 갖도록 함으로써 장기기대인플레이션이 낮은 수준에서 유지되도록 한다. 낮은 기대인플레이션은 장기이자율을 안정시키고 안정적인 실질성장을 촉진한다. 앞에서 본 것처럼 통화정책이 성공하기 위한 조건 가운데 하나는 정책당국이 인플레이션을 낮은 수준에서 유지되도록 할 것이라는 확신을 일반인이 갖게 하는 것이다. 중앙은행의 약속은 신뢰성이 있어야 한다. 인플레이션 목표제는 통화정책이 낮은 인플레이션을 달성할 것이라는 확신을 사람들이 갖도록 하기 위해 만들어진 것이라고 말할 수 있다.

인플레이션 목표제를 채택하고 있는 중앙은행은 일반적으로 낮은 인플레이션을 최우선으로 하고 나머지 목적은 다음 순위에 두는 원칙(hierachical mandate)에 따라 통화정책을 운영한다. 인플레이션 목표제는 뉴질랜드 외에 영국, 캐나다, 스웨덴, 스페인, 이스라엘, 남아프리카, 한국 등이 채택하고 있다. 많은 전문가들은 이 그룹에 유럽중앙은행도 포함시킨다. 인플레이션 목표제는 인플레이션과 성장을 동일하게 중시(dual mandate)하는 미 연준의 정책과 대조적이라고 할 수 있다. 이러한 목적의 이중성 때문에 연준은 인플레이션 목표제의 채택을 망설이고 있으나 도입 여부에 관한 논의는 계속되고 있다.

그림 22-2 우리나라의 물가안정 목표제

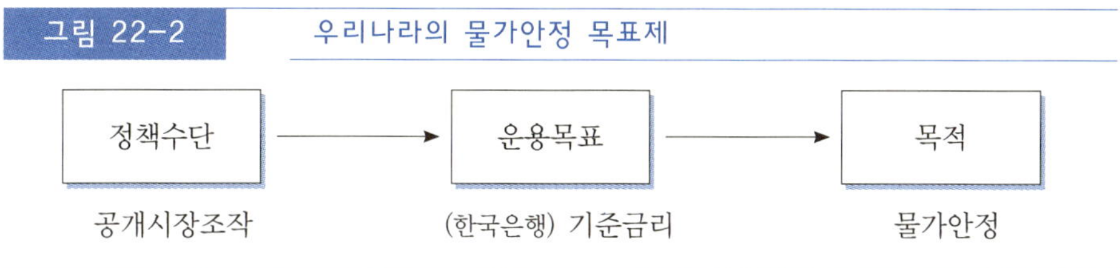

인플레이션 목표제는 수치로 명확하게 정하고 공표한 인플레이션 목표에 통화정책의 초점을 맞추고 일반인에게 정보를 자주 전달하도록 함으로써 정책당국의 책임을 확실하게 하고 신뢰도를 제고시킨다. 바꾸어 말하면 중앙은행이 하고 있는 일을 중앙은행 사람들뿐 아니라 다른 모든 사람들도 알 수 있도록 한다.

우리나라는 1998년 개정된 한국은행법의 시행을 계기로 물가안정 목표제를 채택하고 있다. 대상물가지수는 소비자물가이며 목표인플레이션은 연간이 아니라 중기(3년 평균)로 정한다.[1)]

운용목표(또는 목표금리)인 (한국은행) 기준금리[2)]는 매달 금융통화위원회가 물가안정목표 등을 감안하여 결정 공표한다. 기준금리가 조정되면 금리재정거래를 통해 시장금리와 금융기관의 여수신금리가 변동한다(제10장 참조).

3. 통화정책의 수단

통화정책의 목적을 달성하기 위해 중앙은행은 통화정책수단을 이용한다. 전통적인 통화정책수단으로는 공개시장조작, 대출정책, 지급준비정책 등을 들 수 있다.

1) 한국은행 간 '우리나라의 통화정책', 2005년 참조.
2) 2008년 3월 운용목표를 콜금리에서 (한국은행) 기준금리로 변경.

공개시장조작

공개시장조작의 기능

공개시장조작(open market operation)은 중앙은행이 금융시장에서 국공채 등 증권을 매매함으로써 본원통화량(= 화폐민간보유고와 은행의 지급준비금)을 변동시키는 중요한 정책수단이다. 공개시장매입은 본원통화(주로 은행의 지급준비금을 증가시킴으로써)의 증가를 가져오고 공개시장매각은 본원통화를 감소시킨다. 따라서 통화승수가 안정적이면 중앙은행은 공개시장조작을 이용하여 본원통화를 변동시킴으로써 통화량을 조절할 수 있다.

공개시장조작은 유통시장의 국공채를 대상으로 하기 때문에 이들 채권의 수익률에 영향을 미친다. 중앙은행이 금융시장에서 국채를 매입하면 국채가격은 상승하고 다른 조건이 동일하다면 국채의 수익률이 하락하고 통화공급이 증가하게 된다. 공개시장매각은 국채가격을 하락시키므로 수익률은 상승하고 통화공급은 감소한다. 이와 같이 공개시장에서의 국공채 매입은 이자율을 하락시키는 경향이 있으므로 확장적(expansionary)인 것으로, 공개시장에서의 국공채 매각은 이자율을 상승시키는 경향을 나타내므로 긴축적(contractionary)인 것으로 간주된다.

중앙은행의 공개시장조작은 다른 채권의 이자율에도 영향을 미친다. 금융자산의 수익률이 다른 것은 자산의 위험, 유동성, 정보비용 등의 차이에 기인하지만 국채 이자율의 변동은 채권 등 다른 금융자산의 수익률에 즉시 영향을 미친다.

공개시장조작은 가장 영향력이 있는 중앙은행인 미국의 연방준비제도의 가장 강력한 통화정책수단이라고 할 수 있다. 그러나 초기의 공개시장조작은 통화정책과는 아무런 관련 없이 각 지역연준[1]이 독자적으로 이익을 얻기 위해 행해졌다. 1921년 가을에 열린 지역연준총재[2] 모임에서 주주(지역연준의 회원은행)에 대한 배당과 재무부에 납부할 세금(면허세)의 조

---

1) 지역연준(Federal Reserve Banks)은 연준에 가입한 지역은행이 주주인 민간법인. 실제로는 연준이사회의 지시를 받음.

2) 당시의 명칭은 governor, 지금은 president.

달방안을 논의하였다. 불경기로 인해 재할인수요가 적어 지역연준의 수입이 크게 감소하고 있을 때였다. 회의는 수입증대를 위해 지역연준이 정부채권에 투자하는 방안을 채택했다. 그 후 지역연준들이 채권에 적극 투자함으로써 다음해에는 정부채권에 대한 투자수익이 지역연준수입의 3분의 1을 차지할 정도로 중요한 수입원이 되었다.

이익을 최대한 얻으려는 투자자의 속성상 투자과정에서 지역연준간에 상호 협의나 조정이 없었기 때문에 각 지역연준의 독자적인 투자는 채권시장의 이자율을 급격하게 변동시키고 정부의 채권관리방향과 상충되는 거래도 자주 생기게 되었다. 이와 같은 혼란에 대해 재무부의 불평도 이어졌다. 1922년 5월에 다섯 명의 지역연준총재로 구성된 위원회가 정부채권의 매입과 매각을 조정하기 시작하였다. 이 위원회는 일년 후 연준이사회의 승인을 받아 공개시장투자위원회(Open Market Investment Committee)로 바뀌고 12개 전 지역연준이 참가하였다.

1935년 은행법(The Banking Act of 1935)이 제정됨에 따라 지역연준이 종전과 같이 자기계산으로 공개시장조작을 행할 수 있는 권한은 없어지고 시장투자위원회는 기능, 구성원, 명칭 등이 개편되어 오늘의 연방공개시장위원회(FOMC: Federal Open Market Committee)로 발족되었으며 오늘날 FOMC는 통화정책의 방향을 결정하는 가장 중요하고 강력한 기구가 되었다.

공개시장조작의 형태

공개시장조작은 거래방식과 정책효과의 지속성에 따라 구분할 수 있다. 먼저 공개시장조작은 채권을 단순매매(outright purchase and sales)하거나 환매조건부로 매매(RP: repurchase agreement)하는 두 가지 방식으로 이루어진다. 단순매매는 중앙은행이 채권을 완전히 사거나 파는 것을 의미한다. RP(환매조건부매매)는 중앙은행이 일정기간 후 다시 매입할 것을 조건으로 보유채권을 매각하거나 반대로 일정기간 후 다시 매각할 것을 조건으로 채권을 매입하는 것을 말한다. RP거래가 단순매매보다 자주 이용된다.

공개시장조작은 정책효과의 지속성 정도에 따라 기조적인 것과 방어적인 것으로 나눌 수 있다. 기조적 조작(dynamic operation)은 결정된 정책 방향에 따라 통화정책을 변경하려는 목적의 공개시장조작을 의미한다. 즉 기조적 조작은 정책기조의 변동을 금융시장에 반영하려는 의도를 가진 공개시장조작이라고 할 수 있다. 기조적 조작은 지속적인 단순매매를 통해 이루어진다.

방어적 조작(defensive operation)은 중앙은행이 은행의 포트폴리오선호 변동 또는 일반인, 금융시장 및 경제의 자금수요변동으로 인해 발생하는 본원통화의 변동을 상쇄하기 위하여 이용하는 공개시장조작을 가리킨다. 다시 말하면 중앙은행은 통화정책을 변경하려는 것이 아니고 본원통화를 교란하는 요인을 상쇄하기 위해서는 방어적 조작을 이용한다. 방어적 조작이 기조적 조작보다 더 자주 행해지고 주로 RP거래를 이용한다

방어적 공개시장조작은 본원통화를 변동시키는 예상한 또는 기대하지 못한 요소를 상쇄하기 위해 이용될 수 있다. 예를 들면 추석이나 설 또는 장기휴가철에는 현금수요가 증가한다는 것은 예상할 수 있다. 이와 같은 계절적 현금수요에 대응하기 위해서 방어적 조작이 이용된다. 대대적인 파업이나 자연재앙(홍수, 지진 등)과 같은 요인으로 인해 경제적 교란이 발생하면 화폐수요와 은행지급준비금에 예상하지 못했던 변동이 생긴다. 중앙은행은 이와 같이 예상한 또는 예상하지 못한 본원통화의 변동에 대응함으로써 이미 결정된 통화정책을 유지하기 위해 증권을 매매하게 된다.

한국은행의 공개시장조작

기준금리와 콜금리

한국은행의 공개시장조작은 금융통화위원회에서 결정한 기준금리가 시장금리 결정에 잘 반영될 수 있도록 은행의 지급준비금(지준)수준을 조절하는 것을 목적으로 한다. 은행은 상 반월(매월 1일~15일)의 지준은 다음달 둘째주 목요일부터 넷째주 수요일에, 하 반월(매월 16일~말일)의 지준은 다음달 넷째주 목요일부터 그 다음달 둘째주 수요일에 적립하도록 되어 있기 때문에 적립하여야 할 지준, 즉 필요지준규모는 사전에 정해진다. 이것이 지준의 수요가 된다.

지준수요와 대조적으로 지준의 공급은 다양한 부문을 통해 매일 매일 달라진다. 예를 들어 정부가 세금을 부과하면 사람들은 현금이나 은행예금으로 납부하기 때문에 은행의 지준은 감소한다. 반대로 정부가 시행한 공사대금을 민간업자에게 지급하면 그만큼 새로운 자금이 공급되므로 지준은 증가한다. 한국은행이 은행에서 달러를 매입하면 그 대가로 원화를 지급하므로 지준이 공급된다. 한국은행이 대출창구를 통해 은행에 자금을 공급하는 경우에도 마찬가지로 지준이 늘어난다.

이와 같이 다양한 요인으로 인해 발생하는 지준공급규모를 추정하여 이를 지준수요와 비교한 다음 지준의 과부족규모를 산출하고 이를 토대로 그 날의 공개시장조작규모를 결정한다. 지준이 부족할 것으로 예상되면 유동성을 공급하는 방향으로, 남을 것으로 예상되면 유동성을 흡수하는 방향으로 공개시장조작을 수행한다.

한국은행의 공개시장조작은 통화안정증권발행과 증권매매의 두 가지 형태로 이루어진다. 앞서 본 것처럼 통화안정증권은 한국은행이 발행하는 채무증서로서 만기가 비교적 긴 데다가 일단 발행되면 원칙적으로 만기전 중도환매를 하지 않기 때문에 그 기간 동안 정책효과가 지속되는 기조적인 조절수단으로 활용된다. 통화안정증권의 발행한도는 금융통화위원회가 시중유동성 사정을 감안하여 3개월마다 정하는 것으로 규정되어 있으며 만기별로는 14일물에서 2년물까지 총 11종이 있다.

다음으로 증권매매는 국공채 등을 매매하여 자금을 공급하거나 환수하는 것으로서 대상은 공개시장의 효율성과 대상증권의 신용위험 등을 감안하여 국채, 정부보증채, 토지개발채권, 통화안정증권으로 제한하고 있다. 매매방식은 단순매매와 RP(환매조건부채권매매)거래를 활용한다. 단순매매 가운데 유동성을 흡수하는 단순매각은 통화안정증권 발행과 같은 효과를 가지므로 굳이 이용할 필요가 없어 실적이 없으며 유동성을 공급하는 단순매입도 시중유동성이 일반적으로 잉여상태에 있기 때문에 실적이 미미하다. 따라서 증권매매는 RP거래를 중심으로 이루어진다.

단기유동성 조절을 위한 공개시장조작은 원칙적으로 매주 목요일 1회 실시하며 7일물 RP매매를 주된 수단으로 사용한다. 금융통화위원회에서 결정하는 기준금리는 7일물 RP매각시의 고정입찰금리와 7일물 RP매입시의 최저입찰금리로 사용된다.

콜시장은 금융기관이 일시적으로 발생하는 자금의 과부족을 조절하기 위하여 초단기(대부분 1일물)로 자금을 거래하는 시장이다. 콜시장에는 은행과 제2금융권이 모두 참가하고 있지만 제2금융권의 잉여자금이나 부족자금도 거래은행의 계정을 통해 나타나므로 결국 중요한 변수는 은행의 자금과부족이라고 할 수 있다. 은행은 남거나 부족한 지준자금을 콜시장에서 해소하고자 하며 이로 인해 콜금리가 변동한다. 금융통화위원회는 한국은행 기준금리를 변동시켜 초단기 시장금리인 콜금리의 변동을 가져오고 이에 따라 여타 시장금리도 영향을 받게 된다.[1)]

매매방식과 거래대상기관

공개시장조작은 대부분 한은금융망(BOK-Wire)을 통한 공개경쟁입찰에 의해 이루어지며 통화안정증권은 한국은행 본점과 지역본부 창구를 통

[표 22-1] 공개시장조작과 대상증권

		조작방법	대상증권
장기 자금 조절	환수	장기물 통화안정증권 발행	—
		증권 단순매각	한은 보유 국공채
	공급	잔존만기가 장기인 통화안정증권 환매	—
		증권 단순매입	거래대상기관 보유 국공채
단기 자금 조절	환수	RP매각	한은 보유 국공채
		단기물(14일물) 통화안정증권 발행	
	공급	RP매입	거래대상기관 보유 국공채
		잔존만기가 단기인 통화안정증권 환매	—

1) 콜금리가 기준금리보다 낮을(높을) 경우에는 은행이 콜자금을 대여(차입)하는 대신에 한국은행에(으로부터) 기준금리로 예치(차입)하려는 금리재정거래 유인이 발생하는 등의 경로를 통해 기준금리 변동이 콜금리 변동을 가져오게 된다.

해 일정금액을 일정한 가격(금리)으로 판매하기도 한다.

통화안정증권 및 증권매매의 대상기관은 한국은행이 공개시장조작의 효율성과 대상기관의 자산과 재무건전성 등을 감안한 선정기준에 따라 매년 8월 정기적으로 지정하는데 2007년 11월 현재 예금은행을 포함하여 39개 금융기관이 지정되어 있다.

대출정책

대출정책의 기능

중앙은행의 대출정책은 금융기관에 대한 대출금리나 대출의 기준 또는 한도를 변경함으로써 금융기관의 지급준비, 나아가서는 단기시장금리와 통화량을 조절하려는 정책수단을 말한다. 초기에 재할인의 형태를 취했기 때문에 재할인정책이라고도 부른다. 19세기 영국에서는 재할인제도가 통화량을 통제하기 위한 주요한 정책수단이었으며 1913년에 제정된 미국 연방준비은행법에서도 재할인을 주된 정책수단으로 규정하였다. 그러나 공개시장조작과 지급준비제도가 활용되면서부터 재할인제도는 중요성이 많이 줄어들었다.

중앙은행의 대출정책은 두 가지 측면으로 나누어 볼 수 있다.

첫째는 가격정책적인 측면이다. 중앙은행이 대출에 적용하는 재할인율을 인상하거나 인하함으로써 단기시장금리를 변동시키는 것이다. 중앙은행이 일정한 재할인율하에서 아무런 제한 없이 대출한다면 단기금리를 원하는 대로 조정할 수 있다. 단기금리를 인하하고자 할 경우 그보다 낮은 재할인율로 제한 없이 대출하면 대출받은 금융기관간의 경쟁으로 단기시장금리는 자연히 낮아진다. 시장금리를 낮추기 위하여 일정한 재할인율로 제한 없이 대출하는 것은 중앙은행이 통화량에 대한 통제를 포기하는 것이 된다.

일반적으로 재할인율은 금융기관의 자금조달비용보다 낮게 책정되므로 금융기관이 중앙은행으로부터 차입하면 이익을 얻을 수 있다. 그러나 중앙은행으로부터의 차입이 일시적이거나 계절적인 자금부족 때문이 아니라 영업상의 이익을 얻기 위해서 지속된다면, 이는 재할인제도를 악용하는 것이다. 중앙은행으로부터의 차입은 중앙은행이 부여하는 특혜이지 권리가 아니라는 관점에서 계속적인 차입은 허용하지 않는 것이 중앙은행이 지키려는 원칙이다.

두 번째 측면은 양적인 것이다. 중앙은행은 주어진 재할인율하에서 금융기관에 대한 대출액을 조절함으로써 통화량을 통제할 수 있다. 만일 중앙은행이 민간부문이 보유하고자 하는 통화량과 금융기관이 예비적 목적으로 보유하고자 하는 초과지준을 파악하고 있다면 대출액을 조절하는 것만으로 통화량이나 통화증가율을 조절할 수 있다. 이 경우 중앙은행은 이자율에 대한 통제를 포기하게 된다. 왜냐하면 대출에 의하여 통화량을 조절하기 위해서는 이자율 변동과 상관없이 대출을 증가시키거나 감소시켜야 하기 때문이다.

이와 같은 대출정책의 양면성 때문에 중앙은행이 대출을 통하여 단기 이자율과 통화량을 동시에 통제하는 것은 엄격하게 말하면 불가능하다. 중앙은행 대출에 대한 수요와 공급이 일치한다면 대출정책을 변경할 필요가 없으나 주어진 재할인율하에서 초과수요가 발생한다면 재할인율과 통화공급 수준을 유지하기 위하여 대출을 거절할 수밖에 없으며 도덕적 권유(moral suasion)도 하게 된다.

도덕적 권유는 중앙은행이 영향력을 발휘하여 금융기관이 공공이익에 부합되게 행동하도록 설득하는 것으로 중앙은행 정책수단의 하나로 간주된다. 예를 들어 인플레이션 시기에 중앙은행은 금융기관에 대하여 대출을 줄여 과열된 경제를 진정시키는 데 협력해 줄 것을 요청할 수 있다. 실제로는 도덕적 권유가 금융기관에 대한 압력으로 비쳐지기도 하는데 중앙은행이 재할인창구를 운용하면서 어느 은행이 협조적인가 비협조적인가를 파악하여 정책에 참고하거나 반영할 수 있기 때문이다.

진성어음주의

다음으로 재할인정책과 관련한 진성어음주의(real bills doctrine)에 관해서 보기로 한다. 19세기는 물론 20세기 초까지만 해도 미국에는 경제상황에 따라 통화량이나 신용공급이 자동적으로 조절되는 메커니즘이 없었기 때문에 주기적으로 금융공황이 일어났다. 이러한 사태를 방지하기 위해서 거래에 필요한 유동성을 충분히 공급하고 비상시에는 최종대출자(lender of last resort)로서의 역할을 담당할 기관이 필요하였다. 최종대출자란 민간부문에서 정상적으로 자금을 획득할 수 없는 은행에 자금을 공급할 수 있는 정부기관을 가리킨다.

최종대출자의 필요성으로 인해 중앙은행의 창설이 논의되었으며 그 과정에서 많은 사람들이 진성어음주의를 지지하였다. 진성어음주의는 스미스(A. Smith)까지 거슬러 올라갈 수 있을 만큼 오래되고 논란이 많았던 주장이다. 이에 따르면 통화량 변동이 실질 및 명목변수에 미치는 효과는 통화량 변동의 원인에 따라 다르다. 금융기관의 대출이 생산적인 실물거래를 뒷받침하는 데에 한정되고 그러한 거래에서 발생한 어음만 재할인한다면 거래에 필요한 통화가 자동적으로 공급된다. 그뿐 아니라 금융기관이 대출할 수 있는 종류를 규제함으로써 중앙은행은 통화공급을 조절할 수 있다. 진성어음주의의 영향을 받아 1913년의 미국 연방준비은행법은 재할인정책을 통화량 통제수단으로 규정하고 금융기관의 자금사정과 상관 없이 법에 열거된 적격어음만 재할인할 수 있도록 하였다. 재할인대상어음을 제한하면 금융기관이 긴급한 처지에 놓였을 때 중앙은행이 자금의 최종대출자로서의 역할을 제대로 수용할 수 없게 한다. 또한 진성어음주의로는 통화공급은 물론 금융기관의 대출종류도 통제할 수 없다.

첫째, 진성어음주의를 반영한 금융제도하에서는 통화공급이 경기변동의 진폭을 확대시키는 경향이 있다. 진성어음주의하에서 통화공급은 중앙은행의 정책보다는 중앙은행으로부터 차입하는 금융기관의 행태에 따라 변동하게 된다. 통화공급은 차입수요가 많은 호황기에 확대되는 반면 차입수요가 위축되는 불황기에는 수축된다. 통화정책은 자연히 경기순응적이 될 수밖에 없어 통화정책을 통하여 경기를 조절하여야 한다는 주장과는 어긋나게 된다.

둘째, 진성어음주의는 중앙은행이 대출을 증감시키면 그보다 몇 배나 많은 통화공급의 변동을 가져온다는 점을 간과하고 있다. 금융기관은 신용창조에 의하여 비생산적인 대출을 행할 수 있을 뿐 아니라 위에서 본 경기변동의 확대효과를 더욱 크게 할 수 있다.

진성어음주의로는 중앙은행이 통화공급뿐만 아니라 대출의 종류도 통제할 수 없음이 밝혀짐에 따라 미국의 연방준비은행법은 진성어음주의를 포기하고 담보가 뒷받침되면 어떠한 어음도 할인할 수 있게 개정되었다.

한국은행의 대출정책

한국은행은 금융기관이 기업 등에 자금을 대출하고 받은 어음을 재할인(rediscount)하거나 적절하다고 인정되는 각종 증권을 담보로 대출한다. 담보로 활용가능한 증권의 자격은 엄격히 규제되는데 재할인이 가능한 어음 등 신용증권, 국채, 정부보증채, 통화안정증권을 적격담보로 인정하고 있다. 금융시장이 크게 불안해지거나 전산시스템의 장애 등 우발적 사고로 유동성이 부족할 때 금융통화위원회는 위에서 열거한 자산 이외에 대해서도 임시로 적격성을 부여하여 이를 담보로 금융기관에 대출해 줄 수 있다. 그리고 한국은행 대출의 기간은 최고 1년 이내로 제한하고 있으며 과도한 차입을 억제할 수 있도록 대출의 거부와 범칙금리부과 등의 수단을 두고 있다.

이와 같은 법규에 따라 한국은행이 상시 또는 수시로 운용하고 있는

[표 22-2] 한국은행의 대출제도

	목 적	대출금리	만기
총액한도대출	• 은행의 중소기업대출 확대 유도	연 2.75%	1개월
일중당좌대출	• 은행의 하루중 일시적인 지급결제부족자금 지원	무이자	당일업무마감시각
자금조정대출 (자금조정예금)	• 금융기관의 재량적 자금 이용	대출은 기준금리 +1%p 예금은 기준금리 −1%p (지준마감일은 ±0.5%p)	1일
특별대출	• 최종대부자 대출	필요시 도입 · 운영	

주: 2008년 3월 현재.

대출제도는 총액한도대출, 자금조정대출 및 자금조정예금, 일중당좌대출 및 특별대출 등 네 가지가 있다. 이들 대출제도의 목적, 금리, 만기 등은 [표 22-2]와 같다.

지급준비정책

지급준비정책의 기능

은행이 예금부채의 일정률을 지급준비(reserve requirements)로 보유하도록 강제하는 것을 지급준비제도라고 한다. 처음 지급준비제도가 도입되었을 때에는 은행으로 하여금 예금자의 예금인출 요구에 응할 수 있도록 하기 위한 안정성과 유동성의 확보가 주된 목적이었다. 그 후 예금자 보호를 위해서 은행자산의 규제, 예금보험제도 및 중앙은행 대출 등과 같은 수단을 활용할 수 있게 됨에 따라 지급준비제도는 예금자 보호나 유동성 확보보다는 통화량 조절수단으로서의 중요성이 높아지게 되었다.

필요지급준비율이 변경되면 금융기관의 초과지준과 통화승수의 변동을 통해 통화량이 변동하게 된다. 그러나 지급준비율을 빈번하게 변경하지 않는 것이 일반적이다. 그 이유로 첫째, 지급준비제도는 금융기관에 대하여 예금채무의 일정비율을 무수익자산인 시재금 또는 중앙은행의 예치금으로 보유하도록 함으로써 금융기관의 수지를 악화시킬 뿐 아니라 지급준비제도의 적용대상이 되는 금융기관이 대상에서 제외되는 금융기관에 비해 경쟁상 불리하게 되기 때문이다. 둘째, 지급준비율의 변경은 모든 금융기관에 대해 무차별적으로 강력한 효과를 미치기 때문이다.

따라서, 지급준비율정책은 다음과 같이 제한적으로 이용하는 것이 효과적이다. 첫째, 과도한 초과지준을 흡수하거나 또는 지준부족을 상쇄할 필요가 있는 경우, 예를 들면 국제수지의 지속적인 흑자로 금융기관이 지나치게 많은 유동성을 가지고 있거나 유동성 위기가 발생하여 금융기관이 지급능력을 유지하기 어려운 경우이다. 둘째, 은행과 금융시장에 대해 중앙은행의 정책방향을 강력하게 알리고자 하는 경우이다.

지급준비제도에 대한 중앙은행과 일반은행의 견해는 서로 다르다. 중앙은행은 이 제도를 통화금융부문의 안정화를 위해 필요한 수단이라고 보는 데 반하여, 일반은행은 지급준비자산으로부터 이자수익을 얻을 수 없으므로 지급준비를 일종의 조세로 간주하며 특히 지급준비율 인상에 대해서는 불만을 갖는다. 일반은행은 지급준비 부담을 피할 수 있는 여러 가지 방법을 강구하며 국가에 따라서는 은행의 부담을 완화하기 위하여 지급준비에 대하여 중앙은행이 이자를 지급하기도 한다. 최근 미국, 독일 등 주요 선진국에서는 지급준비율의 인하 또는 폐지의 필요성이 논의되고 있다. 실제로 뉴질랜드(1985), 오스트레일리아(1988) 및 캐나다(1994)는 지급준비제도를 폐지하였다.

한국은행의 지급준비정책

지급준비율

한국은행법의 규정에 따라 예금채무의 일정비율에 해당하는 지급준비금을 한국은행에 예치하도록 되어 있다. 금융통화위원회는 예금지급준비금의 최저율을 100분의 50범위 내에서 이를 변경할 수 있으며 현저한 통화팽창기에는 예금증가액의 전액까지 최저예금지급준비금을 보유하도록 하는 한계지준율제도도 시행할 수 있게 되어 있다. 구체적인 지급준비율은 예금종류에 따라 1~5%로 차등화되어 있으며 2007년 9월 지준마감일 현재 평균 지준율은 3.7%이다.

지급준비금적립대상

예금지급준비제도의 적용대상 금융기관은 일반은행, 특수은행, 한국산업은행 등이다. 한국은행법은 은행법의 적용을 받는 금융기관으로 하여금 예금채무에 대한 일정비율의 예금지급준비금을 한국은행에 지급준비금으로 보유하도록 규정하고 있으며 한국산업은행은 한국산업은행법에 의거 한국은행법상의 예금지급준비관련 조항을 적용받고 있다. 지급대상채무는 요구불예금과 저축성예금에 국한되어 있었으나 1997년 2월부터 양도성 예금증서(CD)에 대한 발행한도를 철폐하면서 CD에 대해서도 지준예치의무를 부과하고 있다.

통화정책수단의 비교

신 축 성

공개시장조작은 재할인율이나 지급준비율 변동 등에 비하여 훨씬 신축적이다. 일반적으로 공개시장조작은 빈번하게 이루어져 시간과 규모에 있어서 매우 연속적이기 때문이다. 어떤 순간에는 단기채권이나 장기채권을 매도하고 그 다음 순간에는 매입하기도 한다. 더구나 매입과 매도의 규모도 언제나 필요에 따라서 조정될 수 있다. 공개시장조작은 중앙은행의 필요에 따라 조작시기 및 규모를 신축적으로 결정할 수 있을 뿐 아니라 시장원리에 가장 충실한 수단(market-based instrument)이라고 할 수 있다.

이와 같은 신축성 때문에 공개시장조작은 방어적 목적에 알맞은 정책수단이다. 만일 중앙은행이 재정지출, 일반인의 현금보유성향 및 금융기관의 중앙은행차입 등 지준에 영향을 미치는 요인들에 변동이 있다는 것을 알게 되면 공개시장조작의 크기와 시간을 조정하여 이러한 교란요인을 상쇄할 수 있다.

반면 재할인율과 지급준비율의 변동은 모두 불연속적으로 이루어진다. 지급준비율은 재할인율에 비하여 더욱 드물게 소폭 변동되는 것이 일반적이다. 재할인율과 지급준비율은 불연속적으로 변동되기 때문에 일상적인 유동성 조절을 위한 신축적인 정책수단으로는 부적합하다.

공시효과

재할인율이나 지급준비율의 변동은 일반의 심리나 기대에 대해 공시효과(announcement effect)를 갖는다. 재할인율이나 지급준비율의 변동은 모두 시간적 간격을 두고 일어나기 때문에 뉴스로서의 가치가 있어 여러 가지 매체를 통하여 알려진다. 정책변동을 알게 되면 많은 사람들은 경제에 관한 기대를 바꾸거나 새로 형성한다.

공개시장조작은 종전에는 재할인율이나 지급준비율정책만큼 공시효과를 발생시키지 않았다. 중앙은행이 공개시장조작의 방향과 크기에 관한 정책결정을 비밀로 하였기 때문이다. 그러나 최근에는 앞서 본 바와 같이 정책의 투명성과 효율성을 높이기 위해 공개시장정책의 방향을 밝히는 것이 일반화되고 있다. 예를 들면 미국의 FOMC는 1994년부터 페더럴펀드금리 목표율을 발표하기 시작했고 한국은행도 매월 기준금리를 발표하고 있다.

이자율에 대한 효과

중앙은행이 재할인율과 지급준비율을 변경하더라도 그 효과가 공개시장을 통하여 이루어지는 것이 아니므로 이자율의 기간구조에 직접적인 영향을 미치지 않는다. 중앙은행에 의한 재할인율과 지급준비율의 변경은 지급준비, 대출 및 증권투자 등 은행의 전반적인 자산운용에 대한 수요를 변화시켜 이자율수준을 변동시키지만 반드시 이자율의 기간구조에 영향을 준다고는 할 수 없다.

그러나 정부채시장에서의 공개시장조작은 사정이 다르다. 중앙은행이 정부채를 공개시장에서 매입하면 일반이자율뿐 아니라 정부채이자율을 하락시킨다. 예를 들어 중앙은행이 단기증권만을 매입한다면 효과는 단기이자율의 상대적 하락으로 나타난다. 마찬가지로 공개시장에서의 단기증권 매각은 단기증권 수익률의 상대적 상승을 가져온다. 개념적으로는 공개시장조작은 이자율수준뿐 아니라 이자율의 기간구조에도 영향을 미칠 수 있다.

공개시장조작이 이자율의 기간구조에 영향을 미칠 수 있다는 생각은 1960년대 초 미국의 공개시장정책을 입안하는 데 중요한 요소가 되었다. 당시 미국은 대내적으로는 실업과 저성장, 대외적으로는 달러유출 등의 문제에 당면하고 있었다. 실업과 저성장문제의 해결을 위해서는 이자율 하락을 가져올 수 있는 공개시장매입조작이 필요한 반면, 달러유출을 억제하기 위해서는 이자율 상승을 위한 공개시장매각조작이 필요하였다.

이러한 상반된 목적을 달성하기 위해 통화당국은 단기채권을 공개시장에서 매각함과 동시에 장기채권을 공개시장에서 매입하는 트위스트조작(operation twist)을 실시하였다. 이 정책이 기대했던 것은 장기이자율의 하락과 단기이자율의 상승이었다. 장기이자율의 하락이 투자 등 국내지출의 증가를 가져오는 반면 단기이자율의 상승이 자본유출을 막을 것으로 기대했던 것이다. 결과는 장단기 이자율간의 스프레드가 일시적으로 약간 좁아졌을 뿐 기대대로 이루어지지 않았다. 트위스트조작의 경험을 통해 이자율의 기간구조는 장단기 금융자산의 공급이 아니라 장래 이자율에 대한 기대에 의하여 더 많은 영향을 받는다는 것을 알게 되었다.

제 23 장

통화정책의 운용과 효과

1. 통화정책의 운용

중앙은행의 실질이자율준칙

일반적으로 중앙은행은 단기명목이자율(기준금리, 연방기금금리, 콜금리 등)을 운용목표로 정하고 목표이자율을 달성하기 위하여 공개시장조작 등을 통해 은행 등 금융기관의 지급준비금을 조절한다. 중앙은행이 목표단기이자율을 결정할 때는 인플레이션, 실질GDP, 금융시장동향 등 여러 가지 경제변수를 고려한다. 특히 대부분의 중앙은행은 인플레이션을 가장 우선적인 목표로 삼는다.

중앙은행이 명목이자율을 목표로 결정하고 통화정책을 운용하지만 실제 정책의 초점은 실질이자율에 맞춘다고 가정할 수 있다. 왜냐하면 경제주체가 소비나 투자를 결정할 때는 명목이자율이 아니라 실질이자율을 기준으로 하므로 실질이자율의 변동만이 인플레이션과 경제활동수준에 영향을 미칠 수 있기 때문이다.

따라서 인플레이션을 우선적인 목표로 정한 중앙은행은 인플레이션이 목표수준보다 상승하면 실질이자율을 인상하고 인플레이션이 하락하면 실질이자율을 인하한다고 가정할 수 있다. 중앙은행의 행태에 관한 이와 같은 가정을 실질이자율준칙(real interest rate rule)이라고 한다. 여기서 준칙은 반드시 지키거나 기계적으로 적용되는 규칙이나 법규가 아니라 중앙은행의 행태에 관한 가정을 의미한다.

실질이자율준칙과 종전의 통화목표준칙(money target rule)이 다른 점은 통화목표준칙의 경우는 중앙은행은 은행간대출이자율 등을 조정함으로써 주어진 통화공급목표를 달성하려고 하는 반면 실질이자율준칙은 실질이자율을 조정함으로써 인플레이션목표를 달성하려고 하는 것이다.

실질이자율준칙에 따르면 인플레이션이 상승하면 실질이자율을 인상하고 인플레이션이 하락하면 실질이자율을 인하하므로 실질이자율(r)은 인플레이션(π)의 증가함수라고 할 수 있다.

$$r = f(\pi) \qquad (23\text{-}1)$$

식 (23-1)의 실질이자율준칙은 [그림 23-1]처럼 우상향의 직선으로 나타낼 수 있다. 예를 들어 인플레이션이 2%에서 3%로 상승하면 중앙은행은 실질이자율을 3%에서 4%로 인상한다.

그림 23-1 실질이자율준칙

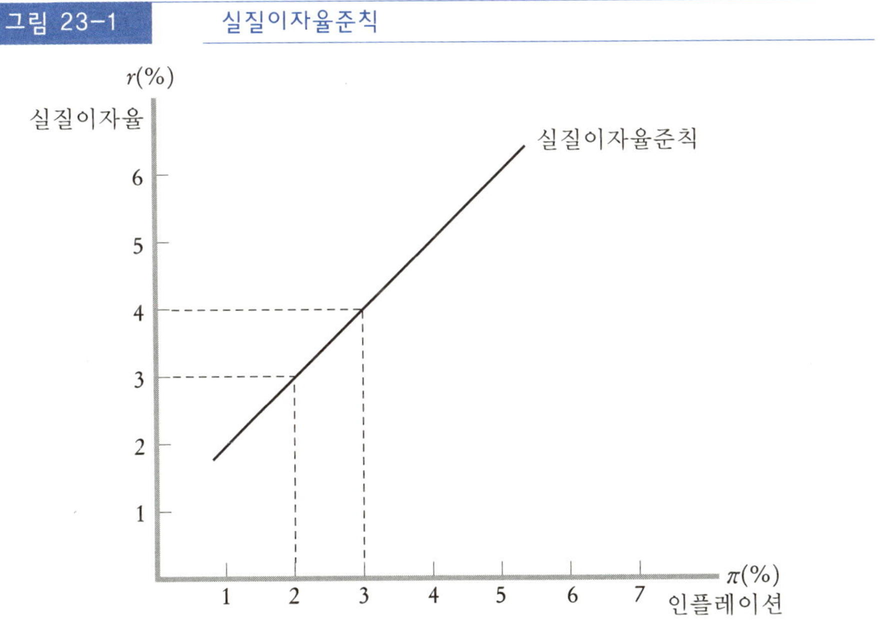

다음으로 중앙은행은 실질이자율을 어떻게 조절하는가를 보기로 하자. 실질이자율(r)은 명목이자율(i)에서 기대인플레이션(π^e)을 뺀 것과 같다.

$$r = i - \pi^e \tag{23-2}$$

나중에 자세하게 설명하는 바와 같이 인플레이션과 기대인플레이션은 경제상황의 변화에 대해 매우 느리게 반응하고 조정된다. 따라서 중앙은행이 명목이자율을 변경하는 것은 단기에는 실질이자율을 변경하는 것과 같다. 더구나 중앙은행은 목표명목이자율을 변경할 때 기대인플레이션을 고려하므로 명목이자율을 결정하는 것은 실질적으로는 실질이자율을 결정하는 것이라고 할 수 있다. 과거자료를 분석한 결과도 대부분 단기명목이자율과 단기실질이자율은 밀접한 관계를 가지고 변동한다는 것을 밝히고 있다. 즉 중앙은행이 명목이자율을 인상하면 실질이자율이 상승하고 명목이자율을 인하하면 실질이자율이 하락한다. 이것은 통화정책이 실질이자율을 실물경제에 영향을 미치는 지렛대로 이용할 수 있다는 것을 의미한다. 다시 말하면 실질이자율은 단기경제변동의 중심축인 총수요(소비, 투자, 정부구매, 순수출 등)와 역관계(inverse relationship)를 갖는다. 실질이자율이 상승하면 총수요는 감소하고 실질이자율이 하락하면 총수요는 증가한다. 이것은 중앙은행이 실질이자율을 변동함으로써 총수요, 나아가 경제변동에 영향을 미칠 수 있다는 것을 의미한다.

실질이자율준칙의 기울기

실질이자율준칙의 기울기는 중앙은행이 얼마나 적극적으로 인플레이션목표를 달성하려고 하는가에 따라 결정된다. 만일 중앙은행이 인플레이션을 목표수준 가까이 유지하는 데 공격적이면 실질이자율준칙의 기울기가 비교적 높은 반면, 인플레이션목표를 달성하는 데 소극적이면 실질이자율준칙의 기울기는 완만하다. 왜냐하면 동일한 인플레이션변동에 대해서도 인플레이션억제에 공격적인 중앙은행은 소극적인 중앙은행에 비해 큰 폭의 실질이자율인상으로 대응할 것이기 때문이다([그림 23-2] 참조).

그림 23-2 실질이자율준칙의 기울기

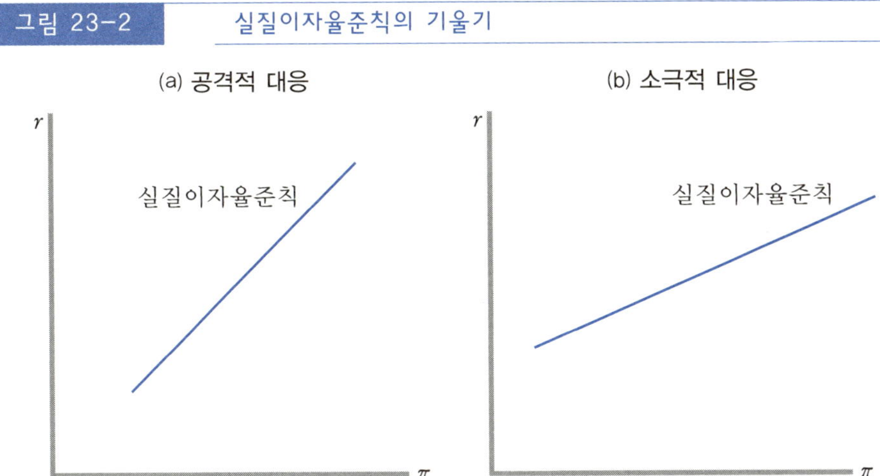

실질이자율준칙의 이동

실질이자율준칙은 중앙은행이 통화정책의 방향을 바꾸기 위해 목표인플레이션을 변경하면 이동한다. 실질이자율준칙의 이동은 인플레이션에 대응하여 설정한 실질이자율의 변동을 의미한다.

목표인플레이션은 중앙은행의 정책방향을 나타낸다. 중앙은행이 침체된 경제를 자극하기 위하여 확장적 통화정책을 선택하면 목표인플레이션을 상향 조정한다. [그림 23-3]은 중앙은행이 목표인플레이션을 π_0^T(2%)에서 π_1^T(3%)로 높인 결과를 보여주고 있다. 인플레이션목표를 올리면서 중앙은행은 모든 인플레이션수준에 대응한 실질이자율을 이전보다 낮게 설정할 것이다. 즉 중앙은행이 인플레이션목표를 변동하기 이전에는 2%의 인플레이션에 대응한 실질이자율을 4%로 설정했다면 목표인플레이션이 상향조정($\pi_0^T \rightarrow \pi_1^T$)된 후에는 2%의 인플레이션에 대응한 실질이자율을 3%로 인하하여 설정할 것이다. 이와 같은 실질이자율의 하향조정은 모든 인플레이션수준에 적용되므로 실질이자율준칙은 오른쪽으로 이동하게 된다. 반대로 인플레이션목표를 낮추면 모든 인플레이션에 대응한 실질이자율은 상승하고 실질이자율준칙은 왼쪽으로 이동한다.

그림 23-3 실질이자율준칙의 이동

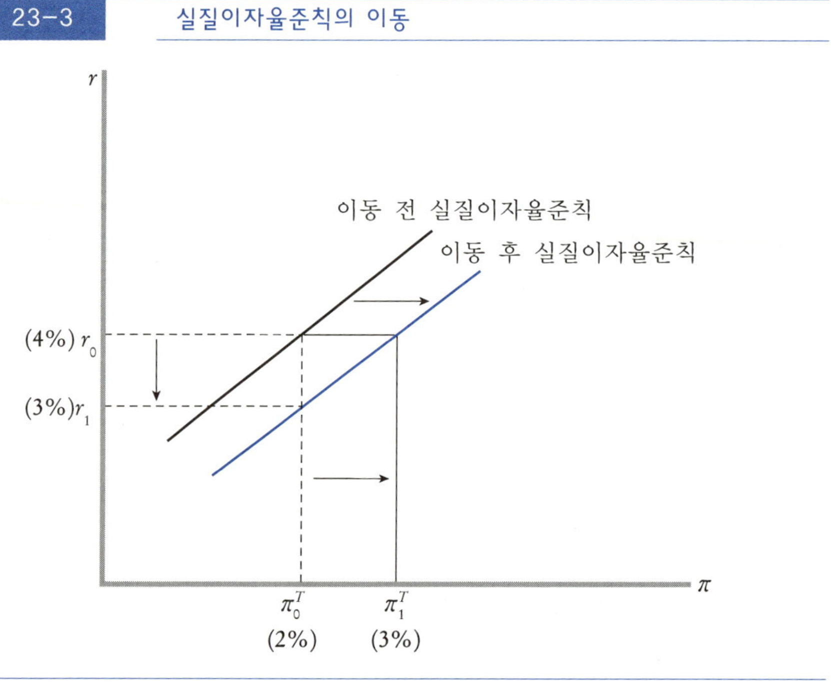

IS-LM모형과 통화정책

앞서 본 것처럼 거의 모든 중앙은행은 실질이자율준칙에 따라 통화정책을 운용한다. 이와 같은 오늘날의 통화정책은 전통적인 IS-LM모형으로는 설명하기 어렵다. 여기서는 먼저 IS-LM모형을 간략하게 살펴본 다음 이 모형이 갖고 있는 한계를 알아보기로 한다.

IS-LM모형

기본적인 IS-LM모형[1)]은 생산량과 이자율이 포함된 두 개의 경제관계를 이용하여 거시경제를 나타낸다. 첫번째 경제관계는 재화시장(goods market)에 관한 것이다. 주어진 소득수준에서 이자율이 상승하면 재화와 서비스에 대한 수요, 바꾸어 말하면 투자수요와 소비수요가 감소한다. 생

1) IS-LM모형에 관한 자세한 것은 거시경제학 교과서 참조.

산물에 대한 수요가 감소하면 생산물의 공급도 감소하므로 생산량수준(수요되는 생산량과 공급되는 생산량이 일치하는)은 감소하게 된다. 변동환율제도를 채택하고 있는 개방경제에서는 이자율이 상승하면 자국의 통화가치가 상승하므로 순수출이 감소하게 된다. 이와 같이 이자율과 생산 사이에 존재하는 역(negative)관계를 나타낸 것이 ***IS***곡선이다. ***IS***곡선이라는 명칭은 봉쇄경제에서는 수요되는 생산량과 공급되는 생산량이 같다는 조건은 투자(planned investment)와 저축(saving)이 같아야 한다는 조건과 동일하다는 데에서 유래된 것이다.

두 번째의 경제관계는 통화시장(money market)에 관한 것이다. 통화수요는 중앙은행의 통화공급과 함께 통화시장의 균형을 결정한다. 통화공급이 고정되어 있다면 소득의 증가는 통화수요를 증가시키므로 이자율(통화의 수요와 공급이 일치하는)을 상승시킨다. 이와 같이 소득과 이자율 사이에 존재하는 정(positve)의 관계를 나타내는 것이 ***LM***곡선이다. ***LM***곡선이라는 명칭은 통화수요, 즉 유동성선호(liquidity preference)와 통화공급(money supply)의 관계를 기초로 하고 있다는 데에서 생긴 것이다.

그림 23-4 IS-LM모형

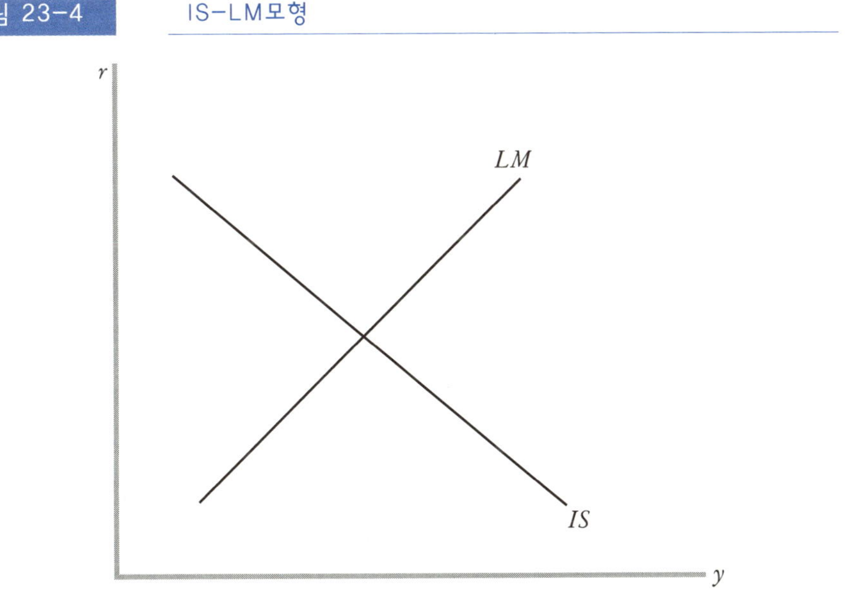

[그림 23-4]에서 보는 바와 *IS*곡선과 *LM*곡선은 재화시장과 통화시장이 균형을 이루는 곳에서 유일하게 실질GDP(*y*)[1]와 이자율(*r*)을 결정한다. 정부지출의 증가나 조세의 감소는 *IS*곡선을 오른쪽으로 이동시키므로 경제는 *LM*곡선을 따라 위로 이동하며, 실질GDP는 증가하고 이자율은 상승한다. *IS*곡선의 이동이 실질GDP에 미치는 효과의 크기는 두 곡선의 기울기와 *IS*곡선의 이동폭에 따라 결정된다. 한편 통화공급의 증가는 *LM*곡선을 아래로 이동시키므로 경제도 *IS*곡선을 따라 아래로 이동하게 되고 실질GDP는 증가하고 이자율은 하락한다. *LM*곡선이 실질GDP에 미치는 효과의 크기도 두 곡선의 기울기와 *LM*곡선의 이동폭에 따라 결정된다.

IS-LM-AS모형

IS-LM모형은 물가수준의 불변을 가정하므로 인플레이션의 분석에 이용하기 어렵다. 1950년대와 60년대 초기에는 인플레이션에 대한 관심이 적었기 때문에 IS-LM모형은 매우 유용한 분석수단이었으나 1960년대 후반과 1970년대에 인플레이션이 중대한 문제로 등장함에 따라 모형을 수정할 필요가 생겨 IS-LM모형은 총공급(AS: aggregate supply)을 포함하는 방향으로 확장되었다. 이것이 IS-LM-AS모형 또는 AD-AS모형이다.

IS-LM모형에 총공급(AS)을 포함함으로써 생긴 특징은 물가수준이 상승함에 따라 생산량이 증가한다는 것을 나타낼 수 있게 된 것이다. 총공급곡선은 조정비용, 불완전정보 또는 장기계약 등으로 인해 가격이 경직적이라고 가정하면 우상향의 기울기를 갖는다. 총공급곡선은 가정에 따라 여러 가지 형태를 취할 수 있지만 대부분은 물가수준(***P***)과 실질GDP(*y*) 사이에 정(positive)의 관계를 나타낸다.

IS-LM-AS모형은 세 개의 미지수(실질GDP, 이자율, 물가수준)와 세 개의 방정식으로 구성되어 있다. 세 개의 방정식으로 구성된 모형은 그래프로 나타내기 어렵다. 해결책은 *IS*곡선과 *LM*곡선을 결합하여 실질GDP와 물가수준의 관계를 나타내는 것이다.

1) 실질GDP(*y*)는 생산량, 산출량, 소득 등과 같다고 가정.

그림 23-5 AD-AS모형

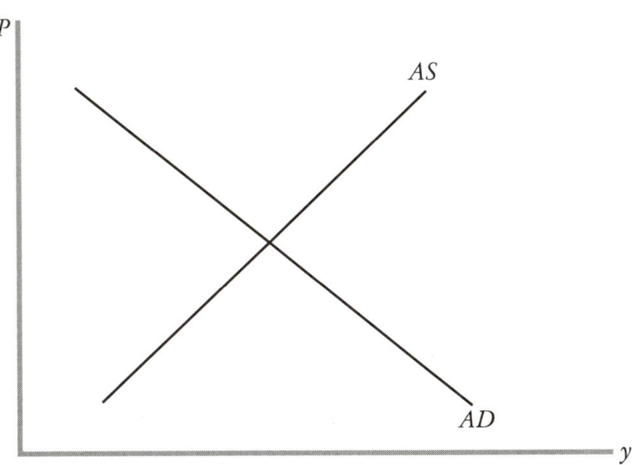

*LM*곡선의 가정에 따라 통화공급이 고정되어 있는 경우 물가수준이 상승하면 실질통화잔액은 감소하므로 *LM*곡선은 위로 이동하여 이자율은 이전보다 높고 실질GDP는 낮은 곳에서 *IS*곡선과 교차한다. 이와 같은 물가수준과 총수요의 역관계를 나타내는 것을 총수요곡선(AD: aggregate demand curve)이라고 한다([그림 23-5] 참조).

IS-LM모형의 한계

IS-LM모형은 일반이론이 출간된 다음 해에 케인즈이론을 체계화하기 위한 시도로서 힉스(J. R. Hicks)[1)]에 의하여 처음 등장하였다. 힉스는 지금의 IS-LM을 IS-LL로 불렀으며 1940년대 초에 한센(A. Hansen)[2)]에 의하여 더욱 발전되었다.

그 후 반세기가 훨씬 넘도록 IS-LM모형은 수많은 경제학도들이 거

1) J. R. Hicks, "Mr. Keyens and the Classics," ***Econometrica*** **5**, April, pp.147~59. 이 논문이 거시경제학에 미친 영향은 케인즈의 일반이론에 못지않은 것으로 평가되고 있다.

2) 한센이 주관한 하버드대학의 케인즈이론세미나는 케인즈이론이 미국에 진입하는 전진기지였다. 한센의 세미나는 학생들에게 인기가 높았으며 당시 학생이었던 사무엘슨(P. Samuelson), 토빈(J. Tobin), 솔로(R. Solow) 등이 참가하여 배웠다고 한다.

시경제이론, 단기경제변동, 통화정책 등을 이해하고 분석하는 데 이용하였다. 특히 1960년대와 70년대 거시경제학의 중심과제였던 통화정책과 재정정책의 상대적 효율성에 관한 논쟁에 IS-LM모형이 많이 이용되었다. 통화정책은 통화공급을 운용목표로 한다는 IS-LM모형의 기본 가정도 당시에는 현실을 반영한 것이었다.

그러나 IS-LM모형의 문제점도 오랫동안 지적되어 왔다. 예를 들면 미시경제학적 기초의 취약, 물가의 경직성가정, 기대의 역할결여, 경제총량관계의 지나친 단순화 등이 문제점으로 제기되었다. 최근에 지적되고 있는 치명적인 결점은 아래에서 보는 바와 같이 전통적인 IS-LM모형으로는 오늘날의 통화정책을 설명할 수 없게 된 것이다. 그 밖에 통화정책과 재정정책의 상대적 효율성에 관한 논쟁도 최근에는 별 다른 관심을 끌지 못하고 있다.

앞서 본 것처럼 중앙은행은 실질이자율준칙에 따라 인플레이션에 대응하여 통화정책을 운용한다. 이와 같은 통화정책을 IS-LM모형으로 분석하기에는 다음과 같은 문제점이 있다.

첫째, IS-LM모형의 이자율이 명목인지 또는 실질인지가 애매하다. 즉 모형을 구성하는 부분에 따라 사용되는 이자율이 다르다. 실질이자율은 재화에 대한 수요를 결정하므로 ***IS***곡선과 관련되는 반면, 명목이자율은 통화수요를 결정하므로 ***LM***곡선과 관련된다.

둘째, IS-LM-AS모형의 총수요곡선과 총공급곡선은 물가수준과 실질GDP의 관계를 나타낸다. 그러나 인플레이션이나 경제변동에 대응하여 이자율을 체계적으로 변동하는 현재의 통화정책을 분석하려면 인플레이션과 실질GDP의 관계 또는 인플레이션과 실질GDP의 행태에 관한 이해가 필요하다.

셋째, ***LM***곡선은 통화목표준칙을 가정한다. 그러나 지금의 통화정책은 이자율의 변동으로 인플레이션에 대응하는 실질이자율준칙을 따른다. 거의 모든 중앙은행은 통화공급목표를 설정하지 않을 뿐 아니라 통화총량에 대해서도 별 다른 주의를 기울이지 않는다.

이와 같이 전통적인 IS-LM모형은 변화된 통화정책을 분석하는 데 한계가 있으므로 최근에 등장한 새로운 대안을 중심으로 통화정책의 운용과 효과를 분석하기로 한다. 대안의 가장 큰 특징은 ***LM***곡선을 실질이자율준칙으로 대체하는 것이다.

IS-MP모형과 총수요곡선

통화정책은 총수요를 적정수준에 유지하기 위한 끊임없는 싸움(struggle)이라고 할 수 있다. 왜냐하면 통화정책의 목적변수인 인플레이션과 실질GDP의 단기변동은 총수요와 총공급의 변동에 기인하지만 통화정책이 영향을 미칠 수 있는 것은 총수요이기 때문이다. 아래에서는 실질이자율준칙을 기초로 총수요곡선을 유도하고 분석함으로써 통화정책과 총수요의 관계를 살펴보기로 한다.

총수요곡선의 유도

중앙은행은 인플레이션에 따라 실질이자율을 선택하므로 인플레이션이 주어진 경우 실질이자율준칙은 [그림 23-6]에서 보는 바와 같이 실질

그림 23-6 IS-MP모형

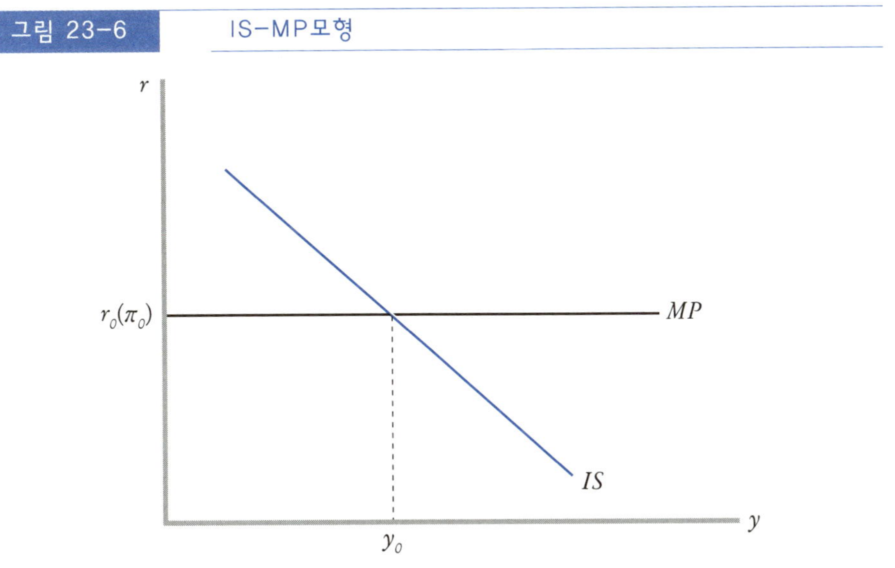

GDP-실질이자율($y-r$) 평면에서는 수평선이 된다. 예를 들면 인플레이션 π_0에 대응하는 실질이자율이 r_0이면 $r_0(\pi_0)$는 수평선으로 나타낼 수 있다. 이와 같은 수평선을 통화정책곡선(MP: monetary policy curve)이라고 부른다. ***MP***곡선과 ***IS***곡선의 교차는 실질GDP(y_0)와 주어진 인플레이션(π_0)에 대응하는 실질이자율(r_0)을 결정한다. 바꾸어 말하면 인플레이션은 중앙은행이 선택할 실질이자율을, ***MP***곡선과 ***IS***곡선은 실질GDP를 결정한다.

[그림 23-7]의 상단에서 보는 바와 같이 인플레이션이 π_0에서 π_1로 상

그림 23-7 총수요곡선의 유도

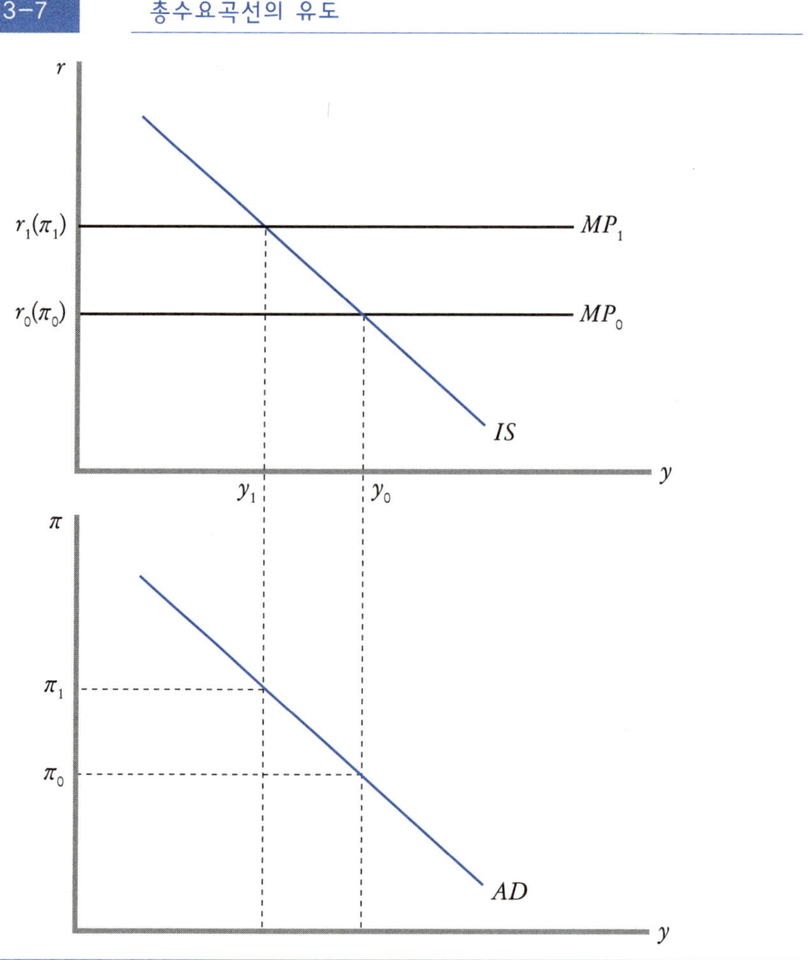

승하면 실질이자율준칙에 따라 중앙은행은 실질이자율을 r_0에서 r_1로 인상할 것이다. MP곡선은 위로 이동하여 $r_1(\pi_1)$에서 수평한 MP_1이 된다. 이와 같이 MP곡선이 위로 이동하면 경제도 IS곡선을 따라 위로 이동하므로 실질GDP는 y_0에서 y_1로 감소한다. 인플레이션과 총수요는 역관계를 갖는다는 것을 알 수 있다. 이와 같은 관계는 경제의 수요측면을 나타내므로 총수요곡선(AD)이라고 부른다.

이와 같이 IS-MP모형을 이용하여 유도한 총수요곡선은 인플레이션과 총수요의 관계를 나타내므로 물가수준과 총수요의 관계를 나타내는 전통적인 총수요곡선과 다르다. 그리고 IS-MP모형에서는 인플레이션이 상승하면 중앙은행은 실질이자율을 인상하고 실질이자율의 인상은 실질GDP의 감소를 초래하지만 IS-LM모형에서는 물가수준이 상승하면 실질통화량이 감소(LM곡선을 왼쪽으로 이동)하고 주어진 실질GDP수준에서 균형이자율이 상승한다.

총수요곡선의 기울기

총수요곡선(AD)의 기울기는 재화와 서비스에 대한 총수요(실질GDP)가 인플레이션에 대해 얼마나 민감한가를 나타낸다. 총수요가 인플레이션 대해 크게 반응하면 총수요곡선의 기울기는 비교적 평탄하고 총수요의 변동이 인플레이션에 대해 민감하지 않으면 총수요곡선의 기울기는 가파르다. 즉 인플레이션의 변동에 대해 총수요가 민감하게 변동할수록 총수요곡선의 기울기는 완만하다.

총수요곡선의 기울기는 여러 가지 요소의 영향을 받아 정해지지만 여기서는 중앙은행의 인플레이션에 대한 반응, 즉 실질이자율준칙이 총수요곡선의 기울기에 미치는 영향에 대해서만 보기로 하자([그림 23-8] 참조).

먼저 실질이자율준칙의 기울기가 큰 경우를 보면 중앙은행은 인플레이션이 상승하면 실질이자율을 비교적 큰 폭으로 인상하므로 통화정책곡선(MP)은 위로 크게 이동한다($MP_0 \to MP_1$). 주어진 인플레이션에 대해 통화정책곡선이 큰 폭으로 이동하면 총수요곡선의 기울기는 평탄하게 된다(AD_1). 즉 실질이자율준칙의 기울기가 가파르면 총수요곡선의 기울기는 평탄하다.

그림 23-8 총수요곡선의 기울기

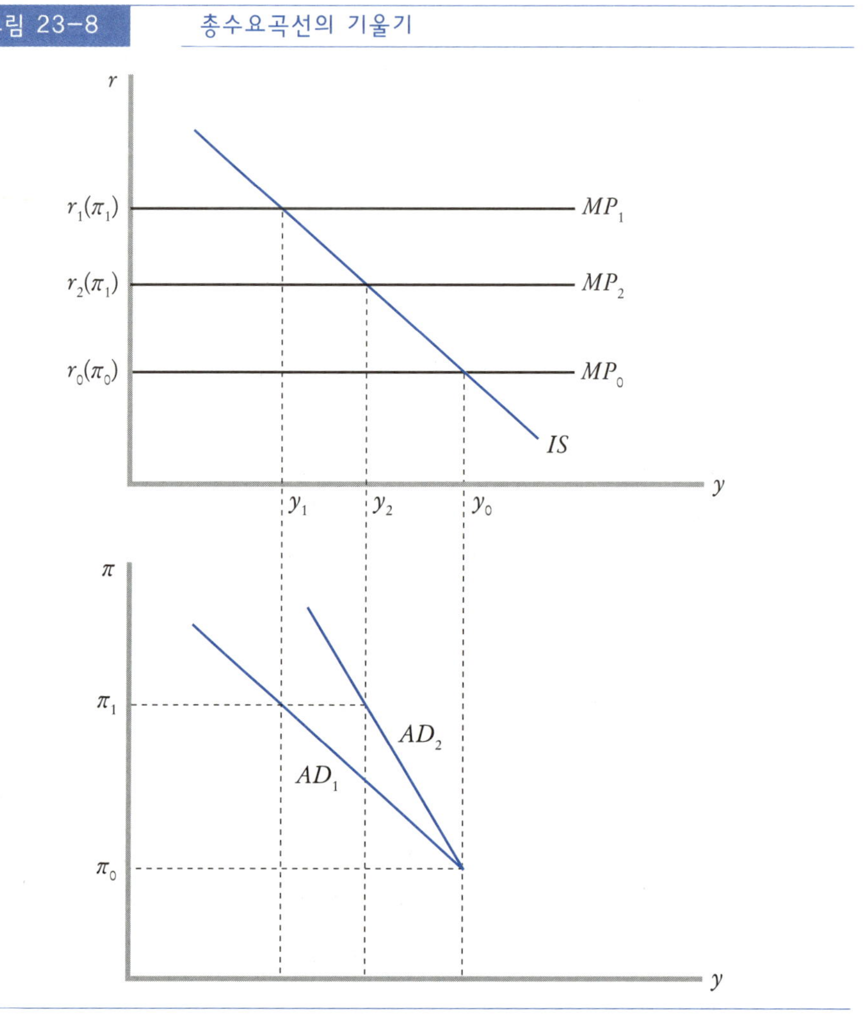

다음으로 실질이자율준칙의 기울기가 완만한 경우는 인플레이션이 상승해도 중앙은행은 실질이자율을 비교적 작게 인상하므로 통화정책곡선(*MP*)은 작은 폭으로 위로 이동할 것이다($MP_0 \rightarrow MP_2$). 주어진 인플레이션에 대해 통화정책곡선이 작은 폭으로 위로 이동하면 총수요곡선의 기울기는 급경사를 이룬다(AD_2). 즉 실질이자율준칙의 기울기가 평탄하면 총수요곡선의 기울기는 가파르다.

총수요곡선의 이동

총수요곡선의 이동은 단기경제변동의 중요한 요인이다. 총수요가 감소하면 경기는 침체되고 총수요가 증가하면 경제활동 수준은 높아진다. 총수요곡선은 실질이자율준칙이 이동하거나 총수요를 구성하는 지출이 실질이자율과 관계없이 변동하면 이동한다.

실질이자율준칙의 이동

중앙은행이 인플레이션의 목표수준을 높이면 실질이자율준칙은 오른쪽으로 이동하고 주어진 인플레이션에 대한 실질이자율은 이전보다 낮게 설정된다는 것은 위에서 보았다. 주어진 인플레이션에 대한 실질이자율이 이전보다 낮게 책정되면 ***IS*–*MP***평면에서 통화정책곡선(*MP*)은 아래로 이동한다. 즉 [그림 23-9]에서 보는 바와 같이 π_0에 대응하여 설정된 실질이자율이 r_0에서 r_1로 낮아지면 [그림 23-9]의 상단 그림에서 $(r_0)\pi_0$의 MP_0곡선은 아래로 이동하여 $(r_1)\pi_0$의 MP_1곡선이 된다. 이와 같이 통화정책곡선이 아래로 이동하면 총수요곡선은 오른쪽으로 이동($AD_0 \rightarrow AD_1$)하게 된다.

다시 말하면 실질이자율준칙이 오른쪽으로 이동하면 총수요곡선도 오른쪽으로 이동하고 반대로 실질이자율준칙이 왼쪽으로 이동하면 총수요곡선도 왼쪽으로 이동한다.

지출의 변동

총수요를 구성하는 지출(소비, 투자, 순수출 등)이 실질이자율이 아닌 다른 요인에 의하여 변동하면 ***IS***곡선이 이동하고 그에 따라 총수요곡선도 이동한다. 예를 들면 기업의 투자결정은 미래수익에 대한 전망과 투자자금의 조달비용에 의하여 결정된다. 실질이자율이 일정하다면 미래에 대한 낙관적인 전망은 기업투자를 촉진한다. 기업환경이 개선되면 투자가 증가하므로 ***IS***곡선이 오른쪽으로 이동한 데 이어 총수요곡선도 오른쪽으로 이동한다. 소비자의 경제에 대한 신뢰도(consumer confidence)가 높아져도 총수요곡선은 오른쪽으로 이동한다. 왜냐하면 사람들은 해고될 위험이 줄었다는 것을 인식하게 되면 저축을 줄이고 소비를 늘리기 때문이다. 정부지

그림 23-9 총수요곡선의 이동

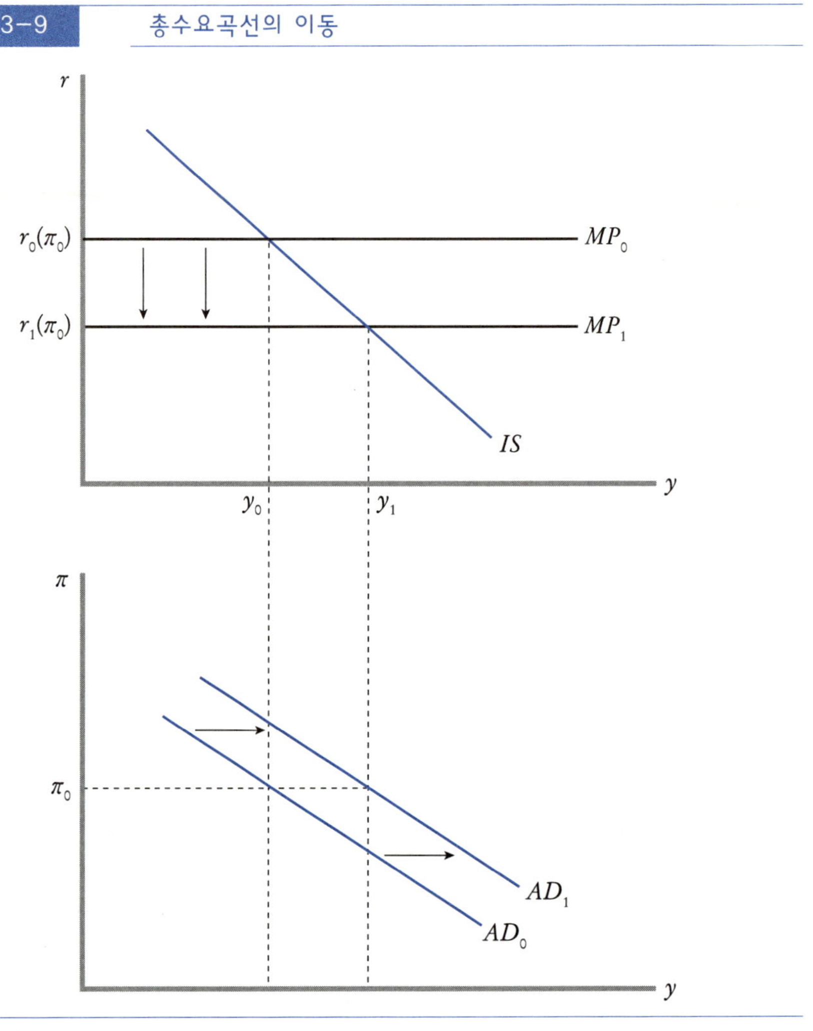

출의 변동도 총수요에 영향을 미친다. 의회나 정부가 국방력의 강화, 공공교육의 개선 등 여러 가지 이유로 재화와 서비스에 대한 지출을 늘리면 총수요곡선은 오른쪽으로 이동한다. 그 밖에 실질이자율의 변동과 관련 없는 순수출(=수출−수입)의 증가도 총수요곡선을 오른쪽으로 이동시킨다. 국내에서 생산된 제품이 품질이 좋아졌기 때문에 외국의 수요가 증가하면 수출이 증가하므로 총수요곡선은 오른쪽으로 이동하게 된다.

2. 실질GDP와 인플레이션의 균형과 결정

통화정책은 경제변동이나 인플레이션에 대응한 실질이자율의 체계적 변동이라고 할 수 있다. 따라서 통화정책의 효과를 분석하기 위해서는 실질GDP와 인플레이션의 결정과정을 이해하는 것이 필요하다. 위에서 본 총수요곡선은 인플레이션과 실질GDP의 관계를 나타내는 것에 지나지 않으므로 실질GDP와 인플레이션의 결정과정을 파악하기 위해서는 총수요곡선 외에 단기총공급곡선(short-run aggregate supply curve)이 필요하다. 아래에서는 단기총공급곡선을 유도한 다음 총수요곡선과 결합하여 실질GDP와 인플레이션의 균형과 변동과정을 살펴보기로 한다.

인플레이션조정선

단기총공급곡선을 가장 쉽게 유도하는 방법은 어떤 시점의 인플레이션이 주어진다고 가정하는 것이다. 특정 시점의 인플레이션을 주어진 것이라고 가정하는 것은 단기총공급곡선이 실질GDP-인플레이션($y-\pi$)평면에서 수평하다는 것을 의미한다. 예를 들면 현재의 인플레이션이 3%이면 단기총공급곡선은 3%의 인플레이션에서 수평하다([그림 23-10] 참조).

이와 같은 수평선은 특정시점의 인플레이션이 그 시점의 생산량 또는 실질GDP의 영향을 받지 않는다는 것을 의미한다. 수평한 단기총공급곡선은 아래에서 설명하는 인플레이션의 지속성을 반영한 것이다.

현재의 인플레이션수준에서 수평한 단기총공급곡선을 인플레이션조정선(IA: inflation adjustment line)이라고 부른다. 인플레이션조정선이라고 부르는 것은 이 선이 [그림 23-11]에서 보는 바와 같이 GDP갭에 따라 상하로 이동하면서 인플레이션의 행태를 결정하기 때문이다.

인플레이션의 지속성

최근의 인플레이션은 서서히 변동하는 경향을 보인다. 어느 해 인플

그림 23-10 인플레이션조정선

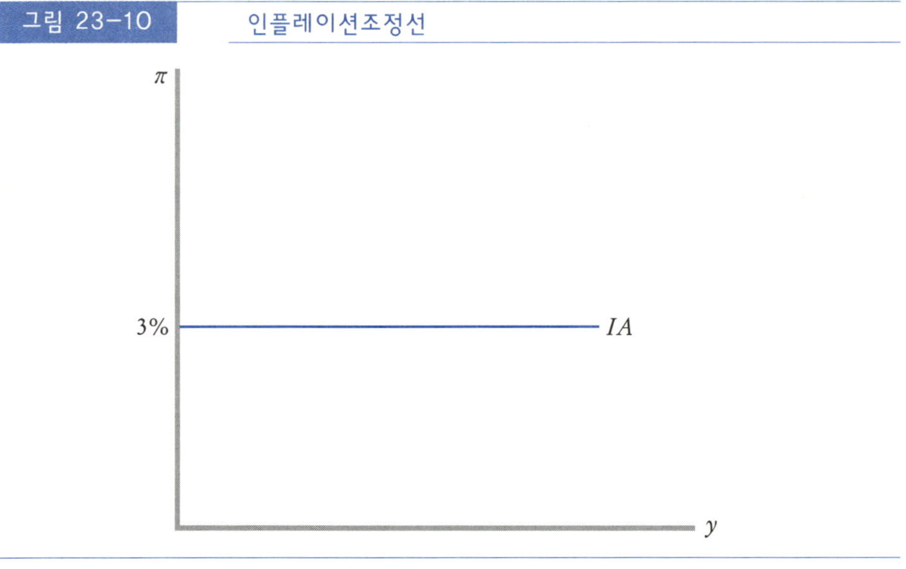

레이션이 낮으면 다음 해에도 낮고 어느 해 인플레이션이 높으면 다음 해도 높아지는 경향이 있다. 이러한 현상을 인플레이션의 지속성(inflation persistence)이라고 부르며 이는 1990년대부터 최근까지 많은 나라에서 찾아 볼 수 있는 현상이다. 물론 몇 년 또는 몇 십년을 단위로 보면 인플레이션은 변동한다. 그러나 몇 달을 기준으로 보면 실질생산은 조정되지만 인플레이션은 거의 변동하지 않는다. 이와 같이 단기에 생산물에 대한 수요가 변동할지라도 인플레이션이 크게 변동하지 않고 지속성을 갖는 것은 두 가지 요인 때문이라고 할 수 있다.

첫번째는 사람들은 인플레이션이 계속될 것으로 기대하고 그러한 기대에 따라 가격과 임금을 조정하기 때문이다. 예를 들어 구두를 만드는 A기업이 앞으로 1년간의 구두가격을 결정한다고 가정하자. 현재의 인플레이션이 3%이면 A기업은 다른 경쟁기업이 구두가격을 3% 인상할 것으로 기대할 것이므로 A기업은 경쟁력을 유지하기 위하여 제품가격을 3% 인상한다. 거의 모든 기업이 이와 같이 행동할 것이므로 인플레이션은 3%에 머물게 된다.

임금도 가격과 비슷한 방식으로 결정된다. 기업이 임금을 결정할 때는 경쟁기업의 임금인상폭을 확인할 필요가 있다. 만일 임금을 다른 기업에 비하여 너무 낮게 지급하면 노동자는 다른 곳으로 떠나게 되고 임금을 너무 높게 지급하면 이익이 감소한다. 경쟁기업과 같은 수준의 임금을 유지하기 위해서는 A기업은 경쟁기업과 같은 인상률로 임금을 올리게 된다. 만일 다른 기업이 임금을 3% 인상하면 A기업도 3% 인상하지 않을 수 없다.

두 번째 요인으로 가격과 임금의 산발적인 결정을 들 수 있다. 경제 내의 모든 가격과 임금이 동시에 결정되는 것은 아니다. 개별기업의 제품 가격이나 임금은 다른 시점에 결정된다. 우리 주변을 보아도 쌀값과 커피값은 다른 시기에 결정되는 것이 일반이다. 임금도 변동하는 시기가 기업 또는 산업에 따라 다르다. 가격과 임금은 이와 같이 산발적으로 결정될 뿐 아니라 자주 변동하지 않는다. 가격은 몇 개월 또는 그보다 더 오랫동안 변동하지 않으며 임금은 대부분 일 년에 한번 인상된다. 따라서 어느 특정일을 기준으로 보면 어떤 가격이나 임금은 조정되겠지만 대부분의 가격과 임금은 변동하지 않는다. 가격과 임금의 산발적인 결정은 경제 전반의 가격조정을 느리게 한다.

기업과 노동자가 가격이나 임금을 결정할 때에는 다른 기업이 최근에 결정한 가격과 임금에 보조를 맞추려고 할 것이다. 따라서 가격과 임금에 관한 오늘의 결정은 며칠 또는 몇 주 전에 결정된 가격과 임금의 영향을 직접 받는다고 말할 수 있다. 즉 가격과 임금의 결정에는 관성(inertia)이 작용하며 수평한 인플레이션조정선은 이러한 관성을 나타낸다.

요약하면 인플레이션이 계속될 것이라는 기대, 임금과 가격의 산발적인 조정 등이 오늘의 인플레이션이 어제의 인플레이션과 비슷한 수준이 되도록 한다.

인플레이션조정선의 이동

인플레이션조정선은 GDP갭(=실질GDP−잠재GDP)의 발생, 공급충격, 기대인플레이션의 변동 등으로 인해 인플레이션이 상승하면 위로 이동하고 하락하면 아래로 이동한다. 여기서 잠재GDP(y_p: potential GDP)

는 기업들이 정상적인 가동률로 자본과 노동을 이용하여 생산하는 수준을 의미한다.

GDP갭

실질GDP가 잠재GDP와 같으면 GDP갭은 없으므로 인플레이션조정선은 안정된다. 그러나 실질GDP가 잠재GDP보다 작으면 침체갭(recessionary GDP gap)이 발생하여 생산능력의 일부가 가동되지 못한다. 경제가 침체갭에 놓이면 기업이 새로 노동자를 채용하는 데 별다른 어려움이 없고 기계설비의 가동률은 낮은 수준에 머문다. 기업은 실질GDP와 잠재GDP가 같을 때보다 가격과 임금을 적게 인상한다. 반면에 실질GDP가 잠재GDP를 초과하면 확장갭(expansionary GDP gap)이 발생하고 침체갭과 반대현상이 나타난다. 기업은 노동자를 새로 채용하는 데 어려움을 갖게 되고 거의 모든 기계설비는 가동된다. 이러한 상황에서 기업은 정상수준에서 가동할 때에 비하여 임금을 더 많이 지급하고 가격도 더 높게 인상한다.

따라서 실질GDP가 잠재GDP로부터 멀어지면 인플레이션이 조정된다는 것을 알 수 있다. [그림 23-11]에서 보는 바와 같이 실질GDP가 잠

그림 23-11 인플레이션조정선의 이동(GDP갭)

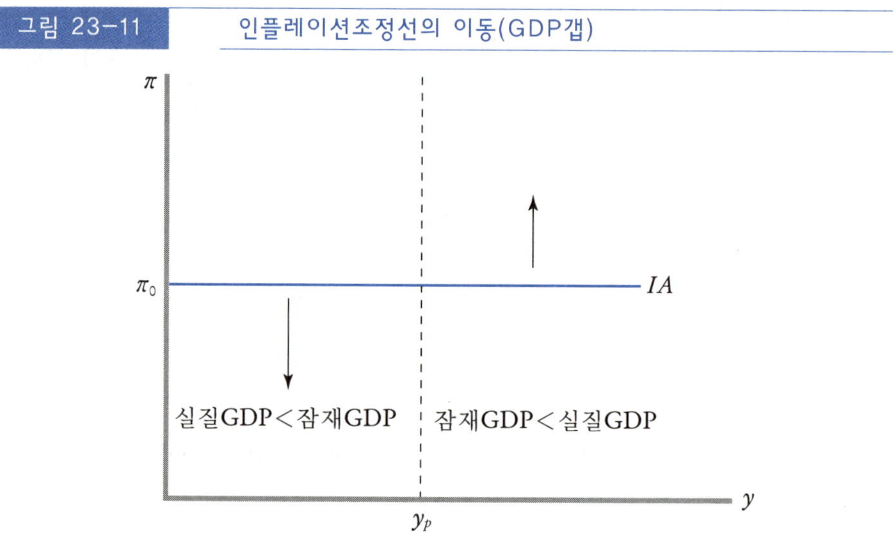

재GDP보다 낮은 침체GDP갭은 인플레이션을 하락하도록 하고 실질 GDP가 잠재GDP를 초과하는 확장GDP갭은 인플레이션을 상승시킨다.

인플레이션조정선이 GDP갭에 대해 얼마나 신속하게 반응하는가에 대한 학자들의 의견은 두 가지로 나눌 수 있다. 하나는 가격이 신축적이므로 인플레이션은 GDP갭에 대해 민감하게 반응한다고 주장한다. 이 견해에 따르면 인플레이션조정선은 신속하게 이동하여 GDP갭을 제거한다. 다른 견해는 많은 가격과 임금이 대부분 계약 등으로 결정되기 때문에 변경하는 것이 어렵고 시간과 비용도 많이 든다고 주장한다. 만일 가격과 임금이 신축적으로 변동하지 않고 경직적(sticky)이라면 인플레이션조정선은 GDP갭에 대해 느리게 반응할 것이다.

공급충격

GDP갭은 인플레이션조정선을 이동시키는 이유 가운데 하나에 불과하다. [그림 23-10]의 인플레이션조정선은 많은 요소, 예를 들어 노동비용, 원재료비 등이 일정하다고 가정한 것이므로 이들 요소가 변동하면 인플레이션조정선은 이동한다. 생산요소 또는 생산비용의 변동을 공급충격(supply shock)이라고 부른다. 가장 빈번하게 발생하는 공급충격으로는 에

그림 23-12 인플레이션조정선의 이동(공급충격)

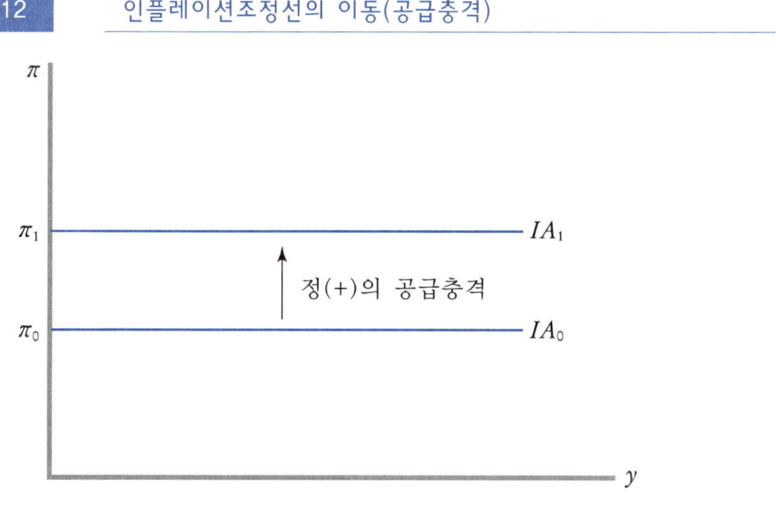

너지가격의 변동을 들 수 있다. 오일가격이 상승하면 생산비용이 상승하게 되므로 기업은 제품가격을 인상한다. 마찬가지로 노동비용이 상승해도 인플레이션조정선은 위로 이동한다. [그림 23-12]에서 보는 바와 같이 정(positive)의 공급충격은 인플레이션조정선을 위로 이동시킨다. 공급충격을 인플레이션충격(inflation shock) 또는 가격충격(price shock)이라고도 한다.

기대인플레이션

그 밖에 기대인플레이션이 변동하면 인플레이션조정선은 이동한다. 기업과 노동자가 인플레이션이 상승할 것으로 기대하면 인플레이션과 보조를 맞추기 위해 가격과 임금을 상승시킬 것이다. 따라서 기대인플레이션의 상승은 인플레이션조정선을 더 높은 인플레이션수준으로 이동시킨다. 기대인플레이션이 하락하면 인플레이션조정선은 아래로 이동한다.

단기균형

실질GDP와 인플레이션의 단기균형은 총수요곡선(*AD*)과 인플레이션조정선(*IA*)의 교차점에서 이루어진다([그림 23-13] 참조).

그림 23-13 특정시점의 실질GDP와 인플레이션의 균형

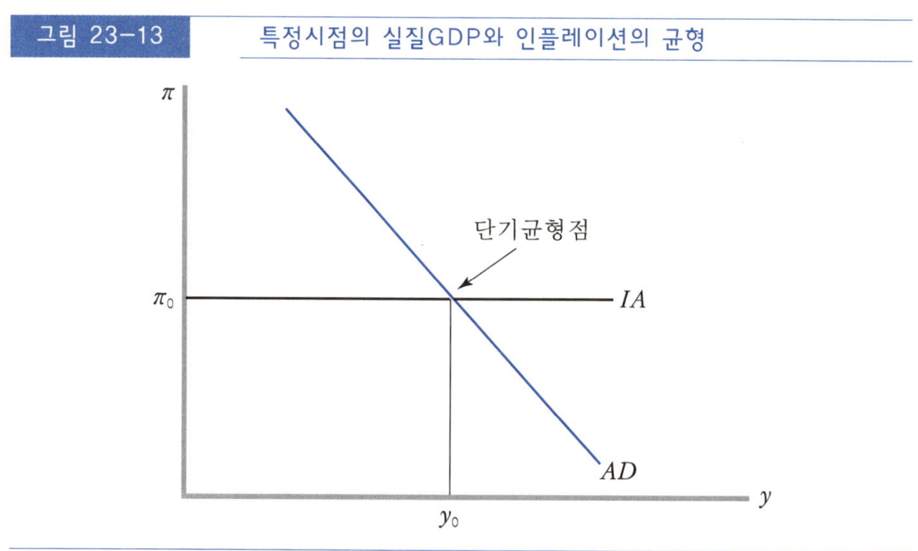

장기균형으로의 조정

실질GDP가 잠재GDP와 일치하지 않으면 인플레이션조정선이 위 또는 아래로 이동한다는 것은 위에서 보았다. [그림 23-14(a)]에서 보는 바와 같이 실질GDP(y_0)가 잠재GDP(y_p)보다 큰 경우에는 확장갭이 발생하고 인플레이션에 대해 상승압력이 작용하므로 인플레이션조정선은 위로 이동한다. 처음에는 총수요곡선과 인플레이션조정선이 실질GDP(y_0)가 잠재GDP(y_P)보다 큰 e_0점에서 균형을 이룬다고 가정하자. 확장갭의 발생으로 인해 인플레이션조정선은 실질GDP와 잠재GDP가 같고 GDP갭이 없는 e_{LR}점까지 위로 이동한다. e_{LR}점은 장기균형점이므로 이 점에서는 인플레이션은 변동하지 않는다.

두 번째는 실질GDP가 잠재GDP보다 작은 경우이다. 이 때 발생하는 침체갭은 인플레이션에 대해 하락압력으로 작용함으로써 인플레이션조정선을 아래로 이동시킨다. 이 과정은 첫번째 예와 마찬가지로 실질GDP(y_0)가 잠재GDP(y_P)수준으로 돌아올 때까지 계속된다([그림 23-14(b)] 참조). 즉 처음에는 총수요곡선(*AD*)과 인플레이션조정선(*IA*)은 실질GDP

그림 23-14 장기균형으로의 조정

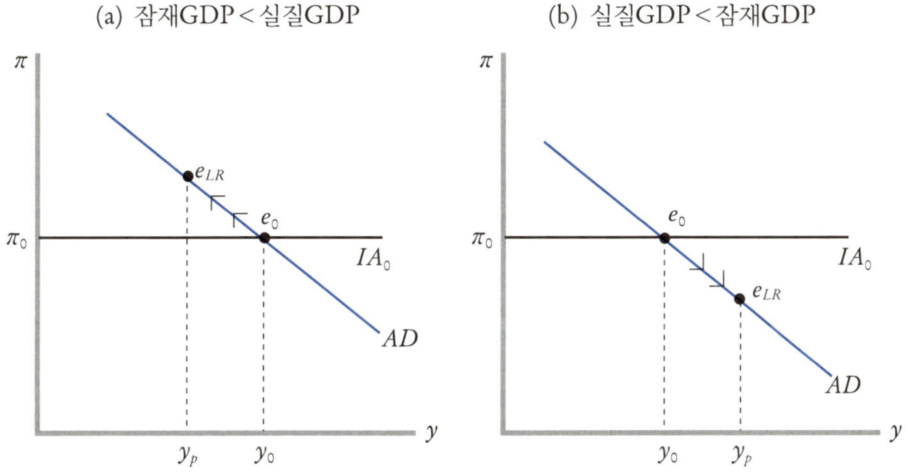

가 잠재GDP보다 작은 e_0점에서 균형을 이룬다. 침체갭의 발생으로 인해 인플레이션조정선은 아래로 이동한다. 인플레이션조정선이 하락함에 따라 실질GDP는 잠재GDP와 같아지는 e_{LR}점까지 증가한다. 장기균형점인 e_{LR}에서는 인플레이션은 변동하지 않고 안정된다.

실질GDP와 인플레이션의 결정

위에서 단기균형과 장기균형의 결정요인을 보았으므로 총수요곡선과 인플레이션조정선의 이동이 통화정책의 중요한 목표변수인 실질GDP와 인플레이션에 미치는 효과를 분석해 보기로 한다.

총수요의 이동

총수요곡선은 실질이자율준칙이 이동하거나 소비, 투자 등이 이자율과 관계없이 변동하면 이동한다. 여기서는 소비자 신뢰도의 악화가 실질GDP와 인플레이션의 변동에 어떠한 효과를 미치는지를 보기로 한다. 소비자의 신뢰도가 하락하면 주어진 가처분소득수준에서 소비는 감소한다.

소비감소가 실질GDP에 미치는 단기 효과는 [그림 23-9]의 IS-MP 모형으로 알 수 있다. 소비자의 신뢰도가 악화되면 ***IS***곡선은 왼쪽으로 이동하지만 앞서 본 것처럼 인플레이션은 즉시 변동하지 않으므로 ***MP***곡선은 이동하지 않는다. 따라서 단기에는 실질GDP는 하락하지만 실질이자율은 변동하지 않는다. 이것은 주어진 인플레이션수준에서 실질GDP는 이전 보다 낮아진다는 것을 의미한다. 다시 말하면 소비자신뢰의 하락은 총수요곡선을 왼쪽으로 이동시킨다. [그림 23-15]에서 보는 바와 같이 총수요곡선의 이동으로 인한 단기효과는 경제가 e_0에서 e_1로 이동하는 것으로 나타난다. 인플레이션은 변동하지 않고 실질GDP는 IS-MP모형에서 본 것처럼 감소한다. 실질GDP가 잠재GDP보다 낮으므로 인플레이션이 하락하기 시작한다. 인플레이션이 하락하면서 중앙은행은 실질이자율준칙에 따라 실질이자율을 인하하고 실질GDP는 증가하게 된다. 경제는 화살표로 표시된 것처럼 총수요곡선을 따라 아래로 이동한다. 이와 같은 과

그림 23-15 소비자신뢰도의 하락

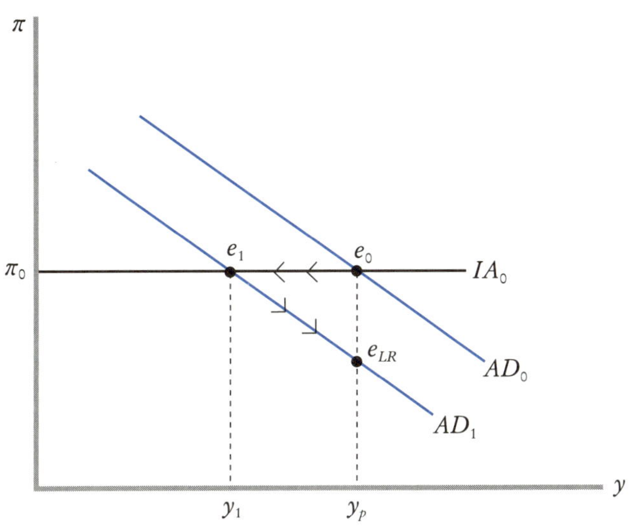

정은 경제가 실질GDP와 잠재GDP가 같은 장기균형점(e_{LR})에 이를 때까지 계속된다. e_{LR}점에서는 인플레이션과 실질이자율이 이전보다 낮다.

공급충격

공급충격이 실질GDP와 인플레이션에 미치는 영향도 총수요곡선-인플레이션조정선(AD-IA)모형으로 알 수 있다. 오일가격 상승과 같은 정(positive)의 공급충격은 인플레이션조정선을 위로 이동시킨다([그림 23-16] 참조). 단기균형점(e_0)은 이전보다 실질GDP는 낮고 인플레이션은 높은 e_1으로 이동한다. 이와 같이 실질GDP는 낮아지는 반면 인플레이션은 상승하는 상황을 스태그플레이션(stagflation)이라고 부른다. 초기에 인플레이션의 상승과 함께 감소한 실질GDP는 인플레이션조정선을 아래로 이동시키는 압력으로 작용한다. 인플레이션조정선은 아래로 이동하면서 실질GDP는 증가한다. 경제가 실질GDP와 잠재GDP가 일치하는 점에 이를 때까지 인플레이션은 하락하고 실질GDP는 증가한다. 이와 같이 공급충격은 경제의 장기균형에 영향을 미치지 않으며 실질GDP와 인플레이션을

그림 23-16 공급충격의 효과

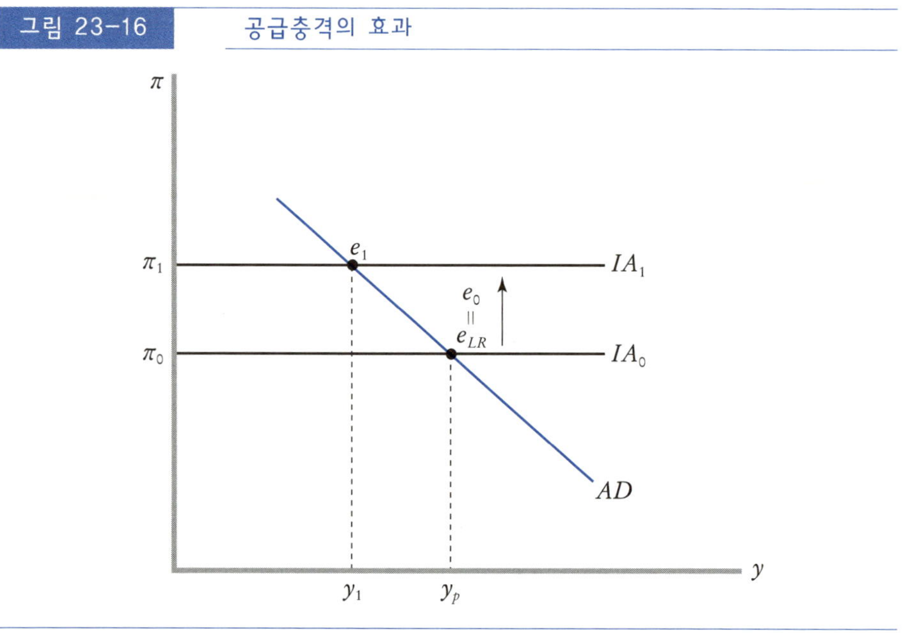

장기균형점에서 일시적으로 멀어지게 할 뿐이다.

3. 통화정책의 효과[1)]

지금까지 살펴본 AD-IA모형을 이용하여 통화정책이 경제(실질GDP와 인플레이션)를 어떻게 안정시킬 수 있는가를 보기로 한다. 실질GDP와 인플레이션이 변동하는 것은 총수요곡선이나 인플레이션조정선이 이동하기 때문이다. 중앙은행은 실질이자율준칙의 이동으로 총수요를 이동시킬 수 있으나 인플레이션조정선은 이동시킬 수 없다. 이것은 중앙은행이 총수요곡선의 이동은 상쇄할 수 있으나 공급충격은 제거할 수 없다는 것을 의미한다.

1) 통화정책의 효과에 관한 주요 학파(고전학파, 케인즈학파, 통화론자이론, 신용중시론, 신용경색론, 새고전학파, 새케인즈학파)의 이론은 박영사간(2004년) 졸저 '통화금융론' 제28장 참조.

총수요의 이동과 경제안정

경제가 [그림 23-17]에서 보는 것처럼 실질GDP와 잠재GDP(y_P)가 같고 인플레이션과 목표인플레이션(π^T: 3%)이 e_{LR}점에서 균형을 이루고 있다고 가정하자.

예를 들면 소비, 투자 또는 순수출 등의 급격한 증가로 인해 총수요가 대폭 증가하면 총수요곡선(AD)이 오른쪽으로 이동하고 새로운 단기 균형점(e_1)이 생긴다. 새 균형점에서는 실질GDP가 잠재GDP보다 더 크기 때문에 인플레이션압력이 발생하므로 머지않아 인플레이션조정선이 위로 이동할 수 있다. 따라서 인플레이션목표수준(3%)에 변동이 없다면 중앙은행은 총수요곡선을 왼쪽으로 이동하여 원래의 위치로 되돌아오도록 하여야 한다. 총수요곡선을 원래의 위치로 다시 돌아오도록 하기 위해서는 실질이자율준칙을 왼쪽으로 이동(실질이자율의 인상)하여야 한다.

이와 같이 중앙은행은 실질이자율준칙의 이동으로 총수요이동을 상쇄함으로써 실질GDP와 잠재GDP, 목표인플레이션과 인플레이션이 같아지

그림 23-17 총수요의 이동과 경제안정

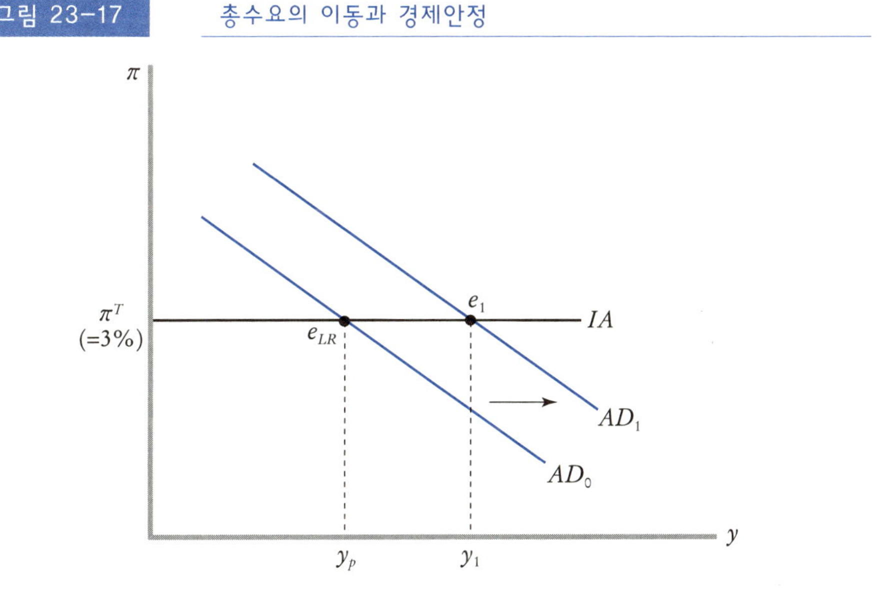

도록 할 수 있다. 장기균형점에서는 GDP갭이 없으므로 공급충격이나 기대인플레이션의 이동이 없다면 인플레이션은 변동하지 않는다.

공급충격과 정책선택

앞서 본 것처럼 정(+)의 공급충격이 발생하면 인플레이션조정선은 위로 이동하고 실질GDP는 감소한다. 앞에서 설명한 것처럼 중앙은행은 통화정책으로 총수요곡선은 이동시킬 수 있으나 인플레이션조정선은 이동시킬 수 없다. 그러나 중앙은행은 실질이자율준칙의 기울기를 결정함으로써 총수요곡선의 기울기에 영향을 주어 공급충격이 실질GDP나 인플레이션에 미치는 효과를 조절할 수 있다.

인플레이션이 목표수준을 벗어나면 중앙은행이 공격적으로 대응하는 경우는 실질이자율준칙의 기울기가 크기 때문에 총수요곡선의 기울기는 [그림 23-18(a)]에서 보는 바와 같이 완만하다. 이 경우는 정의 공급충격으로 인해 발생하는 침체갭이 비교적 크기 때문에 인플레이션에 대한 하

그림 23-18 공급충격과 정책대응

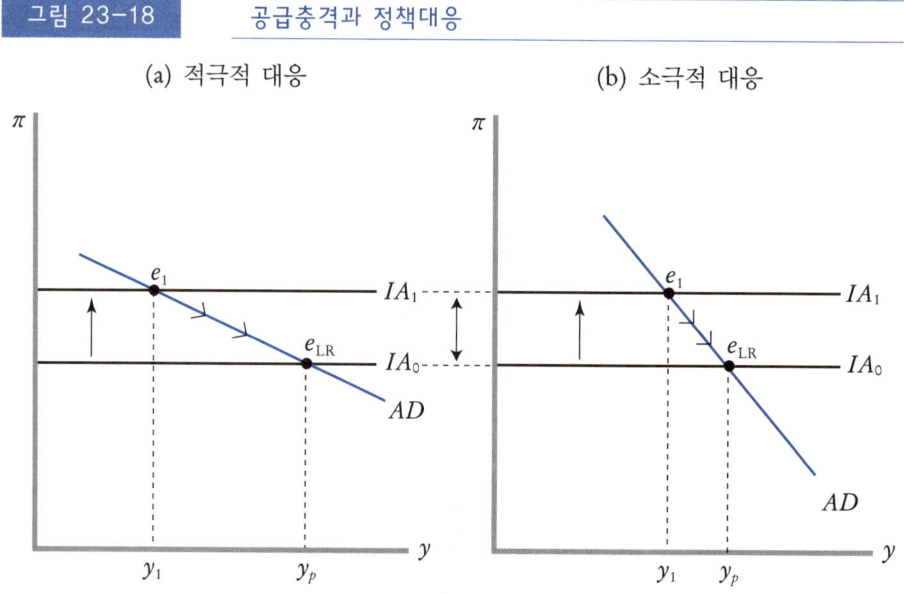

락압력도 강하므로 인플레이션조정선은 비교적 신속하게 하락한다. 다시 말하면 중앙은행은 공급충격에 공격적으로 대응함으로써 인플레이션을 신속하게 목표수준으로 돌아가게 할 수 있다. 그러나 이 과정에서 실질 GDP는 큰 폭으로 감소한다.

다음으로 [그림 23-18(b)]는 중앙은행이 인플레이션을 목표수준에 근접하도록 하는 데 소극적인 경우이다. 중앙은행이 인플레이션의 일시적 상승보다 실질GDP의 감소를 더 우려하면 실질이자율준칙의 기울기는 비교적 완만하고 그에 따라 총수요곡선의 기울기는 가파르게 된다. 이 경우도 공급충격이 발생하면 침체갭이 생기지만 작기 때문에 인플레이션에 대한 하방압력은 상대적으로 약하다. 따라서 실질GDP의 감소는 적은 대신 인플레이션은 천천히 조정되므로 중앙은행이 적극적으로 대응하는 경우보다 인플레이션은 높은 수준에서 오랫동안 머물게 된다.

중앙은행이 공급충격에 대해 어느 정도 공격적으로 대응할 것인가를 결정하는 것은 경제의 안정화정책(stabilization policy)을 어떤 방향으로 추진할 것인가를 결정하는 것이라고 할 수 있다. 공급충격이 발생하면 중앙은행은 실질GDP와 인플레이션을 동시에 안정시킬 수 없으므로 두 가지 가운데 하나를 선택하여야 한다.

4. 통화정책의 파급경로

아래에서는 통화정책이 경제활동에 파급되는 경로를 보기로 한다. 중앙은행이 통화정책을 통해 통화공급을 변동하거나 목표이자율을 인상 또는 인하하면 그 파장은 거의 모든 경제주체의 의사결정에 영향을 미칠 수 있다. 가계는 주택이나 내구소비재에 대한 지출을 조정하고 기업은 성장전략에 관한 결정을 재고할 수 있다. 환율도 변동하고 채권과 주식 가격도 변동한다. 통화정책의 영향을 받지 않는 금융 또는 경제적 결정은 거의 없다고 말할 수 있다. 통화정책이 어떻게 작용하는가를 충분히 이해하기 위해서는 통화정책이 경제에 영향을 미치는 경로를 고찰할 필요가 있다. 이들 경로를 종합해서 통화정책 파급메커니즘의 경로[1]라고 부른다.

이 자 율

이자율경로는 통화정책이 실물경제에 파급되는 가장 전통적인 경로라고 할 수 있다. 앞서 본 것처럼 거의 모든 주요국 중앙은행 예를 들면 한국은행, 미연방준비제도, 유럽중앙은행, 일본은행 등은 단기금리를 통화정책의 목표금리로 한다. 중앙은행이 목표명목단기금리를 변동하는 것은 총지출에 영향을 미치는 실질금리를 변동하는 것과 같다는 것은 위에서 설명하였다.

통화정책의 완화는 목표명목금리의 인하, 곧 실질금리의 인하를 의미하며 투자, 소비, 순수출 등을 증가시킨다. 이와 같은 통화정책의 전통적인 메커니즘은 이론적으로는 타당하나 실제로는 한계가 있다. 통화정책의 변동이 이자율경로를 통하여 기업의 투자결정에 미치는 영향은 비교적 미약한 것으로 보인다. 많은 실증분석에 따르면 총지출을 구성하는 투자의 이자율에 대한 민감도가 크지 않다고 한다. 그 이유로는 투자를 결정하는 요인 가운데 이자와 같은 금융비용도 중요하지만 투자수익에 대한 전망이 더욱 중요할 수 있기 때문이다. 더구나 기존기업의 투자는 대부분 자체자금으로 조달하는 경향이 있다. 이자율이 변동하면 외부자금의 조달비용이 변동하지만 기업이 투자자금을 외부에서 조달하지 않고 자체 자금에 의존한다면 이자율변동이 기업의 투자결정에 미치는 영향은 제한적이라고 할 수 있다.

단기이자율의 변동이 가계에 대해 주는 충격도 비교적 미약한 것으로 추정된다. 예를 들면 자동차나 주택매입에 관한 가계의 결정은 중앙은행이 결정하는 목표단기이자율보다는 장기이자율을 기초로 한다. 따라서 가계의 소비지출에 관한 결정도 목표이자율의 변동이 장기이자율에 영향을 미치는 범위 내에서 영향을 받는다고 보아야 할 것이다. 통화정책의 이자율경로가 매우 강력하다고 말할 수 없으나 유효(effective)하다는 증거는

1) channels of monetary policy transmission mechanism.

적지 않다. 그것은 아래에서 보는 경로가 통화정책의 충격을 증폭시키기 때문이다.

자산가격

이자율이 변동하면 주식가격도 변동한다. 구체적으로 이자율 하락은 주가를 상승시키는 경향이 있다. 이자율과 주식가격의 관계를 통화정책파급의 자산가격경로(asset price channel)라고 부른다. 이 경로를 이해하기 위해서는 왜 이자율 변동이 주가를 변동시킬 수 있는가를 먼저 살펴볼 필요가 있다. 그런 다음 어떻게 주가의 변동이 총수요에 영향을 줄 수 있는가를 설명하기로 한다.

이자율과 자산시장

이자율이 주가에 영향을 미치는 과정을 이해하기 위해서는 주식의 기본적 가치는 미래 배당금의 현재가치라고 설명한 제8장의 주식평가를 상기할 필요가 있다. 주식평가모형에 따르면 이자율(요구수익률)이 낮을수록 미래수익의 현재가치는 높아지기 때문에 주식가격도 상승한다. 그리고 통화정책이 완화되면 미래성장에 대한 소비자와 기업의 신뢰도가 개선된다. 높은 성장은 더 많은 수익과 이익을 의미하므로 주가를 더욱 상승시킬 것이다. 실제로 주가는 이자율이 하락할 것으로 예상만 해도 상승하는 경향이 있다.

통화정책은 주식시장과 마찬가지로 부동산시장에도 영향을 미친다. 중앙은행이 목표이자율을 인하하면 주택담보채권이자율(mortgage rate)이 하락한다. 주택담보채권이자율이 하락하면 주택에 대한 수요가 증가하고 주택가격은 상승한다.

요약하면 중앙은행이 목표이자율을 인하하면 주식과 부동산시장의 가격이 상승할 가능성이 높다. 주식과 부동산가격의 상승은 개인소비와 기업투자에 영향을 미친다. 개인에게 주가와 부동산가격의 상승은 부(wealth)의 증가를 의미한다. 사람들은 부유해질수록 더 많이 소비하게 될 것이다. 주가가 상승하면 주주들은 갖고 싶어 하던 고가의 자동차를 사거나 호사스런 휴가를 떠날 것이다. 이와 같이 자산가격이 상승하면 부를 증가시키고 소비를 자극한다.

토빈의 *q*이론

주가의 변동이 소비에 영향을 미치는 것처럼 투자에도 영향을 미친다. 중앙은행이 목표 이자율을 인하함에 따라 주식가격이 상승하면 기업은 투자지출을 증가한다. 이러한 주식가격과 투자지출의 관계를 토빈(J. Tobin)이 개발한 *q*이론에 따라 보기로 한다. *q*는 기업의 시장가치(가격)를 자본의 대체비용으로 나눈 것이다.

$$q = \frac{\text{기업의 시장가격(가치)}}{\text{자본의 대체비용}}$$

만일 *q*가 1보다 높으면 기업의 시장가격이 자본의 대체비용보다 상대적으로 높다는 것을 의미하므로 새로운 공장이나 시설이 기업의 시장가치보다 상대적으로 저렴하다는 것을 가리킨다. 따라서 기업은 공장시설의 매입비용보다 상대적으로 높은 가격으로 주식을 발행할 수 있다. 즉 이자율 하락으로 주식가격이 상승하면 기업의 시장가치도 상승하게 되므로 주식을 적게 발행해서 더 많은 새로운 시설을 매입할 수 있기 때문에 기업의 투자지출은 증가할 것이다. 따라서 자산시장이 호황을 누리면 기업은 새로운 시설과 건물에 대한 투자를 확대하게 된다.

은행대출

은행대출은 통화정책이 경제에 영향을 미칠 수 있게 하는 중요한 경로이다. 중앙은행은 은행에 공급하는 자금을 변경함으로써 은행의 대출능력과 대출의사에 영향을 미칠 수 있다. 이와 같은 정책메커니즘을 통화정책파급의 은행대출경로(bank lending channel)라고 부른다.

은행대출경로의 기능을 보기 위해 공개시장조작 과정을 예로 들어 보기로 하자. 앞에서 본 것처럼 공개시장조작은 중앙은행과 은행 사이에 증권과 지준준비금의 교환이 이루어지도록 한다. 중앙은행이 은행으로부터 증권을 매입하면 증권에 대한 대가로 지급준비금을 은행에 지급한다. 따라서 공개시장매입조작을 행한 다음 은행은 이전에 비해 이자를 지급받는 증권은 감소하고 이자소득이 없는 지급준비금은 더 많이 갖게 된다. 은행 경영자가 어떤 조치를 취하지 않으면 은행의 수입은 감소할 것이다. 자연히 은행은 신규자금을 대출하게 된다. 이 자금은 은행의 예금창조과정을 거쳐 경제에 공급된다. 다시 말하면 공개시장매입조작은 대출을 증가시켜 자금조달을 은행에 의존하는 개인과 기업이 은행으로부터 차입할 수 있는 기회를 확대한다.

중앙은행만이 은행대출에 영향을 미칠 수 있는 것은 아니다. 금융감독당국도 감독정책의 변경, 예를 들면 은행이 지켜야 할 최저자기자본비율을 완화하면 은행은 대출을 증가시킬 수 있다.

대차대조표

통화정책은 은행의 대출의사 외에 차입자의 신용도에도 중요한 영향을 미친다. 이를 통화정책파급의 대차대조표경로(balance-sheet channel)라고 한다. 왜냐하면 통화정책이 차입자의 순자산(net worth)에 영향을 직접 미치기 때문이다. 구체적으로 보면 통화정책의 완화는 기업과 가계의 대차대조표를 개선하여 순자산을 증가시킨다. 이와 같은 순자산의 증가는 도덕적 해이와 역선택 문제를 감소시킴으로써 대출의 정보비용을 줄이고 차입자로 하여금 보다 용이하게 자금을 획득할 수 있도록 한다. 차입자의 순자산이 높을수록 대여자는 대출을 상환받을 가능성이 높아지기 때문이다.

확장적 통화정책이 차입자의 순자산을 개선할 수 있는 길은 두 가지가 있다. 첫째는 이미 본 것처럼 확장적 정책은 자산가격을 상승시킴으로써 기업가치와 가계의 부를 증가시킨다. 높은 주가와 자산가격은 순자산의 증가를 의미하며 이것은 더 낮은 정보비용으로 용이하게 자금을 조달할 수 있도록 한다는 것을 의미한다. 즉 가계의 부가 증가하면 은행은 대출을 증가하려고 한다.

확장적 통화정책이 차입자의 순자산을 개선하는 두 번째 경로는 이자율하락과 관계가 있다. 거의 대부분의 차입자는 이미 대출을 받고 대출금을 상환하는 도중에 있어 낮아진 이자율은 상환부담을 감소시킨다. 기업의 경우 자금조달비용이 감소하면 순이익이 증가하므로 기업가치가 상승한다. 개인의 경우도 이자율이 하락하면 변동이자율로 대출받은 차입금의 이자부담이 감소하게 된다.

환 율

실질이자율의 변동은 환율에 영향을 미친다. 실질이자율이 하락하면 우리나라 자산에 대한 외국의 투자수요가 감소하므로 원화에 대한 수요는 감소하고 공급은 증가한다. 이로 인해 원화가치는 하락하고 환율은 상승한다. 따라서 명목목표이자율을 인하함으로써 실질이자율을 낮추는 확장적 통화정책은 원화의 가치를 하락(환율상승)하도록 한다. 원화가치의 하락(절하), 즉 환율이 상승하면 재화와 서비스의 수입가격이 상승함과 동시에 수출가격은 외국인에게는 저렴해진다. 이로 인한 수입감소와 수출증가는 순수출의 증가 또는 총지출의 증가를 의미한다.

통화정책이 환율에 미치는 효과도 이론과 현실이 다른 측면이 있다. 현실세계에서는 정책으로 조절되는 이자율은 외환의 수요와 공급을 이동시키는 많은 요인 가운데 하나일 뿐이다. 예를 들면 자국투자와 외국투자의 상대적 위험, 자국의 재화와 서비스, 외국의 재화와 서비스에 대한 자국인과 외국인의 상대적 선호도, 외국인의 소득과 부 등의 변동도 환율에 영향을 미치기 때문에 통화정책이 환율과 순수출에 미치는 효과에 대해 단정적으로 말하기는 어렵다.

5. 통화정책의 시차

통화정책당국이 경제상황을 진단한 후 적절한 대책을 마련한 다음 통화정책수단을 운용하여 정책효과가 나타나기까지는 상당한 시간이 경과되어야 한다. 통화정책과 관련한 시차(time lag)는 내부시차와 외부시차로 나눌 수 있다.

내부시차

내부시차(inside lag)는 인식시차와 반응시차를 합한 것이다. 인식시차(recognition lag)는 정책의 필요성이 발생한 시점(예: 불황의 초기)과 그 필요성을 정책당국이 인식하는 시점간의 간격을 가리킨다. 이러한 시차가 생기는 것은 경제통계가 편제되어 이용 가능하게 되기까지는 일정기간이 경과되어야 할 뿐 아니라 통계를 입수하여 분석하는 데에도 시간이 걸리기 때문이다. 예를 들면, 월별 산업생산지수는 약 1개월 후, 분기별 GDP는 2개월 가까이 지나야 알 수 있다.

반응시차(response lag)는 정책변화의 필요성을 인식하고 새로운 정책을 입안확정하여 시행하는 데 걸리는 시간을 의미한다. 통화정책은 비교적 적은 수의 인원으로 구성된 정책기구에서 입안되고 확정되기 때문에 의회의 동의를 필요로 하는 재정정책에 비해 반응시차가 매우 짧다.

외부시차

다음으로 외부시차(outside lag)는 정책변화가 경제에 효과를 미치는 데 걸리는 시간을 기리킨다. 따라서, 외부시차를 파급시차(transmission lag)라고도 한다. 외부시차가 생기는 것은 경제 각 주체가 새로운 상황에 대응하는 데 시간이 필요하기 때문이다. 예를 들면, 이자율이 하락한다고 하여 기업이 즉각 투자를 증가시킬 수 있는 것은 아니다. 통화정책은 경제에 직접적인 영향을 미치기보다는 경제주체의 조정과정을 거쳐 효과를 나타내기 때문에 재정정책에 비하여 외부시차가 길다. 통화정책의 외부시차는 길고 가변적(long and variable)이라는 속성을 지니고 있기 때문에 평균적인 시차를 추정하여 활용하는 데에는 한계가 있다.

외부시차의 존재는 통화정책을 수행함에 있어 현재뿐 아니라 미래까지도 고려하여야 한다는 것을 의미한다. 통화정책을 성공적으로 수행하기 위해서는 6개월 또는 1년 심지어는 2년 후의 거시경제상태를 정확히 예측할 필요가 있다. 지금 시행된 정책이 외부시차를 거쳐 1년 후에 경제에 영향을 미친다면 정책시행 당시 1년 후의 경제를 예측하여야 한다. 잘못된 예측을 기초로 통화정책을 수립하고 집행하면 경제를 안정화시키기보다는 오히려 교란시킬 수도 있다. 예를 들어 외부시차가 1년인 경우 지금부터 1년 후의 경제가 불황일 것으로 예측하여 확장적 통화정책을 취하였는데 예측한 것과는 반대로 경제가 호황국면을 나타낸다면 통화정책은 경기대응적(countercyclical)이라기보다는 경기순응적(procyclical)인 효과를 나타내어 경기변동을 증폭시키게 된다.

용 어 해 설

ㄱ

가격의 경직성
수요와 공급이 언제나 균형을 이루지 못할 정도로 가격이 느리게 조정되는 것. sticky prices.

가치저장
수입과 지출 사이에 구매력을 저장해두는 것; 통화의 기능. store of value.

간접금융
대여자와 차입자 중간에 제3자가 개입하여 이루어지는 자금이전. indirect finance.

강형 효율적 시장가설
모든 정보는 유가증권의 가격에 반영된다는 주장. strong efficient market hyphothesis.

거래비용
거래 또는 교환에 따르는 비용; 예, 채권이나 주식 거래시 브로커에게 주는 수수료. transactions costs.

거래적 동기
재화나 용역을 구입하기 위해 통화를 보유하는 것. transaction motive.

거시경제의 균형
총수요와 총공급이 일치하는 점에서의 실질산출량과 물가수준의 조합. macroeconomic equilibrium.

거시경제학
성장, 고용, 물가 등 경제총량과 정부정책이 이들에 미치는 영향 등을 대상으로 하는 경제학. macroeconomics.

겸업은행제도
은행이 예대업무 외에 증권의 인수 및 중개, 투자관리, 보험 등 광범한 금융서비스를 제공하는 은행제도. universal banking system.

경기민감산업
매출액과 이익이 경제활동수준의 변동에 민감하게 반응하는 산업. cyclical industry.

경기변동
총실질산출량이 장기적인 성장경로를 벗어나 확장과 수축을 반복하는 패턴. business cycle.

경기순응적 정책
확장경기국면에서 경기를 자극하고 침체국면에서 경기를 위축시키는 정책. pro-cyclical policy.

경상수익률
채권가액에 대한 이표지급액의 비율. current yield.

경상수지
상품과 서비스를 외국에 사고 파는 거래와 외국에 지급하거나 외국으로부터 받아들이는 배당이나 이자 등 소득거래를 경상거래라고 하며 경상거래 결과 벌어들인 외화와 지급한 외화의 차이를 말함. current account balance.

경쟁매매
다수의 매수측과 매도측이 상호경쟁에 의하여 매매를 성립시키는 방법: 상대매매와 대비되는 개념. competitive bidding.

경제모형
경제이론 또는 그래프나 방정식으로 나타낸 경제. economic model.

계산단위
재화와 용역의 가치를 측정하는 단위; 통화의 기능. unit of account.

고성능 통화
본원통화를 가리킴. high powered money.

고전학파
1930년대 이전의 경제이론으로 경제는 본질적으로 안정적이라고 가정; 임금과 가격은 시장이 청산되도록 조정되며 통화정책은 실질변수에 영향을 주지 못한다고 주장. classical school.

공개시장위원회
미연준의 정책결정기구로서 연방준비제도 이사회의 이사 7명, 뉴욕연준총재, 기타지역연준총재 4명(윤번제)으로 구성되고 1년에 8번 정기회의를 개최. FOMC: Federal Open Market Committee.

공개시장조작
중앙은행이 통화량을 조절하기 위해 정부채권 등을 시장에서 사고 파는 것. open market operation.

공급충격
원자재 가격 또는 생산기술의 외생적 변동으로 인한 총공급곡선의 이동. supply shock.

공시효과
중앙은행이 재할금리의 변경 등을 통해 정책의도를 금융시장에 보내는 신호. announcement effect.

교환방정식
통화량(M)과 통화의 유통속도(V)를 곱한 것은 명목총지출(P×T)과 같다는 것을 나타내는 식(MV=PT). equation exchange.

교환사채
회사가 보유하고 있는 다른 회사의 주식으로 교환할 수 있는 회사채. exchange bond.

교환의 매개
재화와 용역의 교환 또는 지급에 사용되는 것. medium of exchange.

구매력 평가
균형환율은 자국과 외국 재화의 가격을 동일하게 한다는 이론. purchasing power parity.

구조적 실업
취업기회의 감소로 인해 발생하는 실업. structural unemployment.

구축
정부의 차입 증가로 인해 민간부문의 차입(지출)이 감소하는 것. crowding out.

국가위험
일국내의 정치적·경제적 상황변화로 인해 국제금융자산의 수익에 발생할 수 있는 위험. country risk.

국제수지표
한 나라 거주자와 다른 나라 거주자 사이에 일어난 모든 거래를 기록한 표. balance of payments.

균형
수요와 공급이 같은 경우. equilibrium.

그레샴의 법칙
소재가치가 낮은 악화가 소재가치가 높은 양화를 유통과정에서 축출하는 경향. Gresham's Law.

근원 인플레이션
소비자 물가에서 통화당국이 통제할 수 없는 공급측 요인을 제외하고 산출한 물가상승. underlying inflation.

글로벌 펀드
포트폴리오가 국제적인 기업의 주식 등으로 구성된 뮤추얼 펀드. global fund.

금액갭
이자율에 민감한 자산(액)과 이자율에 민감한 부채(액)의 차이. dollar gap.

금융공학
고객의 요구에 맞추어 새로운 금융상품 또는 서비스를 연구하고 개발하는 과정. financial engineering.

금융공황
금융위기 속에서 다수은행이 함께 파산하는 사태. bank panic.

금융레버리지
- 자산 획득을 위한 차입금의 이용
- 자산 또는 부채의 자기자본에 대한 비율. financial leverage.

금융부
모든 금융자산에서 모든 금융부채를 뺀 것. financial wealth.

금융선물
선물거래소에 상장된 통화, 금리, 주가지수 등 표준화된 상품을 경쟁방식에 의해 결정된 가격으로 매매계약을 체결한 다음 일정시간 경과후 미리 약정한 가격으로 인수와 자금결제가 이루어지는 계약. financial future.

금융시장
자금이 저축자(자금잉여)로부터 투자자(자금부족)에게 이전되는 시장. financial market.

금융정책
금융상품, 금융기관 및 시장제도 등 금융제도에 관한 정책. financial policy.

금융제도
금융자산, 금융기관, 금융시장 등으로 구성된 네트워크. financial system.

금융중개
금융중개기관이 저축자와 차입자를 연결하는 간접금융. financial intermediation.

금융중개기관
저축자로부터 자금을 차입하여 대출하는 금융기관; 예, 은행. financial intermediary.

금융지주회사
- 은행, 증권, 보험, 신용카드 등 다양한 금융기관을 자회사로 두고 있는 회사.
- 독자적인 영업은 없고 자회사 지분관리, 경영전략, 인력관리 등을 전담. financial holding company.

금융혁신
새로운 금융상품의 출현 또는 금융상품공급자가 새로운 기법을 사용하는 것. financial innovation.

기간 프리미엄
투자자가 원하지 않는 만기에 투자하는 경우 요구하는 추가수익. term premium.

기대설
이자율의 기간구조에 관한 이론으로서 장기수익률은 현재의 단기수익률과 미래의 단기수익률에 의하여 결정된다는 가설. expectation theory.

기대수익
예상되는 배당과 자본이득의 합계. expected return.

기본가치
미래수익의 현재가치. fundamental values.

기본적 분석
- 가격에 영향을 미치는 기본요인에 집중하는 시장분석
- 기대이익, 성장성 등 기본요인을 바탕으로 주식의 내재가치를 분석하는 것. fundamental analysis.

기술적 분석
- 가격 그 자체에 집중하는 시장분석
- 주식의 가격과 거래량에 초점을 두는 투자분석. technical analysis.

기업어음
신용상태가 양호한 기업이 단기자금조달을 위해 발행하는 만기 1년 이내의 어음. CP: commercial paper.

기조적 공개시장조작
은행의 지급준비금 규모가 중앙은행이 바라는 수준을 장기적으로 이탈할 가능성이 높을 때 실시하는 조작으로 정부증권 등의 지속적인 단순매매를 통해 이루어짐. dynamic operations.

기준금리
한국은행과 금융기관간 거래(RP매매, 여수신)의 기준이 되는 정책금리. 한국은행 통화정책의 운용목표. base rate.

기초가격
어떤 자산의 미래기대수익의 현재가치; 효율적 시장에서는 자산의 시장가격과 동일. fundamental value.

기회비용
통화를 보유함으로써 포기하게 되는 재화나 서비스 또는 소득. opportunity cost.

ㄴ

나스닥
벤처, 중소기업 등 비상장주식이 거래되는 미국의 장외시장. NASDAQ.

내부시차
정책의 필요성이 발생한 시점에서 정책을 확정하는 데까지 걸리는 시간; 인식시차와 정책시차를 합한 것. inside lag.

내부정보
일반인에게는 알려지지 않은 정보. inside information.

내부통화
민간부문내 어느 경제주체의 자산임과 동시에 민간부문내 다른 경제주체의 부채가 되는 통화; 예금통화. inside money.

내생변수
경제모형 안에서 결정되는 변수. endogenous variables.

내재가치
- 주식 등의 본질적인 가치 또는 현재가치
- 옵션의 행사로부터 얻는 순가치. intrinsic value

노동의 한계생산
노동 한 단위를 더 사용한 결과 생긴 총생산의 변동; 총생산을 노동에 관해서 편미분한 것. marginal product of labor.

ㄷ

다각화
위험을 감소시키기 위해 여러 가지 자산에 분산 투자하는 것. diversification.

단기
- 금융자산의 만기에 관해서는 1년 이하
- 통화론자에 의하면 노동자가 기대인플레이션을 실제인플이션과 같게 하는데 필요한 정보를 수집하기에 불충분한 기간. short run.

단기금융시장
만기가 1년 이하인 금융자산이 거래되는 시장. money market.

단순매매
매매 그 자체로 끝나는 거래; 중앙은행이 지급준비금의 수급불균형이 기조적인 현상이라고 판단하면 이를 조절하기 위해 이용하는 거래. outright transactions.

대마불사
대형은행의 파산은 은행제도를 불안정하게 만든다는 이유 때문에 대형은행이 파산하지 않도록 보호해주는 감독당국의 방침. too-big-to-fail-policy.

대출자금설
이자율은 대출자금의 수요와 공급에 의하여 결정된다는 이론. loanable fund theory.

대출정책
중앙은행의 대출정책은 금융기관에 대한 대출금리나 대출의 기준 또는 한도를 변경함으로써 금융기관의 준비금 등을 조절하려는 정책; 초기에는 재할인의 형태를 취했기 때문에 재할인정책이라고도 부름. lending policy.

도덕적 권유
중앙은행이 영향력을 발휘하여 금융기관이 공공이익에 보다 적합하게 행동하도록 설득하는 것. moral suasion.

도덕적 해이
계약이 체결된 후 생기는 행태 변화; 예를 들면, 자동차보험을 든 다음 더 난폭하게 운전하는 행위 또는 고용주가 잘 감시하지 못하기 때문에 노동자가 열심히 일하지 않는 것 등. moral hazard.

독립변수
일정범위 내의 어떤 값도 취할 수 있는 변수 또는 종속변수를 결정하는 변수. independent variable.

동물적 정신
소비자와 기업의 지출에 영향을 미치는 낙관주의와 비관주의; 경제변동을 일으키는 대중심리. animal spirit.

듀레이션
금융자산으로부터 나오는 모든 현금흐름으로 시간(년)을 가중평균한 것

듀레이션 갭
은행자산의 평균 듀레이션에서 부채의 평균 듀레이션을 뺀 것; 금리 리스크에 대한 은행의 노출정도를 나타냄. duration gap.

디맨드풀 인플레이션
총수요에 대한 충격으로 인해 발생한 인플레이션; 예, 통화량 증가로 인한 인플레이션. demand-pull inflation.

디스인플레이션 정책
인플레이션 억제를 위한 통화정책. dis-inflation policy.

DR
- 주식예탁증서
- 미국 투자자를 대상으로 하는 DR은 ADR, 세계 투자자를 대상으로 하는 것은 GDR이라고 함. depository receipt.

디플레이션
물가수준의 전반적 하락. deflation.

딜러
유가증권의 매매를 알선할 뿐 아니라 자신의 계산 하에 유가증권을 매매하는 금융기관. dealers.

ㄹ

랜덤워크 이론
주식가격은 과거의 패턴이나 추세와 관계없이 무작위적으로 변동하기 때문에 예측할 수 없다는 이론. random walk theory

랩 어카운트
자산관리자가 고객으로부터 예탁자산운용에 관한 권한을 일임받아 유가증권투자를 대행하는 것(일임형). wrap account.

레몬문제
사람들은 선택하려는 개별자산(예: 중고차)의 질은 알지 못하고 평균적인 질만 알기 때문에 어떤 자산은 과대평가되고 어떤 자산은 과소평가됨. 과소평가 받는 자산의 소유자는 평균가격으로는 팔지 않으려 하고 과대평가된 자산의 소유자만 팔려고 하는 경우에 생기는 역선택 문제. lemons problem.

레버리지
투자의 잠재적 수익을 확대하는 것. leverage.

롱 포지션
금융자산을 높은 가격에 매각하기 위하여 매입하는 것. long position.

루카스의 비판
경제정책이 바뀌면 경제주체의 행태도 달라지기 때문에 경제정책 변화의 효과를 측정하기 위해 거시경제계량모형을 사용하여 하거나 시뮬레이션하는 것은 부정확하다는 비판. Lucas critique.

리보
런던의 6대은행간 거래되는 은행간 대출금리; 기업이나 거액 차입자에 대한 대출금리의 기준으로 자주 이용. LIBOR: the London Interbank Offered Rate.

리스크 프리미엄
투자위험을 보상하기 위한 추가수익. risk premium.

ㅁ

마샬의 k
사람들이 명목소득 가운데 현금으로 보유하려고 하는 비율. Marshallian k.

마찰적 실업
정상적인 전직 때문에 생기는 실업. frictional unemployment.

만기갭
금액갭을 가리킴. maturity gap.

만기수익률
자산의 현재가치와 자산수익의 현재가치를 같게 하는 이자율; 시장이자율. YTM: yield to maturity.

매수차익잔고
고평가된 선물은 매도하고 저평가된 현물을 매수하면서 보유하게 된 현물 주식.

머천트 뱅크
일반은행이 제공하는 서비스뿐 아니라 투자, 자문 등 고객이 필요로 하는 거의 모든 금융서비스를 제공하는 은행. merchant bank.

메뉴비용
기업이 인플레이션으로 인해 가격표를 바꾸거나 가격변경을 고객에게 알리는 데 드는 비용. menu cost.

무임승차문제
다른 사람이 대가를 지급한 정보를 무료로 이용함으로써 생기는 문제. free-rider problem.

물가안정목표제
최종목적을 물가안정으로 단일화하고 인플레이션 목표치를 명시적으로 제시하는 통화정책. inflation targeting.

물가효과
통화공급으로 인한 물가상승. price effect.

뮤추얼 펀드
- 유가증권에 투자할 목적으로 설립된 독립회사형 투자신탁으로서 주식을 발행하여 투자자로부터 자금을 모집한 후 그 자금으로 유가증권에 투자 운용하고 운용수익을 투자자(주주)에게 이익배당 형태로 분배하는 회사
- 우리나라의 증권투자회사. mutual fund.

미조정
재정 또는 통화정책의 빈번한 조정으로 작은 경제변동을 상쇄함으로써 경제를 완전고용수준에 유지하거나 근접시키려고 하는 것. fine-tuning.

ㅂ

VAR
주어진 확률 하에서 일정기간에 발생할 수 있는 최대손실액; 금리, 환율, 주가 등 여러 가지 형태의 시장리스크를 하나의 금액으로 나타냄. value at risk.

바젤위원회
은행감독의 국제협력을 목적으로 설립된 BIS의 은행감독위원회이며 회원국은 G-10, 스위스 및 룩셈부르크 등 12개국. Basle Committee on Banking Supervision.

바젤협정
은행의 자기자본비율에 관한 국제협정으로 국제결제은행(BIS) 주관하에 1988년 12개 선진국이 서명. Basle Agreement.

바터
재화와 용역의 직접적인 교환. barter.

발권수익
화폐의 시장가치와 생산비용의 차이; 화폐를 발행하는 정부의 수입. seignorage.

발행시장
금융자산이 신규로 발행되는 시장. primary market.

방카슈랑스
은행이 보험회사와 연계하여 보험 상품을 개발, 판매하는 것. bancassurance.

배당금할인모형
주식(보통주)의 가치는 미래에 받을 모든 배당금의 현재가치임을 나타내는 주식평가모형. DDM: dividend discount model.

백워데이션
선물가격이 현물가격보다 낮은 경우. backwardation.

백기사
비우호적 인수에 직면한 기업을 구제해주는 기업. white knight.

버블
어떤 자산의 가격이 기초가치보다 높은 것. bubble.

베이시스
현물과 선물의 가격차이. basis.

베이시스 포인트
1/100 퍼센트 포인트 (0.01퍼센트 또는 0.0001). basis point.

베타(β)
자산의 수익이 시장포트폴리오의 가치변화에 얼마나 민감한가를 나타냄. 예를 들어, 어떤 자산의 β가 2.0이라면 시장포트폴리오의 가치가 1% 상승하면 그 자산의 가치는 2% 상승한다는 것을 의미.

벤처 캐피탈 기업
벤처기업에 대한 투자를 목적으로 하는 기업. venture capital firm.

복본위제
화폐가치가 두 가지 귀금속, 예를 들면 금이나 은의 가치에 따라 결정되는 화폐제도. bimetal standard.

본원통화
중앙은행의 통화성 부채(화폐발행액과 금융기관의 지준예치금); 통화제도의 기초. monetary base.

부가가치
기업의 산출물 가치에서 기업이 구입한 중간재 가치를 뺀 것. value-added.

부실
은행의 자산가치가 부채가치보다 적은 경우. insolvency.

부외거래
대차대조표에 자산이나 부채로 나타나지 않은 금융거래; 예, 파생금융상품거래. off-balance sheet activities.

부채관리
은행이 유동성 수요에 대처하기 위하여 차입자금을 관리하는 것. liability management.

불완전정보이론
사람들은 경제 내의 모든 재화와 서비스의 가격을 관찰할 수 없으므로 전반적인 물가수준을 알지 못한다는 점을 강조하는 총공급에 관한 이론. imperfect-information model.

불태화정책
중앙은행이 고정환율제 하에서 자국통화와 외국통화의 교환에 따른 통화량의 변동을 상쇄시키기 위하여 시행하는 공개시장조작. sterilized intervention.

불환지폐
중앙은행에 의하여 발행되는 법정 통화; 금이나 상품화폐와 교환되지 않는 지폐. fiat money.

브로커
유가증권을 팔려는 사람과 사려는 사람의 중간에서 금융거래가 이루어지도록 알선하는 금융기관. brokers.

브릿지 론
부채상환과 신규차입 사이에 일시적으로 필요한 자금의 대출. bridge loan.

블루칩
성장과 배당 실적이 우수한 대형 우량주. blue chip.

비대칭적 정보
거래당사자들이 다른 정보를 갖고 있는 경우; 예를 들면, 대출시장에서 차입자는 자신의 상환능력에 대해 은행보다 더 잘 아는 것. asymmetric information.

BIS
제1차 대전 후 독일의 전쟁배상금 결제 전담기구로 1930년 3월 스위스 바젤에서 설립된 후 중앙은행간 협력증진과 국제금융거래를 위한 편의제공 등의 역할을 수행. Bank for International Settlement.

비체계적 위험
개별금융자산 특유의 위험으로 투자의 다각화로 제거될 수 있는 것. nonsystematic risk.

ㅅ

사모(주식투자)펀드
소수의 투자자들로부터 자금을 모아 주식이나 채권 등에 운용하는 펀드. PEF: private equity fund

상대매매
매수자가 1인이고 매도자도 1인인 거래: 경쟁매매와 대비되는 개념. negotiated transaction.

상품화폐
교환의 매개물로 사용되는 상품(특히 귀금속). commodity money.

새고전학파
고전학파의 가정을 유지하면서 경제변동을 설명하는 학파; 시장청산, 불완전 정보 및 합리적 기대 등 세 가지 가설을 기초로 한 루카스모형이 대표적. new classical macroeconomics.

새케인즈학파
임금 또는 가격 경직성의 역할을 인정해야만 경제변동을 설명할 수 있다고 주장하는 학파; 합리적 기대를 가정하되 미시경제적 불완전성을 강조. new Keynesian macroeconomics.

생산물 시장
완성된 재화와 용역이 거래되는 시장. product market.

생산요소
토지, 자본, 노동 및 기업경영능력과 같은 생산자원. factors of production.

생산함수
생산요소의 투입과 생산량의 관계. production function.

서식처선호설
이자율의 기간구조에 관한 기대설과 시장분할설의 특징을 종합한 이론; 투자자는 특정만기를 좋아하지만 적당한 보상이 주어지면 선호하는 만기에서 다른 만기의 채권으로 옮길 수 있다는 것. preferred habi-tat theory.

선도계약
계약에 의하여 특정기초금융자산을 미래의 특정시점에 미리 합의한 가격으로 사거나 팔아야 하는 의무를 부과하는 거래; 선도계약은 장외에서 이루어진다는 점에서 선물거래소에서 거래되는 금융선물과 다름. forward contract.

성장주
수익증대를 목적으로 이익을 재투자하는 회사의 주식. growth stock.

소득주
내부유보는 낮게 유지하는 대신 수익의 대부분을 주주에게 배당하는 회사의 주식. income stock.

소득효과
자산으로부터 수익(소득)이 증가하면 사람들이 더 많은 자산을 구입하는 것 또는 통화공급의 증가로 인한 소득증가. income effect.

소형 개방경제
세계시장에서 결정되는 가격 그대로 수입하거나 수출하는 개방경제. small open economy.

쇼트 포지션
소유하고 있지 않은 금융자산의 매각. short position.

수익률 곡선
금융자산의 수익률(이자율)과 만기의 관계를 나타내는 곡선. yield curve.

수익자산
이자나 수수료 소득을 발생시키는 대출, 투자, 유가증권 및 단기투자 등. earning assets.

수익증권
원금 또는 신탁재산의 운용에서 생긴 이익을 받을 권리(수익권)가 표시되어 있는 유가증권. beneficiary certificate.

수표
자금을 어느 한 사람의 계좌에서 다른 사람의 계좌로 이체할 것을 은행에 지시하는 증서. check.

순이익마진
이자와 세금을 차감한 순이익의 매출에 대한 비율. net profit margin.

순이자마진
은행의 이자수입과 이자비용의 차이 또는 이 차이의 총수익자산에 대한 비율. net interest margin.

스마트 카드
마이크로 프로세서를 장착한 IC카드로서 전자화폐기능뿐 아니라 건물출입, 개인자료의 저장 등 다양한 기능을 가진 카드. smart card.

스왑
통화나 금리 등의 거래조건을 서로 맞바꾸는 계약으로 통화스왑, 금리스왑 및 여러 가지 형태를 혼합한 혼합스왑 등이 있음. swap.

스태그플레이션
물가수준의 상승과 실질GDP의 하락이 함께 나타나는 것. stagflation.

스톡
특정시점의 양으로 나타낼 수 있는 변수; 예, 통화량. stock.

스팟 시장
자산을 즉시 인도하는 시장. spot market.

스프레드
신용이 높은 채권과 낮은 채권의 수익률 격차. yield spread.

시너지
둘 또는 그 이상이 합한 다음 경영성과가 합병이전보다 크게 좋아지는 것. synergy.

시장경제
무엇을 어떻게 누구를 위해 생산할 것인가 등 기본적인 결정이 시장에 의해서 이루어지는 경제. market economy.

시장규율
기업행태를 채권 또는 주식 보유자에게 알림으로써 기업의 가치나 미래의 행태를 바꾸도록 하는 시장메커니즘. market discipline.

시장분할설
이자율의 기간구조에 관한 이론으로 금융시장은 만기에 따라 분할되어 있으며 분할된 시장마다 상이한 수요와 공급이 이자율을 결정한다는 것. segmented markets theory.

시장위험
금융시장의 상황변화(가격의 등락, 경기동향 및 금리변동 등)와 관련한 위험. market risk.

시장청산모형
경제(특히 노동시장)는 언제나 수요와 공급이 교차하는 점에서 균형을 이룬다는 이론. market clearing model.

시장포트폴리오
모든 위험자산을 포함하고 있는 포트폴리오; 다각화가 이상적으로 충분히 이루어져 있으므로 비체계적 위험은 완전히 제거됨. market portfolio.

신고전학파
일반적으로 한계이론(marginalist theory)을 가리킴; 예를 들면 생산요소의 소득(예, 임금)은 수요와 공급에 의해서 결정되며 수요는 생산요소의 한계생산에 의하여, 공급은 생산요소를 가지고 있는 사람의 극대화(예, 노동자의 효용극대화)에 따라 결정된다고 주장. neoclassical school.

신고전학파 통합
단기에는 케인즈학파의 이론이, 장기에는 고전학파의 이론이 더 타당하다는 주장. neoclassical synthesis.

신디케이트
간사은행의 주도하에 여러 은행이 함께 대출하는 것. syndicate.

신발비용
요구불예금을 현금으로 찾기 위해 은행에 다니는 비용. shoe leather costs.

신용경색
주어진 대출금리 하에서 은행이 대출여력이 없거나 여력이 있음에도 불구하고 대출을 기피하는 현상. credit crunch.

신주인수권부사채
일정기간이 경과한 후 일정한 가격(행사가격)으로 발행회사의 신주를 인수할 수 있는 권리가 부여된 채권. BW: bond with warrant.

실질경기변동이론
경제변동은 경제의 실질적 변동(예, 기술발전)에 의하여 발생하며 명목변수(예, 통화공급)는 아무런 역할을 하지 못한다는 주장. real business-cycle theory.

실질국내총생산
국내에서 생산하는 최종생산물의 불변 시장가치. real GDP.

실질이자율
명목이자율에서 기대인플레이션율을 뺀 것. real interest rate.

실질이자율준칙
인플레이션이나 경제변동에 따라 실질이자율을 인상 또는 인하하는 중앙은행의 행태: real insterest rate rule

ㅇ

IPO
주식을 처음 공모하는 것. initial public offering.

IS곡선
재화시장에서 생기는 이자율과 소득수준의 관계를 나타내는 우하향 곡선.

약형 효율적 시장가설
유가증권의 과거가격과 미래가격 사이에는 아무런 관계가 없다는 주장. weak market efficient hyphothesis.

양도성 예금증서
다른 사람에게 양도할 수 있는 은행의 정기예금증서; 만기는 30일 이상으로 발행되며 최저액에 대한 제한은 없음. CD: negotiable certificate of deposit.

애널리스트
증권관련기관에 속해 있으면서 기본적 분석에 의하여 주식의 매입, 보유 또는 매도 등의 의견을 제시하는 시장분석가. analyst.

ATM
고객이 은행계정이나 정보에 접근할 수 있도록 하는 단말기. automatic teller terminal.

FLC
차입자의 과거실적뿐 아니라 미래의 채무상환능력까지 반영한 자산건전성 분류기준. forward looking criteria.

LM곡선
통화시장에서 생기는 이자율과 소득수준의 관계를 나타내는 우상향 곡선.

M&A
기업의 합병과 매수, mergers & acquisitions

M1
협의의 통화; 현금통화+요구불예금 및 수시입출식 저축성예금(투신사 MMF 포함). narrow money.

M2
광의의 통화; M1+기간물 예·적금 및 부금+시장형금융상품(양도성예금증서, 환매조건부채권매도, 표지어음 등)+실적배당형상품(금전신탁, 수익증권 등)+금융채+기타. broad money.

MMDA
은행의 시장금리부 수시입출식 예금. money maket deposit account.

MMF
투자증권회사의 단기금융상품. money market fund.

NDF
만기시 당초에 약정한 환율에 의하여 특정통화를 인도 또는 인수하는 일반적인 선물환거래와는 달리 만기에 계약원금의 교환 없이 약정환율과 만기시 지정환율간의 차액만 거래당사자에게 지정통화로 결제하는 거래로서 차액결제선물환 또는 비인도결제선물환이라고도 함. non-deliverable forward.

역관계
반대방향으로 움직이는 변수사이의 관계. inverse relationship.

역선택
비대칭적 정보로 인해 거래가 성립하기 전 생기는 문제; 즉 거래 당사자의 입장에서는 가장 거래하고 싶지 않은 사람이 금융거래를 가장 원함으로써 발생하는 바람직하지 않은 결정. adverse selection.

연방기금금리
- 미국연방은행에 예치되어 있는 은행리저브의 은행간대출금리
- 미국 통화정책의 운용목표. federal fund rate.

영구채
만기가 없는 채권. perpetual bond.

예금뇌취
예금의 안정성을 우려한 많은 예금주가 일시에 자금을 인출하는 사태. bank run.

예금승수
예금과 지급준비금의 관계를 나타내는 승수. deposit multiplier.

예금창출
요구불예금이 은행대출에 의하여 공급되는 것. deposit creation.

예비적 동기
예상하지 못한 지출에 대비하기 위하여 통화를 보유하려는 것. precautionary motive.

옐로칩
블루칩보다 가격이 낮으나 유통량이 풍부한 중저가 우량주. yellow chip.

오페라 본드
- 발행자가 갖고 있는 여러 개 회사주식 가운데 원하는 종목으로 전환할 수 있는 채권
- 교환사채와 다른 것은 전환대상이 2개 이상이라는 점. opera bond.

옵션
장래의 약정일까지 미리 약정한 가격으로 금융자산을 사거나 팔 수 있는 권리를 매매하는 계약으로서 콜옵션과 풋옵션이 있음. options.

왝 더 독
파생상품이 기초자산의 가격에 영향을 미치는 것을 가리킴. wag the dog.

외환포지션
외환매입액과 외환매도액의 차이; 일중 매입액이 매도액을 초과하면 매입초과(overbought)포지션이 되고 그 반대의 경우는 매도초과(oversold)가 됨. position.

요구수익률
투자자가 위험 등을 고려하여 얻고자 하는 수익률. required rate of return.

욕구의 이중적 일치
두 사람 모두 상대방이 교환하기를 원하는 것을 갖고 있는 경우. coincidence of double wants.

외부시차
정책변화가 경제에 효과를 미치는 데 걸리는 시간; 통화정책의 외부시차는 길고 가변적임. outside lag.

외부통화
민간부문의 자산임과 동시에 공공부문의 부채가 되는 통화; 예, 화폐. outside money.

외생변수
경제모형 밖에서 결정되는 변수. exogenous variables.

운영위험
일상적인 은행업무를 수행하는 과정에서 발생할 수 있는 위험; 예, 부적절한 내부통제로 인해 발생하는 위험. operating risk.

운용목표
통화정책의 목적을 달성하기 위하여 조절하는 금융변수; 콜금리, 연방기금금리, 우리나라는 콜금리. operating targets.

워크아웃
기업개선 작업. workout.

위험
금융자산의 가치 또는 수익이 기대한 것과 다를 수 있는 가능성. risk.

유동성
적은 비용으로 어떤 자산을 통화로 전환할 수 있는 가능성 또는 은행이 현금수요에 대응할 수 있는 능력. liquidity.

유동성 선호
케인즈가 통화수요를 가리켜 부른 것. liquidity preference.

유동성 선호설
이자율에 관한 유동성 선호설은 이자율은 통화의 수요와 공급에 의하여 결정된다는 것. liquidity preference theory.

유동성 위험
은행이 예금주나 차입자의 요구에 대응하기 위해 자산을 최소의 손실로 신속하게 현금화하지 못하거나 필요한 자금을 차입할 수 없기 때문에 은행수익 또는 자본에 미칠 위험. liquidity risk.

유동성 프리미엄
위험을 기피하는 대출자가 장기로 자금을 대출하면서 요구하는 추가수익. liquidity premium.

유동성 함정
명목이자율이 영에 근접해 있고 통화정책에 의하여 이자율을 더 이상 낮출 수 없는 상태. liquidity trap.

유동성 효과
통화공급의 증가로 인한 명목이자율의 하락. liquidity effect.

유로달러
미국 이외의 지역에 있는 은행의 달러표시 예금; 예, 프랑스은행의 달러표시 예금. Eurodollars.

유로채
발행지역 통화가 아닌 통화로 표시된 채권. Eurobonds.

유통시장
이미 발행된 금융자산이 투자자들 사이에서 거래되는 금융시장. secondary markets.

은행지급준비금
은행의 보유현금과 중앙은행 예치금. bank reserves.

EV
기업가치(=주식의 시가총액+부채). enterprise value.

EV/EBITDA
- (기업가치)/(이자, 세금, 감가상각비차감 전 이익)
- 기업의 주가가 주식시장에서 저평가 또는 고평가되어 있는지를 나타내는 지표.

ECN
장외전자거래시장. Electronic Communication Network.

EFT/POS
직불카드처럼 판매와 동시에 자금이 결제되는 제도. electronic funds transfer at the point of sale.

EFTS
컴퓨터에 의한 지급결제제도; 예, 직불카드, 자동현금출납기(ATM). electronic funds transfer system.

EPS
주당 순이익(당기순이익을 총발행주식수로 나눈 것). earning per share.

이동평균
최근의 관측치를 더하고 가장 오래된 관측치를 뺀 다음 산출한 평균. moving average.

이자보상비율

$$\frac{\text{영업이익}}{\text{이자비용}}$$

– 영업이익으로 이자를 지급할 수 있는 능력을 나타내는 지표. interest coverage ratio.

이자율스왑
어느 금융자산의 기대수익률을 다른 금융자산의 기대수익률을 받고 파는 계약. interest rate swap.

이자율의 기간구조
수익률과 만기의 관계. term structure of interest rate.

이자율 위험
금융자산과 부채의 가치가 시장이자율의 변동으로 인해 변동할 위험. interest rate risk.

이자율의 위험구조
수익률과 위험의 관계. risk structure of interest rate.

이표채
이표(쿠폰)가 첨부된 채권; 소유자에게 확정된 이자를 정기적으로 지급하고 만기에는 액면금액을 상환하는 채권. coupon bond.

인수
유가증권 발행기업에 대해서는 일정수준의 가격을 보장하고 더 높은 가격으로 일반인에게 매출하여 이익을 얻는 것. underwriting.

인식시차
정책의 필요성이 발생한 시점에서 그 필요성을 정책당국이 인식하는 시점까지의 기간. recognition lag.

인플레이션
물가수준의 상승. inflation.

인플레이션 갭
총지출이 완전고용하의 생산을 초과하는 것. inflationary gap.

인플레이션 조정선
특정의 인플레이션수준에서 수평한 단기총공급곡선. inflation djustment line

인플레이션 타기팅
물가안정목표제. inflation targeting.

일반균형
모든 시장(재화, 금융, 노동)이 균형을 이루고 있는 상태. general equilibrium.

일반은행
은행법에 의하여 금융감독위원회의 인가를 받아 설립된 금융기관으로 전국을 영업구역으로 하는 시중은행, 영업구역이 원칙적으로 소재지인 도나 광역시에 국한되는 지방은행 및 외국은행 국내지점. commercial banks.

일시적 공개시장조작
계절적 요인 또는 재정수지의 일시적인 급변 등으로 인해 금융기관의 지급준비금이 바람직한 수준이 되도록 하기 위해 실시하는 조작으로 환매조건부채권 매매를 통해 이루어짐. defensive operation.

임금의 경직성
명목임금이 노동의 수요와 공급이 균형이 되도록 조정되지 않는 것. wage rigidity.

ㅈ

자기자본
자산과 부채의 차이. equity capital 또는 net worth.

자기자본승수
은행 총자산의 총자본에 대한 비율; 금융레버리지를 나타내는 하나의 지표. equity multiplier.

자기자본이익률
순수익을 자본금으로 나눈 것; 은행주주가 받을 수 있는 수익률지표. ROE: return on equity.

자동현금출납기
은행고객이 자신의 예금계좌에 접근하고 대출상환이나 기타 금융서비스를 제공받을 수 있는 기계. ATM: automated teller machine.

자본비용경로
케인즈학파가 주장하는 통화정책의 파급경로; 통화공급↑ → 이자율↓ → 투자↑ → 소득↑. cost of capital channel.

자본수지
직접투자, 증권투자와 같은 자본거래 결과 유입한 외화와 유출한 외화의 차이. capital and financial account balance.

자본시장
만기가 1년 또는 그 이상인 금융자산이 거래되는 시장; 주식시장과 채권시장. capital market.

자본이득
자산가치가 구입가격보다 상승한 것. capital gain.

자본자산가격결정모형
개별자산의 리스크 프리미엄은 그 자산의 기대수익률과 무위험자산수익률의 차이와 같다는 이론. CAPM: capital asset pricing model.

자본재
미래에 다른 재화 또는 용역을 생산하는 데 사용될 재화. capital goods.

자산
금융적 청구권 또는 가치를 저장하고 있는 재산. asset.

자산관리
채무불이행 위험이 낮은 자산을 획득하거나 이익을 증대시키기 위하여 보유자산을 다양화하는 것. asset management.

자산 · 부채관리
은행이 금리위험에 노출되는 것을 통제하기 위하여 자산과 부채의 구성을 조정하는 과정. ALM : asset-liability management.

자산선택이론
원하는 포트폴리오의 수익과 위험을 달성하기 위해 사람들은 통화보유를 어떻게 결정하는가를 설명하는 통화수요이론. portfolio choice theory.

자산시장접근
플로보다는 자산의 스톡을 이용하여 자산가격의 결정을 설명하려는 이론. asset market approach.

자산유동화증권
대출채권, 부동산담보채권, 리스채권 등의 자산을 담보로 발행되는 증권. ABS : asset backed securities.

자연실업률
완전고용수준의 산출량을 생산하는 경제에 존재하는 실업률. natural rate of unemployment.

자유방임
정부는 시장 메커니즘에 대해 간섭하면 안 된다는 주장. laissez faire.

잠재 GDP
수요부족으로 인한 실업이 없고 생산시설이 정상적으로 가동되고 있는 상태의 생산수준. potential GDP.

장기
- 금융자산의 만기에 관해서는 1년 이상
- 통화론자에 의하면 노동자가 기대인플레이션을 실제인플레이션과 같게 하는 데 필요한 정보를 수집하기에 충분한 기간. long run.

재정
자산을 어느 시장에서 구입한 다음 다른 시장에서 더 비싼 가격으로 매각하여 이익을 얻는 것. arbitrage.

재정정책
정부가 재화와 용역의 구입 또는 조세를 변경함으로써 총지출의 변동에 영향을 미치려고 하는 정책; 완전고용, 물가안정과 같은 거시경제목표를 달성하기 위해 정부예산을 사용. fiscal policy.

적응적 기대
과거부터 현재까지의 정보만을 기초로 형성하는 기대. adaptive expectation.

전업은행제도
은행은 예금과 대출업무만 영위하는 것을 원칙으로 하는 제도. sound banking system.

전자은행
ATM, PC, 화상전화 등과 같은 전자장비를 이용하여 지급, 자금이체, 대출신청 등 각종 서비스를 제공받을 수 있는 은행업무. electronic banking.

전자화폐
전자적 충격에 의하여 자금을 직접 이체할 수 있는 화폐 또는 컴퓨터칩이 내장된 카드나 공중정보통신망과 연결된 PC 등에 전자기호형태로 화폐적 가치를 미리 저장하였다가 사용할 수 있는 지급수단. electronic money 또는 e-money.

전환사채
일정한 조건하에서 발행회사의 보통주로 전환될 수 있는 회사채. CB: convertible bond.

절상
다른 통화와 대비한 통화가치의 상승. appreciation.

점두시장
브로커나 딜러가 한 장소에서 모이지 않고 전화나 컴퓨터를 통해 거래하는 제 2 의 금융시장. OTC: over-the-counter markets.

점진주의
디스인플레이션 정책에 관한 새케인즈학파의 주장; 통화공급을 점진적으로 감소함으로써 인플레이션이 서서히 조정되도록 하면 생산과 고용의 상실을 적게 하면서 인플레이션을 억제할 수 있다는 것. gradualism.

정보비용
저축자가 신용 있는 차입자를 발견하거나 차입자가 자금을 어떻게 사용하고 있는가를 감시하는 데 드는 비용. information costs.

정책시차
정책변화의 필요성을 인식한 다음 새로운 정책을 입안하고 확정하는 데 걸리는 시간. policy lag.

정책 무력성 정리
예상된 통화정책은 생산량 변동에 영향을 미치지 못한다는 새고전학파의 주장. policy ineffectiveness proposition.

정크본드
채무불이행 위험이 매우 높은 채권. junk bond.

정태적 기대
어떤 변수의 미래값은 가장 최근의 실제치와 같을 것이라고 기대하는 것. static expectation.

제도위험
은행제도의 붕괴위험. systemic risk.

종속변수
독립변수에 의하여 결정되는 변수; 예, 통화수요함수에서 통화량은 종속변수. dependent variable.

종합 유동성 관리
은행이 유동성 필요에 대비하기 위해 자산관리와 부채관리를 종합해서 사용하는 것. balanced liquidity management.

주가수익률
주식가격/1주당연간순이익: 주식의 가치평가에 이용. PER: price-earnings ratio.

주가순자산
주식가격/1주당순자산: 주식의 가치평가에 이용. PBR: price to book value ratio

주인-대리인 문제
경영자(대리인)는 소유자(주인)와는 다른 유인을 갖고 있기 때문에 주인보다 자신의 이익을 위해 행동할 때 발생하는 도덕적 해이. principal-agent problem.

준강형 효율적 시장가설
모든 공개된 정보는 유가증권의 가격에 반영된다는 주장. semiefficient market hyphothesis.

즉시총액결제제도
개별지급거래를 즉시 결제하는 제도. RTGS: real-time gross settlement system.

지급제도
거래가 행해지는 메커니즘; 또는 거래를 청산하고 결제하는 제도. payment system.

지급준비율정책
은행의 필요지급준비율을 변경시킴으로써 지급준비금에 영향을 주려는 중앙은행의 정책수단. reserve requirement policy.

지표수익률
모든 채권수익률의 형성에 기준이 되는 수익률. benchmark rate.

직불카드
소지자가 자신의 계좌에 있는 자금을 상인의 계좌에 이전할 수 있도록 하는 플라스틱 카드. debit card.

진성어음주의
은행제도가 제공하는 대출금은 재화와 용역의 생산에 사용되므로 인플레이션을 발생시키지 않는다는 견해. real bills doctrine.

ㅊ

채무불이행 위험
차입자가 예정대로 채무를 상환하지 못할 가능성. default risk.

체계적 위험
시장동향과 관련된 투자위험으로 분산투자로 제거될 수 없는 것. systematic risk.

총공급
여러 가지 물가수준에 대응하여 공급되는 총산출량. aggregate supply.

총공급곡선
물가수준과 총공급의 관계. aggregate supply curve.

총수요
경제 전체의 재화와 용역에 대한 수요; 소비, 투자 및 정부지출을 합한 것. aggregate demand.

총수요곡선
재화와 통화시장이 균형을 이루고 있을 때 물가수준과 총산출량에 대한 수요의 관계. aggregate demand curve.

총수요 관리
IS곡선(재정정책) 또는 LM곡선(통화정책)의 이동으로 총수요곡선을 이동시키려는 정책. demand management.

총수익률
경상수익률과 자본이득률을 합한 것. total rate of return.

총자산이익률
순이익을 총자산으로 나눈 것; 은행경영의 효율성을 나타내는 지표. ROA: return on assets.

최적예측
- 이용 가능한 모든 정보를 기초로 한 미래에 대한 최선의 추측
- 합리적 기대. optimal forecast.

최종대출자
금융공황이 발생했을 때 은행제도에 최종적으로 신용을 공급하는 기관 : 중앙은행. lender of last resort.

ㅋ

커런시 보드
자국통화의 환율을 미 달러와 같은 특정국 통화에 고정하거나 연결시킨 후 외화준비자산의 범위 내에서만 화폐를 발행할 수 있도록 하는 제도. currency board.

컨솔
만기가 없는 영구 이표채. consol.

케인즈학파
경제는 본질적으로 불안정하므로 정부의 간섭이 필요하다고 보는 케인즈의 추종자; 단기에는 가격은 경직적이므로 공급이나 수요충격은 실질GDP를 잠재수준으로부터 괴리시킬 수 있다고 주장. Keynesian economics.

케인즈 효과
이자율 하락이 총수요(소비와 투자)에 미치는 영향. Keynes effect.

코스닥
증권거래소에 상장되지 않은 유망 중소기업이나 벤처기업이 발행한 주식을 유통시켜 장기자금을 조달할 목적으로 개설된 장외시장. KOSDAQ : the Korean Securities Dealers Association Auto-mated Quotation.

코스트푸쉬 인플레이션
총공급(생산비용)에 대한 충격으로 생긴 인플레이션; 예, 임금상승으로 인한 인플레이션. cost-push inflation.

코어예금
단골고객의 예금으로 은행의 안정적이고 장기적인 자금원천; 금리변동에 민감하지 않은 예금. core deposits.

콘탱고
선물가격이 현물가격보다 높은 경우. contango.

콜드터키
명목 GDP를 일시에 낮추려는 인플레이션 억제정책. cold turkey.

콜론
콜자금의 대여. call loan.

콜머니
콜자금의 차입. call money.

콜옵션
옵션 매입자에게 특정한 기초금융자산을 약정한 가격으로 만기일 또는 그 이전에 매입할 수 있는 권리를 부여하는 계약. call option.

콜자금
은행간 시장에서 거래되는 초단기 자금. call.

쿠폰채권
이표(쿠폰)가 첨부되어 있는 채권. coupon bond.

ㅌ

탈금융중개
저축자와 차입자가 금융중개기관을 떠나 직접금융시장으로 몰리는 현상. disintermediation.

토빈의 q
$=\frac{\text{기업의 시장가격}}{\text{자본의 대체비용}}$, Tobin's q

통화
- 교환의 매개, 지급결제 및 가치저장기능을 갖고 있는 것
- 민간보유화폐와 요구불예금 등. money.

통화가치
통화의 구매력. value of money.

통화경제
교환의 매개물을 사용하는 경제. monetary economy.

통화론자
총수요에 영향을 미치는 주된 요인은 명목통화량이며 인플레이션과 실업 사이에 장기적인 상충관계는 존재하지 않는다고 주장하는 학자. monetarists.

통화목표준칙
중앙은행이 정책수단을 이용하여 통화공급목표를 달성하려고 하는 행태. money target rule.

통화수량설
물가수준과 통화량은 같은 비율로 변동한다고 주장하는 이론; 통화량이 x% 증가하면 물가도 x% 상승한다는 것. quantity theory of money.

통화승수
본원통화의 변동이 통화량에 미치는 영향을 나타내는 비율. money multiplier.

통화안정증권
한국은행이 통화량을 조절하기 위해 발행하는 증권. monetary stabilization bond.

통화의 소득속도
통화 한 단위가 일정규모의 소득을 생산하기 위하여 쓰이는 횟수. income velocity of money.

통화의 유통속도
통화 한 단위가 일정규모의 거래를 매개하기 위해 회전한 수. transactions velocity of money.

통화의 중립성
고전학파 통화이론의 핵심; 장기적으로 통화공급의 변동은 물가수준에만 영향을 미치고 고용이나 산출량에는 아무런 영향을 미치지 않는다는 주장. neutrality of money.

통화정책
통화공급과 금리를 조정함으로써 거시경제 목표, 즉 경제성장, 완전고용 또는 물가안정을 달성하려는 정책. monetary policy.

통화정책곡선
실질이자율준칙을 실질GDP-이자율평면에 수평하게 나타낸 것. monetary policy curve.

통화총량
통화로 정의하기에 충분할 정도로 유동성(통화성)이 높은 금융자산을 집계한 것; 예, M1, M2, M3 등. monetary aggregates.

통화환상
실질적으로는 아무런 변화가 없는데도 불구하고 경제주체가 명목가치의 변동에 반응하여 행태를 바꾸는 것. money illusion.

투자은행
기업의 신주나 공공기관의 채권을 인수함으로써 금융시장에 새로운 유가증권을 공급하는 금융기관; 미국에서는 투자은행에 대응되는 개념으로 일반은행을 상업은행이라고 부름. investment banks.

특수은행
특별법에 의하여 설립된 금융기관으로 특수경제부분에 자금을 공급하는 기능을 담당하며 재원은 재정자금과 채권발행에 크게 의존. specialized banks.

ㅍ

파급시차
외부시차와 같은 개념. transmission lag.

파생금융상품
그 가치가 기초금융자산의 가치변동에 의하여 결정되는 금융계약. financial derivatives.

펀더멘틀
- 수요와 공급을 결정하는 기본요인
- 기대수익, 성장성 등 주식의 내재가치를 결정하는 기본요인. fundamentals.

평가
자산의 현재가치를 추정하는 것. valuation.

페더럴 펀드 금리
초단기(1일)로 다른 은행으로부터 자금을 차입하는 데 지급하는 금리; 통화정책의 운용목표(미국). federal funds rate.

포트폴리오
개인이 보유하고 있는 금융자산의 모음. portfolio.

포트폴리오 투자
기업지배가 아니라 수익을 목적으로 주식 또는 채권에 투자하는 것. portfolio investment.

표지어음
금융기관이 할인하여 보유하고 있는 상업어음, 무역어음 등 원어음을 분할하거나 통합하여 발행되는 약속어음. cover bill.

풋 옵션
옵션 매입자에게 특정한 기초금융자산을 약정가격으로 만기일 또는 그 이전에 매도할 수 있는 권리를 부여하는 계약. put option.

프라이빗 뱅킹
부유층 고객의 다양한 수요를 만족시킴으로써 고객만족도를 향상시키는 한편 수수료수입을 확대하는 종합금융서비스 업무. private banking.

프라임 레이트
기업대출의 기준금리 또는 신용이 높은 차입자에게 부과하는 금리. prime rate.

프로그램 매매
- 선물과 연계된 차익거래
- 컴퓨터 프로그램을 이용해 현물주식만 사고 파는 비차익거래. programmed trading.

플로
시간단위당 양으로 나타낼 수 있는 변수; 예, 국민소득. flow.

플로 접근
환율은 외환의 수요(수입과 자본유출)와 공급(수출과 자본유입)에 의하여 결정된다는 견해. flow approach.

피구효과
실질통화공급의 증가가 총수요에 미치는 영향. Pigue effect.

피셔방정식
명목이자율=실질이자율+기대인플레이션. Fisher equation.

피셔효과
기대인플레이션의 변동이 명목이자율에 미치는 영향; 기대인플레이션이 1% 포인트 상승하면 명목이자율도 1% 포인트 상승. Fisher effect.

필립스곡선
인플레이션과 실업률 사이의 역관계를 나타내는 곡선. Phillips Curve.

필요지급준비금률
중앙은행의 결정에 따라 은행이 보유하여야 할 지급준비금의 예금에 대한 비율. required reserve ratio.

하이퍼인플레이션
급속하게 진전하는 인플레이션. hyper inflation.

한계비용
생산물 한 단위를 더 생산함으로써 생긴 총생산비의 증가액. marginal cost.

한계수입
생산물 한 단위를 더 판매함으로써 생긴 총수입의 증가액. marginal revenue.

한은결제망
한국은행과 금융기관 전산시스템을 연결하여 한국은행에 설치된 금융기관의 당좌예금을 통해서 거액자금을 건별로 이체하는 금융결제망. BOK-Wire.

할인채
할인해서 발행되는 채권; 채무자가 만기에 액면금액을 상환하는 대신 발행시에는 액면액보다 적게 받는 채권. discount bond.

합리적 기대가설
사람들은 이용 가능한 정보와 시장기능에 대한 지식을 기초로 기대를 형성한다는 주장. rational expectation hypothesis.

항상소득
사람들이 미래에도 계속 되리라고 기대하는 소득; 정상소득. permanent income.

항상 인플레이션
불규칙적이거나 계절적 변동을 제외한 추세적인 인플레이션. permanent inflation.

헷지펀드
소수 투자자로부터 자금을 모집하여 주식, 채권, 통화 등 금융자산은 물론 원유, 철강 등 실물자산까지 포함하는 고수익, 고위험 자산에 헷징기법으로 자본을 운용한 실적에 따라 배당하는 투자신탁. hedge fund.

헷징
미리 정해진 가격으로 특정시점에서 어떤 자산을 팔거나 살 수 있는 권한을 가짐으로써 위험을 감소시키는 것. hedging.

현금-예금 비율
비은행 일반인이 보유하고 있는 현금의 요구불예금에 대한 비율. currency-deposit ratio.

현금흐름
- 일정기간의 현금유입과 현금유출의 차이인 순현금흐름
- 순이익과 비현금비용(예 : 감가상각비)의 합계. cash flow.

현재가치
미래에 받을 금액을 오늘 가치로 환산한 것; 할인된 현재가치라고도 하며 금융자산을 평가하는 데 사용. present value.

효율적 금융시장
이용할 수 있는 모든 정보가 금융자산의 가격과 수익률에 반영되는 금융시장. efficient financial market.

효율적 시장가설
합리적 기대가설을 금융시장에 적용한 이론; 금융자산의 가격과 수익률은 이용 가능한 모든 정보를 반영하고 있다고 주장. efficient markets hypothesis.

화폐
지폐와 주화; 통화의 일부. currency.

환 리스크
환율변동으로 인해 수익이나 자본금에 미칠 수 있는 위험. foreign exchange risk.

환매조건부매매
일정기간 후 증권을 다시 사거나 되파는 조건으로 채권을 매매하는 것으로 지급준비금의 수급불균형이 일시적인 현상으로 판단되거나 콜금리를 미조정할 때 중앙은행이 이용하는 거래. reversed transactions.

환매채
RP는 일정기간이 경과한 다음 일정한 가격으로 다시 매수하거나 매도할 것을 조건으로 채권을 거래하는 환매조건부채권 매매이지만 우리나라에서는 환매조건부채권 또는 환매채를 RP라고 부름. RP: repurchase agreement.

환율
한 나라의 통화를 다른 나라의 통화로 나타낸 것으로 자국의 입장에서 보면 자국통화의 대외가치. exchange rate.

후순위채
은행에 대한 청구권이 예금주보다는 뒤지나 주주보다는 앞서는 채무증서로서 자기자본비율 산정시 제한된 범위 내에서 자본으로 인정. subordinated debentures and notes.

색 인

[ㅇ]

[기타]

[저자약력]

학　　력: 서울대학교 상과대학 졸업
　　　　　뉴욕주립대학교 대학원 졸업(경제학 박사)

경　　력: 한국은행 조사 1, 2부장, 국제금융부장, 뉴욕사무소장, 이사
　　　　　한국금융연수원장
　　　　　한국은행 금융통화위원
　　　　　한국금융연구원 초빙 연구위원

저　　서: 통화경제학(비봉출판사, 1994)
　　　　　통화금융론(박영사, 1998)

주요논문: 한국경제에 있어서 통화공급의 역할
　　　　　후진적 금융구조하에서의 금리정책
　　　　　거시경제계량모형의 최근동향 등

통화와 금융

2008년 1월 30일 초판인쇄
2008년 2월 10일 초판발행

著　者　金　時　淡
發行人　安　鍾　萬
發行處　博　英　社

서울特別市 鍾路區 平洞 13-31番地
電話 (733)6771 FAX (736)4818
登錄 1952. 11. 18. 제1-171호(倫)

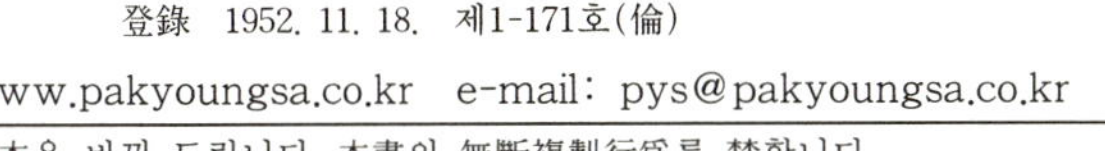
www.pakyoungsa.co.kr e-mail: pys@pakyoungsa.co.kr

定　價 32,000원　　ISBN 978-89-10-20500-5